Stereotype in der Schule

Sabine Glock · Hannah Kleen
(Hrsg.)

Stereotype in der Schule

Hrsg.
Sabine Glock
Institut für Bildungsforschung
Bergische Universität Wuppertal
Wuppertal, Deutschland

Hannah Kleen
Institut für Bildungsforschung
Bergische Universität Wuppertal
Wuppertal, Deutschland

ISBN 978-3-658-27274-6   ISBN 978-3-658-27275-3 (eBook)
https://doi.org/10.1007/978-3-658-27275-3

Die Deutsche Nationalbibliothek verzeichnet diese Publikation in der Deutschen Nationalbibliografie; detaillierte bibliografische Daten sind im Internet über http://dnb.d-nb.de abrufbar.

© Springer Fachmedien Wiesbaden GmbH, ein Teil von Springer Nature 2020, korrigierte Publikation 2020
Das Werk einschließlich aller seiner Teile ist urheberrechtlich geschützt. Jede Verwertung, die nicht ausdrücklich vom Urheberrechtsgesetz zugelassen ist, bedarf der vorherigen Zustimmung des Verlags. Das gilt insbesondere für Vervielfältigungen, Bearbeitungen, Übersetzungen, Mikroverfilmungen und die Einspeicherung und Verarbeitung in elektronischen Systemen.
Die Wiedergabe von allgemein beschreibenden Bezeichnungen, Marken, Unternehmensnamen etc. in diesem Werk bedeutet nicht, dass diese frei durch jedermann benutzt werden dürfen. Die Berechtigung zur Benutzung unterliegt, auch ohne gesonderten Hinweis hierzu, den Regeln des Markenrechts. Die Rechte des jeweiligen Zeicheninhabers sind zu beachten.
Der Verlag, die Autoren und die Herausgeber gehen davon aus, dass die Angaben und Informationen in diesem Werk zum Zeitpunkt der Veröffentlichung vollständig und korrekt sind. Weder der Verlag, noch die Autoren oder die Herausgeber übernehmen, ausdrücklich oder implizit, Gewähr für den Inhalt des Werkes, etwaige Fehler oder Äußerungen. Der Verlag bleibt im Hinblick auf geografische Zuordnungen und Gebietsbezeichnungen in veröffentlichten Karten und Institutionsadressen neutral.

Springer VS ist ein Imprint der eingetragenen Gesellschaft Springer Fachmedien Wiesbaden GmbH und ist ein Teil von Springer Nature.
Die Anschrift der Gesellschaft ist: Abraham-Lincoln-Str. 46, 65189 Wiesbaden, Germany

Vorwort zum Band „Stereotype in der Schule"

Schule ist ein sozialer Ort. Schüler*innen und Lehrkräfte kommen als Mitglieder sozialer Gruppen in die Schule und diese Gruppenzugehörigkeit ist von großer Bedeutung dafür, wie sie sich in der Schule verhalten.

Manchmal wird diese Bedeutung gleich auf den ersten Blick deutlich. So erfolgt beispielsweise der Religionsunterricht in der Schule getrennt nach religiösem beziehungsweise konfessionellem Bekenntnis, der Sportunterricht unter Umständen getrennt nach Geschlecht und die Form der Beschulung möglicherweise abhängig von einem besonderen Förderbedarf der Schüler*innen an einer Regel- oder einer Förderschule.

In diesen Situationen basiert das Handeln von Lehrkräften und Schüler*innen klar erkennbar auf bestimmten Merkmalen der Schüler*innen, etwa deren Zugehörigkeit zu bestimmten religiösen Gruppen, zu einem bestimmten Geschlecht oder der Zugehörigkeit zur Gruppe der Förderkinder. Hinter dem unterschiedlichen Umgang mit den Lerner*innen in Abhängigkeit von deren Gruppenzugehörigkeit steht dabei die Idee, dass Personen unterschiedlicher Gruppenzugehörigkeit sich in bedeutsamen Eigenschaften unterscheiden und deshalb einer unterschiedlichen Art der Unterrichtung oder Förderung bedürfen.

Es gibt jedoch in der Schule zahlreiche Situationen, in denen es nicht derart offensichtlich ist, dass das schulische Geschehen abhängig ist von der Zugehörigkeit von Schüler*innen und Lehrkräften zu Mitgliedern sozialer Gruppen.

Wenn Schüler*innen und Lehrkräfte einander begegnen, dann tun sie dies auch in dem Bewusstsein um die eigene Gruppenzugehörigkeit und in dem Wissen um die Gruppenzugehörigkeit des Gegenübers.

Stereotype beschreiben dabei das Phänomen, dass wir Mitgliedern bestimmter sozialer Gruppen bestimmte Eigenschaften zuschreiben. Diese Zuschreibungen sind über Personen hinweg oft erstaunlich breit geteilt und im Einzelfall nicht immer zutreffend. Interessant ist nun, dass diese Zuschreibungen ihre Wirkung unabhängig davon entfalten, ob sie zutreffen oder nicht.

Damit werden Stereotype zu einem spannenden Phänomen. Unsere Annahmen über die vermeintlichen Eigenschaften der Mitglieder bestimmter Gruppen können unser Verhalten erleichtern, wenn sie zutreffend sind. Schwierig wird es, wenn die Annahmen nicht zutreffen. Dann können Annahmen über die vermeintlichen Eigenschaften von Mitgliedern bestimmter Gruppen verzerrende Prozesse in Gang setzen und unter Umständen zu Ungleichheiten bei der Bewertung führen. Stereotype in der Schule sind damit ein äußerst bedeutsames Phänomen.

Auf der Basis von wichtigen Gruppenmerkmalen, etwa Geschlecht, Migrationshintergrund, sozialer Herkunft oder Leistungsstärke beziehungsweise Förderbedürftigkeit gehen die Beiträge dieses Sammelbandes dabei spannenden Fragen nach wie etwa den folgenden:

Wie verhalten sich Schüler*innen, wenn sie den Eindruck haben, besonders negativ als Mitglieder einer bestimmten Gruppe wahrgenommen zu werden (ein Phänomen, das in der Literatur als *Stereotype Threat* bezeichnet wird)?

Wie nehmen Lehrkräfte Schüler*innen in Abhängigkeit von deren Gruppenzugehörigkeit wahr und inwieweit ist die Beurteilung der Schüler*innen in Abhängigkeit dieser Merkmale akkurat oder inakkurat?

Inwieweit werden stereotype Assoziationen allein aufgrund des Vornamens eines Kindes transportiert?

Solche Themen machen Lust auf die Lektüre des Bandes und zeigen, dass die Beschäftigung mit Stereotypen in der Schule ein gleichermaßen wissenschaftlich wie praktisch spannendes Feld ist. Den Herausgeberinnen wie auch den Autor*innen dieses Bandes ist dafür zu danken, sich mit ihren Beiträgen diesem spannenden Feld angenommen zu haben. Die Beiträge schließen bedeutsame Forschungslücken und machen auch deutlich, an welchen Stellen die Forschung zu Stereotypen in der Schule noch der Intensivierung bedarf, um die Entstehung, die Natur und die Wirkung von Stereotypen noch besser verstehen zu können und auf der Basis dieses Wissens Bildungssituationen optimal gestalten zu können.

Oliver Dickhäuser

Vorwort der Herausgeberinnen: Stereotype in der Schule – Eine Einführung

Seit der Veröffentlichung der bahnbrechenden Studie „Pygmalion im Klassenzimmer" von Rosenthal und Jacobson (1968) in den 60er Jahren des letzten Jahrhunderts werden Lehrkrafterwartungen als starke Einflussgröße sowohl für Lehrkrafthandeln und -verhalten im Unterricht als auch für das Verhalten der Schüler*innen und deren Leistung diskutiert. Demnach haben positive Lehrkrafterwartungen eine positive Wirkung auf die Schülerleistung. Lehrkräfte verhalten sich gegenüber Schüler*innen, von denen sie positive Leistungserwartungen haben, anders – sei es nun, dass sie durch herausfordernde und förderliche Lernumgebungen die tatsächliche Leistung der Schüler*innen verändern oder über positive Erwartungen übermäßig positive Bewertungen einer Leistung verteilen. Nachfolgende, vor allem US-amerikanische, Forschung zeichnete diesen Pygmalioneffekt nicht ganz so positiv, wie es die Studie von Rosenthal und Jacobson (1968) vermuten ließ. Jussim et al. (1996) zeigten auf, dass Lehrkrafterwartungen zwar relativ genau sind, aber die positiven Effekte auf die Schülerleistung gering sind. Allerdings konnten sie auch zeigen, dass vor allem negative Lehrkrafterwartungen, die mit oftmals stigmatisierten und negativ wahrgenommenen Schüler*innengruppen verbunden sind, stärkere Effekte aufweisen, und dass bei Lehrkrafterwartungen die Stereotype über bestimmte Schüler*innengruppen eine Rolle spielen und Erwartungen über Stereotype vermittelt werden. Obwohl eine frühe Studie von Weiss aus dem Jahr 1965 für den deutschsprachigen Raum belegte, dass Stereotype und Lehrkrafterwartungen die Urteilsbildung von Lehrpersonen beeinflussen, ist erst seit Beginn des 20ten Jahrhunderts zu vermerken, dass nun Stereotype auch in der Schule vermehrt Gegenstand der Forschung sind. So gibt es mittlerweile in Deutschland eine Reihe von Forscher*innen, die sich mit Stereotypen, deren Inhalten sowie deren Auswirkungen beschäftigen, wobei ganz unterschiedliche Schüler*innengruppen in den Fokus gerückt werden.

Einige davon konnten wir als Autor*innen für dieses Buch gewinnen. Die an dem Sammelband beteiligten Autor*innen nehmen sowohl eine sozialpsychologische als auch eine soziologische Perspektive auf Stereotype ein und befassen sich mit sehr unterschiedlichen Themen.

Im ersten Kapitel wird aus sozialpsychologischer Perspektive die theoretische Fundierung des Konstrukts Stereotype gelegt. *Sarah Martiny und Laura Froehlich* geben hier einen hervorragenden Überblick über die Entstehung, Funktionsweise und Auswirkungen von Stereotypen und bieten damit in sehr kompakter Form die Grundlage für die weiteren Kapitel. Sie zeigen auf, wie Kinder Stereotype erlangen und wie diese sich im Erwachsenenalter weiterentwickeln. Die negativen Auswirkungen von Stereotypen auf die Leistung und auch auf die Motivation von Schüler*innen sowie Möglichkeiten, diese Auswirkungen zu reduzieren, werden hier ausführlich dargelegt.

Johanna Hermann schließt direkt mit den negativen Auswirkungen von Stereotypen in Form von Stereotype Threat an und berichtet von Forschung, die sowohl im schulischen aber auch im sportlichen Kontext aufzeigt, wie Stereotype negativ auf die Leistungen von Jungen und Mädchen wirken können. So können Mädchen schlechter rechnen und auch schlechter Fußball spielen, wenn ihnen klar wird, dass erwartet wird, dass sie schlechter abschneiden als die Jungen. Erklärungen, weshalb diese Effekte entstehen und wie diese reduziert werden können, runden diesen Beitrag ab.

Francesca Muntoni und Jan Retelsdorf beschäftigen sich ebenfalls mit Geschlechterstereotypen. Sie nehmen jedoch eine andere Perspektive ein und erläutern biologische und psychosoziale Mechanismen, die zu den Geschlechterunterschieden im Verhalten beitragen. Sie betonen die herausragende Rolle von Geschlechterstereotypen von sowohl Eltern, Gleichaltrigen und Lehrkräften bei der Aufrechterhaltung von Geschlechterunterschieden in der Schule. Eine Möglichkeit, hier entgegen zu wirken, sind Modelle der reflexiven Koedukation, in denen die Potenziale von Jungen und Mädchen betont und Unterschiede aufgrund von Geschlechterstereotypen minimiert werden.

Geschlechterstereotype werden bereits durch Vornamen aktiviert, denn Namen können zumeist einem Geschlecht zugeordnet werden. Deshalb untersucht die Studie von *Hannah Kleen und Sabine Glock* Vornamenspaare, die für zukünftige Forschung von Interesse sein könnten. Diese unterscheiden sich immer nur in einem Merkmal wie dem Vorliegen eines Migrationshintergrunds oder nicht, aber in anderen relevanten Dimensionen wie der Schulleistung oder dem sozioökonomischen Status werden diese gleich gewertet. So wird auch sichtbar, welche Stereotype mit bestimmten Vornamen verbunden werden, wobei Namen wie Kevin oder Justin in eine ganz eindeutige Richtung zeigen.

Vorwort der Herausgeberinnen: Stereotype in der Schule – Eine Einführung

Anita Tobisch und Markus Dresel untersuchten in diesem Zusammenhang die Stereotype gegenüber Schüler*innen aus Familien mit hohem und niedrigem sozioökonomischen Status und berichten, dass es die Schüler*innen aus gut gestellten Elternhäusern sind, mit denen Lehrkräfte positive Eigenschaften und Stereotype verbinden. Interessanterweise werden diese Schüler*innen aber auch als ignorant wahrgenommen. Ebenso verbinden Lehrkräfte Schüler*innen mit hohem sozioökonomischen Status mit einem höheren Aufwand im Unterrichten, was mit dem Wissen einhergehen könnte, dass diese Eltern als fordernder wahrgenommen werden.

Schüler*innen mit Migrationshintergrund jedoch werden kontinuierlich mit schlechter Schulleistung assoziiert, was *Meike Bonefeld und Karina Karst* zu einer Studie anregte, die den Inhalt der Stereotype, die mit türkischstämmigen und deutschen Personen verbunden werden, überprüfte. Hier zeigte sich, dass türkischstämmige Personen im Vergleich zu deutschen Personen zwar als leistungsschwächer, aber mit positiveren Persönlichkeitseigenschaften belegt werden. Von der Menge der geäußerten stereotypen Information wurde kein Unterschied gefunden.

Mit Neuerungen im Schulsystem wie der inklusiven Beschulung von Schüler*innen mit sonderpädagogischem Förderbedarf rücken weitere Stereotype von Lehrpersonen in den Vordergrund. So zeigen *Ineke Pit-ten Cate und Mireille Krischler,* dass nicht jede Art von Förderbedarf mit gleichen stereotypen Inhalten verbunden ist. So sind es Schüler*innen mit Lernschwierigkeiten, mit denen die Lehrkräfte eher noch Mitleid haben und diese relativ positiv wahrnehmen, und die Schüler*innen mit Verhaltensauffälligkeiten, bei denen die Lehrkräfte eine geringe Bereitschaft zeigen, diese in die Regelklasse zu inkludieren. Hier spielen die stereotypen Eigenschaften der Kompetenz und der Wärme eine herausragende Rolle.

Stereotype werden theoretisch als die kognitive Komponente der Einstellung gefasst und die Bewertung der Schüler*innengruppe als affektive Komponente. *Sabine Glock, Hannah Kleen, Mireille Krischler und Ineke Pit-ten Cate* gehen in ihrem Überblicksbeitrag der Frage nach, wie die affektiven und kognitiven Einstellungen gegenüber Schüler*innen mit Migrationshintergrund und Schüler*innen mit unterschiedlichen Arten von sonderpädagogischem Förderbedarf sind und welche Faktoren in der Literatur identifiziert werden können, die negative Einstellungen in eine positive Richtung verändern können. In diesem Zusammenhang wird der Kontakt mit den Schüler*innen der beiden Gruppen als relevant diskutiert, um negative affektive Einstellungen zu verändern.

Obwohl Stereotype durchaus akkurat und realitätsgetreu sind, führen sie jedoch zu systematischen Urteilsverzerrungen, weil diese auf den Einzelfall nicht anwendbar sind. Gerade für die Lehrkrafturteile stellt sich immer die Frage, wie genau Lehrpersonen in der Lage sind, die Leistung ihrer Schüler*innen einzuschätzen. In dem Überblicksbeitrag von *Karina Karst und Meike Bonefeld* wird dieser Frage nachgegangen und Forschung zusammengetragen, die zeigt, dass Lehrkrafturteile zwar genau sind, allerdings auch in Richtung bestimmter Schüler*innengruppen verzerrt sind. Sie unterscheiden hier zwischen Feld- und experimenteller Forschung und betonen vor allem die Forschungsdesiderata gerade in der experimentellen Forschung.

Auch der Beitrag von Ineke Pit-ten Cate und Thomas Hörstermann beschäftigt sich mit der Frage der Urteilsgenauigkeit von Lehrkräften, hier im Kontext der Schullaufbahnempfehlungen am Ende der Grundschule. Die Empfehlung der Lehrkräfte spielt eine entscheidende Rolle, da sie, auch wenn die Eltern nicht an die Lehrkraftempfehlung gebunden sind, dennoch häufig dieser folgen. Die Validität dieser Empfehlung kann nur unzureichend untersucht werden; so kann weder von einem Schulwechsel auf eine ungenaue Empfehlung noch von einem Verbleib auf der empfohlenen Schulform auf eine akkurate Empfehlung geschlossen werden. Um diese Probleme zu umgehen, schlagen die Autor*innen in ihrem Beitrag ein Kriterium vor, mit dem sie zeigen konnten, dass die Empfehlungen der Lehrkräfte für Schüler*innen mit Migrationshintergrund ungenauer sind, wobei weder eine systematische Über- noch Unterschätzung der Schulform vorlag.

Nachdem die vorherigen Beiträge hauptsächlich den Einfluss von Stereotypen auf die Leistung sowie die Kompetenz der Schüler*innen im Blick hatten, liefert der Beitrag von *Claudia Schuchart* einen anderen Blickwinkel. Ihre Studie beschäftigt sich mit Sanktionsreaktionen von Lehrkräften auf Disziplinprobleme im Verhalten von Schülern. Weiterhin geht sie der Frage nach, ob der Demographic Match zwischen Lehrpersonen und Schüler*innen den Ruf nach mehr Lehrkräften mit eigenem Migrationshintergrund unterstützt und Schüler*innen mit Migrationshintergrund davon profitieren. Ihre Ergebnisse stellen dieses infrage, da sie zeigt, dass Lehrpersonen mit Migrationshintergrund Schüler ohne Migrationshintergrund härter sanktionieren und somit auf eine andere Weise zur Bildungsungerechtigkeit beitragen können.

Die Beiträge der Autor*innen, die wir für dieses Buch gewinnen konnten, geben einen fundierten Überblick über den Stand der Forschung zu Stereotypen in der Schule im Hinblick auf unterschiedliche Schüler*innengruppen. Sie bieten gleichzeitig Möglichkeiten, den Einfluss von Stereotypen zu reduzieren, sodass Schüler*innen nicht gemäß eines herausstechenden Merkmals, sondern aufgrund ihrer sehr individuellen Fähigkeiten beurteilt werden können. In diesem Sinne ist dieses Buch sowohl für angehende als bereits im Schuldienst befindliche Lehrpersonen eine spannende Lektüre und ebenso für Wissenschaftler*innen von Interesse.

Sabine Glock
Hannah Kleen

Literatur

Jussim, L., Eccles, J., & Madon, S. J. (1996). Social perception, social stereotypes, and teacher expectations: Accuracy and the quest for the powerful self-fulfilling prophecy. In M. P. Zanna (Ed.), *Advances in Experimental Social Psychology* (28th ed., pp. 281–388). New York: Academic Press. https://doi.org/10.1016/S0065-2601(08)60240-3.

Rosenthal, R., & Jacobson, L. (1968). *Pygmalion in the classroom*. New York: Holt, Rinehart, and Winston.

Weiss, R. (1965). *Zensur und Zeugnis*. Linz: Haslinger.

Inhaltsverzeichnis

1 Ein theoretischer und empirischer Überblick über die
  Entwicklung von Stereotypen und ihre Konsequenzen im
  Schulkontext 1
  Sarah E. Martiny und Laura Froehlich

2 Warum Mädchen schlechter rechnen und Jungen schlechter
  lesen – Wenn Geschlechtsstereotype zur Bedrohung für das
  eigene Leistungsvermögen in der Schule werden 33
  Johanna M. Hermann

3 Geschlechterstereotype in der Schule 71
  Francesca Muntoni und Jan Retelsdorf

4 Sag' mir, wie du heißt, dann sage ich dir, wie du bist:
  Eine Untersuchung von Vornamen 99
  Hannah Kleen und Sabine Glock

5 Fleißig oder faul? Welche Einstellungen und Stereotype
  haben angehende Lehrkräfte gegenüber Schüler*innen
  aus unterschiedlichen sozialen Schichten? 133
  Anita Tobisch und Markus Dresel

6 Döner vs. Schweinebraten – Stereotype von (angehenden)
  Lehrkräften über Personen deutscher und türkischer
  Herkunft im Vergleich 159
  Meike Bonefeld und Karina Karst

7   Stereotype hinsichtlich Schüler*innen mit
    sonderpädagogischem Förderbedarf: Lehrkraftüberzeugungen,
    -erwartungen und -gefühle. 191
    Ineke M. Pit-ten Cate und Mireille Krischler

8   Die Einstellungen von Lehrpersonen gegenüber Schüler*innen
    ethnischer Minoritäten und Schüler*innen mit sonder-
    pädagogischem Förderbedarf: Ein Forschungsüberblick. 225
    Sabine Glock, Hannah Kleen, Mireille Krischler und
    Ineke Pit-ten Cate

9   Stereotype, Urteile und Urteilsakkuratheit von
    Lehrkräften: Eine Zusammenschau im Rahmen des
    Heterogenitätsdiskurses 281
    Karina Karst und Meike Bonefeld

10 Akademische Profile von Schüler*innen zur Bestimmung
    der Akkuratheit von Schulübergangsempfehlungen – eine
    Validierungsstudie. 309
    Ineke M. Pit-ten Cate und Thomas Hörstermann

11 Demographic Match: Profitieren Schüler*innen mit
    Migrationshintergrund vom Migrationshintergrund ihrer
    Lehrkräfte? 337
    Claudia Schuchart

    Erratum zu: Ein theoretischer und empirischer
    Überblick über die Entwicklung von Stereotypen
    und ihre Konsequenzen im Schulkontext E1
    Sarah E. Martiny und Laura Froehlich

Autor*innenverzeichnis 389

Ein theoretischer und empirischer Überblick über die Entwicklung von Stereotypen und ihre Konsequenzen im Schulkontext

Sarah E. Martiny und Laura Froehlich

> **Zusammenfassung**
>
> Im folgenden Kapitel wird ein Überblick über aktuelle psychologische Forschungsliteratur zur Entwicklung von Stereotypen im Kindes- und Jugendalter und ihren Konsequenzen im Schulkontext gegeben. Dabei werden zunächst die zentralen Begriffe definiert. Dann wird ein Überblick über drei zentrale Theorien zur Entstehung von Stereotypen bei Kindern gegeben. Im Anschluss wird ausführlich dargestellt in welchem Alter Kinder beginnen, soziale Kategorien und damit zusammenhängende Eigenschaften (Stereotype) zu verstehen und anzuwenden. Ausgehend von der Entwicklung von Stereotypen bei Kindern und Erwachsenen wird dann auf die Konsequenzen von Stereotypen im schulischen Kontext eingegangen. Dabei werden besonders die negativen Konsequenzen von Stereotypen auf die akademische Leistung, das Zugehörigkeitsgefühl zur Schule und die akademische und soziale Motivation dargestellt. Abschließend wird basierend auf aktuellen Forschungsergebnissen diskutiert, wie Stereotype und ihr (negativer) Einfluss im Schulkontext reduziert werden können.

Die Originalversion dieses Kapitels wurde revidiert. Ein Erratum ist verfügbar unter https://doi.org/10.1007/978-3-658-27275-3_12

S. E. Martiny (✉)
UiT The Arctic University of Norway, Tromsø, Norwegen
E-Mail: sarah.martiny@uit.no

L. Froehlich
FernUniversität in Hagen, Hagen, Deutschland
E-Mail: laura.froehlich@fernuni-hagen.de

© Springer Fachmedien Wiesbaden GmbH, ein Teil von Springer Nature 2020, korrigierte Publikation 2020
S. Glock und H. Kleen (Hrsg.), *Stereotype in der Schule*,
https://doi.org/10.1007/978-3-658-27275-3_1

Schlüsselwörter

Stereotype · Entwicklung von Stereotypen in Kindesalter · Konsequenzen von Stereotypen · Reduktion von Stereotypen

1.1 Was sind Stereotype?

Stereotype sind Überzeugungen über Charakteristiken, Eigenschaften und Verhaltensweisen von Mitgliedern bestimmter sozialer Gruppen (Hilton und von Hippel 1996). Bei der Anwendung von Stereotypen wird über eine Gruppe von Menschen (z. B. Männer, Frauen oder Menschen aus verschiedenen ethnischen Gruppen) hinweg generalisiert, wobei individuelle Unterschiede zwischen Gruppenmitgliedern unberücksichtigt bleiben. Zum Beispiel wird Deutschen stereotyp die Eigenschaft Pünktlichkeit zugeschrieben, obwohl manche Deutsche natürlich auch unpünktlich sein können.

Im Folgenden werden zunächst zentrale Komponenten von Stereotypen beschrieben. Da es sich bei Stereotypen um Glaubens- beziehungsweise Überzeugungsstrukturen handelt, können sie sowohl negativ als auch positiv sein. Positive Stereotype sind zum Beispiel, dass Männern hohe Fähigkeiten zum logischen Denken zugeschrieben werden (Cejka und Eagly 1999) und Frauen als fürsorglich angesehen werden (Deaux und Lewis 1984). Des Weiteren können Stereotype sowohl deskriptiv als auch präskriptiv sein (Prentice und Carranza 2002). Das heißt, sie können sowohl Annahmen darüber beinhalten, welche Eigenschaften Mitglieder bestimmter Gruppen haben (z. B. „Frauen sind freundlich und fürsorglich"), als auch Annahmen darüber, wie Mitglieder bestimmter Gruppen sein sollten (z. B. „Frauen sollten freundlich und fürsorglich sein"). Während negative Stereotype meist deskriptiv sind (z. B. „Frauen können nicht einparken"), sind präskriptive Stereotype meist positiv (z. B. „Frauen sollten freundlich und fürsorglich sein"). Diese präskriptiven Stereotype geben Gruppenmitgliedern vor, wie sie sich zu verhalten haben. Häufig werden Individuen, die von den präskriptiven Stereotypen über ihre soziale Gruppe abweichen, als negativ wahrgenommen und beurteilt (dieses Phänomen war beispielsweise bei der Berichterstattung über Hillary Clinton im Präsidentschaftswahlkampf von 2016 in den USA gut zu beobachten). Zudem werden Stereotype häufig innerhalb eines sozialen Kontexts geteilt (Jones 1997). Menschen erlernen demnach Stereotype aus ihrer sozialen Umwelt, zum Beispiel durch ihre Familie, andere Bezugspersonen wie Freunde und Lehrkräfte oder durch die Medien.

Wichtig für das Verständnis von Stereotypen ist es ebenfalls, sie von zwei weiteren Begriffen abzugrenzen, mit denen sie im umgangssprachlichen Gebrauch gelegentlich synonym verwendet werden: Vorurteile und Diskriminierung. *Vorurteile* bezeichnen negative Einstellungen gegenüber Mitgliedern sozialer Gruppen (Brewer und Brown 1998), wobei Einstellungen als emotionale Reaktionen gegenüber Gruppen und ihren Mitgliedern verstanden werden. Diese emotionalen Einstellungen gegenüber bestimmten Gruppen(-mitgliedern) sagen tatsächliches menschliches Verhalten meist besser vorher als Stereotype (Cuddy et al. 2007). Zudem ist es wichtig, Stereotype von Diskriminierung abzugrenzen. Unter *Diskriminierung* wird eine Andersbehandlung von Menschen aufgrund ihrer sozialen Gruppenmitgliedschaft verstanden (Kite und Whitley 2016) – hier geht es also um das Verhalten gegenüber Gruppenmitgliedern. Zum Beispiel ist wiederholt gezeigt worden, dass Arbeitgeber*innen in Deutschland Bewerber*innen mit deutschen Namen gegenüber Bewerber*innen mit türkischen Namen bevorzugen (z. B. Kaas und Manger 2012).

Bevor auf die soziale Kategorisierung als Vorläufer von Stereotypen und die Entwicklung von Stereotypen eingegangen werden soll, ist es jedoch wichtig auf eine weitere Unterscheidung im Hinblick auf Stereotype hinzuweisen. In der wissenschaftlichen Forschung wird zwischen expliziten und impliziten Stereotypen unterschieden. *Explizite Stereotype* sind als Überzeugungen gegenüber sozialen Gruppen definiert, die Menschen bewusst aus ihrem Gedächtnis abrufen können, wenn sie nach ihrer Meinung gefragt werden. Im Gegensatz dazu sind *implizite Stereotype* Inhalte, die im Gedächtnis aktiviert werden, ohne dass sich Menschen dessen bewusst sind (z. B. Kite und Whitley 2016). Da die Aktivierung impliziter Stereotype automatisch geschieht, sind diese impliziten Stereotype nur sehr schwer kontrollierbar und können zu kognitiven Verzerrungen oder negativem Verhalten wie Diskriminierung führen, ohne dass sich die Menschen dessen bewusst sind (Kite und Whitley 2016). Das heißt, während explizite Stereotype meist Überzeugungen darstellen, die Menschen bewusst sind und die sie zu einem gewissen Grad intentional gewählt haben, sind implizite Stereotype nur schwierig bewusst zu kontrollieren (Kite und Whitley 2016).

1.2 Soziale Kategorisierung als Vorläufer von Stereotypen

Zum Verständnis der Entwicklung von Stereotypen bedarf es zunächst der Beschäftigung mit dem Prozess der sozialen Kategorisierung. Eine zentrale menschliche Eigenschaft ist das Bilden von Kategorien. Menschen neigen dazu sowohl Objekte als auch andere Menschen (und sich selbst) in voneinander abgegrenzte Kategorien einzuordnen (Macrae und Bodenhausen 2000). Das Zuordnen von Menschen in Kategorien wird als *soziale Kategorisierung* bezeichnet. Dabei werden Personen, die eine (oder mehrere) Eigenschaft(en) gemeinsam haben, derselben sozialen Kategorie oder Gruppe zugeordnet (z. B. könnte man alle Kinder mit langen Haaren der sozialen Kategorie „Mädchen" zuordnen; Macrae und Bodenhausen 2000). Das Einordnen der sozialen Welt in Kategorien ist ein fundamentaler und universeller Prozess der menschlichen Informationsverarbeitung und ist notwendig, um die Wahrnehmung zu vereinfachen und die Welt vorhersagbar zu machen (Killen und Rutland 2013). Das Bilden von sozialen Kategorien oder Gruppen geht häufig damit einher, dass Personen einer Kategorie bestimmte Eigenschaften zugeschrieben werden (Kite und Whitley 2016). Durch diese Eigenschaftszuschreibungen wird die soziale Umwelt vorhersagbar und die mentale Anstrengung bei der Verarbeitung zahlreicher eingehender Informationen wird reduziert. Die soziale Umwelt wird vorhersagbar, denn die Stereotype enthalten Erwartungen über die Eigenschaften und das Verhalten von Personen einer bestimmten Gruppe, besonders, wenn über die individuelle Person keine weiteren Informationen als ihre Gruppenzugehörigkeit vorliegen (Macrae und Bodenhausen 2000). Beispielsweise könnte die Führungskraft in einem Bewerbungsgespräch mit einer weiblichen Bewerberin im Einklang mit verbreiteten Geschlechterstereotypen davon ausgehen, dass die Bewerberin in ihrer Rolle als spätere Mitarbeiterin freundlich und fürsorglich sein wird. Das Bilden von sozialen Kategorien und damit einhergehenden Eigenschaftszuschreibungen ist somit notwendig, um sich in der sozialen Welt zurecht zu finden und die mentale Belastung bei der Informationsverarbeitung zu reduzieren. Gleichzeitig kann die soziale Kategorisierung von Menschen als ein Vorläufer von Stereotypen und Vorurteilen angesehen werden (z. B. Allport 1954; Tajfel und Turner 1979).

1.3 Theorien zur Entwicklung von Stereotypen im Kindesalter

In den vergangenen Jahrzehnten sind verschiedene Theorien entwickelt worden, die erklären, wie Kinder lernen, ihre soziale Umwelt zu verstehen, und wie und warum Kinder sich selbst und andere Menschen in soziale Kategorien einteilen. Wie oben ausgeführt, werden dabei den Personen in den jeweiligen Kategorien bestimmte Eigenschaften zugeschrieben. Es entstehen Stereotype über Mitglieder verschiedener Gruppen.

Im Folgenden werden drei der bekanntesten und am umfangreichsten erforschten Theoriegruppen zur Entwicklung des Wissens über soziale Kategorien und Stereotype vorgestellt. Zunächst wird dabei die Gruppe der kognitiven Theorien (*Gender Schema Theory* von Martin und Halverson 1981; *Cognitive Development Theory* von Kohlberg 1966) vorgestellt. Dann folgt die einflussreiche *Social Cognitive Theory* von Bussey und Bandura (1999). Obwohl sich beide Theoriegruppen ursprünglich mit dem Bereich der Geschlechterentwicklung beschäftigen, lassen sie jedoch auch generelle Schlüsse über die Entwicklung von Stereotypen zu. Abschließend wird die *Developmental Intergroup Theory* von Bigler und Liben (2006) vorgestellt, die sich als domänenübergreifende Theorie mit der Frage beschäftigt, warum nur bestimmte Dimensionen menschlicher Variationen die grundlegenden sozialen Kategorien bestimmen, auf deren Basis Stereotype und Vorurteile entstehen (z. B. Geschlecht, aber nicht Schuhgröße).

Den kognitiven Theorien liegt die Annahme zugrunde, dass Kinder Wissen über die soziale Kategorie *Geschlecht* in einem aktiven und konstruktivistischen Prozess erwerben. Diese Theoriegruppe legt dabei besonderen Wert auf die Entstehung und Funktion von Wissensstrukturen über Geschlechtergruppen. Die Gender Schema Theory von Martin und Halverson (1981) ist eine der bekanntesten kognitiven Entwicklungstheorien. Sie versucht zu erklären, wie Kinder geschlechtsbezogene Stereotype erwerben, wie diese Stereotype aufrechterhalten werden und wie sie wiederum das Verhalten beeinflussen. Martin und Halverson (1981) nehmen an, dass die Bildung und Anwendung von Stereotypen ein ganz normaler kognitiver Prozess ist, der nicht unbedingt als eine kognitive Verzerrung (ein Fehler im menschlichen Denkprozess) wahrgenommen werden sollte. Ein zentraler Baustein ihrer Theorie sind kognitive Schemata. Schemata sind als naive Theorien definiert, welche die Informationsverarbeitung leiten, indem sie Erfahrungen strukturieren, das Verhalten regulieren und die Basis für Inferenzen und Interpretationen darstellen. So zeigten Studien zum Beispiel, dass Kinder sich besser an Informationen erinnern, die mit ihren kognitiven Schemata übereinstimmen, als an Informationen, die nicht mit ihren Schemata übereinstimmen (Bigler und Liben 1993). Martin und Halverson (1981) argumentieren weiter, dass Informationen über die eigene Gruppenzugehörigkeit und deren Bedeutung durch Beobachtung anderer Personen erworben werden. Kinder beobachten Rollenmodelle des gleichen Geschlechts, um zu lernen, was Mitglieder der eigenen Gruppe tun (z. B. Frauen schminken sich). Zudem beobachten sie Personen des anderen Geschlechts, um zu lernen, was Personen der eigenen Gruppe nicht tun (z. B. Männer spielen Fußball; Slaby und Frey 1975; Perry und Bussey 1979). Sobald Kinder ihr eigenes Geschlecht identifizieren und sich somit einer der Geschlechtergruppen zuordnen können, bewerten sie die eigene Gruppe als positiver als die Fremdgruppe und verhalten sich im Einklang mit dem Wissen über ihre Gruppe (Martin und Halverson 1981; Tajfel und Turner 1979). Das durch Beobachtung der Rollenmodelle erlernte Wissen wird in zwei verschiedenen Arten kognitiver Schemata gespeichert. Im „Eigengruppe-Fremdgruppe"-Schema werden generelle Informationen über die Eigenschaften, Verhaltensweisen und Rollen der Eigen- und der Fremdgruppe gespeichert. Das enger umgrenzte „Eigenes Geschlecht"-Schema gibt den Kindern vor, wie sie sich als Mitglieder der eigenen Geschlechtergruppe zu verhalten haben. Die beiden Schemata leiten nicht nur das Verhalten der Kinder, sondern beeinflussen auch die Wahrnehmung und Interpretation ihrer sozialen Umwelten (Carter und Levy 1988; Martin und Ruble 2010).

Die Social Cognitive Theory (SCT) von Bussey und Bandura (1999) basiert auf der sehr bekannten und einflussreichen *Social Learning Theory* von Bandura (1977). Die Grundannahme der ursprünglichen Theorie ist, dass Kinder durch die Beobachtung anderer Menschen Wissen über sozial angemessenes Verhalten und soziale Kategorien erwerben. So erwerben sie nicht nur Wissen durch die Beobachtung der Handlungen anderer, sondern nehmen auch wahr, welche Verhaltensweisen zu welchen (positiven oder negativen) Konsequenzen führen. Wenn Tim zum Beispiel beobachtet, dass Lea eine Süßigkeit erhält, nachdem sie eine Weile geschrien hat, erhöht dies die Wahrscheinlichkeit, dass Tim später in einer ähnlichen Situation ebenfalls schreien wird, um eine Süßigkeit zu bekommen. Dieser Wissenserwerb durch das Beobachten anderer erfolgt durch sogenanntes *Modeling*. Bussey und Bandura (1999) schreiben: „Modeling is one of the most pervasive and powerful means of transmitting values, attitudes, and patterns of thought and behavior" (S. 686). Dabei wird unter Modeling nicht der bloße Prozess der Imitation des Beobachteten verstanden, sondern vielmehr ein höhergeordneter Lernprozess, bei dem aus der Verhaltensbeobachtung Regeln und Strukturen abgeleitet werden. Diese Regeln und Strukturen werden wiederum zur Entwicklung neuer Verhaltensregeln verwendet, die auf den Beobachtungen über Verhalten und seine Konsequenzen beruhen und sie erweitern. Wenn Tim beispielsweise beobachtet, dass Lea schreit, um eine Süßigkeit zu bekommen, so heißt dies nicht automatisch, dass Tim in einer späteren ähnlichen Situation genau dasselbe Verhalten wie Lea zeigen wird. Möglicherweise weiß Tim, dass Schreien keine effektive Strategie bei seinem Vater ist. Daher fängt Tim an zu betteln. Indem Kinder Frauen und Männer beobachten, erlernen sie Stereotype über die Geschlechter (Bussey und Bandura 1984, 1992). Sobald Kinder zwischen den Geschlechtern unterscheiden können, wenden sie dem gleichgeschlechtlichen Modell mehr Aufmerksamkeit zu (Bussey und Bandura 1984, 1992). Eigenschaften des Modells bestimmen, wie sehr das Verhalten der Beobachtenden durch das Modell beeinflusst wird (Kanfer et al. 1971). So sind im Allgemeinen Modelle einflussreicher, die als sympathisch und dem

Beobachtenden ähnlich wahrgenommen werden (Cheryan et al. 2011; Buck et al. 2008). Die Theorie postuliert weiterhin, dass Beobachtungslernen in vier Prozessen abläuft: Aufmerksamkeitsprozesse, Behaltensprozesse, Reproduktionsprozesse und motivationale Verstärkungsprozesse. Die Theorie legt einen starken Fokus auf das Lernen am Modell, sieht jedoch nicht ausschließlich Umweltfaktoren als relevant für den Wissenserwerb von sozialen Kategorien. Vielmehr bezieht sie auch internale Faktoren wie die Motivation und Lernfähigkeit des Kindes ein. Wenn ein Kind beispielsweise ein Verhalten beobachtet, jedoch keinerlei Motivation hat, das Verhalten selbst zu zeigen, hat die Beobachtung keinen großen Einfluss auf das Verhalten des Kindes. Beobachtet Tim beispielsweise, wie Lea mit ihrem Fußballverein trainiert, und hat überhaupt keine Motivation selbst Fußball zu spielen, so wird das Beobachten von Lea auch keinen Einfluss auf Tims späteres Verhalten haben.

Kürzlich wurde zusätzlich zu den bestehenden Theorien die Developmental Intergroup Theory von Bigler und Liben (2006) entwickelt. Diese domänenübergreifende Theorie integriert Erkenntnisse aus der Entwicklungspsychologie und der Sozialpsychologie und beschreibt, wie Kinder lernen, welche sozialen Gruppen eine relevante Basis für Stereotype und Vorurteile darstellen. Sie beschreibt ebenfalls, wie Kinder lernen, welche Stereotype und welche affektiven Reaktionen (Vorurteile) mit diesen Gruppen in ihrer Kultur assoziiert werden. Die Theorie geht davon aus, dass man Stereotype, die ein Kind erwirbt, nur dann verstehen kann, wenn man sowohl die individuellen Eigenschaften des Kindes als auch die Umwelt betrachtet, in der das Kind heranwächst. Es handelt sich somit um einen interaktionistischen Ansatz. Die grundlegende Annahme der Theorie ist es, dass Kinder Stereotype und Vorurteile in einem konstruktivistischen, kognitiven Entwicklungsprozess erwerben. Dieser Entwicklungsprozess geht aber nicht losgelöst von der sozialen Umwelt vonstatten, sondern findet in bestimmten sozialen Umwelten statt, die zu einem unterschiedlichen Grad der Verwendung bestimmter Eigenschaften als Basis der sozialen Kategorisierung führen. Kinder lernen somit, welche Dimensionen als Basis der sozialen Kategorisierung in ihrer spezifischen Umwelt verwendet werden. Wachsen Kinder beispielsweise in einer sozialen Umwelt auf, in der Religion eine wichtige Rolle spielt (z. B. im Nahen Osten), lernen sie früh, Menschen aufgrund ihrer religiösen Zugehörigkeit zu kategorisieren. Die Theorie geht weiter davon aus, dass Stereotype und Vorurteile durch drei zentrale Prozesse erworben werden: 1) Zunächst werden bestimmte menschliche Eigenschaften psychologisch salient (d. h. herausstechend und bedeutsam), 2) dann werden Personen aufgrund dieser salienten Dimensionen sozial kategorisiert und 3) dann findet der Erwerb von Stereotypen und Vorurteilen gegenüber den salienten Gruppen statt. Zentral dabei ist wiederum die soziale Kategorisierung als Basis für die Entwicklung von

Stereotypen. Es wird angenommen, dass Kinder mit einer Prädisposition geboren werden, ihre Umwelt zu verstehen. Daher versuchen sie aktiv zu erfassen, welche Dimensionen relevant für die Kategorisierung von Menschen sind. Eigenschaften der Umwelt wirken somit mit Eigenschaften des Kindes zusammen. Durch die soziale Umwelt, in der das Kind aufwächst, werden manche Dimensionen salient und werden somit vom Kind verwendet, um Wissen über die Gruppe zu konstruieren. Vier Faktoren beeinflussen, welche Eigenschaften von Personen besonders salient werden: 1) Wahrnehmbare Unterschiede zwischen Personen (z. B. unterschiedliche Hautfarben), 2) Größe der Gruppen (d. h. ob die Gruppe die Mehrheit oder eine Minderheit darstellt), 3) explizites Labeling und die Verwendung der Kategorie durch Erwachsene (z. B. „Guten Morgen, Mädchen und Jungen. Die Mädchen stellen sich auf der linken Seite auf und die Jungen auf der rechten.") und 4) implizite Verwendung (z. B. Segregation ethnischer Gruppen in verschiedenen Stadtteilen). Durch diese vier Faktoren werden in bestimmten Umwelten bestimmte Dimensionen besonders salient und die Kinder erlernen dann, dass diese Dimensionen eine wichtige Basis für soziale Kategorisierung und Bildung von Stereotypen sind. Kinder europäischer Abstammung, die in den USA aufwachsen, lernen beispielsweise früh die Wichtigkeit ethnischer Kategorien und damit zusammenhängender Stereotype und Vorurteile. In Bezug auf die Gruppe der Afroamerikaner*innen in den USA sind viele der oben genannten Kriterien gegeben. Afroamerikanische Kinder sind für weiße Kinder aufgrund ihrer Haut- und Haarfarbe äußerlich von ihrer eigenen Gruppe unterscheidbar. Afroamerikaner*innen sind eine deutlich kleinere Gruppe als weiße Amerikaner*innen, und obwohl es heutzutage nicht mehr üblich ist, Hautfarbe als explizites Label zu verwenden, so ist die amerikanische Gesellschaft doch in vielen Bereichen noch ethnisch segregiert (z. B. in Stadtteilen). Dies bedeutet, amerikanische Kinder lernen früh, dass Ethnizität eine wichtige Dimension für die Zuordnung von Menschen in verschiedene Gruppen ist.

1.4 Soziale Kategorisierung und Stereotype in verschiedenen Altersgruppen

1.4.1 Soziale Kategorisierung im Säuglings- und Kleinkindalter

Wie bereits dargestellt kann soziale Kategorisierung als eine Vorstufe der Stereotypenbildung angesehen werden. Somit stellt sich die Frage, wann Kinder beginnen, zu verstehen, dass Menschen basierend auf bestimmten Dimensionen in zusammengehörende Kategorien oder Gruppen eingeteilt werden können. Basierend auf der Developmental Intergroup Theory (Bigler und Liben 2006) ist für die Entwicklung und Entstehung sozialer Kategorien und stereotyper Überzeugungen bei Kindern relevant, dass diese stereotypen Überzeugungen nicht allein durch die kognitive Entwicklung des Kindes bestimmt werden, sondern zum Großteil vom sozialen und kulturellen Umfeld abhängen, in dem das Kind aufwächst (Killen und Rutland 2013). Welche Kategorien eine besondere Bedeutung besitzen, wird somit auch durch das soziale und kulturelle Umfeld des Kindes bestimmt. Während manche Kategorien universell sind (z. B. das Geschlecht), wird die Relevanz anderer Kategorien (z. B. der Ethnizität) durch die soziale Umwelt bestimmt. Da Geschlecht, Ethnizität und Alter in vielen Gesellschaften zentrale Kategorien sind, auf deren Basis Menschen in Gruppen eingeteilt werden, werden sie häufig als sogenannte „grundlegende soziale Kategorien" bezeichnet (basic social categories; Kite und Whitley 2016). Über diese Kategorien besitzen Menschen demnach viele Informationen. Basierend auf dem Wissen der Zugehörigkeit einer Person zu einer der grundlegenden Kategorien ziehen Menschen Schlussfolgerungen über Eigenschaften und Rollen der Person (z. B. zeigten Deaux und Lewis (1984) dies für Geschlechterkategorien). Meist ist es einfach, Menschen in die grundlegenden sozialen Kategorien einzuordnen und diese Kategorien besitzen eine zentrale kulturelle Bedeutung (Kite und Whitley 2016). Wenn die Kategoriezugehörigkeit einer anderen Person nicht unmittelbar festgestellt werden kann, so fühlen sich Menschen oft unwohl, da sie nicht in der Lage sind, das Verhalten und die Eigenschaften der anderen Person vorherzusagen (Kite und Whitley 2016).

Entwicklungspsychologische Forschung hat gezeigt, dass Kinder bereits im Säuglingsalter in der Lage sind, charakteristische Eigenschaften ihrer eigenen Gruppe und anderer Gruppen zu erkennen (Killen und Rutland 2013). Darüber hinaus ordnen sie Menschen auch auf Basis dieser charakteristischen Eigenschaften in Kategorien ein (Killen und Rutland 2013). Die sogenannte *Visual Perference Technique (VPT)* wird verwendet, um die Fähigkeit von Säuglingen zur sozialen Kategorisierung zu untersuchen und festzustellen, ob sie bestimmte Kategorien bevorzugt benutzen. Bei dieser Technik werden Säuglingen gleichzeitig zwei Bilder von Gesichtern von Personen dargeboten, die verschiedenen Gruppen angehören. Dann wird anhand der Betrachtungsdauer der Gesichter eine Präferenz der Säuglinge bestimmt (höhere Präferenz bei längerer Betrachtung; z. B. Langlois et al. 1991). Forschung unter Verwendung dieser Technik zeigt, dass Kinder ab einem Alter von drei Monaten in der Lage sind, zwischen Menschen unterschiedlicher ethnischer Gruppen und zwischen Frauen und Männern zu unterscheiden (Quinn et al. 2002). Des Weiteren zeigt sich, dass Säuglinge bereits ab einem Alter von drei Monaten häufig Frauen gegenüber Männern bevorzugen (Quinn et al. 2002) und eine Präferenz für die Mitglieder der eigenen ethnischen Gruppe gegenüber Personen anderer ethnischer Gruppen zeigen (Kelly et al. 2005; Sangrigoli und de Schonen 2004). Interessanterweise gibt es erste Belege dafür, dass die visuelle Bevorzugung der eigenen ethnischen Gruppe und von Frauen wahrscheinlich nicht auf eine angeborene Präferenz zurück zu führen ist, sondern auf die von den Säuglingen in ihrer alltäglichen Umwelt gemachten Erfahrungen. So gibt es erste Belege dafür, dass neugeborene Säuglinge im Gegensatz zu Säuglingen im Alter von drei Monaten noch keinerlei Präferenz für die eigene ethnische Gruppe zeigen (Kelly et al. 2005). Darüber hinaus belegen erste Studien, dass die Präferenz der eigenen ethnischen Gruppe bei Säuglingen im Alter von drei Monaten nur dann auftritt, wenn sie in einer ethnisch homogenen Umwelt aufwachsen und keine (visuellen) Erfahrungen mit Menschen anderer ethnischer Gruppen machen. So zeigt zum Beispiel eine Studie, dass israelische Kinder, die im überwiegend ethnisch homogenen (hellhäutigen) Israel aufwachsen, und äthiopische Kinder, die im überwiegend ethnisch homogenen (dunkelhäutigen) Äthiopien aufwachsen, mit drei Monaten eine Eigengruppenpräferenz zeigen. Dies ist aber nicht der Fall für äthiopische Kinder, die in Israel aufwachsen (Bar-Haim et al. 2006) oder für Kinder, die regelmäßige Erfahrung sowohl mit dunkelhäutigen Personen (z. B. Eltern und Verwandten) als auch mit hellhäutigen Personen (Mehrheitsgesellschaft, z. B. Ärzt*innen und Hebammen) machen. Gleiches wurde in Bezug auf das Geschlecht gezeigt. Während Säuglinge im Alter von drei Monaten meist eine Präferenz für Frauengesichter zeigen, ist dies nicht der Fall für Säuglinge, die überwiegend von männlichen Personen betreut werden (wobei darauf hingewiesen werden muss, dass die Fallzahl der Säuglinge, die hauptsächlich von männlichen Bezugspersonen betreut wurden, in dieser Studie extrem niedrig war, $n=6$, was die Aussagekraft des Forschungsbefundes einschränken kann; Quinn et al. 2002).

Weiterhin zeigt die Forschung, dass Kinder im Alter von zehn Monaten in der Lage sind, stereotype Assoziationen zwischen Gesichtern von Frauen und Männern und Gegenständen herzustellen (Levy und Haaf 1994). Ungefähr im Alter von 18 bis 24 Monaten beginnen Kinder, Labels sozialer Kategorien zu verstehen (z. B. „Jungen vs. Mädchen") und sind in der Lage sich selbst und andere diesen Labels zuzuordnen (Levy 1999; Yee und Brown 1994). Allerdings muss bei diesen Studien darauf hingewiesen werden, dass aufgrund der Schwierigkeiten bei der Durchführung von Studien mit Kindern in diesem jungen Alter die Möglichkeit besteht, dass die Kinder dies schon früher lernen, es jedoch mit den vorhandenen Methoden nicht genau genug gemessen werden kann. Daher kann es sein, dass Kinder Labels schon früher verstehen und anwenden, dies aber nicht verbalisieren können. Mit den vorhandenen Forschungsmethoden könnte das Alter überschätzt werden, in welchem Kinder den Inhalt und das Verwenden von Labels erlernen. Weitere Studien zeigen, dass ungefähr ab einem Alter von 18 bis 19 Monaten die Mehrzahl der Kinder anfängt, spontan Labels (wie z. B. Geschlecht) zu verwenden (Zosuls et al. 2009). Mit der Verwendung dieser Labels steigt auch die Wahrscheinlichkeit, dass Kinder geschlechtsstereotype Spielzeuge wählen (z. B. Traktoren bei den Jungen und Puppen bei den Mädchen; Zosuls et al. 2009).

Die ersten rudimentären Anfänge von Stereotypen zeigen sich bei Kindern somit im Alter von circa anderthalb bis zwei Jahren (Bigler und Liben 2006) und ein tieferes Verständnis von Stereotypen entwickelt sich im Alter von ungefähr drei Jahren (Signorella et al. 1993). Dabei entwickeln Kinder zunächst Assoziationen zwischen sozialen Kategorien und beobachtbaren Aspekten wie Aussehen (z. B. Männer=kurze Haare), Gegenständen (z. B. Frauen=Lippenstift) und sozialen Rollen (z. B. Kindergärtner*innen=Frauen; Leinbach et al. 1997; Weinraub et al. 1984). Später lernen sie dann, dass es auch möglich ist, Kategorien basierend auf nicht beobachtbaren Dimensionen zu bilden (z. B. Religionszugehörigkeit).

1.4.2 Stereotype im Schulalter

Während Studien zeigen, dass Kinder ungefähr in einem Alter von drei Jahren ein grundlegendes Verständnis von Geschlechterkategorien entwickeln, so scheinen sie etwa ab einem Alter von vier Jahren, ein grundlegendes Verständnis von ethnischen Kategorien zu entwickeln. In diesem Alter zeigen Kinder noch sehr rigide Arten der Kategorisierung (Bigler und Liben 2006). Sie sind lediglich in der Lage, Menschen auf einer einzelnen Dimension zu kategorisieren (Geschlecht oder Ethnizität) und sie sehen ihre soziale Umwelt in vereinfachten entweder/oder-Kategorien mit wenig kognitiver Flexibilität (Bigler und Liben 2006; Bigler und Liben 1992).

Eine Studie von Bigler und Liben (1993) zeigt darüber hinaus, dass Kinder bereits im Alter von vier bis neun Jahren implizite Stereotype haben. So konnten sich weiße Kinder in den USA an Geschichten, die stereotyp-inkonsistente Informationen enthielten, weniger gut erinnern als an Geschichten, die stereotyp-konsistente Informationen enthielten. Im Alter von vier bis fünf Jahren beginnen Kinder explizite Formen von Vorurteilen gegenüber Mitgliedern anderer (ethnischer) Gruppen zu zeigen (Aboud 1993; Doyle und Aboud 1995; Griffiths und Nesdale 2005 zitiert nach Nesdale 2010). So berichteten Griffiths und

Nesdale (2005) zum Beispiel, dass fünf- bis sechsjährige australische Kinder den Kindern der australischen indigenen Bevölkerung negative Eigenschaften zuschrieben, nicht mit ihnen spielen wollten und noch nicht einmal in ihrer Nähe wohnen wollten (Griffiths und Nesdale 2005). Des Weiteren zeigt die Forschung, dass verschiedene Faktoren die Ausprägung von Stereotypen und Vorurteilen bei Kindern in diesem Alter beeinflussen: ihre eigenen kognitiven Fähigkeiten, interindividuelle Unterschiede, ihre Mitgliedschaften in bestimmten Gruppen und die Einstellungen wichtiger anderer Bezugspersonen (Aboud 1993; Nesdale 2004). Während Kinder somit in relativ jungem Alter Stereotype über Mitglieder sozialer Gruppen entwickeln, die visuell voneinander unterscheidbar sind, entwickeln sie erst deutlich später (ungefähr im Alter zwischen neun und elf Jahren) ein Verständnis dafür, dass Gruppenmitgliedschaften auch auf nicht-beobachtbaren Eigenschaften beruhen können (wie z. B. Religionszugehörigkeit oder Einstellungen und Werte; van der Straten Waillet und Roskam 2012). Insgesamt zeigt die Forschung, dass Kinder am Ende der Kindergartenzeit und zu Beginn der Grundschulzeit besonders starke und rigide Stereotype und Vorurteile haben, die dann im Laufe der Grundschulzeit und der Pubertät abnehmen (z. B. van der Straten Waillet und Roskam 2012). Raabe und Beelmann (2011) sind der Frage nach der Entwicklung der Einstellungen von Minoritäts- und Majoritätskindern genauer nachgegangen und haben untersucht, welche Faktoren die Entwicklung von Stereotypen bei Kindern beeinflussen. Dabei haben sie in einer Meta-Analyse 113 internationale Forschungsartikel zusammengefasst und die Befunde dieser einzelnen Arbeiten analysiert und integriert. Die Ergebnisse zeigen, dass die Vorurteile von Kindern in einem Alter von fünf bis sieben Jahren einen Höhepunkt erreichen. Auf diesen Höhepunkt folgt ein leichtes Absinken im Laufe der späten Kindheit (acht bis zehn Jahre). Die Entwicklung der Vorurteile hängt auch von der Art der Fremdgruppe und ihrem Status in der gesellschaftlichen Hierarchie ab. Zusätzlich zeigen Raabe und Beelmann (2011), dass in Bezug auf die Entwicklung von Vorurteilen gegenüber status-niedrigen Minderheiten die Vorurteile von Kindern der Majorität dann stetig zunehmen, wenn diese keine Möglichkeiten des Kontakts mit Mitgliedern der Minderheitsgruppe haben. Die Vorurteile dieser Kinder steigen in wechselnder Stärke vom zweiten bis zum 19. Lebensjahr an. Kinder der Majorität hingegen, die viel Kontakt mit status-niedrigen Minderheiten haben, zeigen einen ganz anderen Verlauf: Bei diesen Kindern steigen Vorurteile zwischen zwei und sieben Jahren an, sinken jedoch dann auf ein sehr niedriges Niveau und verbleiben auf diesem Niveau. Dies ist ein weiterer zentraler Beleg dafür, dass die soziale Umwelt des Kindes einen starken Effekt auf die Entwicklung von Stereotypen und Vorurteilen hat.

1.4.3 Stereotype bei Erwachsenen (Lehrkräften)

Ein wichtiger Forschungsbereich zu Stereotypen bei Erwachsenen beschäftigt sich mit dem Inhalt der Stereotype. Das *Stereotype Content Model* (z. B. Fiske et al. 2002) besagt, dass Stereotype über soziale Gruppen auf zwei Dimensionen beschrieben werden können: *Wärme* und *Kompetenz*. Diese Dimensionen leiten sich aus zwei Grundfragen ab, die sich aus dem Zusammenleben der eigenen Gruppe mit verschiedenen anderen sozialen Gruppen ergeben (Cuddy et al. 2008). Die erste Frage ist: Welche Absichten hat die Fremdgruppe gegenüber der Eigengruppe? Hier geht es darum, ob die Fremdgruppe als wohlgesonnen oder feindlich wahrgenommen wird. Als wohlgesonnen werden besonders diejenigen Fremdgruppen wahrgenommen, die nicht mit der Eigengruppe im Wettbewerb stehen und nicht als Bedrohung für die Werte und Ressourcen der Eigengruppe eingeschätzt werden (z. B. Cuddy et al. 2008; Kervyn et al. 2015). Wird die Fremdgruppe als wohlgesonnen erlebt, werden ihre Mitglieder hoch auf der Wärmedimension stereotypisiert (z. B. als freundlich und warmherzig). Die zweite Frage ist: Wie hoch sind die Fähigkeiten der Fremdgruppe, die Absichten in die Tat umzusetzen? Hier geht es darum, um welche Kompetenzen und Ressourcen zur Umsetzung die Fremdgruppe verfügt. Hoch auf der Kompetenzdimension (z. B. kompetent, ehrgeizig) werden besonders diejenigen Fremdgruppen stereotypisiert, die einen hohen gesellschaftlichen Status haben (z. B. viele materielle Ressourcen und gute Bildung/Jobs; Cuddy et al. 2008). Die beiden Dimensionen Wärme und Kompetenz bilden einen zweidimensionalen Raum und die Stereotype über verschiedene gesellschaftliche Gruppen sind in der Regel in vier Cluster unterteilt. Hohe Wärme und hohe Kompetenz werden der Eigengruppe zugeschrieben sowie Gruppen, die der Eigengruppe ähnlich sind. Hohe Kompetenz und niedrige Wärme werden Gruppen mit hohem Status zugeschrieben, die jedoch im Wettbewerb mit der Eigengruppe stehen (z. B. Reiche und Asiaten). Niedrige Kompetenz und hohe Wärme werden Gruppen zugeschrieben, die als wohlgesonnen und nicht als Konkurrenz wahrgenommen werden (z. B. Frauen und ältere Menschen). Niedrige Kompetenz und niedrige Wärme werden hingegen Gruppen zugeschrieben, die zwar keine Konkurrenz darstellen, aber auch nicht als wohlgesonnen wahrgenommen werden (z. B. Menschen in Armut oder ohne Arbeit sowie Menschen mit Migrationshintergrund; Bye et al. 2014; Cuddy et al. 2007; Asbrock 2010). Das *Stereotype Content Model* beschreibt zudem, dass Stereotype Konsequenzen für Emotionen und Verhaltenstendenzen gegenüber Fremdgruppenmitgliedern haben. So sind die vier Stereotypencluster mit charakteristischen Emotionen und Verhaltenstendenzen verbunden (Cuddy et al. 2008). Hohe Kompetenz/hohe Wärme führen zu Bewunderung und aktiver/passiver Unterstützung (z. B. Kooperation mit und Tolerierung der Fremdgruppe). Hohe Kompetenz/niedrige Wärme führen zu Neid und aktivem Schaden (z. B. Diskriminierung und Ausgrenzung) sowie passiver Unterstützung. Niedrige Kompetenz/hohe Wärme führen zu Mitleid und aktiver Unterstützung sowie passivem Schaden (z. B. Ignorieren und Vernachlässigen der Fremdgruppe). Niedrige Kompetenz/niedrige Wärme führen zu Verachtung und aktivem/passivem Schaden (Cuddy et al. 2008). Für den Schulkontext sind besonders Stereotype auf der Kompetenzdimension relevant, da sie den Gruppen Eigenschaften zuschreiben, die mit Erfolg oder Misserfolg im Bildungssystem in Verbindung gebracht werden (z. B. Fähigkeiten und Anstrengungsbereitschaft).

1.4.4 Welche Konsequenzen haben Stereotype in Lern- und Leistungssituationen?

Haben Lehrkräfte Stereotype über die intellektuellen oder sozialen Fähigkeiten bestimmter sozialer Gruppen, denen ihre Schüler*innen angehören, so besteht die Möglichkeit, dass sich diese Stereotype in Lern- und Leistungssituationen auswirken. Zum einen kann es Auswirkungen auf das Verhalten der Lehrkräfte selbst geben, zum anderen können die Stereotype jedoch auch die Leistungen, die Identifikation und die Motivation der betroffenen Schüler*innen beeinflussen. Im Folgenden werden vornehmlich die Auswirkungen negativer Stereotype betrachtet, da diese sich in Lern- und Leistungssituationen schädlich für die betroffenen Gruppenmitglieder auswirken können.

1.4.5 Auswirkungen auf Ursachenzuschreibungen und Verhalten von Lehrkräften

Im Schulkontext kommt den Lehrkräften eine besondere Rolle zu, da sie ihre Schüler*innen möglichst objektiv einschätzen und hinsichtlich ihrer Leistungen bewerten und miteinander vergleichen müssen. Aus diesem Grund sind Lehrkräfte in der Regel sehr motiviert, diese Leistungsbewertungen so objektiv wie möglich und unabhängig von gruppenbezogenen Stereotypen zu treffen. Da jedoch alle Menschen Stereotype haben und diese, wie in der Einleitung dieses Kapitels beschrieben, auch automatisch und somit unbewusst aktiviert werden können, können sie unbeabsichtigt die Bewertung der Schüler*innen und das Verhalten der Lehrkräfte beeinflussen (z. B. Chen und Bargh 1997; Glock und Krolak-Schwerdt 2013; Glock 2016, Kleen und Glock 2018). Beispielsweise könnte das Stereotyp, dass Schüler*innen mit Migrationshintergrund niedrigere Sprachfähigkeiten haben als deutsche Schüler*innen, dazu führen, dass eine Lehrkraft türkischstämmige Schüler*innen im Deutschunterricht bei schwierigen Aufgaben weniger unterstützt oder die Klassenarbeiten der türkischstämmigen Schüler*innen bei vergleichbarer Leistung negativer bewertet als die der deutschen Schüler*innen.

Im Beurteilungsprozess treffen Lehrkräfte Annahmen über die Gründe für das Verhalten von Schüler*innen (z. B. warum Ahmed sich selten mündlich beteiligt oder warum Tim in der letzten Mathematikarbeit eine sehr gute Leistung gezeigt hat). Diese Ursachenzuschreibungen werden auch *Kausalattributionen* genannt (Weiner 1979, 1986). Kausalattributionen können sich in drei Dimensionen unterscheiden: 1) Lokation – Liegen die Gründe innerhalb oder außerhalb der Person? (z. B. wie stark ist Tim selbst für seine gute Mathematikleistung verantwortlich?), 2) Kontrollierbarkeit – Sind die Gründe durch die Person kontrollierbar oder unkontrollierbar? (z. B. wie stark kann Tim seine Mathematikleistung durch Anstrengung verändern?) und 3) Stabilität – Sind die Gründe über verschiedene Situationen hinweg stabil oder variabel? (z. B. zeigt Tim in der Vergangenheit und Zukunft ähnliche Mathematikleistungen?; Weiner 1986). Viele Stereotype beinhalten gruppenbezogene Eigenschaftszuschreibungen (z. B. „Migrant*innen mit einer anderen Muttersprache können schlecht Deutsch" oder „Jungen sind begabt in Mathematik"). Laut dem Attributionsmodell der Stereotype (Reyna 2000, 2008) führen solche leistungs- oder fähigkeitsbezogenen Stereotype dazu, dass das Verhalten von Schüler*innen in Abhängigkeit ihrer Gruppenmitgliedschaft auf unterschiedliche Ursachen zurückgeführt wird. Wird eine Gruppe in einem Leistungsbereich stabil negativ stereotypisiert, kann das zu besonders ungünstigen Attributionsmustern bei Lehrkräften führen. So könnte eine Lehrkraft mit der stereotypen Annahme, dass Migrant*innen niedrige Sprachfähigkeiten haben, Ahmeds geringe mündliche Beteiligung im Deutschunterricht auf internale, unkontrollierbare Ursachen zurückführen. Sie sieht die Verantwortung bei Ahmed und meint, dass er seine Sprachfähigkeiten auch nicht durch Lernen und Anstrengung verbessern kann. Wiederum könnte eine Lehrkraft mit der stereotypen Annahme, dass Migrant*innen die deutsche Sprache nicht erlernen wollen, Ahmeds geringe mündliche Beteiligung im Deutschunterricht auf internale, kontrollierbare Ursachen zurückführen. Sie sieht ebenfalls die Verantwortung bei Ahmed, meint jedoch, dass Ahmed seine mündliche Beteiligung durchaus durch Lernen und Anstrengung verbessern könnte, aber nicht motiviert dazu ist. Diese beiden durch negative Stereotype gefärbten Attributionsmuster können zu ungünstigen Einstellungen und Verhaltensweisen der Lehrkräfte führen. Internale, unkontrollierbare Attributionen führen zu Mitleid und kurzfristiger

Unterstützung, langfristig werden jedoch weniger Ressourcen zur Unterstützung bereitgestellt. Internale, kontrollierbare Attributionen führen zu Ärger, Bestrafungsverhalten sowie weniger Hilfeverhalten und Bereitstellung von Ressourcen (Reyna 2008).

Der Zusammenhang von Stereotypen und Attributionen wurde ebenfalls im deutschen Kontext zum Thema *Bildungserfolg von Schüler*innen mit Migrationshintergrund* untersucht. Froehlich et al. (2016) untersuchten in drei Studien mit deutschen Lehramtsstudierenden, inwieweit Kompetenzstereotype die Attributionen für den niedrigen Bildungserfolg von türkischstämmigen und italienischstämmigen Migrant*innen vorhersagen. Je negativer die Stereotype über die Kompetenz der Migrantengruppen, desto eher wurde den Migrant*innen selbst die Verantwortung für ihren niedrigen Bildungserfolg zugeschrieben (internale Attribution) und desto weniger wurde strukturelle Diskriminierung im Bildungssystem als Ursache angesehen (externale Attribution). Dieses ungünstige Attributionsmuster zeigte sich stärker für türkischstämmige im Vergleich zu italienischstämmigen Migrant*innen. Zusammenfassend kann festgehalten werden, dass Stereotype Konsequenzen für die Ursachenzuschreibungen für akademische Leistungen haben können, und dass diese Ursachenzuschreibungen wiederum das Verhalten der Lehrkräfte gegenüber Mitgliedern der stereotypisierten Gruppen beeinflussen können.

Sozialpsychologische Studien haben zudem gezeigt, dass Stereotype innerhalb von weniger als einer Sekunde automatisch aktiviert werden und einen Einfluss auf das Verhalten von Personen haben können (z. B. Roth et al. 2018). Zum Beispiel untersuchten Correll und Kolleg*innen (2002) stereotyp-konsistentes Verhalten in einer virtuellen Schießaufgabe in einem Computerspiel. Es wurden weiße und afroamerikanische Personen gezeigt, die entweder eine Waffe oder einen ungefährlichen Gegenstand (z. B. ein Handy) in der Hand hielten. Die US-amerikanischen Versuchsteilnehmenden sollten so schnell wie möglich durch Drücken einer Taste die Entscheidung treffen, auf bewaffnete Personen zu schießen und auf unbewaffnete Personen nicht zu schießen. Im Einklang mit Stereotypen über die Gefährlichkeit von Afroamerikanern zeigten sich in Abhängigkeit der dargestellten Person Unterschiede in der Schnelligkeit und Richtigkeit der Schießentscheidungen. Auf bewaffnete Afroamerikaner wurde schneller geschossen als auf bewaffnete Weiße. Auf unbewaffnete Weiße wurde schneller nicht geschossen als auf unbewaffnete Afroamerikaner. Zudem wurde häufiger fälschlicherweise auf eine unbewaffnete Person geschossen, wenn sie afroamerikanisch war, und häufiger fälschlicherweise nicht auf eine bewaffnete Person geschossen, wenn sie weiß war. Diese Effekte traten besonders stark auf, wenn die Schießentscheidungen unter Zeitdruck (innerhalb weniger Millisekunden) getroffen werden mussten und die Teilnehmenden somit wenig kognitive Kapazität zur Verarbeitung aller Informationen hatten. Diese und ähnliche Effekte wurden auch in einer Meta-Analyse über 42 Studien hinweg und in einer Studie im deutschen Kontext zu türkischstämmigen Migrant*innen gezeigt (Mekawi und Bresin 2015; Essien et al. 2017). Sind Stereotype einmal aktiviert, begünstigt kognitive Belastung ihren Einfluss auf das Verhalten. Lehrkräfte haben in Unterrichtssituationen eine hohe kognitive Belastung, da sie viele Aufgaben gleichzeitig bewältigen und vielen Schüler*innen gerecht werden müssen. Werden Stereotype in Unterrichtssituationen aktiviert, können diese das Verhalten von Lehrkräften in stereotyp-konsistenter Richtung beeinflussen.

1.5 Auswirkungen für (negativ stereotypisierte) Schüler*innen

1.5.1 Akademische Leistungen

Gehören Schüler*innen einer sozialen Gruppe an, deren akademische Leistungsfähigkeit negativ stereotypisiert wird, so kann sich dies auf ihre Testleistungen auswirken. Wenn sie vor einem Test an ihre negativ stereotypisierte Gruppenmitgliedschaft erinnert werden, schneiden sie im Schnitt schlechter ab, als wenn sie nicht an die Gruppenmitgliedschaft erinnert werden (Überblick z. B. bei Spencer et al. 2016). Dieser Leistungsabfall durch Stereotypaktivierung wird *Stereotype Threat* (Bedrohung durch Stereotype) genannt und wurde ursprünglich für Afroamerikaner*innen in den USA untersucht (z. B. Steele und Aronson 1995). Mittlerweile wurde Stereotype Threat jedoch auch für Frauen in Mathematik gezeigt (z. B. Spencer et al. 1999, siehe auch Kap. 2 im aktuellen Band) und für Schüler*innen mit niedrigem sozioökonomischen Status (z. B. Croizet und Claire 1998) und Schüler*innen mit Migrationshintergrund (z. B. Appel et al. 2015). Im deutschen Kontext konnten Stereotype Threat-Effekte für Frauen im mathematischen Bereich (z. B. Keller und Dauenheimer 2003; Keller 2007) und für türkischstämmige Schüler*innen im sprachlichen und mathematischen Bereich nachgewiesen werden (Froehlich et al. 2016; Martiny et al. 2014; Meta-Analyse von Froehlich et al. 2018). Die betroffenen Schüler*innen sind motiviert, das Stereotyp über ihre Gruppe nicht durch eine eigene schlechte Testleistung zu bestätigen. Daher tragen vielfältige Faktoren zur Leistungsbeeinträchtigung bei – eine Rolle spielen hierbei erhöhte Ängstlichkeit, negative Gedanken und Gefühle sowie Konzentrationsschwierigkeiten (z. B. Schmader et al. 2008; Pennington et al. 2016). Leistungsunterschiede zwischen sozialen Gruppen gehen somit nicht unbedingt auf tatsächliche Fähigkeitsunterschiede zurück, sondern können auch durch die situativen Umstände, in denen ein Test durchgeführt wird, hervorgerufen werden (z. B. Inzlicht und Schmader 2012).

1.5.2 Zugehörigkeitsgefühl zur Schule und Domänenidentifikation

Darüber hinaus zeigt die Forschung, dass Stereotype nicht nur die Leistungen von negativ stereotypisierten Schüler*innen beeinflussen können, sondern auch ihr Zugehörigkeitsgefühl zur Schule und ihre Domänenidentifikation. Das *Zugehörigkeitsgefühl zur Schule* beschreibt die Qualität der wahrgenommenen sozialen Beziehungen in der Schule – ob sich Schüler*innen im Schulkontext von den Lehrkräften und Mitschüler*innen angenommen, wertgeschätzt und respektiert fühlen (Baumeister und Leary 1995). Negative Stereotype können das Zugehörigkeitsgefühl reduzieren, da die betroffenen Schüler*innen aufgrund der mit negativen Eigenschaften in Verbindung gebrachten Gruppenmitgliedschaft weniger stark das Gefühl haben, dass sie als Individuum sozial eingebunden und wertgeschätzt werden (z. B. Walton und Carr 2012). Dieser Eindruck kommt zustande, da sich die Betroffenen im Schulkontext eher als Repräsentant*innen der eigenen sozialen Gruppe fühlen als als Individuum – sie sind verunsichert, besorgt, und suchen nach Hinweisen darauf, ob sie sozial angenommen werden oder nicht (Walton und Cohen 2007). Kommt es zu negativen sozialen Ereignissen, beispielsweise negativem Feedback oder sozialer Isolation, werden diese von den Betroffenen als schwerwiegender wahrgenommen als von Schüler*innen, die keiner negativ stereotypisierten Gruppe angehören. Ein niedriges Zugehörigkeitsgefühl hängt wiederum mit reduzierter Motivation und reduzierten Leistungen (durch Stereotype Threat) zusammen (z. B. Mello et al. 2012; Walton und Carr 2012; Walton und Cohen 2011a). Das Zugehörigkeitsgefühl kann daher als Vorläufer von Bildungserfolg angesehen werden.

Ein weiterer Bereich, der von negativen Stereotypen beeinflusst werden kann, ist die *Domänenidentifikation* – sie gibt an, wie sehr sich Schüler*innen mit dem akademischen Bereich (z. B. der Schule allgemein, aber auch einzelnen Schulfächern) identifizieren. Eine hohe Domänenidentifikation hat viele positive Konsequenzen: Schüler*innen, die sich stark mit dem akademischen Bereich identifizieren, lernen mehr für die Schule, zeigen bessere Leistungen, mehr Durchhaltevermögen bei Schwierigkeiten und machen häufiger ihren Abschluss, während sie weniger anfällig für Fehlzeiten und Schulabbruch sind als Schüler*innen, die sich weniger stark mit dem akademischen Bereich identifizieren

(Osborne und Jones 2011). Ein Faktor, der die Stärke der Domänenidentifikation bestimmt, ist die Mitgliedschaft in sozialen Gruppen (z. B. Ethnizität, Geschlecht oder sozioökonomischer Status; z. B. Osborne 1997; Steele 2003). Ist die Gruppenmitgliedschaft mit negativen Stereotypen assoziiert, fällt die Domänenidentifikation niedriger aus; dies ist eine Strategie sich vor der Bedrohung durch Stereotype zu schützen (z. B. Crocker und Major 1989). Keller (2007) untersuchte das Zusammenspiel negativer Stereotype und der Domänenidentifikation für die Mathematikleistung von deutschen Realschülerinnen. Vor einem Mathematiktest wurde die Hälfte der Schülerinnen an ihre negativ stereotypisierte Gruppenmitgliedschaft erinnert (Stereotype Threat), die andere Hälfte nicht. Schülerinnen in der Stereotype Threat-Gruppe zeigten schlechtere Leistungen, wenn sie sich stark mit der Domäne Mathematik identifizierten. Schülerinnen, deren Selbstwert stärker davon abhängt, dass sie in der Domäne gute Leistungen erbringen, sind demnach besonders anfällig für die Auswirkungen negativer Stereotype. Langfristig und bei wiederholter Erinnerung an die negativen Stereotype distanzieren sich die Betroffenen immer mehr von der Domäne, um die Bedrohung durch Stereotype abzuschwächen (Major und Schmader 1998). Eine Studie von Woodcock et al. (2012) zeigt zudem, dass Stereotype auch langfristige Auswirkungen auf die Domänenidentifikation haben können. Über einen Zeitraum von drei Jahren hinweg sagte das Ausmaß an wahrgenommener Bedrohung durch negative Stereotype eine niedrigere Domänenidentifikation von Studierenden naturwissenschaftlicher Fächer vorher, die einer stereotypisierten Minderheit (Latino/a) angehörten. So können negative Stereotype dazu beitragen, dass die Domänenidentifikation beeinträchtigt wird, was wiederum zu niedrigerer Motivation und akademischer Leistung führt.

1.6 Akademische und soziale Motivation

Ein weiterer im Schulkontext relevanter Bereich, in welchem Stereotype für Schüler*innen zum Tragen kommen können, ist die Motivation. Forschungsarbeiten haben gezeigt, dass die Motivation und das Interesse am stereotypisierten Bereich sowie die Motivation zu sozialen Beziehungen mit Menschen aus diesem Bereich durch Stereotype verringert werden können. Die meisten Forschungsarbeiten beschäftigen sich hierbei mit der Unterrepräsentanz von Frauen im mathematischen Bereich.

Plante und Kolleg*innen (2019) untersuchten die Rolle von Stereotypen für Geschlechterunterschiede im Interesse am mathematischen und sprachlichen Bereich. Bereichsspezifische Geschlechterstereotype (Männer haben höhere mathematische Fähigkeiten und Frauen haben höhere sprachliche Fähigkeiten) sagten vorher, dass Männer stärkeres Interesse am mathematischen Bereich zeigten und Frauen stärkeres Interesse am sprachlichen Bereich. Im sprachlichen Bereich war vor allem der Geschlechtervergleich innerhalb des Bereichs für die Unterschiede im Interesse relevant, im mathematischen Bereich kam zudem der Vergleich der Geschlechter zwischen dem mathematischen und sprachlichen Bereich hinzu. Somit konnte gezeigt werden, dass Geschlechterstereotype zu stereotyp-konsistenten Interessensbereichen führen, dies aber in den verschiedenen akademischen Bereichen durch unterschiedliche Prozesse erklärt werden kann. Stereotype üben zudem einen Einfluss auf die langfristige Motivation von Frauen aus, eine Karriere im mathematisch-naturwissenschaftlichen Bereich anzustreben. Schuster und Martiny (2017) zeigten, dass die Aktivierung von negativen Stereotypen über die Mathematikfähigkeiten dazu führt, dass Mädchen und Frauen weniger stark motiviert sind, später in einem Bereich zu arbeiten, in welchem mathematische Fähigkeiten benötigt werden. Dieser Effekt kann dadurch erklärt werden, dass Frauen durch die Stereotype weniger positive und mehr negative Emotionen in Bezug auf den mathematisch-naturwissenschaftlichen Bereich empfinden.

Martiny und Nikitin (2019) zeigten darüber hinaus, dass negative Stereotype die Motivation, soziale Beziehungen zu Menschen aus dem negativ stereotypisierten Bereich aufzubauen, verringern können. Vier Studien mit weiblichen Universitätsstudierenden ergaben, dass die Erinnerung an das negative Stereotyp über die Mathematikfähigkeiten von Frauen (Stereotype Threat) dazu führt, dass Frauen eine niedrigere Motivation aufweisen, soziale Beziehungen zu ihren Mitstudierenden aufzubauen und zu pflegen. Dies kann durch ein reduziertes Zugehörigkeitsgefühl zur Universität erklärt werden. Die negativen Auswirkungen von Stereotypen auf die soziale Motivation der Betroffenen haben somit wichtige Konsequenzen für ihre Leistungen und ihren Verbleib in dem akademischen Bereich, weil soziale Beziehungen (z. B. Freundschaften, Aufbau von sozialen Netzwerken) eine wichtige Rolle für gute akademische Leistungen spielen.

1.7 Wie kann der Einfluss von Stereotypen in Lern- und Leistungssituationen reduziert werden?

1.7.1 Verringerung des Einflusses von Stereotypen auf das Verhalten von Lehrkräften

Es ist möglich, dem Einfluss von automatisch aktivierten Stereotypen auf das Verhalten von Lehrkräften entgegenzuwirken. In vielen Unterrichtssituationen haben

Lehrkräfte zwar Zeitdruck und kognitive Belastungen durch vielfältige Aufgaben, müssen aber nicht (wie z. B. in den oben beschriebenen virtuellen Schießaufgaben) innerhalb weniger Millisekunden Entscheidungen treffen. Stehen den Lehrkräften genügend motivationale und kognitive Ressourcen zur Verfügung, können sie dem Einfluss automatisch aktivierter Stereotype durch kontrollierte Prozesse entgegenwirken. Wenn Personen motiviert sind, sich gegen die Nutzung stereotyper Inhalte zu entscheiden, wird der Einfluss auf das Verhalten verringert (Klauer 2008). Forschungsarbeiten zur *Motivation zu vorurteilsfreiem Verhalten* (Banse und Gawronski 2003; Plant und Devine 1998) haben ergeben, dass Menschen zwei unterschiedliche Motive haben können, sich vorurteilsfrei zu verhalten. Zum einen können sie durch äußeren Druck motiviert sein, der sozialen Norm zu entsprechen, dass man keine Vorurteile haben/äußern sollte (externale Motivation, z. B. „Es wäre mir unangenehm, wenn jemand glauben würde, dass ich Vorurteile gegenüber Minderheiten hätte."). Zum anderen können sie persönliche Standards haben, um den Einfluss von Vorurteilen auf das Verhalten zu verhindern (internale Motivation, z. B. „Man sollte sich nie durch Vorurteile leiten lassen."; Banse und Gawronski 2003). Besonders die internale Motivation zu vorurteilsfreiem Verhalten kann die Auswirkungen von Stereotypen auf das Verhalten reduzieren. Ist die internale Motivation hoch, werden Stereotype weniger häufig automatisch aktiviert (z. B. Moskowitz et al. 1999; Moskowitz und Stone 2012; Plant und Devine 1998). Auch wenn sie bereits aktiviert wurden, können Personen mit hoher internaler Motivation zu vorurteilsfreiem Verhalten ihren Einfluss auf das Verhalten besser kontrollieren (Fehr et al. 2012). Jedoch ist es für kontrollierte Prozesse zur Reduzierung des Einflusses von Stereotypen auf das Verhalten essenziell, dass Lehrkräfte aktivierte Inhalte über soziale Kategorien als stereotyp erkennen (Bargh 1999; Wilson und Brekke 1994). Aus diesem Grund ist es hilfreich, dass Lehrkräfte Stereotype über verschiedene soziale Gruppen (z. B. Ethnizität, Geschlecht, sozioökonomischer Status, sexuelle Orientierung oder Behinderung) reflektieren, um sich ihren eigenen oder den gesellschaftlich verbreiteten stereotypen Annahmen im Zusammenhang mit Leistungsfähigkeit und Sozialverhalten der verschiedenen Gruppen bewusst zu werden (praktische Hinweise bei Mok et al. 2015). Schmid, Mast und Krings (2008) formulieren es folgendermaßen: „Obwohl uns die automatische Aktivierung von Stereotypen dafür prädestiniert, stereotypisiert wahrzunehmen und zu handeln, sind wir ihrem Einfluss nicht willenlos ausgeliefert. So gibt es viele Situationen, in denen wir kontrollierte Verarbeitungsprozesse in Gang setzen können, wenn wir motiviert sind." (S. 40).

1.7.2 Verringerung von Stereotype Threat

Um den leistungsreduzierenden Effekt von Stereotype Threat zu vermeiden oder zu reduzieren, ist es sehr wichtig, dass Lehrkräfte in Lern- und Leistungssituationen keine negativen gruppenbezogenen Stereotype aktivieren (Spencer et al. 2016). Besonderes Augenmerk sollte hier auf die Abfrage demografischer Informationen gelegt werden. Wird beispielsweise vor einem Deutschtest erfragt, ob Deutsch die Muttersprache der Schüler*innen ist, oder vor einem Mathematiktest das Geschlecht erfragt, so kann dies die Leistung von negativ stereotypisierten Schüler*innen beeinträchtigen. Lehrkräfte sollten darauf achten, dass vor einem Test/einer Klassenarbeit keine Stereotype aktiviert werden, beispielsweise durch gruppenbezogene Aussagen in den Testinstruktionen.

Weitere Möglichkeiten zur Reduzierung von Stereotype Threat zielen darauf ab, die Widerstandsfähigkeit der Schüler*innen zu erhöhen. Wenn sie über Stereotype Threat und seine negativen Auswirkungen aufgeklärt werden, können sie ihre Nervosität auf die Bedrohung durch Stereotype zurückführen und der leistungsreduzierende Effekt ist nicht mehr so stark (Johns et al. 2005). Einige Forschungsarbeiten zeigten, dass Interventionen zur Stärkung des Zugehörigkeitsgefühls der Schüler*innen den leistungsreduzierenden Effekt ebenfalls verringern können (Walton und Carr 2012; Walton und Cohen 2011b; Yeager und Walton 2011). Walton und Cohen (2011b) führten beispielsweise eine Intervention mit Universitätsstudierenden im ersten Semester durch, die den Studierenden erklärte, dass soziale Schwierigkeiten zu Beginn des Studiums normal und vorübergehend seien und daher das Zugehörigkeitsgefühl nicht negativ beeinflussen sollten. Auf diese Art wurde negativ stereotypisierten Studierenden eine Alternativerklärung für ihre Unsicherheit in Bezug auf das Zugehörigkeitsgefühl zur Universität gegeben, die nichts mit ihrer Gruppenmitgliedschaft zu tun hatte. Im Verlauf von drei Jahren konnte ein positiver Effekt der Intervention auf die Leistungen von afroamerikanischen Studierenden nachgewiesen werden und somit wurden ihre Minderleistungen im Vergleich zu weißen Studierenden um die Hälfte verringert. Der Mechanismus hinter der Wirksamkeit von Interventionen zum Zugehörigkeitsgefühl ist wie folgt: Wenn das Zugehörigkeitsgefühl verstärkt wird, erwarten negativ stereotypisierte Schüler*innen positive Interaktionen mit ihren Mitschüler*innen und den Lehrkräften. Negative Interaktionen haben dann keine so starken Auswirkungen mehr auf ihr Zugehörigkeitsgefühl. Diese positiven Erwartungen wiederum helfen den Schüler*innen, stabile Sozialbeziehungen in der Schule aufzubauen sowie hohe Motivation und Leistungen aufrechtzuerhalten (Walton und Carr 2012; Walton und Cohen 2011b). Somit können relativ kurze und einfach umzusetzende Interventionen langfristige Effekte haben, die sich über die Zeit hinweg verstärken (Yeager und Walton 2011).

1.7.3 Intergruppenkontakt

Ein einflussreicher Ansatz zur Reduktion von Stereotypen und Vorurteilen zwischen Gruppen ist der Intergruppenkontakt. Die *Kontakthypothese* (Allport 1954) besagt, dass der Kontakt zu Mitgliedern von Fremdgruppen zum Abbau von Stereotypen und Vorurteilen führt. Die positiven Effekte von Kontakt mit Minderheiten auf die Entwicklung von Stereotypen bei Kindern sind bereits im obigen Abschnitt „Stereotype im Schulalter" ausgeführt worden (siehe Raabe und Beelmann 2011). Der positive Effekt von Kontakt wurde in über 500 Forschungsarbeiten nachgewiesen (siehe Meta-Analyse von Pettigrew und Tropp 2006) und tritt besonders stark auf, wenn folgende Bedingungen erfüllt sind: Die Gruppen haben den gleichen Status und verfolgen gemeinsame Ziele, für die sie miteinander kooperieren müssen; zudem wird der Intergruppenkontakt von Autoritäten unterstützt (Allport 1954). Da Schüler*innen meist heterogenen sozialen Gruppen angehören, bergen Lern- und Leistungskontexte vielfältige Möglichkeiten, die positiven Effekte von Intergruppenkontakt zu nutzen und gezielt zu fördern. Eine einflussreiche kooperative Unterrichtsmethode zur Erzeugung von sozialem Austausch zwischen Mitgliedern verschiedener Gruppen ist das *Gruppenpuzzle* (Aronson et al. 1978; Aronson und Patnoe 2011; Überblick bei Imhof 2016). Diese Methode ist eine Gruppenarbeitsmethode, die in verschiedenen Phasen abläuft und ein übergeordnetes Thema in Teilgebiete zerlegt. Die Schüler*innen sind dabei für die erfolgreiche Erarbeitung des übergeordneten Themas auf Zusammenarbeit angewiesen. Zuerst werden die Schüler*innen in kleine Gruppen („Basisgruppen", 4–6 Personen) geteilt. Jedes Mitglied der Basisgruppe erhält Materialien zu einem Teilgebiet eines übergeordneten Themas. Dann gruppieren sich die Schüler*innen neu in sogenannten „Expertengruppen", in welchen sich alle Personen aus den Basisgruppen mit Materialien zum selben Teilgebiet zusammenfinden. In den Expertengruppen wird das jeweilige Teilgebiet so erarbeitet, dass zum Schluss jede*r Expert*in das Teilgebiet verstanden hat und erklären kann. In der letzten Phase kehren die Expert*innen in ihre Basisgruppen zurück und vermitteln nun nacheinander den anderen Gruppenmitgliedern die in den Expertengruppen erarbeiteten Teilgebiete. Zuletzt bearbeiten die Schüler*innen einen individuellen Wissenstest (siehe Aronson und Patnoe 2011; Imhof 2016). Bei der Methode des Gruppenpuzzles entstehen heterogene Gruppen und alle Schüler*innen müssen sich den Lernstoff in den

Expertengruppen aktiv aneignen, um ihn später den Mitschüler*innen der eigenen Basisgruppe vermitteln zu können. Somit sind die einzelnen Schüler*innen essenziell am Gelingen der übergeordneten Gruppenarbeit beteiligt („individuelle Verantwortlichkeit") und arbeiten zusammen und gleichberechtigt an einem gemeinsamen Ziel („positive Interdependenz" und „gemeinsames Ziel"; Aronson et al. 1978). Die Methode des Gruppenpuzzles erfüllt die Kontaktbedingungen nach Allport (1954) und kann somit zum Abbau gruppenbezogener Stereotype und Vorurteile beitragen. Eine Studie von Targonsinski et al. (2015) evaluierte das Gruppenpuzzle zum Thema „Radioaktivität" mit Grundschüler*innen in Österreich. Nach 120 min Gruppenpuzzle zeigten die Schüler*innen im Vergleich zu vorher einen Wissenszuwachs, aber auch positivere Einstellungen gegenüber Mitgliedern anderer ethnischer Gruppen (z. B. eine erhöhte Absicht, keine Diskriminierungen mehr zu äußern, sich selbst vorurteilsfrei darzustellen und sich eigene Vorurteile zuzugestehen). Zudem wurden in Evaluationsstudien zum Gruppenpuzzle auch positive Auswirkungen auf Sympathie für andere Gruppenmitglieder, Einstellungen zur Schule, Selbstbewusstsein, intrinsische Motivation, fachbezogenes Interesse und Lernleistungen der Schüler*innen nachgewiesen (Blaney et al. 1977; Borsch et al. 2002; Govaris und Kaldi 2008; Hänze und Berger 2007).

1.8 Fazit

Das Ziel des vorliegenden Kapitels war es, einen theoretischen Überblick über die Entwicklung von Stereotypen im Kindesalter und ihre Konsequenzen im Schulkontext zu geben. Zusammenfassend kann festgehalten werden, dass die Entwicklung von Stereotypen zwar zu einem gewissen Grad als ein normaler kognitiver Entwicklungsprozess verstanden werden kann, die soziale Umwelt des Kindes jedoch einen starken Einfluss auf die Art und auf die Stärke der Stereotype haben kann, die Kinder entwickeln. Daher ist es zentral, dass Menschen sich dieser Stereotype und ihrer Konsequenzen bewusst sind und bestmöglich versuchen, ihnen entgegenzusteuern. Dies ist besonders im Schulkontext wichtig, da Stereotype sich auf das Verhalten der Lehrkräfte und die Leistungen der Schüler*innen auswirken können – vor allem dann, wenn die Schüler*innen einer negativ stereotypisierten Gruppe angehören. Negative Stereotype können nicht nur Auswirkungen auf die akademischen Leistungen der betroffenen Kinder und Jugendlichen haben, sondern auch auf ihr Zugehörigkeitsgefühl und ihre akademische und soziale Motivation. Um eine offene, multikulturelle und funktionierende deutsche Gesellschaft zu gestalten, ist die wissenschaftliche und gesellschaftliche Auseinandersetzung mit vorhandenen Stereotypen zentral, um den Einfluss von Stereotypen und Vorurteilen im alltäglichen Miteinander zu minimieren.

Literatur

Aboud, F. E. (1993). The developmental psychology of racial prejudice. *Transcultural Psychiatric Research Review, 30*, 229–242. http://dx.doi.org/10.1177/136346159303000303

Allport, G. (1954). *The nature of prejudice*. Oxford, England: Addison-Wesley

Appel, M., Weber, S. & Kronberger, N. (2015). The influence of stereotype threat on immigrants: Review and meta-analysis. *Frontiers in Psychology, 6*. https://doi.org/10.3389/fpsyg.2015.00900

Aronson, E., Blaney, N., Stephan, D., Sikes, J. & Snapp, M. (1978). *The jigsaw classroom*. Beverly Hills: SAGE

Aronson, E. & Patnoe, S. (2011). *Cooperation in the classroom: The jigsaw method*. London: Printer & Martin

Asbrock, F. (2010). Stereotypes of social groups in Germany in terms of warmth and competence. *Social Psychology, 41*, 76–81. https://doi.org/10.1027/1864-9335/a000011

Bandura, A. (1977). *Social learning theory*. Englewood Cliffs, N. J. Prentice-Hall

Banse, R. & Gawronski, B. (2003). Die Skala Motivation zu vorurteilsfreiem Verhalten: Psychometrische Eigenschaften und Validität. *Diagnostica, 49*, 4–13. https://doi.org/10.1026//0012-1924.49.1.4

Bargh, J. A. (1999). The cognitive monster: The case against the controllability of automatic stereotype effects. In S. Chaiken & Y. Trope (Eds.), *Dual-process theories in social psychology* (S. 361–382). New York, NY: Guilford

Bar-Haim, Y., Ziv, T., Lamy, D. & Hodes, R. M. (2006). Nature and nurture in own-race face processing. *Psychological Science, 17*, 159–163. https://doi.org/10.1111/j.1467-9280.2006.01679.x

Baumeister, R. F. & Leary, M. R. (1995). The need to belong: Desire for interpersonal attachments as a fundamental human motivation. *Psychological Bulletin, 117*, 497–529. https://doi.org/10.1037/0033-2909.117.3.497

Bigler, R. S. & Liben, L. S. (1992). Cognitive mechanisms in children's gender stereotyping: Theoretical and educational implications of a cognitive-based intervention. *Child Development, 63*, 1351–1363. https://doi.org/10.1111/j.1467-8624.1992.tb01700.x

Bigler, R. S. & Liben, L. S. (1993). A cognitive-developmental approach to racial stereotyping and reconstructive memory in Euro-American children. *Child Development, 64*, 1507–1518. https://doi.org/10.1111/j.1467-8624.1993.tb02967.x

Bigler, R. S. & Liben, L. S. (2006). A developmental intergroup theory of social stereotypes and prejudice. In *Advances in Child Development and Behavior* (Vol. 34, S. 39–89). JAI. https://doi.org/10.1016/S0065-2407(06)80004-2

Blaney, N. T., Stephan, C., Rosenfield, D., Aronson, E. & Sikes, J. (1977). Interdependence in the classroom: A field study. *Journal of Educational Psychology, 69*, 121–128. https://doi.org/10.1037/0022-0663.69.2.121

Borsch, F., Jürgen-Lohmann, J. & Giesen, H. (2002). Kooperatives Lernen in Grundschulen: Leistungssteigerung durch den Einsatz des Gruppenpuzzles im Sachunterricht. *Psychologie in Erziehung und Unterricht, 49*, 172–183
Brewer, M. B. & Brown, R. J. (1998). Intergroup relations. In D. T. Gilbert, S. T. Fiske & G. Lindzey (Eds.). *Handbook of social psychology* (4 ed., Vol. 2, S. 554–594). Boston: McGraw-Hill
Buck, G. A., Clark, V. L. P., Leslie-Pelecky, D., Lu, Y. & Cerda-Lizarraga, P. (2008). Examining the cognitive processes used by adolescent girls and women scientists in identifying science role models: A feminist approach. *Science Education, 92*, 688–707. https://doi.org/10.1002/sce.20257
Bussey, K. & Bandura, A. (1984). Influence of gender constancy and social power on sex-linked modeling. *Journal of Personality and Social Psychology, 47*, 1292–1302. http://dx.doi.org/10.1037/0022-3514.47.6.1292
Bussey, K. & Bandura, A. (1992). Self-regulatory mechanisms governing gender development. *Child Development, 63*, 1236–1250. https://doi.org/10.1111/j.1467-8624.1992.tb01692.x
Bussey, K. & Bandura, A. (1999). Social cognitive theory of gender development and differentiation. *Psychological Review, 106*, 676–713. http://dx.doi.org/10.1037/0033-295X.106.4.676
Bye, H. H., Herrebrøden, H., Hjetland, G. J., Røyset, G. Ø. & Westby, L. L. (2014). Stereotypes of Norwegian social groups. *Scandinavian Journal of Psychology, 55*, 469–476. https://doi.org/10.1111/sjop.12141
Carter, D. B. & Levy, G. D. (1988). Cognitive aspects of early sex-role development: The influence of gender schemas on preschoolers' memories and preferences for sex-typed toys and activities. *Child Development, 59*, 782–792. http://dx.doi.org/10.2307/1130576
Cejka, M. A. & Eagly, A. H. (1999). Gender-stereotypic images of occupations correspond to the sex segregation of employment. *Personality and Social Psychology Bulletin, 25*, 413–423. https://doi.org/10.1177/0146167299025004002
Chen, M. & Bargh, J. A. (1997). Nonconscious behavioral confirmation processes: The self-fulfilling consequences of automatic stereotype activation. *Journal of Experimental Social Psychology, 33*, 541–560. https://doi.org/10.1006/jesp.1997.1329
Cheryan, S., Siy, J. O., Vichayapai, M., Drury, B. J. & Kim, S. (2011). Do female and male role models who embody STEM stereotypes hinder women's anticipated success in STEM? *Social Psychological and Personality Science, 2*, 656–664. https://doi.org/10.1177/1948550611405218
Correll, J., Park, B., Judd, C. M. & Wittenbrink, B. (2002). The police officer's dilemma: Using ethnicity to disambiguate potentially threatening individuals. *Journal of Personality and Social Psychology, 83*(6), 1314–1329. https://doi.org/10.1037/0022-3514.83.6.1314
Crocker, J. & Major, B. (1989). Social stigma and self-esteem: The self-protective properties of stigma. *Psychological Review, 96*, 608–630. https://doi.org/10.1037/0033-295X.96.4.608
Croizet, J. C. & Claire, T. (1998). Extending the concept of stereotype threat to social class: The intellectual underperformance of students from low socioeconomic backgrounds. *Personality and Social Psychology Bulletin, 24*, 588–594. https://doi.org/10.1177/0146167298246003

Cuddy, A. J., Fiske, S. T. & Glick, P. (2007). The BIAS map: behaviors from intergroup affect and stereotypes. *Journal of Personality and Social Psychology, 92*, 631–648. http://dx.doi.org/10.1037/0022-3514.92.4.631

Cuddy, A. J. C., Fiske, S. T. & Glick, P. (2008). Warmth and competence as universal dimensions of social perception: The stereotype content model and the BIAS map. *Advances in Experimental Social Psychology, 40*, 61–149. https://doi.org/10.1016/S0065-2601(07)00002-0

Deaux, K. & Lewis, L. L. (1984). Structure of gender stereotypes: Interrelationships among components and gender label. *Journal of Personality and Social Psychology, 46*, 991-1004. http://dx.doi.org/10.1037/0022-3514.46.5.991

Doyle, A. B. & Aboud, F. E. (1995). A longitudinal study of White children's racial prejudice as a social-cognitive development. *Merrill Palmer Quarterly, 41*, 209–209

Essien, I., Stelter, M., Kalbe, F., Koehler, A., Mangels, J. & Meliß, S. (2017). The shooter bias: Replicating the classic effect and introducing a novel paradigm. *Journal of Experimental Social Psychology, 70*, 41–47. https://doi.org/10.1016/j.jesp.2016.12.009

Fehr, J., Sassenberg, K. & Jonas, K. J. (2012). Willful stereotype control. The impact of internal motivation to respond without prejudice on the regulation of activated stereotypes. *Zeitschrift Für Psychologie, 220*, 180–186. https://doi.org/10.1027/2151-2604/a000111

Fiske, S. T., Cuddy, A. J. C., Glick, P. & Xu, J. (2002). A model of (often mixed) stereotype content: Competence and warmth respectively follow from perceived status and competition. *Journal of Personality and Social Psychology, 82*, 878–902. https://doi.org/10.1037/0022-3514.82.6.878

Froehlich, L., Martiny, S. E., Deaux, K., Goetz, T. & Mok, S. Y. (2016). Being smart or getting smarter: Implicit theory of intelligence moderates stereotype threat and stereotype lift effects. *British Journal of Social Psychology, 55,* 564–587. https://doi.org/10.1111/bjso.12144

Froehlich, L., Martiny, S. E., Deaux, K. & Mok, S. Y. (2016). "It's their responsibility, not ours": Stereotypes about competence and causal attributions for immigrants' academic underperformance. *Social Psychology, 47*, 74–86. https://doi.org/10.1027/1864-9335/a000260

Froehlich, L., Mok, S. Y., Martiny, S. E. & Deaux, K. (2018). Stereotype threat-effects for Turkish-origin migrants in Germany: Taking stock of cumulative research evidence. *European Educational Research Journal*

Glock, S. (2016). Does ethnicity matter? The impact of stereotypical expectations on in-service teachers' judgments of students. *Social Psychology of Education, 19*, 493–509. https://doi.org/10.1007/s11218-016-9349-7

Glock, S. & Krolak-Schwerdt, S. (2013). Does nationality matter? The impact of stereotypical expectations on student teachers' judgments. *Social Psychology of Education, 16*, 111–127. https://doi.org/10.1007/s11218-012-9197-z

Govaris, C. & Kaldi, S. (2008). Promoting recognition and acceptance of cultural diversity through cooperative learning in the primary school. Paper presented at IAIE-IASCE international conference, Cooperative learning in multicultural societies: Critical reflections, 19–22 January, in Turin, Italy

Griffiths, J. & Nesdale, D. (2005). The development of ethnic identification and ethnic self-esteem in majority and minority group children. Unpublished manuscript. Brisbane, Australia: Griffith University

Hänze, M. & Berger, R. (2007). Cooperative learning, motivational effects, and student characteristics: An experimental study comparing cooperative learning and direct instruction in 12th grade physics classes. *Learning and Instruction, 17*, 29–41. https://doi.org/10.1016/j.learninstruc.2006.11.004

Hilton, J. L. & Von Hippel, W. (1996). Stereotypes. *Annual review of psychology, 47*, 237–271. https://doi.org/10.1146/annurev.psych.47.1.237

Imhof, M. (2016). Sozialpsychologische Beiträge zu Unterricht und Erziehung. In M. Imhof (Ed.), *Psychologie für Lehramtsstudierende* (4th ed., S. 113–126). Wiesbaden: Springer Fachmedien Wiesbaden; Imprint: Springer. https://doi.org/10.1007/978-3-658-11954-6_6

Inzlicht, M. & Schmader, T. (2012). Introduction. In M. Inzlicht & T. Schmader (Eds.), *Stereotype threat: Theory, process, and application* (S. 3–14). New York, N.Y: Oxford University Press. https://doi.org/10.1093/acprof:oso/9780199732449.001.0001

Johns, M., Schmader, T. & Martens, A. (2005). Knowing is half the battle: Teaching stereotype threat as a means of improving women's math performance. *Psychological Science, 16*, 175–179. https://doi.org/10.1111/j.0956-7976.2005.00799.x

Jones, J. M. (1997). *Prejudice and racism* (2nd ed.). New York: McGraw-Hill

Kaas, L. & Manger, C. (2012). Ethnic discrimination in Germany's labour market: a field experiment. *German Economic Review, 13*, 1–20. https://doi.org/10.1111/j.1468-0475.2011.00538.x

Kanfer, F. H., Duerfeldt, P. H., Martin, B. & Dorsey, T. E. (1971). Effects of model reinforcement, expectation to perform, and task performance on model observation. *Journal of Personality and Social Psychology, 20*, 214–217. http://dx.doi.org/10.1037/h0031671

Keller, J. (2007). Stereotype threat in classroom settings: The interactive effect of domain identification, task difficulty and stereotype threat on female students' maths performance. *British Journal of Educational Psychology, 77*, 323–338. https://doi.org/10.1348/000709906X113662

Keller, J. & Dauenheimer, D. (2003). Stereotype threat in the classroom: Dejection mediates the disrupting threat effect on women's math performance. *Personality and Social Psychology Bulletin, 29*, 371–381. https://doi.org/10.1177/0146167202250218

Kelly, D. J., Quinn, P. C., Slater, A. M., Lee, K., Gibson, A., Smith, M., ... & Pascalis, O. (2005). Three month olds, but not newborns, prefer own race faces. *Developmental Science, 8*, F31-F36. https://doi.org/10.1111/j.1467-7687.2005.0434a.x

Kervyn, N., Fiske, S. T. & Yzerbyt, V. (2015). Forecasting the primary dimension of social perception: Symbolic and realistic threats together predict warmth in the Stereotype Content Model. *Social Psychology, 46*, 36–45. https://doi.org/10.1027/1864-9335/a000219

Killen, M. & Rutland, A. (2013). *Children and Social Exclusion: Morality, Prejudice, and Group Identity*. Wiley-Blackwell. https://doi.org/10.1080/03057240.2013.774854

Kite, M., E. & Whitley, B. E. Jr. (2016). *Psychology of Prejudice and Discrimination*, Third edition. Routledge: New York. https://doi.org/10.4324/9781315623849

Klauer, K. C. (2008). Soziale Kategorisierung und Stereotypisierung. In L.-E. Petersen (Ed.), *Stereotype, Vorurteile und soziale Diskriminierung: Theorien, Befunde und Interventionen* (1st ed., S. 23–32). Weinheim, Basel: Beltz, PVU

Kleen, H. & Glock, S. (2018). A further look into ethnicity: The impact of stereotypical expectations on teachers' judgments of female ethnic minority students. *Social Psychology of Education, 21*, 759–773. https://doi.org/10.1007/s11218-018-9451-0

Kohlberg, l. (1966). A cognitive-developmental analysis of children's sex-role concepts and attitudes. In E. E. Maccoby (Ed.), *The development of sex differences* (S. 82–173). Stanford, CA: Stanford University Press

Langlois, J. H., Ritter, J. M., Roggman, L. A. & Vaughn, L. S. (1991). Facial diversity and infant preferences for attractive faces. *Developmental Psychology, 27*, 79–84. https://doi.org/10.1037/0012-1649.27.1.79

Leinbach, M. D., Hort, B. E. & Fagot, B. I. (1997). Bears are for boys: Metaphorical associations in young children's gender stereotypes. *Cognitive Development, 12*, 107–130. http://dx.doi.org/10.1016/S0885-2014(97)90032-0

Levy, G. D. (1999). Gender-typed and non-gender-typed category awareness in toddlers. *Sex Roles, 41*, 851–873. https://doi.org/10.1023/A:1018832529622

Levy, G. D. & Haaf, R. A. (1994). Detection of gender-related categories by 10-month-old infants. *Infant Behavior and Development, 17*, 457–459. http://dx.doi.org/10.1016/0163-6383(94)90037-X

Macrae, C. N. & Bodenhausen, G. V. (2000). Social cognition: Thinking categorically about others. *Annual Review of Psychology, 51*, 93–120. https://doi.org/10.1146/annurev.psych.51.1.93

Major, B. & Schmader, T. (1998). Coping with stigma through psychological disengagement. In J. K. Swim & C. Stangor (Eds.), *Prejudice: The target's perspective* (S. 219–241). Amsterdam [etc.]: Elsevier. https://doi.org/10.1016/B978-012679130-3/50045-4

Martin, C. L. & Halverson, C. F. Jr. (1981). A schematic processing model of sex typing and stereotyping in children. *Child Development, 52*, 1119–1134. http://dx.doi.org/10.2307/1129498

Martin, C. L. & Ruble, D. N. (2010). Patterns of gender development. *Annual Review of Psychology, 61*, 353–381. https://doi.org/10.1146/annurev.psych.093008.100511

Martiny, S. E., Mok. S. Y., Deaux, K. & Froehlich, L. (2014). Effects of activating negative stereotypes about Turkish-origin students on performance and identity management in German high Schools. *Revue Internationale de Psychologie Sociale, 27*, 205–225

Martiny, S. E. & Nikitin, J. (2019). Social identity threat in interpersonal relationships: Activating negative stereotypes decreases social approach motivation. *Journal of Experimental Psychology. Applied, 25*, 117–128. https://doi.org/10.1037/xap0000198

Mekawi, Y. & Bresin, K. (2015). Is the evidence from racial bias shooting task studies a smoking gun? Results from a meta-analysis. *Journal of Experimental Social Psychology, 61*, 120–130. https://doi.org/10.1016/j.jesp.2015.08.002

Mello, Z. R., Mallett, R. K., Andretta, J. R., Worrell, F. C. (2012). Stereotype threat and school belonging in adolescents from diverse racial/ ethnic backgrounds. *Journal of at-Risk Issues, 17*, 9–14

Mok, S. Y., Froehlich, L. & Scholz, C. (2015). Leistungsminderung durch negative Stereotype im Schulkontext, *Lehren & Lernen, 41*, 28–31. ISSN 0341-8294. Villingen-Schwenningen: Neckar-Verlag GmbH

Moskowitz, G. B., Gollwitzer, P. M., Wasel, W. & Schaal, B. (1999). Preconscious control of stereotype activation through chronic egalitarian goals. *Journal of Personality and Social Psychology, 77*, 167–184. http://dx.doi.org/10.1037/0022-3514.77.1.167

Moskowitz, G. B. & Stone, J. (2012). The proactive control of stereotype activation: Implicit goals to not stereotype. *Zeitschrift für Psychologie, 220*, 172–179. http://dx.doi.org/10.1027/2151-2604/a000110

Nesdale, D. (2010). Peer group rejection and children's intergroup prejudice. In S. R. Levy & M. Killen (Eds.), *Intergroup attitudes and relations in childhood through adulthood* (S. 32–46). Oxford University Press

Nesdale, D. (2004). Social identity processes and children's ethnic prejudice. N M. Bennett & F. Sani (Eds.), *The development of the social self* (S. 219–246). New York: Psychology Press

Osborne, J. W. (1997). Race and academic disidentification. *Journal of Educational Psychology, 89*(4), 728–735. https://doi.org/10.1037/0022-0663.89.4.728

Osborne, J. W. & Jones, B. D. (2011). Identification with academics and motivation to achieve in school: How the structure of the self influences academic outcomes. *Educational Psychology Review, 23*(1), 131–158. https://doi.org/10.1007/s10648-011-9151-1

Pennington, C. R., Heim, D., Levy, A. R. & Larkin, D. T. (2016). Twenty years of stereotype threat research: A review of psychological mediators. *PloS One, 11*, e0146487. https://doi.org/10.1371/journal.pone.0146487

Perry, D. G. & Bussey, K. (1979). The social learning theory of sex differences: Imitation is alive and well. *Journal of Personality and Social Psychology, 37*, 1699-1712. https://doi.org/10.1037/0022-3514.37.10.1699

Pettigrew, T. F. & Tropp, L. R. (2006). A meta-analytic test of intergroup contact theory. *Journal of Personality and Social Psychology, 90*, 751–783. https://doi.org/10.1037/0022-3514.90.5.751

Plant, E. A. & Devine, P. G. (1998). Internal and external motivation to respond without prejudice. *Journal of Personality and Social Psychology, 75*, 811–832. https://doi.org/10.1037/0022-3514.75.3.811

Plante, I., O'Keefe, P. A., Aronson, J., Fréchette-Simard, C. & Goulet, M. (2019). The interest gap: how gender stereotype endorsement about abilities predicts differences in academic interests. *Social Psychology of Education, 22*, 227–245. https://doi.org/10.1007/s11218-018-9472-8

Prentice, D. A. & Carranza, E. (2002). What women and men should be, shouldn't be, are allowed to be, and don't have to be: The contents of prescriptive gender stereotypes. *Psychology of Women Quarterly, 26*, 269–281. https://doi.org/10.1111/1471-6402.t01-1-00066

Quinn, P. C., Yahr, J., Kuhn, A., Slater, A. M. & Pascalis, O. (2002). Representation of the gender of human faces by infants: A preference for female. *Perception, 31*, 1109–1121. https://doi.org/10.1068/p3331

Raabe, T. & Beelmann, A. (2011). Development of ethnic, racial, and national prejudice in childhood and adolescence: A multinational meta-analysis of age differences. *Child Development, 82*, 1715–1737. https://doi.org/10.1111/j.1467-8624.2011.01668.x

Reyna, C. (2000). Lazy, dumb, or industrious: When stereotypes convey attribution information in the classroom. *Educational Psychology Review, 12*, 85–110. https://doi.org/10.1023/A:1009037101170

Reyna, C. (2008). Ian is intelligent but Leshaun is lazy: Antecedents and consequences of attributional stereotypes in the classroom. *European Journal of Psychology of Education, 23*, 439–458. https://doi.org/10.1007/BF03172752

Roth, J., Deutsch, R. & Sherman, J. W. (2018). Automatic antecedents of discrimination. *European Psychologist*, 1–12. https://doi.org/10.1027/1016-9040/a000321

Sangrigoli, S. & De Schonen, S. (2004). Effect of visual experience on face processing: A developmental study of inversion and non-native effects. *Developmental Science*, 7, 74–87. https://doi.org/10.1111/j.1467-7687.2004.00324.x

Schmader, T., Johns, M. & Forbes, C. (2008). An integrated process model of stereotype threat effects on performance. *Psychological Review*, 115, 336–356. https://doi.org/10.1037/0033-295X.115.2.336

Schmid Mast, M. & Krings, F. (2008). Stereotype und Informationsverarbeitung. In L.-E. Petersen (Ed.), *Stereotype, Vorurteile und soziale Diskriminierung: Theorien, Befunde und Interventionen* (1st ed., S. 33–44). Weinheim, Basel: Beltz, PVU

Schuster, C. & Martiny, S. E. (2017). Not feeling good in STEM: Effects of stereotype activation and anticipated affect on women's career aspirations. *Sex Roles*, 76, 40–55. https://doi.org/10.1007/s11199-016-0665-3

Signorella, M. L., Bigler, R. S. & Liben, L. S. (1993). Developmental differences in children's gender schemata about others: A meta-analytic review. *Developmental Review*, 13, 147–183. https://doi.org/10.1006/drev.1993.1007

Slaby, R. G. & Frey, K. S. (1975). Development of gender constancy and selective attention to same-sex models. *Child Development*, 46, 849–856. http://dx.doi.org/10.2307/1128389

Spencer, S. J., Logel, C. & Davies, P. G. (2016). Stereotype Threat. *Annual Review of Psychology*, 67, 415–437. https://doi.org/10.1146/annurev-psych-073115-103235

Spencer, S. J., Steele, C. M. & Quinn, D. M. (1999). Stereotype threat and women's math performance. *Journal of Experimental Social Psychology*, 35, 4–28. https://doi.org/10.1006/jesp.1998.1373

Steele, C. M. (2003). Race and the schooling of Black Americans. In S. Plous (Ed.), *Understanding prejudice and discrimination* (S. 98–107). New York: McGraw-Hill

Steele, C. M. & Aronson, J. (1995). Stereotype threat and the intellectual test performance of African Americans. *Journal of Personality and Social Psychology*, 69, 797–811. https://doi.org/10.1037/0022-3514.69.5.797

Tajfel, H. & Turner, J. C. (1979). An Integrative Theory of Intergroup Conflict. In W. G. Austin & S. Worchel (Eds.), *The Social Psychology of Intergroup Relations* (S. 33–47). Monterey, CA: Brooks/Cole

Targonsinski, C., Schrangl, G. & Zumbach, J. (2015). Das Gruppenpuzzle als Unterrichtsmethode zur Reduktion fremdenfeindlicher Einstellungen. *Erziehung und Unterricht*, 165 (3–4), 366–373

Van der Straten Waillet, N. & Roskam, I. (2012). Religious discrimination in childhood and adolescence. *Archive for the Psychology of Religion*, 34, 215–242. https://doi.org/10.1007/s13644-014-0200-3

Walton, G. M. & Carr, P. B. (2012). Social belonging and the motivation and intellectual achievement of negatively stereotyped students. In M. Inzlicht & T. Schmader (Eds.), *Stereotype threat: Theory, process, and application* (S. 89–106). New York, N.Y: Oxford University Press

Walton, G. M. & Cohen, G. L. (2007). A question of belonging: Race, social fit, and achievement. *Journal of Personality and Social Psychology*, 92, 82–96. https://doi.org/10.1037/0022-3514.92.1.82

Walton, G. M. & Cohen, G. L. (2011a). Sharing motivation. In D. Dunning (Ed.), *Frontiers of social psychology. Social motivation* (S. 79–101). New York, London: Psychology
Walton, G. M. & Cohen, G. L. (2011b). A brief social-belonging intervention improves academic and health outcomes of minority students. *Science, 331*, 1447–1451. https://doi.org/10.1126/science.1198364
Weiner, B. (1979). A theory of motivation for some classroom experiences. *Journal of Educational Psychology, 71*, 3–25. http://dx.doi.org/10.1037/0022-0663.71.1.3
Weiner, B. (1986). *An attributional theory of motivation and emotion*. New York: Springer-Verlag. https://doi.org/10.1007/978-1-4612-4948-1_6
Weinraub, M., Clemens, L. P., Sockloff, A., Ethridge, T., Gracely, E. & Myers, B. (1984). The development of sex role stereotypes in the third year: relationships to gender labeling, gender identity, sex-types toy preference, and family characteristics. *Child Development, 55*, 1493-1503. https://doi.org/10.2307/1130019
Wilson, T. D. & Brekke, N. (1994). Mental contamination and mental correction: Unwanted influences on judgments and evaluations. *Psychological Bulletin, 116*, 117–142. https://doi.org/10.1037/0033-2909.116.1.117
Woodcock, A., Hernandez, P. R., Estrada, M. & Schultz, P. W. (2012). The consequences of chronic stereotype threat: domain disidentification and abandonment. *Journal of Personality and Social Psychology, 103*, 635–646. https://doi.org/10.1037/a0029120
Yeager, D. S. & Walton, G. M. (2011). Social-psychological interventions in education: They're not magic. *Review of Educational Research, 81*, 267–301. https://doi.org/10.3102/0034654311405999
Yee, M. & Brown, R. (1994). The development of gender differentiation in young children. *British Journal of Social Psychology, 33*, 183–196. https://doi.org/10.1111/j.2044-8309.1994.tb01017.x
Zosuls, K. M., Ruble, D. N., Tamis-LeMonda, C. S., Shrout, P. E., Bornstein, M. H. & Greulich, F. K. (2009). The acquisition of gender labels in infancy: Implications for gender-typed play. *Developmental Psychology, 45*, 688–701. https://doi.org/10.1037/a0014053

Warum Mädchen schlechter rechnen und Jungen schlechter lesen – Wenn Geschlechtsstereotype zur Bedrohung für das eigene Leistungsvermögen in der Schule werden

Johanna M. Hermann

Zusammenfassung

Stereotype sind in vielen Bereichen des alltäglichen Lebens von Kindern und Jugendlichen omnipräsent, wobei auch die Schule keine Ausnahme bildet. So gilt Mathematik immer noch als klassisches Jungenfach, während die Mädchen besser lesen und insgesamt besser abschneiden. Inwiefern Stereotype jedoch nicht nur die Fachpräferenz, sondern auch das Leistungspotenzial der Schüler*innen beeinflussen, wurde erst in den letzten 25 Jahren in der Stereotyp-Forschung thematisiert. Im folgenden Kapitel wird daher gezielt dargestellt, welche Effekte Geschlechtsstereotype über Fähigkeiten auf die Leistung von Mädchen und Jungen in der Schule haben können. Die Basis dazu bildet der Stereotype-Threat-Ansatz (Steele und Aronson 1995), dessen Wurzeln und Entwicklungslinien mit Fokus auf die stereotype Bedrohung Lernender in verschiedenen Domänen, nachfolgend aufgezeigt werden.

Schlüsselwörter

Stereotype Threat · Geschlecht · Leistung · Schule · Mathematik · Lesen · Sport · Intervention

J. M. Hermann (✉)
Goethe Universität Frankfurt am Main, Frankfurt am Main, Deutschland
E-Mail: hermann@psych.uni-frankfurt.de

2.1 Einleitung

Ein Junge, der sich nicht für Fußball begeistert und ein Mädchen, das nicht gerne eine Prinzessin wäre – Charaktere im Kinderfernsehen, deren Verhalten nicht den gängigen Geschlechtsstereotypen entspricht, sind auch heute eher selten anzutreffen (Götz 2019). Geschlechtsstereotype werden dabei grundsätzlich als kognitive Strukturen definiert, die sozial geteiltes Wissen über typisch weibliche und männliche Merkmale enthalten (Ashmore und Del Boca 1979; Eckes 2008), also Verbindungen zwischen bestimmten Attributen und einer Geschlechtskategorie herstellen (Hannover und Wolter 2019). Junge Menschen werden allerdings mittlerweile nicht nur in Medien und Werbung, sondern auch in der Aufbereitung populärwissenschaftlicher Lern- und Übungsbücher mit Geschlechtsstereotypen geködert. So gibt es eine Buchreihe vom PONS-Verlag (z. B. Speicher 2009), in der Mädchen und Jungen durch eine geschlechtsstereotype Gestaltung der Aufgaben zum Lernen motiviert werden sollen, vermutlich insbesondere in den Fächern, die nicht zu ihren „klassischen" Interessengebieten gehören. Während Jungen dabei die Preise für Tickets für verschiedene Fußballspiele berechnen, geht es bei den Mädchen um unterschiedliche Ballett-Vorstellungen. Ob sich diese geschlechtsstereotype Gestaltung jedoch wirklich positiv auf das Interesse der Kinder auswirkt oder Unterschiede in der Leistung der Geschlechter dadurch weiter tradiert werden, wurde bislang noch nicht systematisch empirisch überprüft.

Dennoch zeigt der Versuch des PONS-Verlags, dass leistungsbezogene Unterschiede zwischen den Geschlechtern in verschiedenen Schulfächern immer noch ein Thema sind, dem auch didaktisch versucht wird, zu begegnen. Zwar sind die Leistungsunterschiede zwischen den Geschlechtern in den letzten Jahrzehnten zurückgegangen (Hyde 2016), im oberen Fähigkeitsbereich (Makel et al. 2016; Wai et al. 2010) und in großen internationalen Schulvergleichsstudien wie PISA aber immer noch präsent (Awisati und González-Sancho 2016). So zeigt sich, dass Jungen durchschnittlich besser in Naturwissenschaften und Mathematik abschneiden, während Mädchen bessere Leistungen im Lesen erzielen. Auch in der Studiengangs- und Berufswahl werden diese Unterschiede später fortgeschrieben, sodass deutlich weniger Mädchen naturwissenschaftliche oder technische Studienfächer wählen (Quaiser-Pohl 2012). Jungen entscheiden sich hingegen seltener für weiblich konnotierte Studiengänge, sodass auch heute der Männeranteil in typischen „Frauenberufen" (Frauenanteil > 70 %) zwölf Prozent nicht überschreitet, während der Frauenanteil in typischen „Männerberufen" (Frauenanteil < 30 %) ebenfalls seit längerer Zeit bei knapp zehn Prozent stagniert (Hausmann und Kleinert 2014).

Zur Erklärung dieser Diskrepanzen wurden auch Geschlechtsstereotype bemüht, deren Einfluss in verschiedenen Erklärungsansätzen allerdings aus ganz unterschiedlichen Perspektiven fokussiert wird. Während bei Betrachtung von Sozialisationsprozessen zumeist der Einfluss von Geschlechtsstereotypen über die Erziehung der Eltern (Kap. 3) oder den Unterricht der Lehrkräfte (Kap. 3) auf das Verhalten der Kinder erforscht wird, kann auch betrachtet werden, wie Geschlechtsstereotype unmittelbar auf die Leistung von Mädchen und Jungen wirken. Die Basis dazu bildet die *Stereotype-Threat-Theorie* von Steele und Aronson (1995), die sich als erste mit diesem direkten Einfluss von Stereotypen in Leistungssituationen auseinandergesetzt haben. In ihren Experimenten konnte die Arbeitsgruppe um Steele zeigen, dass situativ präsente Stereotype die Leistung betroffener Personen in einem Test ganz unmittelbar beeinträchtigen. Im Gegensatz zu den Sozialisationsansätzen erklärt die Stereotype-Threat-Theorie Unterschiede in der Leistung zwischen den Geschlechtern jedoch nicht primär über die Internalisierung der Stereotype, sondern über deren situatives Wirken.

Diese theoretische Unterscheidung wird im *Multiple-Route-Modell* (Chalabaev et al. 2013) aufgegriffen, das den differenziellen Einfluss negativer Stereotypisierung auf Mädchen am Beispiel des Bereichs Sport verdeutlicht, aber auch auf andere Bereiche übertragbar ist (siehe Abb. 2.1). Das Modell beschreibt dazu zwei Routen, über die Stereotype wirken. So können Mädchen über Prozesse der Internalisierung (Route 2, rot) das Stereotyp *maskuliner, sportlicher Dominanz* als präskriptiv für ihre Geschlechtsrolle (Frauen sollten keinen Sport machen) annehmen und in die eigene Geschlechtsidentität integrieren. Daraus resultiert die Vorstellung, ein „unsportliches" Mädchen zu sein oder gar durch sportliche Betätigung „unweiblich" zu erscheinen. Dies kann weniger die Leistungsunterschiede erklären, sondern eher die geringere Partizipation von Mädchen im Sport. Werden hingegen sportliche Mädchen mit ihrem angeblichen „Unvermögen" konfrontiert (Route 1, grün), indem beispielsweise ein Schüler kommentiert „Mädchen sind eh' nie so sportlich wie Jungen!", wird das Stereotyp situativ bedrohlich, was dann einen Stereotype Threat auslöst und das Leistungsvermögen schmälern kann.

Entsprechend des Modells zeigt sich, dass gerade sportlich aktive Mädchen, die zum Beispiel im Fußballverein sind, durch Stereotype in ihren Leistungen beeinträchtigt werden (Hermann und Vollmeyer 2016a). Gleichfalls verdeutlichen auch Befunde im akademischen Bereich, dass insbesondere mathematisch begabte Schülerinnen, die sich mit dem Fach identifizieren, durch das Stereotyp *weiblicher mathematischer Inkompetenz* in ihrer Leistung angreifbar sind (Hermann und Vollmeyer 2017; Keller 2007a). Zudem müssen Stereotype über Fähigkeiten von Mädchen und Jungen nicht einmal explizit benannt werden,

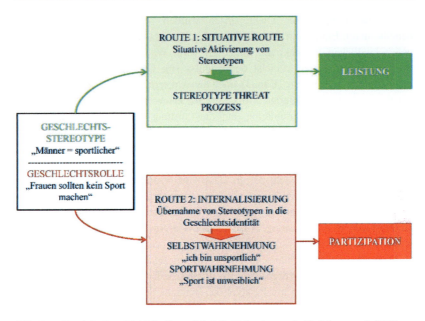

Abb. 2.1 Vereinfachtes Multiple-Route-Modell. (Adaptiert nach Chalabaev et al. 2013)

um bedrohlich zu werden, da sie auch implizit Leistung reduzieren können. So konnte beobachtet werden, dass alleine der Umgang mit stereotypen Materialien eine schlechtere Mathematikleistung bei Mädchen hervorrufen kann (Hermann und Vollmeyer 2016b). Ebenso verschlechterten sich Jungen, allein durch das Wissen einen Lesetest zu absolvieren, während sie bei denselben Aufgaben besser abschnitten, wenn sie als „Lernspiel" präsentiert wurden (Pansu et al. 2016). Folglich ist es nicht notwendig, an Stereotype zu glauben, beziehungsweise sie verinnerlicht zu haben, um von ihrer Wirkung in der eigenen Leistung beeinträchtigt zu werden. Als Folge wiederholter stereotyper Leistungseinbußen kann langfristig jedoch auch eine Distanzierung von entsprechenden Domänen erfolgen (Deemer et al. 2016), was Stereotype Threat auch zu einer Alternativerklärung für die Entstehung geschlechtsspezifischer Interessen in der Schule macht.

Daher wird es in diesem Kapitel fokussiert um den Einfluss gehen, den Geschlechtsstereotype über Stereotype-Threat-Prozesse unmittelbar auf das Leistungspotenzial von Mädchen und Jungen in der Schule haben können. Dazu werden zunächst die Ursprünge der Stereotype-Threat-Forschung näher beleuchtet (Abschn. 2.1), bevor Befunde zum Einfluss von Geschlechtsstereotypen getrennt für Mädchen (Abschn. 2.2) und Jungen (Abschn. 2.3) in verschiedenen Domänen präsentiert werden. Danach wird auf die Mechanismen eingegangen, die den Effekten stereotyper Bedrohung zugrunde liegen (Abschn. 2.4), wobei verschiedene Erklärungsansätze der Stereotype-Threat-Forschung vorgestellt werden. Abschließend werden Interventionen gegen Stereotype Threat kritisch im Bezug zu ihrer praktischen Anwendung diskutiert (Abschn. 2.5).

2.2 Stereotype-Threat-Forschung

Der Einfluss von Stereotypen auf die Leistung Betroffener wurde als erstes von Steele und Aronson (1995) untersucht, die Erklärungen für den Leistungsunterschied zwischen afroamerikanischen und weißen Studierenden in standardisierten Tests suchten. Da sie nicht glaubten, dass es sich dabei tatsächlich um Fähigkeitsunterschiede handelt, ließen sie Studierende identische Tests unter experimentell variierten Bedingungen bearbeiten. Dabei zeigte sich, dass bereits die Beschreibung des Tests einen entscheidenden Einfluss darauf hatte, ob afroamerikanische Studierende schlechter als weiße abschnitten (Experiment 2). Denn wie Abb. 2.2 veranschaulicht, ergaben sich lediglich Leistungsunterschiede, wenn die Aufgaben als Sprachfähigkeitstest (diagnostisch) vorgestellt wurden, während alle Studierenden gleich gut abschnitten, wenn die Aufgaben als Problemlösetest (nicht diagnostisch) präsentiert wurden. In einer weiteren Variation (Experiment 3) konnte der Leistungsunterschied zwischen afroamerikanischen und weißen Studierenden komplett aufgehoben werden, sobald die Probanden ihre demografischen Daten erst nach dem Test angeben mussten.

Steele und Aronson (1995) schlussfolgerten aus diesen Ergebnissen, dass sowohl die Ankündigung eines Intelligenztests als auch die Angabe demografischer Daten das negative Stereotyp „des intellektuell unterlegenen Afroamerikaners" aktiviert haben müssen, was den Leistungseinbruch induzierte. Dieses Phänomen, das neben dem Gefühl der Bedrohung auch den tatsächlichen Leistungseinbruch miteinschließt, wurde nachfolgend als Stereotype Threat bezeichnet. Später veranschaulichte Steele (1997) das gefundene Phänomen auch sinnbildlich, indem er davon sprach, dass eine Bedrohung in der Luft liegt („a threat in the air"), wenn negative Stereotype in einer Testsituation salient sind. Als Stereotype Threat wird folglich ein Leistungseinbruch bezeichnet, den Personen erleben, wenn sie mit einem negativen Stereotyp über ihre eigene Gruppe

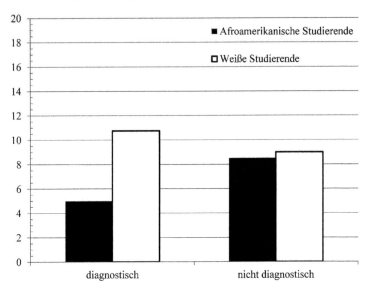

Abb. 2.2 Stereotype-Threat-Effekt im 2. Experiment von Steele und Aronson. (Adaptiert nach Steele und Aronson 1995)

konfrontiert werden. Die schlechtere Leistung wird dabei auf die Angst zurückgeführt, das negative Stereotyp unfreiwillig zu bestätigen beziehungsweise in dessen Licht bewertet zu werden, was stereotypisierte Personen hindert, ihr volles Potenzial auszuschöpfen.

Im Anschluss an diese ersten Experimente zur stereotypen Bedrohung afroamerikanischer Studierender konnte auch gezeigt werden, dass Frauen in einem Mathematiktest schlechter als Männer abschneiden, wenn sie vorab mit ihrer vermeintlichen mathematischen Inkompetenz konfrontiert werden (Spencer et al. 1999). Wurde hingegen vorab hervorgehoben, dass die Aufgaben von beiden Geschlechtern gleich gut gelöst werden können, konnte kein Unterschied mehr zu der Leistung der Männer festgestellt werden. Sind Mädchen also mit der Vorstellung konfrontiert, sie könnten schlechter als Jungen rechnen, können sie in einem Test ihr eigentliches Leistungspotenzial nicht mehr ausschöpfen. Ebenso kann es sein, dass ein Schüler, durch das Stereotyp über die geringere sprachliche Kompetenz von Jungen, in einem Diktat schlechter abschneidet, als er unter neutralen Umständen könnte. Wie die Beispiele nahelegen, wurde das Phänomen Stereotype

Threat mittlerweile in der Tat in ganz unterschiedlichen Domänen beforscht (für einen Überblick, siehe Spencer et al. 2016). Dabei zeigt sich, dass Stereotype-Threat-Effekte in sämtlichen Bereichen auftreten können, in denen stereotype Vorstellungen über verschiedene Subgruppen in der Gesellschaft präsent sind.

Neben der stereotypen Bedrohung von Mädchen und Frauen in Mathematik (Meta-Analyse: Doyle und Voyer 2016) und im Sport (Meta-Analyse: Gentile et al. 2018), zeigen sich auch in Europa leistungsreduzierende Effekte durch die negative Stereotypisierung von Schüler*innen mit Migrationshintergrund (Meta-Analyse: Appel et al. 2015). Ebenso existieren Studien, die eine Leistungsreduktion älterer Personen feststellen konnten, wenn sie mit dem Stereotyp über ihre abnehmenden kognitiven Fähigkeiten konfrontiert werden (Meta-Analyse: Lamont et al. 2015). Stereotype Threat kann aber auch kleinere gesellschaftliche Subgruppen treffen. So konnten Ihme und Möller (2015) zeigen, dass angehende Lehrkräfte durch die Aktivierung des Stereotyps „dummer Lehramtsstudierender" bei Intelligenztestaufgaben schlechter abschneiden als unter neutralen Umständen. Aber auch bei ganz alltäglichen Aufgaben entstehen Stereotype-Threat-Effekte, indem Frauen im Vergleich zu einer Kontrollgruppe schlechter einparkten, wenn sie mit ihrem angeblich schlechteren Orientierungssinn konfrontiert wurden (Moè et al. 2015).

Es muss allerdings auch beachtet werden, dass im Unterschied zur Diskriminierungsforschung von Stereotype Threat nicht nur gesellschaftliche Minderheiten betroffen sind. So erkennen zum Beispiel auch Männer affektive Wörter schlechter in einem Test, wenn ihnen vorab geringere emotionale Fähigkeit unterstellt wurde (Leyens et al. 2000). Ebenfalls reduziert sich unter Stereotype-Threat-Bedingungen die Leseleistung von Schülern, die grundsätzlich eigentlich gerne lesen (Pansu et al. 2016). Abgesehen von diesen stereotyp femininen Bereichen können Männer aber auch in typisch maskulinen Domänen, wie Mathematik oder Sport, von Stereotype Threat betroffen sein. So hat sich gezeigt, dass Männer schlechter rechnen, wenn ihnen gesagt wird, dass sie gezielt mit Asiaten verglichen werden, die in Mathematik als überlegen erachtet werden (Aronson et al. 1999). Gleichfalls verschlechtert sich ihr Golfspiel, wenn vorab betont wurde, dass die Aufgabe „athletische Fähigkeiten" erfordere, die bei Afroamerikanern stereotyp als besser ausgeprägt gelten (Stone et al. 1999). Im Vergleich zu anderen stereotypisierten Gruppen wurden Jungen und Männer jedoch seltener untersucht, sodass Meta-Analysen in diesem Bereich noch ausstehen, da die Befundlage bislang zu gering ist.

Im Unterschied dazu gibt es zu Effekten negativer Stereotype auf Mädchen und Frauen bereits diverse Meta-Analysen, was das anhaltende Interesse sowie die Relevanz des Phänomens verdeutlicht. In diesen Analysen erweist sich der

Stereotype Threat in Mathematik als relativ stabiler Effekt von geringer ($d=0{,}24$; Picho et al. 2013) bis mittlerer Stärke ($d=0{,}48$; Walton und Spencer 2009), wenn folgende konventionelle Richtwerte von Cohen (1988) zur Interpretation herangezogen werden: $d=0{,}2$ entspricht einem kleinen, $d=0{,}5$ einem mittleren und $d=0{,}8$ einem starken Effekt. Einbußen durch Stereotype Threat bei Aufgaben zum räumlichen Vorstellungsvermögen wurden zwar in einzelnen Studien gefunden, konnten meta-analytisch jedoch nicht abgesichert werden (Doyle und Voyer 2016). In einer Meta-Analyse zur stereotypen Bedrohung von Mädchen und Frauen im Sport ergab sich hingegen eine durchschnittliche Effektstärke für den Stereotype Threat von $d=0{,}33$ (Gentile et al. 2018). Trotzdem gibt es auch immer wieder Stimmen, die an der Stereotype-Threat-Theorie zweifeln. Einerseits wird kritisiert, dass die meisten Befunde im Labor generiert und nicht in realen Lern- und Leistungskontexten beobachtet wurden (Stricker und Ward 2004). Andererseits untersuchten die meisten Studien Erwachsene, zumeist Studentinnen, sodass die Generalisierbarkeit der Ergebnisse auf Kinder und Jugendliche bezweifelt wurde (Ganley et al. 2013; Stoet und Geary 2012). Zum Beispiel war die Effektstärke des Stereotype Threat in der Meta-Analyse von Flore und Wicherts (2015), die nur Studien mit Mädchen einschloss, mit $d=0{,}22$ etwas geringer als bei Frauen. Zudem konnten die Autorin und der Autor Faktoren, die den Stereotype Threat bei Erwachsenen verstärken, für die Schülerinnen nicht bestätigen.

Zum Teil ging die Kritik aber auch soweit, dass ein Publication Bias in der Stereotype-Threat-Literatur vermutet wurde, indem angenommen wurde, dass nur Studien mit signifikanten Befunden publiziert würden, was zu einer Überschätzung der Effekte führe. Für diese systematische Verzerrung ergaben sich jedoch nur schwache empirische Hinweise (Doyle und Voyer 2016; Flore und Wicherts 2015), die in anderen Meta-Analysen auch nicht bestätigt werden konnten (Gentile et al. 2018; Nguyen und Ryan 2008; Walton und Spencer 2009). Auch in diesem Sinne stellten Picho et al. (2013) fest, dass in ihre Analyse genauso viele Studien mit signifikanten Befunden wie nicht signifikanten Befunden eingingen. Da sich zudem bereits früh gezeigt hat, dass die Effekte je nach stereotypisierter Gruppe/Domäne, Manipulationsart sowie den Fähigkeiten der Probanden beträchtlich variieren (Nguyen und Ryan 2008; Walton und Spencer 2009), sind viele Studien nur bedingt vergleichbar. Zudem unterscheiden sich die Leistungstests und -variablen in den Studien deutlich, was den Vergleich verschiedener Effekte zusätzlich erschwert. Daher sollen die Befunde zu Stereotype Threat nachfolgend getrennt für Mädchen und Frauen als auch Jungen und Männern für verschiedene stereotypisierte Domänen dargestellt werden.

2.3 Stereotype Threat bei Mädchen und Frauen

Die stereotype Bedrohung von Mädchen und Frauen bildet in der Stereotype-Threat-Literatur neben den Studien zu negativen Effekten ethnischer Stereotypisierung den zweitgrößten Forschungsbereich ab. Die meisten Publikationen sind hier im Bereich der Mathematik zu finden, wobei Stereotype-Threat-Effekte auch hinsichtlich räumlicher Fähigkeiten (z. B. McGlone und Aronson 2006) und in anderen naturwissenschaftlichen Fächern wie Physik (Marchand und Taasoobshirazi 2013) oder Informatik (Cooper 2006) gefunden wurden. In Chemie (Sunny et al. 2017) und Biologie (Laure et al. 2013) konnten bislang hingegen keine Leistungseinbrüche durch negative Stereotype über die „naturwissenschaftlich unbegabten Frauen" bestätigt werden.

Insgesamt entspricht diese Befundlage gut den Geschlechtsverhältnissen, die man für einzelne Studiengänge findet (Cheryan et al. 2017). So zeigt sich, hier am Beispiel der Goethe Universität in Frankfurt (siehe Abb. 2.3), dass

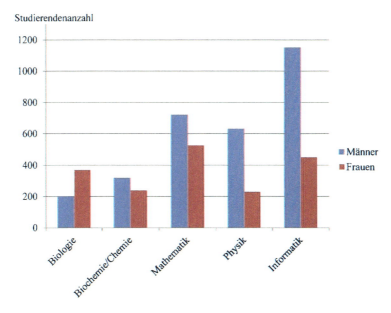

Abb. 2.3 Geschlechtsunterschiede in naturwissenschaftlich-mathematischen Bachelor-Studiengängen an der Goethe-Universität Frankfurt am Main aus der Studierendenstatistik für das Wintersemester 2016/17 (Göhring und Götz 2016)

sich im Wintersemester 2016/2017 sogar mehr weibliche Studierende im Bachelor-Studiengang Biologie befanden und der Geschlechtsunterschied in Biochemie und Chemie relativ gering ausfiel. Im Gegensatz dazu finden sich in Informatik und Physik die größten Geschlechtsunterschiede zugunsten der männlichen Studierenden, während die Diskrepanz in Mathematik etwas geringer ausfällt. Entsprechend zeigen sich auch bei PISA größere Leistungsunterschiede zugunsten der Jungen in Mathematik, während Unterschiede in den Naturwissenschaften kleiner und insgesamt durchschnittlich nur halb so groß ausfallen (Awisati und González-Sancho 2016). Meta-analytisch ergibt sich in Mathematik zwar der Trend, dass die Unterschiede zugunsten der Jungen und Männer geringer geworden sind (Else-Quest et al. 2010), unter Kontrolle der Intelligenzleistung (Brunner et al. 2011) und im oberen Fähigkeitsbereich (Makel et al. 2016) jedoch immer noch existieren. Im räumlichen Denken bestehen Unterschiede zugunsten des männlichen Geschlechts hingegen unverändert fort (Reilly et al. 2017).

Entsprechend der Geschlechtsunterschiede in Mathematik ergab sich in der ersten Studie (Spencer et al. 1999) zur negativen Stereotypisierung von Frauen lediglich bei schweren Mathematikaufgaben ein Leistungsvorteil der Männer. In zwei weiteren Experimenten zeigte sich dieser Unterschied jedoch nur, wenn vorab betont wurde, dass die Aufgaben in der Vergangenheit Geschlechtsunterschiede erzeugt hätten. Wurden die Studentinnen hingegen darüber informiert, dass der Mathematiktest gender-fair sei, schnitten sie ebenso gut ab wie die Kontrollgruppe und die Studenten. Neben der Aufgabenschwierigkeit konnte später auch gezeigt werden, dass die Art der Mathematikaufgaben beeinflusst, ob die Leistung von Frauen durch Stereotype angreifbar ist (Davies et al. 2016). In diesem Sinne zeigte sich bereits früh, dass Frauen unter stereotyper Bedrohung Probleme haben, geeignete mathematische Lösungsstrategien zu formulieren (Quinn und Spencer 2001). Zudem zeigten sich Stereotype-Threat-Effekte in dieser Studie nur bei Textaufgaben, während Frauen bei entsprechenden Aufgaben in arithmetischer Form, keinen Leistungseinbruch erlebten. Bei sehr einfachen Mathematikaufgaben konnte sogar beobachtet werden, dass Stereotype über die weibliche Mathematikinkompetenz zu einem Leistungsanstieg führen können (O'Brian und Crandall 2003).

Neben der Aufgabenschwierigkeit und -art als Aspekte, die Stereotype Threat beeinflussen, wurden im Forschungsverlauf noch weitere situative und personale Faktoren gefunden, die den Effekt moderieren. Um die komplexe Interaktion zwischen Person und Situation besser strukturieren zu können, wurde dabei die Ausgangssituation für eine stereotype Bedrohung zunächst genauer spezifiziert. Unter Rückgriff auf die Balancetheorie (Heider 1958) wurde der Stereotype Threat als Resultat eines kognitiven Ungleichgewichts (Dissonanz) zwischen drei

2 Warum Mädchen schlechter rechnen und Jungen schlechter lesen …

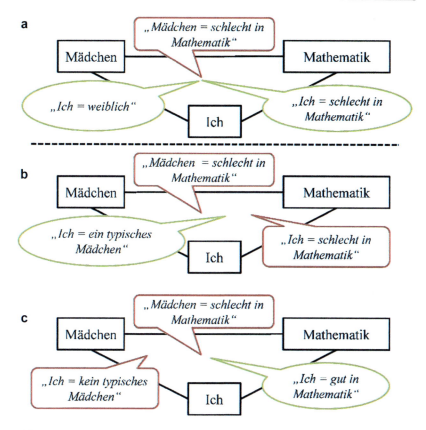

Abb. 2.4 Stereotype Threat als kognitives Ungleichgewicht. (adaptiert nach Schmader et al. 2008)

Konzepten beschrieben (Schmader et al. 2008), deren Verknüpfung durch Stereotype Threat aktiviert wird (siehe Abb. 2.4). Bei diesen drei Konzepten handelt es sich erstens um das Gruppenkonzept (z. B. Mädchen), zweitens das Konzept der stereotypisierten Domäne (z. B. Mathematik) und drittens das Selbstkonzept der betroffenen Person (Ich). Eine kognitive Dissonanz entsteht nun immer dann, wenn eine Verknüpfung in dieser Triade durch Stereotype negiert wird (Triade a). Ist ein mathematisch begabtes Mädchen mit dem Stereotyp über die Inkompetenz von Frauen konfrontiert, entsteht folglich eine Dissonanz, die in einem Test als zusätzlicher Stressor wirkt.

Werden hingegen noch weitere Verknüpfungen in der Triade aufgelöst, kann die kognitive Dissonanz wieder ausgeglichen werden, sodass negative Stereotype keine Bedrohung mehr darstellen (Triade b & c). Mädchen, die sich bereits für mathematisch unfähig oder für eher unweiblich halten, sollten folglich keine Dissonanz erleben und sozusagen „immun" gegenüber der negativen Stereotypisierung sein.

In diesem Sinne zeigt sich auch, dass eine kurzfristige Distanzierung von einer Domäne vor Stereotype Threat schützen kann (Major et al. 1998). Nach einem Leistungseinbruch durch negative Stereotypisierung, waren Frauen zudem weniger motiviert, Mathematiktutorien zu belegen, um sich weiter verbessern zu können (Fogliati und Bussey 2013). Gleichfalls konnte auch eine Distanzierung von der eigenen Gruppe bei Frauen nach einer stereotypen Bedrohung in Mathematik beobachtet werden (Pronin et al. 2004). Daher wird angenommen, dass nicht jede Person in gleichem Ausmaß durch Stereotype in seinen Leistungen beeinträchtigt werden kann. Aus dem Modell des kognitiven Ungleichgewichts ergeben sich diesbezüglich drei Moderatoren, die einen stereotypbedingten Leistungseinbruch begünstigen. Alle drei Aspekte stärken dabei eine Verknüpfung innerhalb der Triade, was ein flexibles Reagieren in einer Stereotype-Threat-Situation erschwert. So erleben Personen, die Stereotype befürworten (Schmader et al. 2004) oder mehr in ihrem Bewusstsein verankert haben (Brown und Pinel 2003), stärkere Leistungseinbußen bei Stereotype Threat. Ebenso werden Leistungseinbrüche nach stereotyper Bedrohung in Mathematik umso wahrscheinlicher, je stärker sich Mädchen und Frauen mit der infrage stehenden Domäne (Keller 2007a) und ihrem Geschlecht (Schmader 2002) identifizieren. Denn bei diesen persönlichen Voraussetzungen sind die Verknüpfungen zwischen den drei Konzepten stabiler und leichter aktivierbar, während die Dissonanz gleichzeitig schlechter aufgelöst werden kann.

Entsprechend dieser personalen Mediatoren können aus dem Modell des kognitiven Ungleichgewichts auch situative Parameter abgeleitet werden, die den Stereotype Threat modulieren. Damit sind vor allem Aspekte gemeint, durch die Stereotype in einer Situation mehr Salienz gewinnen. Zum Beispiel kann unterschieden werden, ob das Stereotyp selbst implizit oder explizit aktiviert wurde, was nachfolgende Effekte verändern kann. So hat sich gezeigt, dass Mädchen und Frauen stärker auf die implizite Aktivierung von Stereotypen reagieren, während bei ethnischer Stereotypisierung stärkere Einbußen in der Leistung nach expliziter Nennung resultieren (Nguyen und Ryan 2008). Des Weiteren wird ein Stereotype Threat durch die Betonung der eigenen Gruppenzugehörigkeit verstärkt. So konnte gezeigt werden, dass Studentinnen sowohl in Mathematik (Sekaquaptewa und Thompson 2003) als auch in ihren räumlichen Fähigkeiten (Keller und Sekaquaptewa 2008) einen Stereotype Threat erlebten, wenn sie die einzige Frau in einer Gruppe von Männern waren. Zuletzt wird der Stereotype-Threat-Effekt auch davon beeinflusst, wie intensiv die Bedeutsamkeit der stereotypisierten Domäne für das Selbstkonzept einer Person in der Situation erscheint (Marx und Stapel 2006a).

Bei Kindern und Jugendlichen konnte der Stereotype Threat von der ersten (Tomasetto et al. 2011) bis in die höchsten Klassenstufen nachgewiesen werden (Galdi et al. 2014). Die Effekte fallen dabei durchschnittlich zwar etwas geringer aus als bei erwachsenen Frauen (Flore und Wicherts 2015), was aber auch an den unterschiedlichen naturwissenschaftlichen Domänen liegen könnte, die hier nebeneinander betrachtet werden. So zeigen sich Stereotype-Threat-Effekte bereits ab der Grundschule in Mathematik (Muzzatti und Agnoli 2007) und bezüglich räumlicher Fähigkeiten (Neuburger et al. 2012), während in höheren Klassenstufen geringere Leistungen bei physikalischen Aufgaben (Marchand und Taasoobshirazi 2013) sowie ein vermindertes Wissenschaftsverständnis (Good et al. 2010) durch Stereotype festgestellt werden konnte. Diese Domänenvielfalt könnte jedoch auch dazu beigetragen haben, dass Flore und Wicherts (2015) keinen der Moderatoren (z. B. Aufgabenschwierigkeit), die den Stereotype Threat bei Erwachsenen modulieren, in ihrer Meta-Analyse bestätigen konnten. Dennoch zeigt sich ähnlich wie bei Studentinnen, dass Mädchen mit hohem mathematischem Selbstkonzept (Hermann und Vollmeyer 2017) und Schülerinnen, die sich sehr mit dem Fach identifizieren (Keller 2007a), stärker von Stereotype Threat betroffen sind. Zudem wurde beobachtet, dass Mädchen, die sich hoch mit ihrer Geschlechtsgruppe identifizieren, in Mathematik stärker durch chronische negative Stereotypisierung eingeschränkt werden (Bedyńska et al. 2018). Des Weiteren sind auch Mädchen, die das Stereotyp über die mathematische Inkompetenz implizit befürworten, stärker von Stereotype Threat betroffen (Galdi et al. 2014). Dabei wird vor allem in Studien mit jüngeren Schülerinnen experimentell zumeist auf eine implizite Manipulation des Stereotyps zurückgegriffen, indem entweder die Kategorie Geschlecht oder die stereotypisierte Domäne aktiviert werden. So zeigt sich, dass Mädchen bereits nach dem Ausmalen geschlechterstereotyper Bilder (ein Mädchen mit Puppe), eine geringere Mathematikleistung erzielten (Neuville und Croizet 2007), als wenn sie ein Bild mit einer Landschaft kolorierten. Entgegen der Kritik von Stricker und Ward (2004) existieren zudem mittlerweile viele Studien, die den Einbruch der Leistung nach Aktivierung negativer Stereotype auch in einem realen Klassenkontext zeigen konnten (Bedyńska et al. 2018; Hermann und Vollmeyer 2016b, 2017; Huguet und Régner 2007; Keller 2007a, Keller und Dauenheimer 2003; Neuville und Croizet 2007).

Neben den negativen Effekten von Stereotypen im technisch-naturwissenschaftlichen Bereich konnten stereotypbedingte Leistungseinbrüche bei Mädchen und Frauen allerdings auch bei motorischen Aufgaben gefunden werden (für einen Überblick, siehe Smith und Martiny 2018). Dabei zeigte sich, dass Stereotype im Sport die Leistung von Mädchen und Frauen umso stärker beeinflussen, je maskuliner die Sportart von der Gesellschaft angesehen wird (Gentile et al. 2018). Während im Fußball (z. B. Hermann und Vollmeyer 2016a) die stärksten Effekte durch Stereotype Threat resultierten, erwies sich der Leistungseinbruch im Tennis (Hively und El-Alayli 2014) zum Beispiel als geringer. Die Befunde entsprechen dabei aber auch den stereotypen Vorstellungen über verschiedene Sportarten, bei denen speziell in Deutschland zum Beispiel Fußball und Basketball stärker als maskulin wahrgenommen werden als Volleyball oder Feldhockey (Martiny et al. 2015). Die meisten Studien in diesem Bereich wurden allerdings mit Mädchen und Frauen durchgeführt, die eine hohe Identifikation mit Sport aufweisen, den sie auf höherer Leistungsebene (Hermann und Vollmeyer 2016a) oder im Verein (Chalabaev et al. 2008) betreiben. Daher kann die Identifikation mit der Domäne auch im Sport als wichtiger Moderator der Effekte betrachtet werden. So konnten Chalabaev et al. (2008) zeigen, dass Fußballerinnen langsamer dribbelten, wenn mit dem Parcour athletische, anstelle sportpsychologischer Fähigkeiten erfasst werden sollten. Ähnlich verschlechterte sich auch die Dribbling-Leistung jugendlicher Spielerinnen, sobald das Stereotyp „nur Jungen können kicken!" explizit über einen fingierten Zeitungsartikel aktiviert wurde (Hermann und Vollmeyer 2016a). Bezüglich der Übertragbarkeit der Effekte auf den Schulsport liegen bislang jedoch nur wenige Studien vor: So konnte Laurin (2013) Stereotype-Threat-Effekte beim Basketball im Schulsport feststellen. Des Weiteren zeigten sich Leistungseinbußen durch stereotype Bedrohung bei Schülerinnen in einem Dribbling-Parcour (Chalabaev et al. 2014) und hinsichtlich ihrer Sprintgeschwindigkeit (Hermann und Rumrich 2018).

Abschließend ist es jedoch noch wichtig zu erwähnen, dass sich der Stereotype Threat sowohl im Sport als auch in kognitiven Domänen nicht nur auf Wettbewerbs- und Testsituationen beschränkt. Mittlerweile konnte nämlich sowohl für motorische als auch kognitive Aufgaben gezeigt werden, dass stereotype Bedrohung auch Lernprozesse negativ beeinflussen kann (für einen Überblick, siehe Rydell und Boucher 2017).

2.4 Stereotype Threat bei Jungen und Männern

Im Unterschied zur stereotypen Bedrohung der Mädchen und Frauen wurde wesentlich seltener untersucht, ob auch Jungen und Männer Stereotype Threat in Domänen erleben, in denen sie negativ stereotypisiert werden. Im akademischen

Bereich sind es hier vor allem Fähigkeiten im sprachlichen Bereich, die Jungen (Retelsdorf et al. 2015) und Männern (Hyde 2016) im Vergleich zu Mädchen und Frauen abgesprochen werden. Inwiefern diese vermeintlichen Fähigkeitsvorsprünge jedoch durch empirische Befunde gestützt werden, variiert sehr je nach Probandenalter und Aufgabe, über die die verbalen Fähigkeiten operationalisiert werden.

So finden sich zum einen größere Geschlechtsunterschiede in verbalen Fähigkeiten bei jüngeren Männern (Trofimova 2013). Zum anderen zeigt eine differenziertere Betrachtung einzelner verbaler Fähigkeiten, dass die Geschlechtsunterschiede sehr unterschiedlich ausfallen können: Während sich bezüglich des Wortschatzes, dem Leseverständnis und im Verfassen von Aufsätzen meta-analytisch eher geringe Geschlechtsunterschiede zeigen ($d = 0{,}02 - 0{,}09$), ergaben sich in der Wortflüssigkeit Unterschiede mit mittlerer Effektstärke ($d = 0{,}33$) zugunsten der Frauen (Hyde 2014). Im Kontrast dazu zeigt sich in internationalen Schulvergleichsstudien im Lesen ein deutlicher Vorsprung der Mädchen (Awisati und González-Sancho 2016). Die beobachtete Diskrepanz ergab sich dabei in allen teilnehmenden Ländern und war durchschnittlich sogar dreimal so groß wie der Unterschied zwischen den Geschlechtern in Mathematik, was ungefähr dem Fortschritt eines Schuljahres entspricht (Stoet und Geary 2013). Ein ähnliches Bild zeichnet sich auch in Meta-Analysen zu den Schulnoten von Jungen in sprachlichen Fächern ab, in denen Mädchen von den Lehrkräften am deutlichsten bevorteilt werden (Voyer und Voyer 2014). Da Schülerinnen auch in der gesamtschulischen Leistung mittlerweile vorne liegen, sind Jungen in den letzten Jahren auch in Deutschland als „neue Bildungsverlierer" in den Blick der Forschung geraten (Hannover und Kessels 2011).

Daher ist es eigentlich erstaunlich, dass nur wenige Publikationen zu Stereotype Threat bei Jungen in sprachlichen Aufgaben vorliegen. Zählt man die Studien mit Erwachsenen noch hinzu, erhöht sich die Anzahl allerdings nur unwesentlich. Zudem wurde bei vielen Studien mit Männern nicht primär die sprachliche Leistungsfähigkeit untersucht, sondern lediglich verwandte Bereiche betrachtet. So konnte gezeigt werden, dass Männer affektive Wörter schlechter erkennen, wenn sie vorab mit ihrer geringeren emotionalen Intelligenz konfrontiert werden (Leyens et al. 2000). Gleichfalls schnitten Studenten hinsichtlich ihrer sozialen Fähigkeiten in einem Test schlechter ab, wenn man sie mit dem Stereotyp über ihre Insensibilität konfrontierte (Cadinu et al. 2006; Koenig und Eagly 2005).

Die erste Studie, in der ein Leistungseinbruch in Folge negativer Stereotypisierung sprachlicher Fähigkeiten von Männern im Vergleich zu Frauen beobachtet werden konnte, wurde von Keller (2007b) mit Studierenden durchgeführt. Experimentell konnte er zeigen, dass die Teilnehmer in einem standardisierten Test zu verbalen Analogien schlechter abschnitten, wenn sie vorab informiert wurden, dass Geschlechtsunterschiede bei entsprechenden Aufgaben vorliegen. Eine Leistungsreduktion ergab sich allerdings nur dann, wenn die Probanden in der Instruktion dazu angehalten wurden, Fehler zu vermeiden, um keine Punkte zu verlieren. Wurden sie hingegen instruiert, so viele Aufgaben wie möglich zu lösen, ohne Punkteabzüge zu erhalten, konnte kein Leistungseinbruch unter der negativen Stereotypisierung beobachtet werden. Keller (2007b) schlussfolgerte daraus, dass eine stereotype Bedrohung auch zu einer Herausforderung werden kann, wenn die erforderliche Selbstregulation mehr von Annäherung (promotion focus) als von Vermeidung (prevention focus) geprägt ist, wobei er sich auf die *Regulatory-Focus-Theorie* von Higgins (1998) stützt. In einer anderen Studie (Hirnstein et al. 2012), die Aufgaben zur Wortflüssigkeit fokussierte, konnte der Stereotype Threat bei Männern hingegen nicht bestätigt werden. Im Unterschied zur Kontrollgruppe, schnitten die männlichen Probanden besser ab, wenn als Zweck der Studie die Überprüfung von Geschlechtsunterschieden hervorgehoben wurde. Bei genauerer Betrachtung der Tests, in denen unter Zeitdruck möglichst viele Wörter und Sätze mit bestimmten Buchstaben gebildet werden müssen, könnte dieser diskrepante Befund jedoch auch mit der protektiven Induktion eines Promotion Focus erklärt werden.

Zu Stereotype-Threat-Effekten bei Jungen in der Schule liegen bislang lediglich drei Studien vor: Während zwei Publikationen die Lesefähigkeit in der Sekundarstufe I (Eckert und Imhof 2013) und der Grundschule (Pansu et al. 2016) fokussieren, untersuchte die dritte Studie Effekte negativer Stereotypisierung von Grundschülern hinsichtlich ihrer vermeintlichen allgemeinen akademischen Unterlegenheit (Hartley und Sutton 2013). Ähnlich wie in der Befundlage zu den manifesten verbalen Geschlechtsunterschieden, konnte ein Stereotype Threat nur in den Studien mit den jüngeren Schülern nachgewiesen werden. Die Leseleistung von Realschülern und Gymnasiasten reduzierte sich im Vergleich zu einer Kontrollgruppe hingegen nicht, unabhängig davon, ob das negative Stereotyp „Mädchen sind sprachlich überlegen" explizit oder implizit durch die Ankündigung eines „verbalen Fähigkeitstests" aktiviert wurde. Ähnlich wie in den Studien mit Erwachsenen (Hirnstein et al. 2012) zeigte sich sogar, dass die Realschüler nach der impliziten Stereotyp-Aktivierung eine bessere Leseleistung erzielten als die Kontrollgruppe – ein Unterschied, der die Signifikanz jedoch knapp verfehlte. Grundschüler schnitten wiederum durch eine implizite Aktivierung des Stereotyps in Form der Ankündigung eines „Lesefähigkeitstest" schlechter ab, als wenn dieselben Aufgaben als Spiel vorgestellt wurden, was sogar zu einem Leistungsvorsprung der Jungen im Vergleich zu den Mädchen führte (Pansu et al. 2016). Zudem zeigte sich auch, dass die Effekte nur bei den Grundschulkindern auftraten, die grundsätzlich gerne lesen, also eine hohe Identifikation mit dem Lesen aufweisen.

Beide berichteten Studien unterscheiden sich allerdings nicht nur im Alter der Schüler, sondern auch in dem Test, der zur Erfassung der Leseleistung eingesetzt wurde. Während bei Eckert und Imhof (2013) im Anschluss an einen kontinuierlichen Lesetext überwiegend mit Richtig-Falsch-Aufgaben das Leseverständnis geprüft wurde, mussten die Grundschulkinder aus einer Liste mit 483 Wörtern in drei Minuten alle Tiernamen unterstreichen (Pansu et al. 2016). Ob in beiden Fällen die gleichen verbalen Fähigkeiten erhoben werden, bleibt daher fraglich, sodass noch mehr Studien zu Stereotype Threat von Jungen im Lesen wünschenswert wären. Denn zuletzt zeigt sich auch, dass Jungen bereits in der Grundschule sensibel in ihren Leistungen auf das Stereotyp über ihre schlechteren gesamtschulischen Leistungen reagieren. So konnten Hartley und Sutton (2013; Studie 1) zeigen, dass bereits Kinder ab der Vorschule (vier bis zehn Jahre) glauben, dass Erwachsene Jungen im Vergleich zu Mädchen in der Schule als unterlegen ansehen. Des Weiteren bestätigten sich die negativen Effekte des Stereotyps „des schlechten Schülers" auch experimentell, indem Jungen (sieben bis acht Jahre) nach dessen expliziter Aktivierung sowohl im Lesen und Schreiben als auch in einem Mathematiktest im Vergleich zu Jungen unter Kontrollbedingungen schlechter abschnitten (Hartley und Sutton 2013; Studie 2).

Zusammenfassend entsteht somit der Eindruck, dass eher jüngere Schüler von Stereotype Threat betroffen sind, während Jugendliche und Männer gelernt haben könnten, mit der negativen Stereotypisierung anders umzugehen. Diesbezüglich konnte auf physiologischer Ebene bereits gezeigt werden, dass Männer in ihrer Herzratenvariabilität verschieden auf eine stereotype Bedrohung ihrer Fähigkeiten reagieren als Frauen (Vick et al. 2008). Anstelle eines physiologischen Musters der Angst, das Frauen unter Stereotype Threat aufweisen, zeigen Männer in entsprechenden Situationen ein Muster der Herausforderung. Diese Erklärung würde auch gut zu der Form der Selbstregulation passen, die Keller (2007b) im Sinne einer Herausforderung in seinen Studien finden konnte. Inwiefern diese körperliche Reaktion jedoch auch im Bewusstsein der Personen verankert ist, wurde über Selbstberichte noch nicht erfasst. Zudem können die diskrepanten Befunde auch im Sinne einer Reaktanz gegenüber dem Stereotyp verstanden werden, die bei Frauen bezüglich ihres vermeintlich schlechteren Verhandlungsgeschicks (Kray et al. 2001) und bei einfachen Aufgaben in Mathematik (O'Brien und Crandall 2003) unter Stereotype Threat festgestellt werden konnte. Da Männer allerdings grundsätzlich eine größere Affinität für Wettbewerbe mit anderen besitzen (Mollerstrom und Wrohlich 2017), könnte sie das vor einer Bedrohung durch Stereotype bei schwierigeren Aufgaben schützen. Zudem zeigen bereits

Jungen eine Überschätzung des eigenen Leistungspotenzials (Helbig 2012), was zwar zu einer höheren Resistenz gegenüber einer stereotypen Bedrohung beiträgt, aber den Schulerfolg langfristig auch gefährden könnte.

2.5 Mechanismen des Stereotype Threat

Nach über 20 Jahren Stereotype-Threat-Forschung existieren mittlerweile verschiedene Modelle und Ansätze, die versuchen den Leistungseinbruch durch negative Stereotype zu erklären. Dabei handelt es sich um theoretische Überlegungen, auf die zurückgegriffen oder die neu entwickelt wurden, nachdem der Stereotype-Threat-Effekt in zahlreichen Domänen bei diversen Personen und ganz verschiedenen Aufgaben repliziert werden konnte (Martiny und Götz 2011). Die verschiedenen Ansätze widersprechen sich dabei im Grunde nicht. Denn die Theorien entstammen verschiedenen Phasen der Stereotype-Threat-Forschung und betonen ganz unterschiedliche Aspekte des Stereotype-Threat-Prozesses. Während durch Rückgriff auf die *Theorie der sozialen Identität* (Hogg 2001; Tajfel und Turner 1979) der Selbstwert und affektive Prozesse in den Mittelpunkt gerückt wurden, betont der *Mere-Effort-Ansatz* (Jamieson und Harkins 2007) die spezielle Motivationslage in einer Stereotype-Threat-Situation, welche die Aufgabenbearbeitung beeinträchtigt. Im *integrierten Prozessmodell* (Schmader et al. 2008) werden hingegen primär die kognitiven Einbußen und Veränderungen fokussiert, die den Leistungseinbruch als Folge der anderen Prozesse erklären.

Daher eignen sich die verschiedenen theoretischen Überlegungen vermutlich auch zur Erklärung ganz anderer Fragen. Zudem könnten alle drei Erklärungsansätze auch auf einem Kontinuum abgetragen werden (Tab. 2.1), auf dem sich die Stereotype-Threat-Prozesse eher als *hot* (emotional), *mittelwarm* (motivational) oder *cold* (kognitiv) strukturieren lassen. Welche emotionalen, motivationalen und kognitiven Mechanismen dabei in den einzelnen Ansätzen theoretisch

Tab. 2.1 Erklärungsansätze für den Stereotype Threat mit Mediatoren

Theorie sozialer Identität	Mere-Effort-Ansatz	Integriertes Prozessmodell
Selbstwert/Affekt	Motivation	Kognition
HOT →	MITTELWARM →	COLD →
Angst/Frustration Selbstwertschutz	Anstrengung Vermeidungsziele	Arbeitsgedächtnisbelastung Automatisierungsstopp

postuliert werden und wie sich die empirische Befundlage zu den Mediatoren gestaltet, die sich daraus ableiten (für einen Gesamtüberblick, siehe Pennington et al. 2016), soll in den nächsten Abschnitten erläutert werden.

2.5.1 Theorie der sozialen Identität

Als erste theoretische Erklärung wurde das Phänomen des Stereotype Threat in die Theorie der sozialen Identität (Hogg 2001; Tajfel und Turner 1979) eingebettet, da die Aktivierung negativer Stereotype als Identitätsbedrohung betrachtet wurde (Steele et al. 2002). In dieser Theorie wird grundsätzlich postuliert, dass alle Personen nach einer positiven personalen und sozialen Identität streben. Damit ist gemeint, dass jeder sich selbst und die Gruppe, der er angehört, möglichst positiv betrachten möchte, um den eigenen Selbstwert zu steigern beziehungsweise nicht zu gefährden. Dieses Streben wird in der Theorie als basales menschliches Motiv verstanden, dem im Sinne Festingers (1954) durch soziale Vergleiche genüge getan wird. So vergleichen sich auch Schüler*innen untereinander, mit dem Ziel für sich selbst und die eigene Gruppe eine möglichst positive Bilanz zu erlangen. Negative Stereotype über die Leistungsfähigkeit der eigenen Gruppe, die zumeist auf sozialen Vergleichen basieren, können folglich auch zur Gefahr für die eigene soziale Identität und damit den Selbstwert werden.

Da es sich beim Selbstwert definitorisch und entwicklungspsychologisch um ein affektives Konstrukt handelt (Thomsen et al. 2018), geht dessen Bedrohung überwiegend mit negativen Emotionen wie Frustration oder Angst einher. In diesem Sinne nahm auch bereits Steele (1997) in einem seiner ersten theoretischen Artikel an, dass Personen unter stereotyper Bedrohung befürchten, negative Stereotype über ihre eigene Gruppe unfreiwillig zu bestätigen. Empirisch zeigte sich auch in vielen Studien, dass negativ Stereotypisierte mehr Angst berichten (Marx und Stapel 2006b; Spencer et al. 1999), die zunächst aber nicht mit dem Leistungseinbruch in Verbindung gebracht werden konnte. In Kombination mit kognitiven Variablen konnte die subjektive Angst jedoch später als Mediator bestätigt werden. So zeigte sich, dass die erhöhte Angst in einem Mathematiktest bei Studentinnen zu abschweifenden Gedanken führte, die dann eine schlechtere Leistung induzierten (Mrazek et al. 2011). Andere Studien konnten hingegen das Abschweifen der Gedanken und das subjektive Erleben von Angst in einem Mathematiktest als unabhängige Mediatoren des Stereotype Threat bestätigen (Lu et al. 2015), sodass hinsichtlich des genauen Zusammenspiels dieser vermittelnden Prozesse noch Forschungsbedarf besteht. Bei Realschülerinnen bestätigte sich hingegen die Frustration als Mediator des Leistungseinbruchs unter Stereotype Threat in Mathematik (Keller und Dauenheimer 2003). Allerdings gibt es auch Hinweise darauf, dass das emotionale Erleben bei stereotyper Bedrohung nicht losgelöst von der Einschätzung der eigenen Fähigkeiten betrachtet werden sollte. Denn es zeigt sich, dass der Stereotype-Threat-Effekt nur bei Frauen mit einem fragilen mathematischen Selbstkonzept mit gesteigerter Angst erklärt werden konnte (Gerstenberg et al. 2012).

Neben negativen Emotionen, kann die stereotype Bedrohung entsprechend der Theorie der sozialen Identität auch zu Prozessen führen, mittels derer die Gefahr für den Selbstwert abgewendet werden soll. Dabei können verschiedene selbstwertschützende Strategien zum Einsatz kommen, die entweder zunächst eine kurzfristige Entlastung von der stereotypen Bedrohung ermöglichen oder langfristig sogar komplett gegen das Stereotyp immunisieren können. Diesbezüglich zeigt sich, dass sowohl männliche als auch weibliche Testteilnehmende in einer Stereotype-Threat-Situation zu Self-Handicapping neigen. Bei dieser Strategie sabotieren Personen die eigene Leistung, um einen potenziellen Misserfolg später selbstwertdienlich darauf zurückführen zu können. So konnte Stone (2002) zeigen, dass männliche weiße Athleten eine Golf-Putting-Aufgabe weniger trainierten, wenn sie als Test natürlicher athletischer Begabung beschrieben wurde, bei der Afroamerikaner als überlegen gelten. Gleichfalls tendierten auch Schülerinnen nach einem Stereotype Threat im Sinne des Self-Handicapping dazu, externale Erklärungen für den erlebten Misserfolg zu suchen, was den Leistungseinbruch in einem Mathematiktest auch vermittelte (Keller 2002). Im Selbstbericht konnte Self-Handicapping hingegen nicht als Mediator bestätigt werden (Keller und Dauenheimer 2003), was aber auf Unterschiede der Manipulation in den Studien zurückgeführt werden könnte. Während die mathematische Inkompetenz von Frauen bei Keller (2002) explizit genannt wurde, erfolgte die Aktivierung des Stereotyps in der Folgestudie über die Betonung von Geschlechtsunterschieden indirekter (Keller und Dauenheimer 2003) und damit weniger selbstwertbedrohlich. Neben dem Self-Handicapping wurden zudem noch weitere Strategien beobachtet, die dem Schutz des Selbstwerts nach stereotyper Bedrohung dienen. So zeigt sich, dass Studentinnen in einer Stereotype-Threat-Situation die Validität des Mathematiktests (Lesko und Corpus 2006) oder die Kompetenz des Kursleiters anzweifeln (Adams et al. 2006). Des Weiteren wurde beobachtet, dass Personen kurzfristig Abstand von der eigenen bedrohten Gruppe nehmen (Pronin et al. 2004) oder die Relevanz der stereotypisierten Domäne für sich selbst infrage stellen (von Hippel et al. 2005). Langfristig führen die meisten dieser Strategien jedoch zur Distanzierung von stereotypisierten Domänen, was in Mathematik zum Beispiel mit geringerem Interesse (Smith et al. 2007) und weniger Selbstwirksamkeit (Muzzatti und

Agnoli 2007) beginnt und später zur Disidentifkation mit dem gesamten Bereich führen kann (Thoman et al. 2013).

2.5.2 Mere-Effort-Ansatz

Im weiteren Verlauf der Stereotype-Threat-Forschung wurde später der Mere-Effort-Ansatz (Jamieson und Harkins 2007) entwickelt, der insbesondere die spezielle Motivationslage unter Stereotype Threat fokussiert. Der Ansatz geht davon aus, dass Betroffene nicht unbedingt geringere Erfolgswartungen haben, sondern im Gegenteil besonders motiviert sind, gerade weil sie das Stereotyp über ihre Gruppe widerlegen wollen. Da sich in anderen Studien zudem bereits gezeigt hatte, dass eine stereotype Bedrohung bei sehr einfachen Aufgaben auch zu einem Leistungsanstieg führen kann (Ben-Zeev et al. 2005; O'Brien & Crandall 2003), gingen die Autor*innen davon aus, dass Stereotype-Threat-Effekte auch von den Aufgabenerfordernissen selbst abhängen. Auf Basis der Triebtheorie von Zajonc (1965) wurde postuliert, dass die spezifische Motivation bei stereotyper Bedrohung dominante Reaktionen fördert, die bei einfachen Aufgaben zwar korrekt, bei komplexen Problemen aber oft falsch sind (Jamieson und Harkins 2007). Diese Annahme wurde mithilfe experimenteller Untersuchungen zu Blickbewegungen belegt, bei denen die Aufgabe darin bestand, auf bestimmte Zielreize möglichst schnell zu reagieren ohne sich von Distraktoren ablenken zu lassen. Es zeigte sich, dass Personen in der Stereotype-Threat-Bedingung größere Schwierigkeiten hatten, die Distraktoren zu ignorieren, ihre falschen Reaktionen anschließend aber auch schneller wieder korrigierten. Zudem wurde auch vermutet (Jamieson und Harkins 2007), dass Aufgaben, die konventionelle anstelle neuer Lösungsstrategien erfordern, weniger von Stereotype Threat beeinflusst werden, was sich in Mathematik bestätigte (Davies et al. 2016). Zudem konnte der Ansatz später bei Subtraktionsaufgaben auch systematisch nachgewiesen werden (Seitchik und Harkins 2015): In einer experimentellen Reihe wurde zunächst die dominante Lösungsstrategie für horizontale Subtraktionsaufgaben ermittelt (Experiment 1), deren verstärkte Anwendung dann unter Stereotype Threat bei Studentinnen auch zu schlechteren Leistungen führte (Experiment 2). Der Mere-Effort-Ansatz konnte zudem auch bei motorischen Aufgaben nachgewiesen werden. So zeigte sich, dass nur ungeübte Mädchen bei einer rhythmischen Ball-Bouncing-Aufgabe mit einem Tischtennisball Stereotype Threat erlebten, während sie nach einer kurzen Trainingsphase sogar besser als die Kontrollgruppe abschnitten (Huber et al. 2015).

Auf subjektiver Ebene sollte die Motivationslage, die im Mere-Effort-Ansatz beschrieben wird, einerseits mit einer erhöhten Anstrengung einhergehen. Andererseits müsste aber auch der Wunsch existieren, Misserfolge zu vermeiden, was einer Zielorientierung entspräche, die primär auf Vermeidung ausgerichtet ist (Elliot und Church 1997). Während eine höhere Anstrengung unter Stereotype Threat im Selbstbericht jedoch nicht nachgewiesen werden konnte (Keller und Dauenheimer 2003; Seibt und Förster 2004), liegen für die Induktion der Vermeidungsleistungszielorientierung nach Stereotype Threat in verschiedenen Domänen Befunde vor. So zeigte sich, dass Männer in einem verbalen Test nach Infragestellung ihrer Fähigkeiten zwar langsamer arbeiteten, aber auch weniger Fehler bei den Aufgaben machten (Seibt und Förster 2004; Experiment 2 & 3). Ebenso berichteten Fußballerinnen in einer Stereotype-Threat-Situation eine erhöhte Vermeidungsleistungszielorientierung vor einem Dribbling, die den induzierten Leistungseinbruch aber nicht vermittelte (Chalabaev et al. 2008). In Mathematik erwies sich die Vermeidungsleistungszielorientierung hingegen in Kombination mit erhöhter Besorgnis in dem Test als sequenzieller Mediator des Leistungseinbruchs bei Studentinnen (Brodish und Devine 2009).

Bezüglich des Mere-Effort-Ansatzes ist es aber wichtig, zwei Moderatoren des Stereotype Threat nicht aus dem Blick zu verlieren. Denn vermutlich wird der Wunsch, negative Stereotype und die damit verbundene Anstrengung zu widerlegen, auch von der individuellen Einschätzung der eigenen Chancen abhängen, dieses Ziel zu erreichen. Die Erfolgserwartung müsste folglich sowohl von der Aufgabenschwierigkeit (situativer Moderator) als auch der Domänenidentifikation (personaler Moderator) abhängen, die ebenfalls Vorstellungen über die eigenen Fähigkeiten einschließt. Passend dazu, erscheint die Befundlage für die Erfolgserwartung bei Stereotype Threat eher als widersprüchlich. So konnte auf der einen Seite gezeigt werden, dass Studentinnen in einem Mathematiktest nach stereotyper Bedrohung geringere Erfolgserwartungen angaben, die den Leistungseinbruch teilweise auch vermittelten (Cadinu et al. 2003). Auf der anderen Seite gibt es auch eine Studie, in der negativ stereotypisierte Studentinnen eine höhere Erfolgserwartung vor einem Mathematiktest angaben, die aber die Leistung nicht steigerte, sondern paradoxerweise den nachfolgenden Leistungseinbruch vermittelte (Rosenthal et al. 2007).

2.5.3 Integriertes Prozessmodell

Zuletzt wurde mithilfe einer Literaturschau zu verschiedenen Stereotype-Threat-Studien das integrierte Prozessmodell (Schmader et al. 2008) entwickelt, das am

2 Warum Mädchen schlechter rechnen und Jungen schlechter lesen …

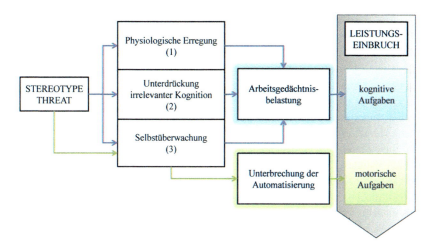

Abb. 2.5 Vereinfachtes integriertes Prozessmodell. (Adaptiert nach Schmader et al. 2008)

stärksten die kognitiven Aspekte betont, die dem Leistungseinbruch zugrunde liegen. Denn in dem Modell wird die Effizienz des Arbeitsgedächtnisses bei kognitiven beziehungsweise eine Unterbrechung von Automatisierungsprozessen bei motorischen Aufgaben als zentraler Vermittler des Stereotype Threat betrachtet (siehe Abb. 2.5).

Anhand diverser Studien legen Schmader et al. (2008) in ihrem Review zunächst für kognitive Aufgaben dar, wie unterschiedliche Prozesse in einer Stereotype-Threat-Situation Ressourcen des Arbeitsgedächtnisses beanspruchen, die dann nicht mehr genutzt werden können. Durch situativ saliente Stereotype sind die Betroffenen in einem kognitiven Leistungstest folglich nicht nur mit den Aufgaben beschäftigt, sondern zusätzlich noch durch einen weiteren Druck belastet, der über die folgenden drei Mechanismen (siehe Abb. 2.5) das Leistungsvermögen reduziert.

Erstens wird durch die stereotype Bedrohung eine gesteigerte physiologische Erregung ausgelöst, die das Arbeitsgedächtnis beeinträchtigt. So konnte gezeigt werden, dass die Aktivierung negativer Stereotype zu einer erhöhten Herzratenvariabilität führt (Croizet et al. 2004), was eine höhere mentale Belastung auf körperlicher Ebene anzeigt. Physiologisch zeigt sich unter stereotyper Bedrohung bei Schülerinnen zudem ein höherer Blutdruck sowie eine gesteigerte Hautleitfähigkeit (Osborne 2007). Des Weiteren sind stereotypisierte Personen während eines Tests mit der Unterdrückung irrelevanter Kognition beschäftigt, was den zweiten Prozess darstellt, der das Arbeitsgedächtnis belastet (Schmader et al. 2008). Dahin gehend zeigte bereits das erste Stereotype-Threat-Experiment (Steele und Aronson 1995), dass stereotype Kognitionen assoziativ nach einer Bedrohung leichter zugänglich sind. Experimentell konnte gezeigt werden, dass Frauen in einem Mathematiktest umso schlechter abschnitten, je mehr stereotype Wörter sie danach bei einer lexikalischen Entscheidungsaufgabe wählten, deren Unterdrückung während des Tests Arbeitsgedächtniskapazität gekostet hatte (Logel et al. 2009). Gleichfalls konnte auch bestätigt werden, dass Frauen in einer Stereotype-Threat-Bedingung mehr negative Gedanken während eines Mathematiktests berichteten, die den Stereotype Threat auch vermittelten (Cadinu et al. 2005). Allerdings scheinen nicht nur negative Gedanken an sich und deren Unterdrückung bei stereotyper Bedrohung problematisch für das Arbeitsgedächtnis zu sein, sondern vor allem das Abschweifen der Gedanken von der Aufgabe (Mrazek et al. 2011). Der letzte Prozess, über den die zusätzliche Belastung für das Arbeitsgedächtnis entsteht, ist die erhöhte Selbstüberwachung unter Stereotype Threat, durch die ein übermäßiger Fokus auf die eigene Person und potenzielle Fehler gerichtet ist (Schmader et al. 2008). So sind Frauen unter Stereotype Threat neben der Bearbeitung eines Mathematiktests zusätzlich mit der Selbstregulation negativer Emotionen (Johns et al. 2008) und der Besorgnis über einen potenziellen Misserfolg beschäftigt (Beilock et al. 2007). In Studien mit funktioneller Magnetresonanztomografie konnte zudem gezeigt werden, dass bei Stereotype Threat erhöhte Aktivität in den kortikalen Arealen vorherrscht (ventral anterior cingulate cortex; vACC), die mit der Emotionsregulation in Verbindung gebracht werden (Krendl et al. 2008).

Zusammengenommen führen alle drei beschriebenen Prozesse bei Aufgaben, die kognitive Ressourcen beanspruchen, zu einer reduzierten Arbeitsgedächtniskapazität, was die Leistung in einem Test verschlechtern kann. Das erklärt wiederum auch, warum der Stereotype-Threat-Effekt verstärkt bei schwierigen Aufgaben auftritt (Hermann und Vollmeyer 2017; Keller 2007a; Spencer et al. 1999), für deren Lösung genügend Arbeitsgedächtniskapazität besonders wichtig wäre. Diese Annahme stützend existieren mittlerweile auch Studien, in denen der Mediator Arbeitsgedächtnisbelastung direkt erfasst und als Erklärung für den Stereotype Threat bestätigt werden konnte. In Dual-Task-Experimenten, bei denen während eines Mathematiktests gleichzeitig möglichst viele Wörter behalten werden müssen, konnten Frauen, die einen Stereotype Threat erlebten, im Anschluss weniger Wörter wiedergeben (Schmader und Johns 2003). Spezifisch zeigte sich später, dass die Aktivierung negativer Stereotype vor allem die exekutiven Funktionen des Arbeitsgedächtnisses beeinträchtigt (Hutchison et al. 2013), wobei primär die Updating-Funktion betroffen zu sein scheint, also die

Fähigkeit, Aufmerksamkeit ausschließlich auf zielrelevante Aspekte zu fokussieren (Rydell et al. 2014).

Im Unterschied zu den Wirkmechanismen des Stereotype Threat bei kognitiven Aufgaben wurde in dem integrierten Prozessmodell bei motorischen Aufgaben angenommen, dass die erhöhte Selbstüberwachung Automatisierungsabläufe stört, was zu einer schlechteren Leistung führt (Schmader et al. 2008). Die Basis zu dieser Annahme bilden dabei die ersten Studien zu Stereotype Threat im Sport, in denen überwiegend Profisportler untersucht wurden (Beilock und McConnell 2004). In Experimenten mit Golfern zeigte sich, dass eine zusätzliche kognitive Aufgabe die Sportler paradoxerweise vor einem Leistungseinbruch durch Stereotype schützte, da sie so die bereits automatisierten Bewegungsabläufe aufrechterhalten konnten (Beilock et al. 2006). Novizen verschlechterten sich hingegen beim Putten, da sie für die Ausführung der noch ungeübten Bewegungsabläufe die Kapazität des Arbeitsgedächtnisses benötigen (Schmader et al. 2008).

2.6 Interventionsmöglichkeiten gegen Stereotype Threat

Um dem negativen Einfluss von Stereotypen in Testsituationen entgegen zu wirken, wurden in den letzten Jahren diverse Strategien entwickelt (www.reducingstereotypethreat.org), die bislang jedoch relativ wenig Systematisierung erfahren haben. Daher fällt die Kategorisierung in verschiedenen Reviews auch sehr variabel aus. Nach Lewis und Sekaquaptewa (2016) lassen sich zum Beispiel fünf Interventionsstrategien ausmachen: Threat-Cue-Removal (a), Rollenmodelle (b), Task-Reframing (c), Selbstbekräftigungsstrategien (d) und Mindset-Interventionen (e).

Es hat sich zum Beispiel gezeigt, dass Geschlechtsunterschiede in einem Mathematiktest ausblieben, wenn Frauen zuvor über das Phänomen Stereotype Threat aufgeklärt wurden (z. B. Johns et al. 2005), wodurch bedrohliche stereotype Hinweise (a) aufgehoben wurden. Neben dieser protektiven Wirkung der Intervention, konnten in anderen Studien allerdings auch negative Effekte der Aufklärung über Stereotype Threat beobachtet werden. So zeigten Studentinnen, nachdem sie einen Artikel über Stereotype Threat in Mathematik (Spencer et al. 1999) gelesen hatten, sogar eine schlechtere Leistung als die Kontrollgruppe (Tomasetto und Appoloni 2013), was auf die implizite Aktivierung des Geschlechts zurückgeführt werden könnte. In diesem Sinne ergaben sich in einer anderen Studie (McGlone und Aronson 2007) zum Beispiel die größten

Geschlechtsunterschiede in der Mathematikleistung, wenn Proband*innen über das Phänomen Stereotype Threat informiert und dazu angehalten wurden, Gedanken an das Stereotyp während des Tests zu unterdrücken. Zudem existieren auch Studien, in denen Unterschiede in der Mathematikleistung zwischen männlichen und weiblichen Studierenden am kleinsten ausfielen, wenn das Geschlecht gar nicht thematisiert wurde (Steinberg et al. 2012).

Rollenmodelle (b) stellen eine der am meisten untersuchten Interventionsmethoden gegen Stereotype Threat dar. Denn es konnte nachgewiesen werden, dass weibliche Rollenmodelle, die das gängige Stereotyp infrage stellen, effektiv gegen stereotype Bedrohung in einer Testsituation wirken können (z. B. McIntyre et al. 2005). Allerdings erweisen sich auch bezüglich dieser Intervention die Befunde als heterogen, wobei vor allem Alter und Fähigkeiten der Zielgruppe relevant erscheinen. Hier zeigt sich, dass weibliche Rollenmodelle gerade in der Pubertät demotivieren können, besonders wenn sich Schülerinnen bereits nicht mehr mit Naturwissenschaften identifizieren (Betz und Sekaquaptewa 2012). Zudem konnte in diesem Alter auch keine protektive Wirkung Counter-Stereotyper-Annahmen nachgewiesen werden (Huguet und Régner 2009), auf deren Stärkung Rollenmodelle eigentlich abzielen. So zeigte sich, dass auch Schülerinnen, die Mädchen besser in Mathematik einschätzen als Jungen, Stereotype Threat erleben. Bei STEM-Studentinnen erhöhten Rollenmodelle zwar das Zugehörigkeitsgefühl zur Domäne, die Angst vor einem Stereotype Threat blieb aber erhalten (Pietri et al. 2019; Experiment 2).

Des Weiteren konnte über das Task-Reframing (c) nachgewiesen werden, dass stereotypbedingte Leistungsunterschiede zwischen den Geschlechtern ausbleiben, wenn die Testfragen nicht als Mathematik-, sondern als Problemlöseaufgaben (c) präsentiert werden (z. B. Alter et al. 2010). Diese Intervention konnte zudem auch bei stereotyper Bedrohung der Jungen im Lesen erfolgreich nachgewiesen werden, indem sich keine Geschlechtsunterschiede in der Leistung der Grundschulkinder zeigten, sobald der Lesetest als neues Spiel präsentiert wurde (Pansu et al. 2016). Allerdings erscheint eine alternative Beschreibung von Fächern und Testaufgaben in Schule und Studium praktisch nur bedingt realisierbar.

Im Sinne einer Selbstbekräftigung (d) der eigenen Person, zeigte sich zudem, dass Stereotype-Threat-Effekte ausbleiben, wenn Frauen vor einem Mathematiktest über ihre eigenen Stärken nachdachten (z. B. Martens et al. 2006). Die Intervention setzt im Unterschied zu den zuvor beschriebenen Ansätzen direkt an der Person selbst an, indem die Resilienz gegenüber stereotyper Bedrohung gestärkt wird. Bezüglich dieser Strategien wurden in diversen Domänen positive Effekte beobachtet. So zeigt sich, dass Strategien der Selbstbekräftigung bei Frauen sowohl in naturwissenschaftlichen Fächern als auch im Sport eine protektive Wirkung gegen Stereotype Threat besitzen. Durch das Nachdenken über eigene Stärken und Werte konnten Geschlechtsunterschiede in Mathematik und räumlichen Fähigkeiten (Martens et al. 2006) sowie Physik (Miyake et al. 2010) reduziert werden. Ebenso erlebten Fußballerinnen keinen Stereotype Threat, wenn sie sich ihre Identität als Mitglied eines Teams bewusst machten (Martiny et al. 2015).

Zu guter Letzt konnte ein Stereotype Threat auch verhindert werden, wenn Schülerinnen vor einem Mathematiktest instruiert wurden, ihre Fähigkeiten als etwas Veränderbares anzusehen (e), woraufhin kein Unterschied zu den Leistungen der Schüler mehr vorlag (z. B. Good et al. 2003). Dazu passend zeigten Frauen genauso gute Leistungen in Mathematik wie Männer, wenn sie zuvor über die Veränderbarkeit von Fähigkeiten informiert wurden (Dar-Nimrod und Heine 2006; Good et al. 2003; Thoman et al. 2008). Im Umkehrschluss dazu empfanden Frauen in einer Stereotype-Threat-Situation ihre Fähigkeiten in Mathematik als festgelegt (Pennington und Heim 2016) – eine Vorstellung, die Stereotype Threat jedoch grundsätzlich begünstigt (Sawyer und Hollis-Sawyer 2005). Da Schülerinnen (Tiedemann und Faber 1995) und Studentinnen (Curdes et al. 2003) zudem, gerade in Mathematik, Misserfolge verstärkt auf stabile Faktoren wie Begabung zurückführen, erscheint es langfristig sehr sinnvoll, genau an solchen Vorstellungen anzusetzen.

Bei genauerer Betrachtung aller fünf Interventionsansätze fällt zudem auf, dass die Kategorie *Geschlecht* jeweils unterschiedlich stark betont wird. Während das Geschlecht bei den Selbstbekräftigungs- und Mindset-Interventionen in den Hintergrund rückt, wird es beim Threat-Cue-Removal und Rollenmodellen hingegen indirekt Thema, was auch deren variable Effektivität erklären könnte. So werden bei der Stereotype-Threat-Aufklärung Unterschiede zwischen den Geschlechtern zwar negiert, durch die ausdrückliche Erwähnung allerdings auch indirekt aktiviert. Ebenso widerlegen Rollenmodelle zwar gängige Stereotype, können implizit zugleich aber auch Geschlechtsdiskrepanzen in den entsprechenden Domänen betonen.

Vor dem Hintergrund der impliziten Aktivierbarkeit stereotyper Bedrohung (z. B. Hermann und Vollmeyer 2016b) sollte daher bei allen praktischen Interventionsmaßnahmen auch immer deren implizite Ebene bedacht werden. Des Weiteren zeigt sich, dass auch bei den Stereotype-Threat-Interventionen moderierende Variablen wie die Identifikation mit dem Fach oder das Alter der Schüler*innen nicht aus dem Blick geraten sollten. Während eine mathematisch begabte Schülerin oder ein sprachlich versierter Schüler durch die Aufklärung über das Phänomen vielleicht unter Druck gerät, haben Rollenmodelle bei älteren Mädchen und Jungen, die sich bereits von der Domäne distanziert haben, eventuell ihre Wirksamkeit verloren. Gleichzeitig wird auch deutlich, dass Interventionen zur

Förderung von Jungen im Lesen beziehungsweise Mädchen in Mathematik klar danach differenzieren sollten, ob sie Interesse wecken oder die Identifikation mit einem Fach aufrechterhalten wollen.

Gegenwärtig kann daher festgehalten werden, dass verschiedene Interventionen vermutlich unterschiedlichen Zielgruppen und Förderzwecken dienen. Selbstbekräftigungs- oder Mindset-Interventionen scheinen dabei sehr vielversprechend, da sie an ganz allgemeinen Motivationsprinzipien anknüpfen, ohne das Geschlecht zu thematisieren, was die Gefahr, Stereotype Threat implizit zu aktivieren, minimiert. Anstatt die Situation zu verändern, setzen beide Ansätze zudem an den Schüler*innen selbst an, indem sie deren Resilienz gegenüber stereotyper Bedrohung stärken, was nachhaltigere Effekte ermöglichen würde. Denn so könnten, unabhängig vom Fach, Vorstellungen über die Persönlichkeit und eigene Entwicklungspotenziale gestärkt werden, was für ein lebenslanges Lernen als Ziel schulischer Bildung essenziell erscheint.

Literatur

Adams, G., Garcia, D. M., Purdie-Vaughns, V. & Steele, C. M. (2006). The detrimental effects of a suggestion of sexism in an instruction situation. *Journal of Experimental Social Psychology*, *42*, 602–615. https://doi.org/10.1016/j.jesp.2005.10.004

Alter, A. L., Aronson, J., Darley, J. M., Rodriguez, C. & Ruble, D. N. (2010). Rising to the threat: Reducing stereotype threat by reframing the threat as a challenge. *Journal of Experimental Social Psychology*, *46*, 166–171. https://doi.org/10.1016/j.jesp.2009.09.014

Appel, M., Weber, S. & Kronberger, N. (2015). The influence of stereotype threat on immigrants: Review and meta-analysis. *Frontiers in Psychology, 6*, 900. https://doi.org/10.3389/fpsyg.2015.00900

Aronson, J., Lustina, M. J., Good, C., Keough, K., Steele, C. M. & Brown, J. (1999). When white men can't do math: Necessary and sufficient factors in stereotype threat. *Journal of Experimental Social Psychology*, *35*, 29–46. https://doi.org/10.1006/jesp.1998.1371

Ashmore, R. D. & Del Boca, F. K. (1979). Sex stereotypes and implicit personality theory: Toward a cognitive—Social psychological conceptualization. *Sex Roles*, *5*, 219–248. https://doi.org/10.1007/BF00287932

Awisati, F. & González-Sancho, C. (2016). *PISA 2015 Ergebnisse: Exzellenz und Chancengerechtigkeit in der Bildung. Bd. I.* Bielefeld: W. Bertelsmann Verlag. https://doi.org/10.3278/6004573w

Bedyńska, S., Krejtz, I. & Sedek, G. (2018). Chronic stereotype threat is associated with mathematical achievement on representative sample of secondary schoolgirls: The role of gender identification, working memory, and intellectual helplessness. *Frontiers in psychology*, *9*, 428. https://doi.org/10.3389/fpsyg.2018.00428

Ben-Zeev, T., Fein, S. & Inzlicht, M. (2005). Arousal and stereotype threat. *Journal of Experimental Social Psychology*, *41*, 174–181. https://doi.org/10.1016/j.jesp.2003.11.007

Beilock, S. L., Jellison, W. A., Rydell, R. J., McConnell, A. R. & Carr, T. H. (2006). On the causal mechanisms of stereotype threat: Can skills that don't rely heavily on working memory still be threatened?. *Personality and Social Psychology Bulletin*, *32*, 1059–1071. https://doi.org/10.1177/0146167206288489

Beilock, S. L. & McConnell, A. R. (2004). Stereotype threat and sport: Can athletic performance be threatened?. *Journal of Sport and Exercise Psychology*, *26*, 597–609. https://doi.org/10.1123/jsep.26.4.597

Beilock, S. L., Rydell, R. J. & McConnell, A. R. (2007). Stereotype threat and working memory: mechanisms, alleviation, and spillover. *Journal of Experimental Psychology: General*, *136*, 256–276. http://dx.doi.org/10.1037/0096-3445.136.2.256

Betz, D. E. & Sekaquaptewa, D. (2012). My fair physicist? Feminine math and science role models demotivate young girls. *Social Psychological and Personality Science*, *3*, 738–746. https://doi.org/10.1177/1948550612440735

Brodish, A. B. & Devine, P. G. (2009). The role of performance-avoidance goals and worry in mediating the relationship between stereotype threat and performance. *Journal of Experimental Social Psychology*, *45*, 180–185. https://doi.org/10.1016/j.jesp.2008.08.005

Brown, R. P. & Pinel, E. C. (2003). Stigma on my mind: Individual differences in the experience of stereotype threat. *Journal of Experimental Social Psychology*, *39*, 626–633. https://doi.org/10.1016/S0022-1031(03)00039-8

Brunner, M., Krauss, S. & Martignon, L. (2011). Eine alternative Modellierung von Geschlechtsunterschieden in Mathematik. *Journal für Mathematik-Didaktik*, *32*, 179–204. https://doi.org/10.1007/s13138-011-0026-2

Cadinu, M., Maass, A., Frigerio, S., Impagliazzo, L. & Latinotti, S. (2003). Stereotype threat: The effect of expectancy on performance. *European Journal of Social Psychology*, *33*, 267–285. https://doi.org/10.1002/ejsp.145

Cadinu, M., Maass, A., Lombardo, M. & Frigerio, S. (2006). Stereotype threat: The moderating role of locus of control beliefs. *European Journal of Social Psychology*, *36*, 183–197. https://doi.org/10.1002/ejsp.303

Cadinu, M., Maass, A., Rosabianca, A. & Kiesner, J. (2005). Why do women underperform under stereotype threat? Evidence for the role of negative thinking. *Psychological Science*, *16*, 572–578. https://doi.org/10.1111/j.0956-7976.2005.01577.x

Chalabaev, A., Dematte, E., Sarrazin, P. & Fontayne, P. (2014). Creating regulatory fit under stereotype threat: Effects on performance and self-determination among junior high school students. *Revue Internationale de Psychologie Sociale*, *27*(3), 119–132

Chalabaev, A., Sarrazin, P., Fontayne, P., Boiché, J. & Clément-Guillotin, C. (2013). The influence of sex stereotypes and gender roles on participation and performance in sport and exercise: Review and future directions. *Psychology of Sport and Exercise*, *14*, 136–144. https://doi.org/10.1016/j.psychsport.2012.10.005

Chalabaev, A., Sarrazin, P., Stone, J. & Cury, F. (2008). Do achievement goals mediate stereotype threat?: An investigation on females' soccer performance. *Journal of Sport and Exercise Psychology*, *30*, 143–158. https://doi.org/10.1123/jsep.30.2.143

Cheryan, S., Ziegler, S. A., Montoya, A. K. & Jiang, L. (2017). Why are some STEM fields more gender balanced than others? *Psychological Bulletin, 143,* 1–35. http://dx.doi.org/10.1037/bul0000052

Cohen, J. (1988). Statistical power analysis for behavioral sciences. Hillsdale, NJ: Erlbaum

Cooper, J. (2006). The digital divide: The special case of gender. *Journal of Computer Assisted Learning, 22,* 320–334. https://doi.org/10.1111/j.1365-2729.2006.00185.x

Croizet, J. C., Després, G., Gauzins, M. E., Huguet, P., Leyens, J. P. & Méot, A. (2004). Stereotype threat undermines intellectual performance by triggering a disruptive mental load. *Personality and Social Psychology Bulletin, 30,* 721–731. https://doi.org/10.1177/0146167204263961

Curdes, B., Jahnke-Klein, S., Langfeld, B. & Pieper-Seier, I. (2003). Attribution von Erfolg und Misserfolg bei Mathematikstudierenden: Ergebnisse einer quantitativen empirischen Untersuchung. *Journal für Mathematik-Didaktik, 24,* 3–17. https://doi.org/10.1007/BF03338963

Dar-Nimrod, I. & Heine, S. J. (2006). Exposure to scientific theories affects women's math performance. *Science, 314*(5798), 435–435. https://doi.org/10.1126/science.1131100

Davies, L. C., Conner, M., Sedikides, C. & Hutter, R. R. (2016). Math question type and stereotype threat: Evidence from educational settings. *Social Cognition, 34,* 196–216. https://doi.org/10.1521/soco.2016.34.3.196

Deemer, E. D., Lin, C. & Soto, C. (2016). Stereotype threat and women's science motivation: Examining the disidentification effect. *Journal of Career Assessment, 24,* 637–650. https://doi.org/10.1177/1069072715616064

Doyle, R. A. & Voyer, D. (2016). Stereotype manipulation effects on math and spatial test performance: A meta-analysis. *Learning and Individual Differences, 47,* 103–116. https://doi.org/10.1016/j.lindif.2015.12.018

Eckert, C. & Imhof, M. (2013). Was Mädchen schadet, muss für Jungen noch lange nicht schädlich sein: die Leseleistung von Jungen unter Stereotype Threat. *GENDER-Zeitschrift für Geschlecht, Kultur und Gesellschaft, 5*(3), 60–76

Eckes, T. (2008). Geschlechterstereotype: Von Rollen, Identitäten und Vorurteilen. In R. Becker & B. Kortendiek B. (Hrsg.), *Handbuch Frauen- und Geschlechterforschung,* (S. 171–182). Wiesbaden: VS Verlag für Sozialwissenschaften. https://doi.org/10.1007/978-3-531-91972-0_20

Elliot, A. J. & Church, M. A. (1997). A hierarchical model of approach and avoidance achievement motivation. *Journal of Personality and Social Psychology, 72,* 218–232. http://dx.doi.org/10.1037/0022-3514.72.1.218

Else-Quest, N. M., Hyde, J. S. & Linn, M. C. (2010). Cross-national patterns of gender differences in mathematics: a meta-analysis. *Psychological Bulletin, 136,* 103–127. http://dx.doi.org/10.1037/a0018053

Festinger, L. (1954). A theory of social comparison processes. *Human Relations, 7,* 117–140. https://doi.org/10.1177/001872675400700202

Flore, P. C. & Wicherts, J. M. (2015). Does stereotype threat influence performance of girls in stereotyped domains? A meta-analysis. *Journal of School Psychology, 53,* 25–44. https://doi.org/10.1016/j.jsp.2014.10.002

Fogliati, V. J. & Bussey, K. (2013). Stereotype threat reduces motivation to improve: Effects of stereotype threat and feedback on women's intentions to improve mathematical ability. *Psychology of Women Quarterly, 37,* 310–324. https://doi.org/10.1177/0361684313480045

Galdi, S., Cadinu, M. & Tomasetto, C. (2014). The roots of stereotype threat: When automatic associations disrupt girls' math performance. *Child Development, 85,* 250–263. https://doi.org/10.1111/cdev.12128

Ganley, C. M., Mingle, L. A., Ryan, A. M., Ryan, K., Vasilyeva, M. & Perry, M. (2013). An examination of stereotype threat effects on girls' mathematics performance. *Developmental Psychology, 49,* 1886–1897. http://dx.doi.org/10.1037/a0031412

Gentile, A., Boca, S. & Giammusso, I. (2018). ‚You play like a Woman!'Effects of gender stereotype threat on Women's performance in physical and sport activities: A meta-analysis. *Psychology of Sport and Exercise, 39,* 95–103. https://doi.org/10.1016/j.psychsport.2018.07.013

Gerstenberg, F. X., Imhoff, R. & Schmitt, M. (2012). ‚Women are bad at math, but I'm not, am I?'Fragile mathematical self-concept predicts vulnerability to a Stereotype Threat Effect on Mathematical Performance. *European Journal of Personality, 26,* 588–599. https://doi.org/10.1002/per.1836

Good, C., Aronson, J. & Inzlicht, M. (2003). Improving adolescents' standardized test performance: An intervention to reduce the effects of stereotype threat. *Journal of Applied Developmental Psychology, 24,* 645–662. https://doi.org/10.1016/j.appdev.2003.09.002

Good, J. J., Woodzicka, J. A. & Wingfield, L. C. (2010). The effects of gender stereotypic and counter-stereotypic textbook images on science performance. *The Journal of Social Psychology, 150,* 132–147. https://doi.org/10.1080/00224540903366552

Göhring, R. & Götz, C. (2016). *Studierendenstatistik Wintersemester 2016/17,* (Hrsg.) Präsidentin der Goethe-Universität Frankfurt a. M., (Aufl. 130)

Götz, M. (2019). Geschlechterbilder im Kinderfernsehen. In J. Dorer, B. Geiger, B. Hipfl & V. Ratković (Hrsg.) *Handbuch Medien und Geschlecht: Perspektiven und Befunde der feministischen Kommunikations-und Medienforschung,* (S. 1–8). Wiesbaden: Springer. https://doi.org/10.1007/978-3-658-20712-0_57-1

Hannover, B. & Kessels, U. (2011). Sind Jungen die neuen Bildungsverlierer? Empirische Evidenz für Geschlechterdisparitäten zuungunsten von Jungen und Erklärungsansätze. *Zeitschrift für Pädagogische Psychologie, 25,* 89–103. https://doi.org/10.1024/1010-0652/a000039

Hannover, B. & Wolter, I. (2019). Geschlechtsstereotype: wie sie entstehen und sich auswirken. In B. Kortendiek, B. Riegraf & K. Sabisch (Hrsg.), *Handbuch Interdisziplinäre Geschlechterforschung,* (Bd. 65, S. 201–210). Wiesbaden: Springer. https://doi.org/10.1007/978-3-658-12496-0_16

Hartley, B. L. & Sutton, R. M. (2013). A stereotype threat account of boys' academic underachievement. *Child Development, 84,* 1716–1733. https://doi.org/10.1111/cdev.12079

Hausmann, A. C. & Kleinert, C. (2014). *Berufliche Segregation auf dem Arbeitsmarkt: Männer-und Frauendomänen kaum verändert* (No. 9/2014). IAB-Kurzbericht.

Heider, F. (1958). *The psychology of interpersonal relations.* New York, NY: Wiley

Helbig, M. (2012). Warum bekommen Jungen schlechtere Schulnoten als Mädchen? Ein sozialpsychologischer Erklärungsansatz. *Zeitschrift für Bildungsforschung, 2,* 41–54. https://doi.org/10.1007/s35834-012-0026-4

Hermann, J. M. & Rumrich, K. (2018). Empirische Arbeit: Stereotype Threat im Sportunterricht. *Psychologie in Erziehung und Unterricht, 65,* 288–300. http://dx.doi.org/10.2378/peu2018.art17d

Hermann, J. M. & Vollmeyer, R. (2016a). "Girls should cook, rather than kick!" Female soccer players under stereotype threat. *Psychology of Sport and Exercise, 26,* 94–101. https://doi.org/10.1016/j.psychsport.2016.06.010

Hermann, J. M. & Vollmeyer, R. (2016b). Stereotype Threat in der Grundschule. *Zeitschrift für Entwicklungspsychologie und Pädagogische Psychologie, 48,* 42–49. https://doi.org/10.1026/0049-8637/a000143

Hermann, J. M. & Vollmeyer, R. (2017). Das mathematische Selbstkonzept als Moderator des Stereotype-Threat-und Stereotype-Lift-Effekts. *Zeitschrift für Pädagogische Psychologie, 31,* 211–234. https://doi.org/10.1024/1010-0652/a000209

Higgins, E. T. (1998). Promotion and prevention: Regulatory focus as a motivational principle. In M. P. Zanna (Hrsg.), Advances in experimental social psychology (Aufl. 30, S. 1–46). San Diego, CA: Academic Press

Hirnstein, M., Freund, N. & Hausmann, M. (2012). Gender stereotyping enhances verbal fluency performance in men (and women). *Zeitschrift für Psychologie, 220,* 70–77. https://doi.org/10.1027/2151-2604/a000098

Hively, K. & El-Alayli, A. (2014). "You throw like a girl:" The effect of stereotype threat on women's athletic performance and gender stereotypes. *Psychology of Sport and Exercise, 15,* 48–55. https://doi.org/10.1016/j.psychsport.2013.09.001

Hogg, M. A. (2001). A social identity theory of leadership. *Personality and Social Psychology Review, 5,* 184–200. https://doi.org/10.1207/S15327957PSPR0503_1

Huber, M. E., Seitchik, A. E., Brown, A. J., Sternad, D. & Harkins, S. G. (2015). The effect of stereotype threat on performance of a rhythmic motor skill. *Journal of Experimental Psychology: Human Perception and Performance, 41,* 525–541. http://dx.doi.org/10.1037/xhp0000039

Huguet, P. & Régner, I. (2009). Counter-stereotypic beliefs in math do not protect school girls from stereotype threat. *Journal of Experimental Social Psychology, 45,* 1024–1027. https://doi.org/10.1016/j.jesp.2009.04.029

Huguet, P. & Régner, I. (2007). Stereotype threat among schoolgirls in quasi-ordinary classroom circumstances. *Journal of Educational Psychology, 99,* 545–560. http://dx.doi.org/10.1037/0022-0663.99.3.545

Hutchison, K. A., Smith, J. L. & Ferris, A. (2013). Goals can be threatened to extinction: Using the Stroop task to clarify working memory depletion under stereotype threat. *Social Psychological and Personality Science, 4,* 74–81

Hyde, J. S. (2016). Sex and cognition: gender and cognitive functions. *Current Opinion in Neurobiology, 38,* 53–56. https://doi.org/10.1016/j.conb.2016.02.007

Hyde, J. S. (2014). Gender similarities and differences. *Annual Review of Psychology, 65,* 373–398. https://doi.org/10.1146/annurev-psych-010213-115057

Ihme, T. A. & Möller, J. (2015). "He who can, does; he who cannot, teaches?" Stereotype threat and preservice teachers. *Journal of Educational Psychology, 107,* 300–308. http://dx.doi.org/10.1037/a0037373

Jamieson, J. P. & Harkins, S. G. (2007). Mere effort and stereotype threat performance effects. *Journal of Personality and Social Psychology, 93,* 544–564. http://dx.doi.org/10.1037/0022-3514.93.4.544

Johns, M., Inzlicht, M. & Schmader, T. (2008). Stereotype threat and executive resource depletion: Examining the influence of emotion regulation. *Journal of Experimental Psychology: General, 137*, 691–705. http://dx.doi.org/10.1037/a0013834

Johns, M., Schmader, T. & Martens, A. (2005). Knowing is half the battle: Teaching stereotype threat as a means of improving women's math performance. *Psychological Science, 16*, 175–179. https://doi.org/10.1111/j.0956-7976.2005.00799.x

Keller, J. (2002). Blatant stereotype threat and women's math performance: Self-handicapping as a strategic means to cope with obtrusive negative performance expectations. *Sex Roles, 47*, 193–198. https://doi.org/10.1023/A:1021003307511

Keller, J. (2007a). Stereotype threat in classroom settings. The interactive effect of domain identification, task difficulty and stereotype threat on female students' maths performance. *British Journal of Educational Psychology, 77*, 323–338. https://doi.org/10.1348/000709906X113662

Keller, J. (2007b). When negative stereotypic expectancies turn into challenge or threat: The moderating role of regulatory focus. *Swiss Journal of Psychology, 66*, 163–168. https://doi.org/10.1024/1421-0185.66.3.163

Keller, J. & Dauenheimer, D. (2003). Stereotype threat in the classroom: Dejection mediates the disrupting threat effect on women's math performance. *Personality and Social Psychology Bulletin, 29*, 371–381. https://doi.org/10.1177/0146167202250218

Keller, J. & Sekaquaptewa, D. (2008). Solo status and women's spatial test performance: the role of individuation tendencies. *European Journal of Social Psychology, 38*, 1044–1053. https://doi.org/10.1002/ejsp.490

Koenig, A. M. & Eagly, A. H. (2005). Stereotype threat in men on a test of social sensitivity. *Sex Roles, 52*, 489–496. https://doi.org/10.1007/s11199-005-3714-x

Kray, L. J., Thompson, L. & Galinsky, A. (2001). Battle of the sexes: gender stereotype confirmation and reactance in negotiations. *Journal of Personality and Social Psychology, 80*, 942–958. http://dx.doi.org/10.1037/0022-3514.80.6.942

Krendl, A. C., Richeson, J. A., Kelley, W. M. & Heatherton, T. F. (2008). The negative consequences of threat: A functional magnetic resonance imaging investigation of the neural mechanisms underlying women's underperformance in math. *Psychological Science, 19*, 168–175. https://doi.org/10.1111/j.1467-9280.2008.02063.x

Lamont, R. A., Swift, H. J. & Abrams, D. (2015). A review and meta-analysis of age-based stereotype threat: Negative stereotypes, not facts, do the damage. *Psychology and Aging, 30*, 180–193. https://doi.org/10.1037/a0038586

Lauer, S., Momsen, J., Offerdahl, E., Kryjevskaia, M., Christensen, W. & Montplaisir, L. (2013). Stereotyped: Investigating gender in introductory science courses. *CBE—Life Sciences Education, 12*, 30–38. https://doi.org/10.1187/cbe.12-08-0133

Laurin, R. (2013). Stereotype threat and lift effects in motor task performance: the mediating role of somatic and cognitive anxiety. *The Journal of Social Psychology, 153*, 687–699. https://doi.org/10.1080/00224545.2013.821098

Lesko, A. C. & Corpus, J. H. (2006). Discounting the difficult: How high math-identified women respond to stereotype threat. *Sex Roles, 54*, 113–125. https://doi.org/10.1007/s11199-005-8873-2

Lewis Jr, N. A. & Sekaquaptewa, D. (2016). Beyond test performance: A broader view of stereotype threat. *Current Opinion in Psychology, 11*, 40–43. https://doi.org/10.1016/j.copsyc.2016.05.002

Leyens, J. P., Désert, M., Croizet, J. C. & Darcis, C. (2000). Stereotype threat: Are lower status and history of stigmatization preconditions of stereotype threat? *Personality and Social Psychology Bulletin, 26*, 1189–1199. https://doi.org/10.1177/0146167200262002

Logel, C., Iserman, E. C., Davies, P. G., Quinn, D. M. & Spencer, S. J. (2009). The perils of double consciousness: The role of thought suppression in stereotype threat. *Journal of Experimental Social Psychology, 45*, 299–312. https://doi.org/10.1016/j.jesp.2008.07.016

Lu, A., Feng, Y., Yu, Z., Tian, H., Hong, X. & Zheng, D. (2015). Anxiety and mind wandering as independent consequences of stereotype threat. *Social Behavior and Personality: An International Journal, 43*, 537–558. https://doi.org/10.2224/sbp.2015.43.4.537

Major, B., Spencer, S., Schmader, T., Wolfe, C. & Crocker, J. (1998). Coping with negative stereotypes about intellectual performance. The role of psychological disengagement. *Personality and Social Psychology Bulletin, 24*, 34–50. https://doi.org/10.1177/0146167298241003

Makel, M. C., Wai, J., Peairs, K. & Putallaz, M. (2016). Sex differences in the right tail of cognitive abilities: An update and cross cultural extension. *Intelligence, 59*, 8–15. https://doi.org/10.1016/j.intell.2016.09.003

Marchand, G. C. & Taasoobshirazi, G. (2013). Stereotype threat and women's performance in physics. *International Journal of Science Education, 35*, 3050–3061. https://doi.org/10.1080/09500693.2012.683461

Martens, A., Johns, M., Greenberg, J. & Schimel, J. (2006). Combating stereotype threat: The effect of self-affirmation on women's intellectual performance. *Journal of Experimental Social Psychology, 42*, 236–243. https://doi.org/10.1016/j.jesp.2005.04.010

Martiny, S. E., Gleibs, I. H., Parks-Stamm, E. J., Martiny-Huenger, T., Froehlich, L., Harter, A. L. & Roth, J. (2015). Dealing with negative stereotypes in sports: The role of cognitive anxiety when multiple identities are activated in sensorimotor tasks. *Journal of Sport and Exercise Psychology, 37*, 379–392. https://doi.org/10.1123/jsep.2014-0284

Martiny, S. E. & Götz, T. (2011). Stereotype Threat in Lern-und Leistungssituationen: Theoretische Ansätze, empirische Befunde und praktische Implikationen. In M. Dresel & L. Lämmle (Hrsg.), *Motivation, Selbstregulation und Leistungsexzellenz*, (Talentförderung – Expertiseentwicklung – Leistungsexzellenz, Bd. 9, S. 153–177). Münster: LIT

Marx, D. M. & Stapel, D. A. (2006a). It depends on your perspective: The role of self-relevance in stereotype-based underperformance. *Journal of Experimental Social Psychology, 42*, 768–775. https://doi.org/10.1016/j.jesp.2005.08.005

Marx, D. M. & Stapel, D. A. (2006b). Retracted: It's all in the timing: measuring emotional reactions to stereotype threat before and after taking a test. *European Journal of Social Psychology, 36*, 687–698. https://doi.org/10.1002/ejsp.310

McGlone, M. S. & Aronson, J. (2007). Forewarning and forearming stereotype-threatened students. *Communication Education, 56*, 119–133. https://doi.org/10.1080/03634520601158681

McGlone, M. S. & Aronson, J. (2006). Stereotype threat, identity salience, and spatial reasoning. *Journal of Applied Developmental Psychology, 27*, 486–493. https://doi.org/10.1016/j.appdev.2006.06.003

McIntyre, R. B., Lord, C. G., Gresky, D. M., Ten Eyck, L. L., Frye, G. J. & Bond Jr, C. F. (2005). A social impact trend in the effects of role models on alleviating women's mathematics stereotype threat. *Current Research in Social Psychology, 10*(9), 116–136. http://www.uiowa.edu/~grpproc/crisp/crisp.html

Moè, A., Cadinu, M. & Maass, A. (2015). Women drive better if not stereotyped. *Accident Analysis & Prevention, 85,* 199–206. https://doi.org/10.1016/j.aap.2015.09.021

Mollerstrom, J. & Wrohlich, K. (2017). Frauen messen sich weniger an anderen als Männer, aber kein Unterschied beim Wettbewerb gegen sich selbst, *DIW-Wochenbericht, Deutsches Institut für Wirtschaftsforschung (DIW), Berlin, 84* (22), 431–437. http://hdl.handle.net/10419/162158

Mrazek, M. D., Chin, J. M., Schmader, T., Hartson, K. A., Smallwood, J. & Schooler, J. W. (2011). Threatened to distraction: Mind-wandering as a consequence of stereotype threat. *Journal of Experimental Social Psychology, 47,* 1243–1248. https://doi.org/10.1016/j.jesp.2011.05.011

Muzzatti, B. & Agnoli, F. (2007). Gender and mathematics: Attitudes and stereotype threat susceptibility in Italian children. *Developmental Psychology, 43,* 747–759. http://dx.doi.org/10.1037/0012-1649.43.3.747

Miyake, A., Kost-Smith, L. E., Finkelstein, N. D., Pollock, S. J., Cohen, G. L. & Ito, T. A. (2010). Reducing the gender achievement gap in college science: A classroom study of values affirmation. *Science, 330*(6008), 1234–1237. http://dx.doi.org/10.1126/science.1195996

Neuburger, S., Jansen, P., Heil, M. & Quaiser-Pohl, C. (2012). A threat in the classroom: Gender stereotype activation and mental-rotation performance in elementary-school children. *Zeitschrift für Psychologie, 220,* 61–69. http://dx.doi.org/10.1027/2151-2604/a000097

Neuville, E. & Croizet, J. C. (2007). Can salience of gender identity impair math performance among 7–8 years old girls? The moderating role of task difficulty. *European Journal of Psychology of Education, 22,* 307–316. https://doi.org/10.1007/BF03173428

Nguyen, H. H. D. & Ryan, A. M. (2008). Does stereotype threat affect test performance of minorities and women? A meta-analysis of experimental evidence. *Journal of Applied Psychology, 93,* 1314-1334. http://dx.doi.org/10.1037/a0012702

O'Brien, L. T. & Crandall, C. S. (2003). Stereotype threat and arousal: Effects on women's math performance. Personality and Social Psychology Bulletin, 29, 782–789. https://doi.org/10.1177/0146167203029006010

Osborne, J. W. (2007). Linking stereotype threat and anxiety. *Educational Psychology, 27,* 135–154. https://doi.org/10.1080/01443410601069929

Pansu, P., Régner, I., Max, S., Colé, P., Nezlek, J. B. & Huguet, P. (2016). A burden for the boys: Evidence of stereotype threat in boys' reading performance. *Journal of Experimental Social Psychology, 65,* 26–30. https://doi.org/10.1016/j.jesp.2016.02.008

Pennington, C. R. & Heim, D. (2016). Creating a critical mass eliminates the effects of stereotype threat on women's mathematical performance. *British Journal of Educational Psychology, 86,* 353–368. https://doi.org/10.1111/bjep.12110

Pennington, C. R., Heim, D., Levy, A. R. & Larkin, D. T. (2016). Twenty years of stereotype threat research: A review of psychological mediators. *PloS one, 11*(1), e0146487. https://doi.org/10.1371/journal.pone.0146487

Picho, K., Rodriguez, A. & Finnie, L. (2013). Exploring the moderating role of context on the mathematics performance of females under stereotype threat: A meta-analysis. *The Journal of Social Psychology, 153,* 299–333. https://doi.org/10.1080/00224545.2012.737380

Pietri, E. S., Hennes, E. P., Dovidio, J. F., Brescoll, V. L., Bailey, A. H., Moss-Racusin, C. A. & Handelsman, J. (2019). Addressing unintended consequences of gender

Diversity interventions on women's sense of belonging in STEM. *Sex Roles, 80,* 527–547. https://doi.org/10.1007/s11199-018-0952-2

Pronin, E., Steele, C. M. & Ross, L. (2004). Identity bifurcation in response to stereotype threat: Women and mathematics. *Journal of Experimental Social Psychology, 40,* 152–168. https://doi.org/10.1016/S0022-1031(03)00088-X

Quaiser-Pohl, C. (2012). Mädchen und Frauen in MINT: Ein Überblick. In H. Stöger, A. Ziegler & M. Heilemann (Hrsg.), *Lehr-und Lernforschung. Mädchen und Frauen in MINT. Bedingungen von Geschlechtsunterschieden und Interventionsmöglichkeiten* (S. 13–41). Münster: LIT

Quinn, D. M. & Spencer, S. J. (2001). The interference of stereotype threat with women's generation of mathematical problem-solving strategies. *Journal of Social Issues, 57,* 55–71. https://doi.org/10.1111/0022-4537.00201

Retelsdorf, J., Schwartz, K. & Asbrock, F. (2015). "Michael can't read!" Teachers' gender stereotypes and boys' reading self-concept. *Journal of Educational Psychology, 107,* 186–194. http://dx.doi.org/10.1037/a0037107

Reilly, D., Neumann, D. L. & Andrews, G. (2017). Gender differences in spatial ability: Implications for STEM education and approaches to reducing the gender gap for parents and educators. In M. Khine (Hrsg.), *Visual-spatial ability in STEM education* (S. 195–224). New York: Springer

Rosenthal, H. E., Crisp, R. J. & Suen, M. W. (2007). Improving performance expectancies in stereotypic domains: Task relevance and the reduction of stereotype threat. *European Journal of Social Psychology, 37,* 586–597. https://doi.org/10.1002/ejsp.379

Rydell, R. J. & Boucher, K. L. (2017). Stereotype threat and learning. *Advances in Experimental Social Psychology, 56,* 81–29. https://doi.org/10.1016/bs.aesp.2017.02.002

Rydell, R. J., Van Loo, K. J. & Boucher, K. L. (2014). Stereotype threat and executive functions: Which functions mediate different threat-related outcomes? *Personality and Social Psychology Bulletin, 40,* 377–390. https://doi.org/10.1177/0146167213513475

Sawyer, Jr, T. P. & Hollis-Sawyer, L. A. (2005). Predicting stereotype threat, test anxiety, and cognitive ability test performance: An examination of three models. *International Journal of Testing, 5,* 225–246. https://doi.org/10.1207/s15327574ijt0503_3

Schmader, T. (2002). Gender identification moderates stereotype threat effects on women's math performance. *Journal of Experimental Social Psychology, 38,* 194–201. https://doi.org/10.1006/jesp.2001.1500

Schmader, T. & Johns, M. (2003). Converging evidence that stereotype threat reduces working memory capacity. *Journal of personality and social psychology, 85,* 440–452. http://dx.doi.org/10.1037/0022-3514.85.3.440

Schmader, T., Johns, M. & Barquissau, M. (2004). The costs of accepting gender differences: The role of stereotype endorsement in women's experience in the math domain. *Sex Roles, 50,* 835–850. https://doi.org/10.1023/B:SERS.0000029101.74557.a0

Schmader, T., Johns, M. & Forbes, C. (2008). An integrated process model of stereotype threat effects on performance. *Psychological Review, 115,* 336–356. http://dx.doi.org/10.1037/0033-295X.115.2.336

Seibt, B. & Förster, J. (2004). Stereotype threat and performance: How self-stereotypes influence processing by inducing regulatory foci. *Journal of Personality and Social Psychology, 87,* 38–56. http://dx.doi.org/10.1037/0022-3514.87.1.38

Seitchik, A. E. & Harkins, S. G. (2015). Stereotype threat, mental arithmetic, and the mere effort account. *Journal of Experimental Social Psychology*, *61*, 19–30. https://doi.org/10.1016/j.jesp.2015.06.006

Sekaquaptewa, D. & Thompson, M. (2003). Solo status, stereotype threat, and performance expectancies: Their effects on women's performance. *Journal of Experimental Social Psychology*, *39*, 68–74. https://doi.org/10.1016/S0022-1031(02)00508-5

Smith, D. M. & Martiny, S. E. (2018). Stereotype Threat in Sport: Recommendations for Applied Practice and Research. *The Sport Psychologist*, *32*, 311–320. https://doi.org/10.1123/tsp.2017-0134

Smith, J. L., Sansone, C. & White, P. H. (2007). The stereotyped task engagement process: The role of interest and achievement motivation. *Journal of Educational Psychology*, *99*, 99–114. http://dx.doi.org/10.1037/0022-0663.99.1.99

Speicher, K. (2009). Textaufgaben für Mädchen: 100 Aufgaben, die Mädchen wirklich begeistern. 2. bis 4. Klasse. Stuttgart: PONS

Spencer, S. J., Logel, C. & Davies, P. G. (2016). Stereotype threat. *Annual Review of Psychology*, *67*, 415–437. https://doi.org/10.1146/annurev-psych-073115-103235

Spencer, S. J., Steele, C. M. & Quinn, D. M. (1999). Stereotype threat and women's math performance. *Journal of Experimental Social Psychology*, *35*, 4–28. https://doi.org/10.1006/jesp.1998.1373

Steele, C. M. (1997). A threat in the air. *American Psychologist,52*, 613–629. http://dx.doi.org/10.1037/0003-066X.52.6.613

Steele, C. M. & Aronson, J. (1995). Stereotype threat and the intellectual test performance of African American. *Journal of Personality and Social Psychology, 69*, 797–811. http://dx.doi.org/10.1037/0022-3514.69.5.797

Steele, C. M., Spencer, S. J. & Aronson, J. (2002). Contending with group image: The psychology of stereotype and social identity threat. *Advances in Experimental Social Psychology, 34*, 379–440. https://doi.org/10.1016/S0065-2601(02)80009-0

Steinberg, J. R., Okun, M. A. & Aiken, L. S. (2012). Calculus GPA and math identification as moderators of stereotype threat in highly persistent women. *Basic and Applied Social Psychology*, *34*, 534–543. https://doi.org/10.1080/01973533.2012.727319

Stoet, G. & Geary, D. C. (2012). Can stereotype threat explain the gender gap in mathematics performance and achievement? *Review of General Psychology*, *16*, 93–102. https://doi.org/10.1037/a0026617

Stoet, G. & Geary, D. C. (2013). Sex differences in mathematics and reading achievement are inversely related: Within- and across-nation assessment of 10 years of PISA data. *PLoS One, 8*(3), e57988. https://doi.org/10.1371/journal.pone.0057988

Stone, J. (2002). Battling doubt by avoiding practice: The effects of stereotype threat on self-handicapping in white athletes. *Personality and Social Psychology Bulletin, 28*, 1667–1678. https://doi.org/10.1177/014616702237648

Stone, J., Lynch, C. I., Sjomeling, M. & Darley, J. M. (1999). Stereotype threat effects on black and white athletic performance. *Journal of Personality and Social Psychology*, *77*, 1213–1227. http://dx.doi.org/10.1037/0022-3514.77.6.1213

Stricker, L. J. & Ward, W. C. (2004). Stereotype Threat, Inquiring About Test Takers' Ethnicity and Gender, and Standardized Test Performance 1. *Journal of Applied Social Psychology*, *34*, 665–693. https://doi.org/10.1111/j.1559-1816.2004.tb02564.x

Sunny, C. E., Taasoobshirazi, G., Clark, L. & Marchand, G. (2017). Stereotype threat and gender differences in chemistry. *Instructional Science*, *45*, 157–175. https://doi.org/10.1007/s11251-016-9395-8

Tajfel, H. & Turner, J. C. (1979). An integrative theory of intergroup conflict. In W. G. Austin & S. Worchel (Hrsg.), *The social psychology of intergroup relations* (S. 33–47). Monterey, CA: Brooks/Cole

Thoman, D. B., Smith, J. L., Brown, E. R., Chase, J. & Lee, J. Y. K. (2013). Beyond performance: A motivational experiences model of stereotype threat. *Educational Psychology Review*, *25*, 211–243. https://doi.org/10.1007/s10648-013-9219-1

Thoman, D. B., White, P. H., Yamawaki, N. & Koishi, H. (2008). Variations of gender-math stereotype content affect women's vulnerability to stereotype threat. *Sex roles*, *58*, 702–712. https://doi.org/10.1007/s11199-008-9390-x

Thomsen, T., Lessing, N., Greve, W. & Dresbach, S. (2018). Selbstkonzept und Selbstwert. In A. Lohaus (Hrsg.), *Entwicklungspsychologie des Jugendalters* (S. 91–111). Springer, Berlin, Heidelberg. https://doi.org/10.1007/978-3-662-55792-1_5

Tiedemann, J. & Faber, G. (1995). Mädchen im Mathematikunterricht: Selbstkonzept und Kausalattributionen. *Zeitschrift für Entwicklungspsychologie und Pädagogische Psychologie*, *27*, 61–71

Tomasetto, C., Alparone, F. R. & Cadinu, M. (2011). Girls' math perfor-mance under stereotype threat: The moderating role of mothers' gender stereotypes. *Developmental Psychology*, *47*, 943–949. http://dx.doi.org/10.1037/a0024047

Tomasetto, C. & Appoloni, S. (2013). A lesson not to be learned? Understanding stereotype threat does not protect women from stereotype threat. *Social Psychology of Education*, *16*, 199–213. https://doi.org/10.1007/s11218-012-9210-6

Trofimova, I. (2013). A study of the dynamics of sex differences in adulthood. *International Journal of Psychology*, *48*, 1230–1236. https://doi.org/10.1080/00207594.2012.756981

von Hippel, W., von Hippel, C., Conway, L., Preacher, K. J., Schooler, J. W. & Radvansky, G. A. (2005). Coping with stereotype threat: Denial as an impression management strategy. *Journal of Personality and Social Psychology*, *89*, 22–35. http://dx.doi.org/10.1037/0022-3514.89.1.22

Vick, S. B., Seery, M. D., Blascovich, J. & Weisbuch, M. (2008). The effect of gender stereotype activation on challenge and threat motivational states. *Journal of Experimental Social Psychology*, *44*, 624–630. https://doi.org/10.1016/j.jesp.2007.02.007

Voyer, D. & Voyer, S. D. (2014). Gender differences in scholastic achievement: A meta-analysis. *Psychological Bulletin*, *140*, 1174–1204. http://dx.doi.org/10.1037/a0036620

Wai, J., Cacchio, M., Putallaz, M. & Makel, M. C. (2010). Sex differences in the right tail of cognitive abilities: A 30 year examination. *Intelligence*, *38*, 412–423. https://doi.org/10.1016/j.intell.2010.04.006

Walton, G. M. & Spencer, S. J. (2009). Latent ability: Grades and test scores systematically underestimate the intellectual ability of negatively stereotyped students. *Psychological Science*, *20*, 1132–1139. https://doi.org/10.1111/j.1467-9280.2009.02417.x

Zajonc, R. B. (1965). Social facilitation. *Science*, *149*(3681), 269–274. https://www.jstor.org/stable/1715944

Geschlechterstereotype in der Schule

3

Francesca Muntoni und Jan Retelsdorf

Zusammenfassung

Trotz vieler Bemühungen, die Geschlechtergerechtigkeit in der Bildung zu erhöhen, existieren nach wie vor bedeutende schulische Geschlechterunterschiede, die zu ungenutzten Chancen von Mädchen und Jungen führen. So schneiden Mädchen schlechter in Mathematik und in den Naturwissenschaften ab, während sie die Jungen in verbalen Bereichen übertreffen. Dieses Kapitel soll zunächst einen Überblick über schulische Geschlechterunterschiede und deren Relevanz geben. Zudem werden Erklärungsansätze hierfür geliefert. Biologische und psychosoziale Einflüsse bewirken in einem Zusammenspiel die Entstehung geschlechtsspezifischen Verhaltens. Eine besondere Relevanz scheinen in diesem Zusammenhang die Geschlechterstereotype aus der sozialen Umwelt zu haben. Die Frage, inwieweit Geschlechterstereotype signifikanter Anderer – wie die der Eltern, Lehrkräfte und Peers – zur Entwicklung und Aufrechterhaltung der schulischen Geschlechterunterschiede beitragen, bildet den Kern des vorliegenden Beitrags. Abschließend werden Ansatzpunkte für Interventionen zur Minimierung der Auswirkungen von Geschlechterstereotypen im schulischen Kontext diskutiert.

F. Muntoni (✉) · J. Retelsdorf
Universität Hamburg, Hamburg, Deutschland
E-Mail: francesca.muntoni@uni-hamburg.de

J. Retelsdorf
E-Mail: jan.retelsdorf@uni-hamburg.de

Schlüsselwörter
Geschlechterunterschiede · Erklärungsansätze · Geschlechterstereotype ·
Eltern · Lehrkräfte · Peers · Interventionen

3.1 Einleitung

„Jungs sind gut in Mathe und Mädchen sind gut im Lesen" – solche stereotypen Annahmen sind allgegenwärtig und werden von Kindheit an verstärkt. Tatsächlich haben große Schulleistungsstudien wiederholt bessere Mathematikleistungen für Jungen als für Mädchen und bessere Leseleistungen für Mädchen als für Jungen gezeigt (IGLU, Internationale Grundschul-Lese-Untersuchung, Hußmann et al. 2017; PISA, Programme for International Student Assessment, OECD 2016; TIMSS, Trends in International Mathematics and Science Study, Wendt et al. 2016). Schulische Geschlechterunterschiede bestehen allerdings nicht nur in der Leistung, sondern auch in anderen fachbezogenen Merkmalen. So zeigen die Schulleistungsstudien weiterhin konsistent, dass Jungen höhere Fähigkeitsselbstkonzepte und eine stärkere Motivation in Mathematik berichten als Mädchen und dass Mädchen höhere lesebezogene Fähigkeitsselbstkonzepte angeben und stärker motiviert sind, zu lesen als die Jungen (OECD 2016). Während diese Geschlechterunterschiede in der frühen Kindheit und den ersten Schuljahren gering sind, werden Unterschiede in der Pubertät immer deutlicher (Archambault et al. 2010; Jacobs et al. 2002). Aber wie kommt es, dass sich Mädchen und Jungen im Laufe ihrer Bildungslaufbahn so unterschiedlich entwickeln?

Frühere Untersuchungen haben gezeigt, dass Geschlechterunterschiede in akademischen Merkmalen wie zum Beispiel in der Leistung, in der Motivation und in Kompetenzüberzeugungen zumindest teilweise sozial konstruiert sind. So beeinflussen gemäß der Erwartung-Wert-Theorie (Eccles et al. 1983; Eccles und Wigfield 2002; Wigfield und Eccles 2000) die Stereotype von signifikanten Anderen wie Eltern, Lehrkräften oder Peers die Leistung, die Kompetenzüberzeugungen und die Motivation von Schüler*innen. Stereotype können dabei breit definiert werden als „shared [...] beliefs about traits that are characteristic of members of a social category" (Greenwald und Banaji 1995, S. 4). Bei der stereotypen Informationsverarbeitung werden also individuelle Unterschiede zugunsten von Merkmalen einer sozialen Kategorie geringer gewertet. Eine besonders relevante Kategorie für mögliche Effekte von Stereotypen im akademischen Bereich scheint hierbei das Geschlecht der Schüler*innen zu sein. Geschlechterstereotype schreiben Personen aufgrund ihrer erkennbaren Geschlechtszugehörigkeit bestimmte Eigenschaften und Verhaltensweisen zu. Dabei muss für die Richtung der Stereotypisierung im akademischen Bereich stets die betroffene Domäne berücksichtigt werden. So werden in der Regel Jungen im verbalen Bereich und Mädchen im mathematischen Bereich negativ stereotypisiert (Plante et al. 2013). Jüngste Forschung deutet daraufhin, dass die Geschlechterstereotype die Geschlechterunterschiede in der Bildung erhöhen und Mädchen und Jungen daran hindert, ihr volles Potenzial auszuschöpfen (Muntoni und Retelsdorf 2018, 2019; Tomasetto et al. 2011).

In diesem Kapitel soll ein Überblick über den aktuellen Forschungsstand zu Geschlechterstereotypen in der Schule gegeben werden. Dafür sollen zunächst schulische Geschlechterunterschiede in verschiedenen Domänen auf Basis großer Schulleistungsstudien dargestellt und deren Relevanz herausgearbeitet werden. Nach einer kurzen Beschreibung verschiedener Erklärungsansätze für solche Geschlechterunterschiede wird dann beschrieben, wie Geschlechterstereotype den unterschiedlichen Schulerfolg von Mädchen und Jungen beeinflussen können, und es wird ein Überblick über die empirische Evidenz für diese Zusammenhänge gegeben. Abschließend werden mögliche Ansätze zur Minimierung der Auswirkungen von Geschlechterstereotypen diskutiert, wobei ein Schwerpunkt auf die reflexive Koedukation (Jöstl et al. 2015; Schultes et al. 2015) gelegt wird, bei der es um die Berücksichtigung der geschlechtsspezifischen Unterschiede im Sinne einer angemessenen Förderung beider Geschlechter ohne die Zuschreibung oder Verstärkung von Geschlechterstereotypen geht.

3.2 Geschlechterähnlichkeit oder Geschlechterunterschiede? Zur Relevanz von Geschlechterunterschieden in schulischen Merkmalen

Ergebnisse aus Schulleistungsstudien weisen darauf hin, dass Geschlechterunterschiede in unterschiedlichen akademischen Domänen bestehen (Hußmann et al. 2017; OECD 2016; Wendt et al. 2016). Im Folgenden werden die Geschlechterunterschiede in der Lesekompetenz, in mathematischen, naturwissenschaftlichen und fremdsprachlichen Kompetenzen berichtet.

Um die praktische Relevanz solcher Gruppenunterschiede besser beurteilen zu können, werden sie häufig anhand von Cohens (1988) Effektstärkemaß d bewertet. Demnach gelten Effektstärken von $d=0{,}2$ als kleine, von $d=0{,}5$ als mittlere und von $d=0{,}8$ als große Unterschiede. Diese Interpretationshilfe für Effektstärken wurde ursprünglich in der experimentellen psychologischen

Forschung als Konvention etabliert. Es scheint zumindest fraglich, inwieweit diese Standards auf reale Leistungsunterschiede, wie sie in groß angelegten Feldstudien untersucht werden, übertragbar sind (z. B. Bloom et al. 2008). Während in der experimentellen psychologischen Forschung eine Manipulation von Einflussfaktoren unter stark kontrollierten Bedingungen planmäßig herbeigeführt wird, um einen angenommenen Effekt auf eine abhängige Variable explizit zu untersuchen, werden Unterschiede in Leistung, Motivation oder weiteren interessierenden Outcomes in Schulleistungsuntersuchungen im Feld in der Regel unter deutlich weniger kontrollierbaren Bedingungen untersucht. Vor diesem Hintergrund finden sich in der Literatur verschiedene Vorschläge, alternative Maße zur angemessenen Interpretation der Relevanz von Effekten in Schulleistungsuntersuchungen zu entwickeln. Baumert und Artelt (2002) haben vorgeschlagen, bei Schulleistungsuntersuchungen für die Beurteilung der Relevanz von Befunden als Referenz den mittleren Leistungsfortschritt pro Schuljahr zu verwenden. Dabei ist zu beachten, dass diese typischen Leistungszuwächse in Abhängigkeit von Schulstufe und Domäne variieren. In der Regel zeigen sich etwa in der Grundschule deutlich größere Leistungszuwächse als in der Sekundarstufe – Leistungszuwächse verlangsamen sich also mit zunehmendem Alter. So liegt in einer amerikanischen Studie der mittlere Leistungsfortschritt der ersten Klasse in der Lesekompetenz beispielsweise bei $d=0{,}97$, in der fünften Klasse bei $d=0{,}32$ und in der neunten Klasse bei $d=0{,}19$ (Bloom et al. 2008). Abweichend von Cohens (1988) Klassifikation können demnach auch scheinbar „kleine" Effekte eine hohe praktische Relevanz haben, da sie Leistungsunterschiede von einem Schuljahr bedeuten können. Unserer Auffassung nach sollte die Diskussion um Geschlechterunterschiede in Schulleistungen diese alternativen Bezugsgrößen bei der Bewertung gefundener Unterschiede unbedingt berücksichtigen, da sie eine deutlich realitätsnähere Bezugsgröße darstellen.

3.2.1 Geschlechterunterschiede in der Lesekompetenz

Die größten schulischen Geschlechterunterschiede lassen sich im Bereich der Lesekompetenz verzeichnen – und zwar zu ungunsten der Jungen. Spätestens am Ende der Grundschulzeit sind Mädchen den Jungen im Lesen überlegen (Hußmann et al. 2017). Die Ergebnisse der Schulleistungsstudie IGLU zeigen zudem, dass es keine statistisch signifikante Veränderung der Geschlechterunterschiede über die verschiedenen Erhebungsjahre der Studie gab: In Deutschland betrug der Kompetenzvorsprung der Mädchen in der Lesekompetenz im Jahre 2001 $d=0{,}13$, im Jahre 2006 $d=0{,}07$, im Jahre 2011 $d=0{,}08$ und in der aktuellsten Untersuchung von 2016 $d=0{,}11$. Der internationale Kompetenzvorsprung der Mädchen liegt bei $d=0{,}18$ (Hußmann et al. 2017). Folgt man Cohens Interpretation der Effektstärken, scheinen bei jüngeren Schüler*innen die Geschlechterunterschiede in der Lesekompetenz im Mittel demnach eher gering zu sein. Gemessen am durchschnittlichen Lernzuwachs in der vierten Klasse nach Bloom et al. (2008) scheint der Unterschied mit etwa einem halben Schuljahr schon etwas substanzieller. In der Sekundarstufe wachsen die Geschlechterunterschiede schließlich noch an (OECD 2016). Für die im Rahmen der PISA-Studie untersuchten 15-jährigen Schüler*innen ergaben sich Geschlechterunterschiede, die deutlich höher waren als die bei IGLU berichteten Unterschiede für jüngere Kinder. Für Deutschland lag der Kompetenzvorsprung der Mädchen in der Lesekompetenz in den verschiedenen Erhebungsjahren 2000 bei $d=0{,}34$, 2003 bei $d=0{,}42$, 2006 bei $d=0{,}42$, 2009 bei $d=0{,}40$ und 2012 bei $d=0{,}44$. In der aktuellsten Untersuchung von 2015 war die Differenz allerdings rückläufig und lag bei $d=0{,}21$. Im OECD-Durchschnitt betrug der Kompetenzvorsprung der Mädchen in der letzten PISA-Untersuchung $d=0{,}27$ (OECD 2016). Gemessen am durchschnittlichen Lernzuwachs in der neunten Klasse beträgt allerdings auch dieser zurückgehende Unterschied noch etwas mehr als ein Schuljahr. Auch der Anteil leseschwacher Jungen ist höher als der Anteil leseschwacher Mädchen. In der PISA-Untersuchung von 2015 wurden 19 % der Jungen und 14 % der Mädchen als leseschwach identifiziert. Umgekehrt war ein höherer Anteil der Mädchen besonders lesestark. Während bei den Mädchen 14 % als lesestark identifiziert wurden, waren es bei den Jungen nur 10 % (OECD 2016).

3.2.2 Geschlechterunterschiede in mathematischen Kompetenzen

Neben den Vorteilen von Mädchen in der Lesekompetenz besteht einer der konsistentesten Befunde zu schulischen Geschlechterunterschieden darin, dass Jungen Vorteile im Bereich der mathematischen Kompetenzen aufweisen. Dabei deuten einzelne Befunde darauf hin, dass Geschlechterunterschiede in mathematischen Kompetenzen bereits im Vorschulalter bestehen. So konnte eine Studie von Lonnemann et al. (2013) bei der Untersuchung von numerischen Kompetenzen von Vorschulkindern zeigen, dass Jungen den Mädchen mit einem Vorsprung von $d=0{,}32$ überlegen waren. Diese Vorteile zugunsten der Jungen setzen sich in der Grundschule fort. Die Schulleistungsuntersuchung TIMSS konnte wiederholt zeigen, dass am Ende der vierten Klassenstufe geringe, jedoch signifikante Vorteile der Jungen in Mathematik zu beobachten sind: In Deutschland lag der Kompetenzvorsprung der Jungen in der mathematischen Kompetenz 2007 bei $d=0{,}12$, 2011 bei $d=0{,}08$ und in der aktuellsten Untersuchung von 2015 bei $d=0{,}05$ (Wendt et al. 2016), was auch gemessen an den Standards von Bloom et al. (2008) als gering einzuschätzen ist (durchschnittlicher Lernzuwachs in Mathematik in der vierten Klasse beträgt dort $d=0{,}56$). Ergebnisse der PISA-Untersuchungen lassen darauf schließen, dass der Vorteil der Jungen auch in der Sekundarstufe bestehen bleibt beziehungsweise sogar etwas deutlicher wird (OECD 2016). So erzielten Jungen in der aktuellsten PISA-Untersuchung von 2015 signifikant höhere Werte als Mädchen ($d=0{,}16$; OECD 2016) – der durchschnittliche Lernzuwachs in Mathematik in der neunten Klasse beträgt $d=0{,}25$.

3.2.3 Geschlechterunterschiede in den naturwissenschaftlichen Kompetenzen

Auch für den naturwissenschaftlichen Bereich zeigt sich, dass bereits am Ende der Grundschule geringe, jedoch signifikante Geschlechterunterschiede zugunsten der Jungen bestehen. Die Schulleistungsuntersuchung TIMSS konnte wiederholt zeigen, dass in Deutschland ein Leistungsvorsprung der Jungen gegenüber den Mädchen in den Naturwissenschaften existiert, der allerdings tendenziell immer kleiner wird und in der aktuellsten TIMSS-Untersuchung nicht mehr signifikant ist. Demnach lag 2007 der Kompetenzvorsprung der Jungen in den Naturwissenschaften bei $d=0{,}15$, 2011 bei $d=0{,}12$ und in der aktuellsten Untersuchung von 2015 bei $d=0{,}03$. Allerdings variieren die Geschlechterunterschiede je nach Inhaltsbereich. So zeigte sich in der aktuellsten TIMSS-Untersuchung ein signifikanter Kompetenzvorsprung lediglich für den Bereich Geografie ($d=0{,}13$), nicht aber für die Bereiche Biologie und Physik/Chemie (Wendt et al. 2016). Im Bereich der Sekundarstufe I konnten im Rahmen der PISA-Erhebung von 2015 erstmals statistisch signifikante Geschlechterunterschiede in den naturwissenschaftlichen Kompetenzen identifiziert werden. Dabei lag der Kompetenzvorsprung der Jungen 2015 bei $d=0{,}10$ (OECD 2016), was nach Bloom et al. (2008) etwa einem halben Schuljahr entspricht (der durchschnittliche Lernzuwachs in den Naturwissenschaften in der neunten Klasse beträgt $d=0{,}19$). Im OECD-Durchschnitt betrug der Vorsprung der Jungen $d=0{,}04$. Betrachtet man die Teilkompetenzen, die im Rahmen der PISA-Studie untersucht wurden, so zeigt sich, dass Jungen in Deutschland vor allem besser „Phänomene naturwissenschaftlich erklären können" ($d=0{,}18$). In den Teilkompetenzen „naturwissenschaftliche Forschung bewerten" und „Untersuchungen planen" sowie „Daten und Evidenz naturwissenschaftlich interpretieren" gibt es in Deutschland keine signifikanten Unterschiede zwischen Mädchen und Jungen (OECD 2016).

3.2.4 Geschlechterunterschiede in fremdsprachlichen Kompetenzen

In bisherigen Untersuchungen zu fremdsprachlichen Kompetenzen zeigten sich Leistungsvorteile der Mädchen gegenüber den Jungen. So konnte im IQB-Ländervergleich 2008/2009 (Köller et al. 2010), bei dem die Kompetenzen in der ersten Fremdsprache (Englisch/Französisch) untersucht wurden, gezeigt werden, dass Mädchen in Englisch einen Leistungsvorsprung von $d = 0,19$ im Leseverstehen und von $d = 0,16$ im Hörverstehen hatten. In Französisch lag der Kompetenzvorsprung der Mädchen bei $d = 0,23$ im Leseverstehen und bei $d = 0,24$ im Hörverstehen. Im IQB-Bildungstrend 2015 (Stanat et al. 2016), bei dem die Kompetenzen in Englisch untersucht wurden, ergab sich ein ähnliches Muster der Ergebnisse: Mädchen hatten einen Vorsprung von $d = 0,21$ im Leseverstehen und von $d = 0,13$ im Hörverstehen. Für diesen Bereich liegen unseres Wissens nach bisher keine Maßstäbe im Sinne der Studie von Bloom et al. (2008) vor.

3.2.5 Geschlechterähnlichkeit oder Geschlechterunterschiede? – Fazit

Aus den hier dargestellten Befunden groß angelegter Schulleistungsuntersuchungen ergibt sich zusammenfassend, dass in verschiedenen Domänen Geschlechterunterschiede bestehen. Gemessen an den Konventionen zur Interpretation von Effektgrößen nach Cohen (1988) handelt es sich dabei zum größten Teil um eher kleine oder höchstens mittlere Unterschiede. Diesen Maßstab hat auch Hyde (2005) ihrer *Hypothese der Geschlechterähnlichkeit* zugrunde gelegt, die besagt, dass Mädchen und Jungen sich in den meisten, auch kognitiven, psychologischen Merkmalen mehr ähneln als unterscheiden. In ihrer Meta-Synthese, die auf 46 Meta-Analysen basiert, argumentiert Hyde, dass es nicht ausreicht, die statistische Signifikanz der Unterschiede zu identifizieren, sondern dass auch die praktische Relevanz dieser Unterschiede berücksichtigt werden muss. Um die Stärke der gefundenen Effekte zu bewerten, legt Hyde (2005) die Maßstäbe nach Cohen (1988) an. Das Ergebnis ihrer Analyse war, dass die meisten der untersuchten Effekte gering sind – ähnlich wie die hier zuvor berichteten Ergebnisse aus den Schulleistungsstudien. Zu einer vergleichbaren Schlussfolgerung kommt sie auch in einer jüngeren Arbeit (Hyde 2014). Legt man dagegen die von Bloom et al. (2008) vorgeschlagenen Vergleichswerte an, kommt man zu einer etwas anderen Schlussfolgerung. Demnach scheinen zumindest die Geschlechterunterschiede im Lesen relevant. In Mathematik und den Naturwissenschaften scheint dies nur für die Untersuchungen am Ende der Sekundarstufe I zu gelten. Unabhängig davon, welche Maßstäbe zugrunde gelegt werden, zeigt sich aber zusammenfassend ein deutlicher allgemeiner Trend, dass Geschlechterunterschiede in Schulleistungen über die Jahre geringer geworden sind, was einen weiteren Aspekt der Hypothese von Hyde (2005) stützt. Dennoch werfen die verbleibenden Unterschiede die Frage danach auf, wie solche Unterschiede sich entwickeln, was im folgenden Abschnitt näher beleuchtet werden soll.

3.3 Erklärungsansätze für Geschlechterunterschiede in der Schule

Zur Erklärung von schulischen Geschlechterunterschieden ist eine Vielzahl von Theorien entwickelt worden (Halpern 2012). Diese lassen sich unter anderem danach unterscheiden, ob sie Geschlechterunterschiede auf *biologische* Faktoren zurückführen oder ob sie *psychosoziale* Ursachen in den Vordergrund stellen. Im englischen Sprachraum ist diese Debatte unter dem Namen *Nature vs. Nurture* bekannt. Mittlerweile ist es durchaus weitgehend Konsens, dass es biologisch bedingte Unterschiede zwischen Mädchen und Jungen gibt, die Einfluss auf ihre schulischen Leistungen haben können. Gleichzeitig herrscht aber auch Übereinstimmung darüber, dass diese Unterschiede beeinflussbar sind – und dass damit dem sozialen Umfeld der Kinder ebenfalls große Bedeutung zukommt (Halpern 2012). Im Folgenden wird zunächst auf biologische und psychosoziale Erklärungsansätze eingegangen, bevor im abschließenden Teil ein integratives Modell von Halpern (2012) – das *psychobiosoziale Modell* – zur Erklärung von schulischen Geschlechterunterschieden vorgestellt wird.

3.3.1 Biologische Erklärungsansätze

Bei den biologischen Erklärungsansätzen wird in der Literatur in der Regel auf zwei mögliche Ursachen für biologisch bedingte Unterschiede zwischen Mädchen und Jungen verwiesen: die Hormone sowie das Gehirn (Halpern 2012). So zeigt sich bei Frauen immer wieder, dass ein höherer Östrogenspiegel die sprachlichen Fähigkeiten verbessert und die visuell-räumlichen Fähigkeiten verschlechtert (Hampson 1990). Umgekehrt hängt ein niedriger Östrogenspiegel mit besseren Ergebnissen bei räumlichen Aufgaben zusammen (Hausmann et al. 2000). Bei Männern führt ein steigender Testosteronspiegel dagegen nicht immer zu einer Verbesserung der räumlichen Fähigkeiten. Die Auswirkungen von Testosteron scheinen demnach nicht linear zu sein. Es scheint eher einen optimalen Hormonspiegel zu geben, dessen Über- beziehungsweise Unterschreitung negative Konsequenzen hat (O'Connor et al. 2001). Des Weiteren wurde gezeigt, dass Hormone relativ früh in der Schwangerschaft den Aufbau des Gehirns beeinflussen. Dabei wurde beobachtet, dass höhere Dosen Testosteron den Aufbau der linken Gehirnhälfte verlangsamen. Bei Jungen dominiert daher häufig die rechte Gehirnhälfte.

Inwiefern sind diese Unterschiede in der Entwicklung nun bedeutsam für schulische Leistungen? Es gibt Hinweise darauf, dass Unterschiede in der Spezialisierung der Gehirnhälften, auch *Lateralisierung* genannt, eine Rolle spielen. Demnach sind bei der Ausübung verbaler Tätigkeiten im Gehirn von Mädchen beide Hemisphären beteiligt, während bei Jungen die Spezialisierung der Gehirnhälften stärker ausgeprägt ist. Die stärkere Nutzung beider Gehirnhälften bei verbalen Aktivitäten wird als Erklärung für den Vorteil von Frauen in verbalen Bereichen herangezogen, während der Vorteil der Männer im räumlichen Denken auf deren ausschließliche Nutzung der rechten Gehirnhälfte für räumlich-visuelle Aktivitäten zurückgeführt wird (Halpern 2012). Deutlich größer als die Zahl der biologischen Erklärungsansätze ist die der psychosozialen Ansätze, die Geschlechterunterschiede in unterschiedlichen akademischen Merkmalen vor allem auf geschlechterstereotype Sozialisationserfahrungen zurückführen.

3.3.2 Psychosoziale Erklärungsansätze

Die geschlechtsspezifische Sozialisierung beginnt in der frühen Kindheit und dauert bis ins hohe Alter an. Bereits in den ersten Lebenstagen eines Kindes erfährt dieses eine unterschiedliche Behandlung je nach Geschlecht. Die soziale Umwelt stellt also frühzeitig unterschiedliche Bedingungen für Mädchen und Jungen her. Geschlechterunterschiede entstehen demnach neben den biologischen Aspekten durch die Vermittlung von Geschlechterstereotypen, die in der sozialen Umwelt verankert sind. Dabei sind unterschiedliche Prozesse denkbar, die im Folgenden beschrieben werden.

Beobachtung von Modellen Für Bandura (1986) ist das *Lernen am Modell* (siehe Abb. 3.1) die wichtigste Form der Übermittlung von Werten, Einstellungen und Verhaltensmustern. Geschlechtsspezifisches Verhalten wird besonders von Modellen in der direkten Umgebung übermittelt und kann demnach dadurch erlernt werden, dass es bei anderen beobachtet wird. Beobachtet eine Tochter beispielsweise ihre Mutter beim Kochen und im Haushalt, den Vater aber nicht, so nimmt sie an, dass dies typische Aufgaben für Frauen sind. Mädchen und Jungen lernen also geschlechtsspezifisches Verhalten, indem sie andere beobachten

Abb. 3.1 Beobachtung
von Modellen

und imitieren (Bussey und Bandura 2004). So dienen signifikante Andere für ihr eigenes Verhalten als Vorbilder. Diese Annahmen werden zum Beispiel durch eine Studie von Beilock et al. (2010) gestützt. Sie untersuchten 17 Lehrerinnen sowie rund 120 Schüler*innen aus der ersten und zweiten Klasse. Zunächst prüften sie die Einstellung der Lehrkräfte zu Mathematik. Je unsicherer die Lehrerinnen in Mathematik waren, desto eher glaubten die Schülerinnen nach dem Schuljahr, dass Jungen besser rechnen können als Mädchen. Jene Schülerinnen, die dieses Geschlechterstereotyp internalisiert hatten, schnitten in Mathematik am Schuljahresende tendenziell schlechter ab. Beilock et al. (2010) interpretieren die Ergebnisse so, dass die Angst vor Mathematik der Lehrerinnen Mädchen dazu bringen kann, stärker mathematikbezogene Geschlechterstereotype zu internalisieren und selbst eine stärkere Angst vor Mathematik zu entwickeln.

Verstärkung geschlechtsspezifischen Verhaltens Weiterhin wird angenommen, dass beim Erlernen geschlechtsspezifischen Verhaltens das Lernen durch Kontingenzen eine Rolle spielt: Verhalten, das zu positiven Konsequenzen führt, wird in der Zukunft häufiger gezeigt, wohingegen die Auftretenswahrscheinlichkeit von Verhalten, das bestraft oder ignoriert wird, sinkt (siehe Abb. 3.2). Spielt ein Junge im Kindergarten beispielsweise mit Puppen, kann es sein, dass er deshalb von anderen Kindern gehänselt wird. Das Kind lernt also geschlechtsspezifisches Verhalten, weil es dafür belohnt wird, nicht aber geschlechtsuntypisches Verhalten, weil es für dieses nicht belohnt oder gar bestraft wird *(Lernen durch direkte Verstärkung).* So werden dabei diejenigen Verhaltensweisen verstärkt, die mit Geschlechterstereotypen übereinstimmen, und diejenigen Verhaltensweisen bestraft, die nicht geschlechtstypisch sind. Empirisch wird diese Annahme zum Beispiel durch eine Studie von Aspenlieder et al. (2009) gestützt. Dieser Studie zufolge werden Schüler*innen, die kein geschlechterstereotypes Verhalten zeigen, stärker gemobbt als Schüler*innen, die stereotypenkonformes Verhalten zeigen.

Unterschiedliche Behandlung von Mädchen und Jungen Sowohl Eltern als auch Lehrkräfte gehen mit Mädchen und Jungen unterschiedlich um (siehe Abb. 3.3).

3 Geschlechterstereotype in der Schule

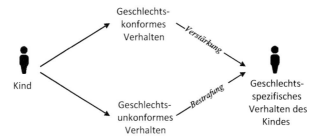

Abb. 3.2 Verstärkung geschlechtsspezifischen Verhaltens

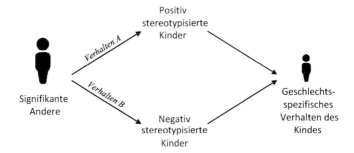

Abb. 3.3 Unterschiedliche Behandlung von Mädchen und Jungen

Eltern kaufen beispielsweise ihren Töchtern eher typische Mädchenspielzeuge wie Puppen, während Jungen mit Spielzeugautos aufwachsen. Im schulischen Kontext verhält es sich ähnlich: Eine Lehrkraft, die beispielsweise höhere Erwartungen an die Mathematikleistung von Jungen als an die Mathematikleistung von Mädchen hat, gibt den Jungen Aufgaben, die herausfordernder sind. Becker (1981) fand, dass Jungen im Mathematikunterricht mehr Aufmerksamkeit und Lob erhalten. Auch Leinhardt et al. (1979) fanden, dass Lehrkräfte sich im Mathematikunterricht, der als männlich stereotypisiert wird, mehr mit den Jungen als mit den Mädchen auseinandersetzten, während sie sich im Lesen, das als weiblich stereotypisiert wird, mehr mit den Mädchen als mit den Jungen auseinandersetzten. Dies kann sich des Weiteren auf akademische Merkmale von Schüler*innen auswirken. Dieser Kreislauf wird auch als *self-fulfilling prophecy* bezeichnet (Merton 1948). Eine „sich selbst erfüllende Prophezeiung" ist eine Erwartung, die das antizipierte Ergebnis selbst hervorbringt. In diesem Fall also geschlechtsspezifische Erwartungen einer Lehrkraft, die – bewusst oder unbewusst – ihr eigenes Verhalten gegenüber Mädchen und Jungen beeinflussen, was wiederum dazu beiträgt, dass Mädchen und Jungen sich tatsächlich entsprechend dieser Erwartungen entwickeln.

Direkter Ausdruck von Erwartungen und Stereotypen Wenn Eltern oder Lehrkräfte die Kinder merken lassen, dass sie bestimmte Verhaltensweisen oder auch Vorlieben und Begabungen mit Mädchen oder Jungen assoziieren, besteht das Risiko, dass sie diese Stereotype verfestigen (siehe Abb. 3.4). Bringt ein Mädchen beispielsweise eine schlechte Mathearbeit mit nach Hause, könnten die Eltern zu ihr sagen, dass Mathe nichts für Mädchen ist, was wiederum dazu führen kann, dass das Mädchen zukünftig schlecht abschneiden wird. In diesem Fall kann es zu Stereotype Threat kommen (Abschn. 4.1): Stereotype werden zu sich selbst erfüllenden Prophezeiungen und Zuschreibungen von Stärken und Schwächen beeinflussen die Leistung. So zeigt beispielsweise eine Studie von Hartley und Sutton (2013), dass Jungen besonders dann schlechtere Leistungen als Mädchen erbringen, wenn sie die Information erhalten, dass Jungen allgemein nicht so gute Schüler seien. Umgekehrt verbessert sich die Leistung, wenn man vor Tests betont, Mädchen und Jungen könnten gleichermaßen gute Leistung erbringen.

3.3.3 Psychobiosoziales Modell

Erklärungen, die Geschlechterunterschiede zwischen Mädchen und Jungen auf biologische Ursachen zurückführen, und Ansätze, die die Bedeutung von Umweltfaktoren betonen, werden häufig als gegensätzlich betrachtet. Halpern (2012) hingegen nimmt eine Wechselwirkung zwischen biologischen und sozialen Faktoren an, die die Entwicklung schulischer Geschlechterunterschiede erklären kann. Ihrer Auffassung nach sind die Komponenten des psychobiosozialen Modells voneinander abhängig und gleichzeitig am Gesamtprozess beteiligt.

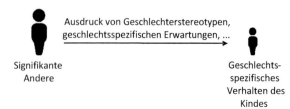

Abb. 3.4 Direkter Ausdruck von Erwartungen und Stereotypen

Dem psychobiosozialen Modell zufolge liegen zwar insbesondere im räumlichen Vorstellungsvermögen und im verbalen Bereich biologisch bestimmte Unterschiede in den Entwicklungsvoraussetzungen von Mädchen und Jungen vor, diese sind allerdings weder besonders groß noch deterministisch. Nach dem Ansatz von Halpern (2012) besteht in der Umwelt eine Tendenz, die biologisch determinierten Lernneigungen von Mädchen und Jungen zu verstärken. Demnach werden die Unterschiede in den Prädispositionen von der Umwelt aufgenommen, die entsprechende Erwartungen ausbildet, die wiederum – etwa vermittelt durch die beschriebenen Prozesse (Abschn. 3.3.2) – die schulischen Entwicklungsprozesse in geschlechterspezifischer Weise beeinflussen. Es wird weiterhin angenommen, dass diese differenziellen Lernerfahrungen Rückwirkungen auf physiologische Funktionen (z. B. auf die Gehirnstruktur) haben können, was den biologisch bedingten Anteil in schulischen Leistungsunterschieden weiter verstärke. Das Modell von Halpern (2012) vereint also biologische und psychosoziale Erklärungsansätze und macht dabei deutlich, dass Geschlechterunterschiede in schulischen Merkmalen beeinflussbar und folglich durch pädagogisches Handeln veränderbar sind.

3.4 Geschlechterstereotype in der Schule

3.4.1 Situative Bedrohung durch Geschlechterstereotype

Eine stetig wachsende Anzahl an Studien untersucht den Zusammenhang zwischen Stereotypen und Leistung. Am umfassendsten wurden Effekte von Stereotypen im akademischen Kontext vermutlich im Rahmen der Forschung zu *Stereotype Threat* untersucht. Diese Forschung befasst sich mit dem Phänomen, dass negative Stereotype die akademische Leistung eines stereotypisierten Individuums beeinträchtigen können (Steele und Aronson 1995). Stereotype Threat wird definiert als ein Gefühl der Bedrohung, das Personen in einer Situation erleben, in der ein Stereotyp über eine soziale Kategorie, der sie angehören, salient wird. Aufgrund dieses negativen Stereotyps über ihre Gruppe befürchten sie dann, das Stereotyp durch ihr Verhalten zu bestätigen. In ihrer Studie von 1995 fanden Steele und Aronson, dass afroamerikanische Studierende niedrigere Leistungen als weiße Studierende erzielten, wenn ein Test als diagnostisch für ihre intellektuellen Leistungen dargestellt und somit das negative Stereotyp über ihre Gruppe („intellectual inferiority of African Americans") salient gemacht wurde. Diese Studie hat eine Vielzahl an Folgestudien angeregt, die den Einfluss von Stereotypen auf die Leistung in diesem Paradigma untersuchen. Zahlreiche Studien belegen beispielsweise den beeinträchtigenden Effekt, den die Aktivierung von Geschlechterstereotypen auf Motivation und Leistung von Mädchen und Frauen in männlich konnotierten fachlichen Domänen haben kann (Nguyen und Ryan 2008). Jungen hingegen könnten von dem Stereotyp bedroht werden, dass sie eine geringere Schulanpassung hätten als Mädchen. Die situative Aktivierung dieses Geschlechterstereotyps, das bereits Vorschulkinder kennen, führt dazu, dass sich die Leistung der Jungen durch die Konfrontation mit dem negativen Stereotyp über ihre schulischen Fähigkeiten verschlechtert (Hartley und Sutton 2013). Eine ausführliche Darstellung der Forschung im Bereich zu Stereotype Threat findet sich im Kap. 2 dieses Bandes von Hermann.

3.4.2 Geschlechterstereotype in der Sozialisation – Zur Rolle signifikanter Anderer

Verschiedene Untersuchungen haben gezeigt, dass Überzeugungen von signifikanten Anderen (zum Beispiel Eltern, Lehrkräfte oder Peers) für die Entwicklung der akademischen Merkmale von Kindern wichtig sind (z. B. Jacobs und Eccles 1992; Gunderson et al. 2012; Retelsdorf et al. 2015; Salikutluk und Heyne 2017; Tiedemann 2000, 2002; Tomasetto et al. 2015; Wolter et al. 2015). Insbesondere haben frühere Studien gezeigt, dass Geschlechterstereotype und geschlechtsspezifische Erwartungen signifikanter Anderer die akademischen Merkmale von Kindern beeinflussen können. Dabei werden beispielsweise ihre Kompetenzüberzeugungen, ihre Motivation und ihre Leistung in einer Weise beeinflusst, die das gängige Geschlechterstereotyp aufrechterhält (für einen Überblick, siehe Gunderson et al. 2012). Dabei liefert die Erwartung-Wert-Theorie (Eccles et al. 1983) ein allgemeines Modell zur Erklärung der Entwicklung von geschlechtsspezifischen Kompetenzüberzeugungen, Motivation und Leistung von Kindern im sozialen Kontext. Im nächsten Abschnitt wird die Theorie näher beschrieben.

Erwartung-Wert-Theorie Die Erwartung-Wert-Theorie von Eccles et al. (1983) wurde entwickelt, um akademische Leistungen zu erklären und wurde oft zur Untersuchung von geschlechtsspezifischen Unterschieden in akademischen Merkmalen verwendet. Die Erwartung-Wert-Theorie (siehe Abb. 3.5) geht zunächst davon aus, dass schulische Leistung vor allem auf zwei Faktoren zurückgeführt werden kann: auf die Erfolgserwartung und auf den Aufgabenwert (z. B. Eccles 2005; Eccles und Wigfield 2002). Nach der Erwartung-Wert-Theorie sind Erfolgserwartungen diejenigen Überzeugungen, spezifische Tätigkeiten oder Aufgaben aufgrund eigener Fähigkeiten erfolgreich ausführen zu können. Sie hängen also

3 Geschlechterstereotype in der Schule

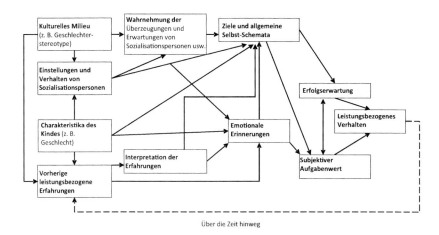

Abb. 3.5 Erwartung-Wert-Modell nach Eccles und Wigfield (2002, S. 119). (Eigene Übersetzung)

mit der Frage zusammen, ob ein Individuum glaubt, eine Aufgabe bewältigen zu können. Aufgabenwerte hingegen beziehen sich auf die Überzeugung einer Person, warum es sich lohnen könnte, eine Aufgabe zu bearbeiten beziehungsweise Leistung zu zeigen. Sie hängen also mit der Frage zusammen, ob eine Aufgabe als persönlich wichtig erachtet wird. Eccles et al. (1983) definieren dabei vier verschiedene Aspekte: Wichtigkeit *(attainment task value)*, Interesse *(intrinsic task value)*, Nützlichkeit *(utility value)* und Kosten *(cost)*.

Die Erwartung-Wert-Theorie hat sich als valides Modell zur Erklärung und Vorhersage leistungsbezogenen Verhaltens etabliert. So zeigte sich wiederholt, dass selbst unter statistischer Kontrolle der Ausgangsleistung von Schüler*innen zukünftige Leistungen durch Erfolgserwartungen und Aufgabenwerte vorhergesagt werden können. Dies ist sowohl für die Domäne der Mathematik der Fall (Greene et al. 1999; Spinath et al. 2004) als auch für die Domäne des Lesens (Eccles 1987; Morgan und Fuchs 2007; Retelsdorf et al. 2011; Schiefele et al. 2012; Spinath et al. 2004). Erfolgserwartungen und Aufgabenwerte selbst wiederum sind veränderbar und scheinen im Verlauf der Schulzeit eher ab- als zuzunehmen (Jacobs et al. 2002; Watt 2004). Entwicklungsbedingungen der beiden Komponenten sind ebenfalls Teil der Theorie. Der Erwartung-Wert-Theorie zufolge spielen hierbei neben früheren Leistungserfahrungen vor allem auch Merkmale des soziokulturellen Hintergrunds eine Rolle. Zentrale Bedeutung kommt dabei den sozialen Stereotypen wichtiger Sozialisatoren zu, die vermittelt durch subjektive Attributionen und Interpretationen die Erfolgserwartungen und Aufgabenwerte von Heranwachsenden beeinflussen (Eccles et al. 1983). So können nach der Erwartung-Wert-Theorie die Geschlechterstereotype signifikanter Anderer eine wichtige Rolle bei der Entwicklung von Erfolgserwartungen und Aufgabenwerten von Schulkindern in verschiedenen akademischen Bereichen spielen. Bedeutende signifikante Andere sind vor allem die Eltern, die Lehrkräfte, aber auch die Peers. Im Folgenden wird auf den Forschungsstand in Bezug auf diese drei Gruppen eingegangen.

Die Rolle der Eltern Eltern gelten als die wichtigste Sozialisationsinstanz für Kinder, bevor sie die Schule besuchen. Sie fungieren als Vorbilder, teilen ihr Wissen und ihre Erwartungen mit ihren Kindern und belohnen bestimmte Verhaltensweisen. Eine große Anzahl an Studien hat gezeigt, dass elterliche Erwartungen – auch *Fähigkeitseinschätzungen* genannt – den schulischen Erfolg ihrer Kinder in einer Weise beeinflussen, die klassische Geschlechterstereotype bestätigt (für einen Überblick, siehe Gunderson et al. 2012). Der Fokus der bisherigen Studien lag dabei zunächst auf der Domäne der Mathematik. In den Köpfen der Eltern scheint demnach das Geschlechterstereotyp vorzuherrschen, dass Jungen besser für Mathematik geeignet sind als Mädchen. So konnten Eccles et al. (1990) einen signifikanten Einfluss des Geschlechts des Kindes auf die mütterliche Fähigkeitseinschätzung feststellen, obwohl sich die tatsächliche Leistung der Mädchen und Jungen weder in einem standardisierten Mathematiktest noch in den Mathematiknoten unterschieden. Mütter eines Mädchens schätzten die Fähigkeit des Kindes in Mathematik geringer ein als Mütter eines Jungen. In einer Studie von Jacobs (1991) zeigte sich unter Kontrolle der Vorleistung ebenfalls ein signifikanter Pfad vom Geschlecht des Kindes auf die elterliche Fähigkeitseinschätzung. So schätzten Eltern, die Geschlechterstereotype vertraten, die Kompetenzen ihrer Töchter in Mathematik zu niedrig und die ihrer Söhne zu hoch ein. Auch Analysen von Tiedemann (2000) zeigten, dass Eltern, die Geschlechterstereotypen stark zustimmten, ihren Töchtern niedrigere Fähigkeiten in Mathematik zuschrieben als ihren Söhnen. Eltern, die Geschlechterstereotypen weniger zustimmten, zeigten hingegen keine signifikanten Geschlechterunterschiede in ihrer Fähigkeitseinschätzung. In einer Studie von Dresel et al. (2001) konnte ebenfalls gezeigt werden, dass Eltern von Mädchen die Mathematikfähigkeit des Kindes geringer einschätzen als Eltern von Jungen. Darüber hinaus konnten Eccles et al. (1982) zeigen, dass elterliche Geschlechterstereotype das mathematische Selbstkonzept der Kinder beeinflussen können. Eine aktuelle Studie von Muntoni und Retelsdorf (2019) zu lesebezogenen Geschlechterstereotypen, nach denen Mädchen im Lesen begabter sind, kann diesen Befund stützen. Sie fanden heraus, dass eine hohe Ausprägung des elterlichen lesebezogenen Geschlechterstereotyps sich bei

Jungen negativ auf deren lesebezogene Motivation und Kompetenzüberzeugungen auswirkte. Zudem zeigte sich gemäß des Erwartung-Wert-Modells (Eccles et al. 1983) ein indirekter Effekt vom elterlichen lesebezogenen Geschlechterstereotyp sowohl über die lesebezogene Motivation als auch über die lesebezogenen Kompetenzüberzeugungen auf deren Leseleistung.

Zusammengenommen deuten diese Ergebnisse darauf hin, dass elterliche geschlechterstereotype Einstellungen zu geschlechterstereotypen Erwartungen an die Fähigkeit des eigenen Kindes führen und dies im weiteren Verlauf unterschiedliche akademische Merkmale ihres Kindes beeinflussen kann. Die Studien liefern empirische Unterstützung für die Annahme, dass Stereotype signifikanter Anderer Effekte auf wichtige akademische Merkmale von Kindern haben können. Im Folgenden wird die Rolle der Schule – insbesondere die Rolle der Lehrkräfte und der Peers – für die Entwicklung und Aufrechterhaltung der Geschlechterunterschiede beschrieben.

Die Rolle der Lehrkräfte Lehrkräften kommt eine zentrale und wesentliche Aufgabe im Sozialisationsprozess Heranwachsender in der Schule zu. Lehrkräfte prägen motivationale und kognitive Merkmale ihrer Schüler*innen entscheidend mit. Da Lehrkräfte jeden Tag mit den Kindern und Jugendlichen interagieren, scheint es plausibel anzunehmen, dass ihre Interaktionen im Unterricht auch durch ihre eigenen Geschlechterstereotype und voreingenommenen Erwartungen beeinflusst sind und somit Anteil an einer geschlechterstereotypen Entwicklung ihrer Schüler*innen haben können. Laut Aronson und Steele (2005) erhalten Schüler*innen, die positiv stereotypisiert werden, mehr Zuwendung, mehr positive Bestätigung und Förderung durch erhöhte Leistungsanforderung als negativ stereotypisierte Schüler*innen. Dies kann sich des Weiteren auf akademische Merkmale von Schüler*innen auswirken (*self-fulfilling prophecy*, siehe Abschn. 3.3.2). Geschlechtsspezifische Erwartungen einer Lehrkraft, die – bewusst oder unbewusst – ihr eigenes Verhalten gegenüber Mädchen und Jungen beeinflussen, tragen dazu bei, dass Mädchen und Jungen sich tatsächlich entsprechend dieser Erwartungen entwickeln. Derartige Erwartungseffekte wurden in pädagogischen Zusammenhängen empirisch vielfach nachgewiesen und werden nach der klassischen Untersuchung in diesem Bereich von Rosenthal und Jacobsen (1968) häufig als *Pygmalion-Effekt* bezeichnet.

In der Literatur finden sich einige Hinweise darauf, dass solche Pygmalion-Effekte spezifisch für bestimmte soziale Kategorien von Schüler*innen stärker oder schwächer ausfallen können. In Bezug auf das Geschlecht als soziale Kategorie weisen Studien darauf hin, dass Lehrkräfte tendenziell höhere Erwartungen an Mädchen beim Lesen (z. B. Hinnant et al. 2009; Hornstra et al. 2010) und an Jungen in der Mathematik (z. B. Holder und Kessels 2017; Tiedemann 2000, 2002) haben und dass diese Erwartungen Effekte auf die Leistung der Schüler*innen haben können. Palardy zeigte beispielsweise bereits 1969 in einer Studie, dass sich die höhere Lesekompetenz von Mädchen auf die Erfüllung von stereotypen Erwartungen der Lehrkräfte zurückführen lässt. Des Weiteren haben stereotype Annahmen von Lehrkräften nicht nur Effekte auf die Leistung, sondern auch auf andere akademische Merkmale von Schüler*innen. Zwei Feldstudien haben beispielsweise gezeigt, dass Geschlechterstereotype eine wichtige Rolle bei der Erklärung des Selbstkonzepts und der Motivation von Schüler*innen spielen. So konnten Retelsdorf et al. (2015) zeigen, dass sich Geschlechterstereotype über das Lesen bei Kindern (Mädchen sind Jungen überlegen) negativ auf das verbale Selbstkonzept der Jungen auswirken. Wolter et al. (2015) untersuchten den Zusammenhang zwischen der Geschlechterrollenhaltung von Erzieher*innen und der Lesemotivation der Schüler*innen. Sie nahmen an, dass Jungen weniger motiviert sind, zu lesen und dass sie schlechtere Leseleistungen erbringen, wenn ihr*e Erzieher*in eine traditionelle Geschlechterrollenhaltung einnimmt. Sie fanden heraus, dass die lesebezogene Motivation der Jungen gering war, wenn ihr*e Erzieher*in traditionelle Einstellungen zu Geschlechterrollen einnahm. Vor dem Hintergrund dieser Studien scheint es plausibel, dass Lehrkräfte auf Basis ihrer Stereotype stereotypenkonforme Erwartungen an individuelle Schüler*innen entwickeln, die dann wiederum Effekte auf diese haben. Stereotype Annahmen dazu, wie Mädchen und Jungen typischerweise sind und sich verhalten, lösen also solche selbsterfüllenden Prophezeiungen aus. Demnach werden schulische Geschlechterunterschiede verstärkt, weil Lehrkräfte entsprechende stereotype Erwartungen hegen. Diese Annahme wurde kürzlich von Muntoni und Retelsdorf (2018) untersucht. Sie analysierten, ob Lehrkräfte auf Basis ihrer lesebezogenen Geschlechterstereotype, die Mädchen im Lesen favorisieren, stereotypenkonforme individuelle Erwartungen über die Leseleistung ihrer Schüler*innen bilden und ob diese Erwartungen einen Einfluss auf die Leseleistung ihrer Schüler*innen haben. Als zentrales Ergebnis zeigte sich die erwartete Interaktion: Je stärker das Geschlechterstereotyp der Lehrkräfte ausgeprägt war, desto positivere Erwartungen entwickelten die Lehrkräfte für Mädchen und desto negativere Erwartungen für Jungen. Höhere Erwartungen wiederum waren auch unter Kontrolle der Vorleistung signifikant mit der späteren Leistung verknüpft. Es zeigten sich also abhängig vom Stereotyp der Lehrkräfte geschlechtsspezifische Erwartungseffekte.

Die Rolle der Peers Nicht nur die Überzeugungen und Verhaltensweisen von erwachsenen Sozialisatoren können die Überzeugungen und akademischen Merkmale von Schüler*innen beeinflussen. Die Peers – als Gruppe der Gleichaltrigen – spielen ebenfalls eine wichtige Rolle für die persönliche Entwicklung von Kindern und Jugendlichen. Insbesondere im Schulalter stellen sie zentrale Interaktionspartner dar. Die Schule ist nicht nur ein Ort, den Kinder besuchen, um ihr Wissen und ihre Kompetenzen zu erweitern. Vielmehr ist es auch ein soziales Umfeld der Identitätsentwicklung, in dem Kinder ein Verständnis dafür entwickeln, wer sie sind. Kinder betreten die Schule mit unterschiedlichen individuellen Zielen, Erwartungen und Einstellungen. Im Schulkontext sind sie dann den Normen und Werten ihrer Peers ausgesetzt. In der Interaktion mit Peers lernen die Schüler*innen beispielsweise geschlechtsspezifisches Verhalten (Bussey und Bandura 2004; Witt 2000, s. a. Abschn. 3.3). In diesem Zusammenhang können geschlechtsspezifische Stereotype der Mitschüler*innen dazu führen, dass sich die Schüler*innen diesen Stereotypen anpassen. Peers können also wichtige Kommunikatoren von Geschlechterstereotypen sein und dazu beitragen, das Verhalten, die Leistung und die Kompetenzüberzeugungen im Sinne traditioneller Geschlechterrollen zu beeinflussen (Berndt und Murphy 2002; Ryan 2001; Wang und Eccles 2012). Nach Einschätzung von Bilden (2002) sozialisieren sich Kinder im Sinne geschlechtstypischen Verhaltens. So verstärken die Peers Verhaltensweisen, die den Geschlechterstereotypen entsprechen, und bestrafen andere Verhaltensweisen (Lamb et al. 1980). Wenn sich Kinder nicht geschlechtsrollenkonform verhalten, steigt die Wahrscheinlichkeit, dass dies Auswirkungen auf ihre sozialen Beziehungen mit Gleichaltrigen hat (Serbin et al. 1993). Schon in der frühen Kindheit erwarten die Kinder von ihren Altersgenoss*innen ein geschlechterrollenkonformes Verhalten. Ruble et al. (2006) zufolge sind Kinder toleranter gegenüber Gleichaltrigen, die nach ihrem Geschlecht handeln und negativer auf Gleichaltrige reagieren, die kein geschlechtskonformes Verhalten zeigen: Kinder, die geschlechterrollenunkonformes Verhalten zeigen, werden von Gleichaltrigen gehänselt und abgelehnt (Zucker und Bradley 1995). Eine aktuellere Studie von Salikutluk und Heyne (2017) untersuchte, ob die Ausprägung traditioneller Geschlechterrollen der Schüler*innen und die Einstellung ihrer Klassenkamerad*innen – als eine Gruppe der Peers – zu traditionellen Geschlechterrollen die Mathematikleistung der Schüler*innen geschlechterstereotyp beeinflussen. Sie fanden heraus, dass Mädchen in Klassen, in denen eine hohe Ausprägung traditioneller Geschlechterrollen vorherrschte, schlechtere Mathematikleistungen erbrachten, während es in Klassen mit einer geringen oder nicht vorherrschenden Ausprägung traditioneller Geschlechterrollen keine Auswirkungen auf die Mathematikleistung der Schülerinnen gab.

Wie in den vorangegangenen Abschnitten beschrieben, spielen Geschlechterstereotype demnach eine zentrale Rolle in der Entwicklung und Aufrechterhaltung von schulischen Geschlechterunterschieden, da sie unter anderem die Erwartungen und das Verhalten signifikanter Anderer bestimmen und so zu Teufelskreisen in der

Entwicklung von geschlechterstereotypen akademischen Merkmalen von Schüler*innen führen können. Die empirische Befundlage legt nahe, dass es notwendig ist, diese Teufelskreise zu durchbrechen, um schulische Geschlechterunterschiede zu reduzieren. Erste Ansätze werden im Folgenden diskutiert.

3.5 Implikationen für die pädagogische Praxis

Die zentrale Adressatengruppe für pädagogische Maßnahmen zur Verringerung der Auswirkungen von Geschlechterstereotypen in der Schule stellen die Lehrkräfte dar, die als zentrale Akteure im Bildungssystem (Baumert und Kunter 2011) nicht nur leichter zu erreichen sind als Eltern, sondern auch selbst eine deutlich größere Reichweite haben, da sie eine Vielzahl an Kindern unterrichten. Vor diesem Hintergrund betrachten wir im Folgenden vor allem Interventionsansätze im Kontext Schule.

Als ein möglicher Ansatz zur Minimierung der unerwünschten Auswirkungen von Geschlechterstereotypen in der Schule wurde in den letzten Jahren vor allem die Rückkehr zur Monoedukation diskutiert. Damit ist der getrennte Unterricht von Mädchen und Jungen gemeint. Untersuchungen zeigen allerdings, dass zunächst kein Vorteil der Monoedukation gegenüber der Koedukation nachweisbar ist (z. B. Halpern et al. 2011). Zudem ist es fraglich, ob geschlechtergetrennter Unterricht gesellschaftlich anerkannt wird. Außerdem ist zu betonen, dass es im Unterricht vermutlich nicht zielführend ist, geschlechtsbezogene Unterschiede zu sehr in den Vordergrund zu rücken. Dies kann zu einer verstärkenden Stereotypisierung führen, die der Heterogenität der Schüler*innen nicht gerecht wird.

Es gibt allerdings auch Studien, die zeigen, dass der aktuell praktizierte koedukative Unterricht dazu beitragen kann, Geschlechterstereotype zu verfestigen anstatt zur Geschlechtergerechtigkeit beizutragen, und somit Geschlechterunterschiede eher verstärkt (Spiel et al. 2011). Andererseits können Geschlechterunterschiede auch in koedukativen Klassen reduziert werden, wenn die Lehrkraft in der Lage ist, den Unterricht sowohl für Mädchen als auch für Jungen motivationsfördernd zu gestalten (Lüftenegger et al. 2012). Dies wird als Kompetenz zur *reflexiven Koedukation* bezeichnet. Ziel einer reflexiven Koedukation ist es, dass sich Mädchen und Jungen ihrer individuellen Potenziale bewusst werden und diese ohne Einschränkungen durch Geschlechterstereotype entwickeln können. Durch eine entsprechende Gestaltung von Unterricht soll die Aktivierung von Geschlechterstereotypen vermieden und damit der Verfestigung dieser entgegengewirkt werden. Um das Interesse von Mädchen beispielsweise in den Naturwissenschaften zu erhöhen, könnte ein stärkerer Bezug von Unterrichtsinhalten zu

Interessenbereichen von Mädchen geschaffen werden (z. B. menschlicher Körper oder umweltrelevante Themen). Für die Förderung von Lesekompetenzen der Jungen könnten hingegen verstärkt Texte eingesetzt werden, die die Interessen von Jungen widerspiegeln (z. B. aus den Bereichen Technik oder Sport). Für die Förderung von Kompetenzen der Lehrkräfte zur reflexiven Koedukation im Unterricht werden drei Zielbereiche vorgeschlagen (Jöstl et al. 2015):

1. Vermittlung von Wissen zu Geschlechterunterschieden, zu ihren Ursachen und zur Rolle des Unterrichts als Basis für Veränderungen
2. Reflexion der eigenen Erwartungen und Einstellungen, Bewusstmachung und Bearbeitung der eigenen Geschlechterstereotype
3. Vermittlung von Handlungsmöglichkeiten zur Realisierung von reflexiver Koedukation im Unterricht

Die Reflexion der eigenen Einstellungen und des Unterrichtsverhaltens ist demnach die zentrale Basis für einen reflexiv koedukativen Unterricht. Dass es möglich ist, die Kompetenz zur reflexiven Koedukation bei Lehrkräften erfolgreich zu fördern, wurde durch das Projekt *Reflect-Genderkompetenz durch Reflexive Koedukation* gezeigt, welches an der Universität Wien entwickelt und durchgeführt wurde (Jöstl et al. 2015; Schultes et al. 2015). In dem Projekt, das sich an Lehrkräfte der Sekundarstufe I richtete, wurde erstmals im Rahmen eines wissenschaftlich fundierten Programms das Prinzip der reflexiven Koedukation in den Unterricht integriert und evaluiert. So konnten bei den teilnehmenden Lehrkräften im Vergleich zu einer Kontrollgruppe Geschlechterstereotype abgebaut werden. Auch bei den Schüler*innen der teilnehmenden Lehrkräfte wurde eine Reduktion von Geschlechterstereotypen beobachtet. Insgesamt wurde durch das Projekt deutlich, dass das Wissen der Lehrkräfte über Geschlechterstereotype gering war, und dass bei den Jugendlichen aufgrund von stark ausgeprägten Geschlechterstereotypen ein hoher Handlungsbedarf besteht.

3.6 Fazit

Wenngleich Geschlechterunterschiede über verschiedene Domänen hinweg in den letzten Jahrzehnten eher geringer werden, zeigen sich nach wie vor systematisch Unterschiede in den Schulleistungen von Mädchen und Jungen. Die Ursachen für die Entwicklung und Aufrechterhaltung dieser Geschlechterunterschiede sind vielfältig. Eine zentrale Rolle spielt hierbei jedoch die soziale Umwelt und hier insbesondere die Geschlechterstereotype signifikanter Anderer in der Sozialisation. Zusammenfassend zeigt sich, dass Geschlechterstereotype das Denken und Handeln von Eltern, Lehrkräften und Peers beeinflussen und zu unerwünschten Teufelskreisen führen können: Mädchen und Jungen verhalten sich entsprechend den an sie herangetragenen Geschlechterstereotypen und bestätigen diese dadurch sogar noch. Mädchen und Jungen können demnach ihr volles Potenzial nicht ausschöpfen. Die Schule bietet als wichtige Sozialisationsinstanz Möglichkeiten, Geschlechterstereotypen und ihren Auswirkungen entgegenzuwirken. Insbesondere die Bewusstmachung der Geschlechterstereotype und die Vermittlung von Wissen zu deren möglichen Auswirkungen scheint einen wichtigen Ansatzpunkt zur Verringerung der negativen Effekte von Geschlechterstereotypen darzustellen und kann somit einen Beitrag zur gesamtgesellschaftlichen Aufgabe gleicher Chancen für alle Geschlechter beitragen.

Literatur

Archambault, I., Eccles, J. S. & Vida, M. N. (2010). Ability self-concepts and subjective value in literacy: Joint trajectories from grades 1 through 12. *Journal of Educational Psychology*, *102*, 804–816. https://doi.org/10.1037/a0021075

Aronson, J., M. & Steele, C. M. (2005). Stereotypes and the fragility of academic competence, motivation, and self-concept. In A. J. Elliot & C. S. Dweck (Eds.), *Handbook of competence and motivation* (pp. 436–456). New York, NY: The Guilford Press

Aspenlieder, L., Buchanan, C. M., McDougall, P. & Sippola, L. K. (2009). Gender nonconformity and peer victimization in pre- and early adolescence. *European Journal of Developmental Science*, *3*, 3–16. https://doi.org/10.3233/DEV-2009-3103

Bandura, A. (1986). *Social foundations of thought and action: A social cognitive theory*. Englewood Cliffs, NJ: Prentice-Hall

Baumert, J. & Artelt, C. (2002). Bereichsübergreifende Perspektiven. In J. Baumert, C. Artelt, E. Klieme, M. Neubrand, M. Prenzel, U. Schiefele, W. Schneider, K.-J. Tillmann & M. Weiß (Hrsg), *PISA 2000 – Die Länder der Bundesrepublik Deutschland im Vergleich* (S. 219–235). Opladen: Leske+Budrich

Baumert, J. & Kunter, M. (2011). Das Kompetenzmodell von COACTIV. In M. Kunter, J. Baumert, W. Blum, U. Klusmann, S. Krauss & M. Neubrand (Eds.), *Professionelle Kompetenz von Lehrkräften: Ergebnisse des Forschungsprogramms COACTIV* (S. 29–53). Münster: Waxmann

Becker, J. R. (1981). Differential treatment of females and males in mathematics classes. *Journal for Research in Mathematics Education*, *12*, 40–53. https://doi.org/10.2307/748657

Beilock, S. L., Gunderson, E. A., Ramirez, G. & Levine, S. C. (2010). Female teachers' math anxiety affects girls' math achievement. *Proceedings of the National Academy of Sciences*, *107*, 1060–1063. https://doi.org/10.1073/pnas.0910967107

Berndt, T. J. & Murphy, L. M. (2002). Influences of friends and friendships: Myths, truths, and research recommendations. *Advances in Child Development and Behavior, 30*, 275–310. https://doi.org/10.1016/S0065-2407(02)80044-1

Bilden, H. (2002). Geschlechtsspezifische Sozialisation. In K. Hurrelmann & D. Ulich (Hrsg.), *Handbuch der Sozialisationsforschung* (S. 279–301). Weinheim: Beltz

Bloom, H. S., Hill, C. J., Black, A. B. & Lipsey, M. W. (2008). Performance trajectories and performance gaps as achievement effect-size benchmarks for educational interventions. *Journal of Research on Educational Effectiveness, 1*, 289–328. https://doi.org/10.1080/19345740802400072

Bussey, K. & Bandura, A. (2004). Social cognitive theory of gender development and functioning. In A. H. Eagly, A. E. Beall & R. J. Sternberg (Eds.), *The psychology of gender* (pp. 92–119). New York, NY: Guilford Press

Cohen, J. (1988). *Statistical power analysis for the behavioral sciences*. Hillsdale, NJ: Erlbaum

Dresel, M., Heller, K. A., Schober, B. & Ziegler, A. (2001). Geschlechtsunterschiede im mathematisch-naturwissenschaftlichen Bereich: Motivations- und selbstwertschädliche Einflüsse der Eltern auf Ursachenerklärungen ihrer Kinder in Leistungskontexten. In Claudia Finkbeiner & Gerhard W. Schnaitmann (Hrsg.), *Lehren und Lernen im Kontext empirischer Forschung und Fachdidaktik* (S. 270–288). Donauwörth: Auer

Eccles, J. S. (1987). Gender roles and women's achievement-related decisions. *Psychology of Women Quarterly, 11*, 135–171. https://doi.org/10.1111/j.1471-6402.1987.tb00781.x

Eccles, J. S. (2005). Subjective task value and the Eccles et al. model of achievement-related choices. In A. J. Elliot and C. S. Dweck (Eds.), *Handbook of competence and motivation* (pp. 105–121). New York: Guilford Press

Eccles Parsons, J. S., Adler, T. F. & Kaczala, C. M. (1982). Socialization of achievement attitudes and beliefs: Parental influences. *Child Development, 53*, 310–321. https://doi.org/10.2307/1128974

Eccles, J. S., Adler, T. F., Futterman, R., Goff, S. B., Kaczala, C. M., Meece, J. et al. (1983). Expectancies, values and academic behaviors. In J. T. Spence (Ed.), *Achievement and achievement motives: Psychological and sociological approaches* (pp. 75–146). San Francisco, CA: Freeman

Eccles, J. S., Jacobs, J. E. & Harold, R. d. (1990). Gender role stereotypes, expectancy effects, and parents' socialization of gender differences. *Journal of Social Issues, 46*, 183–201. https://doi.org/10.1111/j.1540-4560.1990.tb01929.x

Eccles, J. S. & Wigfield, A. (2002). Motivational beliefs, values, and goals. *Annual review of psychology, 53*, 109–132. https://doi.org/10.1146/annurev.psych.53.100901.135153

Greene, B. A., DeBacker, T. K., Ravindran, B. & Krows, A. (1999). Goals, values, and beliefs as predictors of achievement and effort in high school mathematics classes. *Sex Roles, 40*, 421–458. https://doi.org/10.1023/A:1018871610174

Greenwald, A. G. & Banaji, M. R. (1995). Implicit social cognition: Attitudes, self-esteem, and stereotypes. *Psychological Review, 102*, 4–27. https://doi.org/10.1037/0033-295x.102.1.4

Gunderson, E. A., Ramirez, G., Levine, S. C. & Beilock, S. L. (2012). The role of parents and teachers in the development of gender-related math attitudes. *Sex Roles, 66*, 153–166. https://doi.org/10.1007/s11199-011-9996-2

Halpern, D. F. (2012). *Sex differences in cognitive abilities*. New York: Psychology Press, Taylor & Francis

Halpern, D. F., Eliot, L., Bigler, R. S., Fabes, R. A., Hanish, L. D., Hyde, J. et al. (2011). Education. The pseudoscience of single-sex schooling. *Science, 333*(6050), 1706–1707. https://doi.org/10.1126/science.1205031

Hampson, E. (1990). Estrogen-related variations in human spatial and articulatory-motor skills. *Psychoneuroendocrinology, 15,* 97–111

Hartley, B. L. & Sutton, R. M. (2013). A stereotype threat account of boys' academic underachievement. *Child Development, 84,* 1716-1733. https://doi.org/10.1111/cdev.12079

Hausmann, M., Slabbekoorn, D., Van Goozen, S. H., Cohen-Kettenis, P. T. & Güntürkün, O. (2000). Sex hormones affect spatial abilities during the menstrual cycle. *Behavioral Neuroscience, 114,* 1245–1250

Hinnant, J. B., O'Brien, M. & Ghazarian, S. R. (2009). The longitudinal relations of teacher expectations to achievement in the early school years. *Journal of Educational Psychology, 101,* 662–670. https://doi.org/10.1037/a0014306

Holder, K. & Kessels, U. (2017). Gender and ethnic stereotypes in student teachers' judgments: a new look from a shifting standards perspective. *Social Psychology of Education, 20,* 471–490. https://doi.org/10.1007/s11218-017-9384-z

Hornstra, L., Denessen, E., Bakker, J., van den Bergh, L. & Voeten, M. (2010). Teacher attitudes toward dyslexia: effects on teacher expectations and the academic achievement of students with dyslexia. *Journal of Learning Disabilities, 43,* 515–529. https://doi.org/10.1177/0022219409355479

Hußmann, A., Wendt, H., Bos, W., Bremerich-Vos, A., Kasper, D., Lankes, E.-M. et al. (2017). *IGLU 2016: Lesekompetenzen von Grundschulkindern in Deutschland im internationalen Vergleich*. Münster: Waxmann

Hyde, J. S. (2005). The gender similarities hypothesis. *The American Psychologist, 60,* 581–592. https://doi.org/10.1037/0003-066X.60.6.581

Hyde, J. S. (2014). Gender similarities and differences. *Annual Review of Psychology, 65,* 373–398

Jacobs, J. E. (1991). Influence of gender stereotypes on parent and child mathematics attitudes. *Journal of Educational Psychology, 83,* 518–527. https://doi.org/10.1037/0022-0663.83.4.518

Jacobs, J. E. & Eccles, J. S. (1992). The impact of mothers' gender-role stereotypic beliefs on mothers' and children's ability perceptions. *Journal of Personality and Social Psychology, 63,* 932–944. https://doi.org/10.1037/0022-3514.63.6.932

Jacobs, J. E., Lanza, S., Osgood, D. W., Eccles, J. S. & Wigfield, A. (2002). Changes in children's self-competence and values: gender and domain differences across grades one through twelve. *Child Development, 73,* 509–527. https://doi.org/10.1111/1467-8624.00421

Jöstl, G., Kollmayer, M., Finsterwald, M., Schober, B. & Spiel, C. (2015). Geschlechterstereotype in der Bildungssozialisation. Reflexive Koedukation als Lösungsansatz. In B. Hoyer (Hrsg.), *Migration und Gender. Bildungschancen durch Diversity-Kompetenz* (S. 13–32). Opladen: Barbara Budrich

Köller, O., Knigge, M., Tesch, B. (2010). *Sprachliche Kompetenzen im Ländervergleich*. Münster: Waxmann

Lamb, M. E., Easterbrooks, M. A. & Holden, G. W. (1980). Reinforcement and punishment among preschoolers: Characteristics, effects, and correlates. *Child Development, 51*, 1230–1236. https://doi.org/10.2307/1129565

Leinhardt, G., Seewald, A. M. & Engel, M. (1979). Learning what's taught: Sex differences in instruction. *Journal of Educational Psychology, 71*(4), 432–439. https://doi.org/10.1037/0022-0663.71.4.432

Lonnemann, J., Linkersdörfer, J., Hasselhorn, M. & Lindberg, S. (2013). Gender differences in both tails of the distribution of numerical competencies in preschool children. *Educational Studies in Mathematics, 84*, 201–208. https://doi.org/10.1007/s10649-013-9488-0

Lüftenegger, M., Schober, B., van de Schoot, R., Wagner, P., Finsterwald, M. & Spiel, C. (2012). Lifelong learning as a goal – Do autonomy and self-regulation in school result in well prepared pupils? *Learning and Instruction, 22*, 27–36. https://doi.org/10.1016/j.learninstruc.2011.06.001

Merton, R. K. (1948). The self-fulfilling prophecy. *Antioch Review, 8*, 193–210. https://doi.org/10.2307/4609267

Morgan, P. L. & Fuchs, D. (2007). Is there a bidirectional relationship between children's reading skills and reading motivation? *Exceptional Children, 73*, 165–183. https://doi.org/10.1177/001440290707300203

Muntoni, F. & Retelsdorf, J. (2018). Gender-specific teacher expectations in reading – the role of teachers' gender stereotypes. *Contemporary Educational Psychology, 54*, 212–220. https://doi.org/10.1016/j.cedpsych.2018.06.012

Muntoni, F. & Retelsdorf, J. (2019). At their children's expense: How parents' gender stereotypes affect their children's reading outcomes. *Learning & Instruction, 60*, 95–103. https://doi.org/10.1016/j.learninstruc.2018.12.002

Nguyen, H.-H. D., & Ryan, A. M. (2008). Does stereotype threat affect test performance of minorities and women? A meta-analysis of experimental evidence. *Journal of Applied Psychology, 93*, 1314–1334. https://doi.org/10.1037/a0012702

O'Connor, D. B., Archer, J., Morton Hair, W. & Wu, F. C. W. (2001). Activational effects of testosterone on cognitive function in men. *Neuropsychologia, 39*, 1385–1394

OECD (2016). *PISA 2015 results (Volume I): excellence and equity in education*, PISA, OECD Publishing, Paris. https://doi.org/10.1787/9789264266490-en

Palardy, J. M. (1969). What teachers believe – what children achieve. *The Elementary School Journal, 69*, 370–374. https://doi.org/10.1086/460525

Plante, I., de la Sablonnière, R., Aronson, J.M. & Théorêt, M. (2013). Gender stereotype endorsement and achievement-related outcomes: The role of competence beliefs and task values. *Contemporary Educational Psychology, 38*, 225–235. https://doi.org/10.1016/j.cedpsych.2013.03.004

Retelsdorf, J., Köller, O. & Möller, J. (2011). On the effects of motivation on reading performance growth in secondary school. *Learning and Instruction, 21*, 550–559. https://doi.org/10.1016/j.learninstruc.2010.11.001

Retelsdorf, J., Schwartz, K. & Asbrock, F. (2015). "Michael can't read!" – Teachers' gender stereotypes and boys' reading self-concept. *Journal of Educational Psychology, 107*, 186–194. https://doi.org/10.1037/a0037107

Ruble, D. N., Martin, C. L. & Berenbaum, S. A. (2006). Gender development. In N. Eisenberg, W. Damon & R. M. Lerner (Eds.), *Handbook of child psychology: Social, emotional, and personality development* (pp. 858–932). Hoboken, NJ, US: John Wiley & Sons Inc

Ryan, A. M. (2001). The peer group as a context for the development of young adolescent motivation and achievement. *Child Development, 72*, 1135–1150

Salikutluk, Z. & Heyne, S. (2017). Do gender roles and norms affect performance in maths? The impact of adolescents' and their peers' gender conceptions on maths grades. *European Sociological Review, 33*, 368–381. https://doi.org/10.1093/esr/jcx049

Schiefele, U., Schaffner, E., Moller, J. & Wigfield, A. (2012). Dimensions of reading motivation and their relation to reading behavior and competence. *Reading Research Quarterly, 47*, 427–463. https://doi.org/10.1002/RRQ.030

Schultes, M.-T., Jöstl, G., Finsterwald, M., Schober, B. & Spiel, C. (2015). Measuring intervention fidelity from different perspectives with multiple methods: The Reflect program as an example. *Studies in Educational Evaluation, 47*, 102–112

Serbin, L. A., Powlishta, K. K., Gulko, J., Martin, C. L. & Lockheed, M. E. (1993). The development of sex typing in middle childhood. *Monographs of the Society for Research in Child Development, 58*(2), 1–99. https://doi.org/10.2307/1166118

Spiel, C., Schober, B., Finsterwald, M. (2011). Frauen und Technik – Warum kommen sie so schwer zusammen? *Konstruktiv, 282*, 8–9

Spinath, B., Spinath, F. M., Harlaar, N. & Plomin, R. (2004). Predicting school achievement from general cognitive ability, self-perceived ability, and intrinsic value. *Intelligence, 34*, 363–374. https://doi.org/10.1016/j.intell.2005.11.004

Stanat, P., Böhme, K., Schipolowski, S. & Haag, N. (2016). *IQB-Bildungstrend 2015. Sprachliche Kompetenzen am Ende der 9. Jahrgangsstufe im zweiten Ländervergleich.* Münster: Waxmann

Steele, C. M. & Aronson, J. (1995). Stereotype threat and the intellectual test performance of African Americans. *Journal of Personality and Social Psychology, 69*, 797–811. https://doi.org/10.1037/0022-3514.69.5.797

Tiedemann, J. (2000). Parents' gender stereotypes and teachers' beliefs as predictors of children's concept of their mathematical ability in elementary school. *Journal of Educational Psychology, 92*, 144–151. https://doi.org/10.1037/0022-0663.92.1.144

Tiedemann, J. (2002). Teachers' gender stereotypes as determinants of teacher perceptions in elementary school mathematics. *Educational Studies in Mathematics, 50*, 49–62. https://doi.org/10.1023/A:1020518104346

Tomasetto, C., Alparone, F. R., and Cadinu, M. (2011). Girls' math performance under stereotype threat: the moderating role of mothers' gender stereotypes. *Developmental. Psychology.* 47, 943–949. https://doi.org/10.1037/a0024047

Tomasetto C., Mirisola A., Galdi S. & Cadinu M. (2015). Parents' math-gender stereotypes, children's self-perception of ability, and children's appraisal of parents' evaluations in 6-year-olds. *Contemporary Educational Psychology, 42*, 186–198. https://doi.org/10.1016/j.cedpsych.2015.06.007

Wang, M. T. & Eccles, J. S. (2012). Social support matters: Longitudinal effects of social support on three dimensions of school engagement from middle to high school. *Child Development, 83*, 877–895. https://doi.org/10.1111/j.1467-8624.2012.01745.x

Watt, H. M. G. (2004). Development of adolescents' self-perceptions, values, and task perceptions according to gender and domain in 7th- through 11th-grade Australian students. *Child Development, 75*, 1556–1574. https://doi.org/10.1111/j.1467-8624.2004.00757.x

Wendt, H., Bos, W., Selter, C., Köller, O., Schwippert, K. & Kasper, D. (2016). *TIMSS 2015: Mathematische und naturwissenschaftliche Kompetenzen von Grundschulkindern in Deutschland im internationalen Vergleich.* Münster: Waxmann Verlag

Wigfield, A. & Eccles, J. S. (2000). Expectancy-value theory of achievement motivation. *Contemporary Educational Psychology, 25*, 68–81. https://doi.org/10.1006/ceps.1999.1015

Witt, S. D. (2000). The influence of peers on children's socialization to gender roles. *Early Child Development and Care, 162*, 1–7, https://doi.org/10.1080/0300443001620101

Wolter I., Braun, E. & Hannover, B. (2015). Reading is for girls!? The negative impact of preschool teachers' traditional gender role attitudes on boys' reading related motivation and skills. *Frontiers in Psychology, 6:*1267. https://doi.org/10.3389/fpsyg.2015.01267

Zucker, K. J. & Bradley, S. J. (1995). *Gender identity disorder and psychosexual problems in children and adolescents.* New York, NY: Guilford Press

Sag' mir, wie du heißt, dann sage ich dir, wie du bist: Eine Untersuchung von Vornamen

Hannah Kleen und Sabine Glock

> *„Man hört Özgür und schneller als man denken kann, hat man schon gedacht ‚Migrantenunterschichtenkind'."*
> Tatortreiniger Staffel 6 Folge 2

Zusammenfassung

In Studien werden Vornamen oft stellvertretend für soziale Gruppen verwendet. Dabei gefundene Gruppenunterschiede lassen sich jedoch – auch bei Konstanthaltung aller zusätzlichen Informationen – nicht unweigerlich nur auf die untersuchten Gruppen zurückführen. Mit den verwendeten Vornamen assoziierte Stereotype können für differenzielle Befunde mitverantwortlich sein. Aus diesem Grund war das Ziel dieser Studien, Vornamenspaare zu finden, die sich einzig im zu untersuchenden Merkmal unterscheiden. Dafür wurden insgesamt 64 Vornamen untersucht und auf unterschiedlichen Dimensionen beurteilt. Die Daten wurden auf homogene Vornamenspaare analysiert, die sich in keiner der erhobenen Dimensionen signifikant unterschieden. Dabei wurden Paare bezüglich des Geschlechts, der Ethnie (deutsch vs. türkisch) und des sozioökonomischen Status (hoch vs. niedrig) gebildet. Die gefundenen Vornamenspaare eignen sich für zukünftige Forschung, um einen Einfluss anderer als des zu untersuchenden Merkmals zu verringern.

H. Kleen (✉) · S. Glock
Bergische Universität Wuppertal, Wuppertal, Deutschland
E-Mail: kleen@uni-wuppertal.de

S. Glock
E-Mail: glock@uni-wuppertal.de

Schlüsselwörter

Stereotype · Vornamen · Türkischer Migrationshintergrund · Ethnie · Geschlecht · Sozioökonomischer Status

4.1 Einleitung

Vornamen dienen dazu, einen Menschen individuell zu machen, gleichzeitig können sie aber auch eine soziale Gruppe markieren (Finch 2008). So kann der Vorname Özgür zum Beispiel der sozialen Gruppe der Migranten, aber auch der Gruppe der männlichen Personen zugeordnet werden. Soziale Gruppen aktivieren bestimmte Stereotype, das bedeutet Wissen über diese Gruppe. Özgür wird hier der Gruppe der Migranten zugeordnet, für welche – in diesem Zitat – das Stereotyp „Unterschicht" besteht. Der Vorname reicht somit aus, dass ein Mensch mit bestimmten Eigenschaften verbunden wird. Dies machen sich viele Forscher*innen zunutze und verwenden in ihren Experimenten Vornamen als Marker für soziale Gruppen. So werden etwa in der Erforschung schulischer Benachteiligungen von Schüler*innen mit Migrationshintergrund Namen verwendet (Bonefeld und Dickhäuser 2018; Glock 2016a; Kleen und Glock 2018a; Tobisch und Dresel 2017), die einen Migrationshintergrund anzeigen. Diese Studien berichten, dass unterdurchschnittliche Schulleistungen mit Schüler*innen mit Migrationshintergrund verbunden werden (Bonefeld und Dickhäuser 2018; Glock 2016a; Kleen und Glock 2018a; Tobisch und Dresel 2017). Die angeführten Studien gehen experimentell vor und bringen den Vorteil mit sich, dass bis auf die Zugehörigkeit zu einer sozialen Gruppe, alle weiteren Informationen, die neben der Gruppenzugehörigkeit in ein Urteil einfließen können, konstant gehalten werden können. Die Verwendung von Vornamen als soziale Marker beschränkt sich dabei nicht nur auf den Migrationshintergrund, sondern wird beispielsweise auch beim Geschlecht (Goldberg 1968; Holder und Kessels 2017) oder beim sozioökonomischen Status (Marksteiner et al. 2012; Tobisch und Dresel 2017) verwendet. So wird Joan schlechter beurteilt als John (Goldberg 1968), Justin schlechter bewertet als Julius (Tobisch und Dresel 2017), Murat schlechter als Max (Bonefeld und Dickhäuser 2018) oder Hatice schlechter als Hannah (Kleen und Glock 2018a). Die Konstanthaltung weiterer Merkmale in solchen experimentellen Studien beschränkt sich auf die zusätzliche Information, nicht jedoch auf die mit den Vornamen assoziierten Stereotype. Vornamen werden mit mehr als nur der Gruppenzugehörigkeit assoziiert (Fryer und Levitt 2004; Kasof 1993). Unterschiedliche Vornamen können mit unterschiedlicher Intelligenz, Attraktivität,

Alter oder Sympathie verknüpft werden (Kasof 1993; Kröner und Dickhäuser 2009; Mehrabian 1997, 2001; Rudolph et al. 2007; Rudolph und Spörrle 1999). Differenzielle Effekte in Experimenten, die auf die mit Vornamen operationalisierte Gruppenzugehörigkeit zurückgeführt werden, können daher mitunter auch auf Vornamensstereotype zurückgeführt werden (Kasof 1993). Demzufolge ist es wichtig, Vornamen zu verwenden, die sich lediglich in dem zu untersuchenden Merkmal unterscheiden. Das Ziel der vorliegenden Studien war es, Vornamen unterschiedlicher sozialer Gruppen im Hinblick auf ihre Stereotype zu untersuchen. Dabei wurden Merkmale wie die Intelligenz, die Attraktivität oder der sozioökonomische Status verglichen und zusätzlich auch schulische Variablen wie Fleiß, Mathematikleistung, Deutschleistung oder das Sozialverhalten berücksichtigt.

4.2 Theorie

4.2.1 Vornamen

Vornamen stellen die soziale Identität einer Person dar (Finch 2008; Lieberson und Bell 1992). Ein Vorname lässt beispielsweise darauf schließen, ob es sich bei der Person um eine männliche oder weibliche Person handelt. Während eine Unterscheidung aufgrund des Vornamens in männlich und weiblich in den meisten Fällen noch relativ eindeutig ist, so kann es bei der Verwendung des Vornamens als Indikator für den sozioökonomischen Status schwieriger werden. In diesem Zusammenhang wurde allerdings gezeigt, dass es Unterschiede in den Vornamenspräferenzen je nach sozialem Status gibt (Gerhards und Hans 2006; Lieberson und Bell 1992). Zum Beispiel wählen Eltern mit niedrigerer Bildung andere Vornamen aus als Eltern mit höherer Bildung (Gerhards und Hans 2006; Lieberson und Bell 1992). Diese Differenzen in der Namensgebung sind darauf zurückzuführen, dass die Eltern sich dabei in der Regel an Vornamen aus ihrem eigenen sozialen Netz orientieren (Mateos 2014). Darüber hinaus sind Vornamen, die auf einen niedrigen sozialen Status hindeuten, häufig erfundene Vornamen, ausländische Vornamen bei nicht-ausländischen Eltern wie etwa Kevin oder Justin oder Vornamen, die aus dem Fernsehprogramm gewählt werden (Mateos 2014).

Unterschiede in der Vornamensgebung finden sich auch bei Eltern unterschiedlicher Ethnien, welche häufig Vornamen wählen, die zur jeweiligen Kultur passen (B. Becker 2010; Fryer und Levitt 2004; Gerhards und Hans 2006) und somit von Namen der ethnischen Majorität zu unterscheiden sind. Ethnische Minoritäten entscheiden sich besonders dann häufig für Namen ihrer Ethnie, wenn sich die Sprache stark von der Sprache der ethnischen Majorität unterscheidet und es somit zu Schwierigkeiten in der Aussprache kommen kann. Andererseits machen sie dies aber auch dann, wenn sie weniger gut in die Aufnahmegesellschaft integriert sind (B. Becker 2010; Gerhards und Hans 2006; Mateos 2014). Ein weiterer wichtiger Aspekt, der die diversen Vornamen zwischen Ethnien beeinflusst, ist die Religion (B. Becker 2010; Gerhards und Hans 2006). Vornamen sind in den meisten Ethnien religiös geprägt worden und auch aus dem Grund häufig verschieden. Dabei zeigt sich, dass sich beispielsweise bei Familien mit spanischem oder ehemals jugoslawischem Migrationshintergrund die Vornamen der Kinder weniger von deutschen Vornamen unterscheiden, was auf die häufig gleiche Religion und eine ähnliche Sprachfamilie zurückgeführt wird (B. Becker 2010; Gerhards und Hans 2006). In Deutschland nutzen insbesondere türkische Familien sehr selten deutsche Vornamen, was ebenfalls auf die Sprache und die Religion zurückgeführt wird (B. Becker 2010; Gerhards und Hans 2006).

Die differenzielle Vornamenswahl unterschiedlicher sozialer Gruppen auf der einen Seite und die ohnehin unterschiedlichen Vornamen beim Geschlecht auf der anderen Seite dienen somit der Verwendung von Vornamen als soziale Identitätsmarker. Allerdings werden Vornamen in der Regel mit weiteren Merkmalen als nur der sozialen Zugehörigkeit assoziiert (Kasof 1993; Kröner und Dickhäuser 2009; Mehrabian 1997; Rudolph et al. 2007; Rudolph und Spörrle 1999). Es wurde beispielsweise davon ausgegangen, dass die von Goldberg (1968) berichteten differenziellen Beurteilungen von Zeitungsartikeln, die entweder von einer Frau Joan oder einem Mann John geschrieben wurden, alleinig auf das Geschlecht zurückzuführen sind. Johns Artikel wurde besser beurteilt als Joans (Goldberg 1968). Spätere Analysen der beiden Vornamen zeigten jedoch, dass diese sich nicht nur im Geschlecht unterscheiden, sondern dass auch eine unterschiedlich hohe Intelligenz mit den Namen assoziiert wird (Kasof 1993). Der gefundene Effekt kann somit ebenfalls durch die Wahrnehmung der Vornamen als mehr oder weniger intelligent zustande gekommen sein und lässt sich nicht unbedingt allein auf das Geschlecht zurückführen (Kasof 1993). In diesem Zusammenhang erscheint es relevant, die mit Vornamen assoziierten Stereotype ebenfalls zu betrachten, vor allem dann, wenn diese Vornamen zur Untersuchung von Gruppenunterschieden eingesetzt werden sollen. Aus diesem Grund wurden von Rudolph und Spörrle (1999) sogenannte „Wortnormen" eingeführt, die die mit einem Vornamen verbundenen Stereotype widerspiegeln.

4.2.2 Stereotypisierung von Vornamen

Stereotype sind mentale Repräsentationen über bestimmte soziale Gruppen (siehe auch Kap. 1; Smith 1998). Diese mentalen Repräsentationen sind als Assoziationen zwischen sozialen Gruppen und deren Eigenschaften gespeichert und beinhalten Wissen und Überzeugungen über, aber auch Erwartungen an die jeweiligen Gruppen (Devine 1989; Smith 1998). Assoziationen sind in einem Netzwerk gespeichert, so dass bei der Wahrnehmung eines Mitglieds einer sozialen Gruppe die Eigenschaften, die mit dieser Gruppe verknüpft werden, aktiviert werden (Collins und Loftus 1975; Smith 1998). Solche mentalen Repräsentationen können durch die Erfahrung mit Mitgliedern einer Gruppe, durch Sozialisation, aber zum Beispiel auch durch Medien entstehen (Dovidio et al. 2010; Ehrlich 1973; Sherman 1996). Um Stereotype über soziale Gruppen zu besitzen, ist es daher nicht notwendig, ein Mitglied dieser Gruppe zu kennen. Dies folgt unter anderem daraus, dass unsere Stereotype sozial geteiltes Wissen abbilden, was bedeutet, dass innerhalb einer Kultur auch die Stereotype über andere Gruppen ähnlich sind (siehe auch Kap. 6; Devine 1989; Ehrlich 1973). Genau wie Stereotype sind Vornamen – wie zuvor beschrieben – ebenfalls häufig innerhalb einer Kultur angesiedelt. Weil es in der Regel ersichtlich ist, welche soziale Gruppe ein Vorname abbildet, ist es folglich auch nicht notwendig, eine Person mit einem bestimmten Vornamen zu kennen, um sich ein Urteil bilden zu können, sondern der Vorname als Hinweis auf die Gruppe ist ausreichend.

Vornamen werden in der Regel als dichotom betrachtet, das heißt als weiblich versus männlich oder türkisch versus deutsch. Ein Vorname aktiviert jedoch noch weitere Merkmale (Kröner und Dickhäuser 2009; Mehrabian 1997, 2001; Rudolph et al. 2007; Rudolph und Spörrle 1999). Jeder Vorname ruft mit ihm verbundene Assoziationen hervor, welche allerdings abhängig von der jeweiligen Kultur beziehungsweise dem Kontext sind. So kann davon ausgegangen werden, dass der Name Justin in Deutschland eine andere Assoziation hervorruft als in den USA. Solche Vornamensstereotype wurden für Deutschland bereits mehrfach untersucht, wobei sich gezeigt hat, dass Vornamen unterschiedliche Wortnormen hervorrufen (Kröner und Dickhäuser 2009; Rudolph et al. 2007; Rudolph und Spörrle 1999). Neben der Intelligenz aktivieren Vornamen auch bezüglich der Attraktivität der Person oder des Alters verschiedene Normen (Kröner und Dickhäuser 2009; Rudolph et al. 2007; Rudolph und Spörrle 1999). Lea wird beispielsweise attraktiver eingeschätzt als Kerstin und Katharina intelligenter als Simone (Rudolph et al. 2007). Zusätzlich wird die eingeschätzte

Intelligenz eines Vornamens über die eingeschätzte Attraktivität und das eingeschätzte Alter vermittelt (Rudolph et al. 2007). Jüngere und attraktivere Vornamen werden mit höherer Intelligenz assoziiert als ältere und unattraktivere Vornamen. Wie alt ein Vorname geschätzt wird, hängt jedoch auch mit der Generation zusammen. Vornamen ändern sich mit der Zeit (Rudolph et al. 2007). Bereits zwischen den Studien von Rudolph und Spörrle (1999) und Rudolph et al. (2007) gab es kaum noch Überschneidungen bei den modernen Vornamen. Moderne Vornamen sind demnach einem Wechsel nach Generationen unterlegen, was sich auch in der Beurteilung des Alters bemerkbar macht. Vornamen können dabei in moderne, altmodische und zeitlose Vornamen eingeteilt werden. Während zum Beispiel Lea als jung eingeschätzt wird und somit einen modernen Vornamen abbildet, wird Petra mit hohem Alter verbunden und stellt damit einen eher unmodernen Vornamen dar. Bei Maria zeigt sich eine Gleichverteilung aller Alterskategorien, womit ein zeitloser Vorname gegeben wäre. Wie das Alter eines Vornamens eingeschätzt wird, ist zusätzlich von den beurteilenden Probanden abhängig. Je nach eigenem Alter werden auch die Vornamen unterschiedlich bewertet (Rudolph et al. 2007). Ältere Probanden schätzen Maria älter ein als jüngere Probanden. Ebenso werden moderne Vornamen von jüngeren Probanden intelligenter und attraktiver eingeschätzt als von älteren Probanden, während sich bei altmodischen Vornamen das umgekehrte Bild zeigt (Rudolph et al. 2007). Darüber hinaus kann auch der eigene ethnische Hintergrund eine Rolle spielen (Dinur et al. 1996). Vornamen der eigenen ethnischen Gruppe werden als positiver beurteilt als Vornamen anderer Gruppen (Dinur et al. 1996). Diese Bevorzugung von Vornamen der eigenen Gruppe könnte auch darauf zurückgeführt werden, dass häufige Vornamen positiver beurteilt werden als seltene (Joubert 1993; Mehrabian 1997) und die Vornamen der eigenen Gruppe häufiger wahrgenommen werden. In diesem Zusammenhang spielt der eigene Vorname eine herausragende Rolle, da Menschen dazu neigen, den eigenen Vornamen, auch wenn ihn andere Menschen tragen, positiver zu beurteilen (Garner 2005). Dieser Effekt zeigt sich ebenso bei ähnlich klingenden Vornamen (Garner 2005). Solch unterschiedliche Wortnormen für Vornamen sind insbesondere dort besonders relevant, wo Menschen bewertet und beurteilt werden – wie beispielsweise in der Schule. Lehrkräfte werden in ihren Klassen mit ganz unterschiedlichen Vornamen konfrontiert und ihre alltägliche Arbeit umfasst immer auch die Beurteilung der Schüler*innen auf unterschiedlichen Ebenen.

4.2.3 Stereotypisierung von Vornamen in der Schule

In der bisherigen Forschung zu Lehrkrafturteilen bezüglich unterschiedlicher Schüler*innen beziehungsweise unterschiedlicher sozialer Gruppen innerhalb der Schülerschaft wird häufig auf Vornamen zurückgegriffen. Dabei zeigt sich, dass Lehrkräfte trotz Konstanthaltung aller zusätzlichen Informationen oft allein aufgrund des Vornamens anders urteilen (Bonefeld und Dickhäuser 2018; Glock 2016a; Goldberg 1968; Harari und McDavid 1973; Holder und Kessels 2017; Kleen und Glock 2018a; Marksteiner et al. 2012; Sprietsma 2013; Tobisch und Dresel 2017). Essays von Schülern mit häufigen Vornamen werden besser beurteilt als Essays von Schülern mit Vornamen, die weniger häufig vorkommen (Harari und McDavid 1973). Bei den Schülerinnen wurde das Essay von dem als selten vorkommend deklarierten Vornamen Adelle als besser beurteilt als die Essays der häufig vorkommenden weiblichen Vornamen. Dies kann damit verbunden sein, dass der Vorname Adelle einem akademischen Stereotyp entspricht (Harari und McDavid 1973). Nicht nur Schüler*innen mit Vornamen mit einer akademischen Wortnorm können profitieren, sondern auch Schüler*innen mit attraktiven Namen. Diese bekommen bessere Noten als diejenigen mit weniger attraktiven Namen (Erwin und Calev 1984). Bei einem Vornamen, der mit einem niedrigen sozioökonomischen Status verknüpft ist, wird der Schüler bei einer Aussage zum Fälschen für weniger glaubwürdig gehalten als der Schüler mit einem Vornamen, mit dem ein hoher sozioökonomischer Status verbunden wird (Marksteiner et al. 2012). Auch bei der Beurteilung von Schülerleistung geht dieser Effekt in dieselbe Richtung. Justin, der mit einem niedrigen sozioökonomischen Status assoziiert wird, wird negativer bewertet als Julius, der einen Schüler mit einem hohen sozioökonomischen Status darstellt (Tobisch und Dresel 2017). Dies lässt sich auf differenzielle Urteile zwischen Schüler*innen mit und ohne Migrationshintergrund übertragen. Hier zeigt sich ein ähnliches Bild, da Schüler mit Vornamen, die auf einen türkischen Migrationshintergrund schließen lassen, negativer beurteilt werden als Schüler mit deutschen Vornamen (Bonefeld und Dickhäuser 2018; Glock 2016a; Glock und Krolak-Schwerdt 2013; Sprietsma 2013). Werden weibliche Vornamen von Schülerinnen mit versus ohne Migrationshintergrund verwendet, gehen die Beurteilungen in die gleiche Richtung (Kleen und Glock 2018a; Sprietsma 2013). Allerdings werden Schüler*innen mit Migrationshintergrund nur dann negativer beurteilt, wenn die zusätzlichen Informationen die Schüler*innen auf einem unteren Leistungsniveau darstellen (Bonefeld und Dickhäuser 2018; Glock 2016a; Glock und Krolak-Schwerdt 2013; Kleen und Glock 2018a). Werden zusätzlich zum Vornamen weitere Informationen über eine Person bereitgestellt, so werden weniger mit dem Vornamen verknüpfte Assoziationen aktiviert (Cotton et al. 2008). Nichtsdestotrotz spielt der Vorname eine wichtige Rolle bei der Aktivierung von Stereotypen und sogar eine wichtigere als die explizite Nennung des ethnischen Hintergrunds (Anderson-Clark et al. 2008). Bei einem Vornamen, der auf einen europäisch-amerikanischen Hintergrund schließen lässt im Vergleich zu einem afro-amerikanischem Hintergrund, bei dem aber zusätzlich angegeben wird, dass der Schüler einen afro-amerikanischen Hintergrund hat, wird der Schüler genauso beurteilt wie ein Schüler mit einem europäisch-amerikanisch klingenden Vornamen und eben diesem Hintergrund. In diesem Zusammenhang wird ein Schüler, dessen Vorname afro-amerikanisch klingt, bei dem aber zusätzlich angegeben wird, dass er einen europäisch-amerikanischen Hintergrund hat, genauso wie ein Schüler bei dem beides afro-amerikanisch ist, negativer beurteilt als die Schüler mit einem europäisch-amerikanisch klingenden Vornamen (Anderson-Clark et al. 2008). Dies deutet daraufhin, dass der Vorname als wichtiger Indikator für die Ethnie gesehen wird und weitere Informationen zur Ethnie weniger beachtet wurden. In anderer Forschung wurden Geschlechterunterschiede untersucht. Bei dem bereits beschriebenen Beispiel wurden Arbeiten von Joan und John bewertet, wobei John besser beurteilt wurde (Goldberg 1968), was sich jedoch auch auf die unterschiedlich wahrgenommene Intelligenz der Vornamen zurückführen lassen kann (Kasof 1993). In Mathematik bekam ein Schüler, operationalisiert über den Vornamen Jan, mehr Punkte als eine Schülerin mit Vornamen Katrin (Holder und Kessels 2017). Die beiden Vornamen dieser Studie werden mit einer ähnlichen Intelligenz und Attraktivität verbunden (Rudolph et al. 2007), weshalb sich die gefundenen Unterschiede hier vermutlich nicht wie bei Goldberg (1968) auf unterschiedliche Intelligenzstereotype zurückführen lassen können. Es könnte jedoch sein, dass sich die Ergebnisse auf schulische Stereotype zurückführen lassen wie beispielsweise Fleißstereotype.

4.2.4 Zusammenfassung

Insgesamt zeigt sich, dass Vornamen und die damit verbundenen Stereotype generell, aber vor allem in der Schule, eine wichtige Rolle spielen. Gerade bei der Forschung zur sozialen Benachteiligung, die zumeist experimentell und operationalisiert über Vornamen untersucht wird, zeigt sich die Bedeutsamkeit der Verwendung geeigneter Vornamenspaare. Diese sollten sich lediglich in dem zu untersuchenden Merkmal unterscheiden, das heißt sie sollten mit den gleichen Stereotypen verbunden werden. Um solche Vornamen verwenden zu können, müssen deren Wortnormen erforscht werden. Dies wurde – unseres Wissens nach – im deutschsprachigen Raum letztmals 2009 von Kröner und Dickhäuser gemacht. Zuvor gab es bereits zwei weitere Studien, die Vornamen untersuchten (Rudolph et al. 2007; Rudolph und Spörrle 1999). Aufgrund der Tatsache, dass sich die modernen Vornamen häufig wandeln (Rudolph et al. 2007; Rudolph und Spörrle 1999), sollten Vornamen und deren Wortnormen regelmäßig überprüft werden (Kröner und Dickhäuser 2009).

In den in diesem Kapitel vorgestellten Studien werden neben deutschen männlichen und weiblichen Vornamen erstmals auch türkische Vornamen für die beiden Geschlechter untersucht. Darüber hinaus wird der sozioökonomische Status der Vornamen mit erhoben. Beide soziale Gruppen, das heißt türkischstämmige Schüler*innen und solche mit niedrigem sozioökonomischen Status, sind in der Schule benachteiligt (z. B. Stanat 2006; Stanat et al. 2010). Diese Gruppen wurden bisher in den Vornamensstudien nicht mit untersucht, jedoch werden gerade deren Vornamen häufig in der aktuellen Forschung verwendet. Daher ist das Ziel dieser Studien, die Wortnormen von einer größeren Vielfalt in Deutschland vorkommender Vornamen zu untersuchen, um zukünftiger Forschung einen Vornamenspool zur Verfügung zu stellen. Dafür wurden jeweils unterschiedliche Vornamen getestet und mit dem Ziel untersucht, Vornamenspaare verschiedener Konstellationen herauszufiltern. In Studie 1 werden die Konstellationen, 1) männliche deutsche versus türkische Vornamen und 2) männliche Vornamen mit niedrigem versus hohem sozioökonomischen Status untersucht.

4.3 Studie 1

4.3.1 Stichprobe und Design

Insgesamt haben 31 Lehramtsstudierende an Studie 1 teilgenommen. Von den 31 Probanden waren 18 weiblich. Die Stichprobe hatte ein mittleres Alter von 25,48 Jahren ($SD = 3{,}17$). Vier Probanden hatten einen Migrationshintergrund, wovon eine Person einen türkischen Migrationshintergrund hatte. Studie 1 hatte ein within-subjects Design.

4.3.2 Material

Namen Für Studie 1 gab es insgesamt 32 Vornamen. Unter den 32 Vornamen waren 22 deutsch (Johannes, Marlon, Steven, Ben, Emil, Dustin, Nils, Oskar, Marvin, Justin, Tim, Jason, Mike, Julian, Samuel, Danny, Simon, Daniel, Kevin, Ole, Justus, Jerome) und 10 waren türkisch (Ayhan, Yunus, Selcük, Demir, Emre, Ali, Kemal, Mohammed, Engin, Cetin). Die Auswahl der Vornamen erfolgte mithilfe von Listen beliebter deutscher Vornamen. Die türkischen Vornamen wurden ebenfalls anhand von Listen beliebter türkischer Vornamen in Deutschland ausgewählt.

Beurteilungsdimensionen Alle Vornamen wurden mithilfe eines fünfstufigen semantischen Differenzials auf insgesamt neun Dimensionen beurteilt. Es wurden die Dimensionen Körperumfang (dick – dünn), Intelligenz (gering – hoch) und Attraktivität (unattraktiv – attraktiv) erhoben, die sich mit früherer Forschung decken (Kröner und Dickhäuser 2009; Rudolph et al. 2007; Rudolph und Spörrle 1999). Zusätzlich wurden schulisch relevante Dimensionen erhoben, da Vornamen insbesondere in schulischer Benachteiligungsforschung häufig eingesetzt werden und sich neben allgemeinen Merkmalen wie der Attraktivität auch in schulischen Merkmalen unterscheiden können, die einen Einfluss auf stereotype Beurteilungen haben können. Aus diesem Grund wurden die Schulleistung in Deutsch, die Schulleistung in Mathe, die Schulleistung in Englisch (gering – hoch), das Sozialverhalten (unangemessen – angemessen) und der Fleiß (faul – fleißig) erfasst. Darüber hinaus haben die Probanden noch den sozioökonomischen Status (arm – reich) der Vornamen eingeschätzt.

Demografische Angaben Zusätzlich wurden die demografischen Variablen der Probanden erhoben, diese beinhalteten das Alter, das Geschlecht und das Vorhandensein eines Migrationshintergrunds. Darüber hinaus wurde noch erfragt, ob die Person selbst einen der beurteilten Vornamen trägt.

4.3.3 Ablauf

Die Teilnehmer*innen wurden in der Universität akquiriert und haben nach einer Einwilligungserklärung den Fragebogen ausgefüllt. Dabei wurden nach einer kurzen Instruktion, in der erklärt wurde, dass es um eine spontane Einschätzung und nicht um richtig oder falsch geht, die Vornamen nacheinander auf allen

Dimensionen beurteilt. Die Reihenfolge der Vornamen war durchmischt, sodass nicht alle Vornamen einer Gruppe, zum Beispiel männlich und türkisch, nacheinander kamen. Die Reihenfolge der Vornamen war jedoch konstant bei allen Probanden, da sich sowohl bei Rudolph und Spörrle (1999) als auch bei Rudolph et al. (2007) keine Reihenfolgeeffekte finden ließen. Nach der Einschätzung der Vornamen wurden die demografischen Variablen der Probanden erhoben. Abschließend wurde den Teilnehmer*innen gedankt und sich verabschiedet. Es gab keine Entlohnung für die Probanden.

4.3.4 Ergebnisse und Diskussion

Es wurden abhängige *t*-Tests gerechnet, um Vornamenspaare zu finden, die sich in keiner der erhobenen Dimensionen unterscheiden. Dies war bei insgesamt sechs Vornamenspaaren der Fall: Mike und Mohammed, Marlon und Emre, Steven und Emre, Justin und Ayhan, Justin und Emre, Justin und Mohammed. Die Mittelwerte und Standardabweichungen der Vornamenspaare zu den einzelnen Dimensionen befinden sich in Tab. 4.1. Zusätzlich wurden deutsche Vornamen gesucht, die sich lediglich im sozioökonomischen Status unterschieden. An dieser Konstellation war besonders, dass – anders als bei Migration – der sozioökonomische Status selbst auch von den Probanden eingeschätzt wurde. Hierbei gab es drei Vornamenspaare: Marlon und Oskar, Marlon und Justus, Samuel und Tim. Dabei wurden die Vornamen Marlon und Samuel als diejenigen mit niedrigerem sozioökonomischen Status beurteilt als Oskar, Justus und Tim (siehe Tab. 4.2).

In Studie 1 konnten somit einige homogene Vornamenspaare gefunden werden, wobei in der Konstellation türkischer und deutscher Vornamen auffällig ist, dass der Vorname Justin in drei von sechs Vornamenspaaren vertreten ist. Bei diesem Vornamen wurde in vorherigen Studien bereits gezeigt, dass er mit einem niedrigen sozioökonomischen Status verbunden wird (Marksteiner et al. 2012; Tobisch und Dresel 2017). Auch bei Marlon kann von einem niedrigen sozioökonomischen Status ausgegangen werden, da Marlon ebenfalls bei den deutschen Vornamenspaaren mit niedrigem versus hohem sozioökonomischem Status vorkam und dort den Vornamen mit niedrigem Status im Vergleich zu Oskar abbildet. Auch türkische Migrant*innen werden in Deutschland mit einem niedrigen sozialen Status verbunden (Mehringer 2013; Tobisch und Dresel 2017). So kann zumindest bei vier der sechs homogenen deutsch-türkischen Vornamenspaare davon ausgegangen werden, dass beide Vornamen zwar auf allen Dimensionen gleich beurteilt, aber mit einem niedrigen sozioökonomischen Status assoziiert

Tab. 4.1 Studie 1 männliche türkische vs. deutsche Vornamenspaare, Mittelwerte und Standardabweichungen in Klammern

Dimension	Mike vs Mohammed	Marlon vs Emre	Steven vs Emre	Justin vs Ayhan	Justin vs Emre	Justin vs Mohammed
Intelligenz	2,87 (0,88) vs 2,81 (0,60)	3,00 (1,06) vs 3,00 (0,77)	2,84 (0,86) vs 3,00 (0,77)	2,61 (1,02) vs 2,97 (0,80)	2,61 (1,02) vs 3,00 (0,77)	2,61 (1,02) vs 2,81 (0,60)
Körperumfang	2,81 (1,22) vs 3,10 (0,94)	3,42 (1,15) vs 3,39 (0,95)	3,13 (1,20) vs 3,39 (0,95)	3,13 (0,92) vs 2,94 (0,93)	3,13 (0,92) vs 3,39 (0,95)	3,13 (0,92) vs 3,10 (0,94)
Attraktivität	2,87 (1,20) vs 2,55 (0,81)	2,84 (1,07) vs 2,87 (0,99)	2,55 (0,99) vs 2,87 (0,99)	2,84 (1,00) vs 2,94 (0,89)	2,84 (1,00) vs 2,87 (0,99)	2,84 (1,00) vs 2,55 (0,81)
Sozioökonomischer Status	2,71 (0,86) vs 2,71 (0,59)	3,06 (1,03) vs 2,90 (0,70)	2,93 (0,93) vs 2,90 (0,70)	2,58 (0,81) vs 2,61 (0,72)	2,58 (0,81) vs 2,90 (0,70)	2,58 (0,81) vs 2,71 (0,59)
Schulleistung Deutsch	3,00 (0,89) vs 2,65 (0,75)	3,35 (1,02) vs 2,90 (0,75)	3,23 (0,80) vs 2,90 (0,75)	2,84 (0,73) vs 2,48 (0,63)	2,84 (0,73) vs 2,90 (0,75)	2,84 (0,73) vs 2,65 (0,75)
Schulleistung Englisch	3,13 (1,02) vs 2,87 (0,67)	3,13 (1,02) vs 3,00 (0,77)	3,13 (0,92) vs 3,00 (0,77)	2,84 (0,93) vs 2,61 (0,62)	2,84 (0,93) vs 3,00 (0,77)	2,84 (0,93) vs 2,87 (0,67)
Schulleistung Mathe	3,00 (0,86) vs 3,26 (0,82)	3,35 (0,98) vs 3,16 (0,64)	3,10 (0,83) vs 3,16 (0,64)	2,97 (1,01) vs 3,03 (0,91)	2,97 (1,01) vs 3,16 (0,64)	2,97 (1,01) vs 3,26 (0,82)
Sozialverhalten	3,00 (0,77) vs 2,87 (0,56)	3,42 (0,85) vs 3,16 (0,82)	2,94 (0,93) vs 3,16 (0,82)	2,77 (0,99) vs 3,06 (0,85)	2,77 (0,99) vs 3,16 (0,82)	2,77 (0,99) vs 2,87 (0,56)
Fleiß	2,48 (0,77) vs 2,74 (0,73)	3,10 (1,04) vs 2,90 (0,83)	2,77 (0,76) vs 2,90 (0,83)	2,48 (0,77) vs 2,71 (0,82)	2,48 (0,77) vs 2,90 (0,83)	2,48 (0,77) vs 2,74 (0,73)

Tab. 4.2 Studie 1 männliche deutsche Vornamenspaare mit hohem vs. niedrigem sozioökonomischen Status, Mittelwerte und Standardabweichungen in Klammern

Dimension	Marlon vs Oskar	Samuel vs Tim	Marlon vs Justus
Intelligenz	3,00 (1,06) vs 3,45 (0,81)	3,58 (0,67) vs 3,71 (0,78)	3,00 (1,06) vs 3,39 (0,95)
Körperumfang	3,42 (1,15) vs 3,19 (1,01)	3,45 (0,93) vs 3,84 (0,90)	3,42 (1,15) vs 3,39 (1,15)
Attraktivität	2,84 (1,07) vs 2,90 (0,87)	3,32 (0,75) vs 3,48 (0,96)	2,84 (1,07) vs 2,81 (0,87)
Sozioökonomischer Status	3,06 (1,03) vs 3,68 (0,70)	3,35 (0,71) vs 3,77 (0,80)	3,06 (1,03) vs 4,00 (1,00)
Schulleistung Deutsch	3,35 (1,02) vs 3,48 (0,68)	3,71 (0,59) vs 3,71 (0,82)	3,35 (1,02) vs 3,74 (0,77)
Schulleistung Englisch	3,13 (1,02) vs 3,45 (0,72)	3,74 (0,68) vs 3,71 (0,69)	3,13 (1,02) vs 3,55 (0,89)
Schulleistung Mathe	3,35 (0,98) vs 3,52 (0,93)	3,61 (0,67) vs 3,87 (0,76)	3,35 (0,98) vs 3,42 (0,85)
Sozialverhalten	3,42 (0,85) vs 3,48 (0,72)	3,74 (0,77) vs 3,74 (0,86)	3,42 (0,85) vs 3,68 (0,91)
Fleiß	3,10 (1,04) vs 3,16 (0,86)	3,26 (0,63) vs 3,45 (0,77)	3,10 (1,04) vs 3,35 (1,05)

werden. Die Mittelwerte und Standardabweichungen der Vornamenspaare zu den einzelnen Dimensionen befinden sich in Tab. 4.2.

Insgesamt gab es nur drei Vornamenspaare, die sich einzig im sozioökonomischen Status unterschieden. Dies könnte darauf zurückgeführt werden, dass ein niedriger sozioökonomischer Status häufig auch mit schlechten Schulleistungen verknüpft wird, während bei einem hohen sozioökonomischen Status meist das Gegenteil der Fall ist (Darley und Gross 1983; Lorenz et al. 2016;

Tobisch und Dresel 2017). Somit liegt es nahe, dass Vornamen, bei denen von einem hohen sozioökonomischen Status ausgegangen wird, auch in den Schulleistungsvariablen dieser Studie besser beurteilt werden als Vornamen, bei denen von einem niedrigen sozioökonomischen Status ausgegangen wird, was dazu geführt haben könnte, dass es nur wenige Vornamenspaare dieser Konstellation gab.

In Studie 1 wurden jedoch lediglich männliche Vornamen untersucht. Aus diesem Grund wurden in einer zweiten Studie neben männlichen deutschen und türkischen Vornamen zusätzlich weibliche deutsche und türkische Vornamen hinzugenommen. Dabei wurden einerseits die Konstellationen 1) männliche versus weibliche deutsche Vornamen, 2) männliche versus weibliche türkische Vornamen, 3) weibliche deutsche versus türkische Vornamen, 4) weibliche Vornamen mit niedrigem versus hohem sozioökonomischen Status und darüber hinaus – wie in Studie 1 – noch einmal die Konstellationen 5) männliche deutsche versus türkische Vornamen und 6) männliche Vornamen mit niedrigem versus hohem sozioökonomischen Status.

4.4 Studie 2

4.4.1 Stichprobe und Design

Insgesamt haben 21 Lehramtsstudierende an der zweiten Studie teilgenommen, wovon 15 weiblich waren. Die Probanden hatten ein mittleres Alter von 27,76 Jahren ($SD=2,88$). Sieben Probanden hatten einen Migrationshintergrund, wovon zwei einen türkischen Migrationshintergrund hatten. Die Studie hatte ebenfalls ein within-subjects-Design.

4.4.2 Material

Namen In der Studie wurde ein Fragebogen mit insgesamt 32 unterschiedlichen Vornamen eingesetzt, die ebenso ausgewählt wurden wie in Studie 1. Von den Vornamen waren acht türkisch und männlich (Caner, Oktay, Can, Kadir, Yasin, Salim, Mert, Cem), acht türkisch und weiblich (Esma, Derya, Efra, Melike, Gönül, Ipek, Sevil, Irem), acht deutsch und männlich (Finn, Jan, Steffen, Felix, Jonas, Frederik, Christian, Maximilian) und acht deutsch und weiblich (Laura, Jana, Chantal, Sophie, Jaqueline, Emma, Lina, Elisabeth). Es wurden dieselben Dimensionen und demografischen Angaben der Probanden wie in Studie 1 erhoben.

4.4.3 Ablauf

Der Ablauf war identisch zu Studie 1.

4.4.4 Ergebnisse und Diskussion

Um Vornamenspaare zu finden, die sich in keiner der erhobenen Dimensionen unterschieden, wurden abhängige t-Tests gerechnet. Nachfolgend werden die Ergebnisse der möglichen unterschiedlichen Konstellationen berichtet. Bei dem Vergleich männlicher und weiblicher deutscher Vornamen wurden vier Vornamenspaare gefunden, die sich in keiner Dimension unterschieden. Diese waren Laura und Maximilian, Jana und Steffen, Sophie und Jonas, Lina und Frederik. Mittelwerte und Standardabweichungen können Tab. 4.3 entnommen werden.

Bei der Konstellation männlicher und weiblicher türkischer Vornamen wurden insgesamt neun Vornamenspaare gefunden: Ipek und Mert, Ipek und Yasin, Ipek und Can, Efra und Kadir, Efra und Can, Sevil und Salim, Irem und Salim, Ipek und Salim sowie Efra und Salim. Die Mittelwerte und Standardabweichungen können den Tab. 4.4 und 4.5 entnommen werden.

Bei der Konstellation weiblicher deutscher und türkischer Vornamen gab es lediglich drei Vornamenspaare, die sich in keiner Dimension voneinander unterschieden. Das waren Laura und Melike, Jana und Efra sowie Jana und Melike. Da dies nur drei waren, wurden darüber hinaus Paare hinzugenommen, die sich lediglich in einer Dimension unterschieden. Dies traf auf Lina und Melike zu, die sich nur im sozioökonomischen Status unterschieden, Jana und Derya, die sich nur in der Schulleistung Deutsch unterschieden und Jaqueline und Ipek, die sich im Fleiß unterschieden. In diesen drei Vornamenspaaren gingen die Unterscheidungen im sozioökonomischen Status und in der Schulleistung Deutsch zu Ungunsten der türkischen Vornamen, beim Fleiß zu Ungunsten des deutschen Vornamens (siehe Tab. 4.6). Von männlichen deutschen und türkischen Vornamenspaaren, die sich nicht unterschieden, gab es insgesamt zehn, wobei lediglich die beiden deutschen Vornamen Christian und Frederik vorkamen, die sich beide nicht von den türkischen männlichen Vornamen Kadir, Mert, Yasin, Salim und Can unterschieden (siehe Tab. 4.7 und 4.8).

Bei den weiblichen deutschen Vornamen, die sich lediglich im sozioökonomischen Status unterschieden, konnten drei Paare gefunden werden: Laura und Sophie, Laura und Emma sowie Laura und Lina. Laura wurde jeweils als diejenige mit niedrigerem sozioökonomischem Status im Vergleich zu Sophie,

Tab. 4.3 Studie 2 weibliche vs. männliche deutsche Vornamenspaare, Mittelwerte und Standardabweichungen in Klammern

Dimension	Laura vs Maximilian	Jana vs Steffen	Sophie vs Jonas	Lina vs Frederik
Intelligenz	3,67 (0,58) vs 3,71 (1,06)	3,48 (0,98) vs 3,95 (0,86)	3,86 (0,96) vs 3,62 (1,02)	3,24 (1,09) vs 3,48 (1,03)
Körperumfang	3,48 (1,03) vs 3,52 (0,93)	3,33 (0,80) vs 3,67 (1,15)	3,90 (0,89) vs 4,10 (0,94)	3,38 (1,36) vs 3,52 (1,21)
Attraktivität	3,57 (0,87) vs 3,29 (0,96)	3,48 (0,98) vs 3,05 (1,07)	3,62 (1,07) vs 3,38 (0,86)	3,57 (1,16) vs 2,95 (0,94)
Sozioökonomischer Status	3,43 (0,60) vs 3,76 (0,83)	3,62 (0,97) vs 3,48 (0,75)	3,86 (0,85) vs 3,57 (0,81)	3,76 (0,83) vs 3,38 (1,12)
Schulleistung Deutsch	4,05 (0,86) vs 3,62 (0,80)	3,71 (1,01) vs 3,86 (0,91)	3,90 (0,89) vs 3,86 (0,85)	3,71 (0,96) vs 3,62 (1,07)
Schulleistung Englisch	3,67 (1,06) vs 3,52 (1,12)	3,48 (0,81) vs 3,62 (0,80)	3,81 (0,93) vs 3,62 (0,80)	3,48 (1,08) vs 3,43 (0,98)
Schulleistung Mathe	3,43 (0,93) vs 3,86 (1,20)	3,57 (0,81) vs 3,86 (0,91)	3,48 (0,98) vs 3,71 (0,90)	3,29 (1,01) vs 3,67 (1,54)
Sozialverhalten	4,05 (1,12) vs 3,76 (1,04)	3,71 (0,85) vs 3,62 (0,80)	4,00 (0,95) vs 3,90 (0,94)	3,76 (1,04) vs 3,33 (1,20)
Fleiß	3,90 (0,94) vs 3,33 (0,97)	3,90 (1,00) vs 3,57 (1,08)	4,05 (0,92) vs 3,76 (0,89)	3,81 (0,81) vs 3,29 (1,06)

Emma und Lina eingeschätzt. Es gab in der zweiten Studie keine männlichen Vornamen, die in allen Dimensionen bis auf den sozioökonomischen Status homogen waren. Tab. 4.9 können die Mittelwerte und Standardabweichungen der Vornamenspaare auf den jeweiligen Dimensionen entnommen werden.

Bei den Ergebnissen in Studie 2 zeigt sich, dass insgesamt mehr als doppelt so viele türkische weibliche versus männliche Vornamenspaare gefunden wurden als

4 Sag' mir, wie du heißt, dann sage ich dir, wie du bist …

Tab. 4.4 Studie 2 männliche vs. weibliche türkische Vornamenspaare, Mittelwerte und Standardabweichungen in Klammern

Dimension	Ipek vs Mert	Ipek vs Yasin	Ipek vs Can	Efra vs Kadir	Efra vs Can
Intelligenz	3,05 (0,97) vs 3,24 (0,94)	3,05 (0,97) vs 3,38 (0,92)	3,05 (0,97) vs 3,14 (0,79)	3,38 (0,80) vs 3,48 (0,68)	3,38 (0,80) vs 3,14 (0,79)
Körperumfang	3,00 (1,00) vs 2,95 (1,20)	3,00 (1,00) vs 3,55 (0,89)	3,00 (1,00) vs 3,10 (1,09)	3,05 (0,92) vs 3,57 (1,03)	3,05 (0,92) vs 3,10 (1,09)
Attraktivität	2,90 (1,00) vs 2,95 (0,86)	2,90 (1,00) vs 3,05 (1,02)	2,90 (1,00) vs 3,24 (0,89)	2,90 (0,83) vs 3,19 (0,81)	2,90 (0,83) vs 3,24 (0,89)
Sozioökonomischer Status	2,95 (0,97) vs 3,14 (1,15)	2,95 (0,97) vs 3,19 (0,60)	2,95 (0,97) vs 2,90 (0,77)	3,10 (0,62) vs 3,19 (0,93)	3,10 (0,62) vs 2,90 (0,77)
Schulleistung Deutsch	3,05 (0,92) vs 3,00 (0,89)	3,05 (0,92) vs 3,10 (0,83)	3,05 (0,92) vs 3,14 (0,73)	3,24 (0,77) vs 2,95 (0,80)	3,24 (0,77) vs 3,14 (0,73)
Schulleistung Englisch	3,24 (0,94) vs 3,14 (1,01)	3,24 (0,94) vs 3,33 (0,73)	3,24 (0,94) vs 3,29 (0,78)	3,29 (0,78) vs 3,29 (1,06)	3,29 (0,78) vs 3,29 (0,78)
Schulleistung Mathe	3,15 (1,18) vs 3,48 (0,68)	3,15 (1,18) vs 3,38 (0,67)	3,15 (1,18) vs 3,67 (0,66)	3,24 (0,89) vs 3,38 (0,80)	3,24 (0,89) vs 3,67 (0,66)
Sozialverhalten	3,48 (0,98) vs 3,29 (0,90)	3,48 (0,98) vs 3,05 (0,92)	3,48 (0,98) vs 3,14 (1,11)	3,43 (1,08) vs 3,43 (0,60)	3,43 (1,08) vs 3,14 (1,11)
Fleiß	3,38 (1,02) vs 2,81 (0,93)	3,38 (1,02) vs 2,95 (0,80)	3,38 (1,02) vs 3,19 (0,87)	3,52 (0,81) vs 3,29 (0,85)	3,52 (0,81) vs 3,19 (0,87)

deutsche. Dies könnte darauf zurückzuführen sein, dass bei türkischen Vornamen eventuell die Ethnie im Vordergrund steht und weniger das Geschlecht und dass es bei deutschen Vornamen umgekehrt sein könnte. Weibliche und männliche Vornamen führen zu stereotypen Bewertungen (Harari und McDavid 1973; Holder und Kessels 2017). Diese Studien verwendeten jedoch Vornamen, die jeweils der ethnischen Majorität zuzuordnen waren. Ob sich ähnliche geschlechterstereotype Beurteilungen bei Vornamen ethnischer Minderheiten zeigen würden, bleibt an

Tab. 4.5 Studie 2 männliche vs. weibliche türkische Vornamenspaare, Mittelwerte und Standardabweichungen in Klammern

Dimension	Sevil vs Salim	Irem vs Salim	Ipek vs Salim	Efra vs Salim
Intelligenz	3,10 (0,89) vs 3,05 (0,86)	3,24 (0,94) vs 3,05 (0,86)	3,05 (0,97) vs 3,05 (0,86)	3,38 (0,80) vs 3,05 (0,86)
Körperumfang	3,10 (0,94) vs 3,24 (1,09)	2,95 (0,97) vs 3,24 (1,09)	3,00 (1,00) vs 3,24 (1,09)	3,05 (0,92) vs 3,24 (1,09)
Attraktivität	3,14 (0,96) vs 3,29 (0,90)	3,29 (0,96) vs 3,29 (0,90)	2,90 (1,00) vs 3,29 (0,90)	2,90 (0,83) vs 3,29 (0,90)
Sozioökonomischer Status	2,71 (0,90) vs 3,05 (0,74)	3,14 (0,85) vs 3,05 (0,74)	2,95 (0,97) vs 3,05 (0,74)	3,10 (0,62) vs 3,05 (0,74)
Schulleistung Deutsch	2,81 (1,03) vs 3,10 (1,00)	3,10 (0,89) vs 3,10 (1,00)	3,05 (0,92) vs 3,10 (1,00)	3,24 (0,77) vs 3,10 (1,00)
Schulleistung Englisch	3,10 (0,89) vs 3,19 (0,98)	3,24 (1,04) vs 3,19 (0,98)	3,24 (0,94) vs 3,19 (0,98)	3,29 (0,78) vs 3,19 (0,98)
Schulleistung Mathe	2,86 (1,06) vs 3,14 (0,96)	3,14 (0,96) vs 3,14 (0,96)	3,15 (1,18) vs 3,14 (0,96)	3,24 (0,89) vs 3,14 (0,96)
Sozialverhalten	3,71 (0,96) vs 3,38 (0,92)	3,52 (0,81) vs 3,38 (0,92)	3,48 (0,98) vs 3,38 (0,92)	3,43 (1,08) vs 3,38 (0,92)
Fleiß	3,48 (0,87) vs 3,10 (1,09)	3,57 (0,98) vs 3,10 (1,09)	3,38 (1,02) vs 3,10 (1,09)	3,52 (0,81) vs 3,10 (1,09)

dieser Stelle offen, denn, wenn Beurteilungen bezüglich der Schulleistungen von Personen mit versus ohne Migrationshintergrund untersucht wurden, wurde das Geschlecht in der Regel konstant gehalten (Bonefeld und Dickhäuser 2018; Glock 2016a; Glock und Krolak-Schwerdt 2013; Kleen und Glock 2018a; Tobisch und Dresel 2017). Allerdings wurde gezeigt, dass bei Unterrichtsstörungen von Schülern mit Migrationshintergrund eher interveniert wird als bei Schülerinnen mit Migrationshintergrund (Glock 2016b), was auf eine unterschiedliche

Tab. 4.6 Studie 2 weibliche deutsche vs. türkische Vornamenspaare (signifikante Unterschiede *), Mittelwerte und Standardabweichungen in Klammern

Dimension	Laura vs Melike	Jana vs Melike	Jana vs Efra	Lina vs Melike	Jana vs Derya	Jaqueline vs Ipek
Intelligenz	3,67 (0,58) vs 3,14 (1,01)	3,48 (0,98) vs 3,14 (1,01)	3,48 (0,98) vs 3,38 (0,80)	3,24 (1,09) vs 3,14 (1,01)	3,48 (0,98) vs 3,43 (1,16)	3,57 (1,12) vs 3,05 (0,97)
Körperumfang	3,48 (1,03) vs 3,33 (1,20)	3,33 (0,80) vs 3,33 (1,20)	3,33 (0,80) vs 3,05 (0,92)	3,38 (1,36) vs 3,33 (1,20)	3,33 (0,80) vs 3,00 (1,18)	2,76 (1,14) vs 3,00 (1,00)
Attraktivität	3,57 (0,87) vs 3,33 (0,73)	3,48 (0,98) vs 3,33 (0,73)	3,48 (0,98) vs 2,90 (0,83)	3,57 (1,16) vs 3,33 (0,73)	3,48 (0,98) vs 3,57 (1,25)	3,33 (1,06) vs 2,90 (1,00)
Sozioökonomischer Status	3,43 (0,60) vs 3,19 (0,60)	3,62 (0,97) vs 3,19 (0,60)	3,62 (0,97) vs 3,10 (0,62)	3,76 (0,83) vs 3,19 (0,60)*	3,62 (0,97) vs 3,14 (0,96)	2,90 (1,22) vs 2,95 (0,97)
Schulleistung Deutsch	4,05 (0,86) vs 3,57 (0,93)	3,71 (1,01) vs 3,57 (0,93)	3,71 (1,01) vs 3,24 (0,77)	3,71 (0,96) vs 3,57 (0,93)	3,71 (1,01) vs 2,95 (0,80)*	2,86 (0,91) vs 3,05 (0,92)
Schulleistung Englisch	3,67 (1,06) vs 3,57 (0,87)	3,48 (0,81) vs 3,57 (0,87)	3,48 (0,81) vs 3,29 (0,78)	3,48 (1,08) vs 3,57 (0,87)	3,48 (0,81) vs 3,29 (1,10)	2,70 (0,98) vs 3,24 (0,94)
Schulleistung Mathe	3,43 (0,93) vs 3,57 (0,81)	3,57 (0,81) vs 3,57 (0,81)	3,57 (0,81) vs 3,24 (0,89)	3,29 (1,01) vs 3,57 (0,81)	3,57 (0,81) vs 3,29 (1,19)	2,55 (1,19) vs 3,15 (1,18)
Sozialverhalten	4,05 (1,12) vs 4,05 (1,12)	3,71 (0,85) vs 4,05 (1,12)	3,71 (0,85) vs 3,43 (1,08)	3,76 (1,04) vs 4,05 (1,12)	3,71 (0,85) vs 3,95 (0,83)	3,10 (0,89) vs 3,48 (0,98)
Fleiß	3,90 (0,94) vs 3,90 (1,04)	3,90 (1,00) vs 3,90 (1,04)	3,90 (1,00) vs 3,52 (0,81)	3,81 (0,81) vs 3,90 (1,04)	3,90 (1,00) vs 3,71 (0,78)	2,71 (1,06) vs 3,38 (1,02)*

Wahrnehmung nach Geschlecht schließen lässt. Diese Unterscheidung könnte in diesem Fall jedoch auch mit dem ohnehin schon geschlechterstereotypen Thema der Unterrichtsstörung zusammenhängen, da dieses eher mit Schülern (Arbuckle und Little 2004; Glock und Kleen 2017; Kulinna 2008) und insbesondere mit Schülern mit Migrationshintergrund (Ferguson 2000; Glock 2016b) assoziiert wird. In diesem Zusammenhang könnte das Geschlecht eine besondere Rolle für die Lehrkräfte beziehungsweise angehenden Lehrkräfte gespielt haben und somit mehr Aufmerksamkeit erfahren haben. In der hier vorgestellten Studie ging es dagegen um weniger geschlechterstereotype Dimensionen, weshalb die Ethnizität

Tab. 4.7 Studie 2 männliche deutsche vs. türkische Vornamenspaare, Mittelwerte und Standardabweichungen in Klammern

Dimension	Christian vs Mert	Christian vs Kadir	Christian vs Yasin	Christian vs Salim	Christian vs Can
Intelligenz	3,24 (0,94) vs 3,24 (0,94)	3,24 (0,94) vs 3,48 (0,68)	3,24 (0,94) vs 3,38 (0,92)	3,24 (0,94) vs 3,05 (0,86)	3,24 (0,94) vs 3,14 (0,79)
Körperumfang	3,38 (1,02) vs 2,95 (1,20)	3,38 (1,02) vs 3,57 (1,03)	3,38 (1,02) vs 3,55 (0,89)	3,38 (1,02) vs 3,24 (1,09)	3,38 (1,02) vs 3,10 (1,09)
Attraktivität	2,95 (0,86) vs 2,95 (0,86)	2,95 (0,86) vs 3,19 (0,81)	2,95 (0,86) vs 3,05 (1,02)	2,95 (0,86) vs 3,29 (0,90)	2,95 (0,86) vs 3,24 (0,89)
Sozioökonomischer Status	3,43 (0,93) vs 3,14 (1,15)	3,43 (0,93) vs 3,19 (0,93)	3,43 (0,93) vs 3,19 (0,60)	3,43 (0,93) vs 3,05 (0,74)	3,43 (0,93) vs 2,90 (0,77)
Schulleistung Deutsch	3,29 (0,85) vs 3,00 (0,89)	3,29 (0,85) vs 2,95 (0,80)	3,29 (0,85) vs 3,10 (0,83)	3,29 (0,85) vs 3,10 (1,00)	3,29 (0,85) vs 3,14 (0,73)
Schulleistung Englisch	3,24 (1,04) vs 3,14 (1,01)	3,24 (1,04) vs 3,29 (1,06)	3,24 (1,04) vs 3,33 (0,73)	3,24 (1,04) vs 3,19 (0,98)	3,24 (1,04) vs 3,29 (0,78)
Schulleistung Mathe	3,76 (1,14) vs 3,48 (0,68)	3,76 (1,14) vs 3,38 (0,80)	3,76 (1,14) vs 3,38 (0,67)	3,76 (1,14) vs 3,14 (0,96)	3,76 (1,14) vs 3,67 (0,66)
Sozialverhalten	3,43 (0,75) vs 3,29 (0,90)	3,43 (0,75) vs 3,43 (0,60)	3,43 (0,75) vs 3,05 (0,92)	3,43 (0,75) vs 3,38 (0,92)	3,43 (0,75) vs 3,14 (1,11)
Fleiß	3,19 (0,87) vs 2,81 (0,93)	3,19 (0,87) vs 3,29 (0,85)	3,19 (0,87) vs 2,95 (0,80)	3,19 (0,87) vs 3,10 (1,09)	3,19 (0,87) vs 3,19 (0,87)

eine größere Rolle spielen könnte. Denn selbst die Schulleistungsdimensionen Deutsch und Mathematik, die prinzipiell mit Geschlechterstereotypen verbunden sind, aktivieren beim Lesen des Vornamens vermutlich eher Ethnizitätsstereotype, weil die schlechtere Schulleistung von Schüler*innen mit Migrationshintergrund relativ zu denjenigen ohne ein häufig diskutiertes Thema ist und sich somit auch in den Stereotypen der Probanden widerspiegeln kann. In eine ähnliche Richtung gehen auch die Befunde von Anderson-Clark und Kollegen (2008), die gezeigt

Tab. 4.8 Studie 2 männliche deutsche vs. türkische Vornamenspaare, Mittelwerte und Standardabweichungen in Klammern

Dimension	Frederik vs Kadir	Frederik vs Mert	Frederik vs Yasin	Frederik vs Salim	Frederik vs Can
Intelligenz	3,48 (1,03) vs 3,48 (0,68)	3,48 (1,03) vs 3,24 (0,94)	3,48 (1,03) vs 3,38 (0,92)	3,48 (1,03) vs 3,05 (0,86)	3,48 (1,03) vs 3,14 (0,79)
Körperumfang	3,52 (1,21) vs 3,57 (1,03)	3,52 (1,21) vs 2,95 (1,20)	3,52 (1,21) vs 3,55 (0,89)	3,52 (1,21) vs 3,24 (1,09)	3,52 (1,21) vs 3,10 (1,09)
Attraktivität	2,95 (0,94) vs 3,19 (0,81)	2,95 (0,94) vs 2,95 (0,86)	2,95 (0,94) vs 3,05 (1,02)	2,95 (0,94) vs 3,29 (0,90)	2,95 (0,94) vs 3,24 (0,89)
Sozioökonomischer Status	3,38 (1,12) vs 3,19 (0,93)	3,38 (1,12) vs 3,14 (1,15)	3,38 (1,12) vs 3,19 (0,60)	3,38 (1,12) vs 3,05 (0,74)	3,38 (1,12) vs 2,90 (0,77)
Schulleistung Deutsch	3,62 (1,07) vs 2,95 (0,80)	3,62 (1,07) vs 3,00 (0,89)	3,62 (1,07) vs 3,10 (0,83)	3,62 (1,07) vs 3,10 (1,00)	3,62 (1,07) vs 3,14 (0,73)
Schulleistung Englisch	3,43 (0,98) vs 3,29 (1,06)	3,43 (0,98) vs 3,14 (1,01)	3,43 (0,98) vs 3,33 (0,73)	3,43 (0,98) vs 3,19 (0,98)	3,43 (0,98) vs 3,29 (0,78)
Schulleistung Mathe	3,67 (1,54) vs 3,38 (0,80)	3,67 (1,54) vs 3,48 (0,68)	3,67 (1,54) vs 3,38 (0,67)	3,67 (1,54) vs 3,14 (0,96)	3,67 (1,54) vs 3,67 (0,66)
Sozialverhalten	3,33 (1,20) vs 3,43 (0,60)	3,33 (1,20) vs 3,29 (0,90)	3,33 (1,20) vs 3,05 (0,92)	3,33 (1,20) vs 3,38 (0,92)	3,33 (1,20) vs 3,14 (1,11)
Fleiß	3,29 (1,06) vs 3,29 (0,85)	3,29 (1,06) vs 2,81 (0,93)	3,29 (1,06) vs 2,95 (0,80)	3,29 (1,06) vs 3,10 (1,09)	3,29 (1,06) vs 3,19 (0,87)

haben, dass die explizite Nennung einer anderen Ethnie als die durch das Lesen des Vornamens vermutete, bereits aktivierte Ethnizitätsstereotype nicht mehr rückgängig machen konnte. An dieser Stelle ist weitere Forschung gefragt, die sich damit beschäftigt, welche der stereotypen Assoziationen überwiegen. In diesem Zusammenhang könnte eine weitere beziehungsweise zusätzliche Erklärung auch damit verbunden sein, dass deutsche Vornamen weniger homogen beurteilt werden könnten, da sie dem Großteil der Probanden, das heißt denjenigen ohne

Tab. 4.9 Studie 2 weibliche deutsche Vornamenspaare mit hohem versus niedrigem sozioökonomischen Status, Mittelwerte und Standardabweichungen in Klammern

Dimension	Laura vs Sophie	Laura vs Emma	Laura vs Lina
Intelligenz	3,67 (0,58) vs 3,86 (0,96)	3,67 (0,58) vs 3,61 (1,12)	3,67 (0,58) vs 3,24 (1,09)
Körperumfang	3,48 (1,03) vs 3,90 (0,89)	3,48 (1,03) vs 3,86 (0,73)	3,48 (1,03) vs 3,38 (1,36)
Attraktivität	3,57 (0,87) vs 3,62 (1,07)	3,57 (0,87) vs 3,76 (0,89)	3,57 (0,87) vs 3,57 (1,16)
Sozioökonomischer Status	3,43 (0,60) vs 3,86 (0,85)	3,43 (0,60) vs 4,00 (0,84)	3,43 (0,60) vs 3,76 (0,83)
Schulleistung Deutsch	4,05 (0,86) vs 3,90 (0,89)	4,05 (0,86) vs 4,10 (0,70)	4,05 (0,86) vs 3,71 (0,96)
Schulleistung Englisch	3,67 (1,06) vs 3,81 (0,93)	3,67 (1,06) vs 3,90 (0,54)	3,67 (1,06) vs 3,48 (1,08)
Schulleistung Mathe	3,43 (0,93) vs 3,48 (0,98)	3,43 (0,93) vs 3,67 (0,80)	3,43 (0,93) vs 3,29 (1,01)
Sozialverhalten	4,05 (1,12) vs 4,00 (0,95)	4,05 (1,12) vs 4,14 (0,65)	4,05 (1,12) vs 3,76 (1,04)
Fleiß	3,90 (0,94) vs 4,05 (0,92)	3,90 (0,94) vs 4,14 (0,73)	3,90 (0,94) vs 3,81 (0,81)

eigenen Migrationshintergrund, vertrauter sein dürften. Die Vornamen gehören für diese Probanden zur Eigengruppe, welche als heterogener wahrgenommen wird als andere Gruppen (Judd und Park 1988). Somit könnten die deutschen Vornamen differenzierter eingeschätzt werden, da heterogenere mentale Repräsentationen vorhanden sind, welche zu den weniger homogenen Vornamenspaaren führen könnten.

Insgesamt ist auffällig, dass es zehn homogene männliche deutsch türkische Vornamenspaare gab, aber nur drei weibliche. Ein Grund dafür könnte sein, dass männliche türkische Vornamen positiver beurteilt werden als weibliche türkische und sich somit eventuell weniger von deutschen Vornamen unterscheiden. Angehende Lehrkräfte sind implizit positiver gegenüber türkischen Schülern im Vergleich zu türkischen Schülerinnen eingestellt (Kleen und Glock 2018b) und implizite Einstellungen können die Wahrnehmung und daraus resultierende Beurteilungen beeinflussen (Devine 1989; Gawronski et al. 2003). Somit könnte eine automatisch aktivierte positivere Evaluation der männlichen türkischen Vornamen im Vergleich zu den weiblichen zu positiveren Beurteilungen geführt haben und resultierend daraus zu weniger Unterschieden zu deutschen Vornamen. Denn während es bei den männlichen türkischen Vornamen insgesamt fünf verschiedene waren, sind es bei den weiblichen nur die Vornamen Melike und Efra. Aufgrund der ungleichen Anzahl an Vornamenspaaren wurden noch diejenigen hinzugenommen, die sich in einer Dimension unterscheiden, aber ansonsten gleich beurteilt wurden. Diese drei zusätzlichen unterscheiden sich alle in unterschiedlichen Dimensionen. Während es bei Jaqueline und Ipek der Fleiß ist, unterscheiden sich Jana und Derya in der Deutschleistung. Beide Vornamenspaare können sich, je nachdem wofür sie verwendet werden sollen, dennoch anbieten. Bei Lina und Melike, die sich im sozioökonomischen Status unterscheiden, könnte es hingegen weniger ratsam sein, da gerade der sozioökonomische Status an sich auch mit weiteren Merkmalen verknüpft ist wie etwa der Glaubwürdigkeit (Marksteiner et al. 2012).

4.5 Gesamtdiskussion

Wortnormen von Vornamen verändern sich über die Zeit (Kröner und Dickhäuser 2009; Rudolph et al. 2007) und sollten daher in regelmäßigen Abständen wieder überprüft werden. In diesen beiden Studien zusammen wurden insgesamt 64 Vornamen auf jeweils neun Dimensionen beurteilt. Darüber hinaus wurden hier – unseres Wissens nach – erstmals neben deutschen Vornamen auch türkische Vornamen einbezogen und der sozioökonomische Status miterfasst. Dabei wurden Vornamenspaare gefunden, die sich in den verschiedenen Dimensionen und somit in ihren Wortnormen nicht unterscheiden.

Während in der ersten Studie sechs homogene männliche deutsche versus türkische Vornamenspaare gefunden wurden, gab es in der zweiten Studie zehn. Auffällig war hier, dass es zwar insgesamt zehn Vornamenspaare gab, es sich dabei aber lediglich um zwei unterschiedliche deutsche Vornamen handelte, die mit jeweils den gleichen fünf türkischen Vornamen zusammengingen. In Studie 1 wurde vermutet, dass zumindest ein Teil der deutschen Vornamen aus dem Grund homogen zu den türkischen Vornamen war, da diese Vornamen mit einem niedrigen sozioökonomischen Status verbunden werden. Dies kann in dieser Form für Studie 2 nicht aufrecht gehalten werden, da einerseits die Vornamen Christian und Frederik nicht per se mit einem niedrigen sozioökonomischen Status verbunden sind, wie es etwa bei Justin der Fall ist (Tobisch und Dresel 2017), und diese sich auch nicht bei den deutschen Vornamenspaaren mit niedrigem versus hohem sozioökonomischen Status wiederfinden ließen. Eine mögliche Erklärung könnte jedoch auch in einer zeitlosen Beliebtheit der Vornamen liegen, was bedeutet, dass diese Vornamen weder modern wie etwa Jonas noch altmodisch wie zum Beispiel Heiko sind (Rudolph et al. 2007). Zumindest bei dem Vornamen Christian konnten Rudolph et al. (2007) zeigen, dass es sich dabei um einen zeitlosen Vornamen handelt. Die zeitlosen Vornamen wurden jedoch von jüngeren Probanden, das heißt von allen, die unter 30 waren, als weniger intelligent und attraktiv eingeschätzt als moderne Vornamen (Rudolph et al. 2007). Auch in den vorliegenden zwei Studien kann die Stichprobe somit als jung interpretiert werden und von einer eventuellen positiveren Beurteilung der modernen Vornamen im Vergleich zu zeitlosen Vornamen ausgegangen werden. Dies könnte dann eher zu homogenen Vornamenspaaren mit türkischen Vornamen führen als dies bei modernen Vornamen der Fall sein könnte. In diesem Zusammenhang ließe sich erklären, warum der Vorname Jana homogen zu zwei weiblichen türkischen Vornamen ist. Jana wird ebenfalls als ein zeitloser Vorname gewertet (Rudolph et al. 2007) und somit könnten dieselben Mechanismen zum Tragen kommen wie bei Christian. Für den Vornamen Laura ist hingegen eine Erklärung, die auf dem sozioökonomischen Status beruht, wahrscheinlicher, da Laura als moderner Vorname gilt (Rudolph et al. 2007), aber bei den weiblichen Konstellationen zum sozioökonomischen Status deutlich wird, dass in allen gefundenen Vornamenspaaren Laura als diejenige mit niedrig eingeschätztem sozioökonomischen Status vertreten war.

Interessant ist, dass in Studie 2 keine deutschen männlichen Vornamen gefunden werden konnten, die bis auf den sozioökonomischen Status homogen sind. Auch mit den beiden Vornamen Christian und Frederik, die mit fünf türkischen Vornamen homogen sind und aus diesem Grund einen niedrigen sozioökonomischen Status haben könnten, ergaben sich keine Paare. Dies spricht einerseits dafür, dass Christian und Frederik tatsächlich aufgrund der zeitlosen Beliebtheit etwas negativer beurteilt wurden als die anderen männlichen deutschen Vornamen und andererseits dafür, dass die Vornamen Kadir, Mert, Can,

Yasin und Salim etwas positiver beurteilt wurden als die anderen männlichen türkischen Vornamen. Folglich könnte das dazu geführt haben, dass es keine signifikanten Unterschiede im sozioökonomischen Status der Vornamen gab. Darüber hinaus waren in dieser Studie im Vergleich zu Studie 1 keine männlichen deutschen Vornamen dabei, die stereotypisch mit einem niedrigen sozioökonomischen Status verbunden werden, wie es etwa bei Justin der Fall ist (Marksteiner et al. 2012; Tobisch und Dresel 2017).

Diese Studien dienen somit dazu, in zukünftiger Forschung Vornamen nutzen zu können, die sich lediglich in dem Merkmal Geschlecht, im Merkmal Migration oder im Merkmal sozioökonomischer Status unterscheiden. Dies ist insbesondere für Forschung zu Benachteiligungen im deutschen Bildungssystem relevant, da in dieser gerade diese drei Gruppen von Interesse sind. So sind es die türkischstämmigen Schüler*innen, die schlechtere Leistungen erzielen als die deutschen Schüler*innen (Gebhardt et al. 2013; Rjosk et al. 2017; Stanat 2006). Auch diejenigen Schüler*innen mit einem niedrigen sozioökonomischen Status schneiden schlechter ab als diejenigen mit einem hohen sozioökonomischen Status (Gebhardt et al. 2013; Haag et al. 2017). Schülerinnen rechnen schlechter als Schüler (Wendt et al. 2016), während es bei der Sprache andersrum aussieht (Schipolowski et al. 2017). Um mögliche institutionellen Ursachen solcher sozialer Disparitäten weiter auf den Grund zu gehen, bietet es sich an, in zukünftiger Forschung Vornamen zu verwenden, die sich lediglich im interessierenden Merkmal unterscheiden, damit sich mögliche differenzielle Beurteilungen von Lehrkräften auch tatsächlich auf die Zugehörigkeit zu einer sozialen Gruppe und damit assoziierte Stereotype zurückführen lassen und nicht auf andere Merkmale. Die Tatsache, dass sich die meisten Vornamenspaare in mindestens einer der neun untersuchten Dimensionen unterscheiden (d. h. alle Vornamenspaare, die in den Ergebnissen nicht genannt wurden beziehungsweise in den Tabellen nicht zu finden sind), zeigt, wie viele unterschiedliche Assoziationen mit unterschiedlichen Vornamen verknüpft werden und somit Beurteilungen beeinflussen können.

Speziell in der Forschung zur Benachteiligung von Schüler*innen mit Migrationshintergrund stellte es sich als schwierig heraus, homogene Vornamen zu finden, da etwa türkischstämmige Personen und somit auch ihre Vornamen einerseits mit einem niedrigen sozioökonomischen Status verbunden werden (Mehringer 2013; Tobisch und Dresel 2017) und andererseits in Schulleistungsstudien auch gezeigt wurde, dass der sozioökonomische Hintergrund niedriger ist (Pöhlmann et al. 2013). Darüber hinaus wird der sozioökonomische Hintergrund als ein Grund für die ethnischen Disparitäten zwischen türkischstämmigen und deutschen Schüler*innen diskutiert (Pöhlmann et al. 2013; Rjosk et al. 2017; Stanat et al. 2010). Infolgedessen ist es schwierig, den sozioökonomischen Status als eine Variable, die die Beurteilung von Schüler*innen mit Migrationshintergrund beeinflusst, auszuschließen (Tobisch und Dresel 2017). Umso wichtiger ist es, dass bei den vorliegenden Studien auch der sozioökonomische Status von den Probanden eingeschätzt wurde. Zusätzlich ist der sozioökonomische Status eine wichtige Dimension, weil dieser teilweise als alleiniger Grund für eine schulische Benachteiligung benannt wird (R. Becker et al. 2013). Somit spielt er nicht nur bei türkisch versus deutschen Vornamenspaaren eine Rolle, sondern auch bei deutschen Vornamenspaaren, die sich nur in dieser Dimension unterscheiden.

4.5.1 Limitationen

Bei der Interpretation der Ergebnisse müssen einige Limitationen beachtet werden. Während der Vorteil bei dem sozioökonomischen Status ist, dass dieser von den Probanden selbst eingeschätzt wurde und so davon ausgegangen werden kann, dass dieser tatsächlich mit den jeweiligen Vornamen verknüpft wird, wurde nicht nach der Ethnie der Vornamen gefragt. So könnte es sein, dass nicht mit jedem als türkisch deklarierten Vornamen auch wirklich ein türkischer Vorname verbunden wurde, sondern beispielsweise eher ein marokkanischer Vorname. Auch wenn sich Vornamen je nach Ethnie unterscheiden (Fryer und Levitt 2004; Gerhards und Hans 2006), sind sie doch oft religiös geprägt (B. Becker 2010; Gerhards und Hans 2006). Somit unterscheiden sich deutsche Vornamen weniger von Vornamen aus ebenfalls christlich geprägten Ländern, was auch bedeutet, dass sich Vornamen muslimischer Länder weniger voneinander unterscheiden. An dieser Stelle wäre es deshalb interessant gewesen, die Probanden nach einem möglichen Herkunftsland zu fragen, das sie mit dem Vornamen verbinden. In diesem Zusammenhang wäre es zusätzlich vorteilhaft gewesen, das Geschlecht einschätzen zu lassen, da es gerade bei wenig vertrauten türkischen Vornamen nicht immer ersichtlich sein muss, ob es sich dabei um einen weiblichen oder männlichen Vornamen handelt, dies jedoch aufgrund möglicher Geschlechterstereotype einen Einfluss auf die Beurteilungen haben könnte (Harari und McDavid 1973; Holder und Kessels 2017). Darüber hinaus wurde das eingeschätzte Alter der Vornamen nicht erhoben, wobei es zu den klassischen Kategorien gehört, in die Menschen eingeteilt werden (Bargh 1994, 1996; Fiske und Neuberg 1990) und in vorheriger Forschung eine Beeinflussung des Alters auf die wahrgenommene Attraktivität und Intelligenz gezeigt wurde (Rudolph et al. 2007).

Eine weitere Limitation stellt die Stichprobe dar, da es sich ausschließlich um Lehramtsstudierende handelte. Gerade Lehramtsstudierende können bedingt durch das Studium mit Ergebnissen von PISA (z. B. Stanat 2003), TIMSS (z. B. Wendt et al. 2016) und anderen Schulleistungsstudien vertraut sein, wodurch sich ihre Stereotype bezüglich türkischer Schüler*innen geformt haben können (Dovidio et al. 2010). So könnte es sein, dass Personen, die damit nicht vertraut sind, andere Stereotype innehaben. Darüber hinaus stellt sich die Frage, inwieweit die Beurteilungen auf Lehrkräfte übertragen werden können. Lehrkräfte haben bereits einige Erfahrung im Umgang mit vielen unterschiedlichen Schüler*innen und folglich auch mit Vornamen und können sich dadurch in ihren Urteilen noch einmal unterscheiden, da solche Erfahrungen die Assoziationen beeinflussen können (Bargh 1994; Pettigrew und Tropp 2006). Außerdem unterscheiden sich Vornamen je nach Ethnie oder sozialem Status, wodurch gewisse Präferenzen der Gruppen deutlich werden (Fryer und Levitt 2004; Gerhards und Hans 2006). Solche Präferenzen lassen sich auch je nach Bildung der Eltern finden (Gerhards und Hans 2006; Lieberson und Bell 1992). Da es sich in diesen beiden Studien nur um Studierende handelte, war der Bildungsabschluss der Proband*innen konstant. Bei einer heterogenen Stichprobe können sich diese unterschiedlichen Präferenzen möglicherweise in anderen Beurteilungen widerspiegeln, weshalb sich diese gefundenen Vornamenspaare nicht ohne weiteres in jeden Kontext übertragen lassen. In zukünftiger Forschung, in der vielleicht auch nicht nur der schulische Kontext fokussiert wird, sollten daher auch andere Personen aus unterschiedlichen sozialen Gruppen befragt werden.

Damit geht eine weitere Limitation einher: Personen bevorzugen Vornamen ihrer eigenen sozialen Gruppe (Dinur et al. 1996; Joubert 1993). In Studie 2 hatten ein Drittel der Probanden einen Migrationshintergrund, wodurch ebenfalls eine Beeinflussung der Vornamen möglich ist. Dies könnte insbesondere mit einer Bevorzugung der türkischen Vornamen einhergehen, da türkischstämmige Lehramtsstudierende gegenüber ihrer eigenen Gruppe positiver eingestellt sind (Kleen et al. 2019). In einer größeren Stichprobe, die diesbezüglich ebenfalls heterogen ist, wäre es daher von Interesse, Vornamen auch getrennt nach diesen Gruppen zu analysieren. Insbesondere ist dies deshalb relevant, weil türkischstämmige Probanden die türkischen Vornamen vermutlich als heterogener wahrnehmen (Mullen und Hu 1989) und demzufolge auch innerhalb der türkischen Vornamen größere Unterschiede zu erkennen wären. So könnte es zum Beispiel sein, dass es zumindest innerhalb der türkischstämmigen Probanden türkische Vornamen gibt, die mit einem hohen sozioökonomischen Status verknüpft sind.

4.5.2 Fazit und Ausblick

Insgesamt zeigen diese beiden Studien, dass Vornamen mit bestimmten Stereotypen verbunden werden, die die Wahrnehmung und Beurteilung von Vornamen und damit den dazugehörigen Personen beeinflussen. Schulische Benachteiligungen können aufgrund dessen weiterhin Bestand haben, da Lehrkräfte tagtäglich mit vielen Schüler*innen mit unterschiedlichen Vornamen, die auch stellvertretend für eine bestimmte soziale Gruppe stehen können, zu tun haben und Beurteilen eine häufige Aufgabe von Lehrkräften ist. Allerdings können Stereotype auch genau dadurch aufrecht erhalten bleiben, weil weiterhin die bereits vorhandenen Assoziationen bestätigt werden (Dovidio et al. 2010), die ihnen zum Beispiel über Ergebnisse von Schulleistungsstudien oder über Erfahrungsberichte zugetragen werden. Zusätzlich sind solche Stereotype mit Erwartungen verknüpft, die an die Personen gestellt werden und die Lehrkräfte in ihrem unterrichtlichen Handeln beeinflussen können (Reyna 2008; Tenenbaum und Ruck 2007). Stereotype Erwartungen können sich wiederrum auf die Schüler*innen übertragen und auf ihre Leistungen auswirken (Jussim und Harber 2005). Es ist daher wichtig, Lehrkräfte beziehungsweise angehende Lehrkräfte mit Stereotypisierungen und den Folgen vertraut zu machen und aufzuzeigen, wie mögliche Interventionen aussehen könnten, um solche Prozesse zu verhindern oder zu minimieren.

Darüber hinaus bieten die hier gefundenen Vornamenspaare die Möglichkeit, durch Verwendung der Vornamen in zukünftiger Forschung einen vertieften Einblick in vorhandene Stereotype und damit einhergehende Diskriminierungen von zum Beispiel Lehrkräften zu geben. Wenn es bei den hier gefundenen homogenen Vornamenspaaren ebenfalls zu differenziellen Beurteilungen kommt, wenn diese beispielsweise in Schülerbeschreibungen oder bei Beurteilungen von Klassenarbeiten genutzt werden, kann eher davon ausgegangen werden, dass sich diese Unterschiede auf die soziale Gruppe und nicht etwa auf die Intelligenz, die mit dem Vornamen verbunden wird, beziehen. Diese Vornamenspaare können damit ein wichtiger Schritt in eine noch differenziertere Forschung zu sozialen Disparitäten im Bildungssystem sein.

Literatur

Anderson-Clark, T. N., Green, R. J. & Henley, T. B. (2008). The relationship between first names and teacher expectations for achievement motivation. *Journal of Language and Social Psychology, 27*, 94–99. http://dx.doi.org/10.1177/0261927X07309514

Arbuckle, C. & Little, E. (2004). Teachers' perceptions and management of disruptive classroom behaviour during the middle years (years five to nine). *Australian Journal of Educational and Developmental Psychology*, *4*, 59–70

Bargh, J. A. (1994). The four horsemen of automaticity: Awareness, intention, efficiency, and control in social cognition. In R. S. Wyer & T. K. Srull (Eds.), *Handbook of social cognition* (pp. 1–40). Hillsdale, NJ: Erlbaum

Bargh, J. A. (1996). Automaticity in social psychology. In E. T. Higgins & A. W. Kruglanski (Eds.), *Social psychology: Handbook of basic principles* (pp. 169–183). New York: Guilford Press

Becker, B. (2010). Die emotionale Identifikation von Migranten am Beispiel der Vornamensvergabe von türkischen Eltern. In H.-G. Soeffner (Ed.), *Unsichere Zeiten : Herausforderungen gesellschaftlicher Transformationen ; Verhandlungen des 34. Kongresses der Deutschen Gesellschaft für Soziologie in Jena 2008* (S. 1–14). Wiesbaden: VS Verlag für Sozialwissenschaften

Becker, R., Jäpel, F. & Beck, M. (2013). Diskriminierung durch Lehrpersonen oder herkunftsbedingte Nachteile von Migranten im Deutschschweizer Schulsystem. *Swiss Journal of Sociology*, *39*, 517–549

Bonefeld, M. & Dickhäuser, O. (2018). (Biased) Grading of students' performance: Students' names, performance level, and implicit attitudes. *Frontiers in Psychology*, *9/481*, 1–13. https://doi.org/10.3389/fpsyg.2018.00481

Collins, A. M. & Loftus, E. F. (1975). A spreading activation theory of semantic processing. *Psychological Review*, *82*, 407–428. https://doi.org/10.1037/0033-295X.82.6.407

Cotton, J. L., O'Neill, B. S. & Griffin, A. (2008). The "name game": affective and hiring reactions to first names. *Journal of Managerial Psychology*, *23*, 18–39. https://doi.org/10.1108/02683940810849648

Darley, J. M. & Gross, P. H. (1983). A hypothesis-confirming bias in labeling effects. *Journal of Personality and Social Psychology*, *44*, 20–33. https://doi.org/10.1037/0022-3514.44.1.20

Devine, P. G. (1989). Stereotypes and prejudice: Their automatic and controlled components. *Journal of Personality and Social Psychology*, *56*, 5–18. https://doi.org/10.1037/0022-3514.56.1.5

Dinur, R., Beit-Hallahmi, B. & Hofman, J. E. (1996). First names as identity stereotypes. *The Journal of Social Psychology*, *136*, 191–200. http://dx.doi.org/10.1080/00224545.1996.9713993

Dovidio, J. F., Hewstone, M., Glick, P. & Esses, V. M. (2010). Prejudice, stereotyping and discrimination: Theoretical and empirical overview. *The SAGE Handbook of Prejudice, Stereotyping and Discrimination*, 3–28. https://doi.org/10.4135/9781446200919.n1

Ehrlich, H. J. (1973). *The psychology of prejuduce*. New York, NY: Wiley

Erwin, P. G. & Calev, A. (1984). The influence of Christian name stereotypes in the marking of children's essays. *British Journal of Educational Psychology*, *54*, 223–227

Ferguson, A. A. (2000). *Bad Boys. Public Schools in the making of Black Masculinity*. Ann Arbor, MI: University of Michigan Press

Finch, J. (2008). Naming names: Kinship, individuality and personal names. *Sociology*, *42*, 709–725. https://doi.org/10.1177/0038038508091624

Fiske, S. T. & Neuberg, S. L. (1990). A continuum of impression formation from category-based to individuating processes: Influences of information and motivation on attention and interpretation. In M. P. Zanna (Ed.), *Advances in Experimental Social Psychology* (Vol. 23, pp. 1–74). New York: Academic Press. http://dx.doi.org/10.1016/s0065-2601(08)60317-2

Fryer, R. G. & Levitt, S. D. (2004). The causes and consequences of distinctively Black names. *The Quarterly Journal of Economics, 119*, 767–805. http://dx.doi.org/10.1162/0033553041502180

Garner, R. (2005). What's in a name? Persuasion perhaps. *Journal of Consumer Psychology, 15*, 108–116

Gawronski, B., Geschke, D. & Banse, R. (2003). Implicit bias in impression formation: Associations influence the construal of individuating information. *European Journal of Social Psychology, 33*, 573–589. https://doi.org/10.1002/ejsp.166

Gebhardt, M., Rauch, D., Mang, J., Sälzer, C. & Stanat, P. (2013). Mathematische Kompetenz von Schülerinnen und Schülern mit Zuwaderungshintergrund. In M. Prenzel, C. Sälzer, E. KLieme & O. Köller (Eds.), *PISA 2012. Fortschritte und Herausforderungen in Deutschland* (S. 275–308). Münster: Waxmann

Gerhards, J. & Hans, S. (2006). *Zur Erklärung der Assimilation von Migranten an die Einwanderungsgesellschaft am Beispiel der Vergabe von Vornamen. DIW Discussion Papers 583.* Berlin: Deutsches Institut für Wirtschaftsforschung

Glock, S. (2016a). Does ethnicity matter? The impact of stereotypical expectations on in-service teachers' judgments of students. *Social Psychology of Education, 19*, 493–509. https://doi.org/10.1007/s11218-016-9349-7

Glock, S. (2016b). Stop talking out of turn: The influence of students' gender and ethnicity on preservice teachers' intervention strategies for student misbehavior. *Teaching and Teacher Education, 56*, 106–114. https://doi.org/10.1016/j.tate.2016.02.012

Glock, S. & Kleen, H. (2017). Gender and student misbehavior: Evidence from implicit and explicit measures. *Teaching and Teacher Education, 67*, 93–103. https://doi.org/10.1016/j.tate.2017.05.015

Glock, S. & Krolak-Schwerdt, S. (2013). Does nationality matter? The impact of stereotypical expectations on student teachers' judgments. *Social Psychology of Education, 16*, 111–127. https://doi.org/10.1007/s11218-012-9197-z

Goldberg, P. (1968). Are women prejudiced against women? *Trans-Action, 5*(5), 28–30. http://dx.doi.org/10.1007/BF03180445

Haag, N., Kocaj, A., Jansen, M. & Kuhl, P. (2017). Soziale Disparitäten. In P. Stanat, S. Schipolowski, C. Rjosk, S. Weirich & N. Haag (Eds.), *IQB-Bildungstrend 2016. Kompetenzen in den Fächern Deutsch und Mathematik am Ende der 4. Jahrgangsstufe im zweiten Ländervergleich* (S. 213–236). Münster: Waxmann

Harari, H. & McDavid, J. W. (1973). Name stereotypes and teachers' expectations. *Journal of Educational Psychology, 65*, 222–225. https://doi.org/10.1037/h0034978

Holder, K. & Kessels, U. (2017). Gender and ethnic stereotypes in student teachers' judgments: A new look from a shifting standards perspective. *Social Psychology of Education, 20*, 471–490. https://doi.org/10.1007/s11218-017-9384-z

Joubert, C. E. (1993). Personal names as a psychological variable. *Psychological Reports, 73*, 1123–1145.

Judd, C. M. & Park, B. (1988). Out-group homogeneity: Judgments of variability at the individual and group levels. *Journal of Personality and Social Psychology*, *54*, 778–788. https://doi.org/10.1037/0022-3514.54.5.778

Jussim, L. & Harber, K. D. (2005). Teacher expectations and self-fulfilling prophecies: Knowns and unknowns, resolved and unresolved controversies. *Personality and Social Psychology Review*, *9*, 131–155. https://doi.org/10.1207/s15327957pspr0902_3

Kasof, J. (1993). Sex bias in the naming of stimulus persons. *Psychological Bulletin*, *113*, 140–163.

Kleen, H., Bonefeld, M., Dickhäuser, O. & Glock, S. (2019). Implicit attitudes toward Turkish students as a function of teachers' ethnicity. *Social Psychology of Education*. https://doi.org/10.1007/s11218-019-09502-9

Kleen, H. & Glock, S. (2018a). A further look into ethnicity: The impact of stereotypical expectations on teachers' judgments of female ethnic minority students. *Social Psychology of Education*, *21*, 759–773. https://doi.org/10.1007/s11218-018-9451-0

Kleen, H. & Glock, S. (2018b). The roles of teacher and student gender in German teachers' attitudes toward ethnic minority students. *Studies in Educational Evaluation*, *59*, 102–111. https://doi.org/10.1016/j.stueduc.2018.04.002

Kröner, S. & Dickhäuser, O. (2009). Was klingt intelligenter- Waltraud oder Matthias? Zeitliche Stabilität von Intelligenz-Wortnormen für Vornamen im Deutschen und ihre Geltung für Lehramtsstudierende. *Psychologie in Erziehung und Unterricht*, *56*, 150–157

Kulinna, P. H. (2008). Teachers' attributions and strategies for student misbehavior. *Journal of Classroom Interaction*, *42*, 21–30

Lieberson, S. & Bell, E. O. (1992). Children's first names: An empirical study of social taste. *American Journal of Sociology*, *98*, 511–554

Lorenz, G., Gentrup, S., Kristen, C., Stanat, P. & Kogan, I. (2016). Stereotype bei Lehrkräften? Eine Untersuchung systematisch verzerrter Lehrkrafterwartungen. *Kölner Zeitschrift für Soziologie und Sozialpsychologie*, *68*, 89–111. https://doi.org/10.1007/s11577-015-0352-3

Marksteiner, T., Dickhäuser, O. & Reinhard, M. A. (2012). Der Zusammenhang von Need for Cognition und Stereotypen bei der Beurteilung der Glaubwürdigkeit von Schülern. *Psychologie in Erziehung und Unterricht*, *59*, 47–59. https://doi.org/10.2378/peu2012.art04d

Mateos, P. (2014). *Names, ethnicity and populations. Tracing identity in space.* Berlin: Springer

Mehrabian, A. (1997). Impressions created by given names. *Names. A Journal of Onomastics*, *45*(1), 19–33

Mehrabian, A. (2001). Characteristics attributed to indvduals on the basis of their first names. *Genetic, Social and General Psychology Monographs*, *127*(1), 59–88

Mehringer, V. (2013). *Weichenstellung in der Grundschule: Sozial-Integration von Kindern mit Migrationshintergrund.* Münster: Waxmann

Mullen, B. & Hu, L.-T. (1989). Perceptions of ingroup and outgroup variability: A meta-analytic integration. *Basic and Applied Social Psychology*, *10*, 233–252. https://doi.org/10.1207/s15324834basp1003_3

Pettigrew, T. F. & Tropp, L. R. (2006). A meta-analytic test of intergroup contact theory. *Journal of Personality and Social Psychology, 90*, 751–783. https://doi.org/10.1037/0022-3514.90.5.751

Pöhlmann, C., Haag, N. & Stanat, P. (2013). Zuwanderungsbezogene Disparitäten. In H. A. Pant, P. Stanat, U. Schroeders, A. Roppelt, T. Siegle & C. Pöhlmann (Eds.), *IQB-Ländervergleich 2012. Mathematische und naturwissenschaftliche Kompetenzen am Ende der Sekundarstufe I* (S. 297–330). Münster: Waxmann

Reyna, C. (2008). Ian is intelligent but Leshaun is lazy: Antecedents and consequences of attributional stereotypes in the classroom. *European Journal of Psychology of Education, 23*, 439–458. https://doi.org/10.1007/BF03172752

Rjosk, C., Haag, N., Heppt, B. & Stanat, P. (2017). Zuwanderungsbezogene Disparitäten. In P. Stanat, S. Schipolowski, C. Rjosk, S. Weirich & N. Haag (Eds.), *IQB-Bildungstrend 2016. Kompetenzen in den Fächern Deutsch und Mathematik am Ende der 4. Jahrgangsstufe im zweiten Ländervergleich* (S. 237–275). Münster: Waxmann

Rudolph, U., Böhm, R. & Lummer, M. (2007). Ein Vorname sagt mehr als 1000 Worte: Zur sozialen Wahrnehmung von Vornamen. *Zeitschrift für Sozialpsychologie, 38*, 17–31. https://doi.org/10.1024/0044-3514.38.1.17

Rudolph, U. & Spörrle, M. (1999). Alter, Attraktivität und Intelligenz von Vornamen: Wortnormen für Vornamen im Deutschen. *Zeitschrift für Experimentelle Psychologie, 46*, 115–128. http://dx.doi.org/10.1026//0949-3946.46.2.115

Schipolowski, S., Wittig, J., Weirich, S. & Böhme, K. (2017). Geschlechtsbezogene Disparitäten. In P. Stanat, S. Schipolowski, C. Rjosk, S. Weirich & N. Haag (Eds.), *IQB-Bildungstrend 2016. Kompetenzen in den Fächern Deutsch und Mathematik am Ende der 4. Jahrgangsstufe im zweiten Ländervergleich* (S. 187–212). Münster: Waxmann

Sherman, J. W. (1996). Development and mental representation of stereotypes. *Journal of Personality and Social Psychology, 70*, 1126–1141

Smith, E. R. (1998). Mental representation and memory. In D. T. Gilbert, S. T. Fiske & G. Lindzey (Eds.), *Handbook of social cognition* (Vol. 1, pp. 391–445). New York, NY: McGraw-Hill

Sprietsma, M. (2013). Discrimination in grading: Experimental evidence from primary school teachers. *Empirical Economics, 45*, 523–538. https://doi.org/10.1007/s00181-012-0609-x

Stanat, P. (2003). Schulleistungen von Jugendlichen mit Migrationshintergrund: Differenzierung deskriptiver Befunde aus PISA und PISA – E. In J. Baumert, C. Artelt, E. KLieme, M. Neubrand, M. Prenzel, U. Schiefele, ... M. Weiß (Eds.), *PISA 2000 – Ein differenzierter Blick auf die Länder der Bundesrepublik Deutschland* (S. 243–260). Opladen: Leske & Budrich

Stanat, P. (2006). Disparitäten im schulischen Erfolg: Forschungsstand zur Rolle des Migrationshintergrundes. *Unterrichtswissenschaft, 34*, 98–124

Stanat, P., Rauch, D. & Segeritz, M. (2010). Schülerinnen und Schüler mit Migrationshintergrund [Students with immigrant background]. In E. Klieme, C. Artelt, J. Hartig, N. Jude, O. Köller, M. Prenzel, ... P. Stanat (Eds.), *PISA 2009. Bilanz nach einem Jahrzehnt* (S. 200–230). Münster: Waxmann

Tenenbaum, H. R. & Ruck, M. D. (2007). Are teachers' expectations different for racial minority than for European American students? A meta-analysis. *Journal of Educational Psychology, 99*, 253–273. https://doi.org/10.1037/0022-0663.99.2.253

Tobisch, A. & Dresel, M. (2017). Negatively or positively biased? Dependencies of teachers' judgments and expectations based on students' ethnic and social backgrounds. *Social Psychology of Education, 20*, 731–752. https://doi.org/10.1007/s11218-017-9392-z

Wendt, H., Steinmayr, R. & Kaspar, D. (2016). Geschlechterunterschiede in mathematischen und naturwissenschaftlichen Kompetenzen. In H. Wendt, W. Bos, C. Selter, O. Köller, K. Schwippert & D. Kaspar (Eds.), *TIMSS 2015. Mathematische und naturwissenschaftliche Kompetenzen von Grundschulkindern in Deutschland im internationalen Vergleich* (S. 257–298). Münster: Waxmann

Fleißig oder faul? Welche Einstellungen und Stereotype haben angehende Lehrkräfte gegenüber Schüler*innen aus unterschiedlichen sozialen Schichten?

Anita Tobisch und Markus Dresel

Zusammenfassung

Schüler*innen aus Familien mit niedrigem sozialen Status erreichen im Vergleich zu Schüler*innen aus Familien mit hohem sozialen Status schlechtere Leistungen und erhalten zum Teil auch trotz gleicher Fähigkeiten und Leistungen seltener eine Empfehlung für das Gymnasium. Anzunehmen ist, dass Lehrkräfte eine zentrale Rolle im Kontext der sozialen Ungleichheiten im Bildungssystem einnehmen und hierbei ihre Einstellungen und Stereotype gegenüber Schüler*innen mit unterschiedlichem sozialen Status von Bedeutung sind. Dieser Beitrag stellt eine Studie vor, in der implizite sowie explizite Einstellungen und Stereotype angehender Lehrkräfte gegenüber Schüler*innen mit hohem und niedrigem sozialen Status untersucht wurden. Aufbauend auf der Theorie der Eigengruppenpräferenz wurde zudem der soziale Status der Lehramtsstudierenden in den Analysen berücksichtigt. Die Ergebnisse verweisen auf positivere Einstellungen und Stereotype gegenüber Schüler*innen mit hohem sozialem Status.

A. Tobisch (✉) · M. Dresel
Universität Augsburg, Augsburg, Deutschland
E-Mail: anita.tobisch@phil.uni-augsburg.de

M. Dresel
E-Mail: markus.dresel@phil.uni-augsburg.de

Schlüsselwörter

Soziale Herkunft · Implizite Einstellungen · Explizite Einstellungen · Stereotype · Lehramtsstudierende · Eigengruppenpräferenz

5.1 Herkunftsabhängige Disparitäten im Bildungsverlauf

In Deutschland erweist sich die soziale Herkunft von Kindern und Jugendlichen weiterhin als gewichtiger Prädiktor schulischer Leistungen. Sowohl in den Schulleistungsstudien der Primarstufe (z. B. der *Internationalen Grundschul-Lese-Untersuchung* IGLU oder *Trends in International Mathematics and Science Study* TIMSS) als auch in Studien der Sekundarstufe (z. B. *Programme for International Student Assessment* PISA) zeigen sich seit nun knapp zwei Jahrzehnten bedeutsame Unterschiede in den erreichten Kompetenzen in Abhängigkeit der sozialen Herkunft von Kindern und Jugendlichen (z. B. Bonsen et al. 2008; Müller und Ehmke 2013; Prenzel et al. 2004; Stubbe et al. 2016; Wendt et al. 2012). Kinder und Jugendliche aus Familien mit hohem sozialen Status erreichen in diesen Untersuchungen deutlich bessere Ergebnisse als Kinder und Jugendliche aus Familien mit niedrigem sozialen Status.[1] Die soziale Herkunft umfasst, je nach theoretischer Grundlage, mehrere Indikatoren. Der sozioökonomische Status von Kindern und Jugendlichen wird dabei in der Regel durch Informationen über Schul- und Berufsabschlüsse sowie berufliche Merkmale der Eltern erfasst (Maaz et al. 2009b). Nach Müller und Ehmke (2013) kann der sozioökonomische Status als „die relative Position in einer vertikalen sozialen Gliederung, die mit unterschiedlichen Gestaltungs- und Einflussmöglichkeiten verbunden ist" (S. 247), verstanden werden. Während der sozioökonomische Status vorwiegend finanzielle Aspekte oder das Berufsprestige fokussiert, enthalten andere Theorien wie zum Beispiel die Kapitaltheorie nach Bourdieu (1982) eine breitere Auffassung über die soziale Herkunft und beinhalten neben ökonomischen Ressourcen und Bildungsabschlüssen unter anderem auch das soziale Netzwerk

---

[1]Der Anteil der Haushalte in Deutschland, die der Unterschicht (weniger als 60 % des Medianeinkommens) zugeordnet werden, beträgt ca. 34,7 %; aber auch der Anteil der unteren Mittelschicht (60–80 % des Medianeinkommens) ist mit 7,4 % nicht zu ignorieren (Bosch und Kalina 2015). Der Anteil an Kindern und Jugendlichen, die in Deutschland in Armut leben, ist mit 19 % (von zur Gathen und Liebert 2016) ebenfalls sehr hoch; dabei sind hier Kinder und Jugendliche aus der unteren Mittelschicht noch nicht einmal inbegriffen.

und Kulturgüter der Familien. Dabei besteht ein hoher Zusammenhang von ökonomischen Ressourcen und den Berufen der Eltern sowie zum Beispiel kulturellen Gütern oder Bildungsabschlüssen. Diese können wiederum u. a. die familiäre lernförderliche Umgebung aber auch Werte und Einstellungen im Zusammenhang des schulischen Kontexts beeinflussen (z. B. Müller und Ehmke 2013). Die soziale Herkunft von Schüler*innen umfasst somit weitaus mehr als ausschließlich ökonomische Ressourcen.

Die Ungleichheit im Bildungsverlauf von Kindern unterschiedlicher sozialer Herkunft beginnt bereits bei der selteneren Nutzung vorschulischer Einrichtungen durch Familien mit niedrigerem sozialen Status (z. B. Groos und Jehles 2015; Kreyenfeld 2004). Dies setzt sich in der Primarstufe durch einen höheren Anteil an Kindern mit niedrigem sozialen Status in Förderschulen fort (z. B. Hasselhorn et al. 2014) oder mündet (auch bei identischen kognitiven Fähigkeiten) in selteneren Übertrittsempfehlungen für das Gymnasium (z. B. Arnold et al. 2007; Mehringer 2013; Stubbe et al. 2012). Zwar verweisen zahlreiche empirische Befunde auf Unterschiede in den schulischen Leistungen von Kindern und Jugendlichen in Abhängigkeit ihrer sozialen Herkunft, die Ursachen hierfür sind allerdings nicht vollständig geklärt. Im wissenschaftlichen Diskurs besteht weitestgehend Konsens, dass nicht ein einzelner Faktor die Disparitäten im Bildungsverlauf und -erfolg von Kindern unterschiedlicher sozialer Herkunft erklären kann, sondern multikausale Erklärungsansätze notwendig sind (z. B. Maaz et al. 2009a). Aufbauend auf der *Differenzierung primärer und sekundärer Herkunftseffekte* nach Boudon (1974) wird davon ausgegangen, dass die soziale Herkunft zunächst einen direkten Einfluss auf die Leistungen und Fähigkeiten der Schüler*innen hat und sich hierdurch Disparitäten im Bildungsverlauf und -erfolg ergeben (primäre Herkunftseffekte). Allerdings wird ebenfalls angenommen, dass auch bei gleichen Fähigkeiten der soziale Status der Schüler*innen einen indirekten Einfluss hat, der sich zum Beispiel in schichtspezifischem Entscheidungsverhalten der Familien zeigt (sekundäre Herkunftseffekte). Dumont et al. (2014) erweiterten den Ansatz Boudons (1974), indem sie auch die Entscheidungen und Urteile von Lehrpersonen berücksichtigen und als Quelle potenzieller sekundärer Herkunftseffekte aufführen. Der vorliegende Beitrag beleuchtet dabei, ob Einstellungen (angehender) Lehrkräfte zu Schüler*innen unterschiedlicher sozialer Herkunft mehr oder weniger positiv ausfallen und ob Einschätzungen zu positiven beziehungsweise negativen lern- und leistungsrelevanten Eigenschaften mit dem sozialen Status von Schüler*innen verknüpft werden. Dies könnte Einfluss auf die Urteilsbildung von Lehrkräften haben und herkunftsabhängige Lehrkrafturteile erklären. Im folgenden Abschnitt wird daher zunächst betrachtet, ob die soziale Herkunft von Schüler*innen Lehrkrafturteile beeinflusst.

5.2 Welche Rolle spielen Lehrkräfte für Disparitäten im Bildungserfolg?

Erhalten Kinder und Jugendliche trotz gleicher Leistungen unterschiedliche Noten in Abhängigkeit von ihrer sozialen Herkunft, stellt sich die Frage, ob systematisch verzerrte Lehrkrafturteile hierfür verantwortlich sein könnten. Die Beurteilung von Schüler*innen durch Lehrkräfte sollte mit den tatsächlichen Ausprägungen der Schüler*innenmerkmale möglichst akkurat übereinstimmen (z. B. Artelt und Gräsel 2009; Helmke et al. 2004; Schrader 2009). Die empirische Befundlage zur Akkuratheit von Lehrkrafturteilen in Abhängigkeit von der sozialen Herkunft erweist sich allerdings als heterogen. Zwar konnten einige Untersuchungen keinen Einfluss der sozialen Schüler*innenherkunft auf die Genauigkeit von Lehrkrafturteilen finden (z. B. Kaiser et al. 2015; Karing et al. 2011); Ready und Wright (2011) sowie Ready und Chu (2015) berichten für den vorschulischen Kontext jedoch eine Überschätzung von Kindern aus Familien mit hohem sozialen Status. Nicht nur für die Urteilsakkuratheit, sondern auch für Lehrkrafturteile im Allgemeinen erweist sich die Befundlage als heterogen. Während einige Studien keinen Einfluss der sozialen Herkunft auf Lehrkrafturteile ausmachen können (z. B. Glock und Krolak-Schwerdt 2014; Klapproth et al. 2012, 2013), verweisen andere empirische Studien auf negativere Beurteilungen von Schüler*innen mit niedrigem sozialen Status (z. B. De Boer et al. 2010; Harvey und Slatin 1975; McCombs und Gay 1988). Timmermans et al. (2015) konnten zum Beispiel für 500 niederländische Lehrkräfte zeigen, dass vor allem der Bildungsabschluss der Eltern bedeutsamen Einfluss auf die Empfehlung für eine weiterführende Schule hat. Aber nicht nur die Einschätzung der schulischen Leistungen kann durch die soziale Herkunft beeinflusst werden. So wird die Intelligenz von Schüler*innen aus höheren sozialen Schichten höher eingeschätzt und von Schüler*innen aus niedrigen sozialen Schichten werden negativere Verhaltensweisen erwartet (z. B. Alvidrez und Weinstein 1999; Dunkake und Schuchart 2015). Experimentelle Untersuchungen zeigen, dass trotz völlig identischer Schüler*inneninformationen die Herkunft einen Einfluss auf Urteile von Lehrkräften und Lehramtsstudierenden hat (z. B. Tom et al. 1984; Tobisch und Dresel 2017). Darley und Gross (1983) zeigten Studierenden ein Video von einem Mädchen der vierten Jahrgangsstufe mit unterschiedlichen Leistungen. Im Anschluss sollten die Studierenden die akademischen Fähigkeiten der Schülerin einschätzen.

Neben der Manipulation der Leistung durch entsprechende Videosequenzen wurde auch die soziale Herkunft variiert. Hierzu wurde einer Hälfte der Studierenden das Mädchen in einer urbanen, einkommensschwachen Gegend gezeigt; die andere Hälfte der Studierenden sah das Mädchen in einer suburbanen Gegend, die eher der Mittelschicht zuzuordnen war. Erwartungskonform wurden die akademischen Fähigkeiten des Mädchens unter der Annahme eines hohen sozialen Status höher eingeschätzt.

Trotz der uneinheitlichen Befundlage verweisen Studien regelmäßig auf die Bedeutung der sozialen Herkunft für den Bildungsverlauf und -erfolg und deuten dabei auf einen maßgeblichen Einfluss der Lehrkraft hin. Dabei stellt sich allerdings die Frage, warum die soziale Herkunft einen Einfluss auf die Bewertung von Schüler*innenleistungen oder Empfehlungen für eine weiterführende Schule haben sollte. Vermutet wird, dass der soziale Status von Schüler*innen mit mehr oder weniger positiven Stereotypen verknüpft sein könnte, aber auch, dass positive oder negative Einstellungen von Lehrkräften gegenüber der sozialen Herkunft die Beurteilung beeinflussen könnten (z. B. Dumont et al. 2014). Im Folgenden werden daher Einstellungen und Stereotype im Zusammenhang mit der sozialen Herkunft näher betrachtet.

5.3 Einstellungen und Stereotype von (angehenden) Lehrkräften gegenüber einem hohen und niedrigen sozialen Status von Schüler*innen

Nachdem die soziale Herkunft von Schüler*innen als soziale Kategorie wirksam ist, kann sie bei Lehrkräften auch entsprechende positive und negative Einstellungen hervorrufen und auch mit bestimmten Stereotypen verknüpft sein. Nach Eagly und Chaiken (1993) werden *Einstellungen* als psychische Tendenz beschrieben, die ihren Ausdruck in einer positiven oder negativen Bewertung eines Einstellungsobjekts haben. Unterschieden werden kann zudem zwischen impliziten und expliziten Einstellungen (z. B. Gawronski und Bodenhausen 2006). Angenommen wird, dass implizite Einstellungen, da sie automatisch aktiviert werden und dem Individuum nicht direkt zugänglich sind, insbesondere automatisierte Prozesse der Urteilsbildung und des Verhaltens beeinflussen; explizite Einstellungen sind Individuen direkt zugänglich und vor allem für kontrollierte Prozesse relevant; wobei eine Trennung beider Prozesse häufig nicht möglich ist und demnach implizite und explizite Einstellungen auch ineinandergreifen können (z. B. Fazio et al. 1995; Olson und Fazio 2009). *Stereotype* hingegen sind Zuschreibungen bestimmter Attribute zu sozialen Kategorien (z. B. Tajfel 1969), die nicht zwingend eine bewertende Komponente beinhalten (z. B. Greenwald und Banaji 1995; Kunda und Thagard 1996). Ein hoher beziehungsweise niedriger sozialer Status von Schüler*innen kann zum Beispiel positive bewertende Gedanken oder Gefühle auslösen (Einstellungen), aber auch mit spezifischen Merkmalen und Eigenschaften verknüpft sein (Stereotype).

In theoretischen Arbeiten wird häufig ein Einfluss von Einstellungen und Stereotypen auf die Urteilsbildung und das Verhalten postuliert (z. B. Fazio 1990; Fiske und Neuberg 1990; Miller und Turnbull 1986; Olson und Fazio 2009; Sanbonmatsu und Fazio 1990; Schrader und Helmke 2001). Fiske und Neuberg (1990) beschreiben in ihrem Kontinuum-Modell der Eindrucksbildung den Prozess der sozialen Informationsverarbeitung, der mehr oder weniger stereotypengeleitet sein kann. Im Gegensatz zu anderen Zwei-Prozess-Modellen (z. B. Brewer 1988) gehen Fiske und Neuberg (1990) nicht von zwei getrennten Prozessen (automatisiert vs. kontrolliert) aus, sondern sehen die Ausprägungen „automatisiert" und „kontrolliert" als zwei Pole eines Kontinuums an. Zunächst ist davon auszugehen, dass Individuen andere Personen als Vertreter*innen einer sozialen Kategorie wahrnehmen. Ist zumindest ein geringes Interesse an der anderen Person vorhanden, kann die Aufmerksamkeit auch auf deren individuelle Eigenschaften gelenkt werden (Fiske und Neuberg 1990). Im schulischen Kontext ist davon auszugehen, dass Lehrkräfte Interesse an ihren Schüler*innen haben; entsprechend ist eine völlig automatisierte Eindrucksbildung eher unwahrscheinlich. Allerdings gehen Fiske und Neuberg (1990) davon aus, dass das Interesse an anderen Personen nicht in einer völlig kontrollierten Informationsverarbeitung münden muss, sondern nur bei Bedarf (z. B. wenn wahrgenommene Merkmale inkonsistent zu Stereotypen der sozialen Kategorie sind) weitere individuelle Informationen in die Eindrucksbildung integriert werden. Stereotype sind entsprechend auch im gesamten Kontinuum relevante Einflussfaktoren auf die Urteilsbildung.

Insgesamt verweisen empirische Befunde auf deutliche Unterschiede in den Einstellungen und Stereotypen gegenüber unterschiedlichen Herkunftsgruppen. Personen aus niedrigen sozialen Schichten werden im Vergleich zu Personen aus hohen sozialen Schichten meist negativere Attribute (z. B. geringere Kompetenz) zugeschrieben (Überblick bei Durante und Fiske 2017). Eine Analyse von Durante et al. (2017) in knapp 30 Nationen zeigte, dass sich Stereotype nach sozialer Schicht auch im internationalen Vergleich auffinden lassen. Personen aus hohen sozialen Schichten wurden als weniger warm, jedoch kompetenter eingeschätzt. Im Gegensatz dazu wurden Personen aus niedrigen sozialen Schichten als wärmer, allerdings weniger kompetent wahrgenommen. In einer schwedischen Online-Studie bestätigten Lindqvist et al. (2017) die geringere Einschätzung der

Kompetenz von Personen mit niedrigem sozialen Status, konnten jedoch auch nur eine eher geringere Einschätzung der Dimension Wärme auffinden. Durch reaktionszeitgestützte Verfahren zeigte sich auch implizit eine stärkere Assoziation von Kälte und Inkompetenz mit einem niedrigen sozialen Status (Lindqvist et al. 2017). In einer zweiten Untersuchung gaben Versuchspersonen zudem freie Assoziationen über Personen aus niedrigen sozialen Schichten an. Dabei waren die häufigsten fünf Nennungen folgende (Lindqvist et al. 2017): „faul", „ungebildet", „drogenabhängig", „Migrationshintergrund" und „nicht intelligent". Interessanterweise wurde dabei auch eine weitere soziale Kategorie, die des Migrationshintergrunds, genannt. Die weiteren Adjektive, die mit einem niedrigen sozialen Status assoziiert wurden, sind durchweg als negativ anzusehen. Stereotype gegenüber sozialen Gruppen werden aber auch kontextspezifisch aktiviert (z. B. Casper et al. 2010) und können entsprechend in spezifischen stereotypisierten Kontexten Urteile und Verhalten beeinflussen (z. B. Hechtman und Rosenthal 1991). So kann der soziale Status einer Person in spezifischen Situationen, zum Beispiel in leistungsbezogenen Kontexten, auch entsprechend leistungsbezogene Stereotype aktivieren (z. B. „fleißig"). Aus diesem Grund ist anzunehmen, dass Lehrkräfte und Lehramtsstudierende zwar auch Einstellungen und Stereotype über niedrige und hohe soziale Schichten im Allgemeinen haben, im schulischen Kontext aber hautpsächlich leistungsspezifische Stereotype aktiviert werden.

Empirische Befunde zu Stereotypen und Einstellungen gegenüber der sozialen Schüler*innenherkunft sind allerdings rar. Eine der wenigen Ausnahmen stellt eine Studie von Pit-ten Cate und Glock (2018) dar. Sie untersuchten implizite und explizite Einstellungen gegenüber Eltern mit hohem oder niedrigem Bildungsniveau. Das Bildungsniveau der Eltern ist zwar nicht gleichzusetzen mit dem sozialen Status der Schüler*innen, stellt jedoch eine wesentliche Determinante der sozialen Herkunft dar. Dabei zeigten die Ergebnisse positivere implizite Einstellungen gegenüber einem hohen Bildungsniveau im Vergleich zu einem niedrigen Bildungsniveau; allerdings erbrachten die Analysen für die expliziten Einstellungen keine bedeutsamen Unterschiede (Pit-ten Cate und Glock 2018). Eine Forschungsarbeit von Glock et al. (2016) untersuchte die impliziten und expliziten Einstellungen Lehramtsstudierender gegenüber dem sozialen Status und brachte die Einstellungen in den Zusammenhang mit Urteilen über Schüler*innen. Dabei nutzten Glock et al. (2016) Beschreibungen zweier männlicher Schüler (hoher sozialer Status und überdurchschnittliche Leistung; niedriger sozialer Status und unterdurchschnittliche Leistung). Es zeigte sich, dass die untersuchten Lehramtsstudierenden sowohl positivere implizite als auch explizite Einstellungen gegenüber Schülern mit hohem sozialen Status aufwiesen.

Die Ergebnisse verweisen zudem darauf, dass Studierende mit positiveren Einstellungen gegenüber einem hohen sozialen Status Schüler mit hohem sozialen Status besser beurteilten (Glock et al. 2016).

Ditton (2016) vermutet, dass Lehrkräfte, die häufig selbst aus (oberen) mittelschichtgeprägten Herkunftsfamilien stammen (z. B. Büchler 2012), eine Präferenz für Kinder aus höheren sozialen Schichten aufweisen, da sie ihnen in ihrem Verhalten und ihren Werten ähnlicher erscheinen. Die Voraussetzung hierfür ist zunächst die Identifikation mit einer sozialen Gruppe (Eigengruppe) durch spezifische Merkmale (z. B. dem eigenen sozialen Status), die dann zu positiveren Einstellungen und Verhaltensweisen gegenüber der Eigengruppe im Vergleich zu Fremdgruppen führen (z. B. Brewer 1979; Sherif 1966; Tajfel und Turner 1986). Empirische Analysen zur *Eigengruppenpräferenz* und zu positiveren Einstellungen im schulischen Kontext zeigen sich zum Beispiel für die ethnische Zugehörigkeit. Kleen et al. (2019) untersuchten basierend auf der theoretischen Annahme der Eigengruppenpräferenz die impliziten und expliziten Einstellungen Lehramtsstudierender gegenüber Schüler*innen deutscher und türkischer Herkunft unter Berücksichtigung der eigenen ethnischen Herkunft der angehenden Lehrkräfte (deutsch, türkisch, anderer Migrationshintergrund). Die Ergebnisse verweisen auf positivere implizite Einstellungen gegenüber der Eigengruppe bei deutschen und türkischstämmigen Studierenden. Allerdings zeigten sich positive explizite Einstellungen der Lehramtsstudierenden gegenüber der türkischen Herkunft, unabhängig von ihrer eigenen Gruppenzugehörigkeit. Kleen et al. (2019) diskutieren dabei insbesondere den potenziellen Einfluss der sozialen Erwünschtheit als Ursache für die positiven expliziten Einstellungen. Da Diskriminierung aufgrund der sozialen Herkunft zwar bekannt ist, allerdings gesellschaftlich nicht in dem Ausmaß thematisiert wird wie ethnische Benachteiligung oder Bevorzugung, ist denkbar, dass der Einfluss der sozialen Erwünschtheit bei expliziten Einstellungen gegenüber einem hohen oder niedrigen sozialen Status nicht so stark ausgeprägt ist.

Insgesamt verweisen die bisherigen empirischen Befunde zu Stereotypen und Einstellungen gegenüber Personen mit niedrigem sozialem Status auf ein negatives Bild. Für den schulischen Kontext existieren zwar mittlerweile einige Untersuchungen zu Stereotypen und/oder Einstellungen gegenüber ethnischen Minderheiten oder Geschlechterstereotypen (z. B. Glock und Klapproth 2017; Kleen et al. 2019), allerdings existieren unseres Wissens bislang nur wenige empirische Studien die explizit Lehrkrafteinstellungen und -stereotypen im Kontext der sozialen Schüler*innenherkunft fokussieren (z. B. Glock et al. 2016; Pit-ten Cate und Glock 2018). Dabei ist zunächst allerdings von besonderer Bedeutung, welche Ausprägungen der impliziten und expliziten Einstellungen gegenüber einem niedrigen und hohen sozialen Status vorliegen und welche Eigenschaften insbesondere im schulischen Kontext damit verknüpft werden. Angenommen werden kann zudem, dass durch die Eigengruppenpräferenz auch die soziale Herkunft von angehenden und erfahrenen Lehrkräften einen Einfluss auf ihre Einstellungen gegenüber Schüler*innen unterschiedlicher sozialer Herkunft hat und entsprechend Schüler*innen, die zur sozialen Eigengruppe zählen, positiver beurteilt werden.

5.4 Eine Untersuchung zu Einstellungen und Stereotypen Lehramtsstudierender

Basierend auf Theorien zu sekundären Herkunftseffekten im Zusammenhang mit der sozialen Schüler*innenherkunft (z. B. Dumont et al. 2014) sowie Studien zu positiveren Einstellungen und Stereotypen gegenüber Personen mit hohem sozialen Status (z. B. Glock et al. 2016; Pit-ten Cate und Glock 2018), liegt die Annahme nahe, dass (angehende) Lehrkräfte unterschiedlich positiv beziehungsweise negativ ausgeprägte Einstellungen sowie Stereotype für einen hohen beziehungsweise niedrigen sozialen Status von Schüler*innen aufweisen. Da sowohl implizite als auch explizite Einstellungen relevant für die Urteilsbildung sein können, werden beide Konstrukte in der aktuellen Studie berücksichtigt. Bislang liegen unseres Wissens nur wenige empirische Studien vor (z. B. Glock et al. 2016), die sowohl implizite als auch explizite Einstellungen gegenüber der sozialen Herkunft von Schüler*innen berücksichtigen. Berichtet wird im Folgenden eine Studie, die das Ziel verfolgt, den Forschungsstand hierzu zu ergänzen und die bereits bestehenden Informationen zu positiveren Einstellungen gegenüber Schüler*innen mit hohem sozialen Status zu bestätigen. Da Einstellungen und Stereotype gegenüber bestimmten Schüler*innengruppen bereits im Studium vorhanden sind, untersucht die hier vorgestellte Studie Lehramtsstudierende. Dabei gehen wir von folgenden Annahmen aus:

H_1 Lehramtsstudierende haben positivere implizite und explizite Einstellungen gegenüber Schüler*innen aus hohen sozialen Schichten im Vergleich zu Schüler*innen aus niedrigen sozialen Schichten.

Neben der Ausprägung impliziter und expliziter Einstellungen ist für den schulischen Kontext ebenfalls von Bedeutung, welche unterrichtsrelevanten Eigenschaften Schüler*innen mit hohem und niedrigem sozialen Status zugeschrieben werden. Basierend auf der Annahme, dass positivere Einstellungen gegenüber

Schüler*innen mit hohem sozialen Status vorliegen, gehen wir davon aus, dass angehende Lehrkräfte auch konkrete positive lern- und leistungsrelevante Eigenschaften stärker mit Schüler*innen assoziieren, die einen hohen sozialen Status aufweisen. Zudem stellt sich die Frage, ob sich besonders hohe Ausprägungen positiver oder negativer Eigenschaftszuschreibungen nach sozialer Herkunft auffinden lassen.

H_2 Lehramtsstudierende schreiben Schüler*innen aus hohen sozialen Schichten im Vergleich zu Schüler*innen aus niedrigen sozialen Schichten positivere Schülereigenschaften zu.

Theoretische Annahmen zur Eigengruppenpräferenz (z. B. Tajfel und Turner 1986) sowie empirische Befunde zum Einfluss der Gruppenzugehörigkeit von Lehramtsstudierenden auf ihre Einstellungen (z. B. bei der ethnischen Herkunft; Kleen et al. 2019) verdeutlichen, dass auch Merkmale der Lehrkräfte berücksichtigt werden sollten. Entsprechend gehen wir davon aus, dass die soziale Herkunft der Lehramtsstudierenden einen Einfluss auf ihre Einstellungen und Stereotype gegenüber Schüler*innen aus unterschiedlichen sozialen Schichten hat. Es ist davon auszugehen, dass Studierende, die selbst einen hohen sozialen Status haben, tendenziell positivere Einstellungen gegenüber Schüler*innen mit hohem sozialen Status aufweisen und mit diesen Schüler*innen auch positivere lern- und leistungsrelevante Eigenschaften assoziieren als Studierende mit einem niedrigeren sozialen Status.

H_3 Lehramtsstudierende haben gegenüber Schüler*innen der sozialen Eigengruppe positivere implizite und explizite Einstellungen.
H_4 Lehramtsstudierende schreiben Schüler*innen der sozialen Eigengruppe positivere Eigenschaften zu.

5.4.1 Methode

Im Rahmen einer Fragebogenerhebung zu expliziten Einstellungen gegenüber einem hohen und niedrigen sozialen Status von Schüler*innen mit anschließender reaktionszeitgestützter Erfassung impliziter Einstellungen wurden $N=76$ Lehramtsstudierende in Einzelsitzungen untersucht (79 % weiblich; Grundschullehramt: 47 %, Haupt-/Mittelschullehramt: 26 %, Realschullehramt: 5 %,

Gymnasiallehramt: 21 %).[2] Die Studierenden waren im Durchschnitt 20,7 Jahre ($SD=3{,}9$) alt und standen am Anfang ihres Studiums ($M=1{,}1$ Semester, $SD=0{,}4$).

Im Fragebogen wurden *explizite Einstellungen* mit drei sechsstufigen bipolaren Skalen erfasst. Dabei wurde eine adaptierte Version der Skala zur Messung von Einstellungen gegenüber einer heterogenen Schülerschaft eingesetzt (Grassinger et al. 2016; Lehmann-Grube et al. 2017a, b). Diese Skala lässt sich in drei Subskalen untergliedern: 1) Valenz, 2) Auswirkungen auf das Lernen der Schüler*innen sowie 3) Aufwand für die Lehrkraft. Jede der drei Subskalen wurde jeweils separat für einen niedrigen und hohen Status der Schüler*innen vorgelegt. Dementsprechend beantworteten alle Lehramtsstudierenden jeweils diese drei Subskalen für einen niedrigen (Itemstamm: „Für den Unterricht in meinem Fach halte ich einen niedrigen sozioökonomischen Status von Schüler*innen für…") sowie für einen hohen Status (Itemstamm: „Für den Unterricht in meinem Fach halte ich einen hohen sozioökonomischen Status von Schüler*innen für…"). Die Valenz wurde für einen hohen beziehungsweise niedrigen Status mit jeweils zwei Items erfasst (z. B. „unangenehm"/„angenehm"; $\alpha=0{,}82$–$0{,}81$). Die Einstellung, wie positiv beziehungsweise negativ ein hoher beziehungsweise niedriger sozialer Status für das Lernen der Schüler*innen ist, wurde mit jeweils vier Items (z. B. „hinderlich"/„förderlich" für die Leistungsentwicklung der Schüler*innen; $\alpha=0{,}73$–$0{,}75$) gemessen. Den Aufwand eines niedrigen beziehungsweise hohen Status der Schüler*innen für die Lehrkraft wurde mit drei Items erfasst (z. B. „nicht aufwendig"/„aufwendig"; $\alpha=0{,}75$–$0{,}81$).

Stereotype Assoziationen gegenüber einem niedrigen und einem hohen sozialen Status von Schüler*innen wurden mit zwei semantischen Differenzialen erfasst. Grundsätzlich können semantische Differenziale schwierig im Einsatz sein, falls die Gegensatzpaare zu abstrakt sind (z. B. Kanning 2011). Aus diesem Grund wurden in dieser Studie typische Eigenschaften gewählt, die im Unterrichtsalltag von Relevanz sein könnten. Die bipolare sechsstufige Skala enthielt insgesamt 15 gegensätzliche Eigenschaftspaare (acht positive Adjektive, z. B. „gar nicht intelligent"/„sehr intelligent"; $\alpha=0{,}90$–$0{,}87$; sieben negative Adjektive, z. B. „gar nicht respektlos"/„sehr respektlos"; $\alpha=0{,}90$–$0{,}85$). Dabei wurden den Studierenden zwei Skalen vorgelegt, die in ihren Eigenschaftspaaren identisch waren. Eine Skala

---

[2] Die Datenerhebung erfolgte im Rahmen einer umfangreicheren Studie. In diesem Beitrag werden Ergebnisse präsentiert, die die soziale Herkunft von Schüler*innen fokussieren.

erfasste die stereotypen Assoziationen der Eigenschaften für Schüler*innen mit einem niedrigen sozialen Status, die andere Skala für Schüler*innen mit einem hohen sozialen Status.

Zudem wurde die Selbsteinschätzung der sozialen Herkunft der Studierenden mit einem fünfstufigen Item („Welcher sozialen Schicht würden Sie sich beziehungsweise Ihre Familie zuordnen?") von 1 *(Unterschicht)* bis 5 *(Oberschicht)* erfasst. Dabei gaben 47,4 % an, dass sie der Mittelschicht und 46,1 %, dass sie der oberen Mittelschicht angehörten. Zwei Studierende fühlten sich eher der unteren Mittelschicht zugehörig und drei Studierende der Oberschicht. Für die folgenden Analysen wurden daher die untere Mittelschicht und Mittelschicht sowie die obere Mittelschicht und Oberschicht zusammengefasst, sodass sich jeweils 38 Studierende in jeder Gruppe befanden. Die Selbstberichtdaten der Lehramtsstudierendenden zu ihrem sozialen Status entsprechen dabei der Annahme, dass der Anteil Studierender mit niedrigem sozialen Status sehr gering ist (z. B. Büchler 2012). Entsprechend ist im Folgenden von Studierenden mit hohem sozialen Status und Studierenden mit niedrigerem sozialen Status (im Vergleich zu Studierenden mit hohem sozialen Status) die Rede.

Implizite Einstellungen wurden mit dem *impliziten Assoziationstest* (z. B. Greenwald et al. 1998, 2003) erfasst. Dieses computerbasierte, reaktionszeitgestützte Verfahren basiert auf der Annahme, dass Personen Attribute zu Kategorien schneller zuordnen, je enger diese im Gedächtnis miteinander verknüpft sind. In der vorliegenden Studie wurde angenommen, dass ein hoher sozialer Status mit positiveren Eigenschaften verknüpft ist als ein niedriger sozialer Status. Entsprechend ist davon auszugehen, dass bei Personen, bei denen diese Verknüpfung besonders stark ausgeprägt ist (d. h. besonders positive implizite Einstellungen gegenüber einem hohen sozialen Status), die Reaktionszeit bei der Zuordnung von positiven Attributen zu einem hohen Status geringer ist als bei der Zuordnung positiver Attribute zu einem niedrigen Status. In der hier vorgestellten Studie wurden acht positive (z. B. „ehrgeizig") und acht negative (z. B. „vorlaut") Schülereigenschaften als *Attributkategorien* genutzt, die den Begriffen *positiv* oder *negativ* zugeordnet werden sollten. Hierdurch kann die Valenz der impliziten Einstellungen erfasst werden. Als *Zielkategorien* sollten Begriffe eingesetzt werden, die klar einem hohen beziehungsweise niedrigen sozialen Status zugeordnet werden können. Da die elterlichen Berufe gute Indikatoren für die soziale Herkunft darstellen, wurden jeweils acht Berufe ausgewählt, die einen hohen (z. B. Richter) und einen niedrigen (z. B. Kellner) sozialen Status nach der ISCO-Klassifikation aufweisen (*International Standard Classification of Occupations;* z. B. Bundesamt für Statistik 2017; Ganzeboom et al. 1992). Die Berufe sollten den Zielkategorien *hoher Status vs. niedriger Status* zugeordnet werden. Um sicher zu gehen, dass die Attribut- und Zielkategorien auch entsprechend klar zugeordnet werden, wurde den Versuchspersonen zunächst eine Übersicht über alle Kategorien, Eigenschaften und Berufe gegeben. Zudem wurden Übungsdurchläufe vor den eigentlich relevanten stereotypkonformen (hoher Status/positiv & niedriger Status/negativ) und diskonformen (hoher Status/negativ & niedriger Status/positiv) Testblöcken durchlaufen. Die Differenz der Latenzzeiten der kongruenten und inkongruenten Blöcke ergibt den *D-Score* (Greenwald et al. 2003). Positive *D*-Scores können als positive implizite Einstellungen gegenüber einem hohen sozialen Status beziehungsweise negative Einstellungen gegenüber einem niedrigen sozialen Status interpretiert werden.

5.4.2 Ergebnisse

Angenommen wurde, dass Lehramtsstudierende positivere Einstellungen gegenüber Schüler*innen aus hohen sozialen Schichten im Vergleich zu Schüler*innen aus niedrigen sozialen Schichten aufweisen. Multivariate Varianzanalysen zeigten zunächst einen bedeutsamen Haupteffekt der sozialen Schüler*innenherkunft für die expliziten Einstellungen, $F(1,75) = 21{,}855$, $p < {,}001$, $\eta^2 = {,}23$. Hierzu erbrachten die Analysen für alle drei Subskalen bedeutsame Unterschiede in den Einstellungen nach sozialem Status der Schüler*innen: Valenz, $F(1,75) = 26{,}053$, $p < {,}001$, $\eta^2 = {,}26$, Auswirkungen auf das Lernen der Schüler*innen, $F(1,75) = 9{,}247$, $p < {,}01$, $\eta^2 = {,}11$, und Lehrkraftaufwand, $F(1,75) = 13{,}071$, $p < {,}001$, $\eta^2 = {,}15$. Die Valenz gegenüber Schüler*innen mit einem hohen sozialen Status war positiver ausgeprägt. Zudem bewerteten die Studierenden einen hohen sozialen Status auch als positiver für das Lernen der Schüler*innen. Der Aufwand für Lehrkräfte wurde bei Schüler*innen aus hohen sozialen Schichten als größer wahrgenommen. Die Ergebnisse des impliziten Assoziationstests zeigten eine starke Präferenz der Lehramtsstudierenden gegenüber einem hohen sozialen Status im Vergleich zu einem niedrigen sozialen Status (siehe Tab. 5.1). Dabei zeigte sich jedoch auch eine große Spannweite der individuellen Ergebnisse der angehenden Lehrkräfte ($D_{min} = -0{,}02$, $D_{max} = 1{,}53$).

Neben den Annahmen zu Unterschieden in impliziten und expliziten Einstellungen wurde zudem angenommen, dass Lehramtsstudierende Schüler*innen mit hohem sozialen Status positivere lern- und leistungsrelevante Eigenschaften zuschreiben als Schüler*innen mit niedrigem sozialen Status. Diesbezügliche Varianzanalysen mit Messwiederholung der Schülereigenschaften im semantischen Differenzial zeigten zunächst bedeutsame Unterschiede zwischen den einzelnen Adjektiven, $F(14,62) = 6{,}251$, $p < {,}001$, $\eta^2 = {,}59$. Insgesamt deuten die

Tab. 5.1 Mittelwerte, Standardabweichungen und bivariate Korrelationen der Einstellungen

	M (SD)	(1)	(2)	(3)	(4)	(5)	(6)
(1) Implizite Einstellungen	0,71 (0,36)	–					
Explizite Einstellungen: hoher Status							
(2) Valenz	4,08 (0,80)	–,06	–				
(3) Lernen der Schüler*innen	3,91 (0,83)	–,11	,62**	–			
(4) Lehrkraftaufwand	4,12 (1,02)	–,06	,24*	,42**	–		
Explizite Einstellungen: niedriger Status							
(5) Valenz	3,39 (0,66)	–,17	–,27*	–,09	,04	–	
(6) Lernen der Schüler*innen	3,49 (0,74)	–,21	–,24	–,19	,00	,76**	–
(7) Lehrkraftaufwand	3,65 (0,99)	–,21	–,27	–,04	,37**	,35**	,38**

Anmerkungen. $N = 76$, $*p < ,05$, $**p < ,01$

Befunde darauf hin, dass Schüler*innen (unabhängig von der sozialen Herkunft) tendenziell eher positive Eigenschaften zugeschrieben wurden (siehe Abb. 5.1). Die Analysen erbrachten allerdings auch einen signifikanten Haupteffekt des sozialen Status der Schüler*innen, $F(1,75) = 9,053$, $p < ,01$, $\eta^2 = ,11$. Im Durchschnitt wurden Schüler*innen aus hohen sozialen Schichten dabei positivere Eigenschaften zugeschrieben als Schüler*innen aus niedrigen sozialen Schichten (siehe Abb. 5.1). Zudem verwiesen die Ergebnisse auf eine signifikante Interaktion der sozialen Herkunft und den Adjektiven im semantischen Differenzial, $F(14,62) = 7,123$, $p < ,001$, $\eta^2 = ,62$. Schüler*innen mit hohem sozialen Status werden im Vergleich zu Schüler*innen mit niedrigem sozialen Status mehr positive Eigenschaften und weniger negative Eigenschaften zugeschrieben.

Um für die einzelnen Eigenschaften Unterschiede nach der sozialen Schüler*innenherkunft zu berechnen und zudem zu klären, ob die Eigenschaften für Schüler*innen mit hohem oder niedrigem Status besonders positiv oder negativ ausgeprägt sind, wurden zusätzlich *t*-Tests berechnet (siehe Tab. 5.2). Dabei verweisen die Ergebnisse darauf, dass die angehenden Lehrkräfte Schüler*innen mit hohem sozialen Status als signifikant *ehrgeiziger, fleißiger, intelligenter, konzentrierter, motivierter* sowie als weniger *aggressiv, schlampig* und *unzuverlässig* einschätzten als Schüler*innen aus niedrigen sozialen Schichten. Allerdings zeigte sich auch, dass Schüler*innen mit hohem sozialen Status als *ignoranter* und weniger *kreativ* eingeschätzt wurden. Tab. 5.2 sind zudem die Abweichungen vom Skalenmittelwert bei Schüler*innen mit hohem sozialen Status und bei

5 Fleißig oder faul? Welche Einstellungen und Stereotype …

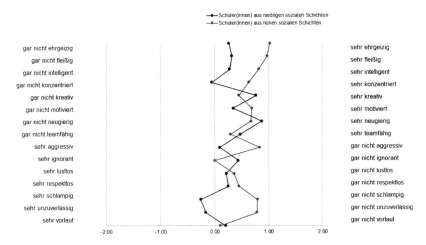

Abb. 5.1 Semantisches Differenzial der Einschätzungen Lehramtsstudierender nach niedrigem und hohem sozialen Status von Schüler*innen

Schüler*innen mit niedrigem sozialen Status zu entnehmen. Die Ergebnisse zeigen für Schüler*innen mit hohem sozialen Status in allen erfassten Eigenschaften signifikante Abweichungen vom Skalenmittelwert in positiver Richtung. Die beiden einzigen Ausnahmen stellten die Eigenschaften *ignorant* und *vorlaut* dar; diese wurden zwar tendenziell als positiv ausgeprägt eingeschätzt, weichen jedoch nicht bedeutsam vom Skalenmittelwert ab. Die durchschnittliche Ausprägung der Eigenschaften bei Schüler*innen mit niedrigem sozialen Status erweist sich zwar auch für einige Eigenschaften als tendenziell positiv. Allerdings zeigen sich für deutlich weniger Merkmale signifikante Abweichungen vom Skalenmittelwert.

Basierend auf der Theorie der Eigengruppenpräferenz wurde auch der soziale Status der Studierenden in die Analysen einbezogen. Die Varianzanalysen mit Messwiederholung für die expliziten Einstellungen erbrachten eine signifikante Interaktion des sozialen Status der Schüler*innen und des sozialen Status der Studierenden, $F(1,74) = 3{,}994$, $p < {,}05$, $\eta^2 = {,}05$. Abb. 5.2 können die Mittelwerte nach Subskalen und sozialem Status der Schüler*innen in Abhängigkeit des sozialen Status der Lehramtsstudierenden entnommen werden. Dabei zeigten die weiterführenden Analysen für die Valenz einen bedeutsamen Effekt des sozialen Status der Studierenden, $F(1,74) = 3{,}599$, $p < {,}05$, $\eta^2 = {,}05$. Bei Lehramtsstudierenden mit hohem sozialen Status zeigte sich eine positiver ausgeprägte

Tab. 5.2 Ergebnisse der t-Test für positive und negative Schülereigenschaften nach niedrigem und hohem sozialen Status

	Unterschied zwischen Schüler*innen mit hohem und niedrigem sozialen Status		Abweichung vom Skalenmittelwert bei Schüler*innen mit hohem sozialen Status		Abweichung vom Skalenmittelwert bei Schüler*innen mit niedrigem sozialen Status	
	t	p	t	p	t	p
Positive Eigenschaften						
Ehrgeizig	3,706	,000	8,407	,000	1,863	,066
Fleißig	3,402	,001	8,071	,000	2,521	,014
Intelligent	5,136	,000	9,688	,000	2,916	,005
Konzentriert	3,724	,000	5,754	,000	−0,437	,664
Kreativ	−2,088	,040	4,297	,000	6,187	,000
Motiviert	1,830	,071	5,589	,000	2,418	,018
Neugierig	−1,307	,195	5,939	,000	7,254	,000
Teamfähig	−1,153	,252	2,497	,015	4,051	,000
Negative Eigenschaften (rekodiert)						
Aggressiv	5,906	,000	8,783	,000	0,867	,389
Ignorant	−2,726	,008	0,000	1,000	4,141	,000
Lustlos	0,919	,361	3,670	,000	1,738	,086
Respektlos	1,408	,163	3,525	,001	2,517	,014
Schlampig	5,894	,000	6,946	,000	−2,253	,027
Unzuverlässig	5,489	,000	6,277	,000	−1,535	,129
Vorlaut	−0,583	,562	0,337	,405	1,892	,062

Anmerkungen. $N = 76$. $df = 75$. Zweitseitige Testung

5 Fleißig oder faul? Welche Einstellungen und Stereotype …

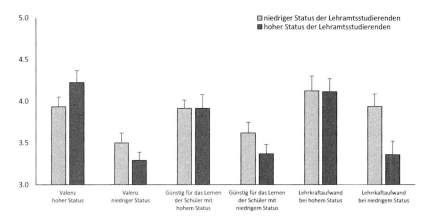

Abb. 5.2 Mittelwerte und Standardfehler der Einstellungen Lehramtsstudierender gegenüber einem niedrigen beziehungsweise hohen sozialen Status der Schüler*innen unter Berücksichtigung des eigenen sozialen Status der Studierenden

Valenz bei Schüler*innen mit hohem sozialen Status und eine negativer ausgeprägte Valenz bei Schüler*innen mit niedrigem sozialen Status im Vergleich zu Studierenden mit niedrigem sozialen Status auf. Für die Subskalen zu den Auswirkungen auf das Lernen der Schüler*innen zeigte sich keine signifikante Interaktion zwischen dem sozialen Status der Schüler*innen und der Studierenden, $F(1,74) = 0{,}813$, $p = {,}19$, $\eta^2 = {,}01$. Für die Einstellung zum Aufwand für die Lehrkraft erbrachten die Analysen erneut einen signifikanten Interaktionseffekt, $F(1,74) = 5{,}087$, $p < {,}05$, $\eta^2 = {,}06$. Dabei zeigte sich zwischen Studierenden in Abhängigkeit ihres eigenen sozialen Status kein Unterschied in der Einschätzung des Lehrkraftaufwands bei Schüler*innen mit hohem sozialen Status. Allerdings haben Lehramtsstudierende mit hohem sozialen Status im Vergleich zu ihren Mitstudierenden mit niedrigerem sozialen Status bei Schüler*innen mit niedrigerem sozialen Status die Einstellung, der Lehrkraftaufwand wäre bei diesen Schüler*innen geringer.

Angenommen wurde neben Unterschieden in den expliziten Einstellungen auch, dass der soziale Status der Lehramtsstudierenden einen Einfluss auf ihre impliziten Einstellungen hat. Insbesondere wurde angenommen, dass Studierende mit einem hohen sozialen Status positivere implizite Einstellungen gegenüber einem hohen sozialen Status aufweisen. Hierzu wurde eine einfaktorielle Varianzanalyse berechnet und der soziale Status der Studierenden einbezogen. Die Befunde ergaben einen bedeutsamen Unterschied in den impliziten Einstellungen nach sozialem Status der Studierenden, $F(1,74) = 3,482$, $p < ,05$, $\eta^2 = ,05$. Angehende Lehrkräfte mit niedrigerem sozialen Status haben durchschnittlich einen niedrigeren D-Score ($M = 0,64$, $SD = 0,35$) als Studierende mit hohem sozialen Status ($M = 0,79$, $SD = 0,36$). Studierende mit hohem sozialen Status weisen dementsprechend positivere implizite Einstellungen gegenüber der sozialen Eigengruppe auf. Allerdings verweisen die Befunde für beide Gruppen auf starke positive implizite Einstellungen gegenüber einem hohen sozialen Status.

Neben impliziten und expliziten Einstellungen wurde zudem untersucht ob Lehramtsstudierende, die einen hohen sozialen Status aufweisen, Schüler*innen mit hohem sozialen Status positivere Stereotype zuschreiben als Lehramtsstudierende aus niedrigeren sozialen Schichten. Die Analysen zeigten erwartungsgemäß keinen bedeutsamen Effekt des sozialen Status der Studierenden bei der Zuschreibung von lern- und leistungsrelevanten Eigenschaften von Schüler*innen aus niedrigen sozialen Schichten, $F(15,60) = 0,995$, $p = ,47$. Allerdings zeigte sich auch bei Schüler*innen aus hohen sozialen Schichten kein Unterschied zwischen Studierenden mit hohem und niedrigerem Status, $F(15,60) = 0,625$, $p = ,84$.

5.4.3 Diskussion

Ausgehend von herkunftsassoziierten Disparitäten im Bildungsverlauf und -erfolg sowie empirischen Befunden zu verzerrten Lehrkrafturteilen im Zusammenhang mit der sozialen Herkunft von Schüler*innen ging der vorliegende Beitrag der Frage nach, inwiefern sich Einstellungen und Stereotype angehender Lehrkräfte für Schüler*innen mit niedrigem und hohem sozialen Status unterscheiden. Zudem wurde, ausgehend von der Theorie zur Eigengruppenpräferenz (z. B. Brewer 1979; Tajfel und Turner 1986) angenommen, dass insbesondere Lehramtsstudierende mit hohem sozialen Status positivere implizite und explizite Einstellungen gegenüber Schüler*innen der sozialen Eigengruppe haben und diesen Schüler*innen auch positivere lern- und leistungsrelevante Eigenschaften zuschreiben.

Die Ergebnisse bestätigen weitestgehend bisherige Befunde zu positiveren impliziten Einstellungen gegenüber einem hohen sozialen Status sowie tendenziell positiveren expliziten Einstellungen (z. B. Glock et al. 2016). Für die stereotypen lern- und leistungsrelevanten Eigenschaften zeigten sich ebenfalls positivere Stereotype gegenüber Schüler*innen mit hohem sozialen Status. Allerdings erbrachten die Analysen zwei Ausnahmen: Schüler*innen mit hohem sozialen Status wurden im Vergleich zu Schüler*innen mit niedrigem sozialen

Status als ignoranter und weniger kreativ eingeschätzt. Dies verdeutlicht, dass zwar eher positivere Eigenschaften mit einem hohen Status verknüpft wurden, dies aber nicht grundsätzlich gilt, sondern Schülereigenschaften differenziert betrachtet werden müssen.

Auch für die expliziten Einstellungen zeigte sich ein unerwarteter Befund, da die Studierenden den Aufwand im Unterricht mit Schüler*innen aus hohen sozialen Schichten als größer einschätzten. Denkbar wäre, dass Lehramtsstudierende womöglich befürchten, dass der Kontakt mit Eltern aus hohen sozialen Schichten anstrengender beziehungsweise fordernder sein könnte. Dies wäre in Einklang mit den qualitativen Analysen von Pohlmann (2008), die Lehrkräfte zum Übertrittsprozess in die Sekundarstufe befragte. Dabei schilderten Lehrkräfte, dass Eltern mit höherem sozialen Status häufig sehr intensiv auf einer Empfehlung für das Gymnasium beharren, was häufig zu Konflikten führt, während Eltern aus niedrigeren sozialen Schichten die Lehrkraftmeinung häufiger hinnahmen. Denkbar wären allerdings auch andere Ursachen, die sich evtl. nicht auf elterlicher Ebene, sondern im direkten Umgang mit den Schüler*innen ergeben könnten. Gründe für die Einstellungsausprägungen können wir auf der Grundlage unserer Daten allerdings nicht berichten. Dies wäre ein interessanter Aspekt für zukünftige Forschungsarbeiten.

Während sich für die stereotypen Zuschreibungen lern- und leistungsrelevanter Eigenschaften keine bedeutsamen Effekte der Eigengruppenpräferenz ergaben, bestätigten die Analysen eine Eigengruppenpräferenz für die impliziten Einstellungen. Für die expliziten Einstellungen ergab sich hingegen ein heterogenes Befundmuster. So zeigte sich die erwartete Eigengruppenpräferenz insbesondere bei der Valenz. Die Ergebnisse deuten darauf hin, dass sich zwar teilweise (insbesondere bei automatisierten Prozessen) Präferenzen der Eigengruppe auffinden lassen, jedoch zeigten sich insgesamt positivere Ausprägungen für Schüler*innen mit hohem sozialem Status, die unabhängig von der sozialen Herkunft der Lehramtsstudierenden waren. Allerdings ist dabei anzumerken, dass nur wenige Studierende einen niedrigen sozialen Status aufwiesen. Somit wurde die Gruppe der Studierenden der Mittelschicht und unteren Mittelschicht für die folgenden Analysen als Gruppe mit einem niedrigen sozialen Status (im Vergleich zu einem hohen sozialen Status) deklariert. Entsprechend konnte in dieser Studie nicht untersucht werden, ob sich Effekte der Eigenegruppenpräferenz bei Studierenden mit einem niedrigen sozialen Status auffinden lassen. Zusammenfassend lässt sich festhalten, dass sich die Hypothesen zu positiveren impliziten und expliziten Einstellungen gegenüber Schüler*innen mit hohem sozialen Status weitestgehend bestätigen lassen. Effekte der Eigengruppenpräferenz lassen sich allerdings nur bedingt auffinden. Ein hoher sozialer Status der Schüler*innen scheint somit generell mit starken positiven Eigenschaften verknüpft zu sein. Unterschiedliche Einstellungen und Stereotype scheinen sich dabei durch die stark positiven Zuschreibungen gegenüben Schüler*innen mit hohem sozialen Status und nicht durch besonders negative Zuschreibungen gegenüber Schüler*innen mit niedrigem sozialen Status erklären zu lassen. Entsprechend könnte dies ein Indiz dafür sein, dass sich Disparitäten in Lehrkrafturteilen stärker durch positive Einstellungen und Stereotype sowie entsprechende Urteilsverzerrungen bei Schüler*innen mit hohem sozialen Status erklären lassen; eine empirische Prüfung dieser Annahme ist für zukünftige Studien angedacht.

Einschränkend ist als Limitation insbesondere die relativ kleine Stichprobengröße anzuführen. So lagen zum Beispiel zur Untersuchung der Eigengruppenpräferenz von Studierenden mit einem niedrigen sozialen Status keine Daten vor. Daher ist für zukünftige Studien eine entsprechend größere Stichprobe anzustreben, in der auch gezielt Lehramtsstudierende einbezogen werden, die selbst einen niedrigen sozialen Status aufweisen.

Zudem muss erwähnt werden, dass auch die Erfassung der Stereotype in dieser Studie kein vollständiges Bild über relevante Schüler*innenmerkmale zulässt und lediglich ein Ausschnitt möglicher lern- und leistungsrelevanter Eigenschaften untersucht werden konnte. Ein umfassenderer Blick auf Stereotype und Einstellungen sollte daher angestrebt werden, der auch mit entsprechenden Lehrkrafturteilen und -erwartungen in Verbindung gebracht wird. So konnte in dieser Studie auch gezeigt werden, dass es einzelne positive Eigenschaften gibt, die stärker Schüler*innen mit niedrigem sozialen Status zugeschrieben werden.

Zu diskutieren sind grundsätzlich die unterschiedlichen Operationalisierungen der sozialen Herkunft von Schüler*innen in Studien, die die soziale Herkunft im Kontext von Lehrkrafteinstellungen und -urteilen untersuchen. Einbezogene Merkmale sind häufig die Berufe, das Einkommen oder das Bildungsniveau der Eltern, aber auch Informationen zur häuslichen Ausstattung oder zur Wohngegend werden herangezogen. All diese und weitere Aspekte stellen relevante Größen für die soziale Herkunft von Schüler*innen dar und hängen zudem relativ stark miteinander zusammen. Denkbar ist jedoch, dass je nach ausgewählten Merkmalen auch unterschiedliche Assoziationen durch Lehrkräfte und Lehramtsstudierende aktiviert werden könnten und entsprechend auch in zum Teil abweichenden Urteilen und Verhaltensweisen münden könnten. Dieser Aspekt ist im Rahmen der hier vorgestellten Studie insbesondere für die impliziten Einstellungen zu diskutieren. So wurden diese im Rahmen des IAT durch die Valenz im Zusammenhang mit typischen Berufen, die einem hohen oder niedrigen sozialen Status zugeordnet werden können, erfasst. Elterliche Berufe stellen zwar einen zentralen Indikator der sozialen Schüler*innenherkunft dar, bilden diese aber nicht vollständig ab und verschieben den Fokus der impliziten Einstellungen gegenüber Schüler*innen auch stärker auf automatisierte Assoziationen gegenüber den Eltern beziehungsweise statusspezifischen Berufsgruppen. Dies könnte unter anderem auch ein Erklärungsansatz für ausbleibende Korrelationen zwischen impliziten und expliziten Einstellungen sein.

5.5 Fazit

Die hier vorgestellte Studie konnte einen Beitrag zur Ergänzung des Forschungsstandes leisten, indem sowohl implizite als auch explizite Einstellungen gegenüber Schüler*innen mit hohem und niedrigem Status erfasst wurden und zudem ein differenzierter Blick auf stereotype lern- und leistungsrelevante Eigenschaften geworfen wurde. Des Weiteren wurde in der vorliegenden Studie die soziale Herkunft der Lehramtsstudierenden berücksichtigt. Dabei konnte bestätigt werden, dass Lehramtsstudierende positivere Einstellungen und Stereotype gegenüber Schüler*innen mit hohem sozialen Status aufweisen, die sich teilweise durch eine Eigengruppenpräferenz für Studierende mit hohem sozialen Status verstärken. Die positiveren Einstellungen und Stereotype gegenüber Schüler*innen aus hohen sozialen Schichten könnten einen Einfluss auf Lehrkrafturteile haben und entsprechend bedeutsam für Disparitäten im Bildungserfolg von Kindern und Jugendlichen aus unterschiedlichen sozialen Schichten sein. Insgesamt bedarf es hierzu weiterer Forschungsarbeiten, die insbesondere die soziale Herkunft von Schüler*innen im Zusammenhang mit Lehrkrafturteilen untersuchen und zudem die soziale Herkunft der (angehenden) Lehrkräfte berücksichtigen.

Literatur

Alvidrez, J. & Weinstein, R. S. (1999). Early teacher perceptions and later student academic achievement. *Journal of Educational Psychology, 91*, 731–746. https://doi.org/10.1037//0022-0663.91.4.731

Arnold, K.-H., Bos, W., Richert, P. & Stubbe, T. C. (2007). Schullaufbahnpräferenzen am Ende der vierten Klassenstufe. In W. Bos, S. Hornberg, K.-H. Arnold, G. Faust, L. Fried, E.-M. Lankes et al. (Hrsg.), *IGLU 2006. Lesekompetenzen von Grundschulkindern in Deutschland im internationalen Vergleich* (S. 272–297). Münster: Waxmann

Artelt, C. & Gräsel, C. (2009). Diagnostische Kompetenz von Lehrkräften. *Zeitschrift für Pädagogische Psychologie, 23*, 157–160. https://doi.org/10.1024/1010-0652.23.34.157

Bonsen, M., Frey, K. A. & Bos, W. (2008). Soziale Herkunft. In W. Bos, M. Bonsen, J. Baumert, M. Prenzel, C. Selter & G. Walther (Hrsg.), *TIMSS 2007. Mathematische und naturwissenschaftliche Kompetenzen von Grundschulkindern in Deutschland im internationalen Vergleich* (S. 141–156). Münster: Waxmann

Bosch, G. & Kalina, T. (2015). *Die Mittelschicht in Deutschland unter Druck. IAQ-Report: Aktuelle Forschungsergebnisse aus dem Institut Arbeit und Qualifikation.* Universität Duisburg-Essen. Zugriff am 12.02.2019 unter http://duepublico.uni-duisburg-essen.de/servlets/DocumentServlet?id=45724

Boudon, R. (1974). *Education, opportunity and social inequality. Changing prospects in western society.* New York, NY: Wiley

Bourdieu, P. (1982). *Die feinen Unterschiede: Kritik der gesellschaftlichen Urteilskraft.* Suhrkamp: Frankfurt am Main

Brewer, M. B. (1979). Ingroup bias in the minimal intergroup situation: A cognitive motivational analysis. *Psychological Bulletin, 86,* 307–324

Brewer, M. B. (1988). A dual process model of impression formation. In T. K. Srull & R. S. Wyer (Eds.), *Advances in social cognition. A dual process model of impression formation* (Vol. 1, pp. 1–36). Hillsdale, NJ: Lawrence Erlbaum

Büchler, T. (2012). Studierende aus nichtakademischen Elternhäusern im Studium. Expertise im Rahmen des Projektes „Chancengleichheit in der Begabtenförderung" der Hans-Böckler-Stiftung. (Arbeitspapier 249). Düsseldorf: Hans-Böckler-Stiftung. Zugriff am 23.03.2019 unter https://www.boeckler.de/pdf/p_arbp_249.pdf

Bundesamt für Statistik (2017). *ISCO 08 (International Standard Classification of Occupations).* Schweizerische Eidgenossenschaft. Zugriff am 01.02.2019 unter https://www.bfs.admin.ch/bfsstatic/dam/assets/4082534/master

Casper, C., Rothermund, K. & Wentura, D. (2010). Automatic stereotype activation is context dependent. *Social Psychology, 41,* 131–136. https://doi.org/10.1027/1864-9335/a000019

Darley, J. M. & Gross, P. H. (1983). A hypothesis-confirming bias in labeling effects. *Journal of Personality and Social Psychology, 44,* 20–33. https://doi.org/10.1037//0022-3514.44.1.20

De Boer, H., Bosker, R. J. & van der Werf, M. P. C. (2010). Sustainability of teacher expectation bias effects on long-term student performance. *Journal of Educational Psychology, 102,* 168–179. https://doi.org/10.1037/a0017289

Ditton, H. (2016). Der Beitrag von Schule und Lehrern zur Reproduktion von Bildungsungleichheit. In R. Becker & W. Lauterbach (Hrsg.), *Bildung als Privileg. Erklärungen und Befunde zu den Ursachen der Bildungsungleichheit* (5. Aufl., S. 281–312). Wiesbaden: Springer

Dumont, H., Maaz, K., Neumann, M. & Becker, M. (2014). Soziale Ungleichheiten beim Übergang von der Grundschule in die Sekundarstufe I. Theorie, Forschungsstand, Interventions- und Fördermöglichkeiten. *Zeitschrift für Erziehungswissenschaft, 17,* 141–165. https://doi.org/10.1007/s11618-013-0466-1

Dunkake, I. & Schuchart, C. (2015). Stereotypes and teacher characteristics as an explanation for the class-specific disciplinary practices of pre-service teachers. *Teaching and Teacher Education, 50,* 56–69. https://doi.org/10.1016/j.tate.2015.04.005

Durante, F. & Fiske, S. T. (2017). How social-class stereotypes maintain inequality. *Current Opinion in Psychology, 18,* 43–48. https://doi.org/10.1016/j.copsyc.2017.07.033

Durante, F., Tablante, C. B. & Fiske, S. T. (2017). Poor but warm, rich but cold (and compentent): Social classes in the stereotype content model. *Journal of Social Issues*, *73*, 138–157. https://doi.org/10.1111/josi.12208

Eagly, A. H. & Chaiken, S. (1993). *The psychology of attitudes*. Fort Worth, TX: Harcourt Brace Jovanovich

Fazio, R. H. (1990). Multiple processes by which attitudes guide behavior. The MODE model as an integrative framework. In M. P. Zanna (Ed.), *Advances in experimental social psychology* (vol. 23, pp. 75–109). New York, NY: Academic Press

Fazio, R. H., Jackson, J. R., Dunton, B. C. & Williams, C. J. (1995). Variability in automatic activation as an unobtrusive measure of racial attitudes: A bona fide pipeline. *Journal of Personality and Social Psychology, 69*, 1013–1027

Fiske, S. T. & Neuberg, S. L. (1990). A continuum of impression formation, from category-based to individuating processes. Influences of information and motivation on attention and interpretation. In M. P. Zanna (Ed.), *Advances in experimental social psychology* (Vol. 23, pp. 1–74). New York, NY: Academic Press

Ganzeboom, H. B. G., De Graaf & Treiman, D. J. (1992). A standard international socio-economic index of occupational status. *Social Science Research*, *2*, 1–56

Gawronski, B. & Bodenhausen, G. V. (2006). Associative and propositional processes in evaluation: An integrative review of implicit and explicit attitude change. *Psychological Bulletin*, *132*, 692–731. https://doi.org/10.1037/0033-2909.132.5.692

Glock, S. & Klapproth, F. (2017). Bad boys, good girls? Implicit and explicit attitudes toward ethnic minority students among elementary and secondary school teachers. *Studies in Educational Evaluation*, *53*, 77–86. https://doi.org/10.1016/j.stueduc.2017.04.002

Glock, S. & Krolak-Schwerdt, S. (2014). Stereotype activation versus application. How teachers process and judge information about students from ethnic minorities and with low socioeconomic background. *Social Psychology of Education, 17*, 589–607. https://doi.org/10.1007/s11218-014-9266-6

Glock, S., Krolak-Schwerdt, S. & Hörstermann, T. (2016). The higher the SES the better? Implicit and explicit attitudes influence preservice teachers' judgment of students. In C. Fields (Ed.), *Stereotypes and stereotyping. Misperceptions, percspectives and role of social media* (pp. 1–20). New York, NY: Nova

Grassinger, R., Dresel, M., Brandl-Bredenbeck, H. P., Ohl, U., Lange-Schubert, K. & Hartinger, A. (2016). *Einstellungen zur Heterogenität der Schülerschaft: Struktur, Korrelate und Fachunterschiede in einer Untersuchung mit Lehramtsstudierenden*. Beitrag auf 4. Tagung der Gesellschaft für empirische Bildungsforschung (GEBF). Freie Universität Berlin

Greenwald, A. G. & Banaji, M. R. (1995). Implicit social cognition. Attitudes, self-esteem, and stereotypes. *Psychological Bulletin, 102*, 4–27. https://doi.org/10.1037//0033-295x.102.1.4

Greenwald, A. G., Nosek, B. A. & Banaji, M. R. (2003). Understanding and using the implicit association test: An improved scoring algorithm. *Journal of Personality and Social Psychology*, *85*, 197–216

Greenwald, A. G., McGhee, D. E. & Schwartz, J. L. K. (1998). Measuring individual differences in implicit cognition: The implicit association test. *Journal of Personality and Social Psychology, 74,* 1464–1480

Groos, T. & Jehles, N. (2015). *Der Einfluss von Armut auf die Entwicklung von Kindern. Ergebnisse der Schuleingangsuntersuchung* (Arbeitspapiere wissenschaftliche Begleitforschung "Kein Kind zurücklassen!" Werkstattbericht, Bd. 3). Gütersloh: Bertelsmann Stiftung

Harvey, D. G. & Slatin, G. T. (1975). The relationship between child's SES and teacher expectations. A test of the middle-class bias hypothesis. *Social Forces, 54*, 140–159. https://doi.org/10.1093/sf/54.1.140

Hasselhorn, M., Baethge, M., Füssel, H.-P., Hetmeier, H.-W., Maaz, K., Rauschenbach, T. … Wolter, A. (2014). *Bildung in Deutschland 2014. Ein indikatorengestützter Bericht mit einer Analyse zur Bildung von Menschen mit Behinderungen.* Bielefeld: Bertelsmann Verlag

Hechtman, S. B. & Rosenthal, R. (1991). Teacher gender and nonverbal behavior in the teaching of gender-stereotyped materials. *Journal of Applied Social Psychology, 21*, 446–459. https://doi.org/10.1111/j.1559-1816.1991.tb00530.x

Helmke, A., Hosenfeld, I. & Schrader, F.-W. (2004). Vergleichsarbeiten als Instrument zur Verbesserung der Diagnosekompetenz von Lehrkräften. In R. Arnold & C. Griese (Hrsg.), *Schulleitung und Schulentwicklung. Voraussetzungen, Bedingungen, Erfahrungen* (S. 119–143). Baltmannsweiler: Schneider Verlag Hohengehren

Kaiser, J., Möller, J., Helm, F. & Kunter, M. (2015). Das Schülerinventar. Welche Schüler*innenmerkmale die Leistungsurteile von Lehrkräften beeinflussen. *Zeitschrift für Erziehungswissenschaft, 18*, 279–302. https://doi.org/10.1007/s11618-015-0619-5

Kanning, (2011). Diagnostik von Einstellungen, Interessen und Werthaltungen In L. F. Hornke, M. Amelang & M. Kersting (Hrsg.), *Persönlichkeitsdiagnostik: Psychologische Diagnostik* (Enzyklopädie der Psychologie, Bd. 4; S. 468–512). Göttingen: Hogrefe

Karing, C., Matthäi, J. & Artelt, C. (2011). Genauigkeit von Lehrkrafturteilen über die Lesekompetenz ihrer Schülerinnen und Schüler in der Sekundarstufe. Eine Frage der Spezifität? *Zeitschrift für Pädagogische Psychologie, 25*, 159–172. https://doi.org/10.1024/1010-0652/a000041

Klapproth, F., Glock, S., Böhmer, M., Krolak-Schwerdt, S. & Martin, R. (2012). School placement decisions in Luxembourg. Do teachers meet the education ministry's standards? *Literacy Information and Computer Education Journal, Special 1*, 856–862. https://doi.org/10.20533/licej.2040.2589.2012.0113

Klapproth, F., Glock, S., Krolak-Schwerdt, S., Martin, R. & Böhmer, M. (2013). Prädiktoren der Sekundarschulempfehlung in Luxemburg. *Zeitschrift für Erziehungswissenschaft, 16*, 355–379. https://doi.org/10.1007/s11618-013-0340-1

Kleen, H., Bonefeld, M., Glock, S. & Dickhäuser, O. (2019). Implicit and explicit attitudes toward Turkish students in Germany as a function of teachers' ethnicity. *Social Psychology of Education*. https://doi.org/10.1007/s11218-019-09502-9

Kreyenfeld, M. (2004). *Sozialstruktur und Kinderbetreuung*. MPIDR Working Paper WP 2004-009. Rostock: Max-Planck-Institut für demografische Forschung. Zugriff am 15.04.2019 unter http://www.de-mogr.mpg.de/papers/working/wp-2004-009.pdf

Kunda, Z. & Thagard, P. (1996). Forming impressions from stereotypes, traits, and behaviors. A parallel-constraint-satisfaction theory. *Psychological Review, 103*, 284–308. https://doi.org/10.1037/0033-295x.103.2.284

Lehmann-Grube, S. K., Hartinger, A., Grassinger, R., Brandl-Bredenbeck, H. P., Ohl, U., Riegger, M. & Dresel, M. (2017a). Struktur und Zusammenhangsmuster von Einstellungen zu Heterogenität. Ergebnisse einer Studie mit Lehramtsstudierenden. Vortrag auf der 5. Tagung der Gesellschaft für empirische Bildungsforschung (GEBF) in Heidelberg

Lehmann-Grube, S. K., Hartinger, A., Grassinger, R., Brandl-Bredenbeck, H. P., Ohl, U., Riegger, M. & Dresel, M. (2017b). Teacher students' attitudes towards diversity: Conceptualizing and testing a multidimensional model. Paper presented at the 17th Biennial Conference of the European Association for Research on Learning and Instruction (EARLI) in Tampere, Finland

Lindqvist, A., Björklund, F. & Bäckström, M. (2017). The perception of the poor: Capturing stereotype content with different measures. *Nordic Psychology*, *69*, 231–247

Maaz, K., Baumert, J. & Trautwein, U. (2009a). Genese sozialer Ungleichheiten im institutionellen Kontext der Schule: Wo entsteht und vergrößert sich soziale Ungleichheit? *Zeitschrift für Erziehungswissenschaft*, 12, 11–47

Maaz, K., Trautwein, U., Gresch, C., Lüdkte, O. & Watermann, R. (2009b). Intercoder-Reliabilität bei der Berufscodierung nach der ISCO-88 und Validität des sozioökonomischen Status. *Zeitschrift für Erziehungswissenschaft*, *12*, 281–301. https://doi.org/10.1007/s11618-009-0068-0

McCombs, R. C. & Gay, J. (1988). Effects of race, class, and IQ information on judgments of parochial grade school teachers. *The Journal of Social Psychology*, *128*, 647–652. https://doi.org/10.1080/00224545.1988.9922918

Mehringer, V. (2013). *Weichenstellungen in der Grundschule. Sozial-Integration von Kindern mit Migrationshintergrund* (Interkulturelle Bildungsforschung, Bd. 22). Münster: Waxmann

Miller, D. T. & Turnbull, W. (1986). Expectancies and interpersonal processes. *Annual Review of Psychology*, *37*, 233–256. https://doi.org/10.1146/annurev.ps.37.020186.001313

Müller, K. & Ehmke, T. (2013). Soziale Herkunft als Bedingung der Kompetenzentwicklung. In M. Prenzel, C. Sälzer, E. Klieme & O. Köller (Hrsg.), *PISA 2012. Fortschritte und Herausforderungen in Deutschland* (S. 245–274). Münster: Waxmann

Olson, M. A. & Fazio, R. H. (2009). Implicit and explicit measures of attitudes. The perspective of the MODE model. In R. E. Petty, R. H. Fazio & P. Briñol (Eds.), *Attitudes: Insights from the new implicit measures* (pp. 19–63). New York, NY: Taylor & Francis

Pit-ten Cate, I. & Glock, S. (2018). Teachers' attitudes towards students with high- and low-educated parentts. *Social Psychology of Education*, *21*, 725–742

Pohlmann, S. (2008). Der Übergang von der Primar- in die Sekundarstufe aus der Sicht bayerischer und hessischer Lehrer. *Diskurs Kindheits- und Jugendforschung*, *2*, 123–140

Prenzel, M., Heidemeier, H., Ramm, G., Hohensee, F. & Ehmke, T. (2004). Soziale Herkunft und mathematische Kompetenz. In M. Prenzel, J. Baumert, W. Blum, R. Lehmann, D. Leutner, M. Neubrand et al. (Hrsg.), *PISA 2003. Der Bildungsstand der Jugendlichen in Deutschland* (S. 273–282). Ergebnisse des zweiten internationalen Vergleichs. Münster: Waxmann

Ready, D. D. & Wright, D. L. (2011). Accuracy and inaccuracy in teachers' perceptions of young children's cognitive abilities. The role of child background and classroom context. *American Educational Research Journal*, *48*, 335–360. https://doi.org/10.3102/0002831210374874

Ready, D. D. & Chu, E. M. (2015). Sociodemographic inequality in early literacy development. The role of teacher perceptual accuracy. *Early Education and Development*, *26*, 970–987. https://doi.org/10.1080/10409289.2015.1004516

Sanbonmatsu, D. M. & Fazio, R. H. (1990). The role of attitudes in memory-based decision making. *Journal of Personality and Social Psychology, 59*, 614–622

Schrader, F.-W. (2009). Anmerkungen zum Themenschwerpunkt Diagnostische Kompetenz von Lehrkräften. *Zeitschrift für Pädagogische Psychologie, 23*, 237–245. https://doi.org/10.1024/1010-0652.23.34.237

Schrader, F.-W. & Helmke, A. (2001). Alltägliche Leistungsbeurteilung durch Lehrer. In F. E. Weinert (Hrsg.), *Leistungsmessung in Schulen* (S. 45–58). Weinheim: Beltz

Sherif, M. (1966). In common predicament: Social psychology of intergroup conflict and cooperation. Boston, MA: Mifflin

Stubbe, T. C., Bos, W. & Euen, B. (2012). Der Übergang von der Primar- in die Sekundarstufe. In W. Bos, I. Tarelli, A. Bremerich-Vos & K. Schwippert (Hrsg.), *IGLU 2011. Lesekompetenzen von Grundschulkindern im internationalen Vergleich* (S. 209–226). Münster: Waxmann

Stubbe, T. C., Schwippert, K. & Wendt, H. (2016). Soziale Disparitäten der Schüler*innenleistungen in Mathematik und Naturwissenschaften. In H. Wendt, W. Bos, C. Selter, O. Köller, K. Schwippert & D. Kasper (Hrsg.), *TIMSS 2015. Mathematische und naturwissenschaftliche Kompetenzen von Grundschulkindern in Deutschland im internationalen Vergleich* (S. 299–316). Münster: Waxmann

Tajfel, H. (1969). Cognitive aspects of prejudice. *Journal of Social Issues, 25* (4), 79–97. https://doi.org/10.1111/j.1540-4560.1969.tb00620.x

Tajfel, H. & Turner, J. (1986). The social identity theorey of intergroup behavior. In S. Worchel & W. G. Austin (Eds.), *Psychology of intergroup relations* (pp. 7–24). Chicago, Il: Nelson-Hall

Timmermans, A. C., Kuyper, H. & van der Werf, G. (2015). Accurate, inaccurate, or biased teacher expectations: Do Dutch teachers differ in their expectations at the end of primary education? *The British Journal of Educational Psychology, 85*, 459–478. https://doi.org/10.1111/bjep.12087

Tobisch, A. & Dresel, M. (2017). Negatively or positively biased? Dependencies of teachers' judgments and expectations based on students' ethnic and social backgrounds. *Social Psychology of Education, 20*, 731–752. https://doi.org/10.1007/s11218-017-9392-z

Tom, D. Y., Cooper, H. & McGraw, M. (1984). Influences of student background and teacher authoritarianism on teacher expectations. *Journal of Educational Psychology, 76*, 259–265. https://doi.org/10.1037//0022-0663.76.2.259

Von zur Gathen, M. & Liebert, J. (2016). Auswirkungen von Armut auf die Lebenswirklichkeit und Entwicklung von Kindern und Jugendlichen. In Der paritätische Gesamtverband (Hrsg.), *Zeit zu handeln. Bericht zur Armutsentwicklung in Deutschland 2016* (S. 35–41). Berlin: Der paritätische Gesamtverband

Wendt, H., Stubbe, T. C. & Schwippert, K. (2012). Soziale Herkunft und Lesekompetenzen von Schülerinnen und Schülern. In W. Bos, I. Tarelli, A. Bremerich-Vos & K. Schwippert (Hrsg.), *IGLU 2011. Lesekompetenzen von Grundschulkindern im internationalen Vergleich* (S. 175–190). Münster: Waxmann

6 Döner vs. Schweinebraten – Stereotype von (angehenden) Lehrkräften über Personen deutscher und türkischer Herkunft im Vergleich

Meike Bonefeld und Karina Karst

> **Zusammenfassung**
>
> Viele Studien befassen sich mit dem Einfluss von Stereotypen. Bisher gibt es allerdings wenige Studien, welche die Menge und Valenz des stereotypen Wissens untersuchen. Dies gilt insbesondere mit Blick auf stereotypes Wissen über Personen mit Migrationshintergrund. Gleichzeitig betrachten die wenigen vorhandenen Studien vor allem inhaltliche Aspekte vorwiegend mit qualitativen Herangehensweisen und quantifizieren den Zusammenhang von Inhalten und Valenz des stereotypen Wissens nicht. Gerade aber das Wissen um die Valenz stereotypen Wissens und der diesbezügliche Vergleich von Stereotypen gegenüber verschiedenen Gruppen stellen wichtige Vorarbeiten für die Untersuchung der Auswirkungen von Stereotypen dar. Ein wichtiges Anwendungsfeld ist die Betrachtung von Stereotypen im Schulkontext. Im Rahmen dieser Studie wurden daher die Menge, Valenz und Inhalte stereotypen Wissens von (angehenden) Lehrkräften untersucht. Die Studie fokussiert dabei auf das stereotype Wissen über in Deutschland lebende Personen mit türkischem Migrationshintergrund im Vergleich zu dem stereotypen Wissen über Personen ohne Migrationshintergrund. Es zeigte sich, dass sich die Menge des stereotypen Wissens über Personen

M. Bonefeld (✉) · K. Karst
Universität Mannheim, Mannheim, Deutschland
E-Mail: bonefeld@uni-mannheim.de

K. Karst
E-Mail: karst@uni-mannheim.de

© Springer Fachmedien Wiesbaden GmbH, ein Teil von Springer Nature 2020
S. Glock und H. Kleen (Hrsg.), *Stereotype in der Schule*,
https://doi.org/10.1007/978-3-658-27275-3_6

mit türkischem Migrationshintergrund beziehungsweise deutsche Personen ohne Migrationshintergrund über verschiedene Inhaltsbereiche hinweg nicht unterscheidet. Wohl aber unterscheidet sich die Verteilung der Valenz des stereotypen Wissens in unterschiedlichen Inhaltsbereichen.

Schlüsselwörter
Stereotype · Migrationshintergrund · Stereotypes Wissen · Lehrkräfte · Valenz · Inhalt

6.1 Einleitung

Stereotype sind definiert als verallgemeinerte Überzeugungen über die Eigenschaften von Gruppen und können die Informationsverarbeitung in sozialen Interaktionen beeinflussen (z. B. Fiske und Neuberg 1990). Ihre Bedeutung, insbesondere in Bezug zur sozialen Kognition, ist unumstritten und Stereotype werden sowohl mit Vorurteilen als auch mit negativen Einstellungen sowie mit diskriminierenden Verhaltensweisen in Verbindung gebracht (Dovidio et al. 1996). Stereotype helfen Personen, komplexe Sachverhalte zu vereinfachen oder zu kategorisieren (z. B. Allport 1954; Dovidio et al. 1996; Lippmann 1922). Sie beeinflussen soziale Interaktionen indem sie soziale Situationen und deren Folgen antizipieren helfen und können Erwartungen darüber beeinflussen, wie Personen einer Gruppe einzuschätzen sind (Lippmann 1922). Damit helfen Stereotype, Komplexität zu reduzieren und Handlungsentscheidungen zu erleichtern. Nachteilig sind ihre Rigidität und die häufig fehlende Adaption von Stereotypen an neue Erfahrungen (Strasser 2012).

Stereotype sind nahezu untrennbar mit Einstellungen verbunden. Einstellungen beinhalten die Kategorisierung eines zu bewertenden Gegenstandes. Nach Rosenberg et al. (1960) ist mit Einstellungen die Bereitschaft, auf bestimmte Reize hin mit bestimmten Klassen von Reaktionen zu reagieren, gemeint. Einstellungen können in diesem Zusammenhang in drei Komponenten gruppiert werden: die Kognition, den Affekt und das Verhalten beziehungsweise behaviorale Aspekte (z. B. Rosenberg et al. 1960). Die kognitive Komponente umfasst die Gedanken, die Personen über ein Einstellungsobjekt haben, die affektive Komponente umfasst die Gefühle oder Emotionen und der behaviorale Aspekt umfasst die Handlungen der Menschen in Bezug auf das Einstellungsobjekt. Für das Verständnis von Stereotypen ist vor allem die kognitive Komponente relevant. Wenn ein Einstellungsobjekt eine soziale Gruppe ist, kann man die kognitive Komponente als gleichbedeutend mit Stereotypen über eine Gruppe ansehen. Häufig wird argumentiert, dass Stereotype die Attribute sind, die eine Person einer sozialen Gruppe zuschreibt, und dass die kognitive Komponente der Einstellung gegenüber einer sozialen Gruppe in ähnlicher Weise als Attribut oder Attribute definiert werden kann, die dem Einstellungsobjekt zugeschrieben wird oder werden (Eagly und Mladinic 1989). Einstellungen können unterschiedlich stark von diesen Einzelkomponenten beeinflusst sein. Eine eher kognitiv basierte Einstellung bezieht sich beispielsweise stärker auf Überzeugungen über Eigenschaften des Einstellungsobjektes, während eine affektiv basierte Einstellung stärker auf die evaluative Bewertung fokussiert (Eagly und Chaiken 1993). Überdies kann man *explizite* von *impliziten* Einstellungen trennen. Explizite Einstellungen werden dabei als bewusst verbalisierbare Bewertungen verstanden, während implizite Einstellungen als automatische und unbewusste Bewertungen verstanden werden.

Unterschiedlichste Forschungszweige haben sich bis heute mit den Einflüssen von Stereotypen auseinandergesetzt und verschiedene Studien zeigen Einflüsse von Stereotypen auf die Beurteilung von Mitgliedern verschiedener sozialer Gruppen (z. B. Biernat und Manis 1994; Fiske und Neuberg 1990; Locksley et al. 1980). Es ist anzunehmen, dass auch in Bildungsprozessen Stereotype wirksam werden (Allemann-Ghionda 2006). Gerade im Bereich der Lehrkraft-Schüler*innen-Interaktion können Handlungen und Urteile, die auf stereotypen Annahmen beruhen oder durch diese beeinflusst sind, weitreichende Konsequenzen haben. Dies betont die Bedeutsamkeit einer genaueren Betrachtung von Stereotypen im Schulkontext. Besonderes Augenmerk wird in der aktuellen Debatte um die ungleiche Bildungsbeteiligung von Personen mit Migrationshintergrund auf Einflüsse von Stereotypen in Zusammenhang mit dem Umgang dieser Schüler*innen gelegt (Strasser 2012).

In verschiedenen nationalen und internationalen Studien der empirischen Bildungsforschung kann nachgewiesen werden, dass Schüler*innen mit Migrationshintergrund schlechtere Bildungsergebnisse erzielen (Bildungsberichterstattung 2016; Pant et al. 2013). Besonders die Gruppe der türkischen Schüler*innen schneidet in diesem Zusammenhang schlecht ab und ist daher besonders hervorzuheben (Reiss et al. 2012). Darüber hinaus belegen verschiedene Studien, dass die schlechteren Bildungsergebnisse der Schüler*innen mit Migrationshintergrund im Vergleich zu Schüler*innen ohne Migrationshintergrund nicht ausschließlich auf tatsächlich schlechtere Leistungen der Schüler*innen mit Migrationshintergrund zurückzuführen sind (z. B. Pant et al. 2013).

Verschiedene Studien konnten zeigen, dass negative (implizite) Einstellungen gegenüber Personen mit türkischem Migrationshintergrund bestehen (Dee 2005;

Glock und Karbach 2015; Glock et al. 2013; Parks und Kennedy 2007; Wiggan 2007). Asbrock (2010) zeigte, dass Personen mit türkischen Wurzeln mit mangelnder Wärme und Kompetenz assoziiert werden. Befunde dieser Art werden unter anderem durch das *Stereotype Content Model* und die sogenannte „BIAS Map" theoretisch gestützt und sind vielfach empirisch nachgewiesen (Cuddy et al. 2007; Fiske et al. 2002).[1] Sie machen spezifische Vorhersagen darüber, welche Merkmale Fremdgruppenmitgliedern zugeschrieben werden und konzentrieren sich dabei im Wesentlichen auf die beiden inhaltlichen Dimensionen Wärme und Kompetenz. Die Zuschreibung entsprechender Eigenschaften erklären sie mit verschiedenen Bedingungen (u. a. Statusunterschiede) der Intergruppenbeziehung.

Diese Befunde verdeutlichen zusammengefasst, dass negative Stereotype gegenüber Personen mit Migrationshintergrund und insbesondere Personen mit türkischem Migrationshintergrund bestehen und sich wie zu erwarten auf verschiedene Inhaltsbereiche (hier: Wärme und Kompetenz) beziehen. Unklar bleibt allerdings unter anderem welche Inhaltsbereiche das stereotype Wissen über Personen mit türkischem Migrationshintergrund insgesamt umfasst.

6.1.1 Bildungsprozesse und Stereotype

Menschen im Allgemeinen neigen dazu, sich Informationen über soziale Gruppen über Stereotype zu erschließen beziehungsweise Personen nach verschiedenen Merkmalen zu gruppieren und von dieser Gruppierung ausgehend wiederum auf verschiedene Attribute zu schließen (z. B. Le Bourne und Ekstrand 2001). Lehrkräfte füllen zwar ihre im Schulkontext spezifischen Rollen aus, allerdings entfernen sie sich nicht von ihrem allgemeinen Lebenszusammenhang. Das heißt sie bringen ihre Erfahrungen, Charaktereigenschaften und damit auch ihre Stereotype mit in das Schulgeschehen ein. So ist davon auszugehen, dass auch in diesem Zusammenhang Stereotype wirken. Eine Reihe von Studien weist darauf hin, dass die Überzeugungen und das Verhalten von Lehrkräften im Unterricht

---

[1]Die angesprochenen theoretischen Annahmen befassen sich mit universellen Prinzipien gesellschaftlicher Stereotype und deren Beziehungen zur sozialen Struktur. Grundlegend wird angenommen, dass die Wahrnehmung auf Kompetenz und Wärme basiert und sich auf den wahrgenommenen Status innerhalb der Gesellschaft bezieht. Für einen Überblick siehe: Stereotype Content Model (SCM): Fiske et al. (2002). BIAS MAP: Cuddy et al. (2007).

und bei der Leistungsbeurteilung von Stereotypen beeinflusst werden können (Glock und Krolak-Schwerdt 2013; Kleen und Glock 2018; Tobisch und Dresel 2017; Wiggan 2007). Studien zeigen, dass gerade Schüler*innen mit türkischem Migrationshintergrund als unterdurchschnittliche Gruppe in Bezug zu ihren (Schul-)Leistungen wahrgenommen werden (Froehlich et al. 2015). Gleichzeitig belegt eine Reihe von Studien tatsächlich schlechtere Leistungen der Schüler*innen mit türkischem Migrationshintergrund (Pant et al. 2013; Reiss et al. 2012). Stereotype über die Leistungsfähigkeit und die Kompetenzen von Schüler*innen, welche unter anderem auch durch entsprechende Studienergebnisse generiert oder teilweise bestätigt werden, können das Lehrkrafthandeln beeinflussen (Jussim und Harber 2005). Dabei können sowohl die Wahrnehmung und das Lehrkrafthandeln als auch die Urteile der Lehrkräfte beeinflusst sein. Eine solche Generalisierung ist allerdings problematisch und zunächst ohne Aussagekraft für den Einzelfall.

Aufgrund dieser Befunde wird in vielen Studien angenommen, dass Stereotype insbesondere bei der Beurteilung dieser Schüler*innen wirken. Mit diesen Annahmen beschäftigen sich einige prozessorientierte Studien, welche unter anderem betrachten, ob Lehrkräfte differenzielle Urteile über Schüler*innen mit und ohne Migrationshintergrund fällen (Bonefeld und Dickhäuser 2018; Glock 2016a; Glock und Krolak-Schwerdt 2013; Tobisch und Dresel 2017) oder ihr Verhalten diesen Schüler*innen gegenüber unterschiedlich zu dem gegenüber Schüler*innen ohne Migrationshintergrund ist (Glock 2016b). Viele dieser Studien gründen sich auf der Annahme, dass Lehrkrafturteile durch negative Stereotype oder negative implizite Einstellungen gegenüber Schüler*innen mit Migrationshintergrund beeinflusst sind und dies zu differenziellen Urteilen über diese Schüler*innen im Vergleich zu Schüler*innen deutscher Herkunft führt. Diejenigen Studien, die Stereotype oder Einstellungen berücksichtigen, können zeigen, dass diese die Urteile und das Verhalten von Lehrkräften beeinflussen (Bonefeld und Dickhäuser 2018; Glock und Krolak-Schwerdt 2013; Kleen und Glock 2018). Unter anderem können Glock und Krolak-Schwerdt (2013) zeigen, dass Lehrkräfte, welche negative Erwartungen gegenüber Schüler*innen mit türkischem Migrationshintergrund aufweisen, in ihren Urteilen durch diese Erwartungen beeinflusst sind. Ein ähnliches Bild zeigt der umfangreiche Forschungsstrang zum Einfluss von Lehrkrafterwartungen auf Lehrkrafthandeln und Lehrkrafturteile auf (für einen Überblick siehe Jussim und Harber 2005). Frühere Untersuchungen haben überdies gezeigt, dass implizite Einstellungen gegenüber Schüler*innen aus Minderheiten das nonverbale Verhalten von Lehrkräften und deren allgemeinen Eindruck über Schüler*innen vorhersagen (Nosek et al. 2002; van den

Bergh et al. 2010). Demnach sind die Urteile von Lehrkräften wie auch ihr Handeln nicht immer frei von der Beeinflussung durch Stereotype.

Die meisten der Studien die Stereotype, Erwartungen oder Einstellungen berücksichtigen, befassen sich allerdings nicht direkt mit den Inhalten stereotypen Wissens von Lehrkräften. Dabei werden häufig Stereotype an sich nicht gemessen oder betrachtet, sondern lediglich angenommen, dass Unterschiede in der Beurteilung von verschiedenen Gruppen auf solchen beruhen. Die Annahme, dass Stereotype die Ursache von Unterschieden in den Urteilen und dem Verhalten von Lehrkräften sind, ist häufig also nur impliziter Natur. Häufig wird diese theoretische Vorannahme getroffen und resultierende Ergebnisse darauf zurückgeführt – allerdings ohne das Vorhandensein von Stereotypen und deren Struktur explizit zu untersuchen. Zwei wichtige Aspekte bei der Betrachtung von Stereotypen sind die Valenz sowie die Inhaltsbereiche auf die sich stereotypes Wissen bezieht.

6.1.2 Valenz von Stereotypen

Ein wichtiger Aspekt bei der Betrachtung von Stereotypen ist deren Valenz. Da nicht alle Stereotype gegenüber verschiedenen Gruppen zwingend negativ sind, auch wenn häufig negative Stereotype im Fokus vergangener Forschung standen, ist die differenzierte Betrachtung der Valenz von Stereotypen wichtig. Verschiedene Studien können beispielsweise zeigen, dass Stereotype über Personen mit Migrationshintergrund nicht zwingend negativ sein müssen. So zeigen beispielsweise Gilbert und Hixon (1991) und Katz und Braly (1933), dass das Stereotyp besteht, dass Asiaten intelligent sind oder aber dass Frauen gutmütig sind (Del Boca et al. 1986). Negative Stereotype sollten entsprechend zu negativerer Wahrnehmung führen, während positive Stereotype eher zu positiver Wahrnehmung führen sollten. Gaertner und McLaughlin (1983) befassten sich in diesem Zusammenhang mit Stereotypen gegenüber afroamerikanischen Personen in den USA, welche sie mit Hilfe von Zuordnungen von Stereotypen auf einer Adjektivliste erhoben. Aus ihren Befunden, die zeigten, dass die Stereotypisierung weniger mit der Zuschreibung negativer, sondern vielmehr mit der fehlenden Zuschreibung positiver Attribute verbunden ist, schlossen sie, dass die Stereotypisierung subtiler geworden ist und vielmehr durch die fehlende Zuschreibung positiver Attribute als durch die Zuschreibung negativer Attribute gekennzeichnet ist. Zu einem ähnlichen Befundmuster kamen auch Kahraman und Knoblich (2000), die zeigen konnten, dass Personen mit türkischem Migrationshintergrund im Vergleich zu deutschen Personen ohne Migrationshintergrund weniger mit positiven Attributen beschrieben wurden. Umgekehrt zeigte sich in einem Priming Experiment von Dovidio et al. (1986), dass negative Eigenschaften stärker mit afroamerikanischen Personen aus den USA assoziiert waren als mit europäisch-amerikanischen und positive Eigenschaften stärker mit europäisch-amerikanischen assoziiert waren als mit afroamerikanischen Personen. Sie führen die Unterschiede in den Ergebnissen ihrer eigenen sowie der Studie von Gaertner und McLaughlin (1983) darauf zurück, dass sich die zur Erfassung genutzten Attribute beider Studien in ihrer Qualität unterschieden.

Zusammengefasst zeigen diese Befunde, dass neben negativen Stereotypen über Migrant*innen auch über andere Inhaltsbereiche negative Stereotype bestehen. Gleichzeitig deutet sich an, dass sich Stereotype nach der Gruppenzugehörigkeit unterscheiden (z. B. verschiedene Nationalitäten oder aber Eigen- und Fremdgruppe im Vergleich). Gerade über Personen türkischer Herkunft bestehen spezifische Stereotype, im Falle der Studie von Kahraman und Knoblich (2000) unter anderem über die Kompetenz von Personen türkischer Herkunft. Allerdings zeigt sich darüber hinaus, dass sich Stereotype über Personen mit türkischem Migrationshintergrund nicht nur durch die Zuschreibung negativer Attribute kennzeichnen, sondern gleichwohl durch die fehlende Zuschreibung positiver Attribute. Diese Befunde zeigen, dass eine differenzierte Betrachtung von Stereotypen auch im Hinblick auf die Valenz des stereotypen Wissens beziehungsweise zugeschriebener Attribute wichtig ist. So ist die Berücksichtigung der Valenz von Stereotypen ein wichtiger Aspekt, um zu untersuchen, ob sich die Inhalte der Stereotype über Personen mit türkischem Migrationshintergrund im Vergleich zu deutschen Personen ohne Migrationshintergrund eher durch die Zuschreibung negativer Attribute oder Assoziationen auszeichnet oder durch die fehlende Zuschreibung positiver Attribute. Vor allem im Schulkontext ist dies eine wichtige Erkenntnis. Gerade im Zusammenhang mit Studienbefunden, die zeigen, dass es eigentlich die Schüler*innen mit Migrationshintergrund sind, welche in Bezug zu ihren Leistungen akkurat eingeschätzt werden, während Schüler*innen ohne Migrationshintergrund überschätzt werden (Tobisch und Dresel 2017), können Ergebnisse zu den Inhalten und zur Valenz von Stereotypen zum besseren Verständnis der Informationsverarbeitungsprozesse von Lehrkräften beitragen.

6.1.3 Inhaltsbereiche stereotypen Wissens

Unterschiedlichste Studien betrachten Inhaltsbereiche von Stereotypen vorwiegend zweidimensional, im Sinne der Zuschreibung von Attributen in den Bereichen Wärme und Kompetenz (Fiske et al. 2002, 2007), oder aber messen affektive, nicht inhaltlich gebundene Stereotype (Glock und Karbach 2015; Greenwald et al. 1998; van den Bergh et al. 2010). Neben diesen Herangehensweisen können die Inhalte von Stereotypen allerdings auch genauer nach Inhaltsbereichen differenziert werden. In den wenigen vorliegenden Studien, die das stereotype Wissen von Personen fokussieren und Inhaltsbereiche genauer in den Blick nehmen, bleibt bislang weitestgehend unbeachtet, inwiefern sich die Valenz in verschiedenen Inhaltsbereichen nach der Gruppenzugehörigkeit verhält. Unter anderem konnte Forschung zu altersbezogenen Stereotypen zeigen, dass die zugehörigen Stereotype multidimensional waren, verschiedene Inhaltsbereiche umfassten und auch ihre Valenz inhaltsabhängig war (Boduroglu et al. 2006). Es zeigten sich zunehmend negative Ansichten über mentale und physische Eigenschaften als Funktion des Alterns. Im sozialen und emotionalen Bereich waren die Stereotype bezüglich alter und junger Erwachsener vergleichsweise neutral.

In Bezug zu Stereotypen und Einstellungen über Personen mit Migrationshintergrund werden in der Regel affektive, inhaltsübergreifende Einstellungen gemessen. Erste Ansätze, Stereotype und Einstellungen stärker inhaltsbezogen zu messen, beschränken sich weitestgehend auf Leistungskontexte (Bonefeld und Dickhäuser 2018; Peterson et al. 2016). Bei beiden Arbeiten werden diese Leistungsstereotype allerdings mit impliziten Maßen betrachtet. Auch hier wird nachgewiesen, dass negative Stereotype in Bezug zu den Leistungen von Personen mit Migrationshintergrund vorliegen.

Je nach Inhaltsbereich können Stereotype mit unterschiedlicher Valenz vorausgesetzt werden. Dies sollte auch für Stereotype über Personen mit türkischem Migrationshintergrund der Fall sein. Häufig werden in Abgrenzung zur deutschen Gesellschaft ohne Migrationshintergrund generell negative Stereotype über Personen mit türkischem Migrationshintergrund vorausgesetzt. Die Valenz zugeschriebener Attribute kann sich allerdings je nach Inhaltsbereich, dem die Attribute zugeordnet sind, unterscheiden. So konnten Kahraman und Knoblich (2000) in einer qualitativen Inhaltsanalyse zeigen, dass sich das stereotype Wissen über Personen mit türkischem Migrationshintergrund qualitativ von dem über deutsche Personen ohne Migrationshintergrund unterscheidet. In ihrer Studie wurden über Personen mit türkischem Migrationshintergrund häufiger mit Bedrohung assoziierte Aussagen getroffen, während über deutsche Personen ohne Migrationshintergrund eher Peinlichkeitsgefühle geäußert wurden. Auch in Bezug auf positive Attribute werden laut der Autorin und dem Autor für Personen mit türkischem Migrationshintergrund eher soziale Verhaltensweisen thematisiert, während Deutsche stärker mit leistungs- und erfolgsbezogenen Variablen assoziiert werden (Kahraman und Knoblich 2000). Kahraman und Knoblich (2000) konnten in diesem Zusammenhang zeigen, dass Personen mit türkischem Migrationshintergrund nicht in allen Inhaltsbereichen im Vergleich zu deutschen Personen ohne Migrationshintergrund negativ stereotypisiert werden, sondern dass es Bereiche gibt (beispielsweise soziale Kompetenzen, Familiensinn), für die eher positive Stereotype vorlagen (Kahraman und Knoblich 2000). Hier zeigt sich, dass die Valenz von Stereotypen je nach Inhaltsbereich auch unterschiedlich sein kann und man nicht generell von lediglich negativen Stereotypen gegenüber einer Gruppe sprechen kann. Dieser Zusammenhang zwischen Inhaltsbereich und Valenz wurde bisher allerdings nicht quantifiziert, sondern wie unter anderem bei Kahraman und Knoblich (2000) nur mithilfe qualitativer Herangehensweisen betrachtet. Auch vergleichbare Studien, wie die von Froehlich et al. (2015) verwenden vorwiegend qualitative und deskriptive Ansätze zur Betrachtung der Inhaltsbereiche stereotypen Wissens. Dass Unterschiede meist zwar in qualitativen Auseinandersetzungen diskutiert werden, bisher allerdings nicht quantifiziert werden, ist vorwiegend begründet durch zu geringe Stichprobengrößen (Froehlich et al. 2015).

Gerade aber das Wissen um die Valenz stereotypen Wissens in bestimmten Inhaltsbereichen und der diesbezügliche Vergleich zwischen den Stereotypen gegenüber deutschen und Personen mit türkischem Migrationshintergrund kann Ansatzpunkte für weitere Forschung und konkrete Interventionen liefern. Insbesondere kann speziell die Kenntnis um das stereotype Wissen von Lehrkräften wichtige Erkenntnisse in Bezug auf Einflüsse im Rahmen ihres Unterrichts und der Beurteilungen in der Schule liefern.

Bisherige Forschung zu stereotypem Wissen über Personen mit türkischem Migrationshintergrund befassen sich häufig darüber hinaus nicht explizit mit dem Schulkontext oder den Akteuren in diesem Zusammenhang. Möglicherweise bilden aber gerade Lehrkräfte im Schulzusammenhang spezifische Stereotype oder aber stereotypes Wissen aus, die sich auf das Lehrkrafthandeln auswirken können. Beispielsweise ist anzunehmen, dass Überzeugungen über mangelnde Kompetenzen einer Gruppe zur Aktivierung negativer Stereotype führen und sich dies direkt oder indirekt auf die Leistung von damit assoziierten Gruppen auswirkt. Dies zeigen unter anderem Studien im Forschungsbereich *Stereotype Threat* (Appel et al. 2015; Steele und Aronson 1995) oder zu Urteilsfehlern bei Lehrkräften (Bonefeld und Dickhäuser 2018; Glock und Krolak-Schwerdt 2013; Kleen und Glock 2018).

6.1.4 Forschungsstand

Obwohl sich die Forscher*innen weiter mit den Fragen nach den Inhalten von Stereotypen befassten (für eine Übersicht siehe Brigham 1971), wurden verstärkt die Wirkungsprozesse von Stereotypen in den Fokus gesetzt. Statt die Frage zu betrachten, welche Eigenschaften die Stereotype der Personen ausmachen, wird bis heute fast ausschließlich die Frage betrachtet, wie das menschliche Handeln durch Stereotype beeinflusst wird (z. B. Brewer und Feinstein 1999; Fiske und Neuberg 1990; Hamilton et al. 1990; Stangor und Lange 1994). Auch im Schulkontext ist dieser Wandel zu beobachten und hat zu einigen wichtigen Erkenntnissen geführt. Kurz zusammengefasst: Stereotype können die Eindrücke von Lehrkräften beeinflussen (Jussim 1989; Madon et al. 2001) und sich selbst erfüllende Prophezeiungen produzieren (Jussim und Harber 2005; Jussim et al. 2005; Madon et al. 1997). Inhaltliche und prozessuale Fragen sind verbundene Untersuchungsstränge. Studien, die sich mit den Inhalten stereotypen Wissens befassen, können wesentliche und notwendige Vorarbeiten liefern, um die untersuchten Prozesse zu verstehen und (theoretisch) vorhersagen zu können.

In der bekanntesten Studie, welche sich mit Inhalten von Stereotypen befasst, wurde eine Liste mit Attributen präsentiert, aus der Teilnehmer*innen fünf ausgewählt haben, die zehn verschiedene ethnische und nationale Gruppen am stärksten charakterisieren (Katz und Braly 1933). In diesem Zusammenhang gibt es lediglich zwei Studien, die sich mit den Inhalten stereotypen Wissens gegenüber Personen mit türkischem Migrationshintergrund befassen. In einer Studie von Kahraman und Knoblich (2000) wurden Probanden gebeten im Rahmen einer freien Produktionsaufgabe, für welche sie jeweils zehn Minuten zur Verfügung hatten, all diejenigen Eigenschaften, Verhaltensweisen, aber auch Rollen und Objekte aufzulisten, von denen sie annahmen, dass sie als typisch für Personen mit türkischem Migrationshintergrund vs. typisch für deutsche Personen ohne Migrationshintergrund gelten. Sie wurden instruiert ihr Wissen darüber, was mit in Deutschland lebenden Personen türkischer Herkunft (respektive Deutsche ohne Migrationshintergrund) verbunden wird, wiederzugeben. Es zeigte sich, dass gleichermaßen negative kulturelle Stereotype über Deutsche ohne Migrationshintergrund wie über Personen mit türkischem Migrationshintergrund bestehen, letztere aber weniger mit positiven Attributen assoziiert wurden. Froehlich et al. (2015) konnten in einer vergleichsweise aktuellen Studie, welche das stereotype Wissen von angehenden Lehrkräften mit einer freien Produktionsaufgabe erfasste, zeigen, dass Personen mit türkischem Migrationshintergrund im Vergleich zu deutschen Personen ohne Migrationshintergrund, aber auch zu

Personen mit italienischem Migrationshintergrund mit geringerer Kompetenz assoziiert wurden. Beide Studien betrachten die Inhaltsbereiche stereotypen Wissens allerdings nur mit qualitativen Herangehensweisen und betrachten das Zusammenspiel aus Valenz und Inhaltsbereichen lediglich deskriptiv und nicht mit inferenzstatistischen Herangehensweisen. An diese Studien soll die aktuelle Studie anknüpfen und die Inhalte des stereotypen Wissens von angehenden und erfahrenen Lehrkräften über Personen mit türkischem Migrationshintergrund (vergleichend zu dem Wissen über deutsche Personen ohne Migrationshintergrund) betrachten und systematisieren.

6.1.5 Die vorliegende Studie

Ziel der vorliegenden Studie ist es, das stereotype Wissen von (angehenden) Lehrkräften zu erheben und zu systematisieren. Dabei soll insbesondere die Struktur des stereotypen Wissens von Lehrkräften gegenüber Personen türkischer Herkunft (verglichen mit Personen deutscher Herkunft) untersucht werden und betrachtet werden, ob eine Asymmetrie im Hinblick auf die Zuschreibung positiver, negativer und neutraler[2] Eigenschaften besteht. Im Rahmen der vorliegenden Studie wurden daher die Menge, Valenz und Inhalte stereotypen Wissens von Lehrkräften und angehenden Lehrkräften über in Deutschland lebende Personen mit türkischem Migrationshintergrund im Vergleich zu dem stereotypen Wissen über Personen ohne Migrationshintergrund untersucht. Neben dem Ziel, zu betrachten, ob sich das stereotype Wissen allgemein in seiner Menge je nach Gruppenzugehörigkeit unterscheidet, stand im Fokus der Studie die Frage danach, ob sich das stereotype Wissen über die Gruppe der deutschen beziehungsweise der Personen mit türkischem Migrationshintergrund verschiedenen Inhaltsbereichen zuordnen lässt und in seiner Valenz innerhalb dieser Bereiche nach der Gruppenzugehörigkeit unterscheidet.

---

[2]Im Folgenden als „neutral" benannte Stereotype meinen deskriptive Stereotype, denen von den Ratern keine klare Valenz (positiv vs. negativ) zugeordnet werden konnten. Je nach Konnotation können sie beide Valenzen enthalten oder tatsächlich rein deskriptiv benannt sein. Im Folgenden wurden diese Aussagen daher als „neutral" gewertet und vergleichend in die Analysen einbezogen. Zugrunde gelegt wird die Annahme, dass der Begriff des Stereotyps auch wertneutral verwendet wird, um einen grundlegenden kognitiven Prozess anzugeben, durch den Menschen die Welt verstehen (Berg 1990).

Auf Grundlage der dargestellten theoretischen Annahmen stellen sich verschiedene Forschungsfragen zum stereotypen Wissen (angehender) Lehrkräfte:

- Unterscheidet sich die Menge stereotypen Wissens über Personen mit türkischem Migrationshintergrund von der Menge des stereotypen Wissens über deutsche Personen ohne Migrationshintergrund?
- Welche Inhalte umfasst das stereotype Wissen? Lassen sich die Inhalte in größere Inhaltsbereiche gruppieren? Ergeben sich Inhaltsbereiche gleichermaßen für die Gruppe der Personen mit türkischem Migrationshintergrund wie auch für die Gruppe deutscher Personen ohne Migrationshintergrund?
- Unterscheidet sich die Valenz der Stereotype je nach Gruppenzugehörigkeit? Unterscheidet sich die Valenz der Stereotype nach Inhaltsbereichen zwischen den Gruppen?

Zusammenfassend ist das Ziel der vorliegenden Studie, ein genaueres Bild des stereotypen Wissens von Lehrkräften über Personen mit türkischem Migrationshintergrund (im Vergleich zu deutschen Personen ohne Migrationshintergrund) zu gewinnen. Für die vorliegende Arbeit soll daher die Frage im Fokus stehen, ob Stereotype gegenüber Personen mit türkischem Migrationshintergrund verschiedenen Inhaltsbereichen zuzuordnen sind und sich dabei signifikant in Menge und Valenz der genannten Aussagen von den Aussagen über Personen ohne Migrationshintergrund unterscheiden.

6.2 Methoden

Im Rahmen der vorliegenden Studie wurde das stereotype Wissen angehender und erfahrener Lehrkräfte über türkische Migrant*innen in Deutschland sowie ihr stereotypes Wissen über Deutsche ohne Migrationshintergrund erfragt.

In Anlehnung an das Vorgehen von Kahraman und Knoblich (2000) wurde eine freie Produktionsaufgabe verwendet. Die Teilnehmer*innen wurden im Rahmen einer Online-Studie aufgefordert, innerhalb einer festgelegten Zeit möglichst viele Aussagen zum Stereotyp über Personen mit türkischem Migrationshintergrund beziehungsweise deutsche Personen ohne Migrationshintergrund zu generieren. Ihre Aufgabe war es, möglichst viele Eigenschaften, Verhaltensweisen, Rollen und Objekte aufzulisten, von denen sie annahmen, dass sie als „typisch türkisch" (vs. „typisch deutsch") gelten. Sie wurden darüber informiert, dass ihre Aussagen nicht ihrer persönlichen Meinung entsprechen müssen, sondern ihr Wissen darüber abgefragt würde, was mit in Deutschland lebenden Personen türkischer Herkunft (respektiv mit deutschen Personen ohne Migrationshintergrund) assoziiert wird. Gleichzeitig wurde ihnen versichert, dass ihre Aussagen anonym behandelt würden. Für die freien Produktionsaufgaben standen jeweils zehn Minuten zur Verfügung. Die Bedingungen „typisch türkisch" oder „typisch deutsch" wurden in randomisierter Reihenfolge präsentiert.[3] Als abhängige Variable wurde die Menge der niedergeschriebenen Aussagen berücksichtigt.

6.2.1 Stichprobe

An der Studie nahmen $N=176$ angehende und erfahrene Lehrkräfte (30,1 % erfahrene Lehrkräfte) teil, von welchen 83,3 % weiblich waren. 27,8 % hatten einen eigenen Migrationshintergrund in dem Sinne, dass mindestens ein Elternteil nicht in Deutschland geboren war. 6,3 % der Stichprobe hatten einen türkischen Hintergrund. Die Stichprobe wurde online sowie über Verteiler verschiedener Universitäten und Pädagogischer Hochschulen rekrutiert.

6.2.2 Inter-Rater-Reliabilität

Die von den Probanden generierten Aussagen wurden von zwei unabhängigen Ratern in Bezug auf ihre Valenz (*positiv* vs. *negativ* vs. *neutral*) eingeschätzt. In Bezug zur Einordnung der Valenz ergab sich für die Übereinstimmung zwischen den Ratern ein Cohens Kappa von 0,962.

Zudem wurde die inhaltliche Struktur des stereotypen Wissens der Lehrkräfte beziehungsweise der generierten Aussagen von den Ratern eingeschätzt. Die Aussagen ließen sich für beide Gruppen auf sechs inhaltliche Gruppen herunterbrechen: 1) *Materielles,* 2) *Kultur und Gesellschaft,* 3) *Personeneigenschaften,* 4) *Leistung,* 5) *persönlicher Bezug* sowie 6) *Verhalten.* Das Kategoriensystem wurde im Vorfeld auf Grundlage der generierten Aussagen von den Forscherinnen in Zusammenarbeit mit einem neutralen Rater (dessen Ratings nicht in die späteren Ratings einflossen) erstellt. In die Kategorie *Materielles* fielen Beschreibungen von Dingen und Aussagen, die die materielle Ausstattung der beiden Gruppen indizierten. Die Kategorie *Kultur und Gesellschaft* umfasste alle Aussagen, die sich auf die Kultur der jeweiligen Länder (unter anderem auch Kulinarisches)

---

[3]Es ergaben sich keine signifikanten Unterschiede nach der Reihenfolge.

Tab. 6.1 Beispiele für stereotypes Wissen der (angehenden) Lehrkräfte getrennt nach Valenz- und Inhaltsbereich

Inhaltsbereiche	Valenz		
	Positiv	Negativ	Neutral
Materielles	Schöne Häuser	Prollige Autos	Mercedes, Goldkette
Kultur und Gesellschaft	Moderne Gesellschaft	Keine Gleichberechtigung	Döner, Islam
Personeneigenschaften	Ehrlich, sozial	Manipulativ, humorlos	Blauäugig, alle haben dunkle Haare
Leistung	Gebildet, fleißig	Nicht intelligent, schlechte Sprachkenntnisse	Hierarchie, Ingenieurwesen
Persönlicher Bezug	Sind gute Freunde von mir	Meine Nachbarn sind laut	Wohne in einem türkischen Viertel
Verhalten	Helfen der Familie viel	Frauenfeindlich, teilen die Rechnung (geizig)	Gehen in die Kirche, gehen auf Volksfeste

sowie (normative) Gesellschaftsvorstellungen bezogen. Manifeste Charaktereigenschaften sowie äußerliche Merkmale, die den beiden Gruppen zugeordnet wurden, fielen in den Bereich der *Personeneigenschaften*. Zu Aussagen in der Kategorie *Leistung* zählten alle Aussagen, die leistungsbezogenes Verhalten, den Berufs- oder Bildungsstand betreffen. Persönliche Erfahrungen und Assoziationen wurden unter der Kategorie des *persönlichen Bezugs* zusammengefasst und temporäre Verhaltensweisen (in Abgrenzung zu manifesten Personeneigenschaften) wurden in die Kategorie *Verhalten* eingeordnet. Die Rater wiesen die Aussagen nach der Festlegung der Kategorisierung den Bereichen zu. In Bezug zu der Einordnung der Aussagen zu Inhaltsbereichen ergab sich ein Cohens Kappa von 0,959.

In einem zweiten Schritt diskutierten die Rater über nicht klar kategorisierbare Angaben und ordneten diese einer klaren Kategorie zu, mit welcher die folgenden Analysen gerechnet wurden (für eine beispielhafte Übersicht des stereotypen Wissens beziehungsweise der getroffenen Aussagen siehe Tab. 6.1).

6.3 Ergebnisse

6.3.1 Haupteffekte

Zusammenfassend konnte mithilfe einer Varianzanalyse mit Messwiederholung mit den Faktoren Gruppe (deutsch vs. türkisch), Valenz (negativ vs. neutral vs. positiv) und Inhalt (Materielles vs. Kultur und Gesellschaft vs. Personeneigenschaften vs. Leistung vs. Persönlicher Bezug vs. Verhalten) gezeigt werden, dass nicht signifikant mehr Äußerungen über deutsche Personen ohne Migrationshintergrund oder Personen mit türkischem Migrationshintergrund von den (angehenden) Lehrkräften generiert wurden, $F(1,175) = 0,21$, $p = ,647$, $\eta^2 = ,00$. Insgesamt wurden im Mittel 6,69 Aussagen ($SD = 6,33$) über deutsche Personen ohne Migrationshintergrund sowie 6,40 Aussagen ($SD = 5,91$) über Personen mit türkischem Migrationshintergrund generiert.

Darüber hinaus wurden allerdings signifikant unterschiedlich viele stereotype Aussagen innerhalb der Valenzgruppen, $F(2,174) = 79,65$, $p < ,001$, $\eta^2 = ,48$, und Inhaltsbereiche, $F(5,171) = 72,52$, $p < ,001$, $\eta^2 = ,68$, generiert. Insgesamt wurden über die Gruppen hinweg am häufigsten neutrale Aussagen getätigt ($M = 7,63$, $SD = 5,97$), darauffolgend negative ($M = 2,98$, $SD = 3,03$) und am seltensten positive Aussagen ($M = 2,48$, $SD = 2,40$). Die Probanden generierten in Bezug zu den Inhaltsbereichen am häufigsten Aussagen in den Bereichen *Verhalten* ($M = 4,82$, $SD = 4,36$), *Personeneigenschaften* ($M = 4,00$, $SD = 3,21$) und *Leistung* ($M = 2,03$, $SD = 1,96$), darauffolgend in den Bereichen *Materielles* ($M = 1,53$, $SD = 1,84$) und *Kulturelles und Gesellschaft* ($M = 0,61$, $SD = 0,93$). Am wenigsten häufig generierten die Probanden im Mittel *personenbezogene Aussagen* ($M = 0,10$, $SD = 0,37$).

6.3.2 Interaktionen

Diese Haupteffekte wurden durch drei signifikante Zweifach-Interaktionen, Gruppe × Valenz, $F(2,174) = 12,34$, $p < ,001$, $\eta^2 = ,12$, Gruppe × Inhaltsbereich, $F(5,171) = 8,21$, $p < ,001$, $\eta^2 = ,19$, sowie Valenz × Inhaltsbereich, $F(10,166) = 35,33$, $p < ,001$, $\eta^2 = ,68$, qualifiziert, welche wiederum durch die signifikante Dreifach-Interaktion aus Gruppe × Valenz × Inhaltsbereich qualifiziert wurde, $F(10,166) = 14,61$; $p < ,001$, $\eta^2 = ,47$. Die Richtung dieser signifikanten Dreifach-Interaktion wird im Folgenden beschrieben und ist darüber hinaus in Abb. 6.1, 6.2 und 6.3 grafisch nachzuvollziehen.

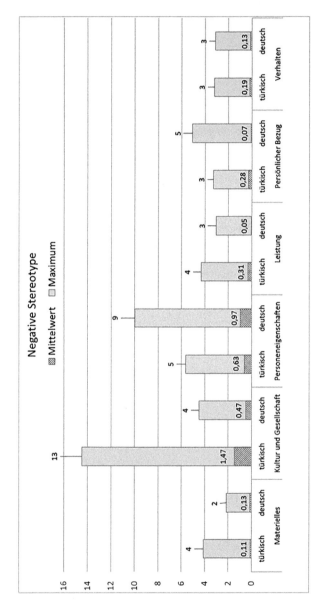

Abb. 6.1 Mittelwert und Maximum der Nennungshäufigkeit negativer Stereotype getrennt nach Inhaltsbereich und Gruppe

6 Döner vs. Schweinebraten – Stereotype von (angehenden) …

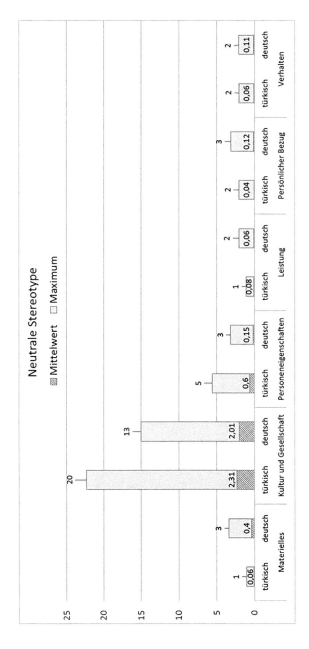

Abb. 6.2 Mittelwert und Maximum der Nennungshäufigkeit neutraler Stereotype getrennt nach Inhaltsbereich und Gruppe

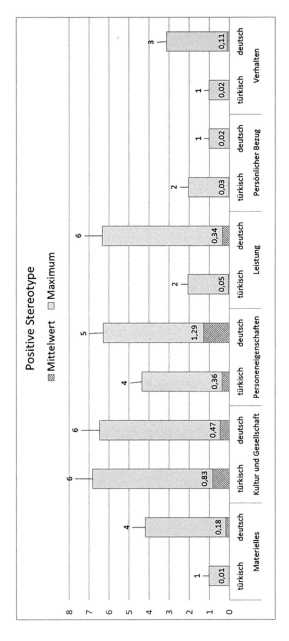

Abb. 6.3 Mittelwert und Maximum der Nennungshäufigkeit positiver Stereotype getrennt nach Inhaltsbereich und Gruppe

In Bezug zur Valenz der Aussagen in den Bereichen *Materielles, Kultur und Gesellschaft* und *Verhalten* zeigt sich, dass es keine signifikanten Unterschiede in der Menge der getroffenen Aussagen über Personen mit türkischem Migrationshintergrund oder deutsche Personen ohne Migrationshintergrund gibt. Weder werden mehr positive oder negative Aussagen über eine der Gruppen getätigt noch werden über eine Gruppe vermehrt neutrale Aussagen getroffen. Innerhalb der Gruppe der Personen mit türkischem Migrationshintergrund wurden im Inhaltsbereich *Materielles* lediglich neutrale Aussag ($M=0,85$, $SD=1,35$) getätigt. Innerhalb der Gruppe der deutschen Personen ohne Migrationshintergrund wurden ebenfalls am häufigsten neutrale Aussagen ($M=0,68$, $SD=1,21$) generiert, allerdings auch eine geringe Menge an negativen Aussagen ($M=0,01$, $SD=0,08$), welche sich in ihrer Anzahl signifikant von der Menge an neutralen Aussagen unterschied ($p<,001$). Auch im Bereich *Kultur und Gesellschaft* wurden für Personen mit türkischem Migrationshintergrund signifikant mehr neutrale Aussagen ($M=0,31$, $SD=0,70$) als negative ($M=0,01$, $SD=0,08$) und positive Aussagen ($M=0,01$, $SD=0,11$) generiert (alle $p<,001$). Das gleiche Muster zeigt sich für deutsche Personen ohne Migrationshintergrund (neutral $M=0,26$, $SD=0,56$, negativ: $M=0,01$, $SD=0,08$, positiv: $M=0,01$, $SD=0,08$; alle $p<,001$).

In Bezug zum *Verhalten* wurden für Personen mit türkischem Migrationshintergrund signifikant mehr neutrale ($M=1,39$, $SD=1,92$) als negative ($M=1,02$, $SD=1,58$; $p<,05$) und positive Aussagen ($M=0,15$, $SD=0,39$; $p<,001$) generiert. Gleichzeitig wurden signifikant mehr negative als positive Aussagen genannt ($p<,001$). Bei deutschen Personen ohne Migrationshintergrund unterschied sich die Menge der neutralen Aussagen ebenfalls signifikant von der Menge der genannten negativen und positiven Aussagen. Es wurden signifikant mehr negative als neutrale Aussagen getroffen ($p<,05$) sowie mehr negative als neutrale Attribute genannt ($p<,001$) und darüber hinaus mehr neutrale als positive Aussagen angegeben ($p<,001$). Ähnlich wie bei den Personen mit türkischem Migrationshintergrund wurden am häufigsten neutrale Aussagen über das Verhalten der Gruppe getätigt ($M=1,18$, $SD=2,08$), gefolgt von negativen Aussagen ($M=0,96$, $SD=1,33$) und signifikant weniger positiven Aussagen ($M=0,12$, $SD=0,34$).

Die Probanden gaben im Inhaltsbereich *Personeneigenschaften* signifikant mehr negative Aussagen über deutsche Personen ohne Migrationshintergrund ($M=0,40$, $SD=0,79$) an, als über Personen mit türkischem Migrationshintergrund ($M=0,10$, $SD=0,32$). In der Anzahl der positiven sowie neutralen Aussagen unterschieden sich die Aussagen nicht signifikant nach der Gruppenzugehörigkeit. Innerhalb der Gruppe der Personen mit türkischem

Migrationshintergrund wurden am häufigsten neutrale Aussagen über Personeneigenschaften dieser Gruppen getätigt ($M = 1{,}30$, $SD = 1{,}41$). Die Anzahl neutraler Aussagen war signifikant größer als die Anzahl negativer ($M = 0{,}10$, $SD = 0{,}32$) und positiver Aussagen ($M = 0{,}50$, $SD = 0{,}97$). Die Anzahl negativer Aussagen unterschied sich ebenfalls signifikant von der Anzahl positiver Aussagen (alle $p < {,}001$). Innerhalb der Gruppe der deutschen Personen ohne Migrationshintergrund ergab sich ein vergleichbares Bild: Am häufigsten genannt wurden neutrale Aussagen ($M = 1{,}13$, $SD = 1{,}39$). Die Menge der neutralen Aussagen unterschied sich signifikant von der Menge negativer ($M = 0{,}40$, $SD = 0{,}79$; $p < {,}001$) sowie positiver Aussagen ($M = 0{,}57$, $SD = 1{,}10$; $p < {,}001$). Darüber hinaus wurden ebenso wie innerhalb der Gruppe Personen mit türkischem Migrationshintergrund mehr positive Aussagen als negative getätigt ($p < {,}05$).

In Bezug auf die Gesamtzahl an Aussagen zu der Gruppe *Leistung* unterscheiden sich die beiden Gruppen insofern, dass im Allgemeinen mehr leistungsbezogene Aussagen über deutsche Personen ohne Migrationshintergrund ($M = 1{,}36$, $SD = 1{,}48$) als über Personen mit türkischem Migrationshintergrund ($M = 0{,}66$, $SD = 1{,}28$) generiert wurden. Betrachtet man die Valenz dieser Aussagen so zeigt sich, dass für Deutsche signifikant mehr positive Aussagen ($M = 1{,}03$, $SD = 1{,}14$) als negative Aussagen ($M = 0{,}09$, $SD = 0{,}28$; $p < {,}001$) generiert wurden, sowie signifikant weniger neutrale ($M = 0{,}25$, $SD = 0{,}64$) als positive Aussagen und weniger negative als neutrale Aussagen. Für Personen mit türkischem Migrationshintergrund hingegen wurden signifikant mehr negative ($M = 0{,}38$, $SD = 0{,}91$) als positive Aussagen ($M = 0{,}05$, $SD = 0{,}25$; $p < {,}001$) getätigt sowie mehr neutrale Aussagen ($M = 0{,}24$, $SD = 0{,}62$) als positive ($p < {,}001$) nicht signifikant unterschiedlich neutrale und negative Aussagen. Vergleicht man die Gruppen miteinander, so unterscheidet sich die Anzahl der neutralen Aussagen in Bezug zur Leistung nicht nach der Gruppe. Es wurden allerdings deutlich mehr positive Aussagen über Deutsche in Bezug zur Leistung generiert als über Personen mit türkischem Migrationshintergrund ($p < {,}001$). In Bezug zu den negativen Aussagen wurden mehr Aussagen über Personen mit türkischem Migrationshintergrund generiert als über deutsche Personen ohne Migrationshintergrund ($p < {,}001$). Dieser Unterschied ist allerdings weniger ausgeprägt als der Unterschied in Bezug zu den positiven Aussagen. Über die deutsche Gruppe wurden besonders viele positive Aussagen generiert.

Einige Aussagen bezogen sich auf persönliche Erfahrungen der Probanden im Kontakt mit einer der beiden Gruppen. Diese Aussagen wurden unter dem Inhaltsbereich *Persönlicher Bezug* zusammengefasst. Die Anzahl genannter negativer Aussagen unterschied sich nicht signifikant nach der Gruppenzugehörigkeit. Es zeigten sich allerdings Unterschiede in der Menge generierter positiver sowie neutraler Aussagen. Über deutsche Personen ohne Migrationshintergrund ($M=0{,}21$, $SD=0{,}08$) wurden im Vergleich zu Personen mit türkischem Migrationshintergrund ($M=0{,}04$, $SD=0{,}22$) mehr neutrale Aussagen getätigt ($p<{,}05$). Umgekehrt wurden über Personen mit türkischem Migrationshintergrund ($M=0{,}03$, $SD=0{,}18$) signifikant mehr positive Aussagen als über deutsche Personen ohne Migrationshintergrund (hier wurden keine Aussagen generiert) getätigt ($p<{,}05$). In Bezug zu der Gruppe der Personen mit türkischem Migrationshintergrund unterschied sich die Menge getätigter Aussagen nicht nach der Valenz. Über alle Valenzgruppen hinweg wurden ähnlich viele Aussagen getätigt. Das gleiche Bild zeigt sich innerhalb der deutschen Gruppe.

6.4 Diskussion

Vorangegangene Studien gründen sich auf der Annahme, dass Schüler*innenmerkmale verschiedene Informationen transportieren beziehungsweise Stereotype aktivieren, die im Sinne heuristischer Hinweisreize ihrerseits Einfluss auf die Informationsverarbeitungsprozesse von Lehrkräften nehmen können. Daher wurden in der vorliegenden Studie Stereotype speziell von Lehrkräften betrachtet. In Zusammenhang mit den Annahmen von Zwei-Prozess Modellen (Chen und Chaiken 1999) können Stereotype, oder auch nur das Wissen um diese Stereotype, Einfluss auf die Informationsverarbeitungsprozesse von Lehrkräften nehmen und das Lehrkrafthandeln sowie Lehrkrafturteile auf diesem Wege beeinflussen.

Die vorliegende Studie befasst sich speziell mit dem stereotypen Wissen von (angehenden) Lehrkräften über Personen mit türkischem Migrationshintergrund im Vergleich zu deutschen Personen ohne Migrationshintergrund. Zunächst lässt sich das stereotype Wissen über Personen mit türkischem Migrationshintergrund als auch über deutsche Personen ohne Migrationshintergrund auf sechs gemeinsame inhaltliche Bereiche herunterbrechen. Die Ergebnisse zeigen, dass es wie erwartet keine statistisch signifikanten Unterschiede in der generierten Gesamtanzahl von Aussagen über die Inhaltsbereiche hinweg nach der Gruppe gibt: Die (angehenden) Lehrkräfte listeten weder wesentlich mehr Stereotype über deutsche noch über Personen mit türkischem Migrationshintergrund auf. Es zeigten sich jedoch statistisch signifikante Unterschiede in der Verteilung in Bezug auf den Inhaltsbereich nach der Valenz dieser Stereotype nach der Gruppe. Im Allgemeinen ist eine starke kulturelle Verankerung von stereotypem Wissen zu beobachten, was sich darin zeigt, dass insbesondere der Inhaltsbereich *Kulturelles und Gesellschaft* häufig zur Sprache kommt (für einen Überblick über die zentralen Ergebnisse siehe Abb. 6.4).

Die wichtigsten Ergebnisse im Überblick:

Die Menge an Stereotypen über deutsche vs. Personen mit türkischem Migrationshintergrund unterscheidet sich nicht signifikant.

(1) *Materielles*
- Großteils Aussagen im neutralen bzw. deskriptiven Bereich
- Keine signifikanten Gruppenunterschiede in der Menge generierter Aussagen

(2) *Kultur und Gesellschaft*
- Großteils Aussagen im neutralen bzw. deskriptiven Bereich
- Keine signifikanten Gruppenunterschiede in der Menge generierter Aussagen

(3) *Personeneigenschaften*
- Großteils Aussagen im neutralen bzw. deskriptiven Bereich
- Signifikant mehr negative Stereotype über deutsche Personen ohne Migrationshintergrund im Vergleich zu Personen mit türkischem Migrationshintergrund
- Keine signifikanten Gruppenunterschiede in der Menge positive bzw. negativer Aussagen

(4) *Leistung*
- Signifikant mehr leistungsbezogene Aussagen über deutsche Personen ohne Migrationshintergrund
- Signifikant mehr positive Aussagen über deutsche Personen ohne Migrationshintergrund als über Personen mit türkischem Migrationshintergrund
- Signifikant mehr negative Aussagen über Personen mit türkischem Migrationshintergrund als über deutsche Personen ohne Migrationshintergrund
- Keine signifikanten Gruppenunterschiede in der Menge neutraler bzw. deskriptiver Aussagen
- Über deutsche Personen ohne Migrationshintergrund werden deutlich mehr positive Aussagen generiert als negative Aussagen über Personen mit türkischem Migrationshintergrund

(5) *persönlicher Bezug*
- Großteils Aussagen im neutralen bzw. deskriptiven Bereich
  Keine signifikanten Gruppenunterschiede in der Menge generierter Aussagen

(6) *Verhalten*
- Großteils Aussagen im neutralen bzw. deskriptiven und negativen Bereich
- Keine signifikanten Gruppenunterschiede in der Menge generierter Aussagen

Abb. 6.4 Die wichtigsten Ergebnisse getrennt nach Inhaltsbereich im Überblick

Die von Kahraman und Knoblich (2000), Gaertner und McLaughlin (1983) sowie Dovidio et al. (1986) aufgezeigten Befunde lassen sich so durch diesen Beitrag ergänzen. Es zeigte sich, dass sich die Menge dieses Wissens für die beiden Gruppen in seiner Valenz für verschiedene Inhalte unterscheidet. Das Muster der fehlenden Zuschreibung positiver Attribute ist der vorliegenden Studie zufolge abhängig vom Inhaltsbereich, in welches das Stereotyp fällt. So zeigen sich beispielsweise für den Inhaltsbereich *Verhalten* keine Unterschiede in der Zuschreibung von Attributen nach der Gruppenzugehörigkeit, während sich unter anderem für den Bereich *Personeneigenschaften,* welches allerdings die Gruppe war, in der die wenigsten Attribute genannt wurden, Unterschiede ergeben. Bemerkenswert sind hierbei besonders die leistungsbezogenen Stereotype. Diese Stereotype sind – wie zu erwarten – für die deutsche Gruppe vermehrt positiv, während sie für die türkische Gruppe eher negativ sind. Deutlich wird hier auch besonders, dass mehr positive Stereotype für die deutsche Gruppe aufgezählt werden als negative für die türkische Gruppe. Das Leistungsstereotyp scheint also tendenziell positiv für die deutsche Gruppe zu sein und zwar deutlicher als negativ für die türkische Gruppe. In Zusammenhang mit den Ergebnissen vergangener Forschung, dass gerade die Leistungen von Schüler*innen ohne Migrationshintergrund überschätzt werden (Tobisch und Dresel 2017), was auf eine Bevorzugung von Schüler*innen ohne Migrationshintergrund anstelle einer Benachteiligung von Schüler*innen mit Migrationshintergrund hindeutet, ist dies ein besonders spannender Befund. Möglicherweise sind eher positive Leistungsstereotype gegenüber den Schüler*innen ohne Migrationshintergrund Grundlage der unterschiedlichen Leistungsbeurteilungen für Schüler*innen mit und ohne Migrationshintergrund durch die Lehrkräfte. Dies würde im Hinblick auf praktische Implikationen fundamental andere Stoßrichtungen nahelegen als die alleinige Wirkung negativer Leistungsstereotype über Personen mit türkischem Migrationshintergrund.

Das beschriebene Muster zeigt sich nicht für den Inhaltsbereich *Persönlicher Bezug.* Hier werden über türkische Personen mehr positive Aussagen generiert als über deutsche Personen, für welche keine Aussagen getätigt wurden. Das Ausbleiben der positiven Nennungen über deutsche Personen könnte auch dadurch zustande kommen, dass diese Kategorie nur bei der Frage nach typisch türkischen Attributen relevant beziehungsweise aktiviert wird, während persönliche Bezüge in Bezug auf deutsche Personen ohne Migrationshintergrund für die Teilnehmer*innen in diesem Zusammenhang thematisch nicht gleichermaßen relevant erscheinen könnten.

6.4.1 Limitationen

In der vorliegenden Studie wurden die Teilnehmer*innen nach ihrem stereotypen Wissen gefragt. Hieraus können keine Schlüsse gezogen werden, ob sie die genannten Stereotype teilen oder nur wiedergeben. Dennoch könnte auch das Wissen um bestimmte Stereotype Einfluss auf das Verhalten nehmen. Gleichzeitig sind auch aus dem stereotypen Wissen gewinnbringende Erkenntnisse in Bezug auf Rückschlüsse zur Struktur von Lehrkraftstereotypen möglich.

Darüber hinaus stellt der Aspekt der sozialen Erwünschtheit bei der Erfassung von Stereotypen, insbesondere ethnischer Stereotypen, eine Herausforderung dar. Um diesem zu begegnen, wurde das stereotype Wissen der Teilnehmer*innen erfragt. Dennoch ist nicht gänzlich auszuschließen, dass möglicherweise nicht gleichermaßen viele negative Stereotype über türkische Personen generiert wurden und dieser Anteil in der vorliegenden Studie unterschätzt werden könnte.

Einige Arbeiten befassen sich mit der Messung von Stereotypen durch Messinstrumente, die vorwiegend verdeckte, implizite Formen von Einstellungen (z. B. Implizite Assoziationstestungen, affektives Priming) fokussieren. Zugrunde liegend ist die Annahme, dass Stereotype nicht mehr durch offensichtliche und negative Aussagen transportiert werden, sondern auf entweder verdeckte, subtilere Weise kommuniziert werden oder der Versuchsperson selbst unbewusst sind. Die Nutzung einer freien Produktionsaufgabe ergänzt diese Methoden allerdings sinnvoll. Beispielsweise können auch in freien Produktionsaufgaben wie der hier angewandten solche Stereotypstrukturen identifiziert werden. Ein wichtiger Aspekt, den schon Gaertner und McLaughlin (1983) sowie Kahraman und Knoblich (2000) herausstellten, ist dabei die fehlende Zuschreibung positiver Attribute zu der Gruppe. Darüber hinaus können freie Methoden aber auch einen breiten inhaltlichen Blick auf die Stereotype und ihre Inhalte legen. Dieses Verfahren gewährleistet im Gegensatz zur Vorgabe von Adjektivlisten, dass die von den Teilnehmer*innen gegebenen Antworten nicht durch Vorannahmen der Forscher*innen verzerrt sind. Die Stärke dieses Verfahrens besteht darüber hinaus darin, dass Attribute erfasst werden, die für Stereotype der Teilnehmer*innen von zentraler Bedeutung sind. Das heißt, die Teilnehmer*innen können die Attribute auflisten, die sie am stärksten mit einer sozialen Gruppe verknüpfen oder als mit der Gruppe verknüpft sehen, und die Attribute weglassen, die ihnen nicht leicht in den Sinn kommen. Allerdings kann dies darüber hinaus zu unvollständigen Antworten führen. Personen können sich nicht alle Attribute merken oder abrufen, die sie mit einer sozialen Gruppe verknüpfen. Folglich kann dieses Verfahren die Stereotype möglicherweise nicht vollständig erfassen und bewerten. Ziel der vorliegenden Studie war es, herauszufinden, wie das stereotype Wissen von (angehenden) Lehrkräften über Personen mit türkischem Migrationshintergrund strukturiert ist, weshalb zu diesem Zwecke eine freie Produktionsaufgabe gewählt wurde. Um Stereotype mehrdimensional erfassen zu können, sollten kombinierte Verfahren Anwendung finden. Eine Kombination aus Adjektiv-Checkliste, Bewertungsskalen und Verfahren zur freien Reproduktion von Stereotypen könnte in zukünftiger Forschung die Stärken jedes einzelnen Verfahrens maximieren und gleichzeitig deren Schwächen minimieren. So kann ein freies Antwortverfahren insbesondere die Attribute identifizieren, die für einen Stereotyp am zentralsten sind. Diese freien Antworten können dann mit einer größeren Liste von Attributen kombiniert werden, die verschiedene Stereotypkomponenten enthalten. Im Rahmen einer Bewertungsskala können Personen in Folge angeben, inwieweit jedes Attribut in der kombinierten Liste eine soziale Gruppe kennzeichnet. Solch ein kombiniertes Verfahren an einer Stichprobe wurde bislang unter anderem verwendet, um den Inhalt von Geschlechtsstereotypen zu bewerten (Rosenkrantz et al. 1968). In der Forschung zu Stereotypen über Personen mit Migrationshintergrund ist den Autorinnen kein solches kombiniert angewandtes Verfahren bekannt. Mithilfe dieser Verfahren kann unter anderem auch berücksichtigt werden, dass sich die Stärke des Stereotyps konzeptionell von dem Inhalt unterscheidet. Inhalte von Stereotypen (welche hier betrachtet wurden) beziehen sich auf Attribute, von denen Personen glauben, dass sie eine Gruppe von Personen charakterisieren (Ashmore und Del Boca 1981). Die Stärke des Stereotypes bezieht sich darauf wie stark der Inhalt eines Stereotyps der sozialen Kategorie beziehungsweise der Gruppe von Personen zugeordnet werden kann (Stangor und Lange 1994).

Ein weiterer Aspekt, der in der vorliegenden Studie unberücksichtigt bleibt, ist, dass sich die negativen wie auch positiven Aussagen über das türkische und deutsche Stereotyp qualitativ unterscheiden können. Kahraman und Knoblich (2000) berichteten solche Muster in ihrer Studie. Negative Aussagen über Personen mit türkischem Migrationshintergrund thematisieren in ihrer Studie direkte körperliche und soziale Bedrohung. Negative Aussagen über deutsche Personen ohne Migrationshintergrund thematisieren vergangene oder weniger bedrohliche unsoziale Verhaltensweisen. Auch in den positiven Aussagen zeigten sich Unterschiede. Während Personen mit türkischem Migrationshintergrund eher mit sozialen Kompetenzen verbunden wurden, bezogen sich Aussagen über Deutsche auf deren besondere Leistungsfähigkeit. Für zukünftige Studien wäre in dieser Hinsicht die Entwicklung von Maßen wünschenswert, welche einen noch genaueren Aufschluss über Valenz und Inhalte kultureller Stereotype geben könnten. So kann beispielsweise die Qualität von Stereotypen auch innerhalb der

Valenzbereiche weiter unterschieden werden. Mit der vorliegenden Stichprobe und der generierten Menge an Aussagen wären in diesem Zusammenhang keine sinnvollen Analysen möglich gewesen.

Zu Bedenken ist, dass die Kategorisierung nach unterschiedlichen Valenzen (positiv/negativ/neutral) nicht unabhängig von kulturell verankerten Wertmaßstäben ist. Daher entschieden wir uns dafür, die Valenzratings von einem deutschen Rater und einem türkischen Rater durchführen zu lassen. Es ist möglich, dass sich eine andere Verteilung von Valenzen ergeben hätte, wenn nur deutsche oder nur türkische Rater die Äußerungen klassifiziert hätten. Wir glauben allerdings, dass sich in diesem Fall dasselbe Ergebnismuster ergeben hätte. Grund dafür ist, dass wir die Rater dazu aufforderten, nur eindeutige Äußerungen in die Valenzkategorien positiv und negativ einzuordnen. Für zukünftige Studien könnte alternativ der Weg gegangen werden, die Teilnehmer*innen zu bitten, ihre Aussagen mit einer Valenz zu bewerten. So könnten vor allem Aussagen, die je nach Konnotation positiv oder negativ gelesen werden, leichter eingeordnet werden.

Neben der sozialen Kategorie der ethnischen Herkunft könnten weitere soziale Kategorien eine Rolle spielen. So könnten beispielsweise in Bezug auf Personen mit türkischem Migrationshintergrund auch Annahmen über die Zugehörigkeit zu einer sozialen Schicht oder Religionszugehörigkeit eine Rolle gespielt haben. In Teilen bilden auch diese Annahmen Stereotype ab, welche aus den Angaben der Teilnehmer*innen abgebildet wurden. So muss bedacht werden, dass die genannten Stereotype nicht zwingend allein durch die ethnische Herkunft begründet sein könnten.

In bestimmten Bereichen werden im Mittel über die Probanden hinweg sehr wenige Aussagen in verschiedenen Valenzbereichen getroffen (z. B. *Materielles* positiv/negativ). Dies sollte bei den Aussagen zu diesen Bereichen berücksichtigt werden. Da in diesen Inhaltsbereichen aber einige neutrale Aussagen getroffen wurden, wurden diese in das Kategoriensystem aufgenommen und folgend nicht aus den Analysen ausgeschlossen. Anzumerken ist überdies, dass die generierten Stereotype sich ganz allgemein auf Personen türkischer Herkunft bezogen und nicht konkret nach dem stereotypen Wissen über Schüler*innen gefragt wurde. In zukünftiger Forschung könnte man prüfen, ob sich differenzierte Stereotype für die Gruppe der Schüler*innen finden, wovon in dieser Studie nicht ausgegangen wurde. Gleichzeitig ist es aber darüber hinaus möglich, dass kontext-spezifische Stereotype mit anderen Ausprägungen und Inhalten hinzukommen und sie neben den Einflüssen der allgemeinen (hier erfassten) Stereotype ebenfalls Einfluss auf die Informationsverarbeitung haben. Gerade in Bezug auf die Leistungsstereotype verweisen die Teilnehmer*innen allerdings auch auf den Schulkontext, was ein erster Hinweis darauf ist, dass sie diesen Kontext nicht gänzlich aus ihren Aussagen ausgeschlossen haben.

Die hier berichteten Analysen beruhen auf Daten von angehenden und erfahrenen Lehrkräften. Eine nach diesem Status differenzierte Analyse wäre wünschenswert. Im Rahmen dieser Studie ist dies aufgrund nach dieser Differenzierung resultierender geringer Zellbesetzungen nicht möglich.

Gleichzeitig besteht die vorliegende Stichprobe in Teilen aus Teilnehmer*innen mit eigenem türkischem und anderweitigem Migrationshintergrund. Diese Personen können andere Stereotype (siehe Theorien zur Eigengruppenpräferenz; Dasgupta 2004) aufweisen. Aufgrund geringer Zellbesetzungen ist eine Überprüfung in dieser Studie nicht möglich, wäre aber ein spannender Ansatz für weiterführende Forschung. In der vorliegenden Studie wurde dieser Herausforderung damit begegnet, dass das stereotype Wissen erfragt wurde, was die Annahme zur Angabe differenzieller persönlicher Stereotype weniger relevant erscheinen lässt.

6.4.2 Schlussworte

Ziel der vorliegenden Studie war es, herauszufinden, welche Stereotype von (angehenden) Lehrkräften als weit verbreitet angesehen werden und das stereotype Wissen dieser Gruppe zu ergründen, zu strukturieren und zu systematisieren. Inhaltlich ist besonders spannend, dass über beide Gruppen hinweg ähnlich viele Aussagen in verschiedenen Inhaltsbereichen generiert werden, sich allerdings die Valenzverteilung zwischen den Gruppen nach dem Inhaltsbereich unterscheidet. In der vorliegenden Studie wurde gezeigt, dass insbesondere der Leistungsbereich ein wichtiger Bereich mit Bezug zur Struktur von Stereotypen über türkische im Vergleich zu deutschen Personen ohne Migrationshintergrund ist. Dieser Bereich ist zwar nicht der größte Bereich beziehungsweise der Bereich, in dem die meisten Stereotype genannt wurden, jedoch war es der Bereich, in dem die Stereotype über beide Gruppen vergleichend am konträrsten waren. Gerade weil das stereotype Wissen um Leistungen beziehungsweise die Leistungsfähigkeit verschiedener Gruppen als wichtige Beeinflussungsquelle gesehen wird, ist dies ein besonders bemerkenswerter Befund.

Genaue Informationen über den Inhalt von Stereotypen ermöglichen Forscher*innen die Betrachtung von Änderungen in Stereotypen. Gleichzeitig ergänzen Studien zum Inhalt von Stereotypen die prozessorientierte Stereotypforschung sinnvoll. So können inhaltliche Studien die Wechselwirkungen zwischen den tatsächlichen Überzeugungen und der Bereitschaft der Personen, sie auf andere anzuwenden, hervorheben und helfen, Prozesse unter Anwendung von Stereotypen besser zu verstehen. Sie helfen, abzuschätzen, in welchen Bereichen Stereotype wahrscheinlich wirken (Madon et al. 2001). Beispielsweise hilft der Befund, dass positive Stereotype über die Leistung von Personen deutscher Herkunft bestehen, die Ergebnisse prozessorientierter Forschung zu verstehen oder zu erklären, die zeigt, dass gerade deutsche Schüler*innen im Vergleich zu Schüler*innen türkischer Herkunft inakkurater bewertet werden. Inhaltliche Studien zu Stereotypen bilden so eine wertvolle Ergänzung der Forschungslandschaft.

Die vorliegende Studie liefert zusammenfassend einen breiteren Überblick über Inhaltsbereiche und Valenz des stereotypen Wissens von (angehenden) Lehrkräften. Im deutschen Bildungssystem weisen Personen mit türkischem Migrationshintergrund nicht nur schlechtere Leistungen auf, sondern scheinen auch mit ungünstigen Stereotypmustern konfrontiert zu sein. Die vorliegende Studie zeigt auf, dass diese ungünstigen Muster sich einerseits nach Inhaltsbereichen unterscheiden und gleichzeitig aber auch ein relevanter Aspekt im Zusammenspiel mit den Stereotypen über deutsche Personen ohne Migrationshintergrund liegen kann. Die differenzierte Betrachtung von Stereotypen in verschiedenen Inhaltsbereichen ist also ein wichtiger Aspekt der Stereotypforschung.

Literatur

Allemann-Ghionda, C. (2006). Klasse, Gender oder Ethnie? Zum Bildungserfolg von Schüler/innen mit Migrationshintergrund. Von der Defizitperspektive zur Ressourcenorientierung. *Zeitschrift für Pädagogik, 52*, 350–362

Allport, G. W. (1954). *The Nature of Prejudice*. Cambridge, MA: Addison-Wesley

Appel, M., Weber, S. & Kronberger, N. (2015). The influence of stereotype threat on immigrants: Review and meta-analysis. *Frontiers in Psychology, 6*, 900. http://dx.doi.org/10.3389/fpsyg.2015.00900

Asbrock, F. (2010). Stereotypes of social groups in Germany in terms of warmth and competence. *Social Psychology, 41*, 76–81. http://dx.doi.org/10.1027/1864-9335/a000011

Ashmore, R. D., & Del Boca, F. K. (1981). Conceptual approaches to stereotypes and stereotyping. In D. Hamilton (Ed.), *Processes in stereotyping and intergroup behavior* (pp. 1–35). Hillsdale, NJ: Lawrence Erlbaum Associates

Berg, C. R. (1990). Stereotyping in films in general and of the Hispanic in particular. *Howard Journal of Communications, 2*, 286–300. http://dx.doi.org/10.1080/10646179009359721

Biernat, M. & Manis, M. (1994). Shifting standards and stereotype-based judgments. *Journal of Personality and Social Psychology, 66*, 5–20. http://dx.doi.org/10.1037/0022-3514.66.1.5

Bildungsberichterstattung, A. (2016). Bildung in Deutschland 2016. Bielefeld: W. Bertelsmann Verlag

Boduroglu, A., Yoon, C., Luo, T. & Park, D. C. (2006). Age-related stereotypes: A comparison of American and Chinese cultures. *Gerontology, 52*, 324–333. http://dx.doi.org/10.1159/000094614

Bonefeld, M. & Dickhäuser, O. (2018). (Biased) Grading of Students' Performance: Students' Names, Performance Level, and Implicit Attitudes. *Frontiers in Psychology, 9*, 481. http://dx.doi.org/10.3389/fpsyg.2018.00481

Brewer, M. B. & Feinstein, A. H. (1999). Dual processes in the cognitive representation of persons and social categories. In S. Chaiken & Y. Trope (Eds.), *Dual-process theories in social psychology* (pp. 255–270). New York, NY: Guilford Press

Brigham, J. C. (1971). Ethnic stereotypes. *Psychological Bulletin, 76*, 15–38. http://dx.doi.org/10.1037/h0031446

Chen, S., & Chaiken, S. (1999). The Heuristic-Systematic Model in its broader context. In S. Chaiken & Y. Trope (Eds.), *Dual-process theories in social psychology* (pp. 73–96). New York, NY: Guilford Press

Cuddy, A. J. C., Fiske, S. T. & Glick, P. (2007). The BIAS map: behaviors from intergroup affect and stereotypes. *Journal of Personality and Social Psychology, 92*, 631–648. http://dx.doi.org/10.1037/0022-3514.92.4.631

Dasgupta, N. (2004). Implicit Ingroup Favoritism, Outgroup Favoritism, and Their Behavioral Manifestations. *Social Justice Research, 17*, 143–169. https://doi.org/10.1023/B:SORE.0000027407.70241.15

Dee, T. S. (2005). A teacher like me: Does race, ethnicity, or gender matter? *American Economic Review, 95*, 158–165. http://dx.doi.org/10.1257/000282805774670446

Del Boca, F. K., Ashmore, R. D. & McManus, M. A. (1986). Gender-related attitudes. In R. D. Ashmore & Del Boca, F. K. (Eds). *The social psychology of female-male relations: A critical analysis of central concepts* (pp. 121–163) London, UK: Academic Press. http://dx.doi.org/10.1016/B978-0-12-065280-8.50009-9

Dovidio, J. F., Brigham, J. C., Johnson, B. S., & Gaertner, S. L. (1996). Stereotyping, prejudice, and discrimination: Another look. In C. N. Macrae, M. Hewstone, & C. Stangor (Eds.), *Stereotypes and stereotyping* (pp. 276–319). New York: Guilford Press

Dovidio, J. F., Evans, N. & Tyler, R. B. (1986). Racial stereotypes: The contents of their cognitive representations. *Journal of Experimental Social Psychology, 22*, 22–37. http://dx.doi.org/10.1016/0022-1031(86)90039-9

Eagly, A. H., & Chaiken, S. (1993). *The psychology of attitudes*. Fort Worth, TX: Harcourt Brace Jovanovich

Eagly, A. H. & Mladinic, A. (1989). Gender stereotypes and attitudes toward women and men. *Personality and Social Psychology Bulletin, 15*, 543–558. http://dx.doi.org/10.1177/0146167289154008

Fiske, S. T., Cuddy, A. J. C. & Glick, P. (2007). Universal dimensions of social cognition: Warmth and competence. *Trends in Cognitive Sciences, 11*, 77–83. http://dx.doi.org/10.1016/j.tics.2006.11.005

Fiske, S. T., Cuddy, A. J. C., Glick, P. & Xu, J. (2002). A model of (often mixed) stereotype content: competence and warmth respectively follow from perceived status and competition. *Journal of Personality and Social Psychology, 82*, 878–902. http://dx.doi.org/10.1037/0022-3514.82.6.878

Fiske, S. T., & Neuberg, S. L. (1990). A continuum of impression formation from category-based to individuating processes: Influences of information and motivation on attention and interpretation. In M. P. Zanna (Ed.), *Advances in Experimental Social Psychology* (Vol. 23, pp. 1–74). New York: Academic Press. https://doi.org/10.1016/S0065-2601(08)60317-2

Froehlich, L., Martiny, S. E., Deaux, K. & Mok, S. Y. (2015). It's their responsibility, not ours. *Social Psychology, 7*, 74–86. http://dx.doi.org/10.1027/1864-9335/a000260

Gaertner, S. L. & McLaughlin, J. P. (1983). Racial stereotypes: Associations and ascriptions of positive and negative characteristics. *Social Psychology Quarterly, 46*, 23–30. http://dx.doi.org/10.2307/3033657

Gilbert, D. T. & Hixon, J. G. (1991). The trouble of thinking: Activation and application of stereotypic beliefs. *Journal of Personality and Social Psychology, 60*, 509–517. http://dx.doi.org/10.1037/0022-3514.60.4.509

Glock, S. (2016a). Does ethnicity matter? The impact of stereotypical expectations on in-service teachers' judgments of students. *Social Psychology of Education, 19*, 493–509. http://dx.doi.org/10.1007/s11218-016-9349-7

Glock, S. (2016b). Stop talking out of turn: The influence of students' gender and ethnicity on preservice teachers' intervention strategies for student misbehavior. *Teaching and Teacher Education, 56*, 106–114. http://dx.doi.org/10.1016/j.tate.2016.02.012

Glock, S. & Karbach, J. (2015). Preservice teachers' implicit attitudes toward racial minority students: Evidence from three implicit measures. *Studies in Educational Evaluation, 45*, 55–61. http://dx.doi.org/10.1016/j.stueduc.2015.03.006

Glock, S., Kneer, J. & Kovacs, C. (2013). Preservice teachers' implicit attitudes toward students with and without immigration background: A pilot study. *Studies in Educational Evaluation, 39*, 204–210. http://dx.doi.org/10.1016/j.stueduc.2013.09.003

Glock, S. & Krolak-Schwerdt, S. (2013). Does nationality matter? The impact of stereotypical expectations on student teachers' judgments. *Social Psychology of Education, 16*, 111–127. http://dx.doi.org/10.1007/s11218-012-9197-z

Greenwald, A. G., McGhee, D. E. & Schwartz, J. L. K. (1998). Measuring individual differences in implicit cognition: the implicit association test. *Journal of Personality and Social Psychology, 74*, 1464–1480. http://dx.doi.org/10.1037/0022-3514.74.6.1464

Hamilton, D. L., Sherman, S. J. & Ruvolo, C. M. (1990). Stereotype-based expectancies: Effects on information processing and social behavior. *Journal of Social Issues, 46*(2), 35–60. http://dx.doi.org/10.1111/j.1540-4560.1990.tb01922.x

Jussim, L. (1989). Teacher expectations: Self-fulfilling prophecies, perceptual biases, and accuracy. *Journal of Personality and Social Psychology, 57*, 469. http://dx.doi.org/10.1037/0022-3514.57.3.469

Jussim, L. & Harber, K. D. (2005). Teacher expectations and self-fulfilling prophecies: Knowns and unknowns, resolved and unresolved controversies. *Personality and Social Psychology Review, 9*, 131–155. http://dx.doi.org/10.1207/s15327957pspr0902_3

Jussim, L., Harber, K. D., Crawford, J. T., Cain, T. R. & Cohen, F. (2005). Social reality makes the social mind: Self-fulfilling prophecy, stereotypes, bias, and accuracy. *Interaction Studies, 6*, 85–102

Kahraman, B. & Knoblich, G. (2000). «Stechen statt Sprechen»: Valenz und Aktivierbarkeit von Stereotypen über Türken. *Zeitschrift für Sozialpsychologie, 31*, 31–43. https://doi.org/10.1024//0044-3514.31.1.31

Katz, D. & Braly, K. (1933). Racial stereotypes of one hundred college students. *The Journal of Abnormal and Social Psychology, 28*, 280–290. http://dx.doi.org/10.1037/h0074049

Kleen, H. & Glock, S. (2018). A further look into ethnicity: The impact of stereotypical expectations on teachers' judgments of female ethnic minority students. *Social Psychology of Education, 21*, 759–773. http://dx.doi.org/10.1007/s11218-018-9451-0

Le Bourne & Ekstrand, B. R. (2001). *Einführung in die Psychologie* (Titel der Originalausgabe: Ist Principles and Meanings). Frankfurt am Main: Eschborn

Lippmann, W. (1922). Public opinion. New York, NY: Harcourt Brace Jovanovich

Locksley, A., Borgida, E., Brekke, N. & Hepburn, C. (1980). Sex stereotypes and social judgment. *Journal of Personality and Social Psychology, 39*, 821–831. http://dx.doi.org/10.1037/0022-3514.39.5.821

Madon, S., Jussim, L. & Eccles, J. (1997). In search of the powerful self-fulfilling prophecy. *Journal of Personality and Social Psychology, 72*, 791–809. http://dx.doi.org/10.1037/0022-3514.72.4.791

Madon, S., Smith, A., Jussim, L., Russell, D. W., Eccles, J., Palumbo, P. & Walkiewicz, M. (2001). Am I as you see me or do you see me as I am? Self-fulfilling prophecies and self-verification. *Personality and Social Psychology Bulletin, 27*, 1214–1224

Nosek, B. A., Banaji, M. R. & Greenwald, A. G. (2002). Harvesting implicit group attitudes and beliefs from a demonstration web site. *Group Dynamics: Theory, Research, and Practice, 6*, 101–115. http://dx.doi.org/10.1037/1089-2699.6.1.101

Pant, H. A., Stanat, P., Schroeders, U., Roppelt, A., Siegle, T. & Pöhlmann, C. (2013). *IQB-Ländervergleich 2012: mathematische und naturwissenschaftliche Kompetenzen am Ende der Sekundarstufe I*. Münster: Waxmann

Parks, F. R. & Kennedy, J. H. (2007). The impact of race, physical attractiveness, and gender on education majors' and teachers' perceptions of student competence. *Journal of Black Studies, 37*, 936–943. http://dx.doi.org/10.1177/0021934705285955

Peterson, E. R., Rubie-Davies, C., Osborne, D. & Sibley, C. (2016). Teachers' explicit expectations and implicit prejudiced attitudes to educational achievement: Relations with student achievement and the ethnic achievement gap. *Learning and Instruction, 42*, 123–140. http://dx.doi.org/10.1016/j.learninstruc.2016.01.010

Reiss, K., Roppelt, A., Haag, N., Pant, H. A. & Köller, O. (2012). Kompetenzstufenmodelle im Fach Mathematik. In P. Stanat, P., H. A. Pant, K. Böhme & D. Richter (Hrsg.), *Kompetenzen von Schülerinnen und Schülern am Ende der vierten Jahrgangsstufe in den Fächern Deutsch und Mathematik* (S. 72–84). Münster: Waxmann

Rosenberg, M. J., Hovland, C. I., McGuire, W. J., Abelson, R. P. & Brehm, J. W. (1960). Attitude organization and change: An analysis of consistency among attitude components. (Yales studies in attitude and communication.). Oxford, England: Yale University Press

Rosenkrantz, P., Vogel, S., Bee, H., Broverman, I. & Broverman, D. M. (1968). Sex-role stereotypes and self-concepts in college students. *Journal of Consulting and Clinical Psychology, 32*, 287–295

Stangor, C. & Lange, J. E. (1994). Mental representations of social groups: Advances in understanding stereotypes and stereotyping. In M. P. Zanna (Ed.), *Advances in experimental social psychology* (Vol. 26, pp. 357–416). San Diego, CA: Academic Press

Steele, C. M. & Aronson, J. (1995). Stereotype threat and the intellectual test performance of African Americans. *Journal of personality and social psychology, 69*, 797–811. http://dx.doi.org/10.1037/0022-3514.69.5.797

Strasser, J. (2012). Kulturelle Stereotype und ihre Bedeutung für das Verstehen in Schule und Unterricht. In W. Wiater & D. Manschke (Hrsg), *Verstehen und Kultur: Mentale Modelle und kulturelle Prägungen* (S. 191–215). Wiesbaden: Springer. http://dx.doi.org/10.1007/978-3-531-94085-4_9

Tobisch, A. & Dresel, M. (2017). Negatively or positively biased? Dependencies of teachers' judgments and expectations based on students' ethnic and social backgrounds. *Social Psychology of Education, 20*, 731–752. http://dx.doi.org/10.1007/s11218-017-9392-z

van den Bergh, L., Denessen, E., Hornstra, L., Voeten, M. & Holland, R. W. (2010). The implicit prejudiced attitudes of teachers: Relations to teacher expectations and the ethnic achievement gap. *American Educational Research Journal, 47*, 497–527. http://dx.doi.org/10.3102/0002831209353594

Wiggan, G. (2007). Race, school achievement, and educational inequality: Toward a student-based inquiry perspective. *Review of Educational Research, 77*, 310–333. http://dx.doi.org/10.3102/003465430303947

Stereotype hinsichtlich Schüler*innen mit sonderpädagogischem Förderbedarf: Lehrkraftüberzeugungen, -erwartungen und -gefühle

Ineke M. Pit-ten Cate und Mireille Krischler

Zusammenfassung

Dieses Kapitel geht der Frage nach, ob Lehrer*innenüberzeugungen und -erwartungen je nach sonderpädagogischem Förderbedarf variieren. Außerdem wurde deren Einfluss sowohl auf die Gefühle bei Auseinandersetzung mit der Inklusion von unterschiedlichen Schüler*innen als auch auf die persönliche Bereitschaft, Inklusion umzusetzen, untersucht. Die Studien basieren einerseits auf dem Kontinuum-Modell der Eindrucksbildung und betrachten andererseits das Stereotype-Content-Modell, nach dem Wärme und Kompetenz über 80 % der Unterschiedlichkeit in der Personenwahrnehmung erklären. Die Ergebnisse zeigten, dass Überzeugungen und Erwartungen von der Art des Förderbedarfs beeinflusst werden. Positivere Überzeugungen bezüglich der Schüler*innenmerkmale (Wärme und Kompetenz) und höhere Leistungserwartungen waren hierbei mit positiveren Gefühlen und einer stärker ausgeprägten persönlichen Bereitschaft, die Schüler*innen mit sonderpädagogischem Förderbedarf zu inkludieren, verbunden. Abschließend werden die daraus resultierenden Konsequenzen für die Lehreraus- und weiterbildung abgeleitet und diskutiert.

I. M. Pit-ten Cate (✉)
Universität Luxemburg, Belval, Luxemburg
E-Mail: ineke.pit@uni.lu

M. Krischler
Universität Trier, Trier, Deutschland
E-Mail: krischler@uni-trier.de

Schlüsselwörter

Stereotypen · Sonderpädagogischer Förderbedarf · Lehrkrafterwartungen · Lehrkraftemotionen · Lernschwierigkeiten · Verhaltensauffälligkeiten · Inklusion

7.1 Einleitung

Seit der Unterzeichnung des Übereinkommens über die Rechte von Menschen mit Behinderungen (UN-BRK; United Nations 2006) ist die Entwicklung inklusiver Bildungssysteme in vielen Ländern zur internationalen Norm und staatlicher Verpflichtung geworden. Infolgedessen hat die Heterogenität der Schüler*innenpopulation zugenommen. Ausgangspunkt aller Maßnahmen und Änderungen des Bildungssystems ist die Anerkennung des Grundrechts aller Menschen auf Bildung, wobei das Bildungssystem die notwendige Unterstützung bieten muss, um die optimale akademische und soziale Entwicklung der Schüler*innen zu fördern. Ein inklusives Schulsystem ist dabei nicht nur zur Förderung der Schüler*innen mit sonderpädagogischem Förderbedarf (United Nations 2006), sondern vielmehr als ein neues Modell des Bildungssystems, das in Anbetracht der Änderungen in der Gesellschaft (Opertti et al. 2014) zu der Einbeziehung aller Menschen in der Gesellschaft beiträgt (Heimlich 2018), gedacht.

Obwohl die Inklusion *alle* Schüler*innen betrifft, müssen sich die verschiedenen Länder beim Übergang zu einem inklusiveren System vor allem überlegen, wie sie Schüler*innen mit sonderpädagogischem Förderbedarf aufnehmen. Ein inklusiveres Bildungssystem und die zunehmende Heterogenität der Schüler*innenpopulation stellen die Lehrpersonen vor Herausforderungen, worauf diese sich im Allgemeinen nicht ausreichend vorbereitet fühlen und daher weniger bereit sind, Schüler*innen mit sonderpädagogischem Förderbedarf aufzunehmen (Blanton et al. 2011). Gleichzeitig zeigen Studien jedoch, dass die Alternative, der separierende Unterricht, die Leistungsunterschiede zwischen unterschiedlichen Schüler*innengruppen vergrößert und somit die soziale und kulturelle Segregation erhöht (Gabel et al. 2009). Einerseits kann eine Diagnose von sonderpädagogischem Förderbedarf das Verständnis und die Akzeptanz fördern und den Zugang zu gezielter Unterstützung ermöglichen (Brock et al. 2016). Andererseits kann eine Diagnose jedoch auch zu einer Stigmatisierung und sozialer Ausgrenzung führen. Zum Verständnis der Ursachen für Bildungsunterschiede sollten deswegen solche Stigmatisierungsprozesse in Betracht gezogen werden.

Der Zusammenhang zwischen Schüler*innenmerkmalen und Bildungsungleichheiten lässt sich teilweise durch assoziierte (stereotyp-geprägte) Erwartungen bezüglich unterschiedlicher Schüler*innengruppen erklären (H. de Boer et al. 2010; Jussim et al. 1996; Rosenthal 1994). Die auf Gruppenzugehörigkeit basierenden Erwartungen der Lehrpersonen (z. B. aufgrund von Migrationshintergrund oder Geschlecht), bestimmen unter anderem deren Verhalten gegenüber unterschiedlichen Schüler*innen (Kleen und Glock 2018; Meissel et al. 2017; Zhu et al. 2018) und fließen ebenfalls bei Leistungsbeurteilungen und Bildungsentscheidungen mit ein (Geven et al. 2018; Glock et al. 2013, 2015; Glock und Krolak-Schwerdt 2013; Klapproth et al. 2013; Stubbe und Bos 2008). Zusätzlich sind diese Erwartungen in Bezug auf heterogene Schüler*innengruppen auch mit unterschiedlichen Gefühlen verbunden (Avramidis et al. 2000; Glock et al. 2019; Roll-Peterson 2008), welche wiederum einen Einfluss darauf haben, wie Lehrpersonen in bestimmten Unterrichtssituationen reagieren (Kelchtermans 2005; Nias 1996).

Folglich betrachten wir in diesem Kapitel, basierend auf Schüler*innenmerkmalen und Gefühlen der Lehrpersonen, den Zusammenhang zwischen stereotypenbehafteten Lehrkraftüberzeugungen und -erwartungen und der Bereitschaft der Lehrer*innen, Inklusion umzusetzen. Im ersten Teil dieses Kapitels widmen wir uns den theoretischen Grundlagen des Zusammenhangs zwischen Stereotypen und Lehrkrafterwartungen bezüglich verschiedener Schüler*innengruppen – mit einem besonderen Fokus auf Schüler*innen mit sonderpädagogischem Förderbedarf. Im zweiten Teil folgt die Darstellung von zwei eigenen Studien, im Rahmen derer durch Stereotypen beeinflusste Überzeugungen oder Erwartungen, im Zusammengang mit Lehrkraftemotionen sowie deren Einfluss auf die Bereitschaft, Inklusion umzusetzen, abgefragt wurden.

7.2 Theoretischer Hintergrund

Stereotype spiegeln Überzeugungen über Mitglieder bestimmter sozialer Gruppen wider (Fiske und Taylor 1991). Genauer gesagt stellen Stereotype generalisiertes Wissen bezüglich der Eigenschaften und Verhaltensweisen von Menschen, die einer bestimmten sozialen Gruppe angehören, dar (Smith 1998). Stereotype sind mit Erwartungen verbunden, welche die Personenwahrnehmung und Beurteilung beeinflussen (Ferguson 2003; Hilton und von Hippel 1996). Das Wissen über Stereotype reduziert die Komplexität der Welt und vereinfacht die Informationsverarbeitung (Fiske und Taylor 1991). Zusätzlich lösen stereotyp-geprägte Überzeugungen unterschiedliche Gefühle aus, die einen starken Einfluss auf interaktives Verhalten haben können (Cuddy et al. 2007; Fiske et al. 2002). Die Verbindung zwischen diesen Konstrukten wird auch im Drei-Komponenten-Modell der Einstellungen beschrieben (Eagly und Chaiken 1993). Dem Modell zufolge sind die stereotyp-geprägten Überzeugungen sowie die damit verbundenen Erwartungen und Gefühle Teil des Evaluationsprozesses eines Objektes. Bei der Evaluation einer sozialen Gruppe bilden die Stereotype die kognitive Komponente des Modells (Eagly und Mladinic 1989), während die Gefühle die affektive Komponente widerspiegeln (Eagly und Chaiken 1993). Die Verhaltenskomponente des Modells bezieht sich auf die kognitiven und affektiven Komponenten und stellt die Verbindung zwischen Überzeugungen, Gefühlen und (intendiertem) Verhalten gegenüber dem Evaluationsobjekt dar (Ajzen und Fishbein 2005). Demnach kann die kognitive Komponente teilweise das Verhalten voraussagen (Ajzen und Fishbein 1980), da sich das Verhalten aus menschlichen Überzeugungen, Einstellungen und Absichten zusammensetzt (Ajzen und Fishbein 2005).

7.2.1 Stereotype und Informationsverarbeitung

Inwiefern Stereotype die Prozesse der Informationssuche und -speicherung im Arbeitsgedächtnis beeinflussen und bestimmen, welche Informationen in Entscheidungen mit einfließen, ist situationsabhängig. Duale Prozessmodelle der sozialen Kognition wie das Kontinuum-Modell der Eindrucksbildung nehmen eine flexible Verwendung von Informationsverarbeitungsstrategien in Abhängigkeit der Situation an (Fiske 1993; Fiske und Neuberg 1990). Menschen wechseln ihre Informationsverarbeitungsstrategien als Reaktion auf unterschiedliche Aufgabenanforderungen. Dabei werden zwei verschiedene Arten der Verarbeitung personenbezogener Informationen unterschieden (Chen und Chaiken 1999; Fiske und Neuberg 1990).

Die kategoriengeleitete Verarbeitung zeichnet sich dadurch aus, dass die resultierende Urteilsbildung über Personen weitestgehend auf aktivierten, sozialen Kategorien oder Stereotypen, also auf den assoziierten Erwartungen der Merkmale der Gruppe, beruht, die der betreffenden Person zugeordnet werden. Auf Basis der Information, die am meisten hervorsticht, wird ein Stereotyp aktiviert, welches eine Reihe von anderen, diesem Stereotyp zugehörigen Personenmerkmalen zugänglich macht. Dieser Vorgang bildet den Hintergrund, vor dem neue Informationen wahrgenommen, enkodiert und interpretiert werden (Fiske 1998; Macrae und Bodenhausen 2000; Smith 1998). Diese Strategie ist sehr effizient, da die Verarbeitungsprozesse weitestgehend automatisch und mit geringem kognitiven Aufwand ablaufen (Bodenhausen et al. 1999; Fiske 1993, 1998). Gleichzeitig sind die daraus resultierenden Urteile und Einschätzungen aber auch mit dem Risiko der Voreingenommenheit verbunden, da sie die Personenwahrnehmung und Interpretation der Informationen beeinflussen (Fiske 1998;

Fiske und Taylor 1991) und die kognitive Informationsverarbeitung bei der Personenwahrnehmung auf eine beschränkte Anzahl hervorstechender Merkmale (Gigerenzer 2008) reduzieren.

Im Gegensatz dazu beinhaltet die informationsintegrierende Verarbeitung eine intensive Beschäftigung mit den gegebenen Personeninformationen. Solche informationsintegrierende Strategien konzentrieren sich auf individuelle Merkmale und die Anwendung systematischer Entscheidungswege (Brehmer 1994; Dawes und Corrigan 1974). Diese Strategie geht mit hohem kognitiven Aufwand einher. Die nachfolgenden Abrufprozesse sind durch die für die Person spezifischen, individuellen Merkmale gekennzeichnet (Fiske und Neuberg 1990) und auf Genauigkeit und Präzision angelegt. Dementsprechend sind die daraus resultierenden Urteile und Einschätzungen im Verarbeitungsprozess weniger anfällig für durch Stereotype generierte Verzerrungen (Fiske 1993).

Die Aktivierung von Stereotypen und die damit zusammenhängende kategoriengeleitete Informationsverarbeitung hängt von kognitiven sowie motivationalen Faktoren ab (Macrae und Bodenhausen 2001). Die Aktivierung der Stereotype verläuft automatisch und fließt insbesondere dann, wenn verfügbare Informationen über eine Zielperson gut zu einem bekannten Stereotyp passen (Gilbert und Hixon 1991), in die Personenwahrnehmung und Informationsverarbeitung ein (Macrae und Bodenhausen 2000). Allerdings tendieren Menschen dazu, zu einer kognitiv anspruchsvolleren Informationsverarbeitung zu wechseln, wenn sie hoch motiviert sind und über ausreichende kognitive Ressourcen verfügen (Ferreira et al. 2006; Gollwitzer und Moskowitz 1996; Kunda und Spencer 2003). Die Motivation, informationsintegrierende Strategien anzuwenden, kann zum einen aus interner Bereitschaft oder aber durch Druck von außen, einen genauen Eindruck der Zielperson zu entwickeln, erhöht werden. Darüber hinaus kann diese sich aus der Wichtigkeit der resultierenden Entscheidungen ergeben (Fiske und Neuberg 1990; Gollwitzer und Moskowitz 1996; Pendry und Macrae 1996; Tetlock 1983; Tetlock und Lerner 1999).

Lehrpersonen wechseln in Abhängigkeit des Verarbeitungsziels und der Motivation zu der informationsverarbeitenden Strategie (Krolak-Schwerdt et al. 2018). Studien, in denen die Zielvorgabe manipuliert wurde (Eindrucksbildung vs. prognostischer Beurteilung), belegen einen Wechsel zur informationsverarbeitenden Strategie, wobei den einzelnen Informationen (Krolak-Schwerdt et al. 2009, 2012) und deren Kodierung (Glock und Krolak-Schwerdt 2013; Glock et al. 2015) unterschiedliche Aufmerksamkeit zugewendet wird. Zusätzlich bestätigen Befunde, dass sowohl die Entscheidungsverantwortung (d. h. das Ausmaß, in dem die Lehrpersonen für die Entscheidung verantwortlich sind) als auch die Verbindlichkeit der

Entscheidung (d. h. das Ausmaß, in dem die Schüler*innen der Schulübergangsentscheidung folgen müssen) den Einfluss der sozialen Selektivität verringern (Gresch et al. 2009) und die Genauigkeit der Entscheidungen erhöhen (Pit-ten Cate et al. 2016).

Stereotyp-geprägte Wahrnehmung von Schüler*innengruppen Ungleichheiten in Bildungssystemen können auf die von Stereotypen geprägten Erwartungen bezüglich unterschiedlicher Schüler*innengruppen hindeuten. Lehrpersonen sammeln Informationen über Schüler*innen und bilden infolgedessen Eindrücke, aus denen sie im Laufe der Zeit Stereotype über bestimmte Schüler*innengruppen, die wichtige Merkmale gemeinsam haben, bilden. Solche Stereotype haben eine Auswirkung auf die Erwartungen der Lehrpersonen hinsichtlich der Leistung (Jussim et al. 1996) und des Verhaltens der Schüler*innen (Glock und Kleen 2017). Obwohl den Lehrpersonen generell gute Beurteilungsgenauigkeit nachgewiesen werden konnte (Südkamp et al. 2012), belegen eine Reihe von Studien unterschiedliche Lehrkrafterwartungen hinsichtlich verschiedener Schüler*innengruppen (für eine Übersicht siehe Dusek und Joseph 1983; Geven et al. 2018; Wang et al. 2018). Stereotype (Parks und Kennedy 2007; Südkamp et al. 2012) und die damit assoziierten Erwartungen (Dee 2005; Glock und Krolak-Schwerdt 2013; Wiggan 2007) sind als Faktoren, die zu Verzerrungen in Bildungsurteilen führen können, identifiziert worden. Empirische Studien belegen, dass stereotyp-geprägte Erwartungen Lehrkraftentscheidungen und -verhalten beeinflussen (Glock und Böhmer 2018; Glock und Krolak-Schwerdt 2014; Meissel et al. 2017; Peterson et al. 2016; Stubbe und Bos 2008; Timmermans et al. 2018a). Bestimmte Schüler*innenmerkmale wie zum Beispiel der soziale- oder der Migrationshintergrund der Schüler*innen fließen zusätzlich zu den tatsächlichen Leistungen der Schüler*innen in die Entscheidungen bezüglich des Unterrichts oder der Schullaufbahn der Schüler*innen mit ein (Klapproth et al. 2012; Krolak-Schwerdt et al. 2018; Timmermans et al. 2018b). Lehrpersonen haben unterschiedliche Erwartungen hinsichtlich des Lernens und Verhaltens von Schüler*innen unterschiedlichen Geschlechts (e. g., Glock und Kleen 2017) sowie verschiedenen ethnischen Hintergründen (e. g., Glock und Klapproth 2017). Diesen stereotyp-geprägten Erwartungen zufolge könnten Disparitäten in der Identifizierung von sonderpädagogischem Förderbedarf und in der Zuweisung von Fördermaßnahmen entstehen. So wird ein Verdacht auf sonderpädagogischen Förderbedarf durch demografische Merkmale der Schüler*innen beeinflusst, wobei Schüler*innen mit Migrationshintergrund überproportional als Schüler*innen mit Verhaltensauffälligkeiten oder Lernschwierigkeiten wahrgenommen werden. Darüber hinaus erhalten Schüler*innen mit Migrationshintergrund im Vergleich zu anderen Schüler*innen eher Unterstützung außerhalb des regulären Unterrichts (Lanfranchi 2016), wobei allerdings nicht ohne Vorbehalt angenommen werden kann, dass diese Überrepräsentation in Überweisungsquoten den effektiven Schulleistungen dieser Schüler*innen entspricht (Lanfranchi und Jenny 2005). Bildungsunterschiede wie in Deutschland oder England spiegeln soziale Ungleichheiten wider, wobei die Identifizierung von sonderpädagogischem Förderbedarf stark mit dem Geschlecht (Lindsay et al. 2006; Strand und Lindsay 2009), dem Migrationshintergrund (Dyson und Gallannaugh 2008) und Armut (Hänsel und Schwager 2004; Strand und Lindsay 2009) verbunden ist. Diese Befunde können anhand der Annahmen des Kontinuum-Modells (Fiske et al. 1999a; Fiske und Neuberg 1990) erklärt werden, da schlechtere Leistung oder negatives Verhalten möglicherweise das mit dem Geschlecht oder dem Migrationshintergrund verbundene negative Stereotyp bestätigt. Diese Kombination von sozio-demografischen Merkmalen und Leistungsschwächen oder Verhaltensauffälligkeiten kann die Wahrnehmung und Überzeugungen beeinflussen (Bešić et al. 2018) und stereotyp-geprägte Urteile fördern. So können die offensichtlich schlechteren Leistungserwartungen und -beurteilungen von Schüler*innen mit Migrationshintergrund mit dem Vorliegen eines sonderpädagogischen Förderbedarfs in Verbindung gebracht werden.

Niedrige Leistungseinschätzungen können zu Bedrohungseffekten – *Stereotype-Threat* – (Steele 1997) führen, welche wiederum Leistungen und Selbstwerteinschätzungen der Schüler*innen negativ beeinflussen. In einem Review schlussfolgerten Wang et al. (2018), dass Lehrkrafterwartungen sich über Lehrkraftverhalten und Interaktionen (z. B. Feedback, Unterrichtssituationen) auf die Schüler*innen übertragen lassen. Zudem zeigen die meisten Studien, dass sogar nach Kontrolle der bisherigen Leistung, Schüler*innen in akademischen Tests weniger gut abschneiden, wenn Lehrpersonen niedrigere Erwartungen an sie haben (Wang et al. 2018).

Neben dem Fokus auf den möglichen Einfluss von Stereotypen auf Informationsverarbeitungs- und Entscheidungsprozesse ist auch der Stereotypinhalt nicht zu vernachlässigen. Das *Stereotype Content Model* (Fiske et al. 2002) beschreibt wie und welche spezifischen Merkmale menschliche Interaktionen beeinflussen. Dem Modell liegt die Annahme zugrunde, dass die Dimensionen der Personenwahrnehmung auf die Wahrnehmung von Gruppen übertragen werden können (Fiske 1998) und dass der Stereotypinhalt zudem auf strukturellen Beziehungen zwischen Gruppen basiert (Fiske et al. 1999b). Der Stereotypinhalt ist von systematischen Prinzipien geprägt, wobei Wärme und Kompetenz die grundlegenden Dimensionen der Personenwahrnehmung bilden (Fiske et al. 1999b, 2002) und über 80 % der Unterschiedlichkeit in der Personenwahrnehmung durch diese beiden Dimensionen erklärt werden können (Wojciszke et al. 1998). Personen schätzen bei anderen zunächst die Verhaltensintentionen (oder Gruppen) sowie deren Fähigkeit, diese Intentionen in die Tat umzusetzen, ein (Fiske et al. 2007). Es wird angenommen, dass sich aus dieser Einschätzung schließlich die Entscheidung ergibt, eine andere Person zu mögen oder abzulehnen. Die Wärme-Dimension umfasst Eigenschaften, die mit der wahrgenommenen Umgänglichkeit und dem erweckten Vertrauen verbunden sind (z. B. Freundlichkeit, Hilfsbereitschaft, Aufrichtigkeit, Vertrauenswürdigkeit und Moralität). Der relative Status der unterschiedlichen Gruppen ist mit der Kompetenz-Dimension verbunden, welche Fähigkeiten wie Intelligenz, Kreativität und Wirksamkeit umfasst (Cuddy et al. 2008; Fiske et al. 1999b, 2002).

Wärme und Kompetenz interagieren und können in verschiedenen Kombinationen auftreten, wobei diese unterschiedlichen Kombinationen mit differenzierten Stereotypen und Gefühlen verbunden sind. Insbesondere im Hinblick auf Fremdgruppen beinhalten Stereotype oftmals eine Art „Mix" aus mehr oder weniger sozial wünschenswerten Eigenschaften. Die Verbindung zwischen den gemischten Stereotypen und unterschiedlichen Gefühlen bestimmt letztendlich die Interaktion zwischen Menschen (Cuddy et al. 2007; Fiske et al. 2007, 2002). Zum Beispiel wird eine Gruppe, die sich durch eine Kombination von hoher wahrgenommener Wärme und einer geringen wahrgenommenen Kompetenz auszeichnet, als harmlos betrachtet. Demnach wird dieser Gruppe Mitleid und Mitgefühl entgegengebracht (Cuddy et al. 2007; Fiske et al. 2002). Eine Gruppe, die sich durch ein gemischtes Stereotyp aus niedriger Kompetenz und geringer Wärme auszeichnet, wird demgegenüber als störend eingestuft und infolgedessen eher abgelehnt (Cuddy et al. 2007; North und Fiske 2014).

7.2.2 Forschungsergebnisse im Bildungswesen mit Fokus auf Schüler*innen mit sonderpädagogischem Förderbedarf

Die Gruppierung von Schüler*innen nach Fähigkeiten ist in vielen Bildungssystemen traditionell verankert. Lehrpersonen sind es gewohnt, ihre Unterrichtsmethoden an die Gruppenstandards anzupassen und berücksichtigen nur selten Schüler*innen, die von diesem Standard abweichen (Manço und Gouverneur 2015). Wenn Schüler*innen basierend auf ihrer Leistung oder ihrem Verhalten gruppiert werden, können sie mit bestimmten diagnostischen Etikettierungen ausgezeichnet werden wie zum Beispiel „Hochbegabung", „Lernschwierigkeiten" und „Verhaltensauffälligkeiten" (Henley et al. 2010). Obwohl solche Etikettierungen einen evidenzbasierten Zugang zu Unterstützung und Interventionen liefern können (Brock et al. 2016; Carter und Hughes 2006), bergen sie auch das Risiko einer Stigmatisierung, die auf stereotypen Annahmen beruht (Hardy et al. 2015; Henley et al. 2010).

Informationsverarbeitung: Lehrkrafterwartungen und Leistungseinschätzung Obwohl die Forschung sich meist auf sozio-demografische Schüler*innenmerkmale fokussiert hat, gibt es auch Studien, die belegen, dass diagnostische Etikettierungen (z. B. „Legasthenie", „ADHS") zu unterschiedlichen Lehrkrafterwartungen hinsichtlich des Lernens und Verhaltens von Schüler*innen führen (für eine Übersicht siehe Wang et al. 2018). Solche Erwartungen beeinflussen wiederum Lehrkrafteinschätzungen hinsichtlich der Schüler*innenleistung, da die Lehrpersonen keine individuellen Informationen in Betracht ziehen, sondern sich auf stereotyp-geprägte Überzeugungen stützen (Fiske und Neuberg 1990). Generell weisen Studien auf niedrigere Leistungserwartungen bei Schüler*innen mit sonderpädagogischem Förderbedarf hin. Dies betrifft sowohl Schüler*innen mit Lernschwierigkeiten (Arabsolghar und Elkins 2002; Clark 1997; Hornstra et al. 2010; Moscardini 2015; Oakland et al. 1990; Shifrer 2013; Vlachou et al. 2014; Woodcock und Hitches 2017) als auch Schüler*innen mit Verhaltensauffälligkeiten (Hafen et al. 2015; Montague und Rinaldi 2001). Diese Studien zeigen, dass Etikettierungen wie „Lernbehindert", oder „Legastheniker" mit negativen, stereotyp-geprägten Kompetenz- und Leistungserwartungen verknüpft sind. Diese niedrigeren Lehrkrafterwartungen bezüglich der Schullaufbahn und des Lernerfolgs der betroffenen Schüler*innen führt, selbst nach Kontrolle der tatsächlichen akademischen Leistung, zu Verzerrungen in den Lehrkrafterwartungen. Weiterhin zeigten die Ergebnisse einer Studie, in der der Typ des Förderbedarfes in Kombination mit dem Migrationshintergrund der Schüler*innen systematisch variiert wurde, dass Schüler*innen mit sonderpädagogischem Förderbedarf mit Migrationshintergrund signifikant niedrigere Leistungen zugeschrieben wurden als den Schüler*innen mit Förderbedarf ohne Migrationshintergrund (Pit-ten Cate und Glock 2018). Diese Studie belegt also, dass eine mögliche Anfälligkeit bestimmter Schüler*innen im Bildungssystem vorliegt. Um die komplexen Prozesse, die einer solchen Anfälligkeit zugrunde liegen, zu untersuchen, ist weitere Forschung erforderlich.

Zusätzlich konnten bei Schüler*innen mit Lernschwierigkeiten Stereotype-Threat-Effekte nachgewiesen werden. Zum Beispiel berichtete Wilbert (2010), dass die Aktivierung der Etikettierung „Förderschule" eine Auswirkung auf die kognitiven Leistungen von Schüler*innen mit Lernschwierigkeiten hat. In dieser experimentellen Studie wurden Schüler*innen mit dem Förderschwerpunkt

Lernen gebeten, anzugeben, welche Schule sie besuchten. Dies diente dazu, die Etikettierung „Förderschule" zu aktivieren. In der Kontrollbedingung gab es dazu die Optionen „Gymnasium", „Realschule" und „Hauptschule", während in der Experimentalbedingung zusätzlich die Option „Förderschule mit dem Schwerpunkt Lernen" hinzugefügt wurde. Die kognitive Leistung – erfasst mit Hilfe eines weitestgehend sprachfreien Intelligenztests – war signifikant niedriger für Schüler*innen in der Experimentalgruppe als für Schüler*innen in der Kontrollgruppe. Berjot et al. (2014) zeigten, dass Schüler*innen, die außerhalb ihres Klassenzimmers besondere pädagogische Unterstützung erhielten, eine geringere Selbstwahrnehmung sowie eine niedrigere Meta-Wahrnehmung (die Art und Weise wie sie glauben, dass andere ihre akademische Leistung einschätzen würden) hatten und dass die Aktivierung von dieser Meta-Wahrnehmung zu einer geringeren akademischen Leistung führte als bei Schüler*innen, die keine solche besondere Unterstützung erhielten.

Stereotypinhalt Studien, die sich auf den Stereotypinhalt konzentrieren, haben gezeigt, dass gemischte Stereotypen für begabte Schüler*innen (Preckel et al. 2015), Schüler*innen mit Lernschwierigkeiten (Krischler und Pit-ten Cate 2019; Fiske et al. 2002; Rohmer und Louvet 2011) und Schüler*innen mit Verhaltensauffälligkeiten (Krischler und Pit-ten Cate 2019; Montague und Rinaldi 2001; Müller et al. 2012) existieren. Schüler*innen mit sonderpädagogischem Förderbedarf im Bereich Lernen werden oft mit Wärme (Fiske et al. 2002; Rohmer und Louvet 2011), aber auch mit niedrigerer Kompetenz (Fiske et al. 2002; Rohmer und Louvet 2009, 2011), niedrigerer Produktivität (Popovich et al. 2003) und Abhängigkeit (Staniland 2009) assoziiert, während Schüler*innen mit Verhaltensauffälligkeiten eher als unvorhersehbar und gefährlich (Müller et al. 2012) sowie weniger kompetent (Montague und Rinaldi 2001) wahrgenommen werden.

In einer Reihe von Studien innerhalb des „INCLUS" Projekts (Pit-ten Cate 2019) wurde untersucht, ob es unterschiedliche Stereotype für Schüler*innen mit Lernschwierigkeiten oder Verhaltensauffälligkeiten gibt. Dazu wurde sowohl eine Stichprobe der allgemeinen Bevölkerung als auch Lehramtsstudierende und Grundschullehrer*innen gebeten, anhand von Beschreibungen die Wärme und Kompetenz der beschriebenen Schüler*innen einzuschätzen. Diese Studien zeigten, dass sich gemischte Stereotype für Schüler*innen mit Lernschwierigkeiten und Verhaltensauffälligkeiten ergeben. Die Ergebnisse dieser Studien bestätigten, dass Schüler*innen mit Lernschwierigkeiten sowohl in der allgemeinen Bevölkerung (Krischler et al. 2018) als auch bei Lehramtsstudierenden und erfahrenen Lehrpersonen (Krischler und Pit-ten Cate 2019) als warm, aber weniger kompetent wahrgenommen werden. Demgegenüber bestätigt sich der Stereotypinhalt gegenüber Schüler*innen mit Verhaltensauffälligkeiten durch eine niedrigere Einschätzung der Wärme und Kompetenz (Krischler et al. 2018; Krischler und Pit-ten Cate 2019). Interessanterweise scheint der oben genannte Stereotypinhalt bei Schüler*innen mit Verhaltensauffälligkeiten bei erfahrenen Lehrer*innen weniger ausgeprägt zu sein als bei Lehramtsstudierenden (Krischler und Pit-ten Cate 2019).

In Zusammenhang mit diesen zugeschriebenen Eigenschaften äußern Lehrpersonen unterschiedliche Gefühle bezüglich der Inklusion dieser Schüler*innen in ihre Klassen. Überzeugungen und Gefühle variieren je nach Typ von sonderpädagogischem Förderbedarf, wobei Lehrpersonen sich im Allgemeinen relativ positiv gegenüber der Inklusion von Schüler*innen mit einer körperlichen Beeinträchtigung und leichten Lernschwierigkeiten äußern und eher negative Gefühle gegenüber der Inklusion von Schüler*innen mit Verhaltensauffälligkeiten und kognitiven Beeinträchtigungen berichten (Cassady 2011; A. de Boer et al. 2011, 2012; Levins et al. 2005). Eine direkte Verbindung zwischen dem Stereotypinhalt und Gefühlen (im Sinne von impliziten Einstellungen) konnte jedoch in einer Stichprobe bestehend aus Mitgliedern der allgemeinen Bevölkerung nicht nachgewiesen werden (Krischler et al. 2018). Obwohl sich die wahrgenommene Wärme, möglicherweise vermittelt durch Gefühle, auch auf das Verhalten gegenüber verschiedenen Gruppen überträgt (Cuddy et al. 2007; Fiske et al. 2002), haben Studien bisher eher gezeigt, dass nur die Kompetenz-Dimension des Stereotypinhaltes mit den Lehrkrafterwartungen bezüglich der Schüler*innenleistungen verbunden ist (Akifyeva und Alieva 2018; Krischler und Pit-ten Cate 2019).

7.3 Studien zum Zusammenhang von Stereotypinhalt und Gefühlen[1]

In den folgenden Abschnitten werden zwei Studien präsentiert, in denen der Zusammenhang zwischen stereotyp-geprägten Überzeugungen und Gefühlen genauer untersucht wurden. In der ersten Studie konzentrieren wir uns auf den Zusammenhang zwischen den Bewertungen des Stereotypinhalts und den Gefühlen bezüglich Schüler*innen mit sonderpädagogischem Förderbedarf,

---

[1]Die berichteten Studien wurden vom Fonds National de la Recherche (FNR), Luxemburg, Antragsnummer C14/SC/7964914/INCLUS, finanziert.

während in der zweiten Studie die Beziehung zwischen stereotyp-geprägten Leistungserwartungen und Lehrkraftgefühlen bezüglich der Inklusion der Schüler*innen untersucht wird. Basierend auf dem oben vorgestellten theoretischen Bezugsrahmen, erwarteten wir je nach Schülertypus unterschiedliche, stereotyp-geprägte Überzeugungen und Leistungserwartungen. Zusätzlich erwarteten wir eine Verbindung zwischen diesen Konstrukten: eine positive Korrelation zwischen den Stereotypinhalten und den Gefühlen sowie eine positive Korrelation zwischen der Leistungseinschätzung und den Gefühlen.

7.3.1 Studie 1: Stereotypinhalt und assoziierte Lehrkraftgefühle

In einer ersten Studie wurden stereotyp-geprägte Lehrer*innenüberzeugungen hinsichtlich Schülern mit Verhaltensauffälligkeiten und Lernschwierigkeiten untersucht. Diese Überzeugungen wurden gemeinsam mit den Gefühlen der angehenden und erfahrenen Lehrer*innen hinsichtlich einer möglichen Inklusion dieser Schüler in ihre Klasse in Verbindung gebracht. Genauer gesagt wurde untersucht, ob die Stereotypinhalte und Lehrkraftgefühle sich für Schüler mit unterschiedlichen Arten von sonderpädagogischem Förderbedarf unterscheiden. Basierend auf dem Stereotyp Content Modell und empirischen Befunden (Montague und Rinaldi 2001; Müller et al. 2012; Rohmer und Louvet 2011) wurde erwartet, dass sich gemischte Stereotypinhalte für Schüler mit Verhaltensauffälligkeiten und Lernschwierigkeiten ergeben würden und dass diese Stereotypinhalte in Verbindung zu den Gefühlen der Teilnehmer*innen bezüglich der Inklusion dieser Schüler stehen.

Untersuchungsdurchführung und Erhebungsinstrument An dieser Studie nahmen 31 Grundschullehrer*innen sowie 46 Lehramtsstudierende teil. Die Teilnehmer*innen wurden aus einem Seminar zur inklusiven Bildung rekrutiert. Die erfahrenen Lehrpersonen waren 25 Frauen im Durchschnittsalter von 35,87 Jahren ($SD = 6{,}94$), von denen die Mehrzahl (93 %) seit mindestens drei Jahren als Lehrer*in tätig war. Die Lehrpersonen gaben an, dass sie in der Vergangenheit oder derzeit Schüler*innen mit sonderpädagogischem Förderbedarf in ihrer Klasse hatten/haben. Die Lehramtsstudierenden, 31 Frauen, waren im Durchschnitt 23,49 Jahre ($SD = 2{,}89$) alt und besuchten ein Pflichtseminar bezüglich inklusiver Pädagogik und Didaktik im fünften Semester, in dem sie sich mit den

Grundprinzipien der inklusiven Pädagogik auseinandersetzten und Möglichkeiten zur Gestaltung inklusiven Unterrichts kennenlernten. Die Lehramtsstudierenden hatten bisher fünf Praktika mit einer Dauer von 22 Wochen in unterschiedlichen, regulären Schulkontexten (d. h. nicht in Förderschulen) absolviert. Die Teilnehmer*innen wurden am Anfang des Seminars gebeten, anhand von Schülervignetten für jeden Schüler eine Bewertung bezüglich der Stereotyp-Dimensionen Wärme und Kompetenz abzugeben. Die Schülervignetten beschrieben zwei unterschiedliche Schüler mit sonderpädagogischem Förderbedarf im Bereich Lernen oder Verhalten und basierten auf der diagnostischen Kategorisierung im ICD-10 (beziehungsweise Ziffer 81,3 und F90.1; World Health Organization 1992). Die Vignetten wurden in der Schweiz entwickelt und validiert (Lanfranchi und Jenny 2005) und leicht an den luxemburgischen Kontext angepasst. Eine Vignette beschrieb in 13 Sätzen einen Schüler mit Lernschwierigkeiten in allen Hauptfächern (z. B. „Er fällt schon seit längerer Zeit wegen massiven Lern- und Leistungsproblemen im Lesen, Schreiben und auch im Rechnen auf"). Die zweite Vignette beschrieb in 12 Sätzen einen Schüler mit Verhaltensauffälligkeiten (z. B. „Er fällt schon seit längerer Zeit wegen Impulsivität, Konzentrationsschwäche und ausgeprägter Unruhe auf"). Für die beiden Schüler wurden die Teilnehmer*innen gebeten, ihre Einschätzung der Wärme und Kompetenz anzugeben. Dazu wurden die Stereotyp-Skalen von Fiske et al. (2002) genutzt. Anhand vier Items (z. B. „warmherzig") wurde gemessen, wie warm die Teilnehmer*in den Schüler wahrnimmt. Auch die Kompetenz wurde anhand von vier Items (z. B. „kompetent") gemessen. Die Teilnehmer*innen beantworteten immer zuerst die Fragen zur Kompetenz und dann die Fragen zur Wärme. Für jede Bewertung stand eine Likert-Skala mit sechs Abstufungen zur Verfügung (1 = *wenig ausgeprägt,* 6 = *sehr ausgeprägt*). Die interne Konsistenz der Skalen war gut. Chronbach's α der Wärme-Skalen lag bei einem Wert von 0,92., das der Kompetenz-Skalen bei 0,76.

Zusätzlich wurden die Teilnehmer*innen gefragt, wie sie sich fühlen würden, wenn der beschriebene Schüler in ihre Klasse inkludiert werden würde. Diese Gefühle wurden anhand eines semantischen Differenzials, bestehend aus bipolaren Adjektiven (Avramidis et al. 2000; Osgood et al. 1957), abgefragt. Nach dem Lesen der unterschiedlichen Schülerbeschreibungen wurden den Teilnehmer*innen sieben bipolare Adjektive (z. B. unsicher-selbstsicher; besorgt-zuversichtlich) präsentiert und sie wurden gebeten auf einer 7-stufigen Skala (z. B. 1 = *unsicher,* 7 = *selbstsicher*) anzuzeigen, wie sie sich fühlen würden, wenn der

Tab. 7.1 Deskriptive Statistiken der Bewertung der stereotypen Dimensionen bezüglich der Schüler mit sonderpädagogischem Förderbedarf (Skalenbereich 1–6)

	Lernschwierigkeiten		Verhaltensauffälligkeiten	
	M	SD	M	SD
Wärme				
Lehramt	3,81	0,98	2,53	0,85
Lehrperson	4,50	0,76	3,51	0,96
Total	4,09	0,96	2,92	1,01
Kompetenz				
Lehramt	2,38	0,75	3,01	0,73
Lehrperson	2,85	0,96	3,66	0,71
Total	2,57	0,86	3,27	0,79

beschriebene Schüler in ihre Klasse aufgenommen werden sollte. Nach Überprüfung der internen Konsistenz der Skala (Chronbach's $\alpha = 0{,}87$) wurde für jeden Schüler ein durchschnittlicher Emotionswert berechnet.

Ergebnisse[2] Die Daten zu den Stereotyp-Dimensionen wurden mit einer 2×2 MANOVA mit Messwiederholung ausgewertet. Die Mittelwerte der Wärme- und Kompetenz-Dimensionen wurden als abhängige Variablen aufgeführt, während der Schülertyp (Verhaltensauffälligkeiten oder Lernschwierigkeiten) als Innersubjektvariable und der professionelle Status (Lehramt oder Lehrperson) als Zwischensubjektvariable aufgenommen wurde. Die multivariaten Ergebnisse zeigten signifikante Haupteffekte für die Innersubjektvariable Schülertyp, $F(2{,}74) = 81{,}86$, $p < {,}001$, $\eta_p^2 = {,}69$, und die Zwischensubjektvariable professioneller Status, $F(2{,}74) = 13{,}76$, $p < {,}001$, $\eta_p^2 = {,}27$. Die Ergebnisse der univariaten Analysen zeigten unterschiedliche Bewertungen für Wärme, $F(1{,}75) = 77{,}71$, $p < {,}001$, $\eta_p^2 = {,}51$, und Kompetenz, $F(1{,}75) = 37{,}71$, $p < {,}001$, $\eta_p^2 = {,}33$ je nach Schülertyp. Tab. 7.1 zeigt die Bewertungen der beiden Stereotyp-Dimensionen für die unterschiedlichen Schüler. Die Teilnehmer*innen bewerteten den Schüler

---

[2] Ein Teil dieser Daten (Lehramtsstudierende und ein Teil der erfahrenen Lehrer) wurden bereits in folgender Studie vorgestellt: Krischler, M. und Pit-ten Cate, I. M. (2019). Pre- and In-Service Teachers' Attitudes Toward Students With Learning Difficulties and Challenging Behavior. *Frontiers in Psychology, 10,* 1–10. https://doi.org/10.3389/fpsyg.2019.00327.

mit Verhaltensauffälligkeiten als kompetenter als den Schüler mit Lernschwierigkeiten, $F(1,75) = 16,39$, $p < ,001$, $\eta_p^2 = 0,18$. Im Gegensatz dazu erhielt der Schüler mit Lernschwierigkeiten eine höhere Wärmebewertung als der Schüler mit Verhaltensauffälligkeiten $F(1,75) = 25,87$, $p < ,001$, $\eta_p^2 = 0,26$. Weiterhin erhielt der Schüler mit Lernschwierigkeiten höhere Bewertungen in der Wärme- als in der Kompetenzdimension $t(76) = 14,11$, $p < ,001^3$, $d = 1,62$, während der Schüler mit Verhaltensauffälligkeiten jedoch kompetenter als wärmer wahrgenommen wurde, $t(76) = 3,80$, $p < ,001$, $d = 0,43$. Der Haupteffekt des professionellen Status weist darauf hin, dass die erfahrenen Lehrkräfte positivere Bewertungen für Wärme, $F(1,75) =$ an $25,87$, $p < ,001$, $\eta_p^2 = ,26$, sowie Kompetenz, $F(1,75) = 16,39$, $p < ,001$, $\eta_p^2 = ,18$, gaben als die Lehramtsstudierenden (siehe Tab. 7.1). Es zeigte sich kein signifikanter Interaktionseffekt des professionellen Status × Schülertyp, $F(2,75) = 0,73$, $p = ,49$ $\eta_p^2 = ,02$.

Die Gefühle der Teilnehmer*innen wurden mit einer 2 × 2 faktoriellen Varianzanalyse mit Messwiederholung analysiert, bei der die Gefühle der Teilnehmer*innen als Innersubjektvariable und der professionelle Status als Zwischensubjektvariable eingesetzt wurden. Die Ergebnisse zeigten sowohl einen Haupteffekt für die Gefühle, $F(1,75) = 29,70$, $p < ,001$, $\eta_p^2 = ,28$, als auch für den professionellen Status, $F(1,75) = 6,41$, $p = ,01$, $\eta_p^2 = ,08$, aber keine signifikante Interaktion $F(1,75) = 1,01$, $p = ,32$, $\eta_p^2 = ,01$. Die Teilnehmer*innen haben positivere Gefühle, wenn sie sich vorstellen, einen Schüler mit Lernschwierigkeiten in ihrer Klasse aufzunehmen ($M = 4,04$, $SD = 0,78$) als einen Schüler mit Verhaltensauffälligkeiten ($M = 3,53$, $SD = 0,80$). Zusätzlich haben Lehramtsstudierende ($M = 3,94$, $SD = 0,66$) positivere Gefühle als erfahrene Lehrkräfte ($M = 3,56$, $SD = 0,62$), wenn sie sich darüber Gedanken machen müssen, einen Schüler mit sonderpädagogischem Förderbedarf in ihrer Klasse aufzunehmen. Im nächsten Schritt wurde die Verbindung zwischen dem Stereotypeninhalt und den Gefühlen untersucht. Tab. 7.2 zeigt die Korrelationen zwischen den Variablen.

Zunächst wurde eine Regressionsanalyse durchgeführt. Die Ergebnisse dieser Regressionsanalyse zeigten, dass die Bewertungen der Wärme und der Kompetenz nicht signifikant zu der Erklärung der Varianz in den Gefühlen bezüglich der Schüler mit Lernschwierigkeiten beitragen. Im Gegensatz dazu war das Regressionsmodell für Schüler mit Verhaltensauffälligkeiten signifikant, wobei 10 % der Varianz der Gefühle durch die Faktoren Kompetenz und Wärme erklärt werden konnten (siehe Tab. 7.3).

---

[3]Nach einer Alphafehlerkorrektur (Bonferroni).

Tab. 7.2 Die Korrelationen zwischen den Bewertungen der Stereotyp-Dimensionen und den Gefühlen für Schüler mit sonderpädagogischem Förderbedarf ($*p<,05$; $**p<,001$)

		Schüler mit Lernschwierigkeiten			Schüler mit Verhaltensauffälligkeiten		
		Wärme	Kompetenz	Gefühle	Wärme	Kompetenz	Gefühle
Schüler mit Lernschwierigkeiten	Wärme	–	,47**	,11	,36**	,27*	,06
	Kompetenz		–	,20	,36**	,25*	,04
	Gefühle			–	,00	,04	,43**
Schüler mit Verhaltensauffälligkeiten	Wärme				–	,62**	,22
	Kompetenz					–	–,08
	Gefühle						–

Tab. 7.3 Regressionsanalyse zur Vorhersage der Gefühle der Lehrer gegenüber Schülern mit Lernschwierigkeiten oder Verhaltensauffälligkeiten durch Wärme und Kompetenz

	Lernschwierigkeiten			Verhaltensauffälligkeiten		
	β	t	p	β	t	p
Wärme	,02	,14	,89	,44	3,162	,002
Kompetenz	,19	1,46	,15	–,36	2,57	,012
	$R^2=,04$, $F(2,74)=1,51$, $p=,23$			$R^2=,10$, $F(2,74)=5,30$, $p=,007$		

Diskussion Die Ergebnisse dieser Studie bestätigen die Existenz unterschiedlicher Stereotypeninhalte für unterschiedliche Schüler. Die Schüler mit Lernschwierigkeiten werden als weniger kompetent, aber warm wahrgenommen. Im Gegensatz dazu spiegelt der Stereotypinhalt des Schülers mit Verhaltensauffälligkeiten eine geringe Wärme und niedrige Kompetenz wider. Die erwarteten Zusammenhänge zwischen Stereotypinhalten und Gefühlen (Cuddy et al. 2007; Fiske et al. 2002) wurden nicht vollständig bestätigt. Die Stereotypinhalte konnten zwar eine Varianz in den Gefühlen bezüglich der Inklusion eines Schülers mit Verhaltensauffälligkeiten aufklären, aber für den Schüler mit Lernschwierigkeiten gab es keinen solchen Befund. Interessant dabei ist, dass, im Einklang mit anderen Studien (siehe A. de Boer et al. 2012), die Teilnehmer*innen positiver auf die Idee reagieren, einen Schüler mit Lernschwierigkeiten in ihrer Klasse zu inkludieren als einen Schüler mit Verhaltensschwierigkeiten. Diese unterschiedlichen Gefühle spiegeln möglicherweise den Stereotypinhalt eines gemischten Stereotyps für Schüler mit Lernschwierigkeiten wider, das mit Gefühlen von Sympathie und Mitleid verbunden ist, welche ein unterstützendes Verhalten aktivieren (Cuddy et al. 2007; Fiske et al. 2002). Es wäre in Zukunft interessant, zu untersuchen, inwiefern sich Lehrpersonen kompetent und selbstwirksam genug fühlen, um diese Schüler erfolgreich zu unterstützen und sich infolgedessen positiver gegenüber der Inklusion äußern. Demgegenüber ist das gemischte Stereotyp für Schüler mit Verhaltensauffälligkeiten eher mit Gefühlen von Geringschätzung verbunden, was zur Ablehnung dieser Personen führen kann (Cuddy et al. 2007; Fiske et al. 2002). Dies könnte dazu führen, dass Lehrpersonen sich durch die Idee, diese Schüler in ihre Klasse zu inkludieren, bedroht fühlen.

Der Befund, dass sich Lehramtsstudierende positiver gegenüber der Inklusion von Schülern mit sonderpädagogischem Förderbedarf äußern als erfahrene Lehrkräfte, könnte auf einen unrealistischen Positivismus hindeuten (Weinstein 1989). Im Rahmen dessen nehmen sie sich selbst als kompetent und wirksam wahr und denken gleichzeitig, dass es weniger wahrscheinlich ist, dass sie Schwierigkeiten in Situationen haben werden, in denen andere zu kämpfen haben. Andererseits spiegeln sich hier möglicherweise die jüngsten Änderungen in der Lehrkraftausbildung wider. So ist die inklusive Pädagogik neuerdings immer stärker im Lehrkraftaus- und -weiterbildungsprogramm repräsentiert und wird als fächerübergreifende Dimension aufgegriffen (Franzkowiak 2009; Loreman et al. 2005). In diesem Kontext haben unterschiedliche Studien gezeigt, dass positive Einstellungen gegenüber der Inklusion mit der entsprechenden Ausbildung von Lehramtsstudierenden und Weiterbildung von Lehrer*innen bestärkt werden können (Pit-ten Cate und Krischler 2018; Carroll et al. 2003; Sharma und Nuttal 2016).

Bei der Interpretation dieser Ergebnisse sollten bestimmte Limitationen betrachtet werden. Erstens wurden nur Vignetten verwendet, die männliche Schüler mit zwei Arten von sonderpädagogischem Förderbedarf beschreiben. Diese stellen nicht das gesamte Spektrum der Heterogenität in der Schule dar. Zweitens wurden die Elemente der Skala zur Messung der Stereotypdimensionen in einer festgelegten Reihenfolge dargeboten. Dies könnte zu Ordnungseffekten geführt haben. Zukünftige Studien könnten dies durch eine zufällige Variation der Präsentationen der Elemente vermeiden. Drittens wurden die möglichen Auswirkungen von Kontakt- oder Lehrerfahrungen mit Schüler*innen mit sonderpädagogischem Förderbedarf nicht berücksichtigt. Da frühere Forschungsergebnisse darauf hindeuteten, dass (positiver) Kontakt Stereotype in der Personenwahrnehmung reduzieren kann, könnte die zukünftige Forschung dies als unabhängige Variable hinzufügen.

Zusammenfassend belegt Studie 1 zum Teil hypothetische Zusammenhänge zwischen Stereotypinhalt und Gefühlen der Lehrer*innen in Bezug auf eine inklusive Praxis. Die Ergebnisse deuten jedoch auch darauf hin, dass andere Faktoren (z. B. Kompetenz und Selbstwirksamkeit; vgl. Kunter et al. 2011; Pit-ten Cate et al. 2018) die Bereitschaft der Lehrer*innen, Schüler*innen mit sonderpädagogischem Förderbedarf in regulären Klassenzimmern zu integrieren, beeinflussen können.

7.3.2 Studie 2: Stereotyp-geprägte Leistungserwartungen, Gefühle und Bereitschaft Inklusion umzusetzen

In einer zweiten Studie wurden die Erwartungen der Lehrer*innen bezüglich der akademischen Leistung in den Fachbereichen Deutsch, Mathematik und Französisch von unterschiedlichen Schülern abgefragt. Zusätzlich wurde untersucht, welche Gefühle Lehrer*innen hinsichtlich der Idee haben, Schüler mit unterschiedlichen Arten von sonderpädagogischem Förderbedarf in ihrer Klasse aufnehmen zu müssen. Anschließend wurde dies in Zusammenhang mit ihrer persönlichen Bereitschaft, Inklusion in ihrer Klasse umzusetzen, gesetzt.

Untersuchungsdurchführung und Erhebungsinstrumente Die Lehrer*innen wurden über die Regionaldirektoren der Grundschulen kontaktiert und gebeten, einen Fragebogen, der online bereitgestellt wurde, auszufüllen. Wie in Studie 1 dargestellt, wurden die Lehrer*innen gebeten anhand von Schülervignetten die Leistung der beschriebenen Schüler einzuschätzen. Zusätzlich zu den zwei zuvor genutzten Schülervignetten zu Verhaltensauffälligkeiten und Lernschwierigkeiten wurde in einer dritten Vignette ein durchschnittlicher Schüler ohne sonderpädagogischen Förderbedarf beschrieben. An dieser Studie nahmen 28 luxemburgische Grundschullehrer*innen teil, wovon 22 Frauen waren. Die Lehrer*innen hatten im Durchschnitt eine Berufserfahrung von 13,71 Jahren ($SD = 7,32$) und 26 von ihnen hatten mindestens schon einmal eine*n Schüler*in mit sonderpädagogischem Förderbedarf in ihrer Klasse. Zusätzlich haben wir die Lehrer*innen gefragt, wie sie sich fühlen würden, wenn sie sich vorstellen sollen, dass der beschriebene Schüler in ihre Klasse aufgenommen werde. Ebenfalls fragten wir nach ihrer persönlichen Bereitschaft zum inklusiven Unterricht.

Die Vignetten der Schüler mit sonderpädagogischem Förderbedarf wurden bereits in Studie 1 beschrieben (siehe Abschn. 7.3.1). Eine zusätzliche Vignette beschrieb einen durchschnittlichen Schüler mit solider Leistung und unauffälligem Verhalten (z. B. „Er arbeitet sorgfältig und zeigt Interesse am Schulgeschehen"). Für jeden Schüler wurden die Lehrer*innen gebeten, die Schülerleistung im Bereich Deutsch, Französisch und Mathematik einzuschätzen. Dazu stand eine Likert-Skala mit sechs Stufen zur Verfügung (1 = *wenig kompetent*, 6 = *sehr kompetent*). Die drei Ratings (in den unterschiedlichen Fächern) waren eindeutig miteinander verbunden (Chronbach α 0,95–0,99 für die drei Schüler), sodass ein Durchschnittswert für die drei Bewertungen berechnet werden konnte und in die Analyse einfloss.

Die Gefühle der Lehrer*innen wurden wieder anhand eines semantischen Differenzials (Avramidis et al. 2000; Osgood et al. 1957) gemessen (siehe Studie 1). Nach Überprüfung der internen Konsistenz der Skala (Chronbach α 0,88–0,93) wurde für jeden Schüler ein durchschnittlicher Gefühlswert ermittelt.

Letztendlich beantworteten die Lehrer*innen Fragen zu ihrer persönlichen Bereitschaft zu einem inklusiven Unterricht. Diese Skala umfasst fünf Items (z. B. „Ich kann mir vorstellen, im kommenden Schuljahr in einer inklusiven Klasse zu unterrichten") und ist Teil des Einstellungsfragebogens zur Inklusion für Lehrkräfte (EZI; Seifried und Heyl 2016). Die Skala erhebt vor allem lehrbezogene, emotional-motivationale Aspekte sowie die Kompetenzeinschätzung der Lehrkräfte für die Umsetzung von inklusivem Unterricht. Den Lehrer*innen stand eine sechs-stufige Likert-Skala (1 = *stimme ganz und gar nicht zu;* 6 = *stimme voll und ganz zu*) zur Verfügung. Für die Skalen wurde ein Mittelwert berechnet.

Ergebnisse Die Ergebnisse einer 3 × 3 ANOVA mit Messwiederholung, bei der der Schülertyp, (Verhaltensauffälligkeiten, Lernschwierigkeiten, Durchschnitt) und das Schulfach (Deutsch, Französisch und Mathe) als Innersubjektvariable festgelegt wurden, zeigten Haupteffekte für den Schülertyp, $F(2,26) = 79,11$, $p < ,001$, $\eta_p^2 = ,86$, und das Schulfach, $F(2,26) = 4,53$, $p = ,02$, $\eta_p^2 = ,26$, aber keine signifikante Schülertyp × Schulfach Interaktion, $F(3,25) = 1,58$, $p = ,22$, $\eta_p^2 = ,16$. Die weiteren Analysen zeigten signifikante Unterschiede zwischen der Leistungseinschätzung der Lehrer*innen für die unterschiedlichen Schüler, $F(2,54) = 87,72$, $p < ,001$, $\eta_p^2 = ,77$. Die Lehrer*innen schätzten die Leistung des durchschnittlichen Schülers signifikant höher ein als die Leistung des Schülers mit Verhaltensauffälligkeiten, $t(27) = 6,74$, $p < ,001$[4], $d = 1,28$, oder Lernschwierigkeiten, $t(27) = 12,58$, $p < ,001$, $d = 2,39$. Die Leistungseinschätzung

---

[4]Nach einer Alphafehlerkorrektur (Bonferroni).

Tab. 7.4 Leistungseinschätzung der Lehrer*innen (Skalenbereich 1–6) für Schüler mit und ohne sonderpädagogischen Förderbedarf

	Lernschwierigkeiten		Verhaltensauffälligkeiten		Durchschnitt	
	M	SD	M	SD	M	SD
Deutsch	2,57	0,92	3,86	1,13	5,36	,62
Französisch	2,57	0,92	3,68	1,01	5,36	,62
Mathematik	2,39	0,79	3,82	1,12	5,32	,61
Total	2,51	0,84	3,79	1,06	5,35	0,61

des Schülers mit Verhaltensauffälligkeiten unterschied sich ebenfalls positiv von der Leistungseinschätzung des Schülers mit Lernschwierigkeiten, $t(27)=6{,}96$, $p<{,}001$, $d=1{,}32$. Tab. 7.4 zeigt die Bewertung der Schülerleistung durch die Lehrer*innen.

Obwohl die multivariaten Analysen einen Haupteffekt für das Schulfach aufwiesen, waren die Ergebnisse der univariaten Analysen für die Innersubjektvariable Schulfach nicht signifikant, $F(2{,}54)=2{,}02$, $p=\!,14$, $\eta_p^2=\!,07$. Diese Ergebnisse deuten darauf hin, dass die Bewertungen der Lehrer*innen nicht signifikant je nach Fach variierten, die Lehrer*innen also die Leistung der Schüler in Deutsch, Französisch und Mathe ähnlich einschätzten.

Die Gefühle der Lehrer*innen wurden mit einer einfaktoriellen Varianzanalyse mit Messwiederholung analysiert, bei der die Gefühle der Lehrer*innen als Innersubjektvariable eingesetzt wurden. Die Ergebnisse dieser Analyse zeigten einen Haupteffekt für den Schülertyp $F(2{,}54)=35{,}80$, $p<{,}001$, $\eta_p^2=\!,57$. Zusätzliche t-Tests zeigten signifikante Unterschiede zwischen den Gefühlen der Lehrer*innen je nach Schüler. Lehrer*innen haben positivere Gefühle, wenn sie sich vorstellen, einen Durchschnittsschüler in ihre Klasse zu integrieren ($M=6{,}18$, $SD=0{,}85$), als wenn ein Schüler mit sonderpädagogischem Förderbedarf integriert werden sollte, $t(27)=5{,}57$, $p<{,}001$, $d=1{,}31$ und $t(27)=6{,}96$, $p<{,}001$, $d=1{,}05$ für den Vergleich mit einem Schüler mit Verhaltensauffälligkeiten ($M=4{,}67$, $SD=1{,}02$) oder Lernschwierigkeiten ($M=4{,}67$, $SD=1{,}02$). Zusätzlich unterscheiden sich die Gefühle in Abhängigkeit vom Typ des Förderbedarfs, wobei Lehrer*innen positivere Gefühle bezüglich der Inklusion eines Schülers mit Lernschwierigkeiten im Vergleich zu einem Schüler mit Verhaltensauffälligkeiten haben, $t(27)=2{,}57, p<{,}05, d=0{,}48$.

Partielle Korrelationen wurden zwischen den Gefühlen und der persönlichen Bereitschaft zu inklusivem Unterricht, nach Kontrolle für den Einfluss der Leistungseinschätzung, berechnet. Die Ergebnisse zeigten signifikante partielle

Korrelationen zwischen der persönlichen Bereitschaft zum inklusivem Unterricht und den Gefühlen der Lehrer*innen in Zusammenhang mit der Aussicht, einen Schüler mit sonderpädagogischem Förderbedarf zu inkludieren ($r = ,68$, $p < ,001$ für den Schüler mit Verhaltensauffälligkeiten und $r = ,71$, $p < ,001$ für den Schüler mit Lernschwierigkeiten), während dieser Zusammenhang für den durchschnittlichen Schüler, $r = ,10$, $p = ,61$, nicht signifikant war.

Diskussion Die Befunde dieser Studie zeigen, dass Lehrer*innen die Leistung der Schüler unterschiedlich einschätzen und bestätigen deshalb die Variabilität der Lehrkrafterwartungen in Zusammenhang mit Schüler*innen mit unterschiedlichen Arten von sonderpädagogischem Förderbedarf (Hafen et al. 2015; Hornstra et al. 2010). Die Leistung der Schüler mit sonderpädagogischem Förderbedarf wurde signifikant niedriger eingeschätzt, während der durchschnittliche Schüler eher als guter Schüler wahrgenommen wurde. Diese Befunde könnten auf einen negativen Bias gegenüber den Schüler*innen mit sonderpädagogischem Förderbedarf hindeuten (Woodcock und Vialle 2011). Gleichermaßen wäre ein positiver Bias gegenüber den durchschnittlichen Schüler*innen ebenfalls möglich (Tobisch und Dresel 2017).

Interessant sind auch die Ergebnisse bezüglich der Gefühle. Diese Ergebnisse bestätigen frühere Befunde, bei denen in Abhängigkeit von der Schüler*innengruppe unterschiedliche Gedanken und Gefühle bei Lehrer*innen berichtet wurden (Krischler und Pit-ten Cate 2019; Blanton et al. 2011; A. de Boer et al. 2011; Hastings und Oakford 2003). Die vorgestellten Studien zeigen, dass Lehrer*innen weniger optimistisch und stärker verunsichert sind, wenn sie sich vorstellen, Schüler*innen mit unterschiedlichen Arten von Förderbedarf im Vergleich zu durchschnittlichen Schüler*innen zu inkludieren. Die partiellen Korrelationen weisen in Übereinstimmung mit bestehenden empirischen Befunden (Blanton et al. 2011; Malinen et al. 2012; Savolainen et al. 2012; Sharma et al. 2006) zusätzlich darauf hin, dass solche Gefühle, die möglicherweise auch Gefühle der bereichsspezifischen Selbstwirksamkeit widerspiegeln, in Zusammenhang mit der Bereitschaft Inklusion umzusetzen, stehen.

Einige Einschränkungen der Studie sollten berücksichtigt werden. Obwohl in der Studie verschiedene Fragebögen – in unterschiedlichen Formaten – verwendet wurden, um die Gefühle der Lehrer*innen zur Einbeziehung der spezifischen Schüler*innen und ihre persönliche Bereitschaft zum inklusiven Unterricht zu bewerten, kann es zu konzeptionellen Überschneidungen kommen (da beide Komponenten von Einstellungen untersuchen), die für die gefundenen Korrelationen verantwortlich sein könnten. Zweitens könnte die Tatsache, dass Lehrer*innen über die Schulleiter*innen zur Teilnahme rekrutiert wurden, zu einer gewissen Stichprobenverzerrung geführt haben. Drittens deuten die Ergebnisse auf Unterschiede in der Wahrnehmung der akademischen Leistungen verschiedener Schüler*innen durch die Lehrer*innen hin, es bleibt jedoch unklar, inwieweit diese Unterschiede eine positive Neigung zu einem*r typischen Schüler*in oder eine negative Neigung zu Schüler*innen mit sonderpädagogischem Förderbedarf widerspiegeln. Die Forschung könnte in Betracht ziehen, in zukünftigen Studien reale Schüler*innendaten zu verwenden, um eine Kontrolle der tatsächlichen Leistung der Schüler*innen zu haben.

7.4 Allgemeine Diskussion

Bei der Darstellung der Grundprinzipien zur Förderung der Qualität in der inklusiven Bildung geben Autoren an, dass die erfolgreiche Umsetzung der Inklusion nicht nur mit den Fähigkeiten, sondern auch mit den Überzeugungen der Lehrer*innen zusammen hängt (Borg et al. 2011). Da angenommen wird, dass die Überzeugungen teilweise das Verhalten voraussagen können (Ajzen und Fishbein 1980) und Lehrer*innen die Hauptverantwortung für die Umsetzung der Inklusionspolitik tragen, sind die Lehrkraftüberzeugungen für den Erfolg der inklusiven Praxis besonders wichtig (Norwich 1994; Shade und Stewart 2001). In diesem Kapitel wurden die Überzeugungen der Lehrer*innen in Zusammenhang mit den Stereotypinhalten und den stereotyp-geprägten Erwartungen hinsichtlich Schüler*innen mit sonderpädagogischem Förderbedarf dargestellt. Die stereotyp-geprägten Überzeugungen und Erwartungen wurden innerhalb des theoretischen Rahmens des Kontinuum-Modells (Fiske und Neuberg 1990) und dem *Stereotype Content Modell* (Fiske et al. 2002) platziert und interpretiert. Generell zeigen bisherige Ergebnisse, dass Lehrkraftüberzeugungen und -erwartungen von nicht leistungsbezogenen Schüler*innenmerkmalen (z. B. Typ von Förderbedarf) beeinflusst werden (siehe Dusek und Joseph 1983; Wang et al. 2018). Experimentelle Studien (Hornstra et al. 2010; Vlachou et al. 2014) belegen den Einfluss diagnostischer Etikettierungen auf Lehrkrafterwartungen. Die zwei vorgestellten Studien bestätigen zwar die Verbindung zwischen Art des Förderbedarfs und Lehrkrafterwartungen (Überzeugungen und Leistungseinschätzung), können aber nicht definitiv etwas über den Einfluss der leistungsfremden Schüler*innenmerkmale aussagen, da die aktuelle Leistung nicht kontrolliert wurde.

Gleichzeitig beeinflussen solche Überzeugungen und Erwartungen auch die Gefühle hinsichtlich der Inklusion von Schüler*innen mit sonderpädagogischem Förderbedarf in Regelklassen. Positivere Überzeugungen bezüglich der

Schüler*innenmerkmale (Wärme und Kompetenz) und höhere Leistungserwartungen sind mit positiveren Gefühlen und einer größeren persönlichen Bereitschaft, die Schüler*innen mit sonderpädagogischem Förderbedarf zu inkludieren, verbunden.

Weltweit gibt es derzeit eine Tendenz zu einem inklusiveren Bildungssystem. Lehrer*innen werden daher zunehmend mit der Realität heterogener Schüler*innengruppen konfrontiert, wobei Schüler*innen mit unterschiedlichen akademischen, sozialen und kulturellen Hintergründen gemeinsam unterrichtet werden. Obwohl Lehrer*innen diesen Trend infolge der UN-Behindertenrechtskonvention (United Nations 2006) nur begrenzt beeinflussen können, haben sie eine Schlüsselrolle in der tatsächlichen Umsetzung der inklusiven Praxis (Borg et al. 2011). Die Autor*innen geben an, dass das Ausmaß, indem die Entwicklung *aller* Schüler*innen optimal gefördert werden kann, und damit zu einer Reduzierung von Bildungsungleichheiten führt, nicht nur auf die Lehrkraftkompetenz, sondern auch auf die Werte und Haltungen der Lehrer*innen (d. h. die Einstellungen der Lehrpersonen) zurückzuführen ist (Borg et al. 2011, S. 18).

Im Einklang mit bisherigen Studien belegen auch die vorgestellten Untersuchungen, dass Lehrer*innen und Lehramtsstudierende in Zusammenhang mit stereotyp-geprägten Überzeugungen unterschiedliche Gefühle bezüglich der Inklusion bestimmter Schüler*innengruppen in Regelklassen haben. Genauer gesagt, während die Teilnehmer*innen sich hinsichtlich der Inklusion von durchschnittlich begabten oder guten Schüler*innen optimistisch äußern, haben sie klare Vorbehalte hinsichtlich der Inklusion von Schüler*innen mit sonderpädagogischem Förderbedarf. Zusätzlich sind sie hinsichtlich der Inklusion der Schüler*innen mit Verhaltensauffälligkeiten negativer eingestellt als gegenüber der Inklusion der Schüler*innen mit Lernschwierigkeiten. Letzteres könnte mit den Gefühlen verbunden sein, die mit dem Stereotypeninhalt zusammenhängen. So lösen die Stereotypinhalte für Schüler*innen mit unterschiedlichen Typen von sonderpädagogischem Förderbedarf unterschiedliche Gefühle aus, welche weiterhin zu unterschiedlichen Verhaltensweisen führen können (Cuddy et al. 2007; Fiske et al. 2002).

Es stellt sich die Frage, wie angehende und erfahrene Lehrpersonen dabei unterstützt werden können, ein offeneres und positiveres Bild hinsichtlich der verschiedenen Schüler*innengruppen und insbesondere in Bezug auf Schüler*innen mit sonderpädagogischem Förderbedarf zu entwickeln. In dieser Hinsicht hat die Forschung gezeigt, dass ein positiver Kontakt mit den entsprechenden Gruppen die Wahrnehmung dieser Gruppen ändern kann (Pettigrew et al. 2007; Pettigrew und Tropp 2006). Das Ergebnis, dass erfahrene Lehrer*innen

Schüler*innen mit Verhaltensauffälligkeiten weniger stereotyp-konform wahrnehmen als Lehramtsstudierende (Krischler und Pit-ten Cate 2019) unterstützt die Kontakt-Hypothese und spiegelt Studien bezüglich anderer Schüler*innengruppen wider (Glock et al. 2018; Vezzali und Giovannini 2010). In diesem Sinne ist es wichtig, Kontaktmöglichkeiten und positive Interaktionen mit Schüler*innen mit sonderpädagogischem Förderbedarf innerhalb der Lehrkraftausbildung zu schaffen (Campbell et al. 2003; Carroll et al. 2003; Sharma et al. 2008; Villa et al. 1996). Gleichzeitig könnte die Lehrkraftausbildung die Lehrpersonenkompetenz und die wahrgenommene Wirksamkeit in Bezug auf die Inklusion von Schüler*innen mit sonderpädagogischem Förderbedarf fördern. Studien belegen, dass die Lehrkraftaus- und -weiterbildung die Bereitschaft von Lehrpersonen, Schüler*innen mit sonderpädagogischem Förderbedarf zu inkludieren, erhöht (Crispel und Kasperski 2019; Glashan et al. 2004; Sharma et al. 2008, 2006; Sharma und Nuttal 2016) und negative Gefühle verringern kann (Pit-ten Cate und Krischler 2018; Crispel und Kasperski 2019; Shippen et al. 2005).

Zusammenfassend lässt sich festhalten, dass Stereotypinhalte und stereotyp-geprägte Überzeugungen und Erwartungen das Ausmaß beeinflussen können, in dem Lehrpersonen bereit sind, die Inklusion umzusetzen. Diese von Stereotypen geprägten Überzeugungen und Erwartungen wurden in Bezug auf verschiedene Schüler*innengruppen betrachtet und scheinen auch für Schüler*innen mit sonderpädagogischem Förderbedarf zu gelten. Daher ist es wichtig, sowohl angehende als auch erfahrene Lehrer*innen darauf aufmerksam zu machen (z. B. in Aus- und Weiterbildungsangebote), dass solche Überzeugungen existieren und ihre Gefühle und ihr Verhalten beeinflussen können. In Anbetracht der Tatsache, dass die Bildungssysteme in zunehmendem Maße inklusiv werden, kann ein solcher Ansatz zu einer reflektierteren Denkweise führen und gleichzeitig den Lehrer*innen die erforderlichen Kenntnisse und Fähigkeiten vermitteln, um Schüler*innen mit unterschiedlichen akademischen, sozialen und kulturellen Hintergründen erfolgreich in ihren Klassen zu inkludieren.

Literatur

Ajzen, I. & Fishbein, M. (1980). *Understanding attitudes and predicting social behavior.* Englewood Cliffs, NJ: Prentice-Hall.

Ajzen, I. & Fishbein, M. (2005). The influence of attitudes on behavior. In D. Albarracín, B. T. Johnson & M. P. Zanna (Eds.), *The handbook of attitudes* (pp. 173–221). Mahwah, NJ: Erlbaum

Akifyeva, R. & Alieva, A. (2018). The influence of student ethnicity on teacher expectations and teacher perceptions of warmth and competence. *Psychology of Russia: State of Art, 11*, 106–124. https://doi.org/10.11621/pir.2018.0109

Arabsolghar, F. & Elkins, J. (2002). Comparative expectations of teachers and parents with regard to memory skills in children with intellectual disabilities. *Journal of Intellectual & Developmental Disability, 25*, 169–179. https://doi.org/10.1080/13269780050144253

Avramidis, E., Bayliss, P. & Burden, R. (2000). A survey into mainstream teachers' attitudes towards the inclusion of children with special educational needs in the ordinary school in one Local Education Authority. *Educational Psychology: An International Journal of Experimental Educational Psychology, 20*, 191–211. https://doi.org/10.1080/713663717

Berjot, S., Amoura, C., Bensalah, L. & Herbay, A. (2014). Stereotype threat among children attending adapted courses (7–10 years old): A study in a quasi-ordinary classroom. *Revue Internationale de Psychologie Soziale, 27*, 133–159

Bešić, E., Paleczek, L. & Gasteiger-Klicpera, B. (2018). Don't forget about us: attitudes towards the inclusion of refugee children with(out) disabilities. *International Journal of Inclusive Education*. https://doi.org/10.1080/13603116.2018.1455113

Blanton, L. P., Pugach, M. & Florian, L. (2011). Preparing general education Teachers to improve outcomes for students with disabilities (Policy Brief). Zugriff am 09.09.2016 unter http://aacte.org/research-policy/recent-reports-on-educator-preparation/preparing-general-education-teachers-to-improve-outcomes-for-students-with-disabilities.html

Bodenhausen, G. V., Macrae, C. N. & Sherman, J. W. (1999). On the dialectics of discrimination: Dual processes in social stereotyping. In S. Chaiken & Y. Trope (Eds.), *Dual process theories in social psychology* (pp. 271–290). New York, NY: Guildford Press

Borg, G., Hunter, J., Sigurjonsdittir, B. & D'Alessio, S. (2011). *Key Principles for Promoting Quality in Inclusive Education*. Brussels: European Agency for Development in Special Needs Education

Brehmer, B. (1994). The psychology of linear judgment models. *Acta Psychologica, 87*, 137–154. https://doi.org/10.1016/0001-6918(94)90048-5

Brock, M. E., Biggs, E. E., Carter, E. W., Cattey, G. N. & Raley, K. S. (2016). Implementation and generalization of peer support arrangements for students with severe disabilities in inclusive classrooms. *The Journal of Special Education, 49*, 221–232. https://doi.org/10.1177/0022466915594368

Campbell, J., Gilmore, L. & Cuskelly, M. (2003). Changing student teachers' attitudes towards disability and inclusion. *Journal of Intellectual and Developmental Disability, 28*, 369–379. https://doi.org/10.1080/13668250310001616407

Carroll, A., Forlin, C. & Jobling, A. (2003). The impact of teacher training in special education on the attitudes of Australian preservice general educators towards people with disabilities. *Teacher Education Quarterly, 30*, 65–79

Carter, E. W. & Hughes, C. (2006). Including high school students with severe disabilities in general education classes: Perspectives of general and special educators, paraprofessionals, and administrators. *Research and Practice for Persons with Severe Disabilities, 31*, 174–185. https://doi.org/10.1177/154079690603100209

Cassady, J. M. (2011). Teachers' attitudes toward the inclusion of students with autism and emotional behavioral disorder. *Electronic Journal for Inclusive Education, 7*, 1–23

Chen, S. & Chaiken, S. (1999). The heuristic-systematic model in its braoder context. In S. Chaiken & Y. Trope (Eds.), *Dual process theories in social psychology* (pp. 73–96). New York, NY: Guildford

Clark, M. D. (1997). Teacher Response to Learning Disability. *Journal of Learning Disabilities, 30*, 69–79. https://doi.org/10.1177/002221949703000106

Crispel, O. & Kasperski, R. (2019). The impact of teacher training in special education on the implementation of inclusion in mainstream classrooms. *International Journal of Inclusive Education.* https://doi.org/10.1080/13603116.2019-1600590

Cuddy, A. J. C., Fiske, S. T. & Glick, P. (2007). The BIAS map: behaviors from intergroup affect and stereotypes. *Journal of Personality and Social Psychology, 92*, 631–648. https://doi.org/10.1037/0022-3514.92.4.631

Cuddy, A. J. C., Fiske, S. T. & Glick, P. (2008). Warmth and competence as universal dimensions of social perception: The Stereotype Content Model and the BIAS map. In M. P. Zanna (Ed.), *Advances in Experimental Social Psychology* (Vol. 40, pp. 61–149). San Diego, CA: Elsevier Academic Press. https://doi.org/10.1016/S0065-2601(07)00002-0

Dawes, R. M. & Corrigan, B. (1974). Linear Models in Decision Making. *Psychological Bulletin, 81*, 95–106. https://doi.org/10.1037/h0037613

de Boer, A., Pijl, S. J. & Minnaert, A. (2011). Regular primary schoolteachers' attitudes towards inclusive education: a review of the literature. *International Journal of Inclusive Education, 15*, 331–353. https://doi.org/10.1080/13603110903030089

de Boer, A., Pijl, S. J., Post, W. & Minnaert, A. (2012). Which variables relate to the attitudes of teachers, parents and peers towards students with special educational needs in regular education? *Educational Studies, 38*, 433–448. https://doi.org/10.1080/03055698.2011.643109

de Boer, H., Bosker, R. J. & van der Werf, M. P. C. (2010). Sustainability of teacher expectation bias effects on long-term student performance. *Journal of Educational Psychology, 102*, 168–179. https://doi.org/10.1037/a0017289

Dee, T. S. (2005). A teacher like me: Does race, ethnicity, or gender matter? *The American Economic Review, 95*, 158–165

Dusek, J. B. & Joseph, G. (1983). The bases of teacher expectancies: A meta-analysis. *Journal of Educational Psychology, 75*, 327–346. https://doi.org/10.1037/0022-0663.75.3.327

Dyson, A. & Gallannaugh, F. (2008). Disproportionality in special needs education in England. *The Journal of Special Education, 42*, 36–46. https://doi.org/10.1177/0022466907313607

Eagly, A. H. & Chaiken, S. (1993). *The psychology of attitudes.* Fort Worth, TX: Harcourt Brace Jovanovich

Eagly, A. H. & Mladinic, A. (1989). Gender stereotypes and attitudes toward women and men. *Personality and Social Psychology Bulletin, 15*, 543–558. https://doi.org/10.1177/0146167289154008

Ferguson, R. F. (2003). Teachers' perceptions and expectations and the Black-White test score gap. *Urban Education, 38*, 460–507. https://doi.org/10.1177/0042085903254970

Ferreira, M. B., Garcia-Marques, L., Sherman, S. J. & Sherman, J. W. (2006). Automatic and controlled components of judgment and decision making. *Journal of Personality and Social Psychology, 91*, 797–813. https://doi.org/10.1037/0022-3514.91.5.797

Fiske, S. T. (1993). Social Cognition and Social Perception. *Annual Review of Psychology, 44*, 155–194. https://doi.org/10.1146/annurev.ps.44.020193.001103

Fiske, S. T. (1998). Stereotyping, prejudice, and discrimination. In D. T. Gilbert, S. T. Fiske & G. Lindzey (Eds.), *Handbook of social psychology* (4th ed., pp. 357–413). New York, NY: Oxford University Press

Fiske, S. T., Cuddy, A. J. C. & Glick, P. (2007). Universal dimensions of social cognition: warmth and competence. *Trends in Cognitive Sciences, 11*, 77–83. https://doi.org/10.1016/j.tics.2006.11.005

Fiske, S. T., Cuddy, A. J. C., Glick, P. & Xu, J. (2002). A model of (often mixed) stereotype content: competence and warmth respectively follow from perceived status and competition. *Journal of Personality and Social Psychology, 82*, 878–902. https://doi.org/10.1037/0022-3514.82.6.878

Fiske, S. T., Lin, M. & Neuberg, S. L. (1999). The continuum model. Ten years later. In S. Chaiken & Y. Trope (Eds.), *Dual process theories in social psychology* (pp. 231–254). New York, NY: Guilford Press

Fiske, S. T. & Neuberg, S. L. (1990). A continuum of impression formation from category-based to individuating processes: Influences of information and motivation on attention and interpretation. In M. P. Zanna (Ed.), *Advances in Experimental Social Psychology* (Vol. 23, pp. 1–74). New York, NY: Academic Press

Fiske, S. T. & Taylor, S. E. (1991). *Social cognition* (2nd ed.). New York, NY: McGraw-Hill

Fiske, S. T., Xu, J., Cuddy, A. C. & Glick, P. (1999). (Dis)respecting versus (Dis)liking: Status and interdependence predict ambivalent stereotypes of competence and warmth. *Journal of Social Issues, 55*, 473–489. https://doi.org/10.1111/0022-4537.00128

Franzkowiak, T. (2009). *Integration, Inklusion, Gemeinsamer Unterricht – Themen für die Grundschullehramtsausbildung an Hochschulen in Deutschland? Eine Bestandsaufnahme.* Zugriff am 30.11.2017 unter http://bidok.uibk.ac.at/library/franzkowiak-integration.html

Gabel, S. L., Curcic, S., Powell, J. J. W., Khader, K. & Albee, L. (2009). Migration and ethnic group disproportionality in special education: an exploratory study. *Disability & Society, 24*, 625–639. https://doi.org/10.1080/09687590903011063

Geven, S. A. J., Batruch, A. H. & Van De Werfhorst, H. G. (2018). *Inequality in Teacher Judgements, Expectations and Track Recommendations: A Review Study.* Amsterdam, The Netherlands: University of Amsterdam

Gigerenzer, G. (2008). Why Heuristics Work. *Perspectives on Psychological Science, 3*, 20–29. https://doi.org/10.1111/j.1745-6916.2008.00058.x

Gilbert, D. T. & Hixon, J. G. (1991). The trouble of thinking: Activation and application of stereotypic beliefs. *Journal of Personality and Social Psychology, 60*, 509–517. https://doi.org/10.1037/0022-3514.60.4.509

Glashan, L., Mackay, G. & Grieve, A. (2004). Teachers' experience of support in the mainstream education of pupils with autism. *Improving Schools, 7*, 49–60. https://doi.org/10.1177/1365480204042113

Glock, S. & Böhmer, I. (2018). Teachers' and preservice teachers' stereotypes, attitudes, and spontaneous judgments of male ethnic minority students. *Studies in Educational Evaluation, 59*, 244–255. https://doi.org/10.1016/j.stueduc.2018.09.001

Glock, S. & Klapproth, F. (2017). Bad boys, good girls? Implicit and explicit attitudes toward ethnic minority students among primary and secondary school teachers. *Studies in Educational Evaluation, 53*, 77–86. https://doi.org/10.1016/j.stueduc.2017.04.002

Glock, S. & Kleen, H. (2017). Gender and student misbehavior: Evidence from implicit and explicit measures. *Teaching and Teacher Education, 67*, 93–103. https://doi.org/10.1016/j.tate.2017.05.015

Glock, S., Kleen, H. & Morgenroth, S. (2019). Stress among teachers: Exploring the role of cultural diversity in schools. *The Journal of Experimental Education, 87*, 696–713. https://doi.org/10.1080/00220973.2019.1574700

Glock, S., Kneer, J. & Kovacs, C. (2013). Preservice teachers' implicit attitudes toward students with and without immigration background: A pilot study. *Studies in Educational Evaluation, 39*, 204–210. https://doi.org/10.1016/j.stueduc.2013.09.003

Glock, S., Kovacs, C. & Pit-ten Cate, I. M. (2018). Teachers' attitudes towards ethnic minority students: Effects of schools' cultural diversity. *British Journal of Educational Psychology*. https://doi.org/10.1111/bjep.12248

Glock, S. & Krolak-Schwerdt, S. (2013). Does nationality matter? The impact of stereotypical expectations on student teachers' judgments. *Social Psychology of Education, 16*, 111–127. https://doi.org/10.1007/s11218-012-9197-z

Glock, S. & Krolak-Schwerdt, S. (2014). Stereotype activation versus application: how teachers process and judge information about students from ethnic minorities and with low socioeconomic background. *Social Psychology of Education, 17*, 589–607. https://doi.org/10.1007/s11218-014-9266-6

Glock, S., Krolak-Schwerdt, S. & Pit-ten Cate, I. M. (2015). Are school placement recommendations accurate? The effect of students' ethnicity on teachers' judgments and recognition memory. *European Journal of Psychology of Education, 30*, 169–188. https://doi.org/10.1007/s10212-014-0237-2

Gollwitzer, P. M. & Moskowitz, G. B. (1996). Goal effects on action and cognition. In A. W. Kruglanski & E. T. Higgins (Eds.), *Social Psychology: Handbook of basic principles* (pp. 361–399). New York, NY: Guilford Press

Gresch, C., Baumert, J. & Maaz, K. (2009). Empfehlungsstatus, Übergangsempfehlung und der Wechsel in die Sekundarstufe I: Bildungsentscheidungen und soziale Ungleichheit. In J. Baumert, K. Maaz & U. Trautwein (Hrsg), *Bildungsentscheidungen. Zeitschrift für Erziehungswissenschaft, specila issue no. 12* (S. 230–256). Wiesbaden: VS Verlag für Sozialwissenschaften

Hafen, C. A., Ruzek, E. A., Gregory, A., Allen, J. P. & Mikami, A. Y. (2015). Focusing on teacher-student interactions eliminates the negative impact of students disruptive behavior on teacher perceptions. *International Journal of Behavioral Development, 39*, 426–431. https://doi.org/10.1177/0165025415579455

Hänsel, D. & Schwager, H. (2004). *Die Sonderschule als Armenschule*. Bern, CH: Peter Lang

Hardy, F., Humbeeck, B., Berger, M. & Lahaye, W. (2015). Enfance/adolescence et immigration: réalités de la discrimination en milieu scolaire. In A. Manço (Ed.), *De la discrimination à l'inclusion en mileiu scolaire* (pp. 13–28). Paris, France: l'Harmattan

Hastings, R. P. & Oakford, S. (2003). Student teachers' attitudes towards the inclusion of children with special needs. *Educational Psychology, 23*, 87–94. https://doi.org/10.1080/01443410303223

Heimlich, U. (2018). Inklusion und Qualität in Schulen – die Qualitätsskala zur inklusiven Schulentwicklung (QU!S). In F. Hellmich, G. Görel & M. F. Löper (Hrsg), *Inklusive Schul- und Unterrichtsentwicklung: Vom Anspruch zur erfolfreichen Umsetzung* (S. 13–25). Stuttgartt: Kohlhammer

Henley, M., Ramsey, R. S. & Algozzine, R. F. (2010). *Labelling and disadvantages of labelling*. London, UK: Prentice Hall

Hilton, J. L. & von Hippel, W. (1996). Stereotypes. *Annual Review of Psychology, 47*, 237–271. https://doi.org/10.1146/annurev.psych.47.1.237

Hornstra, L., Denessen, E., Bakker, J., van den Bergh, L. & Voeten, M. (2010). Teacher attitudes toward dyslexia: Effects on teacher expectations and the academic achievement of students with dyslexia. *Journal of Learning Disabilities, 43*, 515–529. https://doi.org/10.1177/0022219409355479

Jussim, L., Eccles, J. & Madon, S. J. (1996). Social perception, social stereotypes, and teacher expectations: Accuracy and the quest for the powerful self-fulfilling prophecy. *Advances in Experimental Social Psychology, 28*, 281–388. https://doi.org/10.1016/S0065-2601(08)60240-3

Kelchtermans, G. (2005). Teachers' emotions in educational reforms: Self-understanding, vulnerable commitment and micropolitical literacy. *Teaching and Teacher Education, 21*, 995–1006. https://doi.org/10.1016/j.tate.2005.06.009

Klapproth, F., Glock, S., Böhmer, M., Krolak-Schwerdt, S. & Martin, R. (2012). School placement decisions in Luxembourg: Do teachers meet the Education Ministry's standards? *The Literacy Information and Computer Education Journal*, (special issue, volume 1), 765–771

Klapproth, F., Glock, S., Krolak-Schwerdt, S., Martin, R. & Böhmer, M. (2013). Prädiktoren der Sekundarschulempfehlung in Luxemburg: Ergebnisse einer Large Scale Untersuchung. *Zeitschrift für Erziehungswissenschaft, 16*, 355–379. https://doi.org/10.1007/s11618-013-0340-1

Kleen, H. & Glock, S. (2018). A further look into ethnicity: The impact of stereotypical expectations on teachers' judgments of female ethnic minority students. *Social Psychology of Education, 21*, 759–773. https://doi.org/10.1007/s11218-018-9451-0

Krischler, M. & Pit-ten Cate, I. M. (2019). Pre- and in-service teachers' attitudes toward students with learning difficulties and challenging behavior. *Frontiers in Psychology, 10*: 327. https://doi.org/10.3389/fpsyg.2019.00327

Krischler, M., Pit-ten Cate, I. M. & Krolak-Schwerdt, S. (2018). Mixed stereotype content and attitudes toward students with special educational needs and their inclusion in regular schools in Luxembourg. *Research in Developmental Disabilities, 75*, 59–67. https://doi.org/10.1016/j.ridd.2018.02.007

Krolak-Schwerdt, S., Böhmer, M. & Gräsel, C. (2009). Verarbeitung schülerbezogener Information als zielgeleiteter Prozess: Der Lehrer als „flexibler Denker". *Zeitschrift für pädagogische Psychologie, 23*, 175–186

Krolak-Schwerdt, S., Böhmer, M. & Gräsel, C. (2012). Leistungsbeurteilungen von Schulkindern: Welche Rolle spielen Ziele und Expertise der Lehrkraft? *Zeitschrift für Entwicklungspsychologie und pädagogische Psychologie, 44*, 111–122. https://doi.org/10.1026/0049-8637/a000062

Krolak-Schwerdt, S., Pit-ten Cate, I. M. & Hörstermann, T. (2018). Teachers' judgments and decision-making: Studies concerning the transition from primary to secondary education and their implications for teacher education. In O. Zlatkin-Troitschanskaia, M. Toepper, H. A. Pant, C. Lautenbach & C. Kuhn (Eds.), *Assessment of Learning Outcomes in*

Higher Education – Cross-national Comparisons and Perspectives (pp. 73–101). Dordrecht, The Netherlands: Springer

Kunda, Z. & Spencer, S. J. (2003). When do stereotypes come to mind and when do they color judgment? A goal-based theoretical framework for stereotype activation and application. *Psychological Bulletin, 129*, 522–544. https://doi.org/10.1037/0033-2909.129.4.522

Kunter, M., Baumert, J., Blum, W., Klusmann, U., Krauss, S. & Neubrand, M. (Hrsg.). (2011). *Profesionelle Kompetenz von Lehrkräften: Ergebnisse des Forschungsprogramms COACTIV*. Münster: Waxmann

Lanfranchi, A. (2016). Zuweisung von kindern mit Schulproblemen zu sonderpädagogischen maßnahmen: Schulpsychologen weniger diskriminierend als lehrkräfte. *Praxis Der Kinderpsychologie und Kinderpsychiatrie, 65*, 113–126. https://doi.org/10.13109/prkk.2016.65.2.113

Lanfranchi, A. & Jenny, G. (2005). Prozesse der Zuweisung von Kindern mit Problemen zu sonderpädagogische Massnahmen. In K. Häfeli & P. Walther-Müller (Eds.), *Das Wachstum des sonderpädagogischen Angebots im interkantonalen Vergleich: Steuerungsmöglichkeiten für eine integrative Ausgestaltung* (pp. 217–278). Luzern: Schweizerische Zentralstelle für Heilpädagogik

Levins, T., Bornholt, L. & Lennon, B. (2005). Teachers' experience, attitudes, feelings and behavioural intentions towards children with special educational needs. *Social Psychology of Education, 8*, 329–343. https://doi.org/10.1007/s11218-005-3020-z

Lindsay, G., Pather, S. & Strand, S. (2006). *Special Educational Needs and Ethnicity: Issues of Over- and Under-Representation*.Research report RR 757. Warwick, UK: Univesrity of Warwick

Loreman, T., Deppeler, J. M. & Harvey, D. H. P. (2005). *Inclusice education: A practical guide to supporting diversity in the classroom*. Sidney: Allen and Unwin

Macrae, C. N. & Bodenhausen, G. V. (2001). Social cognition: Categorical person perception. *British Journal of Psychology, 92*, 239–255. https://doi.org/10.1348/000712601162059

Macrae, C. N. & Bodenhausen, G. V. (2000). Social cognition: Thinking categorically about others. *Annual Review of Psychology, 51*, 93–120

Malinen, O.-P., Savolainen, H. & Xu, J. (2012). Beijing in-service teachers' self-efficacy and attitudes towards inclusive education. *Teaching and Teacher Education, 28*, 526–534. https://doi.org/10.1016/j.tate.2011.12.004

Manço, A. & Gouverneur, C. (2015). Agir pour une école inclusive en contexte de diversité: interventions dans deux athénées. In A. Manço (Ed.), *De la discrimination à l'inclusion en mileiu scolaire* (pp. 83–104). Paris, France: l'Harmattan

Meissel, K., Meyer, F., Yao, E. S. & Rubie-Davies, C. M. (2017). Subjectivity of teacher judgments: Exploring student characteristics that influence teacher judgments of student ability. *Teaching and Teacher Education, 65*, 48–60. https://doi.org/10.1016/j.tate.2017.02.021

Montague, M. & Rinaldi, C. (2001). Classroom dynamics and children at risk: A follow-up. *Learning Disability Quarterly, 24*, 75–83. https://doi.org/10.2307/1511063

Moscardini, L. (2015). Primary special school teachers' knowledge and beliefs about supporting learning in numeracy. *Journal of Research in Special Educational Needs, 15*, 37–47. https://doi.org/10.1111/1471-3802.12042

Müller, A. K., Fuermaier, A. B. M., Koerts, J. & Tucha, L. (2012). Stigma in attention deficit hyperactivity disorder. *ADHD Attention Deficit and Hyperactivity Disorders, 4*, 101–114. https://doi.org/10.1007/s12402-012-0085-3

Nias, J. (1996). Thinking about Feeling: the emotions in teaching. *Cambridge Journal of Education, 26*, 293–306. https://doi.org/10.1080/0305764960260301

North, M. & Fiske, S. (2014). Social categories create and reflect inequality: Psychological and sociological insights. In J. T. Cheng, J. L. Tracy & C. Anderson (Eds.), *The Psychology of Social Status*. (pp. 243–265). New York, NY: Springer New York. https://doi.org/10.1007/978-1-4939-0867-7

Norwich, B. (1994). The relationship between attitudes to the integration of children with special educational needs and wider socio-political views; a US-English comparison. *European Journal of Special Needs Education, 9*, 91–106. https://doi.org/10.1080/0885625940090108

Oakland, T., Shermis, M. D. & Coleman, M. (1990). Teacher perceptions of differences among elementary students with and without learning disabilities in referred samples. *Journal of Learning Disabilities, 23*, 499–505. https://doi.org/10.1177/002221949002300808

Opertti, R., Walker, Z. & Zhang, Y. (2014). Inclusive education: From targeting groups and schools to achieving quality education as rge core of EFA. In L. Florian (Ed.), *The Sage Handbook of Special Education* (2nd ed., pp. 149–169). Los Angeles, CA: Sage

Osgood, C. E., Suci, G. J. & Tannenbaum, G. H. (1957). *The measurement of meaning*. Chigaco, MA: University of Illinois Press

Parks, F. R. & Kennedy, J. H. (2007). The impact of race, physical attractiveness, and gender on education majors' and teachers' perceptions of student competence. *Journal of Black Studies, 37*, 936–943. https://doi.org/10.1177/0021934705285955

Pendry, L. F. & Macrae, C. N. (1996). What the disinterested perceiver overlooks: Goal-directed social categorization. *Personality and Social Psychology Bulletin, 22*, 249–256. https://doi.org/10.1177/0146167296223003

Peterson, E. R., Rubie-Davies, C., Osborne, D. & Sibley, C. (2016). Teachers' explicit expectations and implicit prejudiced attitudes to educational achievement: Relations with student achievement and the ethnic achievement gap. *Learning and Instruction, 42*, 123–140. https://doi.org/10.1016/j.learninstruc.2016.01.010

Pettigrew, T. F., Christ, O., Wagner, U. & Stellmacher, J. (2007). Direct and indirect intergroup contact effects on prejudice: A normative interpretation. *International Journal of Intercultural Relations, 31*, 411–425. https://doi.org/10.1016/j.ijintrel.2006.11.003

Pettigrew, T. F. & Tropp, L. R. (2006). A meta-analytic test of intergroup contact theory. *Journal of Personality and Social Psychology, 90*, 751–783. https://doi.org/10.1037/0022-3514.90.5.751

Pit-ten Cate, I. M (2019). Inclusive education: The effect of teacher characteristics and school support on inclusive practice. Final report to the FNR, University of Luxembourg

Pit-ten Cate, I. M. & Krischler, M. (2018). Inklusive Bildung aus der Sicht luxemburgischer Grundschullehrerinnen und -lehrer. In T. Lentz, I. Baumann & A. Küpper (Eds.), *Nationaler Bildungsbericht Luxemburg 2018* (pp. 201–209). Esch/Alzette, LU: Université du Luxembourg (LUCET) & SCRIPT

Pit-ten Cate, I. M. & Glock, S. (2018). Teacher expectations concerning students with immigrant backgrounds or special educational needs. *Educational Research and Evaluation, 24* (3–5), 277–294. https://doi.org/10.1080/13803611.2018.1550839

Pit-ten Cate, I. M., Markova, M., Krischler, M. & Krolak-schwerdt, S. (2018). Promoting inclusive education: The role of teachers' competence and attitudes. *Insights into Learning Disabilities, 15*, 49–63

Pit-ten Cate, I. M., Krolak-Schwerdt, S. & Glock, S. (2016). Accuracy of teachers' tracking decisions: short- and long-term effects of accountability. *European Journal of Psychology of Education, 31*, 225–243. https://doi.org/10.1007/s10212-015-0259-4

Popovich, P. M., Scherbaum, C. a, Scherbaum, K. L. & Polinko, N. (2003). The assessment of attitudes toward individuals with disabilities in the workplace. *The Journal of Psychology, 137*, 163–177. https://doi.org/10.1080/00223980309600606

Preckel, F., Baudson, T. G., Krolak-Schwerdt, S. & Glock, S. (2015). Gifted and Maladjusted? Implicit Attitudes and Automatic Associations Related to Gifted Children. *American Educational Research Journal, 52*, 1160–1184. https://doi.org/10.3102/0002831215596413

Rohmer, O. & Louvet, E. (2009). Describing persons with disability: Salience of disability, gender, and ethnicity. *Rehabilitation Psychology, 54*, 76–82. https://doi.org/10.1037/a0014445

Rohmer, O. & Louvet, E. (2011). Le stéréotype des personnes handicapées en fonction de la nature de la déficience: Une application des modèles de la bi-dimensionnalité du jugement social. *Annee Psychologique, 111*, 69–85. https://doi.org/10.4074/S0003503311001035

Roll-Peterson, L. (2008). Teacher's perceived efficacy and the inclusion of a pupil with dyslexia or mild mental retardation: Findings from Sweden. *Education and Training in Developmental Disabilities, 43*, 174–185

Rosenthal, R. (1994). Interpersonal expectancy effects: A 30-year perspective. *Current Directions in Psychological Science, 3*, 176–179. https://doi.org/10.1111/1467-8721.ep10770698

Savolainen, H., Engelbrecht, P., Nel, M. & Malinen, O.-P. (2012). Understanding teachers' attitudes and self-efficacy in inclusive education: implications for pre-service and in-service teacher education. *European Journal of Special Needs Education, 27*, 51–68. https://doi.org/10.1080/08856257.2011.613603

Seifried, S. & Heyl, V. (2016). Konstruktion und Validierung eines Einstellungsfragebogens zu Inklusion für Lehrkräfte (EFI-L). *Empirische Sonderpädagogik, 1*, 22–35

Shade, R. A. & Stewart, R. (2001). General education and special education pre-service teachers' attitude toward inclusion. *Preventing School Failure: Alternative Education for Children and Youth, 46*, 37–41. https://doi.org/10.1080/10459880109603342

Sharma, U., Forlin, C. & Loreman, T. (2008). Impact of training on pre-service teachers' attitudes and concerns about inclusive education and sentiments about persons with disabilities. *Disability and Society, 23*, 773–785. https://doi.org/10.1080/09687590802469271

Sharma, U., Forlin, C., Loreman, T. & Earle, C. (2006). Pre-service teachers' attitudes, concerns and sentiments about inclusive education: An international comparison of novice pre-service teachers. *International Journal of Special Education, 21*, 80–93

Sharma, U. & Nuttal, A. (2016). The impact of training on pre-service teacher attitudes, concerns, and efficacy towards inclusion. *Asia-Pacific Journal of Teacher Education, 44*, 142–155. https://doi.org/10.1080/1359866X.2015.1081672

Shifrer, D. (2013). Stigma of a label: educational expectations for high school students labeled with learning disabilities. *Journal of Health and Social Behavior, 54*, 462–480. https://doi.org/10.1177/0022146513503346

Shippen, M. E., Crites, S. A., Houchins, D. E., Ramsey, M. L. & Simon, M. (2005). Pre-service teachers' perceptions of including students with disabilities. *Teacher Education and Special Education, 28*, 92–99. https://doi.org/10.1177/088840640502800202

Smith, E. R. (1998). Mental representation and memory. In D. T. Gilbert, S. T. Fiske & G. Lindzey (Eds.), *Handbook of social cognition* (Vol. 1, pp. 391–445). New York, NY: McGraw-Hill

Staniland, L. (2009). *Public perceptions of disabled people: Evidence from the British Social Attitudes Survey 2009*. London, UK: Office for Disability issues, HM Government

Steele, C. M. (1997). A threat in the air. How stereotypes shape intellectual identity and performance. *The American Psychologist, 52*, 613–629. https://doi.org/10.1037/0003-066X.52.6.613

Strand, S. & Lindsay, G. (2009). Evidence of Ethnic Disproportionality in Special Education in an English Population. *The Journal of Special Education, 43*, 174–190. https://doi.org/10.1177/0022466908320461

Stubbe, T. C. & Bos, W. (2008). Schullaufbahnempfehlungen von Lehrkräften und Schullaufbahnentscheidungen von Eltern am Ende der vierten Jahrgangsstufe. *Empirische Pädagogik, 22*, 49–63

Südkamp, A., Kaiser, J. & Möller, J. (2012). Accuracy of teachers' judgments of students' academic achievement: A meta-analysis. *Journal of Educational Psychology, 104*, 743–762. https://doi.org/10.1037/a0027627

Tetlock, P. E. (1983). Accountability and complexity of thought. *Journal of Personality and Social Psychology, 45*, 74–83

Tetlock, P. E. & Lerner, J. S. (1999). The social contingency model: Identifying empirical and normative boundary conditions on the error-and-bias portrait of human nature. In S. Chaiken & Y. Trope (Eds.), *Dual process theories in social psychology*. New York, NY: Guilford Press

Timmermans, A. C., de Boer, H., Amsing, H. T. A. & van der Werf, M. P. C. (2018). Track recommendation bias: Gender, migration background and SES bias over a 20-year period in the Dutch context. *British Educational Research Journal, 44*, 847–874. https://doi.org/10.1002/berj.3470

Timmermans, A. C., Rubie-Davies, C. M. & Rjosk, C. (2018). Pygmalion's 50th anniversary: the state of the art in teacher expectation research. *Educational Research and Evaluation, 24* (3–5), 91–98. https://doi.org/10.1080/13803611.2018.1548785

Tobisch, A. & Dresel, M. (2017). Negatively or positively biased? Dependencies of teachers' judgments and expectations based on students' ethnic and social backgrounds. *Social Psychology of Education, 20*, 731–752. https://doi.org/10.1007/s11218-017-9392-z

United Nations. (2006). *Convention on the Rights of Persons with Disabilities.* Zugriff am 30.04.2013 unter https://www.un.org/development/desa/disabilities/convention-on-the-rights-of-persons-with-disabilities/convention-on-the-rights-of-persons-with-disabilities-2.html

Vezzali, L. & Giovannini, D. (2010). Intergroup contact and reduction of explicit and implicit prejudice toward immigrants: A study with Italian businessmen owning small and medium enterprises. *Quality & Quantity, 45,* 213–222. https://doi.org/10.1007/s11135-010-9366-0

Villa, R., Thousand, J., Meyers, H. & Nevin, A. (1996). Teacher and administrator perceptions of heterogeneous education. *Exceptional Children, 63,* 29–45

Vlachou, A., Eleftheriadou, D. & Metallidou, P. (2014). Do learning difficulties differentiate elementary teachers' attributional patterns for students' academic failure? A comparison between Greek regular and special education teachers. *European Journal of Special Needs Education, 29,* 1–15. https://doi.org/10.1080/08856257.2013.830440

Wang, S., Rubie-Davies, C. M. & Meissel, K. (2018). A systematic review of the teacher expectation literature over the past 30 years. *Educational Research and Evaluation, 24*(3–5), 124–179. https://doi.org/10.1080/13803611.2018.1548798

Weinstein, C. S. (1989). Teacher education students' preconceptions of teaching. *Journal of Teacher Education, 40,* 53–60. https://doi.org/10.1177/002248718904000210

Wiggan, G. (2007). Race, School Achievement, and Educational Inequality: Toward a Student-Based Inquiry Perspective. *Review of Educational Research, 77,* 310–333. https://doi.org/10.3102/003465430303947

Wilbert, J. (2010). Stereotype-threat Effekte bei Schülern des Förderschwerpunkts Lernen. *Heilpädagogische Forschung, 26*(December), 154–161

Wojciszke, B., Bazinska, R. & Jaworski, M. (1998). On the Dominance of Moral Categories in Impression Formation. *Personality and Social Psychology Bulletin, 24,* 1251–1263. https://doi.org/10.1177/01461672982412001

Woodcock, S. & Hitches, E. (2017). Potential or problem? An investigation of secondary school teachers' attributions of the educational outcomes of students with specific learning difficulties. *Annals of Dyslexia, 67,* 299–317. https://doi.org/10.1007/s11881-017-0145-7

Woodcock, S. & Vialle, W. (2011). Are we exacerbating students' learning disabilities? An investigation of preservice teachers' attributions of the educational outcomes of students with learning disabilities. *Annals of Dyslexia, 61,* 223–241. https://doi.org/10.1007/s11881-011-0058-9

World Health Organization. (1992). *The ICD-10 classification of mental and behavioral disorders: Clinical descriptions and diagnostic guidelines.* Geneva, Switzerland: WHO

Zhu, M., Urhahne, D. & Rubie-Davies, C. M. (2018). The longitudinal effects of teacher judgement and different teacher treatment on students' academic outcomes. *Educational Psychology, 3410,* 1–21. https://doi.org/10.1080/01443410.2017.1412399

Die Einstellungen von Lehrpersonen gegenüber Schüler*innen ethnischer Minoritäten und Schüler*innen mit sonderpädagogischem Förderbedarf: Ein Forschungsüberblick

Sabine Glock, Hannah Kleen, Mireille Krischler und Ineke Pit-ten Cate

Zusammenfassung

In diesem Artikel wird ein Forschungsüberblick über Einstellungen sowohl gegenüber Schüler*innen ethnischer Minoritäten als auch gegenüber Schüler*innen mit sonderpädagogischem Förderbedarf sowie gegenüber Inklusion gegeben. Lehrkrafteinstellungen gelten als wichtiger Faktor einerseits bezüglich einer erfolgreichen Inklusion von Schüler*innen mit sonderpädagogischem Förderbedarf, andererseits aber auch, wenn es um ethnische Ungleichheiten geht. Aus diesem Grund sind gerade Schüler*innen ethnischer Minoritäten interessant, da diese häufig als sogenannte „Bildungsverlierer" gelten. Der Überblick geht dabei sowohl auf implizite als auch auf explizite

S. Glock (✉) · H. Kleen
Bergische Universität Wuppertal, Wuppertal, Deutschland
E-Mail: glock@uni-wuppertal.de

H. Kleen
E-Mail: kleen@uni-wuppertal.de

M. Krischler
Universität Trier, Trier, Deutschland
E-Mail: krischler@uni-trier.de

I. Pit-ten Cate
Universität Luxemburg, Belval, Luxemburg
E-Mail: ineke.pit@uni.lu

© Springer Fachmedien Wiesbaden GmbH, ein Teil von Springer Nature 2020
S. Glock und H. Kleen (Hrsg.), *Stereotype in der Schule*,
https://doi.org/10.1007/978-3-658-27275-3_8

Einstellungen von Lehrkräften und Lehramtsstudierenden ein und führt die Relevanz moderierender Variablen, wie die Berufserfahrung oder den Kontakt, auf. Darüber hinaus wird auf die Relation zwischen Einstellungen und Verhalten eingegangen. Es zeigt sich, dass für Schüler*innen ethnischer Minoritäten sowie für Schüler*innen mit sonderpädagogischem Förderbedarf die impliziten Einstellungen negativ und die expliziten positiv sind. Darüber hinaus zeigt sich, dass die Einstellungen nicht stabil sind, sondern je nach zusätzlicher moderierender Variable variieren. Insbesondere bei den Einstellungen gegenüber Schüler*innen ethnischer Minoritäten lässt sich ein Zusammenhang zwischen Einstellungen und Verhalten von Lehrkräften finden. Die bisherige Forschung wird hinsichtlich möglicher zukünftiger Forschung und praktischer Implikationen diskutiert.

Schlüsselwörter
Einstellungen · Implizit · Explizit · Sonderpädagogischer Förderbedarf · Ethnische Minoritäten

8.1 Einleitung

Die ethnische Ungleichheit im deutschen Schulsystem ist seit dem PISA-Schock 2000 ein oft diskutiertes Thema. Die Schulleistungen der Schüler*innen in Deutschland sind abhängig von ihrer ethnischen Herkunft. Obwohl seit 2000 viele Änderungen im deutschen Bildungssystem, wie zum Beispiel die Bildungsstandards, eingeführt wurden und PISA 2012 einen Rückgang der ethnischen Ungleichheiten zeigt (Gebhardt et al. 2013), sind und bleiben Schüler*innen ethnischer Minoritäten[1] die „Verlierer" im deutschen Bildungssystem. Ihre Schulleistungen bleiben hinter denen ihrer deutschen Klassenkameraden zurück

---

[1] Da in diesem Kapitel auch internationale Forschung zu Einstellungen von Lehrpersonen berichtet wird, wird der Begriff Schüler*innen ethnischer Minoritäten verwendet, um anzuzeigen, dass diese Schülergruppe nicht der Mehrheitsgruppe eines Landes entspricht. Dies kann, wie es in Europa häufig anzutreffen ist, aufgrund eines Zuwanderungshintergrundes der Schüler*innen und deren Familien zutreffen. Hierbei sind in Deutschland als die größte Gruppe ethnischer Minoritäten die Zuwanderer aus der Türkei zu nennen (Destatis 2017). In anderen Ländern wie zum Beispiel in den USA werden als Schüler ethnischer Minoritäten sowohl eingewanderte Schüler*innen (beispielsweise aus Lateinamerika) als auch afroamerikanische Schüler*innen gefasst.

(Ehmke et al. 2013; Rjosk et al. 2017). Sie sind weniger auf den höheren Schulzweigen vertreten (Baumert und Schümer 2002) und verlassen die Schule oft früher und ohne Schulabschluss (Coneus et al. 2009). Diese ethnische Ungleichheit nimmt meist schon im Kindergarten, aber insbesondere in der Grundschule ihren Anfang. Obwohl in der Grundschule spezielle Förderprogramme, auch zur Förderung der Sprache, angeboten werden (Neumann 2008), kann ein Teil dieser ethnischen Unterschiede in der Sprachproblematik begründet liegen, da für die Schulleistung ein Verständnis der Unterrichtssprache unabdingbar ist (Becker und Beck 2011; Kristen 2006). Zum anderen jedoch können auch die Lehrkräfte einen Anteil an diesen ethnischen Ungleichheiten tragen, da diese über Noten und Schullaufbahnempfehlungen maßgeblich über die schulische Karriere der Schüler*innen bestimmen (Schulze und Unger 2009; Tiedemann und Billmann-Mahecha 2010).

Die Forschung, sei sie nun national oder auch international, weist konsistent eine Bildungsbenachteiligung von Schüler*innen ethnischer Minoritäten aus (Haycock 2001; Lee 2002; Marx und Stanat 2012). Dies mag teilweise aufgrund schwieriger Lernausgangslagen für Schüler*innen ethnischer Minoritäten im Vergleich zur Majorität der Schülerschaft eines Landes zustande kommen, aber Forschung zeigt auch, dass es häufig die Lehrkräfte sind, die mit zu diesen Nachteilen beitragen (Dauber et al. 1996; Glock und Krolak-Schwerdt 2013; Parks und Kennedy 2007).

Auch in der Umsetzung von Inklusion gelten die Lehrkräfte als Schlüsselpersonen (Meijer et al. 1994, 2003; Norwich 1994; Shade und Stewart 2001; Watkins 2012; World Health Organisation 2011). Hier können Etikettierungen, welche etwas über das Lern- und Sozialverhalten der Schüler*innen aussagen, eine erhebliche Rolle spielen. Obwohl bestimmte Diagnosen wie Legasthenie oder ADHS das Verständnis für die Schüler*innen fördern und Ressourcen zugänglich machen, können diese Etikettierungen auch zu Stigmatisierung und Vorurteilen führen, da sie sich eher auf bestimmte Defizite innerhalb der Schüler*innen als auf Einschränkungen und Barrieren innerhalb des Bildungssystems konzentrieren (Barton und Armstong 2001). Die Inklusion aller Schüler*innen mit sonderpädagogischem Förderbedarf wurde auf internationaler Ebene durch UN Konventionen vorangetrieben: Im „Salamanca Statement and Framework for Action on Special Needs Education" (UNESCO 1994), dem „Education for All Movement" (UNESCO 2000) und letztendlich in der UN Behindertenrechtskonvention (United Nations 2006). Parallel zur Entwicklung der Inklusion von Schüler*innen mit sonderpädagogischem Förderbedarf in Regelschulen änderte sich die Terminologie mit der diese Schüler*innen bezeichnet wurden. Warnock (1979) schlug vor, den Fokus weg von Behinderungen und Beeinträchtigungen zu verlagern und durch den Begriff „sonderpädagogischer Förderbedarf" zu ersetzen. So verlagerte sich der Fokus von der Behinderung der Schüler*innen auf die besonderen Bedürfnisse, die die Schüler*innen in ihrer Ausbildung haben. Tatsächlich ist ein Trend zur Verwendung weniger stigmatisierender Diagnosen zu beobachten, obwohl die Wirksamkeit einer solchen Neuetikettierung in Frage gestellt werden könnte (Powell 2010).

Sowohl im Zusammenhang mit der Benachteiligung von Schüler*innen ethnischer Minoritäten als auch im Zusammenhang mit inklusiver Bildung werden die Erwartungshaltungen von Lehrkräften (Hachfeld et al. 2012; Stanat 2006b) und insbesondere ihre Einstellungen als relevante Faktoren diskutiert (Borg et al. 2011). Deshalb wird in diesem Kapitel ein Überblick über die Forschung zur Einstellung von Lehrpersonen gegenüber Schüler*innen ethnischer Minoritäten sowie gegenüber Schüler*innen mit sonderpädagogischem Förderbedarf gegeben. Zum Verständnis des Konstrukts der Einstellungen ist zuerst relevant, einen theoretischen Überblick über das Konzept der Einstellungen zu geben.

8.2 Theoretischer Hintergrund: Einstellungen

Einstellungen stellen eine mentale Assoziation zwischen einem Einstellungsobjekt und seiner Bewertung dar (Eagly und Chaiken 1993; Fazio 1995). Bei dem Objekt kann es sich um einen Gegenstand, ein abstraktes Konzept wie Inklusion, um eine Person oder um eine Gruppe handeln (Eagly und Chaiken 1993). Bewertungen können sowohl positiv, neutral als auch negativ in ihrer Valenz sein (Eagly und Chaiken 1993). Einstellungen entwickeln sich im Laufe des Lebens unter anderem durch eigene Sozialisationsprozesse, aber auch über die Familie und Freunde (Dovidio et al. 2010; Rudman 2004; Sherman 1996). Ein persönlicher Kontakt zum Einstellungsobjekt oder zur Gruppe ist nicht unbedingt notwendig, da Personen auch von anderen lernen können, wie diese Gruppe zu bewerten ist. Selbstverständlich werden Einstellungen zudem über persönliche Erfahrungen gemacht (Rudman 2004; Sherman 1996) und auch über Medien können Einstellungen gebildet werden (Dovidio et al. 2010). Wird zum Beispiel häufig in den Medien berichtet, dass Schüler*innen ethnischer Minoritäten schlechtere Schulleistungen zeigen oder Personen ethnischer Minoritäten straffällig werden, werden Personen diese Information mit ihrer Einstellung verbinden und diese als negativ abspeichern.

Es lassen sich Einstellungen in drei Komponenten unterscheiden: die kognitive, die affektive und die Verhaltenskomponente (Eagly und Chaiken 1993; Fazio 1990). Die kognitive Komponente von Einstellungen spiegelt das sozial geteilte

Wissen und die Überzeugungen über soziale Gruppen wider (Devine 1989; Eagly und Chaiken 1993). Bestimmte soziale Gruppen werden mit bestimmten Merkmalen oder Attributen verknüpft (Devine 1989; Greenwald und Banaji 1995), die Stereotype (siehe Kap. 1 für nähere Ausführungen) darstellen (Eagly und Mladinic 1989). Auch bei Stereotypen wird von einer Bewertung ausgegangen (Eagly und Chaiken 1993), die über die Attribute vermittelt stattfindet. Wenn mit einer sozialen Gruppe viele negative Eigenschaften wie beispielsweise „unzuverlässig", „faul" und „aggressiv" verknüpft werden, kann von einer negativen Bewertung ausgegangen werden.

Somit wird die *affektive Komponente* oftmals mit der kognitiven Komponente in Beziehung stehen (Eagly und Mladinic 1989; Fishbein 2008). Bei der affektiven Komponente handelt es sich um die Emotionen und Gefühle, die mit dem Einstellungsobjekt verknüpft sind (Eagly und Chaiken 1993). Die affektiven Einstellungen stellen die tatsächlichen Evaluationen und Bewertungen des Objekts dar und sind somit wertender Natur und damit Vorurteile (Eagly und Chaiken 1993). Kognitive und affektive Einstellungen, das heißt Stereotype und Vorurteile, unterscheiden sich demnach in ihrem Inhalt, da es einerseits um sozial-geteiltes Wissen und andererseits um die Evaluation einer sozialen Gruppe geht (Eagly und Chaiken 1993; Eagly und Mladinic 1989). Beide Komponenten sind dennoch miteinander verbunden, da sie gleichzeitig aktiviert werden können (Bessenoff und Sherman 2000; Wittenbrink et al. 1997). Ein Einstellungsobjekt, zum Beispiel Schüler*innen ethnischer Minoritäten, kann gleichzeitig ein Stereotyp, zum Beispiel „schlecht in der Schule", und die Bewertung, zum Beispiel „Ich mag die nicht", hervorrufen. Die kognitive und affektive Komponente von Einstellungen hängen positiv zusammen, da hauptsächlich negative Stereotype negative Evaluationen hervorrufen sollten (Eagly und Mladinic 1989; Fishbein 2008).

Eine weitere Gemeinsamkeit beider Einstellungskomponenten ist, dass es sowohl implizite als auch explizite Vorurteile beziehungsweise Stereotype gibt (Gawronski und Bodenhausen 2006b; Greenwald und Banaji 1995). *Implizite Einstellungen* als automatische Bewertungen zeichnen sich dadurch aus, dass diese unbewusst, unabsichtlich, effizient und unkontrolliert sind (Bargh 1994). Um als implizit zu gelten, muss dabei mindestens eines dieser vier Kriterien erfüllt sein (Bargh 1994). Die Aktivierung impliziter Einstellungen geschieht als ein automatischer Prozess, der sich nicht verhindern lässt (Bargh 1999; Devine 1989). Die reine Anwesenheit eines Einstellungsobjekts aktiviert die dazugehörigen Einstellungen. Im Gegensatz dazu ist bei *expliziten Einstellungen* eine bewusste Aufmerksamkeit bezüglich des Einstellungsobjekts notwendig (Gawronski und Bodenhausen 2006b). Während implizite Einstellungen „nebenbei" aktiviert werden können, ist dies bei expliziten nicht möglich. Einerseits werden kognitive Ressourcen gebraucht, andererseits aber auch die Motivation, sich damit auseinanderzusetzen beziehungsweise seine Einstellung gegenüber einem Objekt zu reflektieren (Gawronski und Bodenhausen 2006b; Schuette und Fazio 1995). Es findet also eine bewusste Bewertung eines Einstellungsobjekts statt. Zum Zusammenhang zwischen beiden Arten der Einstellung sind zwei Wirkungsrichtungen möglich. Implizite Einstellungen entstehen aus den expliziten (Greenwald und Banaji 1995) oder explizite Einstellungen entstehen aus den impliziten (Gawronski und Bodenhausen 2006b). Tatsächlich lässt sich jedoch häufig finden, dass implizite und explizite Einstellungen gegenüber einer sozialen Gruppe nicht korrelieren (Gawronski und Bodenhausen 2006b). Dies kann daran liegen, dass bei expliziten Einstellungen aufgrund der bewussten Reflexion die soziale Erwünschtheit eine Rolle spielen kann (De Houwer 2006). Personen zeigen somit nicht ihre tatsächliche Einstellung, sondern eine gesellschaftlich akzeptierte Einstellung. Dies ist insbesondere bei sozial sensiblen Themen der Fall (Dovidio et al. 2009). Auch wenn implizite und explizite Einstellungen häufig nicht übereinstimmen, können sich beide auf das Verhalten auswirken (Fazio und Towles-Schwen 1999; Olson und Fazio 2009). Implizite Einstellungen beeinflussen dabei eher das nonverbale Verhalten, während sich explizite häufig in bewussten Beurteilungen zeigen (Fazio et al. 1995), welches dann in der Verhaltenskomponente von Einstellungen zum Tragen kommt.

Bei der *Verhaltenskomponente* wird davon ausgegangen, dass sich Handlungen und Verhalten je nach Einstellungsobjekt unterscheiden (Eagly und Chaiken 1993). Diese Komponente hat zwei Wirkungsrichtungen: Einmal wird angenommen, dass natürlich die Einstellungen mit dem Verhalten zusammenhängen und aus der Einstellung das Verhalten vorhergesagt werden kann. Die andere Wirkungsrichtung geht davon aus, dass Personen oftmals ihre Einstellungen nicht kennen und deshalb ihr Verhalten beobachten, um daraus auf ihre Einstellungen zu schließen (Bem 1972). In diesem Kapitel ist die erste Wirkungsrichtung besonders relevant, da diese in den dualen Prozessmodellen aufgegriffen wird.

Ein solches duales Prozessmodell ist das *„Motivation and Opportunity as DEterminants" (MODE)-Modell* (Fazio 1990; Fazio und Towles-Schwen 1999), welches den Einfluss von Einstellungen auf Verhalten erklärt. Dieses Modell geht davon aus, dass nicht nur die Einstellungen, sondern auch das Verhalten sowohl automatische und kontrollierte Anteile enthalten. Diese Trennung greift das Modell auf und postuliert, dass explizite Einstellungen auf das kontrollierte Verhalten wirken und implizite Einstellungen auf das automatische Verhalten. Kontrolliertes Verhalten soll in Situationen auftreten, in denen Personen viel Zeit, kognitive Ressourcen und Motivation haben, über ihr Verhalten zu reflektieren, während automatisches Verhalten besonders dann auftritt, wenn in der Situation wenig kognitive Ressourcen zur Verfügung stehen. Diese Trennung jedoch bedeutet nicht, dass sich diese Prozesse gegenseitig ausschließen. Vielmehr wird angenommen, dass das Verhalten oftmals gemischt ist und automatische Anteile immer enthalten sind. Nicht nur die Situation und die Motivation entscheiden darüber, ob implizite oder explizite Einstellungen den größeren Einfluss haben (Olson und Fazio 2009), sondern der automatische Charakter der impliziten Einstellung macht es wahrscheinlich, dass diese auch bei kontrollierten Prozessen einen Einfluss haben, da sie eben automatisch sind und unbewusst aktiviert werden (Fazio und Towles-Schwen 1999). Aber auch automatische Prozesse können zum Teil von kontrollierten Prozessen beeinflusst werden, etwa in einer Situation, in der zwar kaum kognitive Ressourcen zur Verfügung stehen, diese aber als besonders wichtig angesehen wird (Fazio und Towles-Schwen 1999; Gollwitzer und Moskowitz 1996).

Diese Unterscheidung zwischen impliziten und expliziten Einstellungen findet nicht nur auf einer theoretischen, sondern auch auf einer messmethodischen Ebene statt. Einerseits gibt es direkte Verfahren, die die expliziten Einstellungen erfassen. Hierbei wird direkt nach den Einstellungen gefragt und die Probanden sollen ihre Einstellung einschätzen. Dabei werden häufig Fragebögen verwendet, die mithilfe von *Likert-Skalen* oder dem *semantischen Differenzial* die Evaluationen erfassen. Während es sich bei Likert-Skalen um mehrstufige Skalen handelt, die abgestuft die Zustimmung versus Ablehnung zu einer Aussage erfragen, handelt es sich beim semantischen Differenzial um eine bipolare Adjektivskala. Hierbei gibt es zum Beispiel die Pole „gut" versus „schlecht". Bezüglich der Verwendung von Fragebögen zur Erhebung expliziter Einstellungen wird kritisiert, dass Menschen diese teils nicht valide ausfüllen können, weil sie ihre Einstellung nicht genau kennen (Greenwald und Banaji 1995). Dies kann zum Teil daran liegen, dass Probanden die Motivation fehlt, ihre Einstellung wiederzugeben (Fazio und Towles-Schwen 1999). Darüber hinaus spielt die bereits erwähnte soziale Erwünschtheit eine Rolle (De Houwer 2006), wodurch nicht die tatsächlichen Einstellungen erfasst werden. Um implizite Einstellungen zu erfassen und somit auch den Verzerrungen, die durch die soziale Erwünschtheit entstehen können, entgegenzuwirken, gibt es indirekte Messverfahren. Diese tragen auch dem automatischen Charakter von impliziten Einstellungen Rechnung. Hier wird nicht direkt nach einer Meinung gefragt, sondern über andere Aufgaben – zumeist über Reaktionszeitaufgaben – wird die Einstellung erschlossen (Wittenbrink und Schwarz 2007). In diesem Zusammenhang wurden mehrere Verfahren entwickelt, die als indirekt gelten. Die *Affect Misattribution Procedure* ist eine, die nicht reaktionszeitbasiert ist (AMP; Payne et al. 2005). Bei dieser

Methode wird das Einstellungsobjekt auf einem Computerbildschirm gezeigt und darauf folgend erscheint ein chinesisches Zeichen. Dieses Zeichen soll dann mithilfe zweier Tasten auf der Tastatur als angenehm oder unangenehm eingeschätzt werden. Es wird davon ausgegangen, dass je nachdem, ob die Person positiv oder negativ gegenüber dem Einstellungsobjekt ist, auch das chinesische Zeichen als positiv oder negativ eingeschätzt wird, da die Evaluation des Einstellungsobjekts noch aktiviert ist. Die aktivierte Bewertung wird damit auf das chinesische Schriftzeichen fehlattribuiert. In einer anderen Methode, dem *affektiven Priming* (Fazio et al. 1986), werden die Reaktionszeiten erhoben. Auch hier wird zuerst das interessierende Einstellungsobjekt auf einem Bildschirm gezeigt. Es wird ebenfalls davon ausgegangen, dass durch diesen Reiz automatisch die Einstellung bezüglich dessen aktiviert wird und sich auf die darauffolgende Aufgabe auswirkt. In dieser Aufgabe wird ein eindeutig positives oder negatives Adjektiv als positiv oder negativ kategorisiert, was mit einem Tastendruck geschieht. Die Reaktionszeit stellt hier die Dauer zwischen Erscheinen des Adjektivs und Drücken der Taste dar, weil davon ausgegangen wird, dass dies schneller geschieht, wenn die Valenz des Adjektivs mit der Evaluation des Einstellungsobjekts übereinstimmt. Je kürzer also die Reaktionszeit ist, desto stärker ist die Assoziation zwischen Einstellungsobjekt und Adjektiv. Das prominenteste Verfahren ist der *Implizite Assoziationstest* (IAT; Greenwald et al. 1998). In dieser Methode werden sowohl Einstellungsobjekt und Einstellung (z. B. Schüler mit Migrationshintergrund+negativ) als auch die Kontrastkategorie (in diesem Fall Schüler ohne Migrationshintergrund+positiv) gepaart. Auf einem Computerbildschirm steht auf einer Seite (z. B. rechts oben) das eine Konzept+positiv und auf der anderen Seite des Bildschirms (links oben) der Kontrast+negativ. Beide Konzepte werden jeweils mit einer Taste auf der Tastatur verbunden. In der Mitte des Bildschirms erscheinen dann einerseits Reize, die dem Einstellungsobjekt entsprechen (z. B. Vornamen von Schüler*innen mit Migrationshintergrund) und andererseits Adjektive, die eindeutig positiv oder negativ sind. Diese Adjektive müssen jeweils der richtigen Bildschirmseite durch das Drücken der mit den Konzepten verbundenen Taste zugeordnet werden. In einem weiteren Schritt wechseln „positiv" und „negativ" die Seiten, sodass die Kombination zwischen Konzept und Einstellung sich ändert (hier: Schüler*innen mit Migrationshintergrund+positiv und Schüler*innen ohne Migrationshintergrund+negativ). Danach werden erneut Reize eingeblendet, die einsortiert werden müssen. Auch hier werden die Reaktionszeiten erhoben und es wird davon ausgegangen, dass die Reaktionszeiten schneller sind, wenn die jeweiligen Kategorien, die verknüpft werden, auch mental miteinander assoziiert werden. Ein weiteres, nicht sehr bekanntes, aber in der Inklusionsforschung verwendetes Verfahren ist die

Implicit Relational Assessment Procedure (IRAP; McKenna et al. 2007). Hier wird die Bewertung zusammen mit dem Einstellungsobjekt gleichzeitig auf dem Bildschirm präsentiert und die Aufgabe der Probanden ist es, zu entscheiden, ob sie diese als „ähnlich" oder „unähnlich" wahrnehmen. Dieses Verfahren teilt die gleichen Annahmen wie die anderen, nur die Aufgabe der Probanden ist eine andere.

Unabhängig davon, wie nun implizite und explizite Einstellungen erfasst werden, werden Einstellungen nicht als lebenslang stabil und unveränderlich angesehen (Eagly und Chaiken 1993), sondern können in unterschiedlichen Kontexten variieren (Gawronski und Bodenhausen 2006a). Somit gelten Einstellungen nicht als fix, sondern durchaus als über unterschiedliche Faktoren veränderbar. Einige dieser Faktoren werden im nun folgenden Forschungsüberblick thematisiert, weil sie Gegenstand der Studien waren, die in diesen Überblick aufgenommen wurden.

8.3 Einstellungen gegenüber Schüler*innen ethnischer Minoritäten

Die Forschung zu Einstellungen gegenüber Schüler*innen ethnischer Minoritäten ist in den letzten Jahren angewachsen. Während 2013 lediglich zwei Studien zu finden waren, die implizite Einstellungen berücksichtigten (Glock und Kovacs 2013), wies eine Literaturrecherche im Jahre 2019 nun immerhin 17 Treffer aus (siehe Tab. 8.1 für eine Zusammenfassung der Studien). Dies zeigt, dass die Relevanz und der Nutzen des Einsatzes impliziter Verfahren und der Berücksichtigung impliziter Einstellungen im Prozess der Bildungsbenachteiligung von Schüler*innen ethnischer Minderheiten in der pädagogischen und bildungswissenschaftlichen Forschung erkannt wurden.

Diese 17 Studien, die in diesem Kapitel vorgestellt werden, können anhand ihres Forschungsgegenstands unterschieden werden. Gemeinsam ist dem Gegenstand, dass Einstellungen zu einer Personengruppe erfasst werden, die nicht der Mehrheitsgruppe eines Landes angehören. So untersuchen 14 Studien die Einstellungen gegenüber Schüler*innen ethnischer Minoritäten, zwei Studien die Einstellungen gegenüber Lernenden von Englisch als Zweitsprache, die auch ethnische Minderheiten darstellen, und eine Studie die Einstellungen gegenüber Personen ethnischer Minoritäten allgemein (siehe Tab. 8.1). Auch können die Studien anhand des eingesetzten impliziten Verfahrens eingeteilt werden. Alle bis auf eine Studie (Glock et al. 2013) verwendeten den IAT als das in allen Forschungsgebieten am häufigsten eingesetzte Messverfahren.

Tab. 8.1 Zusammenfassung der Studien im Forschungsüberblick

Autor und Jahr	Land	Stichprobe und -größe	Forschungsgegenstand	Methode implizit	Methode explizit	Einstellungen implizit	Einstellungen explizit
Ethnische Minoritäten							
Bonefeld und Dickhäuser (2018)	DE	203 Lehramts-studierende	Personen ethnischer Minoritäten	IAT	–	Negativ	–
Conaway und Bethune (2015)	US	147 Lehrpersonen (online)	Schüler*innen ethnischer Minoritäten	IAT-Kurzversion	Wärme – Kälte unterschiedlicher Ethnien	Negativ	Keine Angabe: kein Unterschied zur ethnischen Majorität
Forghani-Arani et al. (2015)	AUS	60 Lehrkräfte	Schüler*innen ethnischer Minoritäten	IAT	Erwartungen bzgl. Leistung	Eher negativ	Nicht negativ
Glock und Böhmer (2018)	DE	63 Lehrkräfte und 50 Lehramtsstudierende	Schüler ethnischer Minoritäten	IAT-personalisiert	HachfeldFragebogen	Negativ	Positiv
Glock und Karbach (2015)	DE	65 Lehramts-studierende	Schüler ethnischer Minoritäten	IAT	–	Negativ	–
Glock und Karbach (2015)	DE	65 Lehramts-studierende	Schüler ethnischer Minoritäten	AMP	–	Negativ	–

(Fortsetzung)

Tab. 8.1 (Fortsetzung)

Autor und Jahr	Land	Stichprobe und -größe	Forschungsgegenstand	Methode implizit	Methode explizit	Einstellungen implizit	Einstellungen explizit
Glock und Karbach (2015)	DE	65 Lehramtsstudierende	Schüler ethnischer Minoritäten	Affektives Priming	–	Neutral	–
Glock und Klapproth (2017)	DE	164 Lehrkräfte	Schüler*innen ethnischer Minoritäten	IAT	HachfeldFragebogen	Negativ	Positiv
Glock und Kleen (2019)	DE	216 Lehramtsstudierende	Schüler ethnischer Minoritäten	IAT	HachfeldFragebogen	Negativ für Lehrpersonen ethnischer Majorität; positiv für Lehrpersonen ethnischer Minoritäten	Positiv
Glock et al. (2013)	DE	40 Lehramtsstudierende	Schüler ethnischer Minoritäten	Affektives Priming	–	Neutral	–
Glock et al. (2018)	DE	145 Lehramtsstudierende	Schüler ethnischer Minoritäten	IAT	Lehmanngrube et al. Fragebogen	Negativ	Positiv
Glock et al. (2018)	DE	231 Lehrkräfte	Schüler ethnischer Minoritäten	IAT	HachfeldFragebogen	Positiver wenn hohe kulturelle Heterogenität an Schulen	Positiv

(Fortsetzung)

Tab. 8.1 (Fortsetzung)

Autor und Jahr	Land	Stichprobe und -größe	Forschungsgegenstand	Methode implizit	Methode explizit	Einstellungen implizit	Einstellungen explizit
Harrison und Lakin (2018a)	US	197 Lehrkräfte	Lernende Englisch als Zweitsprache	IAT	Explizite Überzeugungen	Negativ	Positiv
Harrison und Lakin (2018b)	US	116 Lehramtsstudierende	Lernende Englisch als Zweitsprache	IAT	Explizite Überzeugungen	Neutral-positiv	Positiv
Kleen und Glock (2018)	DE	160 Lehrkräfte	Schüler*innen ethnischer Minoritäten	IAT	HachfeldFragebogen	Negativ	Positiv
Kleen et al. (2019)	DE	141 Lehramtsstudierende	Schüler ethnischer Minoritäten	IAT	Lernvorurteile	Positiver für Lehrpersonen mit eigenem türkischem Hintergrund	Positiv
Kumar et al. (2015)	US	241 Lehrkräfte	Schüler*innen ethnischer Minoritäten	IAT	Stereotype Überzeugungen	Negativ	Positiv
Peterson et al. (2016)	NZ	38 Lehrkräfte	Verbindung zwischen Leistungserwartung und Schüler*innen ethnischer Minoritäten	IAT	Leistungserwartungen	Negativ	Negativ
van den Bergh et al. (2010)	NL	41 Lehrkräfte	Schüler*innen ethnischer Minoritäten	IAT	Modern Racism Scale	Negativ	Positiv

(Fortsetzung)

8 Die Einstellungen von Lehrpersonen gegenüber Schüler*innen … 237

Tab. 8.1 (Fortsetzung)

Autor und Jahr	Land	Stichprobe und -größe	Forschungsgegenstand	Methode implizit	Methode explizit	Einstellungen implizit	Einstellungen explizit
Vezzali et al. (2012)	I	5 Lehrkräfte	Schüler*innen ethnischer Minoritäten	IAT	Semantisches Differenzial	Negativ	Positiv
Sonderpädagogischer Förderbedarf (SPF)							
Hein et al. (2011)	DE	47 Lehramtsstudierende in Sonderpädagogik	Schüler*innen mit Lernschwierigkeiten	IAT	MAS	Negativ	Negativ
Hornstra et al. (2010)	NL	30 Lehrkräfte	Schüler*innen mit Legasthenie	Affektives Priming	7 Items aus SPLD	Negativ	Positiv
Kelly und Barnes-Holmes (2013)	IR	32 Tutoren und Lehrkräfte	Schüler*innen mit Autismus	IRAP	Unterschiedlich	Negativ	Negativ
Kessels et al. (2014)	DE	81 Lehramtsstudierende	Einstellungen zum Konzept Inklusion	IAT	–	Positiv	–
Krischler und Pitten Cate (2019)	LUX	81 Lehramtsstudierende und Lehrkräfte	Schüler*innen mit Lernschwierigkeiten (LS) und Verhaltensauffälligkeiten (VA)	Affektives Priming	Wärme und Kälte	Negativ	Schüler*innen mit LS wärmer als Schüler mit VA, Schüler mit VA kompetenter als Schüler mit LS

(Fortsetzung)

Tab. 8.1 (Fortsetzung)

Autor und Jahr	Land	Stichprobe und -größe	Forschungsgegenstand	Methode implizit	Methode explizit	Einstellungen implizit	Einstellungen explizit
Levins et al. (2005)	AU	77 Lehramtsstudierende und Lehrkräfte	Schüler*innen mit ADHS, mit Lernschwierigkeiten, mit einer körperlichen Behinderung oder SPF	"Gedächtnistest"	Unterschiedliche SPF	Gegenüber allen 3 Schüler*innengruppen mit SPF negativ	Negativ bei Schüler*innen mit ADHS, positiv bei Schülem mit Lernschwierigkeiten, positiv bei Schüler*innen mit einer körperlichen Behinderung
Lüke und Grosche (2018)	DE	163 Lehramtsstudierende	Implizit: Inklusion; Explizit: Integration und Menschen mit SPF	ST-IAT	EZI MAS	Neutral	Positiv
Markova et al. (2016)	DE	46 Lehramtsstudierende	Implizit: Schüler*innen mit Lernschwierigkeiten (LS) und Verhaltensauffälligkeiten (VA) sowie mit und ohne Migrationshintergrund; Explizit: Inklusion von Schüler*innen mit LS und VA	Affektives Priming	ATIES	Negativ	Negativ
Scanlon und Barnes-Holmes (2013)	IR	45 Lehramtsstudierende und Lehrer	Schüler*innen mit Verhaltensauffälligkeiten	IRAP	ORMS	Negativ	Positiv

8.3.1 Implizite Einstellungen

Eine Studie, die drei unterschiedliche implizite Messverfahren einsetzte, kam zu dem Schluss, dass, streng genommen, die gleichen Schlussfolgerungen aus den impliziten Methoden selbst bei unterschiedlichen Ergebnissen resultieren (Glock und Karbach 2015). Die Natur der impliziten Einstellungen von Lehramtsstudierenden gegenüber Schüler*innen mit Migrationshintergrund ist negativ, unabhängig davon, ob nun der IAT oder die AMP oder ein affektives Primingverfahren verwendet wurde (Glock und Karbach 2015). Hinweise auf den Grund für die negativen Einstellungen im IAT können aus den Ergebnissen der AMP und des Primingverfahrens, wenn dies auch weniger reliabel und valide als die beiden anderen Methoden ist (Greenwald et al. 2009; Payne 2009), gewonnen werden. Diese beiden Verfahren erlauben es, die Einstellungen gegenüber Schüler*innen ethnischer Minoritäten und Majoritäten getrennt zu erfassen. So kann aus der Studie von Glock und Karbach (2015) und auch aus der Studie von Glock und Kolleginnen (2013) geschlossen werden, dass wohl hauptsächlich positive implizite Einstellungen gegenüber Schüler*innen ethnischer Majoritäten verantwortlich für die mit anderen Verfahren gefundenen negativen impliziten Einstellungen sind und somit ein Resultat der Eigengruppenfavorisierung von Lehrpersonen darstellen, die der gleichen ethnischen Majorität eines Landes angehören (Tobisch und Dresel 2017). Da in jeder angeführten Studie von Glock und Karbach (2015) die gleichen Stimuli verwendet wurden, können Unterschiede in den Ergebnissen nicht auf das verwendete Stimulusmaterial zurückgeführt werden. Weitere Studien, die die Einstellungen von Lehramtsstudierenden untersuchen, kommen ebenfalls zu dem Schluss, dass die impliziten Einstellungen negativ sind (Bonefeld und Dickhäuser 2018; Glock und Kleen 2019; Glock et al. 2018; Kleen et al. 2019; Markova et al. 2016). Nur eine Studie findet neutrale bis ganz leicht positive implizite Einstellungen gegenüber Schüler*innen ethnischer Minoritäten bei Lehramtsstudierenden (Harrison und Lakin 2018b). Werden erfahrene Lehrpersonen betrachtet, dann werden ebenso negative implizite Einstellungen berichtet, unabhängig davon, ob die Studie in Deutschland (u. a. Glock und Klapproth 2017; Kleen und Glock 2018), in den Niederlanden (van den Bergh et al. 2010), Italien (Vezzali et al. 2012) oder in den USA durchgeführt wurde (Conaway und Bethune 2015; Harrison und Lakin 2018a; Kumar et al. 2015). Auch eine österreichische Studie konnte in Bezug auf implizite Einstellungen gefunden werden (Forghani-Arani et al. 2015); jedoch machen die Autorinnen weder explizite Angaben darüber, wie die Ergebnisse des IATs berechnet wurden, noch wie die von ihnen aufgestellten Kategorien von Lehrpersonen als

„moderately biased" oder „eindeutig negative Assoziationen" zustande kommen. Die Autorinnen kommen zu dem Schluss, dass lediglich 6 % ihrer Stichprobe keinen impliziten Bias aufwies. Eine weitere Studie erfasste streng genommen keine Einstellungen als Evaluation bestimmter Schüler*innengruppen, sondern Einstellungen der Lehrperson als Verbindung zwischen Schüler*innen ethnischer Minoritäten und Leistungserwartung (Peterson et al. 2016). Aufgrund dessen, dass Schüler*innen ethnischer Minoritäten oftmals mit niedrigen Leistungserwartungen verbunden werden (Tenenbaum und Ruck 2007), sind die Ergebnisse plausibel, dass die Schüler*innen ethnischer Minoritäten implizit weniger mit Leistungsstärke verbunden werden als Schüler*innen der Majorität des Landes (Peterson et al. 2016).

Zusammenfassend kann an dieser Stelle festgehalten werden, dass die impliziten Einstellungen gegenüber Schüler*innen ethnischer Minoritäten negativ sind. Dies gilt unabhängig vom Land, dem Forschungsgegenstand und der untersuchten Lehrpersonengruppe.

8.3.2 Explizite Einstellungen

Interessant ist es nun, die expliziten Einstellungen zu betrachten. Dies ist nicht immer einfach, da es kein ausgewiesenes Instrument gibt, welches tatsächlich die expliziten Einstellungen von Lehrpersonen gegenüber Schüler*innen ethnischer Minoritäten erfasst. Im Bereich sozial sensibler Themen jedoch kann nicht, wie in der Forschung zur Einstellung gegenüber unbeliebter Objekte oder bestimmter Verhaltensweisen, nach der Bewertung als angenehm oder unangenehm gefragt werden (obwohl einige wenige Studien dies tun; u. a. Glock et al. 2018). Deshalb stellen die vorhandenen Instrumente lediglich eine Annäherung an Einstellungen als Bewertungen dar und erfassen eher stereotype Überzeugungen, motivationale Orientierungen oder generell rassistische Tendenzen. Damit sind sie eine Abbildung der kognitiven und nicht der affektiven Komponente der Einstellung. Dennoch werden explizite Einstellungen in dieser Form oftmals mit erfasst, gerade auch, um den Unterschied zwischen impliziter und expliziter Ebene aufzuzeigen und den dualen Prozessmodellen Rechnung zu tragen (Olson und Fazio 2009). Insgesamt sind die eingesetzten Instrumente sehr vielfältig und die Ergebnisse damit schlechter vergleichbar als die Befunde zu den impliziten Einstellungen. Ein in Deutschland oft eingesetzter Fragebogen, der eine solche Annäherung darstellt, ist das von Hachfeld et al. (2012) entwickelte Instrument. Dieses erhebt schulkontextbezogene relevante Facetten, die auch in der internationalen Forschung als wichtig für die explizite

Einstellung von Lehrkräften gegenüber Schüler*innen ethnischer Minderheiten diskutiert werden (Bakari 2003). Hierunter fällt als ein wichtiger Teilbereich die motivationale Orientierung von Lehrpersonen wie der *Enthusiasmus* für das Unterrichten von Schüler*innen ethnischer Minderheiten und die Selbstwirksamkeit im Unterrichten dieser Schülergruppe (Hachfeld et al. 2012). *Selbstwirksamkeitserwartungen* beziehen sich darauf, dass Lehrpersonen der Überzeugung sind, dass ihr unterrichtliches Handeln bei den Schüler*innen zu einer Steigerung der Lernerfolge und Leistungen beiträgt und somit erfolgreich ist (Gibson und Dembo 1984). Enthusiasmus und Selbstwirksamkeit sind wichtige Konstrukte, die nicht nur auf die Schülermotivation (Patrick et al. 2000) und Leistung (Kunter et al. 2008), sondern auch auf die Lehrer-Schüler-Beziehung Auswirkungen haben (Yoon 2002). Der zweite Teilbereich besteht aus *stereotypen Überzeugungen* hinsichtlich Schüler*innen mit Migrationshintergrund sowie *multikulturellen Überzeugungen*. Multikulturelle Überzeugungen haben sich zum Abbau von Stereotypen und Vorurteilen bewährt (Hachfeld et al. 2011; Richeson und Nussbaum 2004), da Personen mit hohen multikulturellen Überzeugungen die kulturellen Unterschiede zwischen Personen nicht ignorieren, sondern sie gerade betonen, um so positiven Nutzen daraus zu ziehen (Bakari 2003). Wenn explizite Einstellungen auf diese Art erfasst wurden, dann berichten die Studien positive Einstellungen sowohl unter Lehramtsstudierenden (Glock und Böhmer 2018; Glock und Kleen 2019; Hachfeld et al. 2012) als auch unter erfahrenen Lehrkräften (Glock und Böhmer 2018; Glock und Klapproth 2017). Eine US-amerikanische Studie, die ähnliche Skalen verwendet wie die stereotypen Überzeugungen, findet, dass Lehrkräfte keine explizit negativen Überzeugungen gegenüber Schüler*innen ethnischer Minoritäten besitzen (Kumar et al. 2015). Eine andere Studie verwendete die Modern Racism Scale (McConahay 1986) und berichtet niedrige rassistische Tendenzen (van den Bergh et al. 2010), auch wird eine hohe Motivation, vorurteilsfrei zu agieren, unter Lehramtsstudierenden gefunden (Markova et al. 2016). Werden die expliziten Leistungserwartungen für unterschiedliche Schüler*innengruppen erfasst, sind die Leistungserwartungen für Schüler*innen ethnischer Minoritäten geringer als für die Majoritäten des Landes (Peterson et al. 2016). Die expliziten Überzeugungen für das Unterrichten von Schüler*innen ethnischer Minoritäten sind sowohl für erfahrene Lehrkräfte (Harrison und Lakin 2018a) als auch für Lehramtsstudierende positiv (Harrison und Lakin 2018b). Eine US-amerikanische Studie erfasste die Einstellungen der Probanden, in dem diese angeben sollten, wie kalt oder warm sie Personengruppen bestimmter Ethnien einschätzten, und berichteten keinen Unterschied zwischen den unterschiedlichen erfassten Ethnien (Conaway und Bethune 2015). Einzig in der italienischen Studie wurden die Probanden gebeten, auf einem semantischen Differenzial eine Bewertung der Schüler*innen ethnischer Minderheiten von beispielsweise „nicht wünschenswert" bis „wünschenswert" vorzunehmen und die Autor*innen berichten positive explizite Einstellungen (Vezzali et al. 2012).

Zusammenfassend kann für die expliziten Einstellungen festgestellt werden, dass diese vorrangig positiv sind und zwar unabhängig vom eingesetzten expliziten Verfahren. Diese immer wieder berichtete Dissoziation zwischen impliziten und expliziten Einstellungen wird auf unterschiedliche Gründe zurückgeführt. Ein Grund ist die soziale Erwünschtheit, die in den expliziten Maßen immer enthalten ist (De Houwer 2006). Tiefergehende Meta-Analysen zeigen, dass dies häufig für sozial erwünschte Themen der Fall ist und dass die beiden Einstellungsarten sich in ihrer Valenz unter anderem dann annähern, wenn gleiches Stimulusmaterial verwendet wird (Hofmann et al. 2005). Dies ist in den Studien zumeist nicht realisiert und kann somit zu diesen Unterschieden beitragen. Die Ursachen für die Dissoziation zwischen impliziten und expliziten Einstellungen können vielfältig sein und nicht abschließend geklärt werden. Wichtiger jedoch ist die Frage danach, ob negative implizite Einstellungen oder die positiven expliziten Einstellungen eine bessere Vorhersage des Verhaltens und der Beurteilungen von Lehrpersonen leisten.

8.3.3 Die Relation zwischen Einstellungen und Verhalten von Lehrpersonen

Bis dato gibt es nicht allzu viele Studien aus diesem Überblick, die diese Zusammenhänge untersucht haben. Die Studie von Glock und Böhmer (2018) untersuchte den Zusammenhang sehr experimentell und ökologisch wenig valide. Nachdem die Probanden einen IAT und die Skalen des Fragebogens von Hachfeld und Kolleg*innen (2012) ausgefüllt hatten, wurde eine Forced-Choice-Aufgabe gestartet. Hier sollten die Probanden immer einen Schüler deutscher Herkunft oder einen Schüler aus der ethnischen Minorität für bestimmte vorgegebene Situationen auswählen. Die Probanden sollten beispielsweise entscheiden, welchen Schüler sie eher zum Förderunterricht schicken würden, oder von welchem Schüler sie dachten, dass sie ihn besser für den Unterricht begeistern könnten. Generell wurde gezeigt, dass die Lehrpersonen für alle Situationen den deutschen Schüler bevorzugten, außer für die Frage nach dem Förderunterricht: hier wurde der Schüler aus der ethnischem Minorität häufiger ausgewählt. Die interessante Frage nach dem Zusammenhang dieser nicht völlig kontrollierten und bewussten, sondern vielmehr spontanen Urteile der Lehrpersonen mit den beiden Einstellungsarten wurde mittels multipler Regressionsanalysen beantwortet. Für die Frage danach, welcher Schüler sich stärker im Unterricht anstrengen würde, gab es weder mit den impliziten noch mit den expliziten Einstellungen einen Zusammenhang. Die Frage nach dem Förderunterricht wurde durch die multikulturellen Überzeugungen und den Enthusiasmus der Lehrpersonen vorhergesagt. Je höher die multikulturellen Überzeugungen und je niedriger der Enthusiasmus der Lehrpersonen waren, desto häufiger wurde der Schüler der ethnischen Minorität für den Förderunterricht ausgewählt. Während der Zusammenhang mit Enthusiasmus plausibel ist, erscheint der positive Zusammenhang mit den multikulturellen Überzeugungen kontraintuitiv, zumal dieser Zusammenhang der einzige war, der mit den multikulturellen Überzeugungen gefunden wurde. Die Autorinnen erklären diesen Befund damit, dass Förderunterricht in Deutschland oftmals Sprachunterricht für Schüler*innen mit Migrationshintergrund bedeutet, welcher dann eben nicht in Regelklassen stattfindet, und mit der fehlenden Passung zur Skala der multikulturellen Überzeugungen, die vielmehr die Arbeit mit Eltern und das Heranführen von Schüler*innen an fremde Kulturen als die Aufbereitung kultureller Inhalte im Unterricht betrifft. Die restlichen drei Situationen wurden alle von den impliziten Einstellungen vorhergesagt. So bevorzugten Lehrpersonen mit negativen impliziten Einstellungen gegenüber Schülern ethnischer Minoritäten deutsche Schüler und gaben an, dass sie diese besser inspirieren könnten und lieber unterrichten würden. Auch dachten sie, dass sie sich besser im Unterricht konzentrieren. Die expliziten Lernvorurteile hingen ebenfalls negativ mit der Frage danach, welche Schüler sich besser im Unterricht konzentrieren würden, zusammen. Je höher die Lernvorurteile waren, desto stärker wurde der deutsche Schüler bevorzugt ausgewählt. Einzig die Selbstwirksamkeitserwartung zeigte einen positiven Zusammenhang auf: Je höher die Selbstwirksamkeit im Unterrichten von Schüler*innen ethnischer Minderheiten, desto eher gaben die Lehrpersonen an, dass sie Schüler ethnischer Minderheiten für ihren Unterricht inspirieren könnten. Obwohl diese Studie nur am Computer durchgeführt wurde, zeigt sie dennoch sehr beeindruckend, wie wichtig implizite Einstellungen für das spontane Urteil über Schüler*innen sind. Spontane Urteile sind im Unterricht häufig anzutreffen, da Lehrkräfte im Unterricht unter Zeitdruck entscheiden müssen, welche Schüler*innen sie aufrufen, wie die Qualität der Antwort ist, wie sie auf Unterrichtsstörungen reagieren oder generell, wie sie mit dem Unterricht fortfahren. Die Studie von Glock und Böhmer (2018) impliziert, dass solche Entscheidungen unter dem Einfluss impliziter Einstellungen getroffen werden, die für Schüler*innen ethnischer Minderheiten unvorteilhaft ausfallen, wenn Lehrpersonen negative implizite Einstellungen haben.

Genau dieser Zusammenhang mit dem Verhalten von Lehrpersonen wurde in der Studie von Kumar und Kollegen (2015) nachgewiesen. Diese US-amerikanische Studie beschäftigte sich mit den Einstellungen von Lehrpersonen gegenüber arabisch-stämmigen Schüler*innen und überprüfte gleichzeitig über die Beobachtung des Lehrkraftverhaltens im Unterricht, ob die Einstellungen mit dem Verhalten zusammenhingen. Arabisch-stämmige Personen erfahren in den USA seit dem 11. September 2001 häufig Diskriminierung und Vorurteile, ganz unabhängig davon, ob sie nun dem Islam oder dem Christentum angehören (Banaji und Greenwald 2013), und stellen deshalb in den USA eine relevante ethnische Minorität dar. Die Beobachtung des Lehrkraftverhaltens inkludierte Verhaltensweisen, die unabhängig vom fachlichen Unterricht waren. So wurde beobachtet, ob die Lehrperson den gegenseitigen Respekt zwischen den Schüler*innen förderte, kultursensiblen Unterricht gestaltete und eine Bereitschaft zeigte, interethnische Konflikte im Unterricht anzugehen. In Zusammenhang mit diesen Verhaltensweisen steht leistungs- beziehungsweise kompetenzorientierter Unterricht. Während leistungsorientierter Unterricht den sozialen Wettbewerb unter den Schüler*innen fördert (Midgley et al. 2001), da die Demonstration der Leistung im Vordergrund steht (Midgley et al. 1995), ist der kompetenzorientierte Unterricht darauf ausgelegt, dass die Schüler*innen ein tiefgehendes Verständnis der Unterrichtsinhalte erlangen und ist somit lernzielorientiert (Midgley et al. 2001). Kumar und Kollegen (2015) konnten zeigen, dass Lehrkräfte, die negativere implizite Einstellungen gegenüber arabisch-stämmigen Schüler*innen hatten im Unterricht weniger den gegenseitigen Respekt der Schüler*innen förderten, weniger auf interethnische Konflikte eingingen und ein geringeres Engagement für kultursensiblen Unterricht zeigten. Auch verfolgten diese Lehrkräfte weniger die Kompetenzorientierung im Unterricht. Negative explizite Einstellungen standen in direktem Zusammenhang mit leistungsorientiertem Unterricht: Je negativer die Einstellungen gegenüber ethnischen Minoritäten waren, desto stärker standen Leistungsziele im Unterricht im Vordergrund. Obwohl diese Studie eine relativ eingeschränkte Schüler*innenpopulation untersuchte, hatte sie aufseiten des Lehrkraftverhaltens äußerst relevante Verhaltensweisen im Blick, die sich nicht nur auf eine Subpopulation der Klasse, sondern auf alle Schüler*innen der Klasse auswirken können. Wenn beispielsweise interethnische Konflikte in der Klasse entstehen, dann sind daran nicht nur die Schüler*innen der ethnischen Minderheit sondern auch die der ethnischen Mehrheit beteiligt, so dass bei einem Eingreifen der Lehrkraft alle Schüler*innen profitieren. Gleiches gilt in gesondertem Maße für den lernzielorientieren Unterricht. Somit stellt diese Studie die Relevanz von Einstellungen und hier wieder vor allem von impliziten Einstellungen gegenüber Schüler*innen ethnischer Minoritäten für den Unterricht heraus.

Die niederländische Studie untersuchte den Zusammenhang zwischen Einstellungen und Lehrkraftverhalten subtiler, über die Leistungen der Schüler*innen in einem standardisierten Leistungstest (van den Bergh et al. 2010). Dabei liegt die Annahme zugrunde, dass die Lehrkräfte über ihre impliziten Einstellungen unbewusst ihren Unterricht anpassen, was sich eben auch in der Leistung der Schüler*innen niederschlagen sollte. Die Autor*innen untersuchen hier die Einstellungen gegenüber türkisch- und marokkanisch-stämmigen Schüler*innen, da diese in den Niederlanden die ethnischen Minderheiten darstellen, die sich am wenigsten gut integrieren und somit eine Bildungsbenachteiligung erfahren (van den Bergh et al. 2010). Die Lehrkräfte der Schüler*innen bearbeiteten einen IAT und die Modern Racism Scale, während die Schüler*innen der Lehrkräfte standardisierte Leistungstests bearbeiteten. Interessanterweise konnten die Leistungen der Schüler*innen durch die impliziten, aber nicht durch die expliziten Einstellungen vorhergesagt werden: Schüler*innen ethnischer Minderheiten in Klassen, deren Lehrkräfte negativere implizite Einstellungen hatten, schnitten schlechter in den Leistungstests ab, als Schüler*innen ethnischer Minderheiten in Klassen, in denen die impliziten Einstellungen positiver waren. Ein Fehlen des Zusammenhangs mit den expliziten Einstellungen kann über die Verwendung der Modern Racism Scale erklärt werden, die sehr generell und nicht auf Schüler*innen und Subpopulationen von Schüler*innen bezogen rassistische Tendenzen erfasst. Diese Studie zeigt beeindruckend, dass, vermittelt über das Lehrkraftverhalten im Unterricht, auch die Leistungen der Schüler*innen in Zusammenhang mit den Einstellungen von Lehrkräften zu sehen sind.

Eine weitere deutsche Studie beschäftigte sich mit dem Zusammenhang zwischen den Einstellungen gegenüber Personen ethnischer Minderheiten und der Benotung sowie der Auszählung der Fehler in einem Diktat (Bonefeld und Dickhäuser 2018). Der IAT erfasste streng genommen nicht die Einstellung, sondern die impliziten Stereotype oder Assoziationen gegenüber erwachsenen Personen ethnischer Minderheiten und besaß aufgrund dessen keinen Schulkontext. Den Schulkontext stellten die Autor*innen über die Leistungsbezogenheit her: Die Personen ethnischer Majoritäten und Minoritäten wurden mit schlechter beziehungsweise sehr guter Leistung in Beziehung gesetzt. Nachdem die Lehramtsstudierenden diesen IAT durchlaufen hatten, bekamen sie ein Diktat zur Bewertung, welches entweder von einem deutschen Schüler oder einem Schüler ethnischer Minoritäten geschrieben wurde. Zusätzlich variierte die Leistung im Diktat. Die Hälfte der Lehramtsstudierenden, die das Diktat des deutschen Schülers bekam, erhielt ein sehr gutes mit wenigen Fehlern versehenes Diktat, während die andere Hälfte ein schlechtes Diktat mit vielen Fehlern erhielt. Die gleiche Verteilung der guten und schlechten Diktate wurde für die Lehramtsstudierenden, die das Diktat des Schülers ethnischer Minoritäten erhielten, realisiert. Die Ergebnisse zeigten, dass Lehramtsstudierende, die implizit Personen ethnischer Minoritäten mit guter Leistung assoziierten, dazu neigten, schlechtere Noten für den Schüler ethnischer Minoritäten zu vergeben. Dieser überraschende Effekt kann über unterschiedliche Mechanismen zustande kommen. Einer davon könnte sein, dass die impliziten hohen Leistungserwartungen durch das schlechte Diktat enttäuscht wurden, und es somit zu einem Kontrasteffekt kam, bei dem ganz besonders schlecht bewertet wurde, gerade weil eine bessere Leistung erwartet wurde. Dies würde auch erklären, weshalb dieser Effekt nur für das schlechte Diktat, nicht aber für das gute Diktat gefunden wurde. Einen ähnlich kontraintuitiven Befund berichten Forghani-Arani et al. (2015) in ihrer Studie. Schüler*innen ethnischer Minderheiten in Klassen deren Lehrpersonen von den Autorinnen als „biased" klassifiziert wurden, zeigten eine bessere Leistung als diejenigen in Klassen, deren Lehrkräfte als „unbiased" identifiziert wurden. Es muss hier aber nochmals kritisch erwähnt werden, dass diese Klassifizierung nicht näher erläutert wurde und deshalb nicht nachvollziehbar ist. In Zusammenhang mit den Leistungserwartungen steht auch die Studie von Peterson und Kolleg*innen (2016). Die neuseeländische Studie zeigte, dass die impliziten Leistungserwartungen die Leistungen der Schüler*innen vorhersagen konnten, während ein solcher Zusammenhang nicht für die expliziten Leistungserwartungen gefunden wurde. Einen kleinen, aber dennoch interessanten Effekt berichtet die italienische Studie (Vezzali et al. 2012), die einen Zusammenhang zwischen den impliziten Einstellungen der Lehrkräfte und denen ihrer Schüler*innen herstellt und aufzeigen kann, dass Schüler*innen die negativen impliziten Einstellungen der Lehrkräfte übernehmen. Kritisch angemerkt werden muss, dass die Lehrkraftstichprobe mit fünf Personen als bedeutend gering angesehen werden muss.

Insgesamt gesehen kann anhand der Studien festgestellt werden, dass Einstellungen von Lehrpersonen einen wichtigen Zusammenhang mit ihrem Verhalten und in ihren Beurteilungen einnehmen. Insbesondere ist die Rolle der impliziten Einstellungen zu betonen. Obwohl das MODE-Modell in der Konzeptualisierung der dualen Prozesse eine Trennung zwischen impliziten Einstellungen und automatischem Verhalten auf der einen Seite und expliziten Einstellungen und kontrolliertem Verhalten auf der anderen Seite postuliert, zeigen die Studien zum Zusammenhang zwischen Einstellungen und Verhalten, dass vor allem die impliziten Einstellungen unabhängig davon, ob es sich nun um spontanes oder mehr kontrolliertes Verhalten von Lehrpersonen handelt, stärkere Vorhersagekraft besitzen. Dies liegt im automatischen Charakter der impliziten Einstellungen begründet, was bedeutet, dass diese unkontrolliert, nicht bewusst, nicht absichtsvoll und vor allem effizient arbeiten (Bargh 1994). Aus diesem Grund nimmt das MODE-Modell zumeist gemischte Prozesse an, was dem Umstand Rechnung trägt, dass implizite Einstellungen automatisch aktiviert werden und somit immer beteiligt sind (Olson und Fazio 2009).

Einstellungen werden zugleich als stabile, aber dennoch veränderbare Konstrukte angesehen (Gawronski und Bodenhausen 2006a). Wie bereits aus den Ausführungen zur Entstehung von Einstellungen ersichtlich wurde, spielen nicht nur die Erfahrungen, die mit dem Einstellungsobjekt im Laufe der Lebensspanne gemacht wurden, eine Rolle, sondern auch Sozialisationsprozesse, die darüber bestimmen, wie Einstellungen sich entwickeln. Im schulischen Kontext können sich Einstellungen über die Berufserfahrung mit den unterschiedlichen Schüler*innengruppen verändern und sich durch die aktuell wahrgenommene Selbstwirksamkeit nochmals kurzfristig verändern. Diese Kurzfristigkeit der Veränderung in den Einstellungen entsteht vor allem über die zuvor bereits erläuterte Kontextsensitivität der impliziten Einstellung. Gleichzeitig wirkt die Kontextsensitivität nicht nur innerhalb einer Person, sondern auch über die verschiedenen Kontexte, in denen Lehrkräfte sich befinden. Ein solcher Kontext ist durch die Schulform, an der unterrichtet wird, gegeben, aber auch die kulturelle Heterogenität an einer Schule stellt einen wichtigen Kontextfaktor dar. Gerade in Bezug zur steigenden kulturellen Heterogenität in der Schülerschaft wird in der Gesellschaft, aber auch in der Forschungslandschaft diskutiert, dass eine Erhöhung des Anteils an Lehrkräften, die selbst einer ethnischen Minorität angehören, zu einer Verbesserung der schulischen Situation von Schüler*innen ethnischer Minoritäten beitragen kann. Deshalb wird nun im letzten Teil dieses Forschungsüberblicks auf die Faktoren eingegangen, die in ihrem Potenzial zur Veränderung von impliziten und expliziten Einstellungen untersucht wurden.

8.3.4 Die Veränderung von Einstellungen über unterschiedliche Faktoren

Die erste Frage, der nachgegangen werden soll, ist die Frage nach der Berufserfahrung in Schulen, und ob Lehramtsstudierende sich von bereits erfahrenen Lehrkräften in ihren Einstellungen gegenüber Schüler*innen ethnischer Minoritäten unterscheiden. Plausibel wäre es, einen Unterschied anzunehmen, da erfahrene Lehrkräfte eine hohe Expertise gewonnen haben, während Lehramtsstudierende sich hier noch nicht auszeichnen. Das Wissen von Expert*innen ist in Schemata und Skripten organisiert, die reich an Informationen sind (Bromme 1992; Westerman 1991). Dreyfus und Dreyfus (1987) beschreiben die

Entwicklung von Noviz*innen zu Expert*innen als mehrstufigen Prozess. Dieser kann natürlich über die tägliche Berufserfahrung als Lehrkraft durchlaufen werden, obwohl die reine Berufserfahrung alleine nicht bedeutet, dass Expert*innen ausgebildet werden. Wenn es jedoch um die Einstellungen gegenüber Schüler*innen ethnischer Minoritäten geht, dann sollten Lehramtsstudierende weniger negative Einstellungen besitzen, da oftmals angenommen wird, dass sie generell häufigeren Kontakt zu Personen ethnischer Minoritäten hatten. So hatten viele der sich in Ausbildung befindlichen Lehrkräfte selbst Mitschüler*innen oder während ihres Studiums Kommiliton*innen, die ethnischen Minoritäten angehörten. Die Annahme, dass solche Kontakterfahrungen positiv wirken, wird durch die Kontakttheorie gestützt (Pettigrew 1998). Der Überblick über die Forschung zeigte jedoch keine Unterschiede in den impliziten und expliziten Einstellungen gegenüber Schüler*innen ethnischer Minoritäten in Abhängigkeit des Expertisegrads; alle impliziten Einstellungen waren negativ und alle expliziten Einstellungen positiv (siehe dieses Kapitel zuvor). Glock und Böhmer (2018) überprüften diese Unterschiede im direkten Vergleich und berichten davon, dass Lehramtsstudierende durchaus weniger negative implizite Einstellungen haben als erfahrene Lehrkräfte, beide aber dennoch negativ sind. Auf der expliziten Ebene wurde kein Unterschied gefunden. So kann festgehalten werden, dass negative implizite Einstellungen unabhängig von der Berufserfahrung zu sein scheinen.

Häufig wird in Zusammenhang mit der Berufserfahrung die Selbstwirksamkeitserwartung diskutiert, die sich allerdings zumeist nicht zwischen Lehramtsstudierenden und erfahrenen Lehrkräften unterscheidet (de la Torre Cruz und Arias 2007). Es scheint eher so zu sein, dass Lehramtsstudierende während des Studiums hohe Selbstwirksamkeitserwartungen ausbilden, die erst während der ersten Jahre in der Schule zu sinken beginnen (Woolfolk Hoy und Spero 2005). Selbstwirksamkeitswartungen können in Zusammenhang mit den Einstellungen gegenüber Schüler*innen ethnischer Minoritäten stehen, da hohe Selbstwirksamkeitserwartungen bedeuten, dass Lehrpersonen glauben, dass sie über ihren Unterricht die Leistung ihrer Schüler*innen steigern und den Lernerfolg erhöhen, und zwar unabhängig von der Lernausgangslage der Schüler*innen. Dies wurde auch bereits in Forschung gezeigt. Lehrkräfte mit hoher Selbstwirksamkeit orientieren sich in ihren Urteilen weniger am sozialen Hintergrund der Schüler*innen (Podell und Soodak 1993). Ob nun Selbstwirksamkeitserwartungen die Einstellungen von Lehramtsstudierenden gegenüber Schüler*innen ethnischer Minoritäten verändern, untersuchten Glock und Kleen (2019) und konnten keinen Einfluss der Selbstwirksamkeit auf Lehrpersonen mit deutschem Hintergrund finden.

Lehrkräfte unterscheiden sich nicht nur in ihrer Berufserfahrung und in den Selbstwirksamkeitserwartungen, sondern auch ihren Motiven, weshalb sie sich für das Lehramtsstudium entscheiden. Hier ist im Besonderen die Entscheidung für ein Grundschullehramt im Vergleich zu einem Gymnasiallehramt zu nennen. Studierende für das Grundschullehramt sind häufig weniger am fachlichen Unterricht als an der Arbeit mit den Kindern interessiert und zeichnen sich demgemäß durch ein hohes pädagogisches Interesse aus (Retelsdorf und Möller 2012). Im Gegensatz dazu wählen Studierende der Gymnasiallehrämter den Studiengang hauptsächlich aufgrund des fachlichen Interesses. Beide Motive sind als intrinsische Motive zu verstehen (Pohlmann und Möller 2010), obwohl sie für das berufliche Interesse einen großen Unterschied bedeuten. Dieser Unterschied besteht auch im Alter der Schüler*innen und den Strukturen der beiden Schulformen. Dass die Schüler*innen in der Grundschule jünger sind, liegt auf der Hand, und auch, dass Lehrkräfte in den weiterführenden Schulen damit rechnen müssen, dass Schüler*innen in der Pubertät eine besondere Herausforderung darstellen. Auch die Benotungspraxis ist eine andere in den Gymnasien, wo eindeutig die Leistung im Vordergrund steht (Midgley et al. 1995). Somit liegt nahe, dass diese Unterschiede zwischen den beiden Schulformen zu Unterschieden in den Einstellungen der diese Schulform wählenden Lehrpersonen führen. Glock und Klapproth (2017) überprüften in einer Studie, ob Grundschullehrkräfte und Lehrkräfte an weiterführenden Schulen sich in ihren Einstellungen gegenüber Schüler*innen ethnischer Minderheiten unterscheiden. Dies taten sie nicht, wenn das Geschlecht der Schüler*innen nicht berücksichtigt wurde. Aber Grundschullehrkräfte hatten implizit eine negativere Einstellung gegenüber Jungen und eine positivere Einstellung gegenüber Mädchen ethnischer Minoritäten als Lehrkräfte weiterführender Schulen. Dies könnte natürlich daran liegen, dass Grundschullehrkräfte häufig weiblich sind und somit vielleicht auch Mädchen bevorzugen. In der Forschung wird oft diskutiert, dass Schule zu weiblich konnotiert sei. Jungen assoziieren Schule eher mit Weiblichkeit, was zu Lasten ihrer Noten geht (Heyder und Kessels 2013). Deshalb konzeptualisierten Kleen und Glock (2018) eine weitere Studie, an der nur Lehrkräfte weiterführender Schulformen teilnahmen. Hier wurde wiederum berichtet, dass Lehrkräfte implizit die Jungen ethnischer Minoritäten positiver bewerteten als die Mädchen und zwar unabhängig von ihrem eigenen Geschlecht. Auf der expliziten Ebene wurden die Mädchen ethnischer Minoritäten gegenüber den Jungen bevorzugt. Jedoch kann aus dieser Studie nicht eindeutig geschlossen werden, ob Lehrpersonen mit per se unterschiedlichen Einstellungen sich für die unterschiedlichen Schularten entscheiden oder ob die Tätigkeit in den unterschiedlichen Schularten die Einstellungen formt. Dies können nur Längsschnittstudien beantworten.

Das Geschlecht ist nur ein Merkmal, das Lehrkräfte mitbringen, und welches über Sozialisationsprozesse, die auch wesentlich zur Entstehung von Einstellungen beitragen, eine Rolle spielt. Ein weiteres Merkmal von Lehrpersonen ist die Ethnie. So wird in den USA schon seit Jahren über die Passung des kulturellen Hintergrundes zwischen Lehrperson und Schüler*innen diskutiert (Monroe 2005). Schüler*innen ethnischer Minoritäten sollten davon profitieren, wenn die Lehrpersonen den gleichen kulturellen oder ethnischen Hintergrund besitzen, da sie sich dadurch stärker mit den Schüler*innen identifizieren und bessere Beziehungen aufbauen können (Ladson-Billings 1995). Dies kann ihnen gelingen, weil sie von ihren Eltern viel über ihre Kultur lernen und auch, weil gerade die soziale Diskriminierung oftmals ein Thema darstellt (Aboud und Amato 2001). Zwei Studien wurden 2019 zu diesem Thema durchgeführt und zeigten, dass Lehrpersonen, die selbst einer ethnischen Minderheit angehören, positivere implizite Einstellungen gegenüber Schüler*innen ethnischer Minoritäten aufwiesen als Lehrpersonen, die der ethnischen Mehrheit angehörten (Glock und Kleen 2019; Kleen et al. 2019). Interessanterweise waren die impliziten Einstellungen am positivsten, wenn die Lehrpersonen den gleichen ethnischen Hintergrund wie die Schüler*innen aufwiesen (Kleen et al. 2019). Es wurde in der Studie von Kleen und Kolleg*innen kein Unterschied in den Lernvorurteilen in Abhängigkeit der ethnischen Zugehörigkeit der Lehrpersonen gefunden, während in der Studie von Glock und Kleen (2019) die Probanden, die einer ethnischen Minorität angehörten, durchgängig positivere explizite Einstellungen aufwiesen. Es muss allerdings auch betont werden, dass in der Studie von Kleen und Kolleg*innen (2019) nicht das vollständige Instrument von Hachfeld und Kolleg*innen (2012) zum Einsatz kam, sondern nur die Skala der Lernvorurteile. Diese Skala fällt so vielleicht stärker auf, als wenn sie in mehrere andere Skalen und Items eingebettet ist, was eventuell für einen stärkeren Einfluss sozial erwünschter Antworten sorgen kann.

Die ethnische Zugehörigkeit ist wie das Geschlecht von Lehrpersonen ein Merkmal, das nicht beeinflusst werden kann. Somit ist es zwar vielversprechend für Schüler*innen ethnischer Minoritäten, wenn in Zukunft mehr Lehrkräfte den Schuldienst antreten, die selbst einer ethnischen Minderheit angehören, aber dies wird langfristig wenig an der negativen impliziten Einstellung von Lehrpersonen, die der ethnischen Majorität eines Landes angehören, verändern. Zum Abbau dieser negativen Einstellungen hatte Allport bereits im Jahre 1954 die Annahmen seiner Kontakthypothese formuliert (Allport 1954), die in der aktuelleren Forschung von Pettigrew (1998) wieder aufgegriffen wurden und somit nicht an

Aktualität verloren haben. Mit der Möglichkeit mehr Kontakt zu den Schüler*innen ethnischer Minoritäten herzustellen, sollten sich nach diesen Annahmen auch mehr Möglichkeiten ergeben, positive Kontakte zu erleben. Wenn die Anzahl der positiven Kontakte steigt, dann können diese nicht mehr als Ausnahmen konzeptualisiert werden, sondern tragen zur Veränderung der Einstellung bei. Genau dies konnten Glock et al. (2018) in ihrer zweiten Studie zeigen, indem sie Lehrkräfte miteinander verglichen, die in unterschiedlich kulturell heterogenen Schulen arbeiteten. Sie fanden positivere implizite Einstellungen unter Lehrkräften, die in Schulen mit hohem Anteil ethnischer Minoritäten in der Schülerschaft arbeiteten, während für Lehramtsstudierende allein bereits die Vorstellung, an einer solchen Schule zu arbeiten, negativere Einstellungen hervorrief, als die Vorstellung, an einer Schule mit geringer kultureller Diversität zu arbeiten. Somit scheint der vorgestellte Kontakt eher eine Hürde zu sein und negativere Einstellungen zu evozieren, welche dann durch den realen Kontakt abgebaut werden können. Problematisch ist hier zu sehen, dass Lehrpersonen vielleicht eher kulturell diverse Schulen als Arbeitsplatz auswählen, wenn sie im Vorfeld schon weniger negative Einstellungen gegenüber Schüler*innen ethnischer Minoritäten haben. Längsschnittstudien sind hier angebracht, die Lehramtsstudierende über einen längeren Zeitraum bis in die ersten Berufsjahre verfolgen, um zu sehen, ob der reale Kontakt wirklich dazu führt, dass negative Einstellungen abgebaut werden können.

Im Zusammenhang mit der Benachteiligung von Schüler*innen ethnischer Minoritäten werden häufig sprachliche Defizite ins Feld geführt (Gomolla und Radtke 2009), die zum Teil auch für den geringeren schulischen und akademischen Erfolg verantwortlich gemacht werden. Mit den sprachlichen Defiziten und der damit assoziierten schlechteren Schulleistung geht oft einher, dass spezieller Förderbedarf diagnostiziert wird, weil aufgrund der Sprache auf mangelnde kognitive Fähigkeiten geschlossen wird (Gomolla und Radtke 2009). Damit sind Schüler*innen ethnischer Minoritäten oftmals doppelt benachteiligt (Pit-ten Cate und Glock 2018a), da Lehrpersonen ihnen gegenüber nicht nur implizit negativer eingestellt sind, sondern ihnen auch häufiger als den Schüler*innen ethnischer Majoritäten ein sonderpädagogischer Förderbedarf attestiert wird (Dyson und Gallannaugh 2008). Schüler*innen mit sonderpädagogischem Förderbedarf sollen in Regelschulklassen inkludiert und nicht in Sonderschulen oder -klassen exkludiert werden, was Lehrkräfte vor extreme Herausforderungen stellt (Powell und Hadjar 2018), wobei auch hier ihre Einstellungen eine erhebliche Rolle spielen können.

8.4 Einstellungen gegenüber Schüler*innen mit sonderpädagogischem Förderbedarf

Im Kontext der Inklusion haben mehrere Studien versucht, festzustellen, welche Haltung Lehrpersonen gegenüber einer inklusiven Bildung und Schüler*innen mit sonderpädagogischem Förderbedarf einnehmen. Einige von ihnen legen dar, dass Lehrpersonen der allgemeinen Philosophie der inklusiven Bildung positiv gegenüberstehen (Abbott 2006; Elias Avramidis et al. 2000; Elias Avramidis und Norwich 2002), wogegen andere Untersuchungen festgestellt haben, dass Lehrkräfte ernsthafte Vorbehalte gegen die inklusive Praxis haben (de Boer et al. 2011; Florian 1998; Ring und Travers 2005). In Bezug auf die Einstellung der Lehrkräfte zur Inklusion von Schüler*innen mit sonderpädagogischem Förderbedarf hat die Forschung gezeigt, dass sich die Einstellung der Lehrpersonen je nach Art des sonderpädagogischen Förderbedarfs unterscheidet. Avramidis und Norwich (2002) zeigten in einem Literaturüberblick, dass Schüler*innen mit emotionalen und verhaltensbedingten Schwierigkeiten Lehrkräften deutlich mehr Sorgen bereiten als Schüler*innen mit anderen Arten von Förderbedarf. Ähnliche Ergebnisse wurden auch in anderen Studien gefunden, die berichteten, dass Lehrkräfte die negativste Einstellung gegenüber der Inklusion von Schüler*innen mit Verhaltensauffälligkeiten haben, gefolgt von den Schüler*innen mit Lernschwierigkeiten (de Boer et al. 2011; Schwab und Seifert 2015; Soodak et al. 1998).

Auch wenn die Forschung auf diesem Gebiet in den letzten Jahren deutlich zugenommen hat, zeigt sich, dass vor allem die expliziten Einstellungen von Lehrkräften gegenüber dem Konzept der Inklusion (von Schüler*innen mit sonderpädagogischem Förderbedarf) untersucht werden und weniger die impliziten Einstellungen. Es konnten nur zwei Studien identifiziert werden, die sich auf die impliziten Einstellungen der Lehrkräfte zur Inklusion konzentrieren (Kessels et al. 2014; Lüke und Grosche 2018). Zudem konnten sieben Studien gefunden werden, die gezielt implizite Einstellungen von Lehrpersonen gegenüber Schüler*innen mit sonderpädagogischem Förderbedarf untersucht haben. Auf diese neun Studien wird im Folgenden näher eingegangen.

Die Studien, die sich auf implizite Einstellungen gegenüber Schüler*innen mit sonderpädagogischem Förderbedarf konzentrieren, haben unterschiedliche Methoden verwendet. Einige Studien nutzten eher Standardverfahren wie den IAT (Hein et al. 2011) oder das affektive Priming (Hornstra et al. 2010; Krischler und Pit-ten Cate 2019; Markova et al. 2016). Andere Studien verwendeten einen Gedächtnistest (Levins et al. 2005) oder die IRAP (Kelly und Barnes-Holmes 2013; Scanlon und Barnes-Holmes 2013).

8.4.1 Implizite Einstellungen

Unabhängig von der Methodik zeigen die Ergebnisse, dass Lehrpersonen eine negative implizite Haltung gegenüber Schüler*innen mit sonderpädagogischem Förderbedarf einnehmen.

Die Ergebnisse der Studie von Kessels und Kolleginnen (2014), in der ein IAT mit unterschiedlichen Kategorien („Segregation" vs. „Inklusion") verwendet wurde, zeigten, dass Lehramtsstudierende eine neutrale bis positive implizite Einstellung zur Inklusion haben. Zudem wiesen sie eine positive Korrelation zwischen den Einstellungen und dem Ausmaß auf, in dem sich die Lehramtsstudierenden mit dem Thema Inklusion auseinandergesetzt oder Kontakt mit Menschen mit Behinderungen aufwiesen. Ähnlich gaben Lüke und Grosche (2018), ebenfalls auf Basis der Anwendung eines IATs, an, dass die Lehramtsstudierenden eine neutrale implizite Einstellung zur Inklusion haben.

Levins und Kolleginnen (2005) untersuchten die impliziten Einstellungen von Lehrkräften, indem ein „Gedächtnistest" mit vier ähnlichen Kurzgeschichten über einen Schüler vorgestellt wurde. Jede*r Teilnehmer*in erhielt zufällig eine der Geschichten, die bis auf die Angabe des sonderpädagogischen Förderbedarfs identisch waren. Es handelte sich entweder um einen Schüler mit ADHS, mit einer moderaten geistigen Behinderung, mit einer körperlichen Behinderung oder ohne Behinderung. Die Indikatoren für die impliziten Einstellungen waren die Anzahl der Angaben, die aus den positiven, neutralen und negativen Informationen über den jeweiligen Schüler korrekt abgerufen werden konnten. Bei allen Schülern mit sonderpädagogischem Förderbedarf wurde sich am meisten an neutrale Informationen und am wenigsten an positive Informationen erinnert, während mittelmäßig viele negative Informationen genannt wurden. Daraus schlussfolgerten die Autorinnen, dass die impliziten Einstellungen der Lehrkräfte gegenüber Schüler*innen mit sonderpädagogischem Förderbedarf eher negativ sind.

Hornstra und Kolleg*innen (2010) setzten ein affektives Primingverfahren ein, um die impliziten Einstellungen von Lehrerkräften gegenüber Schüler*innen mit Legasthenie zu untersuchen. Die Ergebnisse dieser Studie zeigten negative implizite Einstellungen gegenüber dieser Schülergruppe. In einer Studie zur Untersuchung der impliziten Einstellungen von Lehramtsstudierenden gegenüber Schüler*innen mit Lernschwierigkeiten und Verhaltensauffälligkeiten sowie mit und ohne Migrationshintergrund wurde dieses Primingverfahren übernommen und adaptiert (Markova et al. 2016). Obwohl ein klarer Effekt des Migrationshintergrunds gefunden wurde (die Lehramtsstudierenden zeigten negative implizite Einstellungen gegenüber Schüler*innen mit Migrationshintergrund), zeigten sich neutrale implizite Einstellungen gegenüber Schüler*innen mit sonderpädagogischem Förderbedarf. Demzufolge unterschieden sich die Einstellungen gegenüber Schüler*innen mit Lernschwierigkeiten und Schüler*innen mit Verhaltensauffälligkeiten nicht signifikant voneinander. Krischler und Pit-ten Cate (2019) bauten auf der Studie von Markova und Kolleginnen (2016) auf und untersuchten ebenfalls die impliziten Einstellungen von Lehramtsstudierenden und erfahrenen Lehrkräften gegenüber Schüler*innen mit Lernschwierigkeiten und Verhaltensauffälligkeiten, jedoch ohne zusätzlich die Einstellungen gegenüber dem Migrationshintergrund der Schüler*innen zu erfassen. In dieser Studie unterschieden sich ebenfalls die impliziten Einstellungen gegenüber den beiden Typen von Förderbedarf nicht. In Übereinstimmung mit den Ergebnissen von Hornstra und Kolleg*innen (2010), aber im Gegensatz zur Studie von Markova und Kolleginnen (2016), waren die impliziten Einstellungen sowohl der Lehramtsstudierenden wie auch der Lehrkräfte negativ.

Hein und Kolleg*innen (2011) untersuchten die impliziten Einstellungen von Lehramtsstudierenden in der Ausbildung zu Sonderschullehrkräften gegenüber Schüler*innen mit intellektueller Beeinträchtigung anhand eines IATs. Die Ergebnisse zeigten negativere Einstellungen gegenüber Schüler*innen mit Beeinträchtigung als gegenüber Schüler*innen ohne Beeinträchtigung. Zudem wurde eine schwache Korrelation zwischen den impliziten und expliziten Einstellungen nachgewiesen.

Barnes-Holmes und Kolleginnen (Kelly und Barnes-Holmes 2013; Scanlon und Barnes-Holmes 2013) untersuchten die impliziten Einstellungen anhand der IRAP. In der Studie von Kelly und Barnes-Holmes (2013) wurden die Lehrkrafteinstellungen gegenüber Schüler*innen mit Autismus sowie gegenüber Schüler*innen ohne sonderpädagogischen Förderbedarf untersucht. Die Teilnehmer*innen beantworteten auch eine Reihe von expliziten Fragebögen zum Beispiel über das professionelle Burnout. Die Teilnehmer*innen zeigten negativere Einstellungen gegenüber Schüler*innen mit Autismus als gegenüber Schüler*innen ohne sonderpädagogischen Förderbedarf. Die Ergebnisse deuten zudem darauf hin, dass die impliziten Einstellungen ein Indikator für professionelles Burnout darstellen können. Die Studie von Scanlon und Barnes-Holmes (2013) nutzte auch die IRAP, um die impliziten Einstellungen von Lehrkräften und Lehramtsstudierenden gegenüber Schüler*innen mit Verhaltensauffälligkeiten und Schüler*innen ohne sonderpädagogischen Förderbedarf zu untersuchen. Die Ergebnisse dieser Studie zeigten, dass Lehrkräfte eine positive implizite Einstellung gegenüber Schüler*innen ohne sonderpädagogischen Förderbedarf haben und Schüler*innen mit sonderpädagogischem Förderbedarf, in diesem Fall Schüler*innen mit Verhaltensauffälligkeiten, eher negativ gegenüberstehen.

Aus diesen Befunden wird deutlich, dass in Bezug auf die impliziten Einstellungen gegenüber Schüler*innen mit sonderpädagogischem Förderbedarf noch erheblicher Forschungsbedarf besteht. Diese Studien deuten an, dass Lehrer*innen gegenüber Schüler*innen mit sonderpädagogischem Förderbedarf negativer eingestellt sind, als gegenüber Schüler*innen ohne sonderpädagogischen Förderbedarf. Es sollte jedoch noch näher untersucht werden, ob die impliziten Einstellungen der Lehrpersonen nach Arten von sonderpädagogischem Förderbedarf variieren und welchen Einfluss diese Einstellungen auf die Interaktionen mit den Schüler*innen und die Erwartungen an die Schüler*innen mit sonderpädagogischem Förderbedarf haben.

8.4.2 Explizite Einstellungen

Die Betrachtung der expliziten Einstellungen ist nicht immer einfach, da die Liste der Instrumente zur Erfassung der expliziten Einstellungen gegenüber der Inklusion und Schüler*innen mit sonderpädagogischem Förderbedarf nahezu endlos zu sein scheint. Die meisten verfügbaren Instrumente können jedoch in drei Kategorien eingeteilt werden. Verschiedene Instrumente wie beispielsweise die häufig genutzte *Opinions Relative to Integration of Students with Disabilities Scale* (ORI; Antonak und Larrivee 1995; Benoit und Bless 2014), die *Attitudes towards Inclusion Scale* (ATIS; Schwab et al. 2012) oder die *Skala Einstellungen zur Integration* (EZI; Kunz et al. 2010) untersuchen die Einstellungen zur Inklusion von Schüler*innen mit sonderpädagogischem Förderbedarf im Allgemeinen. Andere Instrumente wie die *Attitudes Towards Inclusive Education Scale* (ATIES; Benoit und Bless 2014; Wilczenski 1992) untersuchen die Einstellungen zur Inklusion von Schüler*innen mit bestimmten Arten von sonderpädagogischem Förderbedarf (z. B. Schüler*innen mit intellektueller Beeinträchtigung, körperlicher Beeinträchtigung oder Verhaltensauffälligkeiten), aber es gibt zudem auch Instrumente wie die *Professionsunabhängige Einstellungsskala zum Inklusiven Schulsystem* (PREIS; Lüke und Grosche 2017), die beispielsweise die Einstellungen zu einem inklusiven Schulsystem im Allgemeinen untersucht. Im Folgenden werden nun einige Studien vorgestellt, die die expliziten Einstellungen von Lehrpersonen gegenüber (der Inklusion von) Schüler*innen mit verschiedenen Typen von Förderbedarf untersucht haben.

Die Studie von Markova und Kolleginnen (2016) nutzte den ATIES-Fragebogen und identifizierte neutrale explizite Einstellungen von Lehramtsstudierenden gegenüber Schüler*innen mit Lernschwierigkeiten und negative Einstellungen gegenüber Schüler*innen mit Verhaltensauffälligkeiten. Die Studie von O'Toole und Burke (2013), in der ebenfalls der ATIES-Fragebogen genutzt wurde, zeigte ähnliche Befunde. Die Hierarchie der Bewertungen deutete darauf hin, dass die Einstellungen der Lehramtsstudierenden gegenüber Schüler*innen mit körperlichen Beeinträchtigungen positiver sind als gegenüber Schüler*innen mit sensorischen Beeinträchtigungen oder Lernschwierigkeiten. Die Inklusion von Schüler*innen mit Verhaltensauffälligkeiten wurde am negativsten bewertet. Dieser Befund wurde sowohl international in qualitativen (Shevlin et al. 2009) wie auch quantitativen Studien (Avramidis et al. 2000; Cook 2002; Forlin et al. 2008; Hastings und Oakford 2003; Hornstra et al. 2010; Rakap et al. 2016; Sermier Dessemontet et al. 2011; Subban und Sharma 2006), in Studien mit Lehramtsstudierenden als auch mit erfahrenen Lehrkräften repliziert. In einer Studie von Memisevic und Hodzic (2011) äußerten etwa die Hälfte der befragten Lehrkräfte, dass sie das Konzept der Inklusion von Schüler*innen mit sonderpädagogischem Förderbedarf in Regelschulen unterstützen würden. Die andere Hälfte der Lehrkräfte gab jedoch Vorbehalte an, da sie nicht über genügend Zeit und Fähigkeiten verfügten, um diese Schüler*innen ausreichend zu fördern. Eine Studie mit Lehramtsstudierenden zeigte ebenfalls, dass die Inklusion von Schüler*innen mit sonderpädagogischem Förderbedarf in Regelschulen nicht von jeder Lehrkraft (hier lediglich von 7 %) befürwortet wird, während 46 % dafür stimmten, dass Schüler*innen mit sonderpädagogischem Förderbedarf Sonderklassen in Regelschulen besuchen sollten. 47 % der Studierenden waren sogar der Meinung, dass Schüler*innen mit sonderpädagogischem Förderbedarf nur Sonderschulen besuchen sollten (Mousouli et al. 2009). In dieser Studie wurden die Vorbehalte ebenfalls auf die mangelnden Fähigkeiten bezüglich der Förderung von Schüler*innen mit sonderpädagogischem Förderbedarf zurückgeführt. In diesem Kontext haben mehrere Forscher*innen (Beacham und Rouse 2012; Dart 2006; Lambe und Bones 2006; Pit-ten Cate und Krischer 2018; Shade und Stewart 2001; Sharma et al. 2008) den Inhalt und die Qualität der Lehrkraftaus- und weiterbildung als wichtigen Faktor für den Erfolg inklusiver Bildung und der damit verbundenen Akzeptanz von Schüler*innen mit sonderpädagogischem Förderbedarf identifiziert. Gut konzipierte Aus- und Weiterbildungsprogramme für Lehrkräfte können sich positiv auf die Unsicherheiten auswirken, die in Bezug auf Inklusion empfunden werden (Campbell et al. 2003; Florian und Linklater 2010; Golder et al. 2005; Pearson 2007; Pit-ten Cate et al. 2018). Lehrpersonen, die sich kompetent ausgebildet fühlen, zeigen ihre Bereitschaft, Inklusion umzusetzen, indem sie positive Einstellungen gegenüber Schüler*innen mit sonderpädagogischem Förderbedarf (Ben-Yehuda et al. 2010; Forlin et al. 2010) und eine hohe Selbstwirksamkeit für das Unterrichten von allen Schüler*innen haben (Pit-ten Cate und Krischler 2018; Romi und Leyser 2006; Umesh

Sharma et al. 2009). Zudem sind diese bereit, Unterrichtsansätze zu verwenden, die auf die individuellen Lernbedürfnisse aller Schüler*innen eingehen (Florian und Rouse 2009).

8.4.3 Die Relation zwischen Einstellungen und Verhalten von Lehrpersonen

In der bereits dargestellten Studie von Levins und Kolleginnen (2005) zeigte sich, dass die expliziten Einstellungen mit den Verhaltensintentionen der Lehrkräfte gegenüber Schüler*innen mit sonderpädagogischem Förderbedarf zusammenhängen. Gerade im Hinblick auf die expliziten Einstellungen nehmen einige Einstellungsmodelle an, dass die Absicht des Verhaltens von Einstellungen vorhergesagt wird (Ajzen und Fishbein 1980). Insbesondere trugen positive explizite Einstellungen dazu bei, die Absichten der Lehrkräfte zu unterstützen, positiv zu handeln, während negative explizite Einstellungen die Lehrkräfte dazu motivierten, negativ zu handeln und weitere Erfahrungen mit Schüler*innen mit sonderpädagogischem Förderbedarf eher vermeiden zu wollen. Es konnte jedoch in dieser Studie kein Zusammenhang der impliziten Einstellungen mit den Verhaltensintentionen der Lehrkräfte festgestellt werden.

In der Studie von Hornstra und Kolleg*innen (2010) wurden zudem die Auswirkungen impliziter und expliziter Lehrkrafteinstellungen gegenüber Legasthenie auf die Schüler*innenleistung untersucht. Während die impliziten Einstellungen die von Lehrkräften beurteilte Leistung und die tatsächliche Rechtschreibleistung der Schüler*innen mit Legasthenie vorhersagten, hatten die expliziten Einstellungen keine Vorhersagekraft. Demzufolge scheinen die impliziten Einstellungen der Lehrkräfte ein besserer Prädiktor von Schüler*innenleistungen als explizite Einstellungen zu sein. Unterstützt wird diese Annahme durch die besonders positive explizite Einstellung der Lehrkräfte gegenüber der Legasthenie. Ein Grund dafür könnte sein, dass die Lehrer*innen nicht bereit sind ihre Einstellungen offen zum Ausdruck zu bringen, weil eine ablehnende Haltung gegenüber Schüler*innen mit Legasthenie als sozial unerwünscht empfunden wird. Schüler*innen mit Legasthenie erhielten deutlich niedrigere Beurteilungen ihrer Schreibleistung, wenn ihre Lehrkräfte eine negative implizite Einstellung gegenüber Schüler*innen mit Legasthenie hatten. Die Unterschiede in der Rechtschreibleistung der Schüler*innen mit Legasthenie und der Schüler*innen aus der Referenzgruppe wurden deutlicher, je negativer die Einstellungen der Lehrkräfte gegenüber der Legasthenie waren. Dieser Effekt kann als eine Bestätigungsneigung angenommen werden (Nickerson 1998). Das heißt, wenn Lehrkräfte negative Einstellungen gegenüber Legasthenie haben, neigen sie auch dazu, die Leistung der Schüler*innen entsprechend dieser negativen Einstellung zu bewerten und sich dementsprechend zu verhalten.

Die Studie von Krischler und Pit-ten Cate (2019) ging ebenfalls der Frage nach, ob die Einstellungen der Lehrkräfte gegenüber Schüler*innen mit Förderbedarf einen Zusammenhang mit den Einschätzungen der Schülerleistung zeigen. Dies konnte nicht gefunden werden. Nur stereotype Überzeugungen, angelehnt an die Skalen von (Fiske et al. 2002, 2007), konnten einen signifikanten Beitrag zur Vorhersage der Beurteilung der schulischen Leistungen von Schüler*innen mit Lernschwierigkeiten und Verhaltensauffälligkeiten durch die Lehrer*innen leisten. Dieser Befund steht im Einklang mit früheren Studien, die eine starke Assoziation zwischen stereotypen Überzeugungen in Bezug auf bestimmte Schüler*innengruppen, wie beispielsweise Schüler*innen mit Migrationshintergrund (Glock und Krolak-Schwerdt 2013) oder Schüler*innen mit niedrigem sozio-ökonomischem Status (Glock et al. 2016; Pit-ten Cate und Glock 2018b), und den Erwartungen an die Schüler*innenleistungen dokumentierten.

Die hier aufgeführten Studien sagen jedoch nicht wirklich etwas darüber aus, wie Inklusion in den Klassen tatsächlich stattfindet, welche didaktischen Methoden die Lehrpersonen verwenden werden und durch welche Methoden die Lehrkräfte beispielsweise eine gelungene soziale Partizipation aller Schüler*innen erreichen wollen. Diese handlungsbezogene Dimension der Einstellungen zur Inklusion von Schüler*innen mit sonderpädagogischem Förderbedarf sollte in zukünftiger Forschung zusätzlich untersucht werden.

8.4.4 Die Veränderung von Einstellungen über unterschiedliche Faktoren

Die Ergebnisse, der in diesem Kapitel dargestellten Studien haben gezeigt, dass Lehrkräfte eine negative bis neutrale Einstellung gegenüber Schüler*innen mit (bestimmten Arten von) sonderpädagogischem Förderbedarf haben. In diesem Kontext haben Studien nahegelegt, dass Unterschiede in den Einstellungen der Lehrkräfte nicht nur nach Art des sonderpädagogischen Förderbedarfs der Schüler*innen variieren, sondern auch nach wahrgenommener Kompetenz (Buell et al. 1999; Everington et al. 1999; MacFarlane und Woolfson 2013), Lehrerfahrung allgemein oder Erfahrungen mit inklusiver Praxis (Alghazo und Naggar Gaad 2004; Glaubman und Lifshitz 2001; Lifshitz et al. 2004; Moberg 2003). Aber auch die Diagnose und die damit verbundene Etikettierung eines sonderpädagogischen Förderbedarfs können einen Einfluss auf die Einstellungen haben.

Shifrer (2013) zeigte auf, dass gemäß der Etikettierungstheorie, Lehrkräfte Beeinträchtigungen bei Schüler*innen mit einem diagnostizierten Förderbedarf häufiger wahrnehmen und infolgedessen geringere Bildungserwartungen haben als bei Schüler*innen, deren Förderbedarf (noch) nicht diagnostiziert wurde. Diese Ergebnisse stimmen mit anderen Untersuchungen überein, die darauf hinweisen, dass die Identifizierung von sonderpädagogischem Förderbedarf zu geringeren Erwartungen an die schulische Leistung (Hafen et al. 2015; Hornstra et al. 2010) und den zukünftigen Bildungserfolg führen kann (Vlachou et al. 2014).

In Bezug auf den Einfluss der Berufserfahrung der Lehrkräfte auf die Einstellungen gegenüber Schüler*innen mit sonderpädagogischem Förderbedarf weisen Studien meistens darauf hin, dass die Berufserfahrung alleine eher einen negativen Einfluss auf die Einstellungen zur Inklusion von Schüler*innen mit sonderpädagogischem Förderbedarf hat (Batsiou et al. 2008; Kalyva et al. 2007; Marshall et al. 2002; Van-Reusen et al. 2001). Demzufolge stehen eher Lehramtsstudierende, jüngere Lehrkräfte und Lehrpersonen mit weniger Berufserfahrung der Inklusion positiver gegenüber (Beacham und Rouse 2012; Costello und Boyle 2013; Emam und Mohamed 2011; Heflin und Bullock 1999; Kessels et al. 2014; Schmidt und Vrhovnik 2015; Todorovic et al. 2011). Die reine Berufserfahrung scheint also nicht der ausschlaggebende Punkt zu sein, um positive Einstellungen gegenüber Schüler*innen mit sonderpädagogischem Förderbedarf zu entwickeln. Hellmich und Görel (2014) zufolge werden Einstellungen der Lehrkräfte zur Inklusion von Schüler*innen mit sonderpädagogischem Förderbedarf über Erfahrungen durch den gemeinsamen Unterricht von Schüler*innen mit und ohne sonderpädagogischem Förderbedarf sowie die eigenen Selbstwirksamkeitsüberzeugungen in Bezug auf die Gestaltung inklusiven Unterrichts erklärt. Studien von Avramidis und Kalyva (2007) sowie Gebhardt und Kolleg*innen (2011) weisen ebenfalls darauf hin, dass die positive Erfahrung mit Inklusion ein weiterer wichtiger Prädiktor für positive Einstellungen gegenüber der Inklusion von Schüler*innen mit sonderpädagogischem Förderbedarf darstellen kann. Lehrkräfte, die seit längerer Zeit inklusiv arbeiteten, hatten eine positivere Einstellung zur Inklusion als solche, die wenig oder bisher nie inklusiv gearbeitet hatten. Zudem scheinen persönliche Ressourcen wie die Selbstwirksamkeit eine besondere Bedeutung für den Zuspruch zu neuen Herausforderungen im Bildungswesen bei Lehrkräften zu haben (Avramidis et al. 2000; Pit-ten Cate und Krischler 2018; O'Toole und Burke 2013; Sari et al. 2009; Soodak et al. 1998). Unterstützung bei der Förderung von Schüler*innen mit sonderpädagogischem Förderbedarf scheint auch ein wichtiger Faktor für die positive Wahrnehmung von Inklusion zu sein. Ergebnisse einer Studie, in der der Zusammenhang zwischen Umweltfaktoren und Stress in der inklusiven Bildung untersucht wurde, zeigten, dass ein hoher Anteil von Schüler*innen mit einem diagnostizierten sonderpädagogischen Förderbedarf in inklusiven Klassen (mehr als 20 %) in Verbindung mit unzureichender Unterstützung zu einer hohen Belastung der Lehrer*innen führte (Talmor et al. 2005). Ein wichtiges Ergebnis der Studie von Schwab und Seifert (2015) war, dass sich der Optimismus zur Inklusion durch den Anteil an verhaltensauffälligen Schüler*innen vorhersagen lässt. Lehrkräfte fühlen sich oftmals nicht ausreichend ausgebildet, um Schüler*innen mit sonderpädagogischem Förderbedarf zu fördern (Pijl 2010; Starczewska et al. 2012). Hecht (2014) stellte in einer Studie mit Lehramtsstudierenden fest, dass diese hinsichtlich ihrer inklusionsbezogenen Selbstwirksamkeit in der Dimension „Umgang mit dem Verhalten" unsicherer sind als in Bezug auf die „Durchführung eines inklusiven Unterrichts". Besonders für den Umgang mit Schüler*innen mit Verhaltensauffälligkeiten fühlen sich somit die Lehramtsstudierenden nicht ausreichend vorbereitet. Zu einem ähnlichen Schluss kamen auch Pit-ten Cate und Krischler (2018). Nach ihrer Studie fühlen sich die Lehrkräfte in der Ausübung ihres Berufes eigentlich kompetent und selbstwirksam. Diese Wahrnehmung betrifft allerdings eher die generelle Klassenführung als die Förderung von Schüler*innen mit sonderpädagogischem Förderbedarf, bei der sich die Lehrpersonen eher wünschen würden, Unterstützung von speziell ausgebildeten Fachkräften zu erhalten.

8.5 Diskussion und Ausblick

Dieser Forschungsüberblick über die Einstellungen von Lehrpersonen gegenüber Schüler*innen ethnischer Minoritäten und gegenüber Schüler*innen mit sonderpädagogischem Förderbedarf zeigt, dass generell die impliziten Einstellungen negativ und die expliziten Einstellungen zumeist positiv sind. Die Relevanz von vor allem impliziten Einstellungen konnte in den aufgeführten Studien nachgewiesen werden. Die Effekte sind deutlicher für Schüler*innen ethnischer Minoritäten, vielleicht auch, weil es in diesem Bereich bis dato mehr Studien gibt. Dennoch betont dieser Forschungsüberblick nicht nur, wie wichtig es ist, in zukünftiger Forschung implizite Einstellungsverfahren einzusetzen, sondern auch die Relevanz, unterschiedliche schulkontextrelevante Faktoren als Determinanten der Einstellungen zu untersuchen, um so Mechanismen zu identifizieren, die das Potenzial haben, die Negativität der impliziten Einstellungen zu reduzieren und zusätzlich die Positivität der expliziten Einstellungen unbeeinflusst zu lassen.

Im Zusammenhang mit den Einstellungen gegenüber Schüler*innen ethnischer Minoritäten wurden bisher lediglich Schüler*innengruppen betrachtet, die in den Schulsystemen des Aufnahmelandes als „Bildungsverlierer" zählen. Auch der sonderpädagogische Förderbedarf hängt oftmals mit schlechterer Schulleistung zusammen (Trout et al. 2003). Die schlechtere Schulleistung von Schüler*innen kann natürlich auch mit den Einstellungen von Lehrkräften zusammenhängen (Brophy und Good 1974). In Beziehung zur schlechteren Schulleistung, die die Schüler*innen ethnischer Minoritäten und auch die Schüler*innen mit sonderpädagogischem Förderbedarf zeigen, stehen die Herausforderungen, die eine solche Heterogenität der Schülerschaft mit sich bringen. So benötigen heterogene Schulklassen andere Unterrichtsmethoden und -pläne, die von Lehrpersonen als Herausforderung erlebt werden (Holder und Kessels 2018). In Verbindung dazu stehen auch besondere Sprachförderprogramme (Stanat 2006a), die ebenfalls mit bestimmten Schüler*innengruppen verbunden werden. Somit könnten die schulischen und unterrichtlichen Herausforderungen, die mit der Inklusion bestimmter Schüler*innengruppen verbunden werden, dazu beitragen, dass implizite Einstellungen negativ sind, eben weil mit heterogenen Schulklassen Zusatzaufwand und Hürden verbunden werden. Da die wahrgenommene Kompetenz der Lehrkräfte einen Einfluss auf die Einstellungen hatte (Buell et al. 1999; Everington et al. 1999; MacFarlane und Woolfson 2013), ist anzunehmen, dass die wahrgenommene pädagogische Herausforderung ebenfalls einen Unterschied machen könnte und besondere Hürden, die als kritisch von Lehrkräften erlebt werden, zu negativen Einstellungen beitragen.

Obwohl bereits wichtige Faktoren untersucht wurden, fehlen dennoch weitere, in Forschung und Theorie diskutierte Variablen. So wurde zwar der Kontakt zu Schüler*innen ethnischer Minoritäten und Schüler*innen mit sonderpädagogischem Förderbedarf – operationalisiert entweder über allgemeine Berufserfahrung, den Anteil an Schüler*innen ethnischer Minoritäten an Schulen oder über den Anteil an inklusiv zu beschulenden Schüler*innen – untersucht, aber es wären durchaus weitere Kontakterfahrungen denkbar, die einen Einfluss auf die Einstellungen haben könnten. Nach der Kontakttheorie sind es vor allem Freundschaften, die einen positiven Einfluss auf die Einstellungen haben (Pettigrew et al. 2011). Dies wäre gerade im Kontext der Einstellungen gegenüber Schüler*innen ethnischer Minoritäten interessant, da immer mehr Lehramtsstudierende während der Schul- oder Universitätszeit (Autorengruppe Bildungsberichterstattung 2016) oder auch aus ihren Wohngebieten über interethnische Freundschaften verfügen. Solche Freundschaften wiederum haben Auswirkungen auf andere Personen, die selbst keine interethnischen Freundschaften haben (Pettigrew et al. 2011). Diese werden ebenso positiv dadurch beeinflusst. Auch im Bereich der sonderpädagogischen Förderung ist der Einfluss der Etikettierung von Schüler*innen nicht mehr so stark, wenn die Lehramtsstudierenden in ihrer Familie oder in ihrem Freundeskreis Personen mit sonderpädagogischem Förderbedarf haben (Hein et al. 2011) und somit das Stigma nicht mehr als solches wahrgenommen wird.

Es wurde nur die Einstellung gegenüber Schüler*innen ethnischer Minderheiten untersucht, die schlecht im Bildungssystem abschneiden. Dies betrifft in Deutschland vor allem die Schüler*innen mit türkischen oder italienischen Wurzeln (Froehlich et al. 2016; Kristen 2002) und die hier berichtete Forschung bezieht sich nur auf die Schüler*innen mit türkischen Wurzeln. Für zukünftige Forschung könnten auch die Einstellungen gegenüber Schüler*innen italienischer Herkunft oder aber gegenüber Schüler*innen ethnischer Minoritäten untersucht werden, von denen bekannt ist, dass sie im Bildungssystem nicht schlechter oder nur unwesentlich schlechter abschneiden als die Schüler*innen der Majorität im Untersuchungsland. Dies könnten für Deutschland Schüler*innen mit polnischen oder russischen Wurzeln sein (Pöhlmann et al. 2013). Gleiches gilt für die Forschung zum sonderpädagogischen Förderbedarf, in der bisher nur bestimmte Beeinträchtigungen untersucht wurden, andere aber nicht. So standen bisher hauptsächlich Schüler*innen mit Beeinträchtigungen im Lernen und im sozio-emotionalen Bereich im Fokus der Forschung, aber es könnten auch Unterschiede in den Einstellungen gegenüber Schüler*innen mit ADHS und körperlichen Beeinträchtigungen zu finden sein, da Lehrpersonen weniger negativ reagieren, wenn sie die Beeinträchtigungen als außerhalb der Kontrollierbarkeit durch die Schüler*innen verursacht sehen (Brophy und Rohrkemper 1981).

Die Forschung, die in diesem Kapitel herangezogen wurde, betrachtete, wie in dieser Art der Forschung üblich, die Einstellungen gegenüber einer kompletten Schülergruppe, wobei Unterschiede innerhalb der Gruppe außen vor blieben. Wie in Kap. 1 bereits erwähnt, ist es nicht so, dass alle Personen innerhalb einer Gruppe gleich sind, andere diese aber als gleich wahrnehmen, vor allem dann, wenn die Personen einer Fremdgruppe angehören. Dennoch ist es so, dass es innerhalb dieser Fremdgruppe Personen gibt, die den stereotypen Erwartungen entsprechen, aber auch solche, die dies nicht tun. Es wurde bereits gezeigt, dass Einstellungen davon beeinflusst werden, ob Lehrkräfte ihre Erwartungen durch die Schülerinformation bestätigt sehen oder nicht (Glock und Krolak-Schwerdt 2013). Stereotypen Erwartungen könnte auch über eine gute Integration der Familie oder der Schüler*innen in das Aufnahmeland widersprochen werden. Hier ist besonders die kulturelle Integration relevant, die eine gute und fundierte Kenntnis sowohl der Alltags- als auch der Bildungssprache im Aufnahmeland beinhaltet (Esser 2006). Forschung zeigt, dass Sprache, die durch einen ausländischen Akzent gekennzeichnet ist, ebenfalls zur ethnischen Kategorisierung beiträgt (Rakić et al. 2011) und negative Einstellungen hervorruft (Giles und Rakić 2014) und somit gerade die kulturelle Integration einen Unterschied ausmachen kann. Auch bei Schüler*innen mit sonderpädagogischem Förderbedarf im sozio-emotionalen Bereich müssen Unterschiede berücksichtigt werden. Hier können ganz unterschiedliche Verhaltensauffälligkeiten vorliegen. So zeigt Forschung, dass Schüler*innen mit externalisierendem und eher aggressivem Verhalten negative Einstellungen bei Lehrkräften hervorrufen (Coleman und Gilliam 1983), während Schüler*innen, die eher schüchtern und in sich gekehrt sind, viel mehr Verständnis und Unterstützung von den Lehrpersonen bekommen (Dobbs und Arnold 2009; Glock und Kleen 2017). Aus diesem Grund sollte zukünftige Forschung stärker die Unterschiede innerhalb bestimmter Schüler*innengruppen in Betracht ziehen.

8.6 Praktische Implikationen

Die hier berichteten negativen Einstellungen und teilweise auch die Faktoren, die in einem Zusammenhang mit der Veränderung von negativen Einstellungen stehen, sollten auch in der Praxis und hierbei vor allem in der Lehramtsausbildung berücksichtigt werden. In diesem Zusammenhang ist bereits positiv anzumerken, dass viele Lehrerausbildungsprogramme geändert wurden, um die Lehrkräfte nicht nur besser auf die inklusive Praxis (Loreman et al. 2005), sondern auch, um sie auf kulturelle Heterogenität und die damit verbundenen Möglichkeiten zur Sprachförderung vorzubereiten (Lorenz und Gentrup 2017). Die Lehrerausbildung kann besonders effektiv sein, wenn sie mit praktischen Elementen kombiniert wird (Campbell et al. 2003; Carroll et al. 2003), da dies Lehrkräften ermöglicht, positive Erfahrungen im Umgang mit Schüler*innen mit sonderpädagogischem Förderbedarf und mit Schüler*innen ethnischer Minoritäten zu sammeln, was wiederum zu positiveren Einstellungen gegenüber diesen Schüler*innen führen kann (Pettigrew 2008; Sharma et al. 2006, 2008). Schwab und Seifert (2015) betonen zudem, dass dem Wunsch der zukünftigen Lehrkräfte, während der Ausbildung eine Vorbereitung auf Methoden der Differenzierung und Individualisierung sowie eine Vermittlung sonderpädagogischen Basiswissens und diagnostischer Grundlagen zu erfahren, entsprochen werden sollte, um Verunsicherung und spätere Überforderung zu vermeiden. Bis jedoch alle Lehrpersonen sich ausreichend qualifiziert fühlen und es als selbstverständlich ansehen, alle Schüler*innen in heterogenen Schulklassen zu unterrichten und zu fördern wird es vermutlich noch einige Zeit dauern. Wenngleich die Lehrkräfte den wichtigsten Faktor für Unterricht darstellen, so sollte dennoch nicht aus dem Blick verloren werden, dass auch Einstellungen anderer Menschen, zum Beispiel der Eltern (de Boer et al. 2010), der Mitschüler*innen (de Boer et al. 2012; Vignes et al. 2008) oder der allgemeinen Bevölkerung (Coles und Scior 2012; Kahraman und Knoblich 2000; Krischler und Pit-ten Cate 2018; Krischler et al. 2018; Morin et al. 2013; Scior 2011) die Inklusion aller Schüler*innen beeinflussen können. Nur wenn alle an einem Strang ziehen, kann dieses gelingen. Zudem sind neben den Einstellungen vor allem auch die Rahmenbedingungen wie die ambulante Unterstützung durch speziell ausgebildete Lehrkräfte (Pit-ten Cate und Krischler 2018) oder Team-Teaching (Day und Prunty 2015) für das Gelingen heterogener Schule entscheidend. Die Vorteile von Team-Teaching sind ein verbessertes Verhalten und Lernen der Schüler*innen, weniger Stigmatisierung, mehr individuelle Aufmerksamkeit für die einzelnen Schüler*innen sowie Unterstützung für Berufseinsteiger, weniger Stress, eine bessere Arbeitsmoral und die Möglichkeit, eine andere Lehrperson, die möglicherweise andere Unterrichtsmethoden anwendet, zu beobachten (Day und Prunty 2015). Aus diesem Grund sollten nicht nur die Lehrkräfte und die Studierenden bereits während der Ausbildung auf die beiden hier betrachteten Bereiche der ethnischen und inklusiven Heterogenität vorbereitet werden, sondern auch in Schulen auf die Besonderheiten und Herausforderungen fokussiert werden, so dass negative Einstellungen reduziert werden können. Dies kann in einem fairen und kompetenten Umgang mit allen Schüler*innen münden.

Literatur

Abbott, S. (2006). The barriers to social inclusion as perceived by people with intellectual disabilities. *Journal of Intellectual Disabilities, 10*, 275–287. https://doi.org/10.1177/1744629506067618

Aboud, F. E. & Amato, M. (2001). Developmental and socialisation influences on intergroup bias. In R. Brown & S. L. Gaertner (Eds.), *Blackwell handbook of social psychology: Intergroup processes* (S. 65–85). Malden, MA: Blackwell Publishers.

Ajzen, I. & Fishbein, M. (1980). *Understanding attitudes and predicting social behavior*. Englewood Cliffs, NJ: Prentice Hall.

Alghazo, E. M. & Naggar Gaad, E. (2004). General education teachers in the United Arab Emirates and their acceptance of the inclusion of students with disabilities. *British Journal of Special Education, 31*, 94–99. https://doi.org/10.1111/j.0952-3383.2004.00335.x

Allport, G. W. (1954). *The Nature of Prejudice*. Cambridge, Mass., Addison-Wesley.

Antonak, R. F. & Larrivee, B. (1995). Psychometric analysis and revision of the opinions relative to mainstreaming scale. *Exceptional Children, 62*, 139–149.

Autorengruppe Bildungsberichterstattung. (2016). Bildung in Deutschland 2016. https://doi.org/10.3278/6001820ew

Avramidis, E. & Kalyva, E. (2007). The influence of teaching experience and professional development on Greek teachers' attitudes towards inclusion. *European Journal of Special Needs Education, 4*, 367–389. https://doi.org/10.1080/08856250701649989

Avramidis, Elias, Bayliss, P. & Burden, R. (2000). A survey into mainstream teachers' attitudes towards the inclusion of children with special educational needs in the ordinary school in one Local Education Authority. *Educational Psychology: An International Journal of Experimental Educational Psychology, 20*, 191–211. https://doi.org/10.1080/713663717

Avramidis, Elias & Norwich, B. (2002). Teachers' attitudes towards integration/inclusion: a review of the literature. *European Journal of Special Needs Education, 17*, 129–147. https://doi.org/10.1080/08856250210129056

Bakari, R. (2003). Preservice teachers' attitudes toward teaching African American students. *Urban Education, 38*(6), 640–654. https://doi.org/10.1177/0042085903257317

Banaji, M. R. & Greenwald, A. G. (2013). *Blindspot: Hidden biases of good people*. New York, NY: Delacorte Press.

Bargh, J. A. (1994). The four horsemen of automaticity: Awareness, intention, efficiency, and control in social cognition. In R. S. Wyer & T. K. Srull (Eds.), *Handbook of social cognition* (S. 1–40). Hillsdale, NJ: Erlbaum.

Bargh, J. A. (1999). The cognitive monster: The case against the controllability of automatic stereotype effects. In S. Chaiken & Y. Trope (Eds.), *Dual-process theories in social psychology* (S. 361–382). New York, NY: Guilford Press.

Barton, L. & Armstong, F. (2001). Disability, Education, and Inclusion. Cross- Cultural Issues and Dilemmas. In *Handbook of Disability Studies* (S. 693–710). Thousand Oaks, CA: Sage.

Batsiou, S., Bebetsos, E., Panteli, P., Antoniou, P., Batsiou, S., Bebetsos, E., … Antoniou, P. (2008). Attitudes and intention of Greek and Cypriot primary education teachers towards teaching pupils with special educational needs in mainstream schools. *International Journal of Inclusive Education, 12*, 201–219. https://doi.org/10.1080/13603110600855739

Baumert, J. & Schümer, G. (2002). Familiäre Lebensverhältnisse, Bildungsbeteiligung und Kompetenzerwerb im nationalen Vergleich. In J. Baumert, C. Artelt, E. Klieme, M. Neubrand, M. Prenzel, U. Schiefele, … M. Weiß (Eds.), *PISA 2000: Basiskompetenzen von Schülerinnen und Schülern im internationalen Vergleich* (S. 159–202). Opladen: Leske & Budrich.

Beacham, N. & Rouse, M. (2012). Student teachers' attitudes and beliefs about inclusion and inclusive practice. *Journal of Research in Special Educational Needs, 12*, 3–11. https://doi.org/10.1111/j.1471-3802.2010.01194.x

Becker, R. & Beck, M. (2011). Migration, Sprachförderung und soziale Integration. Eine Evaluation der Sprachförderung von Berliner Schulkindern mit Migrationshintergrund anhand von ELEMENT-Panel-Daten. In R. Becker (Hrsg.), *Integration durch Bildung* (S. 121–137). Wiesbaden: Verlag für Sozialwissenschaften.

Bem, D. J. (1972). Self-perception theory. *Advances in Experimental Social Psychology, 6*, 1–62. https://doi.org/10.1016/S0065-2601(08)60024-6

Ben-Yehuda, S., Leyser, Y. & Last, U. (2010). Teacher educational beliefs and sociometric status of special educational needs (SEN) students in inclusive classrooms. *International Journal of Inclusive Education, 14*, 17–34. https://doi.org/10.1080/13603110802327339

Benoit, V. & Bless, G. (2014). Erfassung der Einstellungen zur schulischen Integration von Lehrpersonen: Übersetzung und Erprobung der ORI und ATIES Skalen. *Zeitschrift für Bildungsforschung, 4,* 209–226. https://doi.org/10.1007/s35834-014-0110-z

Bessenoff, G. R. & Sherman, W. S. (2000). Automatic and controlled components of prejudice toward fat people: Evaluation versus stereotype activation. *Social Cognition, 18,* 329–353. https://doi.org/10.1521/soco.2000.18.4.329

Bonefeld, M. & Dickhäuser, O. (2018). (Biased) Grading of students' performance: Students' names, performance level, and implicit attitudes. *Frontiers in Psychology, 9/481,* 1–13. https://doi.org/10.3389/fpsyg.2018.00481

Borg, G., Hunter, J., Sigurjonsdottir, B. & D'Alessio, S. (2011). *Key principles for promoting quality in inclusive education.* Brussels: European Agency for Development in Special Needs Education.

Bromme, R. (1992). *Der Lehrer als Experte. Zur Psychologie des professionellen Wissens.* Bern: Verlag Hans Huber.

Brophy, J. E. & Good, T. (1974). *Teacher-student relationships: Causes and consequences.* New York: Holt, Rinehart, and Winston.

Brophy, J. E. & Rohrkemper, M. M. (1981). The influence of problem ownership on teachers' perceptions of and strategies for coping with problem students. *Journal of Educational Psychology, 73*(3), 295–311. https://doi.org/10.1037/0022-0663.73.3.295

Buell, M. J., Hallam, R., Gamel-Mccormick, M. & Scheer, S. (1999). A survey of general and special education teachers´ perceptions and inservice needs concerning inclusion. *International Journal of Disability, Development and Education, 46,* 37–41. https://doi.org/10.1080/103491299100597

Campbell, J., Gilmore, L. & Cuskelly, M. (2003). Changing student teachers' attitudes towards disability and inclusion. *Journal of Intellectual and Developmental Disability, 28,* 369–379. https://doi.org/10.1080/13668250310001616407

Carroll, A., Forlin, C. & Jobling, A. (2003). The impact of teacher training in special education on the attitudes of australian preservice general educators towards people with disabilities. *Teacher Education Quarterly, 30,* 65–79.

Coleman, M. C. & Gilliam, J. E. (1983). Disturbing behaviors in the classroom: A survey of teacher attitudes. *Journal of Special Education, 17,* 121–129. https://doi.org/10.1177/002246698301700203

Coles, S. & Scior, K. (2012). Public attitudes towards people with intellectual disabilities: a qualitative comparison of white British & South Asian people. *Journal of Applied Research in Intellectual Disabilities, 25,* 177–188. https://doi.org/10.1111/j.1468-3148.2011.00655.x

Conaway, W. & Bethune, S. (2015). Implicit bias and first name stereotypes: What are the implications for online instruction? *Online Learning, 19,* 162–178.

Coneus, K., Gernandt, J. & Saam, M. (2009). Noncognitive skills, school achievements and educational dropout. *ZEW Discussion Papers, No. 09-019.*

Cook, B. G. (2002). Inclusive attitudes, strengths, and weaknesses of pre-service general educators enrolled in a curriculum infusion teacher preparation program. *Teacher Education and Special Education, 25,* 262–277. https://doi.org/10.1177/088840640202500306

Costello, S. & Boyle, C. (2013). Pre-service secondary teachers' attitudes towards inclusive education. *Australian Journal of Teacher Education, 38,* 129–143. https://doi.org/10.14221/ajte.2013v38n4.8

Dart, G. (2006). „My eyes went wide open" – An evaluation of the special needs education awareness course at Molepolole College of Education, Botswana. *British Journal of Special Education, 33*, 130–138. https://doi.org/10.1111/j.1467-8578.2006.00428.x

Dauber, S. L., Alexander, K. L. & Entwisle, D. R. (1996). Tracking and transitions through the middle grades: Channeling educational trajectories. *Sociology of Education, 69*, 290–307.

Day, T. & Prunty, A. (2015). Responding to the challenges of inclusion in Irish schools. *European Journal of Special Needs Education, 30*, 237–252. https://doi.org/10.1080/08856257.2015.1009701

de Boer, A., Pijl, S. J. & Minnaert, A. (2010). Attitudes of parents towards inclusive education: A review of the literature. *European Journal of Special Needs Education, 25*, 165–181. https://doi.org/10.1080/08856251003658694

de Boer, A., Pijl, S. J. & Minnaert, A. (2011). Regular primary schoolteachers' attitudes towards inclusive education: a review of the literature. *International Journal of Inclusive Education, 15*, 331–353. https://doi.org/10.1080/13603110903030089

de Boer, A., Pijl, S. J. & Minnaert, A. (2012). Students' Attitudes towards Peers with Disabilities: A review of the literature. *International Journal of Disability, Development and Education, 59*(4), 379–392. https://doi.org/10.1080/1034912X.2012.723944

De Houwer, J. (2006). What are implicit measures and why are we using them? In R. W. Wiers & A. W. Stacy (Eds.), *Handbook of implicit cognition and addiction* (S. 11–28). Thousand Oaks, CA: Sage Publisher.

de la Torre Cruz, M. J. & Arias, P. F. C. (2007). Comparative analysis of expectancies of efficacy in in-service and prospective teachers. *Teaching and Teacher Education, 23*, 641–652. https://doi.org/10.1016/j.tate.2007.02.005

Dessemontet, R. S., Benoit, V. & Bless, G. (2011). Schulische Integration von Kindern mit einer geistigen Behinderung: Untersuchung der Entwicklung der Schulleistungen und der adaptiven Faehigkeiten, der Wirkung auf die Lernentwicklung der Mitschueler sowie der Lehrereinstellungen zur Integration. *Empirische Sonderpaedagogik, 4*, 291–307.

Destatis. (2017). Ausländische Bevölkerung. Zugriff am 30.07.2018 unter https://www.destatis.de/DE/Themen/Gesellschaft-Umwelt/Bevoelkerung/Migration-Integration/_inhalt.html?__blob=publicationFile

Devine, P. G. (1989). Stereotypes and prejudice: Their automatic and controlled components. *Journal of Personality and Social Psychology, 56*, 5–18. https://doi.org/10.1037/0022-3514.56.1.5

Dobbs, J. & Arnold, D. H. (2009). The relationship between preschool teachers' reports of children's behavior and their behavior toward those children. *School Psychology Quarterly, 24*, 95–105. https://doi.org/10.1037/a0016157

Dovidio, J. F., Hewstone, M., Glick, P. & Esses, V. M. (2010). *Prejudice, stereotyping and discrimination: Theoretical and empirical overview. The SAGE Handbook of Prejudice, Stereotyping and Discrimination.* London, UK: SAGE Publications Ltd. https://doi.org/10.4135/9781446200919.n1

Dovidio, J. F., Kawakami, K., Smoak, N. & Gaertner, S. L. (2009). The nature of contemporary racial prejudice: Insight from implicit and explicit measures of attitudes. In R. E. Petty, R. H. Fazio & P. Briñol (Eds.), *Attitudes: Insights from the new implicit measures* (S. 165–1992). New York, NY: Psychology Press.

Dreyfus, H. L. & Dreyfus, S. E. (1987). *Künstliche Intelligenz- Von den Grenzen der Denkmaschine und dem Wert der Intuition.* Reinbek: Rowohlt.
Dyson, A. & Gallannaugh, F. (2008). Disproportionality in special needs education in England. *The Journal of Special Education, 42,* 36–46. https://doi.org/10.1177/0022466907313607
Eagly, A. H. & Chaiken, S. (1993). *The psychology of attitudes.* Fort Worth, TX: Harcourt Brace Jovanovich.
Eagly, A. H. & Mladinic, A. (1989). Gender stereotypes and attitudes toward women and men. *Personality and Social Psychology Bulletin, 15,* 543–558. https://doi.org/10.1177/0146167289154008
Ehmke, T., Klieme, E. & Stanat, P. (2013). Veränderungen der Lesekompetenz von PISA 2000 nach PISA 2009. Die Rolle von Unterschieden in den Bildungswegen und in der Zusammensetzung der Schülerschaft. *Zeitschrift für Pädagogik, 59*(Beiheft), 132–150.
Emam, M. M. & Mohamed, A. H. H. (2011). Preschool and primary school teachers' attitudes towards inclusive education in Egypt: The role of experience and selfefficacy. *Procedia – Social and Behavioral Sciences, 29,* 976–985. https://doi.org/10.1016/j.sbspro.2011.11.33
Esser, H. (2006). *Sprache und Integration. Die sozialen Bedingungen und Folgen des Spracherwerbs von Migranten.* Frankfurt: Campus Verlag.
Everington, C., Stevens, B. & Winters, V. R. (1999). Teachers' attitudes, felt competence, and need of support for implementation of inclusive educational programs. *Psychological Reports, 85,* 331–338. https://doi.org/10.2466/pr0.1999.85.1.331
Fazio, R. H. (1990). Multiple processes by which attitudes guide behavior: The MODE model as an integrative framework. In M. P. Zanna (Ed.), *Advances in Experimental Social Psychology* (Vol. 23, S. 75–109). New York, NY: Academic Press.
Fazio, R. H. (1995). Attitudes as object-evaluation associations: Determinants, consequences, and correlates of attitude accessibility. In R. E. Petty & J. A. Krosnick (Eds.), *Attitude strength. Antecedents and consequences* (S. 247–282). Mahwah, NJ: Lawrence Erlbaum Associates.
Fazio, R. H., Jackson, J. R., Dunton, B. C. & Williams, C. J. (1995). Variability in automatic activation as an unobtrusive measure of racial attitudes: A bona fide pipeline? *Journal of Personality and Social Psychology, 69,* 1013–1027. https://doi.org/10.1037/0022-3514.69.6.1013
Fazio, R. H., Sanbonmatsu, D. M., Powell, M. C. & Kardes, F. R. (1986). On the automatic activation of attitudes. *Journal of Personality and Social Psychology, 50,* 229–238. https://doi.org/10.1037//0022-3514.50.2.229
Fazio, R. H. & Towles-Schwen, T. (1999). The MODE model of attitude-behavior processes. In S. Chaiken & Y. Trope (Eds.), *Dual process theories in social psychology* (S. 97–116). New York, NY: Guilford Press.
Fishbein, M. (2008). An investigation of the relationship between the beliefs about an object and the attitude toward the object. In R. H. Fazio & R. E. Petty (Eds.), *Attitudes: Their structure, function, and consequences* (S. 133–136). New York, NY: Psychology Press.
Fiske, S. T., Cuddy, A. J. C. & Glick, P. (2007). Universal dimensions of social cognition: warmth and competence. *Trends in Cognitive Sciences, 11,* 77–83. https://doi.org/10.1016/j.tics.2006.11.005

Fiske, S. T., Cuddy, A. J. C., Glick, P. & Xu, J. (2002). A model of (often mixed) stereotype content: competence and warmth respectively follow from perceived status and competition. *Journal of Personality and Social Psychology*, *82*, 878–902. https://doi.org/10.1037/0022-3514.82.6.878

Florian, L. (1998). An examination of the practical problems associated with the implementation of inclusive education policies. *Support for LearningSupport for Learning*, *13*, 105–108. https://doi.org/10.1111/1467-9604.00069

Florian, L. & Linklater, H. (2010). Preparing teachers for inclusive education: Using inclusive pedagogy to enhance teaching and learning for all. *Cambridge Journal of Education*, *40*, 369–386. https://doi.org/10.1080/0305764X.2010.526588

Florian, L. & Rouse, M. (2009). The inclusive practice project in Scotland: Teacher education for inclusive education. *Teaching and Teacher Education*, *25*, 594–601. https://doi.org/10.1016/j.tate.2009.02.003

Forghani-Arani, N., Geppert, C. & Katschnig, T. (2015). Wenn der Pygmalioneffekt nicht greift…. *Zeitschrift für Bildungsforschung*, *5*, 21–36. https://doi.org/10.1007/s35834-014-0104-x

Forlin, C., Au, M. L. & Chong, S. (2008). Teachers' Attitude, Perceptions and Concerns About Inclusive Education in the Asia-pacific Region. In *Reform, inclusion, and teacher education: Towards a new era of special and inclusive education in Asia-pacific regions* (S. 90–102). New York, NY: Routledge.

Forlin, C., Cedillo, I. G., Romero-Contreras, S., Fletcher, T. & Rodríguez Hernández, H. J. (2010). Inclusion in Mexico: ensuring supportive attitudes by newly graduated teachers. *International Journal of Inclusive Education*, *14*, 723–739. https://doi.org/10.1080/13603111003778569

Froehlich, L., Martiny, S. E., Deaux, K. & Mok, S. Y. (2016). „It's their responsibility, not ours". Stereotypes about competence and causal attributions for immigrants' academic underperformance. *Social Psychology*, *47*, 74–86. https://doi.org/10.1027/1864-9335/a000260

Gawronski, B. & Bodenhausen, G. V. (2006a). Associative and propositional processes in evaluation: An integrative review of implicit and explicit attitude change. *Psychological Bulletin*, *132*, 692–731. https://doi.org/10.1037/0033-2909.132.5.692

Gawronski, B. & Bodenhausen, G. V. (2006b). Associative and propositional processes in evaluation: Conceptual, empirical, and metatheoretical issues: Reply to Albarracín, Hart, and McCulloch (2006), Kruglanski and Dechesne (2006), and Petty and Briñol (2006). *Psychological Bulletin*, *132*, 745–750. https://doi.org/10.1037/0033-2909.132.5.745

Gebhardt, M., Rauch, D., Mang, J. & Sälzer, C. (2013). Mathematische Kompetenz von Schülerinnen und Schülern mit Zuwanderungshintergrund. In M. Prenzel, C. Sälzer, E. Klieme & O. Köller (Hrsg.), *PISA 2012: Fortschritte und Herausforderungen in Deutschland* (S. 275–308). Münster: Waxmann.

Gebhardt, M., Schwab, S., Reicher, H., Ellmeier, B., Gmeiner, S., Rossmann, P. & Gasteiger-Klicpera, B. (2011). Einstellungen von LehrerInnen zur schulischen Integration von Kindern mit einem sonderpädagogischen Förderbedarf in Österreich. *Empirische Sonderpädagogik*, *3*, 275–290.

Gibson, S. & Dembo, M. H. (1984). Teacher efficacy: A construct validation. *Journal of Educational Psychology*, *76*, 569–582. https://doi.org/10.1037//0022-0663.76.4.569

Giles, H. & Rakić, T. (2014). Language attitudes: Social determinants and consequences of language variation. In T. M. Holtgraves (Ed.), *The Oxford handbook of language and social psychology* (S. 11–26). New York, NY: Oxford University Press.

Glaubman, R. & Lifshitz, H. (2001). Ultra-orthodox Jewish teachers' self-efficacy and willingness for inclusion of pupils with special needs. *European Journal of Special Needs Education, 16,* 207–223. https://doi.org/10.1080/08856250110074373

Glock, S. & Böhmer, I. (2018). Teachers' and preservice teachers' stereotypes, attitudes, and spontaneous judgments of male ethnic minority students. *Studies in Educational Evaluation, 59,* 244–255. https://doi.org/10.1016/j.stueduc.2018.09.001

Glock, S. & Karbach, J. (2015). Preservice teachers' implicit attitudes toward racial minority students: Evidence from three implicit measures. *Studies in Educational Evaluation, 45,* 55–61. https://doi.org/10.1016/j.stueduc.2015.03.006

Glock, S. & Klapproth, F. (2017). Bad boys, good girls? Implicit and explicit attitudes toward ethnic minority students among primary and secondary school teachers. *Studies in Educational Evaluation, 53,* 77–86. https://doi.org/10.1016/j.stueduc.2017.04.002

Glock, S. & Kleen, H. (2017). Gender and student misbehavior: Evidence from implicit and explicit measures. *Teaching and Teacher Education, 67,* 93–103. https://doi.org/10.1016/j.tate.2017.05.015

Glock, S. & Kleen, H. (2019). Attitudes toward students from ethnic minority groups: The roles of preservice teachers' own ethnic backgrounds and teacher efficacy activation. *Studies in Educational Evaluation, 62,* 82–91. https://doi.org/10.1016/j.stueduc.2019.04.010

Glock, S., Kneer, J. & Kovacs, C. (2013). Preservice teachers' implicit attitudes toward students with and without immigration background: A pilot study. *Studies in Educational Evaluation, 39,* 204–210. https://doi.org/10.1016/j.stueduc.2013.09.003

Glock, S. & Kovacs, C. (2013). Educational psychology: Using insights from implicit attitude measures. *Educational Psychology Review, 25,* 503–522. https://doi.org/10.1007/s10648-013-9241-3

Glock, S., Kovacs, C. & Pit-ten Cate, I. M. (2018). Teachers' attitudes towards ethnic minority students: Effects of schools' cultural diversity. *British Journal of Educational Psychology.* https://doi.org/10.1111/bjep.12248

Glock, S. & Krolak-Schwerdt, S. (2013). Does nationality matter? The impact of stereotypical expectations on student teachers' judgments. *Social Psychology of Education, 16,* 111–127. https://doi.org/10.1007/s11218-012-9197-z

Glock, S., Krolak-Schwerdt, S. & Hörstermann, T. (2016). The higher the SES the better? Implicit and explicit attitudes influence preservice teachers´ judgments of students. In C. Fields (Ed.), *Stereotypes and stereotyping: Misperceptions, perspectives and role of social media* (S. 1–21). New York, NY: Nova Science Publishers.

Golder, G., Norwich, B. & Bayliss, P. (2005). Preparing teachers to teach pupils with special educational needs in more inclusive schools: Evaluating a PGCE development. *British Journal of Special Education, 32,* 92–99. https://doi.org/10.1111/j.0952-3383.2005.00377.x

Gollwitzer, P. M. & Moskowitz, G. B. (1996). Goal effects on action and cognition. In E. T. Higgins & A. W. Kruglanski (Eds.), *Social Psychology: Handbook of basic principles* (S. 361–399). New York, NY: Guilford Press.

Gomolla, M. & Radtke, F.-O. (2009). *Institutionelle Diskriminierung: Die Herstellung ethnischer Differenz in der Schule* (3rd ed.). Wiesbaden: Verlag für Sozialwissenschaften.

Greenwald, A. G. & Banaji, M. R. (1995). Implicit social cognition: Attitudes, self-esteem, and stereotypes. *Psychological Review, 102*, 4–27. https://doi.org/10.1037//0033-295X.102.1.4

Greenwald, A. G., McGhee, D. E. & Schwartz, J. K. L. (1998). Measuring individual differences in implicit cognition: The Implicit Association Test. *Journal of Personality and Social Psychology, 74*, 1464–1480. https://doi.org/10.1037/0022-3514.74.6.1464

Greenwald, A. G., Poehlman, T. A., Uhlmann, E. L. & Banaji, M. R. (2009). Understanding and using the Implicit Association Test: III. Meta-analysis of predictive validity. *Journal of Personality and Social Psychology, 97*, 17–41. https://doi.org/10.1037/a0015575

Hachfeld, A., Hahn, A., Schroeder, S., Anders, Y., Stanat, P. & Kunter, M. (2011). Assessing teachers' multicultural and egalitarian beliefs: The Teacher Cultural Beliefs Scale. *Teaching and Teacher Education, 27*, 986–996. https://doi.org/10.1016/j.tate.2011.04.006

Hachfeld, A., Schroeder, S., Anders, Y., Hahn, A. & Kunter, M. (2012). Multikulturelle Überzeugungen: Herkunft oder Überzeugung? Welche Rollen spielen der Migrationshintergrund und multikulturelle Überzeugungen für das Unterrichten von Kindern mit Migrationshintergrund? *Zeitschrift für pädagogische Psychologie, 26*, 101–120. https://doi.org/10.1024/1010-0652/a000064

Hafen, C. A., Ruzek, E. A., Gregory, A., Allen, J. P. & Mikami, A. Y. (2015). Focusing on teacher-student interactions eliminates the negative impact of students disruptive behavior on teacher perceptions. *International Journal of Behavioral Development, 39*, 426–431. https://doi.org/10.1177/0165025415579455

Harrison, J. & Lakin, J. (2018a). Mainstream teachers' implicit beliefs about English Language Learners: An Implicit Association Test study of teacher beliefs. *Journal of Language, Identity and Education, 17*, 85–102. https://doi.org/10.1080/15348458.2017.1397520

Harrison, J. & Lakin, J. (2018b). Pre-service teachers' implicit and explicit beliefs about English language learners: An implicit association test study. *Teaching and Teacher Education, 72*, 54–63. https://doi.org/10.1016/j.tate.2017.12.015

Hastings, R. P. & Oakford, S. (2003). Student teachers' attitudes towards the inclusion of children with special needs. *Educational Psychology: An International Journal of Experimental Educational Psychology, 23*, 87–94. https://doi.org/10.1080/01443410303223

Haycock, K. (2001). Closing the achievement gap. *Educational Leadership, 58*, 6–11.

Hecht, P. (2014). Inklusionsbezogene Selbstwirksamkeitsüberzeugungen von Studierenden und Lehrpersonen im Berufseinstieg. *Erziehung und Unterricht, 3–4*, 228–235.

Heflin, L. J. & Bullock, L. M. (1999). Inclusion of Students with Emotional/Behavioural Disorders: A Survey of Teachers in General and Special Education. *Preventing School Failure, 43*, 103–112.

Hein, S., Grumm, M. & Fingerle, M. (2011). Is contact with people with disabilities a guarantee for positive implicit and explicit attitudes? *European Journal of Special Needs Education, 26*, 509–522. https://doi.org/10.1080/08856257.2011.597192

Hellmich, F. & Görel, G. (2014). Erklärungsfaktoren für Einstellungen von Lehrerinnen und Lehrern zum inklusiven Unterricht in der Grundschuleitle. *Zeitschrift für Bildungsforschung, 4*, 227–240. https://doi.org/10.1007/s35834-014-0102-z

Heyder, A. & Kessels, U. (2013). Is school feminine? Implicit gender stereotyping of school as a predictor of academic achievement. *Sex Roles, 69*, 605–617. https://doi.org/10.1007/s11199-013-0309-9

Hofmann, W., Gschwendner, T., Nosek, B. A. & Schmitt, M. (2005). What moderates implicit–explicit consistency? *European Review of Social Psychology, 16*, 335–390. https://doi.org/10.1080/10463280500443228

Holder, K. & Kessels, U. (2018). Unterrichtsgestaltung und Leistungsbeurteilung im inklusiven and standardorientierten Unterricht aus Sicht von Lehrkräften. *Zeitschrift fur Erziehungswissenschaft.* https://doi.org/10.1007/s11618-018-0854-7

Hornstra, L., Denessen, E., Bakker, J., van den Bergh, L. & Voeten, M. (2010). Effects on teacher expectations and the academic achievement of students with Dyslexia. *Journal of Learning Disabilities, 43*, 515–529. https://doi.org/10.1177/0022219409355479

Kahraman, B. & Knoblich, G. (2000). „Stechen statt Sprechen": Valenz und Aktivierbarkeit von Stereotypen über Türken. *Zeitschrift für Sozialpsychologie, 31*, 31–43. https://doi.org/10.1024//0044-3514.31.1.31

Kalyva, E., Georgiadi, M. & Tsakiris, V. (2007). Attitudes of Greek parents of primary school children without special educational needs to inclusion. *European Journal of Special Needs Education, 22*, 295–305. https://doi.org/10.1080/08856250701430869

Kelly, A. & Barnes-Holmes, D. (2013). Implicit attitudes towards children with autism versus normally developing children as predictors of professional burnout and psychopathology. *Research in Developmental Disabilities, 34*, 17–28. https://doi.org/10.1016/j.ridd.2012.07.018

Kessels, U., Erbring, S. & Heiermann, L. (2014). Implizite Einstellungen von Lehramtsstudierenden zur Inklusion. *Psychologie in Erziehung und Unterricht, 61*, 189–202. https://doi.org/10.2378/peu2014.art15d

Kleen, H., Bonefeld, M., Dickhäuser, O. & Glock, S. (2019). Implicit and explicit attitudes toward Turkish students in Germany as a function of teachers' ethnicity. *Social Psychology of Education.* https://doi.org/10.1007/s11218-019-09502-9

Kleen, H. & Glock, S. (2018). The roles of teacher and student gender in German teachers' attitudes toward ethnic minority students. *Studies in Educational Evaluation, 59*, 102–111. https://doi.org/10.1016/j.stueduc.2018.04.002

Krischler, M. & Pit-ten Cate, I. M. (2018). Inclusive education in Luxembourg: implicit and explicit attitudes toward inclusion and students with special educational needs. *International Journal of Inclusive Education.* https://doi.org/10.1080/13603116.2018.1474954

Krischler, M. & Pit-ten Cate, I. M. (2019). Pre- and in-service teachers' attitudes toward students with learning difficulties and challenging behavior. *Frontiers in Psychology, 10/327*, 1–10. https://doi.org/10.3389/fpsyg.2019.00327

Krischler, M., Pit-ten Cate, I. M. & Krolak-Schwerdt, S. (2018). Mixed stereotype content and attitudes toward students with special educational needs and their inclusion in regular schools in Luxembourg. *Research in Developmental Disabilities, 75*, 59–67. https://doi.org/10.1016/j.ridd.2018.02.007

Kristen, C. (2002). Hauptschule, Realschule oder Gymnasium? Ethnische Unterschiede am ersten Bildungsübergang. *Kölner Zeitschrift für Soziologie und Sozialpsychologie, 54*, 534–552.

Kristen, C. (2006). *Ethnische Diskriminierung im deutschen Schulsystem? Theoretische Überlegungen und empirische Ergebnisse* (Discussion papers No. No. SP IV 200-601). Discussion papers // WZB, Wissenschaftszentrum Berlin für Sozialforschung, Arbeitsstelle Interkulturelle Konflikte und Gesellschaftliche Integration, No. SP IV 2006-601.

Kumar, R., Karabenick, S. A. & Burgoon, J. N. (2015). Teachers' implicit attitudes, explicit beliefs, and the mediating role of respect and cultural responsibility on mastery and performance-focused instructional practices. *Journal of Educational Psychology, 107*, 533–545. https://doi.org/10.1037/a0037471

Kunter, M., Tsai, Y.-M., Klusmann, U., Brunner, M., Krauss, S. & Baumert, J. (2008). Students' and mathematics teachers' perceptions of teacher enthusiasm and instruction. *Learning and Instruction, 18*, 468–482. https://doi.org/10.1016/j.learninstruc.2008.06.008

Kunz, A., Luder, R. & Moretti, M. (2010). Die Messung von Einstellungen zur Integration (EZI). *Empirische Sonderpädagogik, 3*, 83–94.

Ladson-Billings, G. (1995). But that's just good teaching! The case for culturally relevant pedagogy. *Theory into Practice, 34*, 159–165.

Lambe, J. & Bones, R. (2006). Student teachers' perceptions about inclusive classroom teaching in Northern Ireland prior to teaching practice experience. *European Journal of Special Needs Education, 21*, 167–186. https://doi.org/10.1080/08856250600600828

Lee, J. (2002). Racial and ethnic achievement gap trends: Reversing the progress toward equity. *Educational Researcher, 31*, 3–12. https://doi.org/10.3102/0013189X031001003

Levins, T., Bornholt, L. & Lennon, B. (2005). Teachers' experience, attitudes, feelings and behavioural intentions towards children with special educational needs. *Social Psychology of Education, 8*, 329–343. https://doi.org/10.1007/s11218-005-3020-z

Lifshitz, H., Glaubman, R. & Issawi, R. (2004). Attitudes towards inclusion: The case of Israeli and Palestinian regular and special education teachers. *European Journal of Special Needs Education, 19*, 171–190. https://doi.org/10.1080/08856250410001678478

Loreman, T., Deppeler, J. M. & Harvey, D. H. P. (2005). *Inclusice education: A practical guide to supporting diversity in the classroom*. Sidney, Australia: Allen and Unwin.

Lorenz, G. & Gentrup, S. (2017). Lehrkrafterwartungen und der Bildungserfolg von Schülerinnen und Schüler mit Migrationshintergrund. In SVR-Forschungsbereich (Hrsg.), *Vielfalt im Klassenzimmer. Wie Lehrkräfte gute Leistung fördern können* (S. 24–37). Berlin: Stiftung Mercator. https://doi.org/2363-734X

Lüke, T. & Grosche, M. (2017). Konstruktion und Validierung der Professionsunabhängigen Einstellungsskala zum Inklusiven Schulsystem (PREIS). CC-BY-SA. https://doi.org/10.6084/m9.figshare.2245630

Lüke, T. & Grosche, M. (2018). Implicitly measuring attitudes towards inclusive education: a new attitude test based on single-target implicit associations. *European Journal of Special Needs Education, 33*, 427–436. https://doi.org/10.1080/08856257.2017.1334432

MacFarlane, K. & Woolfson, L. M. (2013). Teacher attitudes and behavior toward the inclusion of children with social, emotional and behavioral difficulties in mainstream schools: An application of the theory of planned behavior. *Teaching and Teacher Education, 29*, 46–52. https://doi.org/10.1016/j.tate.2012.08.006

Markova, M., Pit-ten Cate, I., Krolak-Schwerdt, S. & Glock, S. (2016). Preservice teachers' attitudes toward inclusion and toward students with special educational needs from different ethnic backgrounds. *The Journal of Experimental Education*, *84*, 554–578. https://doi.org/10.1080/00220973.2015.1055317

Marshall, J., Ralph, S. & Palmer, S. (2002). ‚I wasn't trained to work with them': Mainstream teachers' attitudes to children with speech and language difficulties. *International Journal Of Inclusive Education*, *6*, 199–215. https://doi.org/10.1080/13603110110067208

Marx, A. E. & Stanat, P. (2012). Reading comprehension of immigrant students in Germany: Research evidence on determinants and target points for intervention. *Reading and Writing: An Interdisciplinary Journal*, *25*, 1929–1945. https://doi.org/10.1007/s11145-011-9307-x

McConahay, J. B. (1986). Modern racism, ambivalence, and the Modern Racism Scale. In J. F. Dovidio & S. L. Gaertner (Eds.), *Prejudice, discrimination, and racism* (S. 91–125). San Diego, CA: Academic Press.

McKenna, I. M., Barnes-Holmes, D. & Barnes-Holmes, Y. (2007). Testing the fake-ability of the Implicit Relational Assessment Procedure (IRAP): The first study. *International Journal of Psychology and Psychological Therapy*, *7*, 253–268.

Meijer, C., Pijl, J. S. & Hegarty, S. (1994). *New perspectives in special education: A six-country study*. New York: Routledge.

Meijer, C., Soriano, V. & Watkins, A. (2003). *Sonderpädagogische Förderung in Europa. Brussels: European Agency for Development in Special Needs Education*. Brüssel: European Agency for Development in Special Needs Education.

Memisevic, H. & Hodzic, S. (2011). Teachers' attitudes towards inclusion of students with intellectual disability in Bosnia and Herzegovina. *International Journal of Inclusive Education2*, *15*, 699–710. https://doi.org/10.1080/13603110903184001

Midgley, C., Anderman, E. & Hicks, L. (1995). Differences between elementary and middle school teachers and students: A goal theory approach. *The Journal of Early Adolescence*, *15*, 90–113. https://doi.org/10.1177/0272431695015001006

Midgley, C., Kaplan, A. & Middleton, M. (2001). Performance-approach goals: Good for what, for whom, under what circumstances, and at what cost? *Journal of Educational Psychology*, *93*, 77–86. https://doi.org/10.1037//0022-0663.93.1.77

Moberg, S. (2003). Education for all in the North and the South: Teachers' attitudes towards inclusive education in Finland and Zambia. *Education and Training in Developmental Disabilities*, *38*, 417–428.

Monroe, C. (2005). Why Are „bad boys" always Black?: Causes of disproportionality in school discipline and recommendations for change. *The Clearing House*, *79*, 45–50. https://doi.org/10.3200/TCHS.79.1.45-50

Morin, D., Rivard, M., Crocker, A. G., Boursier, C. P. & Caron, J. (2013). Public attitudes towards intellectual disability : A multidimensional perspective. *Journal of Intellectual Disability Research*, *57*, 279–292. https://doi.org/10.1111/jir.12008

Mousouli, M., Kokaridas, D., Angelopoulou-Sakadami, N. & Aristotelous, M. (2009). Knowledge and attitudes towards children with special needs by physical education students. *International Journal of Special Education*, *24*, 85–89.

Neumann, U. (2008). Was bringen die Förderprogramme? Die aktuelle Forschung zur Situation von Kindern mit Migrationshintergrund in der Bundesrepublik Deutschland. In J. Ramseger & M. Wagener (Hrsg.), *Chancenungleichheit in der Grundschule: Ursachen und Wege aus der Krise* (S. 35–44). Wiesbaden: Verlag für Sozialwissenschaften.

Nickerson, R. S. (1998). Confirmation bias: A ubiquitous phenomenon in many guises. *Review of General Psychology*, *2*, 175–220. https://doi.org/10.1037/1089-2680.2.2.175

Norwich, B. (1994). The relationship between attitudes to the integration of children with special educational needs and wider socio-political views: A US-English comparison. *European Journal of Special Needs Education*, 9, 91–106. https://doi.org/10.1080/0885625940090108

O'Toole, C. & Burke, N. (2013). Ready, willing and able? Attitudes and concerns in relation to inclusion amongst a cohort of Irish pre-service teachers. *European Journal of Special Needs Education*, 28, 239–253. https://doi.org/10.1080/08856257.2013.768451

Olson, M. A. & Fazio, R. H. (2009). Implicit and explicit measures of attitudes: The perspective of the MODE model. In R. E. Petty, R. H. Fazio & P. Briñol (Eds.), *Attitudes: Insights from the new implicit measures* (S. 19–63). New York, NY: Psychology Press.

Parks, F. R. & Kennedy, J. H. (2007). The impact of race, physical attractiveness, and gender on education majors' and teachers' perceptions of student competence. *Journal of Black Studies*, 37, 936–943. https://doi.org/10.1177/0021934705285955

Patrick, B. C., Hisley, J. & Kempler, T. (2000). „What's everybody so excited about?": The effects of teacher enthusiasm on student intrinsic motivation and vitality. *The Journal of Experimental Education*, 68, 217–236. https://doi.org/10.1080/00220970009600093

Payne, B. K. (2009). Attitude misattribution: Implications for attitude measurement and the implicit-explicit relationship. In R. E. Petty, R. H. Fazio & P. Briñol (Eds.), *Attitudes: Insights from the new implicit measures* (S. 459–483). New York, NY: Psychology Press

Payne, B. K., Cheng, S. M., Govorun, O. & Stewart, B. D. (2005). An inkblot for attitudes: Affect misattribution as implicit measurement. *Journal of Personality and Social Psychology*, 89, 277–293. https://doi.org/10.1037/0022-3514.89.3.277

Pearson, S. (2007). Exploring inclusive education : Early steps for prospective secondary school teachers. *British Journal of Special Education*, 34, 25–32.

Peterson, E. R., Rubie-Davies, C. M., Osborne, D. & Sibley, C. (2016). Teachers' explicit expectations and implicit prejudiced attitudes to educational achievement: Relations with student achievement and the ethnic achievement gap. *Learning and Instruction*, 42, 123–140. https://doi.org/10.1016/j.learninstruc.2016.01.010

Pettigrew, T. F. (1998). Intergroup contact theory. *Annual Review of Psychology*, 49, 65–85. https://doi.org/10.1146/annurev.psych.49.1.65

Pettigrew, T. F. (2008). Future directions for intergroup contact theory and research. *International Journal of Intercultural Relations*, 32, 187–199. https://doi.org/10.1016/j.ijintrel.2007.12.002

Pettigrew, T. F., Tropp, L. R., Wagner, U. & Christ, O. (2011). Recent advances in intergroup contact theory. *International Journal of Intercultural Relations*, 35, 271–280. https://doi.org/10.1016/j.ijintrel.2011.03.001

Pijl, S. J. (2010). Preparing teachers for inclusive education: some reflections from the Netherlands. *Journal of Research in Special Educational Needs*, 10, 197–201. https://doi.org/10.1111/j.1471-3802.2010.01165.x

Pit-ten Cate, I. M. & Glock, S. (2018a). Teacher expectations concerning students with immigrant backgrounds or special educational needs. *Journal Educational Research and Evaluation*, 24(3-5), 277–294. https://doi.org/10.1080/13803611.2018.1550839

Pit-ten Cate, I. M. & Glock, S. (2018b). Teachers' attitudes towards students with high- and low-educated parents. *Social Psychology of Education*, 21, 725–742. https://doi.org/10.1007/s11218-018-9436-z

Pit-ten Cate, I. M. & Krischler, M. (2018). Inklusive Bildung aus der Sicht luxemburgischer Grundschullehrerinnen und -lehrer. In T. Lentz, I. Baumann & A. Küpper (Eds.),

Nationaler Bildungsbericht Luxemburg 2018 (S. 201–209). Esch-sur-Alzette, Luxembourg: Université du Luxembourg (LUCET) & SCRIPT. https://doi.org/10.1007/978-3-658-17084-4_13

Pit-ten Cate, I. M., Markova, M., Krischler, M. & Krolak-Schwerdt, S. (2018). Promoting inclusive education: The role of teachers' competence and attitudes. *Insights into Learning Disabilites*, *15*, 49–63.

Podell, D. M. & Soodak, L. C. (1993). Teacher efficacy and bias in special education referrals. *The Journal of Educational Research*, *86*, 247–253. https://doi.org/10.1080/00220671.1993.9941836

Pohlmann, B. & Möller, J. (2010). Fragebogen zur Erfassung der Motivation für die Wahl des Lehramtsstudiums (FEMOLA). *Zeitschrift für pädagogische Psychologie*, *24*, 73–84. https://doi.org/10.1024/1010-0652/a000005

Pöhlmann, C., Haag, N. & Stanat, P. (2013). Zuwanderungsbezogene Disparitäten. In H. A. Pant, P. Stanat, U. Schroeders, A. Roppelt, T. Siegle & C. Pöhlmann (Hrsg.), *IQB-Ländervergleich 2012. Mathematische und naturwissenschaftliche Kompetenzen am Ende der Sekundarstufe I* (S. 297–330). Münster: Waxmann.

Powell, J. J. W. (2010). Change in disability classification: Redrawing categorical boundaries in special education in the United States and Germany, 1920-2005. *Comparative Sociology*, *9*, 725–742. https://doi.org/10.1163/156913210X12536181351079

Powell, J. J. W. & Hadjar, A. (2018). Schulische Inklusion in Deutschland, Luxemburg und der Schweiz: Aktuelle Bedingungen und Herausforderungen. In K. Rathmann & K. Hurrelmann (Hrsg.), *Leistung und Wohlbefinden in der Schule: Herausforderung Inklusion* (S. 46–65). Weinheim: Beltz Juventa.

Rakap, S., Parlak-Rakap, A. & Aydin, B. (2016). Investigation and comparison of Turkish and American preschool teacher candidates' attitudes towards inclusion of young children with disabilities. *International Journal of Inclusive Education*, *20*, 1–15. https://doi.org/10.1080/13603116.2016.1159254

Rakić, T., Steffens, M. C. & Mummendey, A. (2011). Blinded by the accent! The minor role of looks in ethnic categorization. *Journal of Personality and Social Psychology*, *100*, 16–29. https://doi.org/10.1037/a0021522

Retelsdorf, J. & Möller, J. (2012). Grundschule oder Gymnasium? Zur Motivation ein Lehramt zu studieren. *Zeitschrift für pädagogische Psychologie*, *26*, 5–17. https://doi.org/10.1024/1010-0652/a000056

Richeson, J. A. & Nussbaum, R. J. (2004). The impact of multiculturalism versus color-blindness on racial bias. *Journal of Experimental Social Psychology*, *40*, 417–423. https://doi.org/10.1016/j.jesp.2003.09.002

Ring, E. & Travers, J. (2005). Barriers to inclusion: A case study of a pupil with severe learning difficulties in Ireland. *European Journal of Special Needs Education*, *20*, 41–56. https://doi.org/10.1080/08856250420000319070

Rjosk, C., Haag, N., Heppt, B. & Stanat, P. (2017). Zuwanderungsbezogene Disparitäten. In P. Stanat, S. Schipolowski, C. Rjosk, S. Weirich & N. Haag (Hrsg.), *IQB-Bildungstrend 2016. Kompetenzen in den Fächern Deutsch und Mathematik am Ende der 4. Jahrgangsstufe im zweiten Ländervergleich* (S. 237-275). Münster: Waxmann.

Romi, S. & Leyser, Y. (2006). Exploring inclusion preservice training needs: A study of variables associated with attitudes and self-efficacy beliefs. *European Journal of Special Needs Education*, *21*, 85–105. https://doi.org/10.1080/08856250500491880

Rudman, L. A. (2004). Sources of implicit attitudes. *Current Directions in Psychological Science, 13*, 79–82. https://doi.org/10.1111/j.0963-7214.2004.00279.x

Sari, H., Celiköz, N. & Secer, Z. (2009). An analysis of pre-school teachers and student teachers' attitudes to inclusion and their self-efficacy. *International Journal of Special Education, 24*, 29–44.

Scanlon, G. & Barnes-Holmes, Y. (2013). Changing attitudes: Supporting teachers in effectively including students with emotional and behavioural difficulties in mainstream education. *Emotional & Behavioural Difficulties, 18*, 374–395. https://doi.org/10.1080/13632752.2013.769710

Schmidt, M. & Vrhovnik, K. (2015). Attitudes of Teachers Towards the Inclusion of Children With Special Needs in Primary and Secondary Schools. *Hrvatska Revija Za Rehabilitacijska Istrazivanja, 51*(2), 16–30.

Schuette, R. A. & Fazio, R. H. (1995). Attitude accessibility and motivation as determinants of biased processing: A test of the MODE model. *Personality and Social Psychology Bulletin, 21*, 704–710. https://doi.org/10.1177/0146167295217005

Schulze, A. & Unger, R. (2009). Sind Schullaufbahnempfehlungen gerecht? *Gesellschaft – Wirtschaft – Politik, 1*, 107–117.

Schwab, S., Gebhardt, M., Ederer-Fick, E. M. & Gasteiger-Klipcera, B. (2012). An examination of public opinion in Austria towards inclusion. Development of the attitudes towards inclusion scale – ATIS. *European Journal of Special Needs Eduaction, 27*, 355–371. https://doi.org/10.1080/08856257.2012.691231

Schwab, S. & Seifert, S. (2015). Einstellungen von Lehramtsstudierenden und Pädagogikstudierenden zur schulischen Inklusion – Ergebnisse einer quantitativen Untersuchung. *Zeitschrift für Bildungsforschung, 5*, 73–87. https://doi.org/10.1007/s35834-014-0107-7

Scior, K. (2011). Public awareness, attitudes and beliefs regarding intellectual disability: A systematic review. *Research in Developmental Disabilities, 32*, 2164–2182. https://doi.org/10.1016/j.ridd.2011.07.005

Shade, R. A. & Stewart, R. (2001). General education and special education pre-service teachers' attitude toward inclusion. *Preventing School Failure: Alternative Education for Children and Youth, 46*, 37–41. https://doi.org/10.1080/10459880109603342

Sharma, U., Forlin, C. & Loreman, T. (2008). Impact of training on pre-service teachers' attitudes and concerns about inclusive education and sentiments about persons with disabilities. *Disability and Society, 23*, 773–785. https://doi.org/10.1080/09687590802469271

Sharma, U., Forlin, C., Loreman, T. & Earle, C. (2006). Pre-service teachers' attitudes, concerns and sentiments about inclusive education : An international comparison of novice pre-service teachers. *International Journal of Special Education, 21*, 80–93.

Sharma, Umesh, Moore, D. & Sonawane, S. (2009). Attitudes and concerns of pre-service teachers regarding inclusion of students with disabilities into regular schools in Pune, India. *Asia-Pacific Journal of Teacher Education, 37*, 319–331. https://doi.org/10.1080/13598660903050328

Sherman, J. W. (1996). Development and mental representation of stereotypes. *Journal of Personality and Social Psychology, 70*, 1126–1141.

Shevlin, M., Kearns, H., Ranaghan, M., Twomey, M., Smith, R. & Winter, E. (2009). *Creating inclusive learning environments in Irish schools: Teacher perspectives*. Trim, Co Meath: NCSE.

Shifrer, D. (2013). Stigma of a label: educational expectations for high school students labeled with learning disabilities. *Journal of Health and Social Behavior, 54*, 462–480. https://doi.org/10.1177/0022146513503346

Soodak, L. C., Podell, D. M. & Lehman, L. R. (1998). Teacher, Student, and School Attributes as Predictors of Teachers' Responses to Inclusion. *The Journal of Special Education, 31*, 480–497. https://doi.org/10.1177/002246699803100405

Stanat, P. (2006a). Disparitäten im schulischen Erfolg: Forschungsstand zur Rolle des Migrationshintergrundes. *Unterrichtswissenschaft, 34*, 98–124.

Stanat, P. (2006b). Schulleistungen von Jugendlichen mit Migrationshintergrund: Die Rolle der Zusammensetzung der Schülerschaft. In J. Baumert, P. Stanat & R. Watermann (Hrsg.), *Herkunftsbedingte Disparitäten im Bildungswesen: Differenzielle Bildungsprozesse und Probleme der Verteilungsgerechtigkeit* (S. 189–219). Wiesbaden: Verlag VS Verlag.

Starczewska, A., Hodkinson, A. & Adams, G. (2012). Conceptions of inclusion and inclusive education: A critical examination of the perspectives and practices of teachers in Poland. *Journal of Research in Special Educational Needs, 12*, 162–169. https://doi.org/10.1111/j.1471-3802.2011.01209.x

Subban, P. & Sharma, U. (2006). Primary School Teachers' Perceptions of Inclusive Education in Victoria, Australia. *International Journal of Special Education, 21*, 42–52.

Talmor, R., Reiter, S. & Feigin, N. (2005). Factors relating to regular education teacher burnout in inclusive education. *European Jornal of Special Needs Education, 20*, 215–229.

Tenenbaum, H. R. & Ruck, M. D. (2007). Are teachers' expectations different for racial minority than for European American students? A meta-analysis. *Journal of Educational Psychology, 99*, 253–273. https://doi.org/10.1037/0022-0663.99.2.253

Tiedemann, J. & Billmann-Mahecha, E. (2010). Wie erfolgreich sind Gymnasiasten ohne Gymnasialempfehlung? Die Kluft zwischen Schullaufbahnempfehlung und Schulformwahl der Eltern. *Zeitschrift für Erziehungswissenschaft, 13*, 649–660. https://doi.org/10.1007/s11618-010-0146-3

Tobisch, A. & Dresel, M. (2017). Negatively or positively biased? Dependencies of teachers' judgments and expectations based on students' ethnic and social backgrounds. *Social Psychology of Education, 20*, 731–752. https://doi.org/10.1007/s11218-017-9392-z

Todorovic, J., Stojiljkovic, S., Ristanic, S. & Djigic, G. (2011). Attitudes towards inclusive education and dimensions of teacher's personality. *Procedia – Social and Behavioral Sciences, 29*, 426–432. https://doi.org/10.1016/j.sbspro.2011.11.259

Trout, A. L., Nordness, P. D., Pierce, C. D. & Epstein, M. H. (2003). Research on the academic status of children with emotional and behavioral disorders: A review of the literature from 1961 to 2000. *Journal of Emotional and Behavioral Disorders, 11*, 198–210. https://doi.org/10.1177/10634266030110040201

UNESCO. (1994). *The Salamanca Statement and Framework for Action on Special Needs Education.* Paris, France: UNESCO.

UNESCO. (2000). *Education for All 2000 Assessement: Global Synthesis.*

United Nations. (2006). Convention on the Rights of Persons with Disabilities. Zugriff am 30.04.2013 unter https://www.un.org/development/desa/disabilities/convention-on-the-rights-of-persons-with-disabilities/convention-on-the-rights-of-persons-with-disabilities-2.html

Van-Reusen, A. K., Shoho, A. R. & Barker, K. S. (2001). High school teacher attitudes toward inclusion. *High School Journal, 84*, 7–20.
van den Bergh, L., Denessen, E., Hornstra, L., Voeten, M. & Holland, R. W. (2010). The implicit prejudiced attitudes of teachers: Relations to teacher expectations and the ethnic achievement gap. *American Educational Research Journal, 47*, 497–527. https://doi.org/10.3102/0002831209353594
Vezzali, L., Giovannini, D. & Capozza, D. (2012). Social antecedents of children's implicit prejudice: Direct contact, extended contact, explicit and implicit teachers' prejudice. *European Journal of Developmental Psychology, 9*, 569–581. https://doi.org/10.1080/17405629.2011.631298
Vignes, C., Coley, N., Grandjean, H., Godeau, E. & Arnaud, C. (2008). Measuring children's attitudes towards peers with disabilities: A review of instruments. *Developmental Medicine and Child Neurology, 50*, 182–189. https://doi.org/10.1111/j.1469-8749.2008.02032.x
Vlachou, A., Eleftheriadou, D. & Metallidou, P. (2014). Do learning difficulties differentiate elementary teachers' attributional patterns for students' academic failure? A comparison between Greek regular and special education teachers. *European Journal of Special Needs Education, 29*, 1–15. https://doi.org/10.1080/08856257.2013.830440
Warnock, M. (1979). Children with special needs: the Warnock Report. *British Medical Journal, 1*, 667–668.
Watkins, A. (2012). *Teacher education for Inclusion: Profile of Inclusive Teachers*. Odense, Denmark: European Agency for Development in Special Needs Education.
Westerman, D. A. (1991). Expert and novice teacher decision making. *Journal of Teacher Education, 42*, 292–305. https://doi.org/10.1177/002248719104200407
Wilczenski, F. L. (1992). Measuring attitudes toward inclusive education. *Psychology in the Schools, 29*, 306–312.
Wittenbrink, B., Judd, C. M. & Park, B. (1997). Evidence for racial prejudice at the implicit level and its relationship with questionnaire measures. *Journal of Personality and Social Psychology, 72*, 262–274. https://doi.org/10.1037//0022-3514.72.2.262
Wittenbrink, B. & Schwarz, N. (2007). *Implicit measures of attitudes: Procedures and controversies*. New York, NY: Guilford Press.
Woolfolk Hoy, A. & Spero, R. B. (2005). Changes in teacher efficacy during the early years of teaching: A comparison of four measures. *Teaching and Teacher Education, 21*, 343–356. https://doi.org/10.1016/j.tate.2005.01.007
World Health Organisation. (2011). Global status report on alcohol and health: Europe. Zugriff am 04.05.2019 unter http://www.who.int/substance_abuse/publications/global_alcohol_report/msbgsreur.pdf
Yoon, J. S. (2002). Teacher characteristics as predictors of teacher-student relationships: Stress, negative affect, and self-efficacy. *Social Behavior and Personality: An International Journal, 30*, 485–493. https://doi.org/10.2224/sbp.2002.30.5.485

Stereotype, Urteile und Urteilsakkuratheit von Lehrkräften: Eine Zusammenschau im Rahmen des Heterogenitätsdiskurses

Karina Karst und Meike Bonefeld

> **Zusammenfassung**
>
> Urteile von Lehrkräften stehen oft im Fokus empirischer Forschung. Dabei wird davon ausgegangen, dass diese lernrelevanten Urteile über Schüler*innen unterrichtliche Entscheidungen in der Gestaltung von Lernumgebungen beeinflussen. Zudem hat sich gezeigt, dass Urteile in Form von Erwartungen an die Leistung von Schüler*innen ebendiese auch beeinflussen können. Im Rahmen dieses Überblicksbeitrags werden Urteile von Lehrkräften näher beleuchtet und zwar mit Fokus auf zwei Differenzkategorien (Geschlecht und Migration) nach denen Lernende voneinander unterschieden werden können. Zur Realisierung von Chancengleichheit im Rahmen des Heterogenitätsdiskurses ist dabei besonders bedeutsam, dass diese Urteile nicht systematisch für unterschiedliche Schüler*innengruppen verzerrt sind. Dies zeigt sich jedoch nicht in den bisherigen empirischen Studien. Gleichwohl kann mit Blick auf die Forschung festgestellt werden, dass die Akkuratheit der Lehrkrafturteile nur in vereinzelten Studien von Schüler*innenmerkmalen beeinflusst ist. Die Forschungslage hierzu ist jedoch noch sehr dürftig. Die Darstellung bisheriger Forschung wird dabei in den Kontext objektiver Unterschiede zwischen Lernenden unterschiedlicher Schüler*innengruppen eingebettet.

K. Karst (✉) · M. Bonefeld
Universität Mannheim, Mannheim, Deutschland
E-Mail: karst@uni-mannheim.de

M. Bonefeld
E-Mail: bonefeld@uni-mannheim.de

Schlüsselwörter

Heterogenität · Stereotype · Migrationshintergrund · Geschlecht · Lehrkräfte · Lehrkrafturteile · Urteilsakkuratheit

9.1 Einleitung

Eine wichtige Herausforderung im Bildungssystem ist die Herstellung von Chancengleichheit. Diese Debatte ist auch Bestandteil des Heterogenitätsdiskurses, wenn Heterogenität in ihrer ungleichheitskritischen Bedeutungsdimension verstanden wird (Walgenbach 2017). Dabei wird Heterogenität als ein Produkt von Ungleichheit verstanden, welches in die Schule hereingetragen wird und dort stabilisiert und fortführend produziert wird. Besonders auffällig ist dies für spezifische Schüler*innengruppen, nämlich Lernende mit Migrationshintergrund, Mädchen beziehungsweise Jungen (je nach fachlichem Kontext) sowie Lernende aus weniger privilegierten Familien. Die interessierenden Differenzlinien für diesen Beitrag sind Migration und Geschlecht. Hier zeigt sich vergleichsweise konsistent, dass die Lernenden nicht die gleichen Realisierungschancen bezüglich der Teilhabe an Bildungsangebotenhaben. Zugleich verweisen die Befunde auf konsistente Unterschiede zwischen den Schüler*innengruppen mit Blick auf deren fachliche Kompetenzen. Schließlich wird in (teilweise längsschnittlich) angelegten Studien zum Bildungsmonitoring deutlich, dass es im deutschen Bildungssystem bislang noch nicht gelungen ist, die Benachteiligung spezifischer Schüler*innengruppen zu überwinden. Vor diesem Hintergrund stellt sich die Frage, wie es aktuell besonders um die Situation von Mädchen und Jungen sowie Schüler*innen mit Migrationshintergrund in deutschen Schulen bestellt ist und welchen Einfluss Lehrkräfte bei potenziellen Benachteiligungen nehmen.

Um dieser Frage nachzugehen, werden wir in diesem Kapitel zunächst den Blick auf strukturelle Daten zur Bildungsbeteiligung und zu fachlichen Leistungen der Lernenden (erfasst auf der Grundlage standardisierter Leistungstests) unter Berücksichtigung der Differenzlinien Migration und Geschlecht richten. In einem nächsten Schritt werden Ursachen für diese objektiven Unterschiede analysiert. Dabei stehen stereotype Überzeugungen der Lehrkraft im Vordergrund. Den Hauptfokus richten wir sodann auf leistungsbezogene Urteile von Lehrkräften und deren Akkuratheit, die von Stereotypen beeinflusst sein können. Das Kapitel schließt mit einem Ausblick zu Forschungsdesideraten.

9.2 Bildungsbeteiligung und fachliche Kompetenzen

Mit der empirischen Wende in der Bildungsforschung wurde die Bedeutsamkeit für die Analyse objektiver Daten im Bildungskontext geschärft. Diese ermöglichen verlässliche Aussagen über die Bildungsbeteiligung von Schüler*innen unterschiedlicher Herkunft oder aber auch von Schüler*innen im Vergleich.

Um einen ersten Eindruck über die Bildungsbeteiligung sowie über die fachlichen Kompetenzen von Lernenden unterschiedlichen Geschlechts beziehungsweise mit/ohne Migrationshintergrund zu gewinnen, stellen wir im folgenden kursorisch Ergebnisse auf der Grundlage von Daten des Statistischen Bundesamtes, Befunde des Nationalen Bildungsberichts (Maaz et al. 2016) sowie Ergebnisse eigener Analysen vor. Bundesländerspezifische Unterschiede bleiben dabei unberücksichtigt. Auch wird an dieser Stelle darauf verwiesen, dass die Darstellung eher global erfolgt mit dem Ziel, die grundlegende Situation zu umschreiben, welche möglicherweise ursächlich für Erwartungen und Überzeugungen von Lehrkräften sein kann.

9.2.1 Schüler*innen mit und ohne Migrationshintergrund im Vergleich

Als Schüler*in mit Migrationshintergrund werden alle Lernenden bezeichnet, die mindestens ein Elternteil nichtdeutscher Herkunft haben. Damit folgen wir der Definition des Statistischen Bundesamts (2018).

Vergleicht man nun Schüler*innen mit und ohne Migrationshintergrund hinsichtlich ihrer Bildungsbeteiligung, zeigt sich, dass die Schüler*innen mit Migrationshintergrund im Vergleich zu Schüler*innen ohne Migrationshintergrund an Hauptschulen häufiger vertreten sind. Im Gegensatz dazu werden Schüler*innen mit Migrationshintergrund seltener an Gymnasien angetroffen (Abb. 9.1). Dabei macht die hier präsentierte Abbildung aus dem Nationalen Bildungsbericht des Jahres 2016 einen bedeutsamen Aspekt offensichtlich. Bei gleichem sozioökonomischem Status verringern sich die Unterschiede zwischen Schüler*innen mit und ohne Migrationshintergrund in der Verteilung der Bildungsgänge 2012. Das bedeutet, dass die gefundenen Unterschiede weniger eine Funktion des Migrationshintergrunds sind, sondern insbesondere durch den sozioökonomischen Status beeinflusst werden.

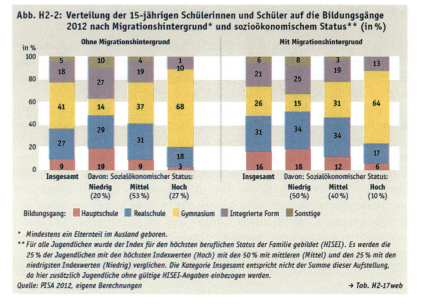

Abb. 9.1 Bildungsbeteiligung in Abhängigkeit des Migrationshintergrundes und des sozioökonomischen Status. (Quelle: Autorengruppe Bildungsberichterstattung (Hrsg.): Bildung in Deutschland 2016. Ein indikatorengestützter Bericht mit einer Analyse zu Bildung und Migration. wbv Media, Bielefeld 2016 (S. 174))

Bezüglich der fachlichen Kompetenzen zeigt sich, dass Schüler*innen mit Migrationshintergrund kontinuierlich im Mittel geringere Kompetenzen aufweisen. Dies gilt über alle im Rahmen von PISA untersuchten Fächer hinweg (Pöhlmann et al. 2013; Reiss et al. 2016).

Dieser Befund wiederholte sich auch unlängst in von uns durchgeführten Analysen im Rahmen des Projekts „Herausforderung Heterogenität". Hier haben wir Schüler*innen der fünften und sechsten Jahrgangsstufe an Mannheimer Schulen in ihren sprachlichen Kompetenzen im Rahmen eines Service Learning-Seminars für Lehramtsstudierende getestet (vgl. Karst et al. 2019). Eingesetzt haben wir hierfür den Duisburger Sprachstandstest (DST; Schoppengerd et al. 2017) in einer adaptierten Version (Karst und Dotzel 2018), der die Dimensionen Hörverstehen, Wortschatz, Satzbau und Grammatik misst.

Ein Vergleich der im Mittel erreichten Gesamtpunktzahl macht deutlich, dass auch hier die Schüler*innen mit Migrationshintergrund signifikant

9 Stereotype, Urteile und Urteilsakkuratheit von Lehrkräften …

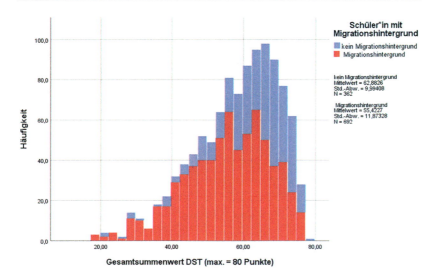

Abb. 9.2 Ergebnisse des Duisburger Sprachstandstests nach Migrationshintergrund in Form eines gestapelten Balkendiagramms. (Quelle: Projekt Herausforderung Heterogenität (HEAT) der Universität Mannheim, 2017)

schlechter abgeschnitten haben, $t(849{,}06) = 10{,}77$; $p = {,}000$. Dabei ist der überdurchschnittliche Anteil von Schüler*innen mit Migrationshintergrund für den Rhein-Neckar-Raum repräsentativ (Fernández Ammann et al. 2015). Zugleich zeigt sich aber auch deutlich, dass die Unterschiede innerhalb der beiden Schüler*innengruppen größer sind (mit Blick auf den Range) als die Unterschiede in den Mittelwerten zwischen diesen beiden Schüler*innengruppen (Abb. 9.2). Dieser Befund verweist darauf, dass bei einer binären Optik die große Spannweite in der Leistung von Schüler*innen außen vorgelassen wird, was einen professionellen Umgang mit leistungsbezogener Heterogenität erschwert.

9.2.2 Mädchen und Jungen im Vergleich

Betrachtet man die Bildungsbeteiligung von Mädchen im Vergleich zu Jungen im Sekundarbereich 1 zeigen sich Unterschiede je nach Bildungsgang (Abb. 9.3). Während die Mädchen insgesamt weniger häufig in der Gesamtpopulation der Sekundarschüler*innen 1 vertreten sind, kann festgestellt werden, dass sie

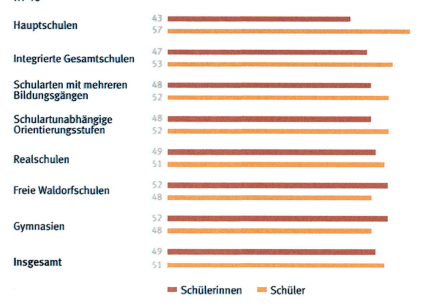

Abb. 9.3 Bildungsbeteiligung von Schüler*innen in Deutschland 2016/2017. (Quelle: Schulen auf einen Blick. Ausgabe 2018 (S. 16). © Statistisches Bundesamt (Destatis), 2018)

insbesondere das Gymnasium und die Freien Waldorfschulen[1] vergleichsweise häufig besuchen. Hingegen sind die Jungen in der Hauptschule und der Integrierten Gesamtschule deutlich überrepräsentiert.

Im Rahmen der Bildungsberichterstattung 2016 zeigt sich überdies, dass Jungen häufiger von der Einschulung zurückgestellt werden, seltener eine Gymnasialempfehlung bekommen, häufiger die Klassen wiederholen und eine Haupt- oder Förderschule besuchen (Maaz et al. 2016).

---

[1]Walddorfschulen sind staatlich anerkannte Ersatzschulen in freier Trägerschaft, die der Waldorfpädagogik nach Rudolf Steiner folgen.

Hinsichtlich der fachlichen Leistungen können ebenfalls Unterschiede zwischen Mädchen und Jungen festgestellt werden, die jedoch je nach Fach unterschiedlich ausfallen. Während Mädchen sehr häufig besser im Bereich der Lesekompetenzen abschneiden (Naumann et al. 2010), zeigen sich Vorteile bei den Jungen im Bereich Mathematik und Naturwissenschaften (Frey et al. 2010).

Dieser kurze Überblick macht zwar Unterschiede zwischen den Schüler*innen unterschiedlicher Schüler*innengruppen sichtbar, vernachlässigt aber spezifischere Einblicke, die beispielsweise das jeweilige Herkunftsland im Migrationshintergrund berücksichtigen. Darüber hinaus haben wir in diesem Abschnitt zur Bildungsbeteiligung die Verschränkung unterschiedlicher Merkmale von Schüler*innen (Stichwort: Intersektionalität) weitestgehend vernachlässigt, sodass sich die Forschungsbefunde noch weitaus differenzierter darstellen ließen (vgl. Lühe et al. 2017; Stanat et al. 2010).

9.3 Wie lassen sich die Unterschiede erklären?

Unterschiede in der Bildungsbeteiligung von Lernenden mit und ohne Migrationshintergrund können auf unterschiedliche Art erklärt werden. Erstens können tatsächliche Kompetenzunterschiede ursächlich sein, die sich auf der Grundlage *primärer Herkunftseffekte* erklären lassen. Bei primären Herkunftseffekten handelt es ich um direkte Einflüsse der Familie, die sich auf die Kompetenzentwicklung auswirken. Dies kann beispielsweise der geringere Einsatz an Ressourcen für vorschulische Bildungsangebote darstellen oder allgemein der bildungsbezogene Anregungsgehalt in der Familie. Für Schüler*innen mit Migrationshintergrund scheint darüber hinaus auch der Sprachgebrauch innerhalb der Familie bedeutsam (Stanat et al. 2010). Zweitens können *sekundäre Herkunftseffekte* die Bildungsbeteiligung und die Kompetenzen von Schüler*innen beeinflussen. Hierbei handelt es sich um den Einfluss distaler, leistungsferner Merkmale von Schüler*innen, die eben nicht durch Unterschiede in den Kompetenzen erklärt werden können. Als prädiktiv haben sich hier familiäre Faktoren wie die Bildungsaspiration erwiesen, aber auch Effekte des sozioökonomischen Status (Becker 2013). Nach Kontrolle des sozio-ökonomischen Hintergrunds und dem Sprachgebrauch in der Familie reduzieren sich die Kompetenznachteile der Schüler*innen mit Migrationshintergrund deutlich (Pant et al. 2013; Stanat und Christensen 2006; Stanat et al. 2016). Doch auch unter Kontrolle dieser Variablen verbleiben in den meisten Herkunftsgruppen substanzielle Kompetenznachteile im Vergleich zu Schüler*innen deutscher Herkunft (Bos et al. 2008; Bos 2008). Insbesondere für Schüler*innen türkischer Herkunft bleiben statistisch signifikante Unterschiede bestehen (Pöhlmann et al. 2013). Schließlich werden demnach, drittens, stereotype Überzeugungen von Lehrkräften als erklärende Faktoren herangezogen, die ihre Leistungserwartungen beeinflussen können (z. B. Lorenz et al. 2016) und damit auch ihre unterrichtlichen Praktiken.

Mit Blick auf die Differenzkategorie Geschlecht können Unterschiede in der Bildungsbeteiligung und den Kompetenzen sicherlich auch durch unterschiedliche, geschlechterspezifische Praktiken und Kognitionen in den Elternhäusern erklärt werden (Dresel et al. 2001). Gleichwohl verweisen Studien darauf, dass zu Beginn der Grundschulzeit die Unterschiede zwischen Mädchen und Jungen wesentlich geringer ausfallen und erst im Laufe der Beschulung zunehmen (Herwartz-Emden und Braun 2010; Stanat und Bergann 2010). Demnach haben sich auch hier die stereotypen Überzeugungen und Leistungserwartungen von Lehrkräften zur Aufklärung von Kompetenzunterschieden zwischen Mädchen und Jungen als prädiktiv erwiesen (Kuhl und Hannover 2012).

Diese Lehrkraftkognitionen (als Oberbegriff für stereotype Überzeugungen und Leistungserwartungen) können sich schließlich im unterrichtlichen Handeln manifestieren und so zu unterschiedlichen unterrichtlichen Praktiken gegenüber den Gruppenmitgliedern (Mädchen vs. Junge; Migrant*innen vs. Nicht-Migrant*innen) führen (z. B. Budde et al. 2008; Thies und Röhner 2000) sowie sich selbst verstärkende Effekte im Sinne eines Rückkopplungsmechanismus produzieren. Somit können die Kognitionen von Lehrkräften als ein bedeutsamer Faktor zur Erklärung von Unterschieden in der Bildungsbeteiligung sowie zur Erklärung von Kompetenzunterschieden zwischen spezifischen Schüler*innengruppen herangezogen werden. Das ist beispielsweise insbesondere dann der Fall, wenn die Lehrkraftkognitionen über Unterschiede zwischen Schüler*innen nicht mit den realen Unterschieden zwischen den Schüler*innen unterschiedlicher Gruppen übereinstimmen. Hier sind Effekte stereotypbezogener Überzeugungen auf die Leistungsbeurteilung zu erwarten (Glock und Krolak-Schwerdt 2013; Jussim und Eccles 1992; Lorenz et al. 2016; McKown und Weinstein 2008; Rosenthal und Jacobson 1968).

Im Folgenden wird zunächst kurz auf den Stereotypbegriff eingegangen und auf die Frage, wie genau stereotype Überzeugungen die Urteile von Lehrkräften über ihre Schüler*innen beeinflussen können (Abschn. 9.3.1). Sodann stehen Forschungsarbeiten im Vordergrund, die den Effekt von stereotypbehafteten Schüler*innenmerkmalen auf die Beurteilung von Schüler*innen untersuchen (Abschn. 9.3.2). Schließlich wird auf Studien fokussiert, die zusätzlich die Akkuratheit der Schülerbeurteilung in Abhängigkeit von Schüler*innenmerkmalen berücksichtigen (Abschn. 9.3.3). Dabei stehen die Differenzkategorien Geschlecht und Migration im Fokus.

9.3.1 Stereotype

Stereotype sind mentale, kognitive Strukturen, die das Wissen über die soziale Welt ordnen (Bodenhausen und Lichtenstein 1987). Wenn Menschen auf neue Personen treffen, versuchen sie nicht jedes Mal aufs Neue herauszufinden, welche Fähigkeiten oder Charaktereigenschaften diese Personen besitzen, sondern kategorisieren diese Personen automatisch aufgrund bestimmter Merkmale (z. B. die Hautfarbe, der Name, ein Akzent). Durch diese Kategorisierungen werden Gruppen bestimmte Eigenschaften, unabhängig von tatsächlichen interindividuellen Unterschieden, zugeschrieben (Jussim et al. 1996). Stereotype sind demnach Assoziationen von gruppenspezifischen Attributen, also beispielsweise Eigenschaften oder Verhaltensweisen, die entweder realen Gruppenunterschieden entsprechen oder diese verzerrt darstellen.

Für die in diesem Kapitel fokussierten Differenzkategorien Geschlecht und Migration kann festgehalten werden, dass es sich dabei um soziale Kategorien handelt, die für den Urteilenden leicht zugänglich/sichtbar sind (Fiske et al. 1999). Diese leichtere Zugänglichkeit wiederum macht das Aktivieren von Stereotypen über beispielsweise Schüler*innen mit Migrationshintergrund wahrscheinlicher.

Die Funktion von Stereotypen liegt unter anderem darin, bei der Informationsverarbeitung zu helfen, indem Komplexität reduziert wird (Macrae et al. 1994). Damit beeinflussen sie nicht nur die Wahrnehmung verschiedener Informationen, sondern auch welche Informationen weiterverarbeitet und wieder abgerufen werden (Bodenhausen 1990). Wie stark sich Stereotype auswirken, hängt dabei von der Art der Informationsverarbeitung ab (vgl. Zwei-Prozess-Modelle: Chaiken und Trope 1999). Im Falle einer eher *heuristischen Verarbeitungsstrategie* sollten sich Stereotype stärker auf Urteile auswirken, da hier vorliegende Informationen kategorienbasiert und automatisch verarbeitet werden. Demgegenüber ist ein geringerer Einfluss eines Stereotyps auf das Urteil zu erwarten, wenn der Urteilende kontrolliert und bewusst, individuierende Informationen über die zu beurteilende Person verarbeitet. Dies entspricht dann einer eher attributsbezogenen, *systematischen Informationsverarbeitung*. Im Kontext von Leistungsbeurteilungen spielen insbesondere stereotype Überzeugungen zu lernrelevanten Merkmalen von Schüler*innen eine Rolle.

So sollten, unter der Annahme, dass beispielsweise in Bezug zur Leistungsfähigkeit der Schüler*innen mit Migrationshintergrund negative Stereotype bestehen (vgl. Kap. 6), vor allem in Hinblick auf Leistungsbeurteilung durch Lehrkräfte verzerrende Effekte bei der heuristischen Verarbeitung erwartbar sein beziehungsweise die systematische Verarbeitung durch diese heuristischen Hinweisreize beeinflusst werden. Gleiches gilt für die Differenzkategorie Geschlecht. Hier sollten sich bei ausgeprägten Stereotypen gegenüber der Leistungsfähigkeit von Mädchen in Mathematik und/oder naturwissenschaftlichen Fächern Verzerrungen in den Urteilen der Lehrkräfte zugunsten der Jungen zeigen. Der gegenteilige Effekt ist für den Bereich Sprache und insbesondere Leseverstehen zu erwarten.

9.3.2 Lehrkrafturteile und Stereotype

Lehrkrafturteilen über lernrelevante Merkmale ihrer Schüler*innen werden im unterrichtlichen Kontext eine gewichtige Rolle zuteil. So gilt die konsequente Berücksichtigung individueller Lernvoraussetzungen als bedeutsame Determinante zur Gestaltung adaptiver Lernumgebungen (Brühwiler 2014). Diese adaptive Gestaltung von Unterricht soll den Lernerfolg positiv unterstützen, denn Lernen gelingt dann am besten, wenn es am Vorwissen und bestehenden Wissensstrukturen anknüpfen kann (Baumert et al. 2009; Harwell et al. 2007; Weinert und Helmke 1995). Sind die Erwartungen und Urteile von Lehrkräften über ihre Schüler*innen aber aufgrund von spezifischen Schüler*innenmerkmalen verzerrt, kann diese Voraussetzung nicht mehr erfüllt werden (Jussim und Harber 2005).

Im Rahmen der Betrachtung von Urteilen und der Mechanismen der Urteilsbildung ist es wichtig zu unterscheiden, in welcher Art ein Urteil betrachtet wird. Urteile können einerseits einander gegenübergestellt werden. Der Vergleich von Urteilen über verschiedene (soziale) Gruppen kann so offenlegen, ob es Unterschiede in den Urteilen zwischen den Gruppen gibt. Hier wird also ein Niveauunterschied in Urteilen zwischen zwei Gruppen verglichen. Andererseits können Urteile aber auch mit einem Kriterium (z. B. tatsächliche Schüler*innenleistung) in Bezug gebracht werden. In diesem Fall steht dann die Akkuratheit des Urteils im Vordergrund (vgl. Abschn. 9.3.3). Zunächst erfolgt der Blick auf Forschungsarbeiten bei denen Stereotype und Urteile über verschiedene Schüler*innengruppen miteinander verglichen werden.

Forschungsstand Werden Stereotype als explizite und implizite Einstellungen von Lehrkräften untersucht, zeigt sich, dass sowohl angehende Lehrkräfte wie auch Lehrkräfte im Schuldienst mehr negative implizite und explizite Einstellungen gegenüber Schüler*innen mit Migrationshintergrund aufweisen als gegenüber Schüler*innen ohne Migrationshintergrund (Froehlich et al. 2016; Glock und Karbach 2015; Glock und Klapproth 2017; McCombs und Gay 1988;

Parks und Kennedy 2007). Auch für die Kategorie Geschlecht können domänenspezifische Stereotype festgestellt werden. Herauszugreifen sind hierbei negative Stereotype gegenüber Mädchen, vor allem in mathematischen und naturwissenschaftlichen Bereichen (Fennema et al. 1990; Steffens et al. 2010). Nosek et al. (2009) haben ein Länderranking bezüglich domänenspezifischer Stereotype aufgestellt. Dabei konnten sie für alle westlichen Länder geschlechtsspezifische Stereotype feststellen, die auf eine systematische Schlechterstellung von Mädchen im mathematisch-naturwissenschaftlichen Bereich hindeuteten. Gleichzeitig verweisen Glock und Klapproth (2017) darauf, dass die implizite Einstellung gegenüber Schüler*innen abhängig von der Jahrgangsstufe sein kann. So zeigten Lehrkräfte der Sekundarstufe mehr implizite positive Einstellungen gegenüber Jungen, während Grundschullehrkräfte mehr positive implizite Einstellungen gegenüber Mädchen aufwiesen (Glock und Klapproth 2017).

Diese negativen impliziten Einstellungen gegenüber Lernenden mit Migrationshintergrund können sich sodann in negativeren Leistungsurteilen äußern. Die Forschungslandschaft hierzu ist vielfältig und basiert zumeist auf experimentellen Studien (z. B. Glock et al. 2013) oder Meta-Analysen (z. B. Tenenbaum und Ruck 2007).

In einer Studie mit angehenden Lehrkräften konnten Glock und Krolak-Schwerdt (2013) zeigen, dass stereotypbestätigende Fallvignetten (z. B. unterdurchschnittlicher Schüler mit Migrationshintergrund) zu einem verzerrten Urteil über die Person führt, die zur stereotypbehafteten Gruppe gehört im Gegensatz zu der Person, die nicht dieser Gruppe angehört. In einer weiteren Studie von Glock et al. (2013) wurden weniger günstige Urteile für Schüler*innen mit Migrationshintergrund bei der Übergangsempfehlung offensichtlich. Darüber hinaus zeigen aktuelle Arbeiten, dass Lehrkräfte speziell Schüler*innen mit türkischem Migrationshintergrund geringere akademische Fähigkeiten im Schreiben und Lesen zuschreiben als Schüler*innen ohne Migrationshintergrund (Glock und Krolak-Schwerdt 2013; Holder und Kessels 2017). Diesem Sachverhalt sind auch Bonefeld und Dickhäuser (2018) in ihrer Studie nachgegangen. Lehramtsstudierende wurden dazu aufgefordert ein fiktives Diktat eines Schülers zu benoten. Dabei zeigte sich, dass Lehramtsstudierende bei identischen Diktaten die Leistung eines Schülers mit (türkischem) Migrationshintergrund statistisch signifikant schlechter benoteten als die eines Schülers ohne Migrationshintergrund. Diese Unterschiede waren ausgeprägter, wenn das Leistungsniveau der Schüler schlecht war und überraschenderweise, wenn die Lehrkräfte positive implizite Einstellungen gegenüber der Leistungsfähigkeit von Personen mit türkischem Migrationshintergrund im Vergleich zu deutschen Personen hatten. Diese Unterschiede zeigten sich im Übrigen nicht in der Anzahl der gezählten Fehler im Diktat. Demnach könnte das Zählen von Fehlern eher der systematischen und regelhaften Verarbeitung von Informationen zugeordnet werden, während es sich bei Noten eher um ambigue, heuristische Bewertungsstrategien handeln kann, die keiner spezifischen und strikten Regel folgen. Während bei Bonefeld und Dickhäuser (2018) ein Vergleich zwischen männlichen Schülern vorgenommen wurde, haben Kleen und Glock (2018) den Blick auf die weiblichen Schülerinnen gerichtet. So konnten die Autorinnen zeigen, dass bei einer Analyse von Lehrkrafturteilen über weibliche Schülerinnen im Bereich Sprache, Schülerinnen mit Migrationshintergrund im leistungsschwachen Bereich schlechter beurteilt wurden als die Schülerinnen ohne Migrationshintergrund. Demgegenüber zeigte sich für die Leistungsstarken genau Gegenteiliges. Hier wurden die Schülerinnen ohne Migrationshintergrund schlechter beurteilt, was sich für die Schüler in der Studie von Bonefeld und Dickhäuser (2018) eben nicht gezeigt hat. Der Vergleich dieser beiden Studien lässt vermuten, dass auch bei den Lehrkrafturteilen die Intersektionalität von Schüler*innenmerkmalen eine Rolle spielt. Um diese wechselseitige Verschränkung von Schüler*innenmerkmalen in Lehrkrafturteilen allerdings vollumfänglich zu untersuchen, wäre in diesem Fall die gleichzeitige Berücksichtigung von männlichen und weiblichen Schüler*innen mit und ohne Migrationshintergrund erforderlich.

Berücksichtigt man ausschließlich die Kategorie Geschlecht, verweisen die Studien darauf, dass Lehrkräfte negativere Einstellungen gegenüber Mädchen insbesondere im Fach Mathematik haben und das Leistungspotenzial auch geringer beurteilen (Fennema et al. 1990; Li 1999; Tiedemann 2000). Gleichzeitig überschätzten Lehrkräfte die Fähigkeiten von Jungen im Vergleich zu denen der Mädchen (Li 1999). Auch Holder und Kessels (2017) kommen in ihrer experimentellen Studie mit 115 angehenden Lehrkräften zu diesem Schluss. Dabei zeigte sich, dass die Teilnehmer*innen die Leistung von Mädchen in der Grundschule im Fach Mathematik systematisch schlechter bewerteten als die Leistung von Jungen ($d=0{,}81$). Eine Ausnahme bildet hier die Studie von Kaiser et al. (2015). Im Rahmen eines virtuellen Schülerinventars über 16 Schüler*innen der siebten Jahrgangsstufe, welches bei 168 Lehrkräften im Referendariat eingesetzt wurde, hat sich gezeigt, dass für Mädchen eine bessere Mathematiknote prognostiziert wurde als für Jungen (Kaiser et al. 2015).

Neben diesen experimentellen Studien gibt es auch Studien, die im Feld durchgeführt wurden und untersuchen, inwiefern die Urteile von Lehrkräften über ihre Schüler*innen aufgrund schülerspezifischer Merkmale verzerrt sind (z. B. Meissel et al. 2017; Ready und Wright 2011; van den Bergh et al. 2010). Diese Studien haben sogleich den Vorteil, dass sie für die tatsächlichen Leistungen der Schüler*innen kontrollieren. Die Akkuratheit der Urteile (im Sinne diagnostischer Kompetenz) wird aber dennoch nicht berücksichtigt. Bei diesen Feldstudien sind die Forschungsergebnisse bei weitem nicht so einheitlich, aber in der Mehrheit mit den Befunden experimenteller Forschung vergleichbar. Ready und Wright (2011) untersuchten Lehrkrafturteile von 1822 Lehrkräften über 9493 Schüler*innen im Bereich Lesekompetenz. Die Ergebnisse linearer hierarchischer Modelle verdeutlichten signifikant negative Effekte für den Migrationshintergrund und für das Geschlecht (in dem Fall für die männlichen Schüler). Darüber hinaus konnten Meissel et al. (2017) in einer groß angelegten neuseeländischen Studie zeigen, dass die Urteile von Lehrkräften für Mädchen und für Lernende ohne Migrationshintergrund im Bereich Lesen und Schreiben besser/höher ausfallen. Im Gegensatz dazu waren die Urteile für Jungen und für Lernende mit Migrationshintergrund niedriger (Meissel et al. 2017). Dabei haben die Autorinnen für die Leistung der Schüler*innen in einem standardisierten Leistungstest kontrolliert. Lorenz et al. (2016) haben die Leistungserwartungen von 69 Grundschullehrkräften untersucht und domänenspezifische Unterschiede aufgedeckt. So konnten sie für das Fach Deutsch zeigen, dass die prognostischen Urteile für Schüler*innen mit türkischem Migrationshintergrund sowie für Jungen, unter Kontrolle objektiver Leistungsdaten, negativ verzerrt waren. Für das Fach Mathematik zeigten sich hingegen keine geschlechterbedingten Unterschiede sowie eine positive Verzerrung des Urteils für Schüler*innen mit osteuropäischem Migrationshintergrund.

Im Gegensatz dazu können Baker et al. (2015) keine signifikanten Effekte des Geschlechts und des Migrationshintergrunds der Schüler*innen auf die Lehrkrafturteile feststellen. Allerdings konnten die Autor*innen etwa 40 % in der Varianz der Lehrkrafturteile durch andere Merkmale der Schüler*innen wie Alter, Sozialverhalten und Aufmerksamkeit des Schülers beziehungsweise der Schülerin aufklären. Diese Merkmale wiederum könnten mit Geschlecht und Migrationshintergrund konfundiert sein, sodass diese Kategorien keine zusätzliche Varianz mehr aufklären. Peterson et al. (2016) konnten keinen Effekt des Migrationshintergrundes auf explizite Lehrkrafturteile feststellen. Überdies gibt es ein paar ältere Studien, mit allerdings wesentlich geringeren Stichprobenumfängen, die ebenfalls keine Unterschiede in den Lehrkrafturteilen in Abhängigkeit des Schülergeschlechts feststellen konnten (z. B. Bennett et al. 1993; Doherty und Conolly 1985).

Werden Noten als von sich aus weniger regelhafte und globalere Urteile in den Fokus gerückt, zeigt sich ein ähnliches Bild. Schüler*innen mit Migrationshintergrund erzielen im Vergleich zu Schüler*innen ohne Migrationshintergrund in der

Primarstufe schlechtere Noten (Kristen 2002). Besonders Schüler*innen türkischer Herkunft erhalten schlechtere Schulnoten. Dies konnte insbesondere für die Kernfächer Deutsch und Mathematik nachgewiesen werden (Diefenbach 2008; Kristen 2002, 2006). Dass es sich hierbei um eine systematische Verzerrung der Noten handelt, konnten Bonefeld et al. (2017) nachweisen. In einer Längsschnittstudie ($N=1487$ Schüler*innen aus 56 Gymnasialklassen) mit insgesamt sechs Messzeitpunkten konnten die Autoren zeigen, dass die Mathematiknoten für Schüler*innen mit Migrationshintergrund auch nach Kontrolle standardisierter Leistungsmaße und der sozialen Herkunft im Vergleich zu Schüler*innen ohne Migrationshintergrund negativ verzerrt waren. Dieser Effekt zeigte sich zu jedem der sechs Messzeitpunkte.

Die Annahmen zur Rolle von stereotypen Überzeugungen über Schüler*innen mit Migrationshintergrund im Zusammenhang mit Lehrkrafturteilen sind weitgehend geteilt und empirisch nachgewiesen. Gleiches lässt sich für geschlechtsspezifische Stereotype resümieren. Allerdings kann man sich auf der Grundlage von Feldstudien noch nicht ganz sicher sein, ob sich die in experimentellen Studien gefundenen Effekte durchgängig auch im unterrichtlichen Kontext zeigen. Demnach könnte man sich fragen, ob die gefundenen Urteilsverzerrungen vielleicht nur das Resultat mangelnder ökologischer Validität sind. Dagegen sprechen aber die doch in ihrer numerischen Anzahl dominierenden und mit den experimentellen Studien in ihren Ergebnissen übereinstimmenden Feldstudien. Zudem erlauben erst experimentelle Studien die systematische Analyse von Faktoren, die die Urteile von Lehrkräften beeinflussen können. Dies ist in Feldstudien nicht möglich. Hier können Urteile mit Faktoren konfundiert sein, die in solchen Analysen unentdeckt bleiben.

Neben der reinen Betrachtung von Lehrkrafturteilen ist mit Blick auf die Gestaltung von adaptiven Lernumgebungen auch die Akkuratheit der Urteile von besonderer Bedeutung. Dabei geht es darum, wie gut die Schülerleistung mit einem Urteil abgebildet wird. In den oben dargestellten Studien stand zunächst im Fokus der Betrachtung, ob sich die Urteile über Schüler*innen mit Migrationshintergrund von denjenigen Urteilen über Schüler*innen ohne Migrationshintergrund unterscheiden (unter Kontrolle der tatsächlichen Leistung). Steht die Akkuratheit im Vordergrund geht es darum, ob die Urteile innerhalb einer der Gruppen, das heißt zum Beispiel bei Schülerinnen, die tatsächliche Leistung akkurat widerspiegeln. Daran anschließend kann verglichen werden, ob sich die Urteile über Schülerinnen hinsichtlich ihrer Akkuratheit von den Urteilen über Schüler unterscheiden. Die Akkuratheit von Lehrkrafturteilen ist demnach Thema des nächsten Abschnitts.

9.3.3 Urteilsakkuratheit von Lehrkräften und Stereotype

Insbesondere die Forschung zur diagnostischen Kompetenz von Lehrkräften hat die Bedeutung der Urteilsakkuratheit und die Aufmerksamkeit auf ebendieses quantifizierbare Merkmal diagnostischer Kompetenz in den letzten Jahren vorangetrieben (Karst und Förster 2017). Dabei wurde mit Beginn der Forschung zur diagnostischen Kompetenz die Akkuratheit leistungsbezogener Urteile von Lehrkräften im Allgemeinen analysiert (Artelt et al. 2001; Karst 2017; Schrader und Helmke 1987). Erst im Laufe der letzten sieben Jahre werden zunehmend auch Faktoren berücksichtigt, die die Unterschiede in der Akkuratheit zwischen den Lehrkräften aufklären können. Denn spätestens mit der Meta-Analyse von Südkamp et al. (2012) wurden große interindividuelle Unterschiede in der Urteilsakkuratheit zwischen den Lehrkräften festgestellt und systematisch analysiert. Vor diesem Hintergrund leiteten Südkamp et al. (2012) das *heuristische Modell der Urteilsakkuratheit* ab, welches vier, die Urteilsakkuratheit determinierende Faktoren unterscheidet. Es sind dies die Merkmale des abzugebenden Urteils, Merkmale des Tests, Merkmale der Lehrkraft und Schüler*innenmerkmale. Alle vier Merkmalsbereiche sowie die Übereinstimmung zwischen Lehrer- und Schüler*innenmerkmalen (z. B. gleiches Geschlecht) und die Übereinstimmung zwischen Urteils- und Testmerkmalen (z. B. Kongruenz in der Spezifik der Kriteriums- und Urteilserfassung) wirken auf die Urteilsakkuratheit und werden damit als Moderatoren des Zusammenhangs zwischen Lehrkrafturteilen und Schüler*innenleistungen modelliert. Gleichzeitig stellten Südkamp und Kolleg*innen in ihrer Meta-Analyse fest, dass die Befundlage zur systematischen Überprüfung von Schüler*innenmerkmalen auf die Urteilsakkuratheit zu schmal wäre. Dies hat sich in den darauffolgenden Jahren geändert.

Urteilsakkuratheit Wenn von Urteilsakkuratheit die Rede ist, dann stehen gemeinhin drei Akkuratheitskennwerte im Vordergrund (Abb. 9.4). Es sind dies die Niveau-, die Differenzierungs- und die Rangkomponente (Schrader 1989).

- *Niveaukomponente:* Diese Komponente beschreibt, inwiefern die Lehrkraft das mittlere Leistungsniveau ihrer Klasse einschätzen kann. Sie berechnet sich aus der Differenz zwischen dem mittleren Lehrerurteil und der mittleren Schülerleistung. Der Optimalwert liegt bei 0. Werte größer Null kennzeichnen eine Überschätzung der Leistung vonseiten der Lehrkraft. Werte unter 0 kennzeichnen eine Unterschätzung der Leistung.

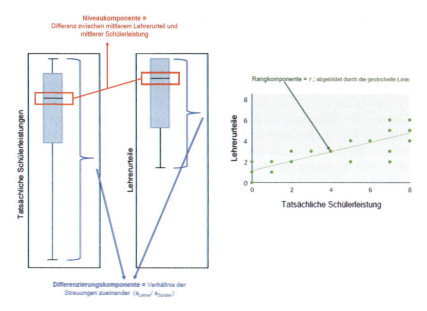

Abb. 9.4 Grafische Darstellung der klassischen Akkuratheitskennwerte (Niveau-, Differenzierungs- und Rangkomponente) für Lehrkrafturteile

- *Differenzierungskomponente:* Diese Komponente beschreibt, inwiefern die Lehrkraft die Streuung der Schülerleistungen in ihrer Klasse beurteilen kann. Sie ergibt sich aus dem Verhältnis der eingeschätzten Streuung zur tatsächlichen Streuung der Schülerleistungen. Der Optimalwert liegt bei 1. Werte über 1 kennzeichnen eine Überschätzung der leistungsbezogenen Streuung. Werte unter 1 kennzeichnen dementsprechend eine Unterschätzung.
- *Rangkomponente:* Diese Komponente beschreibt, inwiefern die Lehrkraft die leistungsbezogene Reihung ihrer Schüler*innen beurteilen kann. Sie ergibt sich durch die Produkt-Moment-Korrelation zwischen den tatsächlichen Schülerleistungen und den Lehrkrafturteilen. Die Korrelation kann Werte zwischen -1 und 1 annehmen. Der Optimalwert liegt bei 1 und kennzeichnet eine perfekte Übereinstimmung zwischen den Lehrkrafturteilen und den Schülertestwerten.

Am häufigsten wird die Rangkomponente als Akkuratheitskennwert herangezogen. In besagter Meta-Analyse von Südkamp et al. (2012) identifizierten die Autor*innen eine mittelhohe Rangkomponente von $r=,63$. Dies verweist darauf, dass die

Lehrkräfte in der Regel gut in der Lage sind, die leistungsbezogene Reihenfolge ihre Schüler*innen einzuschätzen. Allerdings zeigte sich auch eine große Variation zwischen den Lehrkräften. Die Niveaukomponente nimmt in den meisten Studien Werte größer Null an, was auf eine Tendenz zur Überschätzung durch die Lehrkräfte verweist (Südkamp et al. 2008; Bates und Nettlebeck 2001; Hachfeld et al. 2010). Die Befunde zur Differenzierungskomponente deuten hingegen tendenziell auf eine Unterschätzung der Leistungsstreuung (Differenzierungskomponente < 1; Karing et al. 2011, Karst et al. 2014). Abb. 9.4 stellt die inhaltliche Bedeutung der Akkuratheitskennwerte grafisch dar.

Aus methodischer Perspektive weisen die bislang verwendeten Akkuratheitskennwerte Schwächen auf (Behrmann und Glogger-Frey 2017; Karst et al. 2017b). So werden nach der klassischen Berechnung die Akkuratheitskennwerte zunächst für jede Lehrkraft separat berechnet. Die Schätzung eines Gesamtmodells bleibt aus. Damit einher geht auch, dass mit den bisherigen Verfahren nicht die manifeste Ebene verlassen wird. Die so berechneten Kennwerte sind zweifach messfehlerbehaftet, da sowohl die manifesten Schüler*innentestwerte wie auch die manifesten Lehrkrafturteile in die Analysen einfließen.

Vor diesem Hintergrund sind elaboriertere Modelle auf latenter Ebene in Form *linearer Mischmodelle* (LMM) vielversprechend (Karst et al. 2017b). Auf der Grundlage solcher Modelle können die Kennwerte der Urteilsakkuratheit für alle teilnehmenden Lehrkräfte (Klassen) messfehlerbereinigt geschätzt werden. Überdies ist der Einbezug weiterer Variablen möglich. So können Einflüsse von Schüler*innenmerkmalen (z. B. Geschlecht und Migrationshintergrund) auf die Akkuratheit der Lehrkrafturteile adäquat analysiert werden. Dabei orientieren sich die neuen Verfahren inhaltlich an den beiden Kennwerten Niveau- und Rangkomponente.

Forschungsstand Auch im Bereich der Studien zur Urteilsakkuratheit in Abhängigkeit von Schüler*innenmerkmalen kann zwischen experimentell angelegten Studien und Feldstudien differenziert werden. Gleichwohl ist die Anzahl an Studien wesentlich geringer verglichen mit den Studien, die das Urteil der Lehrkraft in den Fokus rücken. Diese geringe Anzahl an Studien war auch ursächlich dafür, dass Südkamp et al. (2012) in der Meta-Analyse die Untersuchung von ebensolchen Schüler*innenmerkmalen nicht berücksichtigten.

Vor dem Hintergrund bisheriger Befunde zu den Effekten von Migrationshintergrund und Geschlecht auf die Urteile der Lehrkräfte würde man zunächst weniger akkurate Urteile für die stereotypbesetzte Schülergruppe erwarten. Dies zeigte sich auch in der Studie von Glock et al. (2015). Hier sollten die teilnehmenden (angehenden) Lehrkräfte ($N = 64$) eine Übergangsentscheidung für sechs Schüler*innen treffen auf der Grundlage schülerspezifischer facettenreicher Schüler*innenprofile, die auf realen Schüler*innendaten basierten ($N = 2696$). Die Akkuratheit der Entscheidung wurde sodann im Bezug zu den echten Schüler*innendaten bestimmt. Die Ergebnisse zeigten, dass die Teilnehmer*innen für Schüler*innen mit Migrationshintergrund weniger akkurate Urteile abgegeben haben. Dabei konnte aber keine systematische Über- oder Unterschätzung für diese Schüler*innengruppe festgestellt werden. Vielmehr haben die Teilnehmer*innen die Schüler*innen mit Migrationshintergrund sowohl einer höheren wie auch einer niedrigeren Schulform zugeordnet. Zugleich gaben die (angehenden) Lehrkräfte eine geringere Sicherheit bei der Übergangsentscheidung für Schüler*innen mit Migrationshintergrund an.

Zwei unlängst veröffentliche Forschungsarbeiten (Kaiser et al. 2017; Tobisch und Dresel 2017), die einem experimentellen Ansatz folgten, haben unerwartete Befunde berichtet. Tobisch und Dresel (2017) befragten 237 Grundschullehrkräfte. Diese sollten ein prognostisches Urteil über die zu erwartende Leistung von drei Schüler*innen abgeben. Dabei waren die Fallvignetten experimentell variiert nach sozio-ökonomischem Status und Migrationshintergrund. Bei der Analyse konnte festgestellt werden, dass die Lehrkräfte den Schüler*innen mit Migrationshintergrund und niedrigem sozio-ökonomischem Status akkurater eingeschätzt haben (im Sinne der Niveaukomponente). Hierfür ursächlich erwies sich die Verzerrung der Lehrkrafturteile zugunsten von Schüler*innen ohne Migrationshintergrund und höherem sozio-ökonomischem Status. Dies spricht sodann für positivere stereotype Überzeugungen der Studienteilnehmer*innen gegenüber Schüler*innen ohne Migrationshintergrund. Auch bei Kaiser et al. (2017) zeigte sich in zwei Experimenten eine akkuratere Einschätzung für Schüler*innen mit Migrationshintergrund und zwar dann, wenn sie in der virtuellen Klasse des simulierten Klassenraums die Minderheit waren. Wurde das Verhältnis umgedreht (zwei Schüler*innen ohne Migrationshintergrund vs. acht Schüler*innen mit türkischem Migrationshintergrund) zeigte sich in einem weiteren Experiment der Effekt genau gegenteilig. Dies veranlasste die Autor*innen dazu eine Minoritäten-Hypothese zu formulieren, die besagt, dass diejenigen Schüler*innen in einer Klasse akkurater eingeschätzt werden, welche die Minderheit ausmachen. Unter Berücksichtigung des Geschlechts der Schüler*innen zeigten sich keine Unterschiede in der Akkuratheit. Betrachtet wurde jeweils die Rangkomponente, modelliert als latenter Regressionskoeffizient zwischen der Testleistung der Schüler*innen im virtuellen Klassenraum und dem Lehrerurteil sowie deren Interaktion mit Schüler*innenmerkmalen.

Feldstudien hingegen zeigen keine bedeutsamen Unterschiede in der Akkuratheit der Urteile, die auf die Schüler*innenmerkmale Migration beziehungsweise

Geschlecht zurückführbar wären. Madon et al. (1998) verglichen die Korrelationen zwischen Lehrkrafturteilen und Schüler*innenmerkmalen mit den Korrelationen zwischen Schüler*innenleistung und Schüler*innenmerkmalen. Für das Geschlecht stellten sie fest, dass Lehrkräfte richtigerweise die Leistung von Mädchen im Fach Mathematik schlechter beurteilten als die Leistung von Jungen, da sich dieser Zusammenhang mit den tatsächlichen Leistungsdaten ebenso ergab. Für Schüler*innen unterschiedlicher Herkunft fielen die Urteile hingegen nicht unterschiedlich aus. Dies konnte auch für die Leistungsdaten der Schüler*innen festgestellt werden. Allerdings bleibt anzumerken, dass Madon et al. (1998) nicht die Akkuratheit der Urteile für eine Schüler*innengruppe im Vergleich zu einer anderen Gruppe analysiert hat, sondern ob die Unterschiede zwischen den Gruppen akkurat beurteilt werden. Hachfeld et al. (2010) haben in ihrer Studie die Akkuratheit von Lehrkrafturteilen auf der Grundlage der Niveaukomponente analysiert und hier eine generelle Überschätzung der Schüler*innenleistungen im Bereich Mathematik festgestellt. An dieser Studie nahmen 305 Lehrkräfte teil, die jeweils sieben zufällig ausgewählte Schüler*innen ihrer Klasse einschätzen sollten. Dabei war die Akkuratheit für Schüler*innen mit Migrationshintergrund weder höher noch niedriger. Jedoch zeigte sich, dass Lehrkräfte zweisprachige Schüler*innen mit Migrationshintergrund in der Bearbeitung sprachlich komplexer mathematischer Aufgaben weniger akkurat (im Sinne einer positiven Verzerrung) einschätzten. Geschlechtereffekte wurden hier nicht überprüft. Karing et al. (2011) fanden keine Unterschiede in der Urteilsakkuratheit der Deutschlehrkräfte ($N = 64$) für Mädchen und Jungen in der Beurteilung der Lesekompetenz.

Die Zusammenschau dieser Forschungsarbeiten verweist auf eine bislang dünne Befundlage zur Akkuratheit von Lehrkrafturteilen unter Berücksichtigung der Differenzkategorien Geschlecht und Migration. Vergleicht man zudem die beiden Forschungstraditionen miteinander so können tendenziell unterschiedliche Forschungsergebnisse festgestellt werden. Während in experimentellen Studien Einflüsse von Schüler*innenmerkmalen auf die Urteilsakkuratheit festgestellt werden können, zeigt sich das in Feldstudien nicht. Diese systematischen Unterschiede könnten aber auch auf ein anderes Faktum zurückführbar sein. So wird nämlich bei näherer Betrachtung der Studien deutlich, dass die Teilnehmer*innen bei den experimentellen Studien prognostische Urteile abgeben sollten, während es sich bei den Feldstudien um diagnostische Urteile handelte. Dabei richtet sich ein prognostisches Urteil an in die Zukunft gedachte Leistung von Schüler*innen und ist somit immer mit mehr Ungewissheit ausgestattet. Diese Ungewissheit könnte schließlich dazu führen, dass eher leistungsferne Merkmale von Schüler*innen in das Urteil mit aufgenommen werden; eine Annahme, deren empirische Überprüfung bislang noch offen ist.

9.4 Fazit und Ausblick

Dass Lehrkrafturteile von Schüler*innenmerkmalen beeinflusst sein können, ist empirisch weitestgehend nachgewiesen. Inwiefern diese Beeinflussung aber mit einer weniger akkuraten Einschätzung der Leistung einhergeht, ist bislang noch selten untersucht. Zugleich ist bislang unklar, ob beim Vorliegen eines verzerrten und weniger akkuraten Lehrerurteils dies an einem negativen Stereotyp gegenüber einer spezifischen Schüler*innengruppe liegt (z. B. Schüler*innen mit Migrationshintergrund) oder aber an positiven Stereotypen gegenüber der Vergleichsgruppe von Schüler*innen. Dabei ist die Berücksichtigung der Urteilsakkuratheit als Ausdruck diagnostischer Kompetenz vor dem Hintergrund einer adaptiven Gestaltung von Unterricht jedoch bedeutsam (Brühwiler 2014).

Mit Blick auf den Forschungsstand fallen zwei Forschungsdesiderate auf, die im Folgenden kurz besprochen werden. 1) Während insbesondere experimentelle Forschungsarbeiten, die den Fokus auf den Lehrkrafturteilen als solches haben, den Prozess der Urteilsbildung mitberücksichtigen (Krolak-Schwerdt et al. 2013, 2018), wird dieser in der Forschung zur Urteilsakkuratheit bislang gänzlich vernachlässigt. Im ersten Fall dominieren Ansätze, die im Rahmen dualer Prozessmodelle Bedingungen der diagnostischen Situation (Karst et al. 2017a) variieren (z. B. Verbindlichkeit und Konsequenz des Urteils) und daran anknüpfend unterschiedliche Urteilsprozesse (heuristische vs. systematische Informationsverarbeitung) annehmen, die dann wiederum in Unterschieden in den Lehrkrafturteilen resultieren. Eine tatsächliche Analyse des Prozesses der Informationsverarbeitung bleibt aber aus. Somit bleibt auch weitestgehend unerklärt, ob differenzielle Urteilsprozesse zu systematischen Unterschieden in der Urteilsakkuratheit führen. Eine Ausnahme bildet die Studie von Pit-ten Cate et al. (2016), die im Falle der Übergangsentscheidung zeigen konnten, dass bei experimenteller Manipulation der diagnostischen Situation akkuratere Urteile resultieren, wenn das Urteil durch eine ausgeprägte Verbindlichkeit gekennzeichnet ist. Die Autorinnen schließen sodann, dass diese höhere Verbindlichkeit zu einer systematischeren Informationsverarbeitung führt. Empirische Evidenz für diese Vermutung existiert jedoch nicht. Es bleibt bei einer Blackbox. Dagegen ist in der Forschung zur Urteilsakkuratheit bislang unbekannt, wie Lehrkräfte zu ihren Urteilen kommen und in welchem Zusammenhang das Urteil mit der diagnostischen Situation steht. Eine Untersuchung von Forschungsfragestellungen zum Zusammenhang zwischen unterschiedlichen Urteilsprozessen und Urteilsakkuratheit kann positive Auswirkungen u. a. für die Professionalisierung von Lehrkräften in diesem Bereich haben. Denn wenn bekannt ist, mit welchem Urteilsprozess die Lehrkraft zu akkuraten Urteilen kommt, könnte dieses Wissen in die Aus- und Fortbildung von Lehrkräften transferiert werden. 2) In den meisten Arbeiten zum Einfluss der Differenzkategorien Geschlecht und Migration wird zudem das Thema der Intersektionalität von Schüler*innenmerkmalen vernachlässigt. Intersektionalität meint dabei die wechselseitige Verschränkung mehrerer Schüler*innenmerkmale und damit die gleichzeitige Berücksichtigung solcher Konfundierungen in der Analyse von Lehrkrafturteilen. So wird in der Regel ein Schülermerkmal (z. B. Migration) systematisch überprüft und ein weiteres konstant gehalten oder nicht berücksichtigt (z. B. Geschlecht). Allerdings ist es plausibel anzunehmen, dass sich die Effekte für beispielsweise Schülerinnen mit Migrationshintergrund anders verhalten könnten als für Schüler mit Migrationshintergrund (vgl. Bonefeld und Dickhäuser 2018; Kleen und Glock 2018). Diese binäre Optik (z. B. Migrationshintergrund vs. kein Migrationshintergrund) kann zudem auch gerade bei pädagogisch Professionellen zu einer Reifizierung führen (Sturm 2016). Das heißt, erst durch die Fokussierung auf die Unterschiede zwischen den Gruppen kommt es zu einer Vergegenständlichung dieser Unterschiede. Dabei werden Unterschiede innerhalb dieser Gruppen vernachlässigt, die aber meist größer sind als die Differenz zwischen den Gruppen.

Im produktiven Umgang mit der Heterogenität der Schüler*innen steht zunächst immer das unterrichtliche Handeln und die Lehrkraft-Schüler-Interaktionen im Vordergrund. Dieses unterrichtliche Handeln ist oftmals das Resultat leistungsbezogener Erwartungen über Schüler*innen, welche beispielsweise die Grundlage für den Einsatz didaktischer Maßnahmen im Unterricht bilden. Dass sich Lehrkrafterwartungen und Stereotype im unterrichtlichen Handeln manifestieren und auf Schüler*innenleistungen auswirken, konnte in zahlreichen Studien gezeigt werden (Jussim und Harber 2005; Glock 2016; McKown und Weinstein 2008; Rosenthal und Jacobson 1968; Thies und Röhner 2000). Wenn nun aber auch bekannt ist, dass sich diese Erwartungen in Urteilen und deren Akkuratheit widerspiegeln, liefert diese Erkenntnis einen Ansatzpunkt zur Professionalisierung (angehender) Lehrkräfte in der Genese ihrer Urteile über lernrelevante Merkmale ihrer Schüler*innen. Allerdings steckt die Forschung in diesem Bereich noch eher in den Kinderschuhen.

Literatur

Artelt, C., Stanat, P., Schneider, W. & Schiefele, U. (2001). Lesekompetenz: Testkonzeption und Ergebnisse. In Deutsches PISA-Konsortium (Hrsg.), *PISA 2000 – Basiskompetenzen von Schülerinnen und Schülern im internationalen Vergleich*. (S. 67–137). Opladen: Leske + Budrich

Baker, C. N., Tichovolsky, M. H., Kupersmidt, J. B., Voegler-Lee, M. E. & Arnold, D. H. (2015). Teacher (mis)perceptions of preschoolers' academic skills: predictors and associations with longitudinal outcomes. *Journal of Educational Psychology, 107*, 805–820. https://doi.org/10.1037/edu0000008

Bates, C. & Nettlebeck T. (2001). Primary school teachers' judgements of reading achievement. *Educational Psychology, 21*, 177–187. https://doi.org/10.1080/01443410020043878

Baumert, J., Lüdtke, O., Trautwein, U. & Brunner, M. (2009). Large-scale student assessment studies measure the results of processes of knowledge acquisition: Evidence in support of the distinction between intelligence and student achievement. *Educational Research Review, 4*, 165–176. https://doi.org/10.1016/j.edurev.2009.04.002

Becker, B. (2013). Eltern von Vorschulkindern und ihre Bildungsaspirationen. In M. Stamm & D. Edelmann (Hrsg.), *Handbuch frühkindliche Bildungsforschung* (S. 435–446). Wiesbaden: Springer. https://doi.org/10.1007/978-3-531-19066-2_30

Behrmann L. & Glogger-Frey I. (2017). Produkt- und Prozessindikatoren diagnostischer Kompetenz. In A. Südkamp & A.-K. Praetorius (Hrsg.), *Diagnostische Kompetenz von Lehrkräften*, (S. 134–142). Münster: Waxmann

Bennett, R., Gottesman, R., Rock, D. & Cerullo, F. (1993). Influence of behavior perceptions and gender on teachers' judgments of students' academic skill. *Journal of Educational Psychology, 85*, 347–356. https://doi.org/10.1037/0022-0663.85.2.347

Bodenhausen, G. V. (1990). Stereotypes as judgmental heuristics: Evidence of circadian variations in discrimination. *Psychological Science, 1*, 319–322. https://doi.org/10.1111/j.1467-9280.1990.tb00226.x

Bodenhausen, G. V. & Lichtenstein, M. (1987). Social stereotypes and information-processing strategies: The impact of task complexity. *Journal of Personality and Social Psychology, 52*, 871–880. https://doi.org/10.1037/0022-3514.52.5.871

Bonefeld, M., Dickhäuser, O., Janke, S., Praetorius, A. & Dresel, M. (2017). Migrationsbedingte Disparitäten in der Notenvergabe nach dem Übergang auf das Gymnasium. *Zeitschrift für Entwicklungspsychologie und pädagogische Psychologie, 49*, 11–23. https://doi.org/10.1026/0049-8637/a000163

Bonefeld, M. & Dickhäuser, O. (2018). (Biased) grading of students' performance: Students' names, performance level, and implicit attitudes. *Frontiers in Psychology, 9*:481. https://doi.org/10.3389/fpsyg.2018.00481

Bos, W. (2008). *TIMSS 2007: Mathematische und naturwissenschaftliche Kompetenzen von Grundschulkindern in Deutschland im internationalen Vergleich*. Münster: Waxmann

Bos, W., Hornberg, S., Arnold, K.-H., Faust, G., Fried, L., Lankes, E.-M. et al. (2008). *IGLU-E 2006. Die Länder der Bundesrepublik Deutschland im nationalen und internationalen Vergleich*. Münster: Waxmann

Brühwiler, Ch. (2014). *Adaptive Lehrkompetenz und schulisches Lernen*. Münster: Waxmann

Budde, J., Scholand, B. & Faulstich-Wieland H. (2008). *Geschlechtergerechtigkeit in der Schule eine Studie zu Chancen, Blockaden und Perspektiven einer gender-sensiblen Schulkultur*. Weinheim: Juventa

Chaiken, S. & Trope, Y. (Eds.). (1999). *Dual-process theories in social psychology*. New York, NY: Guilford Press

Diefenbach, H. (2008). Bildungschancen und Bildungs(miss)erfolg von ausländischen Schülern oder Schülern aus Migrantenfamilien im System schulischer Bildung. In R.

Becker & W. Lauterbach (Hrsg.), *Bildung als Privileg. Erklärungen und Befunde zu den Ursachen der Bildungsungleichheit* (5. Aufl., S. 221–245). Wiesbaden: Springer. https://doi.org/10.1007/978-3-322-93532-8_8

Doherty, J. & Conolly, M. (1985). How accurately can primary school teachers predict the scores of their pupils in standardised tests of attainment? A study of some non-cognitive factors that influence specific judgements. *Educational Studies, 11*, 41–60. https://doi.org/10.1080/0305569850110105

Dresel, M., Heller, K. A., Schober, B. & Ziegler, A. (2001). Geschlechtsunterschiede im mathematisch-naturwissenschaftlichen Bereich: Motivations-und selbstwertschädliche Einflüsse der Eltern auf Ursachenerklärungen ihrer Kinder in Leistungskontexten. In C. Finkbeiner & G. W. Schnaitmann (Hrsg.), *Lehren und Lernen im Kontext empirischer Forschung und Fachdidaktik* (S. 270–288). Donauwörth: Auer

Fennema, E., Peterson, P. L., Carpenter, T. P. & Lubinski, C. A. (1990). Teachers' attributions and beliefs about girls, boys, and mathematics. *Educational Studies in Mathematics, 21*, 55–69. https://doi.org/10.1007/BF00311015

Fernández Ammann, E.M., Kropp, A. & Müller-Lancé, J. (2015). Foreign Language Teaching and Learning in Multilingual Contexts: L3 Teacher Professionalization in Baden-Wuerttemberg. In M. P. Safont-Jordà & L. Portolés Falomir (Eds.), *Learning and Using Multiple Languages. Current Findings from Research on Multilingualism* (pp. 189–216). Cambridge, UK: Cambridge Scholars Publishing

Fiske, S., Linn, M. & Neuberg S. (1999). The Continuum Model. Ten years later. In S. Chaiken and Y. Trope (Eds.), *Dual-process theories in social psychology* (pp. 231–254). New York, NY: Guilford Press

Frey, A., Heinze, A., Mildner, D., Hochweber, J. & Asseburg, R. (2010). Mathematische Kompetenzen von PISA 2003 bis PISA 2009. In E. Klieme, C. Artelt, J. Hartig, N. Jude, O. Köller, M. Prenzel, W. Schneider & P. Stanat (Hrsg.), *PISA 2009. Bilanz nach einem Jahrzehnt* (S. 153–176). Münster: Waxmann

Froehlich, L., Martiny, S. E., Deaux, K. & Mok, S. Y. (2016). "It's their responsibility, not ours". *Social Psychology, 47*, 74–86. https://doi.org/10.1027/1864-9335/a000260

Glock, S. (2016). Does ethnicity matter? The impact of stereotypical expectations on in-service teachers' judgments of students. *Social Psychology of Education, 19*, 493–509. https://doi.org/10.1007/s11218-016-9349-7

Glock, S. & Karbach, J. (2015). Preservice teachers' implicit attitudes toward racial minority students: Evidence from three implicit measures. *Studies in Educational Evaluation, 45*, 55–61. https://doi.org/10.1016/j.stueduc.2015.03.006

Glock, S. & Klapproth, F. (2017). Bad boys, good girls? Implicit and explicit attitudes toward ethnic minority students among elementary and secondary school teachers. *Studies in Educational Evaluation, 53*, 77–86. https://doi.org/10.1016/j.stueduc.2017.04.002

Glock, S. & Krolak-Schwerdt, S. (2013). Does nationality matter? The impact of stereotypical expectations on student teachers' judgments. *Social Psychology of Education, 16*, 111–127. https://doi.org/10.1007/s11218-012-9197-z

Glock, S., Krolak-Schwerdt, S. & Pit-ten Cate, I. M. (2015). Are school placement recommendations accurate? The effect of students' ethnicity on teachers' judgement and recognition memory. *European Journal of Psychology of Education, 30*, 169–188. https://doi.org/10.1007/s10212-014-0237-2

Glock, S., Krolak-Schwerdt, S., Klapproth, F. & Böhmer, M. (2013). Beyond judgment bias. How students' ethnicity and academic profile consistency influence teachers' tracking judgments. *Social Psychology of Education, 16*, 555–573. https://doi.org/10.1007/s11218-013-9227-5

Hachfeld, A., Anders, Y., Schroeder, S., Stanat, P. & Kunter, M. (2010). Does immigration background matter? How teachers' predictions of students' performance relate to student background. *International Journal of Educational Research, 49*, 78–91. https://doi.org/10.1016/j.ijer.2010.09.002

Harwell, M. R., Post, T. R., Maeda, Y., Davis, J. D., Cutler, A. L., Andersen, E. & Kahan, J. A. (2007). Standards-based mathematics curricula and secondary students' performance on standardized achievement tests. *Journal for Research in Mathematics Education, 38*, 71–101

Herwartz-Emden, L. & Braun, C. (2010). Die Leistungsentwicklung von Mädchen und Jungen: Zur Bedeutung der Kategorie Geschlecht im Grundschulalter. In L. Herwartz-Emden, V. Schurt & W. Warburg (Hrsg.), *Mädchen in der Schule. Empirischen Studien zur Heterogenität in monoedukativen und koedukativen Kontexten* (S. 231–248). Opladen: Barbara-Budrich

Holder, K. & Kessels, U. (2017). Gender and ethnic stereotypes in student teachers' judgments: a new look from a shifting standards perspective. *Social Psychology of Education, 20*, 471–490. https://doi.org/10.1007/s11218-017-9384-z

Jussim, L. & Eccles, J. S. (1992). Teacher expectations: Construction and reflection of student achievement. *Journal of Personality and Social Psychology, 63*, 947–961. https://doi.org/10.1037/0022-3514.63.6.947

Jussim, L., Eccles, J. S. & Madon, S. (1996). Social perception, social stereotypes, and teacher expectations: accuracy and the quest for the powerful self-fulfilling prophecy. In M. P Zanna (Ed.), *Advances in Experimental Social Psychology* (Vol. 28, pp. 281–388). https://doi.org/10.1016/S0065-2601(08)60240-3

Jussim, L. & Harber, K. D. (2005). Teacher expectations and self-fulfilling prophecies: Knowns and unknowns, resolved and unresolved controversies. *Personality and Social Psychology Review, 9*, 131–155. https://doi.org/10.1207/s15327957pspr0902_3

Kaiser, J., Möller, J., Helm, F. & Kunter, M. (2015). Das Schülerinventar: Welche Schülermerkmale die Leistungsurteile von Lehrkräften beeinflussen. *Zeitschrift für Erziehungswissenschaft, 18*, 279–302. https://doi.org/10.1007/s11618-015-0619-5

Kaiser, J., Südkamp, A. & Möller, J. (2017). The effects of student characteristics on teachers' judgment accuracy: Disentangling ethnicity, minority status, and achievement. *Journal of Educational Psychology, 109*, 871–888. https://doi.org/10.1037/edu0000156

Karing, C., Matthäi, J. & Artelt C. (2011). Genauigkeit von Lehrkrafturteilen über die Lesekompetenz ihrer Schülerinnen und Schüler in der Sekundarstufe I – Eine Frage der Spezifität?. *Zeitschrift für Pädagogische Psychologie, 25*, 159–172. https://doi.org/10.1024/1010-0652/a000041

Karst, K. (2017). Akkurate Urteile – die Ansätze von Schrader (1989) und McElvany et al. (2009). In A. Südkamp & A.-K. Praetorius (Hrsg.), *Diagnostische Kompetenz von Lehrkräften* (S. 21–24). Münster: Waxmann

Karst, K. & Dotzel. S. (2018). *Adaption des Duisburger Sprachstandstest*. Unveröffentlichtes Testverfahren, Universität Mannheim

Karst, K. & Förster, N. (2017). Ansätze zur Modellierung diagnostischer Kompetenz – ein Überblick. In A. Südkamp & A.-K. Praetorius (Hrsg.), *Diagnostische Kompetenz von Lehrkräften* (S. 19–20). Münster: Waxmann

Karst, K., Klug, J. & Ufer, S. (2017). Strukturierung diagnostischer Situationen im inner- und außerunterrichtlichen Handeln von Lehrkräften. In A. Südkamp & A.-K. Praetorius (Hrsg.), *Diagnostische Kompetenz von Lehrkräften* (S. 102–113). Münster: Waxmann

Karst, K., Schoreit, E. & Lipowsky F. (2014). Diagnostische Kompetenzen von Mathematiklehrern und ihr Vorhersagewert für die Lernentwicklung von Grundschulkindern. *Zeitschrift für Pädagogische Psychologie, 28*, 237–248. https://doi.org/10.1024/1010-0652/a000133

Karst, K., Derkau, J., Dotzel, S. & Münzer, S. (in Druck, 2019). Service Learning an der Universität Mannheim – Tiefe Wurzeln und Innovative Ansätze. In D. Rosenkranz, S. Roderus & N. Oberbeck (Hrsg.), *Service Learning. Konzeptionelle Überlegungen und Beispiele aus der Praxis für eine innovative Hochschule* (S. 189–194). Weinheim: Beltz

Karst, K., Hartig, J., Kaiser, J. & Lipowsky, F. (2017). Mehrebenenmodelle als Werkzeuge zur Analyse diagnostischer Kompetenz von Lehrkräften – ein lineares Mischmodell (LMM). In A. Südkamp & A.-K. Praetorius (Hrsg.), *Diagnostische Kompetenz von Lehrkräften*. (S. 153–174). Münster: Waxmann

Kleen, H. & Glock, S. (2018). A further look into ethnicity: The impact of stereotypical expectations on teachers' judgments of female ethnic minority students. *Social Psychology of Education, 21*, 759–773

Kristen, C. (2002). Hauptschule, Realschule oder Gymnasium? *Kölner Zeitschrift für Soziologie und Sozialpsychologie, 54*, 534–552. https://doi.org/10.1007/s11577-002-0073-2

Kristen, C. (2006). Ethnische Diskriminierung im deutschen Schulsystem. Theoretische Überlegungen und empirische Ergebnisse. *WZB Discussion Paper SP IV 2006-601*, 1–39

Krolak-Schwerdt, S., Böhmer, M. & Gräsel, C. (2013). The impact of accountability on teachers' assessments of student performance: a social cognitive analysis. *Social Psychology of Education, 16*, 215–239

Krolak-Schwerdt, S., Pit-ten Cate, I.M., Hörstermann, T. (2018). Teachers' judgments and decision-making: Studies concerning the transition from primary to secondary education and their implications for teacher education. In O. Zlatkin-Troitschanskaia, M. Toepper, H. Pant, C. Lautenbach & C. Kuhn (Eds.), *Assessment of Learning Outcomes in Higher Education*. (pp. 73–101). Cham: Springer

Kuhl, P. & Hannover, B. (2012). Differenzielle Benotungen von Mädchen und Jungen. *Zeitschrift für Entwicklungspsychologie und Pädagogische Psychologie, 44*, 153–162

Li, Q. (1999). Teachers' beliefs and gender differences in mathematics. A review. *Educational Research, 41*, 63–76. https://doi.org/10.1080/0013188990410106

Lorenz, G., Gentrup, S., Kristen, C., Stanat, P. & Kogan, I. (2016). Stereotype bei Lehrkräften? Eine Untersuchung systematisch verzerrter Lehrkrafterwartungen. *Kölner Zeitschrift für Soziologie und Sozialpsychologie, 68*, 89–111. https://doi.org/10.1007/s11577-015-0352-3

Lühe, J., Becker, M., Neumann, M., Maaz, K. (2017): Geschlechtsspezifische Leistungsunterschiede in Abhängigkeit der sozialen Herkunft. Eine Untersuchung zur Interaktion zweier sozialer Kategorien. *Zeitschrift für Erziehungswissenschaft, 20*, 499–519

Maaz, K., Baethge, M., Brugger, P., Füssel, H., Hetmeier, H., Rauschenbach, T. et. al. (2016). *Bildung in Deutschland 2016: Ein indikatorengestützter Bericht mit einer Analyse zu Bildung und Migration*. Bielefeld: Bertelsmann

Macrae, C. N., Milne, A. B. & Bodenhausen, G. V. (1994). Stereotypes as energy-saving devices: A peek inside the cognitive toolbox. *Journal of Personality and Social Psychology*, *66*, 37–47. https://doi.org/10.1037/0022-3514.66.1.37

Madon, S., Jussim, L., Keiper, S., Eccles, J., Smith, A. & Palumbo P. (1998). The accuracy and power of sex, social slass, and ethnic stereotypes: A naturalistic study in person perception. *Personality and Social Psychology Bulletin*, *24*, 1304–1318. https://doi.org/10.1177/01461672982412005

McCombs, R. C. & Gay, J. (1988). Effects of race, class, and IQ information on judgments of parochial grade school teachers. *The Journal of Social Psychology*, *128*, 647–652. https://doi.org/10.1080/00224545.1988.9922918

McKown, C. & Weinstein, R. S. (2008). Teacher expectations, classroom context, and the achievement gap. *Journal of school psychology*, *46*, 235–261. https://doi.org/10.1016/j.jsp.2007.05.001

Meissel, K., Meyer, F., Yao, E. & Rubie-Davis, C. (2017). Subjectivity of teacher judgments: Exploring student characteristics that influence teacher judgments of student ability. *Teaching and Teacher Education*, *65*, 48–60. https://doi.org/10.1016/j.tate.2017.02.021

Naumann, J., Artelt, C., Schneider, W. & Stanat, P. (2010). Lesekompetenz von PISA 2000 bis PISA 2009. In E. Klieme, C. Artelt, J. Hartig, N. Jude, O. Köller, M. Prenzel, W. Schneider & P. Stanat (Hrsg.), *PISA 2009. Bilanz nach einem Jahrzehnt* (S. 23–71). Münster: Waxmann

Nosek, B., Smyth, F., Sriram, N., Lindner, N., Devos, T., Ayala, A. et. al. (2009) National differences in gender-science stereotypes predict national sex differences in science and math achievement. *PNAS*, 106, 10593–10597. https://doi.org/10.1073/pnas.0809921106

Pant, H. A., Stanat, P., Schroeders, U., Roppelt, A., Siegle, T. & Pöhlmann, C. (Hrsg.). (2013). *IQB-Ländervergleich 2012. Mathematische und naturwissenschaftliche Kompetenzen am Ende der Sekundarstufe I*. Münster: Waxmann

Parks, F. R. & Kennedy, J. H. (2007). The impact of race, physical attractiveness, and gender on education majors' and teachers' perceptions of students. *Journal of Black Studies*, *6*, 936–943

Peterson, E. R., Rubie-Davies, C., Osborne, D. & Sibley, C. (2016). Teachers' explicit expectations and implicit prejudiced attitudes to educational achievement. Relations with student achievement and the ethnic achievement gap. *Learning and Instruction*, *42*, 123–140. https://doi.org/10.1016/j.learnin-struc.2016.01.010

Pit-ten Cate, I. M., Krolak-Schwerdt, S. & Glock, S. (2016). Accuracy of teachers' tracking decisions: short- and long-term effects of accountability. *European Journal of Psychology of Education*, *31*, 225–243. https://doi.org/10.1007/s10212-015-0259-4

Pöhlmann, C., Haag, N. & Stanat, P. (2013). Zuwanderungsbezogene Disparitäten. In H. A. Pant, P. Stanat, U. Schroeders, A. Roppelt, T. Siegle & C. Pöhlmann (Hrsg.), *IQB-Ländervergleich 2012. Mathematische und naturwissenschaftliche Kompetenzen am Ende der Sekundarstufe I*. Münster: Waxmann

Ready, D. & Wright, D. (2011). Accuracy and inaccuracy in teachers' perceptions of young children's cognitive abilities: The role of child background and classroom context. *American Educational Research Journal, 48*, 335–360

Reiss, K., Sälzer, Ch., Schiepe-Tiska, A., Klieme, E. & Köller, O. (2016). *PISA 2015. Eine Studie zwischen Kontinuität und Innovation.* Münster: Waxmann

Rosenthal, R. & Jacobson, L. (1968). Pygmalion in the classroom. *The Urban Review, 3*, 16–20. https://doi.org/10.1007/BF02322211

Schoppengerd, E., Theunissen, U., Witzke, Fr., Endelt, A. & Wenning, F. (2017). *Duisburger Sprachstandstest.* Duisburg: Gesamtschule Duisburg-Meiderich

Schrader, F.-W. (1989). *Diagnostische Kompetenzen von Lehrern und ihre Bedeutung für die Gestaltung und Effektivität des Unterrichts* (Vol. 289). Frankfurt am Main: Peter Lang

Schrader, F.-W. & Helmke, A. (1987). Diagnostische Kompetenz von Lehrern: Komponenten und Wirkungen. *Empirische Pädagogik, 1*(1), 27–52

Stanat P. & Bergann S. (2010) Geschlechtsbezogene Disparitäten in der Bildung. In: Tippelt R. & Schmidt B. (Hrsg.), *Handbuch Bildungsforschung* (3., durchgesehene Aufl.) (S. 513–527). Wiesbaden: VS Verlag für Sozialwissenschaften

Stanat, P., Rauch, D. & Segeritz, M. (2010): Schülerinnen und Schüler mit Migrationshintergrund. In: Klieme, E., Artelt, C., Hartig, J., Jude, N. & Köller, O. (Hrsg.): *PISA 2009. Bilanz nach einem Jahrzehnt* (S. 200–230). Münster: Waxmann

Stanat, P., Böhme, K., Schipolowski, S. & Haag, N. (2016). *IQB-Bildungstrend 2015: Sprachliche Kompetenzen am Ende der 9. Jahrgangsstufe im zweiten Ländervergleich.* Münster: Waxmann

Stanat, P. & Christensen, G. (2006). *Schulerfolg von Jugendlichen mit Migrationshintergrund im internationalen Vergleich: eine Analyse von Voraussetzungen und Erträgen schulischen Lernens im Rahmen von PISA 2003*; Programme for international student assessment: BMBF, Referat Öffentlichkeitsarbeit

Statistisches Bundesamt (2018). *Bevölkerung und Erwerbstätigkeit, Bevölkerung mit Migrationshintergrund, Ergebnisse des Mikrozensus 2017.* Wiesbaden: destatis

Steffens, M. C., Jelenec, P. & Noack, P. (2010). On the leaky math pipeline. Comparing implicit math-gender stereotypes and math withdrawal in female and male children and adolescents. *Journal of Educational Psychology, 102*, 947–963. https://doi.org/10.1037/a0019920

Sturm, T. (2016). *Lehrbuch Heterogenität in der Schule* (2. Aufl.). München: Ernst Reinhardt Verlag

Südkamp, A., Möller, J. & Pohlmann, B. (2008). Der simulierte Klassenraum. Eine experimentelle Untersuchung zur diagnostischen Kompetenz. *Zeitschrift für Pädagogische Psychologie, 22*, 261–276

Südkamp, A., Kaiser, J. & Möller, J. (2012). Accuracy of teachers' judgments of students' academic achievement. A meta-analysis. *Journal of Educational Psychology, 104*, 743–762. https://doi.org/10.1037/a0027627

Tenenbaum, H. R. & Ruck, M. D. (2007). Are teachers' expectations different for racial minority than for European American students? A meta-analysis. *Journal of Educational Psychology, 99*, 253–273. https://doi.org/10.1037/0022-0663.99.2.253

Thies, W. & Röhner, Ch. (2000). *Erziehungsziel Geschlechterdemokratie: Interaktionsstudie über Reformansätze im Unterricht.* Weinheim: Juventa

Tiedemann, J. (2000). Parents' gender stereotypes and teachers' beliefs as predictors of children's concept of their mathematical ability in elementary school. *Journal of Educational Psychology, 92*, 144–151. https://doi.org/10.1037/0022-0663.92.1.144

Tobisch, A. & Dresel, M. (2017). Negatively or positively biased? Dependencies of teachers' judgments and expectations based on students' ethnic and social backgrounds. *Social Psychology of Education, 20*, 731–751

van den Bergh, L., Denessen, E., Hornstra, L., Voeten, M. & Holland, R. W. (2010). The implicit prejudiced attitudes of teachers: Relations to teacher expectations and the ethnic achievement gap. *American Educational Research Journal, 47*, 497–527. https://doi.org/10.3102/0002831209353594

Walgenbach, K. (2017). *Heterogenität – Intersektionalität – Diversity in der Erziehungswissenschaft* (2., durchgesehene Aufl.). Opladen: Verlag Barbara Budrich

Weinert, F. E. & Helmke, A. (1995). Interclassroom differences in instructional quality and interindividual differences in cognitive development. *Educational Psychologist, 30*, 15–20. https://doi.org/10.1207/s15326985ep3001_2

Akademische Profile von Schüler*innen zur Bestimmung der Akkuratheit von Schulübergangsempfehlungen – eine Validierungsstudie

10

Ineke M. Pit-ten Cate und Thomas Hörstermann

Zusammenfassung

In verschiedenen europäischen Ländern führt der Wechsel zur Sekundarschule zu einer bedeutsamen Aufgliederung der Bildungswege, welche ein unterschiedlich hohes Schulleistungsniveau der Schüler*innen voraussetzen. Die Akkuratheit der Zuweisung zu Sekundarschulformen bestimmt nicht nur die Optionen der Schüler*innen bei späteren Übergängen im Bildungssystem, sondern beeinflusst auch den weiteren beruflichen und persönlichen Werdegang der Schüler*innen. Schüler*innen mit Migrationshintergrund sind auf den höheren sekundären Schulformen unterrepräsentiert. Inwiefern diese Unterrepräsentation auf stereotyp-geprägte Leistungserwartungen zurückzuführen ist, ist bis jetzt unklar, denn es liegt kein Kriterium vor, um die Urteilsakkuratheit von Übergangsentscheidungen adäquat zu messen. In diesem Kapitel wird ein Ansatz beschrieben, ein solches Akkuratheits-

---

Die Studien wurden vom Fonds National de la Recherche Luxembourg (FNR) finanziert (Grant C10/LM/784116). Die Autoren danken den „Collège des Inspecteurs, l'enseignement fondamental" für die Unterstützung bei der Validierung der Materialien und der Erhebung der Daten. Ein besonderer Dank geht an Frau Dr. Sabine Glock und Frau Dr. Mariya Markova für ihre Unterstützung bei der Entwicklung und Vorbereitung der Materialien und der Datenerhebung. Wir bedanken uns zudem bei Prof. Dr. Sabine Krolak-Schwerdt für ihren konstruktiven Beitrag zur Konzeption und Durchführung der Studie

---

I. M. Pit-ten Cate (✉) · T. Hörstermann
Universität Luxemburg, Belval, Luxemburg
E-Mail: ineke.pit@uni.lu

T. Hörstermann
E-Mail: thomas.hoerstermann@uni.lu

© Springer Fachmedien Wiesbaden GmbH, ein Teil von Springer Nature 2020
S. Glock und H. Kleen (Hrsg.), *Stereotype in der Schule*,
https://doi.org/10.1007/978-3-658-27275-3_10

kriterium zu entwickeln und zu validieren. In einem zweiten Schritt wird das Kriterium angewendet, um den Zusammenhang zwischen stereotyp-geprägten Erwartungen und der Akkuratheit der Übergangsentscheidungen zu untersuchen. Das Kriterium erweist sich als valides Maß und könnte so einen wertvollen Ansatz für weitere Untersuchungen der Akkuratheit von Lehrkrafturteilen darstellen. Obwohl Lehrer*innen im Allgemeinen eine hohe Urteilsakkuratheit aufweisen, bestätigen die Befunde dennoch die Zusammenhänge zwischen stereotyp-geprägten Erwartungen und Urteilsverzerrungen.

Schlüsselwörter

Stereotype · Schulübergangsempfehlung · Urteilsbildung · Lehrerentscheidungen · Kriterium Validität · Urteilsakkuratheit

10.1 Einführung

In verschiedenen Ländern teilt sich das Bildungssystem in verschiedene Schulformen, um Schüler*innen mit ähnlichem schulischem Potenzial zu gruppieren und so die Unterrichtsinstruktionen zu optimieren (van de Werfhorst und Mijs 2010). Tracking beschreibt die Praxis, Schüler*innen nach ihren schulischen Fähigkeiten zu ordnen; entweder innerhalb einer Schule (z. B. Parallelgruppen) oder zwischen verschiedenen Schulen (z. B. verschiedene weiterführende Schulformen). Oft haben Lehrkräfte die nahezu ausschließliche Entscheidungshoheit darüber, welche Schulform oder welches Unterrichtsprogramm zu Schüler*innen auf Grundlage ihres Schulerfolgs und Lernpotenzials passt. In Anbetracht der unterschiedlichen Qualifikationen, die mit dem Abschluss verschiedener Bildungsprogramme und Schulformen assoziiert sind, entscheidet die diagnostische Kompetenz einer Lehrkraft, Schüler*innen diesen Laufbahnen korrekt zuzuordnen, nicht nur über den weiteren Bildungsverlauf der Schüler*innen. Sie beeinflusst langfristig ebenfalls ihre Karrieremöglichkeiten und ihr allgemeines Wohlbefinden im späteren Erwachsenenalter (Dustmann 2004; Schalke et al. 2013). Darüber hinaus zeigen Studien, dass eine Überschätzung der Schüler*innen dazu führen kann, dass diese Klassen wiederholen oder sogar die Schule frühzeitig verlassen müssen (de Boer et al. 2010); wohingegen eine Unterschätzung die Zukunftsaussichten der Schüler*innen verschlechtern kann (Schalke et al. 2013). Aus diesem Grunde sollten Schulübergangsentscheidungen so akkurat wie möglich sein.

Obwohl in europäischen Ländern mit einem gestuften Schulsystem unterschiedliche Regelungen vorliegen, kommt im Allgemeinen den Lehrer*innen eine Schlüsselrolle bei der Übergangsentscheidung zu. In Luxemburg wurden für die in dieser Arbeit betrachtete Schüler*innenkohorte 2008/2009 die Übergangsentscheidungen verbindlich durch eine Gruppe getroffen. Diese Gruppe bestand aus der/die Klassenlehrer*in, Lehrer*innen der Sekundarstufe und dem Schulrat und traf ihre Entscheidung auf Grundlage der schulischen Leistung der Schüler*innen. Nach der Reform des Sekundarschulwesens und -übergangs im Jahr 2016 wurde die Verantwortung für die Übergangsentscheidung auf die Lehrer*innen in Absprache mit den Eltern übertragen. Beide Kontexte der Übergangsentscheidung erfordern von den Lehrer*innen eine akkurate Einschätzung der geeigneten Schulform, deren Verbindlichkeit durch die Reform des Übergangswesens noch einmal verstärkt wurde.

10.1.1 Akkuratheit der Übergangsempfehlungen

Auch wenn mehrere Studien die Lehrkraftbeurteilung der Schüler*innenleistung mit (standardisierten) Testresultaten verglichen (für einen Überblick, siehe Demaray und Elliott 1998; Hoge und Coladarci 1989; Südkamp 2012), und allgemein moderate bis hohe Korrelationen aufzeigten, ist vergleichsweise wenig über die Akkuratheit von Lehrkrafturteilen bezüglich der weiteren Schullaufbahn ihrer Schüler*innen bekannt. Die Akkuratheit von Schulübergangsempfehlungen wird oft durch das Ausmaß, in dem die Schüler*innen auf der ihnen zugewiesenen Schulform bleiben, validiert. So haben beispielsweise Stroucken et al. (2008) als Hinweis auf eine hohe Urteilsakkuratheit berichtet, dass nach einem Jahr auf einer weiterführenden Schule nur jeweils 3 % der niederländischen Schüler*innen einer höheren beziehungsweise einer niedrigeren Bildungsform als empfohlen folgten. Interessanterweise wechselten nur 8 % der Schüler*innen, die eine höhere Bildungsform als empfohlen besuchten, in eine niedrigere Bildungsform. Gleichzeitig wechselten 13 % der Schüler*innen aus einer niedrigeren als der empfohlenen Bildungsform in eine höhere. Auch in Deutschland war die Zahl der Schüler*innen, die eine bestimmte Schulform erfolgreich abschlossen, relativ hoch, auch wenn sie ursprünglich nicht für diese Schulform empfohlen wurden. Die Wahrscheinlichkeit, eine bestimmte Schulform erfolgreich abzuschließen, war jedoch für jene Schüler*innen, bei denen die zugeordnete und die tatsächlich gewählte Schulform übereinstimmten (Bereich von 81–95 %) bedeutsam höher als für Schüler*innen, die diese Schulform trotz einer niedrigeren Empfehlung besuchten (Bereich von 35–67 %; für einen Überblick, siehe Klapproth und Schaltz 2014). Der geringe Wechsel zwischen Schularten in diesen Schulsystemen kann auf der einen Seite als Argument für die Akkuratheit von Schulübergangsempfehlungen interpretiert werden. Auf der anderen Seite könnte er auch die implizite Selbstbestätigung von Schulübergangsempfehlungen widerspiegeln (Lucas 2001).

Systematische Benachteiligung von Schüler*innen mit Migrationshintergrund Studien haben gezeigt, dass außer den Schulnoten und den Ergebnissen der Schulleistungstests auch leistungsferne Merkmale die Lehrkrafturteile beeinflussen (Glock und Krolak-Schwerdt 2013; McCombs und Gay 1988; Neal et al. 2003; Parks und Kennedy 2007). Konkret konnte gezeigt werden, dass die Entscheidungen von Lehrkräften häufig von Variablen beeinflusst werden, die in keinem Zusammenhang zur Schulleistung stehen, beispielsweise dem Geschlecht (McCombs und Gay 1988; Neal et al. 2003; Parks und Kennedy 2007) oder der Ethnizität (z. B. Glock und Krolak-Schwerdt 2013; Parks und Kennedy 2007; van den Bergh et al. 2010), was zu Nachteilen für bestimmte gesellschaftliche Gruppen führt.

Unabhängig von der Durchlässigkeit verschiedener Bildungssysteme (d. h. Wechsel zwischen weiterführenden Schulformen) zeigten verschiedene Studien, dass Schüler*innen mit Migrationshintergrund eine geringere Chance haben, eine Empfehlung für die höchste Schulform zu erhalten (Bamberg et al. 2010; Bertemes et al. 2013; OECD 2010). Schüler*innen mit Migrationshintergrund erhielten selbst dann häufiger eine Empfehlung für niedrigere Schulformen (Kristen 2000; OECD 2010), wenn für die schulische Leistung kontrolliert wurde (Dauber et al. 1996; Glock et al. 2013). Schüler*innen ohne Migrationshintergrund sind dagegen in den höchsten Schulformen überrepräsentiert (Bertemes et al. 2013; Lenz und Heinz 2018). Diese Befunde beschränken sich nicht nur auf Europa, da auch in den USA Schüler*innen mit Migrationshintergrund in den niedrigeren Schulformen übervertreten sind (Ansalone 2001; Lucas 2001). Eine Erklärung dafür könnte sein, dass nicht-leistungsbezogene Schüler*innenmerkmale auf die Übergangsempfehlung von Lehrkräften entweder indirekt – vermittelt über die Noten – oder direkt Einfluss nehmen. Tatsächlich postulieren Modelle zur Urteilsbildung und Entscheidungsfindung (Fiske et al. 1999; Fiske und Neuberg 1990), dass, obwohl Menschen unter bestimmten Umständen kognitiv fordernde Prozesse zur Informationsintegration ausführen, sie standardmäßig auf Stereotype zurückgreifen, wenn sie ein Urteil fällen. Solche Stereotype (z. B. auf Basis von Geschlecht oder Ethnizität) spiegeln generalisiertes Wissen über die gemeinsamen Merkmale, Verhaltensweisen und Eigenschaften einer sozialen

Gruppe wider (Judd und Park 1993; Sherman et al. 2013). Bei der Auswahl und Verarbeitung von Informationen kann es dann durch Anwendung solcher Stereotypen zu einer Verzerrung kommen, die wiederum Entscheidungen beeinflusst (Glock und Krolak-Schwerdt 2014).

Erfassung der Akkuratheit der Übergangsempfehlung Auch wenn Lehrkrafturteile – und die von ihnen abhängigen Entscheidungen – durch leistungsferne Merkmale beeinflusst sein können, ist es unklar, inwieweit diese Merkmale objektive Leistungsunterschiede wiedergeben oder eine unzulässige Bevorzugung einer Gruppe darstellen (Judd und Park 1993; Jussim 2005; Lee et al. 2013). Das liegt nicht zuletzt an der Schwierigkeit der Entwicklung reliabler und valider Materialien und Kriterien zur Erfassung von Urteilsakkuratheit (Jussim 2005; Stern et al. 2013). Die Auswahl eines geeigneten Kriteriums zur Beurteilung der Akkuratheit stellt eine besonders schwierige Aufgabe dar, da es nicht nur definieren muss, was eine akkurate Entscheidung wäre und wie man diese misst, sondern auch berücksichtigen muss, dass sich die Akkuratheit mit der Zeit verändern kann (Lee et al. 2013; Stern et al. 2013). Auf Schulübergangsempfehlungen bezogen müsste ein solches Kriterium das Lernpotenzial von Schüler*innen messen, mit welchem anschließend die Einschätzung der Lehrer*innen verglichen werden kann. In manchen Studien wird die Akkuratheit der Übergangsentscheidungen jedoch anhand des Verbleibs auf der zugewiesenen Schulform bestimmt (für einen Überblick, siehe Klapproth und Schaltz 2014), welcher wiederum stark mit der Durchlässigkeit des Schulsystems verbunden ist. In Schulsystemen mit geringer Durchlässigkeit wie beispielsweise in Luxemburg sagt der Verbleib der Schüler*innen in der zugewiesenen Schulform nur bedingt etwas über die Akkuratheit der Übergansentscheidung aus, denn der Verbleib der Schüler*innen in den unterschiedlichen Schulformen ist relativ unabhängig von deren Leistung in der Sekundarstufe (vgl. Klapproth et al. 2013a, b).

Nur mit einem validen Kriterium, das heißt einem Kriterium, dass das Lernpotenzial der Schüler*innen miteinbeziehen, kann bestimmt werden, ob stereotyp-geprägte Überzeugungen basierend auf leistungsfernen Merkmalen die Urteilsakkuratheit erhöhen oder reduzieren. Dazu sollte angemerkt werden, dass die Akkuratheit nur in dem Maße beeinflusst werden kann, in dem die Stereotype der Lehrer*innen die tatsächlichen oder vermeintlichen Zusammenhänge zwischen Gruppenzugehörigkeit und schulischer Leistungsfähigkeit widerspiegeln. Das heißt, dass Voreingenommenheit zu Urteilsverzerrungen führen kann, wenn Stereotype die Unterschiede zwischen sozialen Gruppen falsch identifizieren, während in Situationen, in denen Stereotype die Unterschiede richtig aufdecken, die Voreingenommenheit die Urteilsakkuratheit sogar erhöhen kann (Jussim

2005; Lee et al. 2013). Daher war es das Ziel der ersten Studie, ein Kriterium zur Beurteilung von Schulübergangsempfehlungen zu definieren und zu validieren. In einer zweiten Studie haben wir dieses Kriterium angewendet, um die Akkuratheit von Lehrkrafturteilen zu untersuchen und zu bestimmen, inwiefern diese Akkuratheit den Einflüssen von Stereotypen unterliegt.

10.2 Studie 1: Definition und Validierung eines Kriteriums

10.2.1 Methodik

Bildung des Kriteriums Unter Verwendung anonymisierter Daten einer luxemburgischen Schülerkohorte, für die bestimmte demografische Kennwerte, Schulnoten, Testergebnisse, Schullaufbahnentscheidungen sowie die schulischen Leistungen nach drei Jahren bekannt waren ($N=2677$; Klapproth et al. 2012), haben wir die relevantesten Prädiktoren der Schullaufbahnempfehlungen ausgewählt. Logistische Mehrebenen-Regressionsanalysen zur Vorhersage der Sekundarschulempfehlung von Klapproth und Kolleg*innen (2013b) haben gezeigt, dass sowohl die Zeugnisnoten der drei Hauptfächer Deutsch, Französisch und Mathematik als auch die Leistungen in den standardisierten Schulleistungstests die stärksten Prädiktoren der Übergangsempfehlung darstellen. Außerdem zeigten sich Zusammenhänge zu demografischen Merkmalen wie dem sozioökonomischen Status und Migrationshintergrund (Klapproth et al. 2012, 2013b). Diese wurden jedoch nicht in das Kriterium miteinbezogen, weil die Richtlinien zu den Schulübergangsentscheidungen festlegen, dass sich diese Entscheidungen hauptsächlich auf leistungsbezogene Variablen stützen sollen (z. B. Thill 2001). Der Einbezug demografischer Daten in ein solches Kriterium würde implizit die Wichtigkeit stereotyp-geprägter Erwartungen validieren. Darum haben wir unser Kriterium auf die Schulnoten in Mathematik, Deutsch und Französisch sowie auf die standardisierten Testergebnisse in diesen Fächern gestützt (MENJE 2017).

Wir haben das Kriterium auf die Wahrscheinlichkeit eines beobachteten Leistungsmusters in Bezug auf die Leistungsverteilungen in verschiedenen Schulstufen bezogen. Nach einer z-Standardisierung der Leistungsvariablen haben wir der Wahrscheinlichkeit, mit der ein Schüler*innenprofil aus der Leistungsverteilung einer jeweiligen Schulform stammt, berechnet. Genauer gesagt, haben wir für jede der Variablen und Schüler*innen die Wahrscheinlichkeit errechnet, mit der eine vergleichbare Abweichung zwischen der Leistung der Schüler*innen und dem Mittelwert der jeweiligen Schulform vorkommt. Die resultierenden Wahrscheinlichkeiten wurden kombiniert, wodurch der kombinierte Kennwert die Wahrscheinlichkeit einer Schüler*innenleistung in einer bestimmten Schullaufbahn widerspiegelt. Im nächsten Schritt haben wir den Vorhersagewert dieser kombinierten Wahrscheinlichkeit getestet (siehe Gl. 10.1).

$$\text{Kriterium}_{ES} = \sum_{i=1}^{6} \ln\bigl(2\bigl(1 - \Phi\bigl(|z_{ES_i}|\bigr)\bigr)\bigr)$$

Kriterium$_{ES}$ = Wahrscheinlichkeit eines Leistungsbewertungsmusters in der Schulform ES

Φ = kumulierte Verteilungsfunktion

z_{ES_i} = Abweichung des Leistungswerts i vom Mittelwert der Verteilung der Schulform ES

Gl. 10.1: Berechnungsvorschrift für die relative Abweichung der kombinierten akademischen Leistungswerte für die höchste (ES) Schulform

Berechnung der Akkuratheit Gemäß der Holdout-Methode wurde der Datensatz durch zufälliges Aufteilen in einen Trainings- und einen Testdatensatz gegliedert. Um ein einheitliches Maß zu haben, wurden alle Leistungsvariablen (also Testergebnisse und Noten in Französisch, Deutsch und Mathematik) in z-Werte ($M=0$, $SD=1$) umgewandelt, bevor die relative Abweichung der kombinierten schulischen Leistungswerte für jede Schulform berechnet wurde. Anschließend haben wir die Verteilung jeder Leistungsvariable separat für jede der drei Schulformen in Luxemburg (d. h. Enseignement Secondaire – ES, Enseignement Secondaire Technique – EST und Régime Préparatoire – PREP) und eine vierte Option – die mittlere Schulform mit einem adaptiven Programm für ein oder mehrere Fächer (Enseignement Secondaire Technique Adapte – ESTA) berechnet. Dann haben wir die Passung zwischen den individuellen Schulleistungen der Schüler*innen und den Verteilungen der Schulleistungen innerhalb der jeweiligen Schulformen bestimmt. Auf Basis dieser Passung konnten wir die Schulform ausfindig machen, die am besten zum schulischen Profil (dem Leistungsstand) der jeweiligen Schülerin oder des jeweiligen Schülers passt. Genauer gesagt bedeutet dies: Je kleiner die Abweichung von der Verteilung des Leistungskennwerts, desto typischer ist das Leistungsprofil eine*r Schüler*in für die jeweilige Schulform (siehe Abb. 10.1). Auf diese Weise konnten wir konsistente (d. h. zu genau einer Schulform passende) und gemischte (d. h. zu zwei Schulformen gleich gut passende) Schüler*innenprofile definieren. Schüler*innen mit

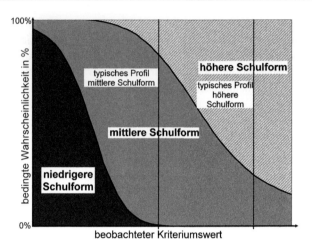

Abb. 10.1 Schematische Darstellung der relativen Übereinstimmung des akademischen Profils typischer Schüler*innen für die höchsten und mittleren Schulstufen

gemischten Schüler*innenprofilen sind dementsprechend für die eine Schulform eher zu leistungsstark und für die andere Schulform eher zu leistungsschwach. Hierbei wurde nicht differenziert, ob dies auf schwankende Leistungen zwischen den einzelnen Schulfächern oder auf ein allgemein uneindeutiges Leistungsprofil zurückzuführen ist.

Dann haben wir diesen Vorgang mit den Mittelwerten und Standardabweichungen, die sich aus dem Trainingsdatensatz ergeben haben, für den Testdatensatz wiederholt (Fukunaga 1990). Durch den Vergleich der kriteriumsbasierten schulischen Profile für jede Schulform mit den tatsächlichen Schulübergangsempfehlungen konnten wir Schüler*innen identifizieren, die eine Empfehlung in Übereinstimmung mit der kriteriumsbasierten Entscheidung erhalten haben und solche, die einer nicht passenden und damit höheren oder niedrigeren Schulform zugewiesen worden waren.

Überprüfung der prognostischen Validität In einem zweiten Schritt haben wir die Schulübergangsentscheidung mit den Leistungen der Schüler*innen in standardisierten Tests drei Jahre später in Beziehung gesetzt. Diese standardisierten Tests, die im dritten Jahr (9. Klasse) der weiterführenden Schulen durchgeführt werden, sind Teil eines landesweiten Bildungsmonitoring (Épstan; Fischbach et al. 2014) und erlauben einen Einblick in die sprachliche und mathematische

Leistungsfähigkeit der Schüler*innen. Aus den Testergebnissen in Deutsch, Französisch und Mathematik wurde für jede*n Schüler*in ein mittlerer Testwert gebildet (Klapproth et al. 2013a).

Um die Validität unseres Kriteriums zu testen, haben wir die Ergebnisse dieses standardisierten Tests für Schüler*innen mit übereinstimmender Übergangsempfehlung mit den Ergebnissen der Schüler*innen verglichen, bei denen eine Diskrepanz zwischen tatsächlicher und kriteriumsbasierter Entscheidung vorlag. Die Übereinstimmung zwischen kriteriumsbasierter und tatsächlicher Schulübergangsentscheidung stellt ein allgemeiner Plausibilitätscheck dar. Die anderen Vergleiche haben uns die Möglichkeit gegeben, die prädiktive Validität des Kriteriums zu testen. Konkret haben wir untersucht, inwiefern diese Übereinstimmung mit dem Schulerfolg der Schüler*innen im dritten Jahr der weiterführenden Schule in Verbindung steht.

10.2.2 Ergebnisse

Plausiblitätscheck Um die Plausibilität unseres Ansatzes zu untersuchen, haben wir analysiert, in welchem Umfang die kriteriumsbasierte und die tatsächliche Übergangsentscheidung sowohl im Trainings- als auch im Testdatensatz übereinstimmten. Die Ergebnisse zeigen, dass die kriteriumsbasierte Entscheidung in den jeweiligen Gruppen zu 90 % beziehungsweise 89 % mit den tatsächlichen Entscheidungen übereinstimmten. In beiden Gruppen wurde eine ähnliche Menge konsistenter und gemischter Fälle korrekt beziehungsweise inkorrekt klassifiziert. (vgl. Tab. 10.1). Genauer gesagt betrug die Übereinstimmung für konsistente Profile 88 % beziehungsweise 87 % in der Trainings- beziehungsweise Testgruppe, während es für gemischte Profile in beiden Gruppen eine Übereinstimmung von 93 % gab.

Prognostische Validität: Vorhersage des künftigen Schulerfolgs Um die Kriteriumsvalidität zu testen, haben wir untersucht, in welchem Umfang das Kriterium die Leistung der Schüler*innen in einem standardisierten Test im dritten Jahr der weiterführenden Schule vorhersagen kann. Zuerst wurden die Testergebnisse der Schüler*innen mit konsistenten schulischen Profilen in verschiedenen Schulformen untersucht. Die Ergebnisse der ANOVA zeigen signifikante Unterschiede der Testergebnisse zwischen den Schüler*innengruppen (also für jede kriteriumsbasierte Schulform), $F(3, 1309) = 248{,}37$, $p < {,}001$, $\eta_p^2 = {,}36$. Post-hoc-Analysen (Tukey HSD) zeigten, dass sich die Ergebnisse der standardisierten Tests für Schüler*innen, deren schulische Profile mit den verschiedenen

Tab. 10.1 Prozentuale Verteilung für tatsächliche Übergangsentscheidungen nach kriteriumsbasierter Entscheidung für Trainings- und Testdatensatz

	Tatsächliche Übergangsentscheidung				
	ES (%)	EST (%)	ESTA (%)	PREP (%)	N
Kriteriumsbasierte Entscheidung					
Trainingsdatensatz					1369
Konsistente Profile					810
ES	**98,4**	1,6	0,0	0,0	428
EST	16,4	**81,3**	2,3	0,0	305
ESTA	0,0	50,0	**48,1**	1,9	54
PREP	0,0	0,0	8,7	**91,3**	23
Gemischte Profile					559
ES/EST	**68,9**	31,1	0,0	0,0	122
EST/ESTA	2,6	**70,7**	26,2	0,4	229
ESTA/PREP	0,5	16,3	**55,3**	27,9	208
Testdatensatz					1369
Konsistente Profile					839
ES	**97,7**	2,3	0,0	0,0	426
EST	15,3	**81,9**	2,8	0,0	321
ESTA	0,0	52,9	**44,3**	2,9	70
PREP	0,0	0,0	4,5	**95,5**	22
Gemischte Profile					530
ES/EST	**76,4**	23,6	0,0	0,0	110
EST/ESTA	2,8	**73,5**	23,2	0,5	211
ESTA/PREP	0,5	15,3	**60,3**	23,9	209

Schulformen übereinstimmten, alle signifikant ($p<,001$) voneinander unterschieden, mit Ausnahme von Schüler*innen mit Profilen der zwei niedrigsten Schulformen (ESTA/PREP; $p=,11$). Wie erwartet, zeigten Schüler*innen, deren schulische Profile mit höheren Schulformen übereinstimmten, höhere Testleistungen (siehe Tab. 10.2). Dies bedeutet, dass für Schüler*innen mit einem konsistenten Profil die Ergebnisse der standardisierten Tests die schulische Leistung am Ende der Grundschule widerspiegeln.

Tab. 10.2 Gewichtete Wahrscheinlichkeitsschätzung der Fähigkeitswerte für Schüler mit unterschiedlichen Profilen pro Schulform ($N = 3341$). (Standardised Weighted Likelihood Estimation of Ability scores $M = 500$, $SD = 100$ Fischbach et al. 2014)

		Tatsächliche Übergangsentscheidung											
		ES			EST			ESTA			PREP		
		N	Mittelwert	SD	N	Mittelwert	SD	N	Mittelwert	SD	N	Mittelwert	SD
Kriteriumsbasierte Entscheidung	**Konsistente Profile**												
	ES	693	588,62	61,77	15	530,56	46,40	XX			XX		
	EST	87	518,57	46,17	446	509,22	52,35	20	495,13	46,56	XX		
	ESTA	XX			28	458,12	47,51	11	453,94	44,65	XX		
	PREP	XX			XX			3	434,41	89,59	10	410,18	41,56
	Gemischte Profile												
	Mixed ES/EST	108	547,06	50,89	46	533,51	69,52	XX			XX		
	Mixed EST/ESTA	XX			183	487,02	47,37	75	469,84	50,01	XX		
	Mixed ESTA/PREP	XX						185	443,30	48,51	82	420,99	48,97

Darüber hinaus haben wir die Unterschiede zwischen den Testergebnissen der Schüler*innen mit unterschiedlichen akademischen Profilen in den vier Schulformen untersucht (siehe Tab. 10.3 für eine Gesamtübersicht der Leistungsunterschiede und den damit verbundenen Signifikanzen und Effektgrößen der t-Tests). Auch wenn diese Vergleiche gezeigt haben, dass Schüler*innen mit besseren schulischen Leistungen im letzten Grundschuljahr auch nach drei Jahren bessere Leistung erbrachten (z. B. zeigen die Werte in Tab. 10.3 einen Leistungsunterschied von 79,40 Punkten zwischen Schüler*innen mit klaren ES Profilen in der höchsten Schulform und Schüler*innen mit klaren EST Profilen in der mittleren Schulform, $p<,001$, $d=1,39$), gab es einen zusätzlichen Effekt der Schulform. Dieser Effekt spiegelt im Allgemeinen wider, dass Schüler*innen mit einem bestimmten Profil, die eine niedrigere Schulform besuchen als das Kriterium vorhersagt, niedrigere Testresultate zeigen als Schüler*innen, die sich in der dem Kriterium entsprechenden Schulform befinden. In den nächsten Absätzen werden wir die Unterschiede zwischen Schüler*innen mit unterschiedlichen Profilen in unterschiedlichen Schulformen detaillierter beschreiben.

Vergleiche zwischen Schüler*innen mit gemischten Profilen Vergleiche zwischen Schüler*innen mit gemischten Profilen zeigen, dass die Schüler*innen, die der höheren der beiden passenden Schulformen zugeordnet wurden, höhere Testresultate erzielten. Konkret erreichten Schüler*innen mit gemischten Profilen in der höheren passenden Schulform bessere Leistungsergebnisse als diejenigen in der niedrigeren Schulform (z. B. ein Leistungsunterschied von 39,38 Punkten, $p<,001$, $d=0,35$, zwischen Schüler*innen mit gemischten EST/ESTA Profilen in EST und in ESTA). Eine Ausnahme stellen die Schüler*innen mit gemischten ES/EST Profilen dar. In dieser Gruppe ergaben sich keine signifikanten Unterschiede zwischen Schüler*innen in der höheren (ES) und in der niedrigeren Schulform (EST; siehe Tab. 10.3).

Vergleiche zwischen Schüler*innen mit konsistenten Profilen Innerhalb der Gruppe der Schüler*innen mit konsistenten Profilen verglichen wir jene Schüler*innen, bei denen kriteriumsbasierte und tatsächliche Übergangsentscheidung übereinstimmten, mit jenen, bei denen diese nicht übereinstimmten. Die Ergebnisse der t-Tests zeigen, dass zwar Schüler*innen mit konsistenten ES-Profilen im ES bessere Leistungsergebnisse hatten als Schüler*innen mit gleichen Profilen im EST (Leistungsunterschied 58,05 Punkten, $p<,001$, $d=1,06$), allerdings ergeben sich in den anderen Schulformen keine signifikanten Unterschiede für Schüler*innen mit konsistenten Profilen (siehe Tab. 10.3).

Tab. 10.3 Leistungsunterschiede, Signifikanzniveaus und Effektgrößen für die gewichtete Wahrscheinlichkeitsschätzung der Fähigkeitswerte für Schüler*innen mit unterschiedlichen kriteriumsbasierten Profilen in verschiedenen Schulformen. Anmerkung: *p<.05, **p<.01, ***p<.001

Kriteriums-basierte Profile		ES	ES/EST	EST	ES	ES/EST	EST	EST/ESTA	ESTA	EST/ESTA	ESTA	ESTA/PREP	PREP	ESTA/PREP	PREP
N		693	108	87	15	46	446	183	28	20	75	11	185	3	82	10
								Tatsächliche Übergangsentscheidung								
		ES			EST			ESTA					PREP			
Kriteriums-basierte Profile / Tatsächliche Übergangsentscheidung	ES		41,5*	70,1*	58,1*	55,1*	79,4*	101,6*	130,5*	93,5*	118,8*	134,7*	145,3*	154,2*	167,6*	178,4*
	ES/EST	0,74		28,5*	16,5	13,5	37,8*	60,0*	88,9*	51,9*	77,2*	93,1*	103,8*	112,7*	126,1*	136,9*
	EST	1,29	0,59		12,0	14,9	9,4	31,6*	60,5*	23,4*	48,7*	64,6*	75,3*	84,2*	97,6*	108,4*
	ES	1,06	0,34	0,26		3,0	21,3	43,5*	72,4*	35,4*	60,7*	76,6*	87,3*	96,2*	109,6*	120,4*
	ES/EST	0,84	0,22	0,25	0,05		24,3*	46,5*	75,4*	38,4*	63,7*	79,6*	90,2*	99,1*	112,5*	123,3*
	EST	1,39	0,73	0,19	0,43	0,40		22,2*	51,1*	14,1	39,4*	55,3*	65,9*	74,8*	88,2*	99,0*
	EST/ESTA	1,85	1,22	0,68	0,93	0,78	0,45		28,9*	8,1	17,2*	33,1*	43,7*	52,6	66,0*	76,8*
	ESTA	2,37	1,81	1,30	1,55	1,27	1,02	0,61		37,0*	11,7	4,2	14,8	23,7	37,1*	47,9*
	EST	1,71	1,06	0,51	0,76	0,65	0,28	0,17	0,79		25,3*	41,2*	51,8*	60,7	74,1*	85,0*
	EST/ESTA	2,11	1,53	1,01	1,26	1,05	0,77	0,35	0,24	0,52		15,1	26,5*	35,4	48,9*	59,7*
	ESTA	2,50	1,95	1,42	1,68	1,36	1,14	0,72	0,09	0,90	0,34		10,6	19,5	33,0*	43,8*
	ESTA/PREP	2,62	2,09	1,59	1,84	1,51	1,31	0,91	0,31	1,09	0,54	0,23		8,9	22,3*	33,1*
	PREP	2,00	1,55	1,18	1,35	1,24	1,02	0,73	0,33	0,85	0,49	0,28	0,12		13,4	24,2
	ESTA/PREP	3,01	2,52	2,05	2,30	1,87	1,74	1,37	0,77	1,55	0,99	0,70	0,46	0,19		10,8
	PREP	3,39	2,95	2,47	2,73	2,15	2,10	1,72	1,07	1,93	1,30	1,02	0,73	0,35	0,24	

Werte oberhalb der Diagonalen geben absolute Leistungsunterschiede, Werte unterhalb der Diagonalen Effektstärken (d) wieder

Vergleiche zwischen Schüler*innen mit konsistenten und gemischten Profilen Zuletzt haben wir den schulischen Erfolg von Schüler*innen mit konsistenten Profilen mit dem Erfolg von Schüler*innen mit gemischten Profilen in der jeweiligen Schulform verglichen. Allgemein zeigten Schüler*innen mit konsistenten Profilen bessere Resultate als Schüler*innen mit gemischten Profilen. Zum Beispiel erreichten unter den Schüler*innen im ES diejenigen mit konsistenten ES Profilen höhere Testwerte als Schüler*innen mit gemischten ES/EST Profilen (Leistungsunterschied 41,56 Punkten, $p<,001$, $d=0,74$) und Schüler*innen mit konsistenten EST Profilen (Leistungsunterschied 70.05 Punkten, $p<,001$, $d=1,29$; siehe Tab. 10.3).

10.2.3 Diskussion Studie 1

Zur Beurteilung der Akkuratheit der diagnostischen Kompetenz von Lehrkräften ist die Definition eines Kriteriums entscheidend, an dem die Beurteilung vorgenommen werden kann. Die statistische Berechnung eines Kennwertes, die die schulische Leistung abbildet und in ein schulisches Profil der Schüler*in übertragen werden kann, liefert Informationen darüber, wie repräsentativ diese*r Schüler*in für die jeweilige Schulform ist. Unsere Ergebnisse zeigen, dass ein solches Kriterium erfolgreich zur Bestimmung konsistenter und gemischter schulischer Profile eingesetzt werden kann.

Die prognostische Validität dieses Kriteriums wird durch unsere Ergebnisse gestützt, die zeigen, dass eine auf dem Schulerfolg im letzten Jahr der Grundschule basierende Übergangsentscheidung ein guter Prädiktor für den Schulerfolg drei Jahre später ist. Dies gilt besonders für Schüler*innen mit einem konsistenten Leistungsprofil. Darüber hinaus zeigen die Ergebnisse, dass Schüler*innen, die mit einem konsistenten schulischen Profil der dazu passenden Schulform zugewiesen wurden, bessere Leistungen erbringen als Schüler*innen mit dem gleichen Profil in niedrigeren Schulformen. Diese Unterschiede sind in den höheren Schulformen am deutlichsten, konnten aber auch in anderen Schulformen beobachtet werden. Zwar erreichte der Test für Schüler*innen mit einem ESTA-Profil, die einer niedrigen Schulform zugewiesen worden waren, keine statistische Signifikanz, die Effektgröße deutet jedoch darauf hin, dass Schüler*innen im ESTA um ein Drittel einer Standardabweichung höhere Ergebnisse als im PREP aufwiesen. Diese Ergebnisse deuten möglicherweise auf eine wenig effektive Lernumgebung hin, die wiederum das optimale Lernwachstum einschränkt. Interessant ist, anzumerken, dass Schüler*innen mit einem konsistenten schulischen Profil, die einer höheren Schulform zugewiesen wurden, gleiche oder bessere Leistungen zeigten als Schüler*innen mit dem gleichen Profil in der passenden Schulform. Dieser Befund entspricht der Beobachtung, dass eine relativ hohe Zahl der Schüler*innen, die eine höhere Schulform als empfohlen besuchen, erfolgreich in dieser Schulform verbleiben (Klapproth und Schaltz 2014; Stroucken et al. 2008). Für die Validität des Kriteriums spricht jedoch, dass Schüler*innen, die eine höhere Schulform besuchten als empfohlen, schlechtere Leistungsergebnisse als ihre Mitschüler*innen mit passenden konsistenten oder gemischten Profilen aufwiesen.

Die möglichen nachteiligen Effekte einer zu niedrigen Einstufung werden besonders mit Blick auf die Schüler*innen mit gemischten Profilen deutlich. Diejenigen, die die niedrigere passende Schulform besuchen, zeigten in der Regel schlechtere Schulleistungen als diejenigen in der höheren Schulform. Die Validität des Kriteriums wird auch durch die Tatsache gestützt, dass sich eine Unterscheidung zwischen konsistenten und gemischten schulischen Profilen am Ende der Grundschule in Unterschieden in den Testleistungen der Schüler*innen im dritten Jahr der weiterführenden Schule widerspiegelt. Genauer gesagt lagen die Testleistungen der Schüler*innen mit gemischten Profilen zwischen den Testleistungen der Schüler*innen mit konsistenten Profilen in der höheren beziehungsweise niedrigeren Schulform.

Auf eine Beschränkung in der Darstellung des Kriteriums sollte hingewiesen werden. Die Grundlage für das Kriterium stellen die Schulnoten und Testresultate dar. Obwohl die (Beurteilung der) Leistung der Schüler*innen von Lehrer*innen und der Klassenzusammensetzung beeinflusst werden kann und deswegen Schulleistungen in Form von Noten zwischen Schüler*innen aus unterschiedlichen Klassen nur bedingt vergleichbar sind, konnten aufgrund der Art und Anonymisierung des Datensatzes die schulischen Leistungen nicht nach Klasse oder Schule getrennt werden. Weiterhin haben wir in der Darstellung des Kriteriums das Arbeitsverhalten und die Motivation der Schüler*innen nicht betrachtet. Diese sozio-emotionalen Merkmale haben möglicherweise eine prognostische Bedeutung und könnten das Kriterium ergänzen. Aber auch wenn dieses Kriterium keinen „gold standard of absolute truth" (Lee et al. 2013) für die Richtigkeit von Urteilen darstellt, ist es relativ robust und könnte als valides Maß gesehen werden, an dem Lehrkrafturteile abgeglichen werden können. Ein Vorteil eines solchen Kriteriums ist, dass es auf einer Kombination der Schülereigenschaften beruht, die als relevante Prädiktoren schulischen Erfolgs identifiziert wurden. Ein weiterer Vorteil ist, dass es relativ frei von Urteilsverzerrungen ist (z. B. enthält es keine demografischen Merkmale). Dennoch können in der Praxis andere Variablen in der Entscheidungsfindung des Schulübergangs herangezogen werden; besonders mit Blick auf gemischte schulische Profile.

10.3 Studie 2: Anwendung des Kriteriums zur Untersuchung der Urteilsakkuratheit

In einer zweiten Studie sollte das Kriterium in der Forschungspraxis validiert werden. Wir haben das Kriterium in einem Experiment angewendet, um die Akkuratheit von Lehrkrafturteilen zu untersuchen. Weiterhin sollte untersucht werden, inwiefern soziale Merkmale der Schüler*innen die Lehrkrafturteile über die im Kriterium erfassten Informationen hinaus mitbestimmen. Vorausgehende Untersuchungen zum Stereotypeneinfluss auf Lehrkrafturteile (Glock und Krolak-Schwerdt 2013; McCombs und Gay 1988; Neal et al. 2003; Parks und Kennedy 2007) haben gezeigt, dass Informationen über soziale Kategorien (z. B. Migrationshintergrund) Stereotype aktivieren können, die, falls sie zur Anwendung kommen, nicht nur die Auswahl und Verarbeitung von Informationen, sondern auch die Urteilsfindung selbst beeinflussen (Glock und Krolak-Schwerdt 2014). In dieser Studie wurden deshalb sowohl die schulische Leistung als auch die Nationalität der Schüler*innen variiert. Folgende Ergebnisse wurden erwartet:

a) Ausgehend von den berichteten Ergebnissen zur Validität des Kriteriums und Befunden, nach denen Lehrer*innen ihre Schüler*innen bestimmten mental repräsentierten Schülertypen zuordneten (Hörstermann et al. 2010), haben wir erwartet, dass Lehrkräfte akkuratere Urteile über Schüler*innen mit konsistenten als über Schüler*innen mit gemischten Profilen treffen.
b) Auf Grundlage früherer Untersuchungen zum Stereotypeneinfluss auf Entscheidungen haben wir erwartet, dass die Nationalität der Schüler*innen die Lehrkrafturteile beeinflusst. Genauer gesagt, haben wir erwartet, dass nach Kontrolle der schulischen Leistung Schüler*innen mit einem Migrationshintergrund weniger oft für die höhere Schulform empfohlen werden.
c) Auf Grundlage der Annahme, dass Voreingenommenheit mit Akkuratheit assoziiert ist, erwarteten wir, dass – sollten sich die Lehrkrafturteile nach Nationalität der Schüler*innen unterscheiden (Hypothese b) – dies ebenfalls einen Einfluss auf die Akkuratheit der Urteile hat. Die Berücksichtigung der Nationalität könnte zum einen zu einer Unterschätzung von Schüler*innen mit Migrationshintergrund (Glock und Krolak-Schwerdt 2013; Ready und Wright 2011), zum anderen zu einer Überschätzung von Schüler*innen ohne Migrationshintergrund (Kaiser et al. 2017; Tobisch und Dresel 2017) führen.

10.3.1 Methode

Basierend auf den Ergebnissen aus Studie 1 haben wir uns dafür entschieden, die Zuweisung von Schüler*innen mit konsistenten Profilen zu den entsprechenden Schulformen als akkurat zu betrachten. Weil die Ergebnisse aus Studie 1 nahelegen, dass Schüler*innen mit gemischten Profilen mehr schulischen Erfolg haben, wenn sie der höheren der beiden passenden Schulformen zugewiesen werden, stellt eine Zuweisung zur höheren Schulform die korrekte Entscheidung dar. Außerdem haben wir uns entschieden, nur die drei Schulformen ES, EST und PREP einzubeziehen, da die Unterscheidung zwischen EST und ESTA den Lehrkräften nicht immer vollkommen klar ist. Zudem variiert die Verfügbarkeit des ESTA von Kommune zu Kommune.

Zur Vorbereitung von Studie 2 wurden Vignetten auf Basis anonymisierter Schüler*innendaten erstellt, wobei die tatsächlichen Schulübergangsentscheidungen mit den kriteriumsbasierten Entscheidungen übereinstimmten (d. h. volle Übereinstimmung für Schüler*innen mit konsistenten Profilen und eine Empfehlung für die höhere Schulform für Schüler*innen mit gemischten Profilen). Für jede Schulform wurde die gleiche Anzahl an Vignetten erstellt und sowohl die Konsistenz der Profile als auch die Nationalität der Schüler*innen ausbalanciert.

Die Vignetten wurden vorab von 14 Lehrkräften auf ihre ökologische Validität getestet. Die Lehrkräfte bewerteten auf einer 10-Punkte Likert Skala ($1 = $ *nicht einverstanden;* $10 = $ *völlig einverstanden*), ob die Vignetten mit den Informationen übereinstimmten, die ihnen normalerweise zur Verfügung stehen ($M = 7{,}56$, $SD - 1{,}64$) und für wie verständlich sie die Vignetten erachteten ($M = 8{,}67$, $SD = 1{,}07$). Alle Lehrkräfte gaben an, dass die Vignetten die ausschlaggebendsten Informationen für eine Schulübergangsempfehlung enthielten.

Probanden und Design An dieser Studie nahmen 82 Grundschullehrkräfte (66 % weiblich, Durchschnittsalter $= 39{,}19$, $SD = 9{,}82$) mit durchschnittlich 14,57 ($SD = 9{,}43$) Jahren Lehrerfahrung teil. Das Experiment bestand aus einem 2×2 Innersubjekt-Design mit den Faktoren Migrationshintergrund (mit vs. ohne) und Konsistenz der schulischen Profile (konsistent vs. gemischt).

Material Für die Studie wurden zwölf Vignetten für Schüler*innen mit oder ohne Migrationshintergrund (ersichtlich durch die Nationalität der Schüler*innen) mit konsistenten oder gemischten Profilen für jede der Schulformen benutzt ($2 \times 2 \times 3 = 12$). Drei der Vignetten zeigten Schüler*innen aus der größten Einwanderergruppe in Luxemburg (portugiesische Schüler*innen), drei weitere

Vignetten Schüler*innen mit einem anderen Migrationshintergrund, um die Heterogenität im Klassenraum abzubilden. Alle Schülervignetten enthielten Informationen über Demografie (Geschlecht, Nationalität und sozioökonomischer Status), Schulerfolg (Noten und Testergebnisse), Klassenwiederholungen, Arbeits- und Lerngewohnheiten sowie die Wünsche der Eltern hinsichtlich der Schulform (siehe Abb. 10.2). Zudem wurde den Teilnehmer*innen ein kurzer Fragebogen mit Fragen zu Alter, Geschlecht und Unterrichtserfahrung ausgehändigt.

Vorgehen Die Lehrkräfte wurden an ihren Schulen besucht. Nach ihrer Einwilligung zur Studienteilnahme wurden sie gebeten, die auf einem Computerbildschirm präsentierten Vignetten sorgsam zu betrachten, um die passendste weiterführende Schulform für jede*n Schüler*in auszuwählen. Ihre Entscheidung trafen sie per Druck auf die Tasten „1", „2" oder „3" für ES (höchste Schulform), EST (mittlere Schulform) beziehungsweise PREP (niedrigste Schulform). Vor

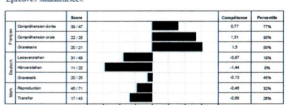

Abb. 10.2 Übungsvignette

der Darbietung der zwölf Vignetten wurde den Lehrkräften eine Übungsvignette (siehe Abb. 10.2) präsentiert, um sie mit der Darbietungsart und der Aufgabe vertraut zu machen.

10.3.2 Ergebnisse

Ein Kennwert der Urteilsakkuratheit wurde durch den Vergleich der tatsächlichen mit der kriteriumsbasierten Schulform errechnet, wobei korrekte Urteile (d. h. Urteile, die nicht von der kriteriumsbasierten Entscheidung abwichen) mit 1 und inkorrekte Urteile mit 0 kodiert wurden. Dann wurden die durchschnittlichen Kennwerte für die Schülervignetten mit und ohne Migrationshintergrund und für Schüler*innen mit konsistenten und gemischten Profilen errechnet. Kennwerte nahe 1 bedeuten also eine hohe Urteilsakkuratheit, wohingegen Kennwerte nahe 0 niedrigere Level an Akkuratheit bedeuten (siehe Tab. 10.4 für eine deskriptive Statistik).

Eine 2×2 ANOVA mit Messwiederholung mit schulischem Profil (konsistent vs. gemischt) und Migrationshintergrund (mit oder ohne) als Innersubjektfaktoren ergab Haupteffekte sowohl für das schulische Profil, $F(1,81) = 60{,}25$, $p < {,}001$, $\eta_p^2 = {,}43$, als auch für den Migrationshintergrund, $F(1,81) = 13{,}13$, $p = {,}001$, $\eta_p^2 = {,}14$. Erwartungsgemäß war die Urteilsakkuratheit der Lehrkräfte größer für Schüler*innen mit einem konsistenten Profil. Auch weisen die Ergebnisse darauf hin, dass die Entscheidungen vom Migrationshintergrund der Schüler*innen beeinflusst wurden, sodass Entscheidungen für Schüler*innen ohne Migrationshintergrund ($M = {,}25$, $SD = {,}14$) akkurater waren als für Schüler*innen mit Migrationshintergrund ($M = {,}33$, $SD = {,}21$). Außerdem lassen die Ergebnisse auf eine statistisch signifikante Interaktion zwischen schulischem Profil und Migrationshintergrund schließen, $F(1,81) = 12{,}49$, $p = {,}001$, $\eta_p^2 = {,}13$. Post hoc Analysen ergaben, dass Lehrkräfte sowohl für Schüler*innen mit als auch für

Tab. 10.4 Deskriptive Statistik der Urteilsakkuratheit (N = 82)

Variable	Konsistente Profile		Gemischte Profile	
	Mittelwert	SD	Mittelwert	SD
Urteilsakkuratheit				
Ohne Migrationshintergrund	,88	,19	,61	,22
Mit Migrationshintergrund	,73	,24	,61	,26
Alle Schülervignetten	,80	,16	,61	,20

Tab. 10.5 Prozentuale Verteilung der Übergangsentscheidungen der Lehrkräfte nach kriteriumsbasierter Schulform für Schüler*innen mit und ohne Migrationshintergrund. (Fettgedruckte Zahlen geben eine Übereinstimmung zwischen kriteriumsbasierter und tatsächlicher Entscheidung wieder)

		Übergangsentscheidung der Lehrkräfte		
		ES (%)	EST (%)	PREP (%)
Kriteriumsbasierte Schulform	*Schüler*innen mit Migrationshintergrund*			
	ES	**63**	10	0
	EST	37	**71**	50
	PREP	0	19	**50**
	Schüler*innen ohne Migrationshintergrund			
	ES	**65**	3	0
	EST	35	**79**	28
	PREP	0	18	**72**

Schüler*innen ohne Migrationshintergrund präziser sind, wenn diese ein konsistentes schulisches Profil haben, $t(81)=3{,}82$, $p<{,}001$, $d=0{,}41$ beziehungsweise $t(81)=7{,}95$, $p>{,}001$, $d=1{,}00$. Post hoc Analysen ergaben außerdem unterschiedliche Muster der Urteilsakkuratheit für gemischte und konsistente Profile bei Schüler*innen mit und ohne Migrationshintergrund. Bei gemischten Profilen zeigten sich keine Effekte des Migrationshintergrundes auf die Urteilsakkuratheit, $t(81)=0{,}41$, $p={,}89$, $d=0{,}00$. Bei konsistenten Profilen hingegen waren die Entscheidungen für Schüler*innen ohne Migrationshintergrund allerdings akkurater als für Schüler*innen mit Migrationshintergrund, $t(81)=4{,}78$, $p<{,}001$, $d=0{,}52$.

Um die Urteilsakkuratheit weiter zu untersuchen, haben wir die Anteile der Schüler*innen mit und ohne Migrationshintergrund betrachtet, die korrekt eingeschätzt oder über- beziehungsweise unterschätzt wurden. Insgesamt wurden 73 % der Schüler*innen ohne Migrationshintergrund und 65 % der Schüler*innen mit Migrationshintergrund korrekt eingeschätzt. Dabei kam es sowohl zu Über- als auch zu Unterschätzungen. Auch wenn der Anteil der Unterschätzungen für Schüler*innen mit und ohne Migrationshintergrund ähnlich war (22 % bzw. 21 %), wurden mehr Schüler*innen mit Migrationshintergrund überschätzt (13 % vs. 6 %). Diese Überschätzung war besonders für Schüler*innen mit Migrationshintergrund ausgeprägt, deren schulisches Profil zur niedrigsten Schulform passte (50 % der Schüler*innen mit Migrationshintergrund und einem PREP Profil wurden in die höhere EST Schulform empfohlen, während diese Überschätzung nur 28 % der Schüler*innen ohne Migrationshintergrund betrifft; siehe Tab. 10.5).

10.3.3 Diskussion Studie 2

Die Ergebnisse aus Studie 2 zeigen trotz weitestgehender Übereinstimmung der Schulübergangsempfehlungen der Lehrkräfte mit den kriteriumsbasierten Entscheidungen Unterschiede in der Urteilsakkuratheit in Abhängigkeit des Migrationshintergrunds der Schüler*innen. Erwartungsgemäß waren die Lehrkrafturteile weniger präzise für Schüler*innen mit gemischten als mit konsistenten Profilen. Es erscheint offensichtlich, dass Entscheidungen schwieriger zu fällen sind, wenn gemischte schulische Leistungen vorliegen. Dieser Befund steht im Gegensatz zu Südkamp et al. (2018), die keine Akkuratheitsunterschiede zwischen konsistenten und gemischten Profilen hinsichtlich kognitiver und sozio-emotionaler Merkmale von Schüler*innen finden konnten. Die Tatsache, dass wir – basierend auf den Ergebnissen aus Studie 1 – in einem zweideutigen Fall nur die höhere der beiden Schulformen als korrekt eingestuft haben, mag zu diesem Effekt beigetragen haben.

Unpräzise Entscheidungen spiegeln sowohl Über- als auch Unterschätzungen der Schüler*innen wider. Beide können zu Ungleichheiten im Bildungssystem führen, wobei eine Überschätzung zu Versetzungsgefährdung und einem frühzeitigen Verlassen der Schule führen kann (De Boer et al. 2010), wohingegen Unterschätzung mit verringerten Bildungsmöglichkeiten assoziiert ist (Schalke et al. 2013). Die Unterschiede in den Entscheidungen für Schüler*innen mit und ohne Migrationshintergrund unterstützten die Annahme, dass Lehrkrafturteile anfällig für Stereotypeneinfluss sind. Die Ergebnisse weisen außerdem darauf hin, dass sich solche Unterschiede auch in der Urteilsakkuratheit niederschlagen. Diese Resultate reihen sich in bestehende Literatur ein, indem sie nicht nur den Einfluss demografischer Merkmale (z. B. Migrationshintergrund) auf Lehrkrafturteile bestätigen (z. B. Glock und Krolak-Schwerdt 2013), sondern auch zeigen, dass der Einfluss des Migrationshintergrunds die Urteilsakkuratheit beeinflussen kann. Dieser Befund bekräftigt frühere Untersuchungen, die zeigen, dass Lehrkräfte über unterschiedliche Erwartungen an die Leistung von Schüler*innen mit und ohne Migrationshintergrund verfügen (Glock und Krolak-Schwerdt 2013; Glock et al. 2013). Er trägt auch zur Erklärung der Befunde bei, dass Schüler*innen mit Migrationshintergrund in den höchsten Schulformen unterrepräsentiert sind – selbst nach der Kontrolle der schulischen Leistung (Klapproth et al. 2012). Interessanterweise findet sich ein Stereotypeneinfluss nur in Situationen, in denen die Lehrkräfte konsistente Informationen über schulische Leistung erhielten. Die konsistenten schulischen Profile könnten Informationen enthalten haben, die automatische Erwartungen und damit verbundene stereotype Charakterisierungen sozialer Gruppen aktivieren. In diesem Fall würde das hervorstechendste Attribut (z. B. der Migrationshintergrund) das Urteil bestimmen. Für die Urteile über Schüler*innen mit gemischten Profilen wurden keine Unterschiede in Abhängigkeit des Migrationshintergrunds gefunden. Gemischte Profile könnten inkonsistente Hinweise enthalten haben, die von den Lehrkräften erforderten, alle verfügbare Informationen für das Urteil zu Rate zu ziehen (Ferreira et al. 2006; Fiske und Neuberg 1990).

10.4 Allgemeine Diskussion

Beide Studien unterstützen die Plausibilität des vorgeschlagenen Kriteriums zur Bewertung der Akkuratheit von Schulübergangsentscheidungen. Genauer gesagt, erwies sich das Kriterium, das auf der Übereinstimmung zwischen beobachteter Schulleistung in Relation zu der Leistungsverteilung in verschiedenen Schulformen beruht, als robust sowohl zur Unterscheidung zwischen Schüler*innen mit konsistenten und gemischten Profilen am Ende der Grundschule als auch zur Vorhersage der schulischen Leistung drei Jahre später. Die Ergebnisse des Experiments, in dem das Kriterium zur Anwendung kam, zeigen, dass sich die Konsistenz schulischer Profile und Stereotypeneinflüsse auf die Urteilsakkuratheit auswirken.

Dieses methodologische Vorgehen bei der Etablierung eines Kriteriums könnte sich als wertvolle Ergänzung für Untersuchungen der Akkuratheit von Schulübergangsentscheidungen herausstellen, welche derzeit häufig das Ausmaß, in dem Schüler*innen die Schulform wechseln, als Kennwert für die Urteilsakkuratheit heranziehen (Klapproth und Schaltz 2014). Hierbei könnte geringe Durchlässigkeit zwischen den Schulformen entweder als Bestätigung der Urteilsakkuratheit oder als eine sich selbst erfüllende Prophezeiung interpretiert werden (Lucas 2001). Die Probleme, die bei einem solchen Ansatz auftreten, könnten mit dem vorliegenden Ansatz überwunden werden. Vielversprechend ist insbesondere eine Weiterentwicklung des Ansatzes hin zur Angabe detaillierterer Schwellenwerte, die jene Punkte der Leistungsverteilung abbilden, ab denen ein*e Schüler*in vom Besuch der nächsthöheren Schulform profitieren würde. Neben der Heranziehung weiterer längsschnittlicher Daten, die ebenfalls die Berücksichtigung der hierarchischen Struktur der Daten (Klassen- und Schulebene) ermöglichen, könnten „Propensity Score Matching" Methoden eine positive Ergänzung des Ansatzes darstellen.

Ein Stereotypeneinfluss konnte bei Urteilen für Schüler*innen mit gemischten Profilen nicht beobachtet werden. Das unterstützt die Annahme, dass die unterschiedliche Akkuratheit von Urteilen über Schüler*innen mit und ohne

Migrationshintergrund weniger ein Resultat der Schwierigkeit solcher Entscheidungen ist, sondern eher auf unterschiedliche Prozesse der Entscheidungsfindung zurückzuführen ist (Fiske et al. 1999; Fiske und Neuberg 1990).

Als mögliche praktische Implikation zeigt die Studie zum Beispiel auf, dass konsistente Schüler*innenprofile sich als besonders nützlich zur Untersuchung der Voreingenommenheit und Urteilsakkuratheit von Lehrkräften erweisen könnten (siehe Pit-ten Cate et al. 2016). Diese Profile könnten auch verwendet werden, um die Veränderung der Urteilsakkuratheit zu evaluieren, zum Beispiel infolge eines Lehrer*innentrainings oder von Maßnahmen zum Abbau von Vorurteilen. Die Effektivität solcher Maßnahmen konnte gezeigt werden (Kawakami et al. 2000), wobei sich integriertes Feedback als essenziell erwiesen hat. Der vorliegende Ansatz würde es Trainer*innen und Forscher*innen ermöglichen, den Lehrkräften präzises Feedback über das Ausmaß zu geben, in dem Stereotype die Urteilsakkuratheit beeinflussen können. So kann über den Vergleich der Entscheidungen der Lehrkräfte mit den kriteriumsbasierten Entscheidungen die Selbstreflektion angeregt werden und es Lehrkräften ermöglichen, über die Diskrepanzen zwischen tatsächlichen und kriteriumsbasierten Entscheidungen nachzudenken und potenzielle Fehlerquellen ausfindig zu machen. Gemischte Schüler*innenprofile könnten insbesondere für Trainings- und Interventionsmodule, welche die in Schulübergangsentscheidungen einfließenden Faktoren abbilden, nützlich sein.

Eine wiederkehrende Limitation dieser Studie ist die ökologische Validität von Schülervignetten. Auch wenn die Vignetten vorab getestet wurden, können sie die tatsächliche Situation, in der Lehrkräfte Entscheidungen treffen, immer nur modellhaft abbilden. Dies könnte besonders wichtig sein, wenn Lehrer*innen mit gemischten Schüler*innenprofilen konfrontiert werden, da die Lehrkräfte in diesen Fällen eventuell auf zusätzliche Informationen zurückgreifen. Dies könnte dazu führen, dass Entscheidungen im Feld eine generell höhere Akkuratheit aufweisen als in experimentellen Situationen. Diese Limitationen können jedoch nicht die unterschiedlichen Effekte auf die Urteilsakkuratheit für Schüler*innen mit ähnlichen konsistenten Profilen mit und ohne Migrationshintergrund erklären, da es unwahrscheinlich ist, dass der Gebrauch von Vignetten unterschiedliche Effekte auf diese beiden Schüler*innengruppen hat. Außerdem erlaubt der Gebrauch von Vignetten in Experimenten, eine Studie des Entscheidungsprozesses unter relativ kontrollierten Bedingungen durchzuführen, womit Störvariableneinflüsse reduziert werden. Dieser Ansatz wird erfolgreich angewendet und erklärt etwa gleich große Varianzanteile an den Unterschieden menschlicher Urteile wie Feldstudien (Karelaia und Hogarth 2008; Krolak-Schwerdt et al. 2018).

10.5 Schlussfolgerung

Die Untersuchungen bieten einen methodologischen Ansatz, um ein valides Kriterium zur Erfassung der Urteilsakkuratheit zu etablieren und bestätigen die oft vermuteten Zusammenhänge zwischen Stereotypeneinfluss und Urteilsverzerrungen. Diese Befunde fügen sich in den theoretischen Rahmen der sozialen Urteilsbildung ein, der erfolgreich angewendet werden kann, um Entscheidungsprozesse in schulischen Kontexten zu verstehen. Konkret hat diese Studie die Möglichkeit aufgezeigt, einen validen Maßstab zu entwickeln, an dem die Urteile der individuellen Lehrkräfte verglichen werden können. Solche Maße könnten nicht nur angewendet werden, um Entscheidungsprozesse zu untersuchen, sondern auch in Trainings- und Interventionsmodule integriert werden, die eine Reduktion des Stereotypeneinflusses zum Ziel haben, um Feedback zu ermöglichen und Veränderungen zu beobachten.

Literatur

Ansalone, G. (2001). Schooling, tracking, and inequality. *Journal of Children and Poverty, 7*, 33–47. http://doi.org/10.1080/10796120120038028.

Bamberg, M., Barthelemy, M., Bertemes, J., Besch, E., Boehm, B., Brunner, M., ... Ugen, S. (2010). PISA 2009: Nationaler Bericht Luxemburg. Luxembourg: MENFP-SCRIPT and University of Luxembourg: EMACS.

Bertemes, J., Boehm, B., Brunner, M., Dierendock, C., Fischbach, A., Gamo, S., ... Wrobel, G. (2013). PISA 2012: Nationaler Bericht Luxemburg. Luxembourg: MENFP-SCRIPT and University of Luxembourg: EMACS.

Dauber, S. L., Alexander, K. L. & Entwisle, D. R. (1996). Tracking and transitions through the Middle Grades: Channeling educational trajectories. *Sociology of Education, 69*, 290. http://doi.org/10.2307/2112716.

de Boer, H., Bosker, R. J. & van der Werf, M. P. C. (2010). Sustainability of teacher expectation bias effects on long-term student performance. *Journal of Educational Psychology, 102*, 168–179. http://doi.org/10.1037/a0017289.

Demaray, M. K. & Elliott, S. N. (1998). Teachers' judgments of students' academic functioning: A comparison of actual and predicted performances. *School Psychology Quarterly, 13*, 8–24. http://doi.org/10.1037/h0088969.

Dustmann, C. (2004). Parental background, secondary school track choice, and wages. *Oxford Economic Papers, 56*, 209–230. http://doi.org/10.1093/oep/gpf048.

Ferreira, M. B., Garcia-Marques, L., Sherman, S. J. & Sherman, J. W. (2006). Automatic and controlled components of judgment and decision making. *Journal of Personality and Social Psychology, 91*, 797–813. http://doi.org/10.1037/0022-3514.91.5.797.

Fischbach, A., Ugen, S. & Martin, R. (2014). ÉpStan Technical Report. Luxembourg: University of Luxembourg ECCS research unit/LUCET.

Fiske, S. T., Lin, M. & Neuberg, S. L. (1999). The continuum model. Ten years later. In S. Chaiken & Y. Trope (Eds.), Dual process theories in social psychology (pp. 231–254). New York, NY: Guilford Press.

Fiske, S. T. & Neuberg, S. L. (1990). A continuum of impression formation from category-based to individuating processes: Influences of information and motivation on attention and interpretation. In M. P. Zanna (Ed.), *Advances in Experimental Social Psychology* (*Vol. 23*, pp. 1–74). New York, NY: Academic Press.

Fukunaga, K. (1990). Introduction to statistical pattern recognition. (W. Rheinboldt, Ed.) (2nd ed.). San Diego, CA, US: Academic Press.

Glock, S. & Krolak-Schwerdt, S. (2013). Does nationality matter? The impact of stereotypical expectations on student teachers' judgments. *Social Psychology of Education, 16*, 111–127. http://doi.org/10.1007/s11218-012-9197-z.

Glock, S. & Krolak-Schwerdt, S. (2014). Stereotype activation versus application: how teachers process and judge information about students from ethnic minorities and with low socioeconomic background. *Social Psychology of Education, 17*, 589–607. http://doi.org/10.1007/s11218-014-9266-6.

Glock, S., Krolak-Schwerdt, S., Klapproth, F. & Böhmer, M. (2013). Beyond judgment bias: How students' ethnicity and academic profile consistency influence teachers' tracking judgments. *Social Psychology of Education, 16*, 555–573. http://doi.org/10.1007/s11218-013-9227-5.

Hoge, R. D. & Coladarci, T. (1989). Teacher-based judgments of academic achievement: A review of literature. *Review of Educational Research, 59*, 297–313.

Hörstermann, T., Krolak-Schwerdt, S. & Fischbach, A. (2010). Die kognitive Repräsentation von Schülertypen bei angehenden Lehrkräften – Eine Typologische Analyse. *Schweizerische Zeitschrift für Bildungswissenschaften, 32*, 143–158.

Kaiser, J., Südkamp, A. & Möller, J. (2017). The effects of student characteristics on teachers' judgments accuracy: Disentangling ethnicity, minority status and achievement. *Journal of Educational Psychology, 109*, 871–888. http://dx.doi.org/10.1037/edu0000156.

Judd, C. M. & Park, B. (1993). Definition and assessment of accuracy in social stereotypes. *Psychological Review, 100*, 109–128. http://doi.org/10.1037/0033-295X.100.1.109.

Jussim, L. (2005). Accuracy in social perception: Criticisms, controversies, criteria, components, and cognitive processes. In M. P. Zanna (Ed.) *Advances in Experimental Social Psychology* (*Vol. 37*, 1–93). San Diego, CA: Elsevier Academic Press. http://doi.org/10.1016/S0065-2601(05)37001-8.

Karelaia, N. & Hogarth, R. M. (2008). Determinants of linear judgment: A meta-analysis of lens model studies. *Psychological Bulletin, 134*, 404–26. http://doi.org/10.1037/0033-2909.134.3.404.

Kawakami, K., Dovidio, J. F., Moll, J., Hermsen, S. & Russin, A. (2000). Just say no (to stereotyping): Effects of training in the negation of stereotypic associations on stereotype activation. *Journal of Personality and Social Psychology, 78*, 871–888. http://doi.org/10.1037/0022-3514.78.5.871.

Klapproth, F., Krolak-Schwerdt, S., Hörstermann, T. & Schaltz, P. (2013a). Leistungswerte als Validierungskriterium für die prognostische Validität von Schullaufbahnempfehlungen: Ein neuer formaler Ansatz. *Empirische Pädagogik, 27*, 206–225.

Klapproth, F., Glock, S., Böhmer, M., Krolak-Schwerdt, S. & Martin, R. (2012). School placement decisions in Luxembourg: Do teachers meet the Education Ministry's standards? *The Literacy Information and Computer Education Journal, 1*, 765–771.

Klapproth, F., Glock, S., Krolak-Schwerdt, S., Martin, R. & Böhmer, M. (2013b). Prädiktoren der Sekundarschulempfehlung in Luxemburg: Ergebnisse einer Large Scale Untersuchung. *Zeitschrift für Erziehungswissenschaft, 16*, 355–379. http://doi.org/10.1007/s11618-013-0340-1

Klapproth, F. & Schaltz, P. (2014). The validity of predictors of academic and vocational-trainig achievement: A review of the literature. In S. Krolak-Schwerdt, M. Böhmer & S. Glock (Eds.), Teachers' professional development: Assessment, training, and learning (pp. 153–166). Rotterdam: Sense.

Kristen, C. (2000). Ethnic differences in educational placement: The transition from primary to secondary schooling (Working Paper No. 32). Mannheim: Mannheimer Zentrum für Sozialforschung.

Krolak-Schwerdt, S., Hörstermann, T., Glock, S. & Böhmer, I. (2018). Teachers' assessments of students' achievements: The ecological validity of studies using case vignettes. *The Journal of Experimental Education, 86*, 515–529. http://doi.org/10.1080/00220973.2017.1370686.

Lee, Y.-T., McCauley, C. & Jussim, L. (2013). Stereotypes as valid categories of knowledge and human perceptions of group differences. *Social & Personality Psychology Compass, 7*, 470–486. http://doi.org/10.1111/spc3.12039.

Lenz, T. & Heinz, A. (2018). Das luxemburgische Schulsystem – Einblicke und Trends. In T. Lenz, I. E. Baumann & A. Küpper (Hrsg.), Nationaler Bildungsbericht Luxemburg 2018 (S. 23–34). Luxemburg: University of Luxembourg: LUCET & MENJE: SCRIPT.

Lucas, S. R. (2001). Effectively maintained inequality: Education transitions, track mobility, and social background effects. *American Journal of Sociology, 106*, 1642–1690. http://doi.org/10.1086/321300.

McCombs, R. C. & Gay, J. (1988). Effects of race, class, and IQ information on judgments of parochial grade school teachers. *The Journal of Social Psychology, 128*, 647–652. http://doi.org/10.1080/00224545.1988.9922918.

MENJE. (2017). *The key figures of the national education: Statitistics and indicators. 2015/2016*. Luxemburg.

Neal, L. V., McCray, A. D., Webb-Johnson, G. & Bridgest, S. T. (2003). The effects of African American Movement Styles on teachers' perceptions and reactions. The *Journal of Special Education, 37*, 49–57. http://doi.org/10.1177/00224669030370010501.

OECD. (2010). PISA 2009 *Results: Overcoming social background – Equity in learning opportunities and outcomes* (Vol II). OECD Publishing. http://doi.org/10.1787/978926 4091504-en.

Parks, F. R. & Kennedy, J. H. (2007). The impact of race, physical attractiveness, and gender on education majors' and teachers' perceptions of student competence. *Journal of Black Studies, 37*, 936–943. http://doi.org/10.1177/0021934705285955.

Pit-ten Cate, I. M., Krolak-Schwerdt, S. & Glock, S. (2016). Accuracy of teachers' tracking decisions: Short- and long-term effects of accountability. *European Journal of Psychology of Education, 31*, 225–243. https://doi.org/10.1007/s10212-015-0259-4.

Ready, D. D. & Wright, D. L. (2011). Accuracy and inaccuracy in teachers' perceptions of young children's cognitive abilities: The role of child background and classroom context. *American Educational Research Journal, 48*, 335–360. http://dx.doi.org/10.3102/0002831210374874.

Schalke, D., Brunner, M., Geiser, C., Preckel, F., Keller, U., Spengler, M. & Martin, R. (2013). Stability and change in intelligence from age 12 to age 52: Results from the Luxembourg MAGRIP study. *Developmental Psychology, 49*, 1529–1543. http://doi.org/10.1037/a0030623.

Sherman, S. J., Sherman, J. W., Percy, E. J. & Soderberg, C. K. (2013). Stereotype development and formation. In D. E. Carlston (Ed.), The Oxford handbook of social cognition (pp. 548–574). New York, NY: Oxford University Press.

Stern, C., West, T. V. & Schoenthaler, A. (2013). The dynamic relationship between accuracy and bias in social perception research. *Social and Personality Psychology Compass, 7*, 303–314. http://doi.org/10.1111/spc3.12024.

Stroucken, L., Takkenberg, D. & Béguin, A. (2008). Citotoets en de overgang van basisonderwijs naar voortgezet onderwijs. *Sociaaleconomische Trends, 2*, 7–16.

Südkamp, A., Kaiser, J. & Möller, J. (2012). Accuracy of teachers' judgments of students' academic achievement: A meta-analysis. *Journal of Educational Psychology, 104*, 743–762. http://doi.org/10.1037/a0027627.

Südkamp, A., Praetorius, A.-K. & Spinath, B. (2018). Teachers' judgment accuracy concerning consistent and inconsistent student profiles. *Teaching and Teacher Education, 76*, 204–2013. https://doi.org/10.1016/j.tate.2017.09.016.

Thill, M. (2001). *La nouvelle procédure de passage de l'enseignement primaire (public et privé) vers l'enseignement secondaire et secondaire technique : Resultats des conseil d'orientation et des procédures de recours*. Luxembourg: Ministère de l'Education Nationale, de la Formation Professionelle et des Sport, SCRIPT.

Tobisch, A. & Dresel, M. (2017). Negatively or positively biased? Dependencies of teachers' judgments and expectations based on students' ethnic and social backgrounds. *Social Psychology of Education, 20*, 731–752 https://doi.org/10.1007/s11218-017-9392-z.

van de Werfhorst, H. G. & Mijs, J. J. B. (2010). Achievement inequality and the institutional structure of educational systems: A comparative perspective. *Annual Review of Sociology, 36*, 407–428. http://doi.org/10.1146/annurev.soc.012809.102538.

van den Bergh, L., Denessen, E., Hornstra, L., Voeten, M. & Holland, R. W. (2010). The implicit prejudiced attitudes of teachers: Relations to teacher expectations and the ethnic achievement gap. *American Educational Research Journal, 47*, 497–527. http://doi.org/10.3102/0002831209353594.

Demographic Match: Profitieren Schüler*innen mit Migrationshintergrund vom Migrationshintergrund ihrer Lehrkräfte?

Claudia Schuchart

Zusammenfassung

Im Beitrag wird untersucht, ob a) das Sanktionsverhalten und Stereotype von angehenden Lehrkräften in Abhängigkeit vom Demographic Match, also abhängig von der ethnischen Passung zwischen Schüler*in und Lehrkraft, variieren und b) inwieweit sich Stereotype als Erklärung eines spezifischen Sanktionsverhaltens eignen. Um bestimmte Annahmen zu verschiedenen Kombinationen des Demographic Match beziehungsweise Mismatch zu begründen, wird auf Stereotype und deren Funktion in Prozessen sozialer Identitätsbildung sowie zur Aufrechterhaltung sozialer Hierarchien zurückgegriffen. Die empirische Basis zur Prüfung dieser Annahmen bildet eine Experimentalstudie unter 196 Lehramtsstudierenden, darunter 31 Studierende mit Migrationshintergrund. Die Ergebnisse zeigen, dass Lehramtsstudierende ohne Migrationshintergrund Schüler männlichen Geschlechts mit Migrationshintergrund nicht wesentlich anders behandeln als Schüler ohne Migrationshintergrund, darüberhinaus lassen sich weder Hinweise auf explizite noch implizite Stereotype finden. Schüler*innen mit Migrationshintergrund profitieren nicht von Lehramtsstudierenden mit Migrationshintergrund: Sie werden

---

Ich danke Dr. Imke Dunkake für ihre wertvolle Mitwirkung bei der Studie.

C. Schuchart (✉)
Bergische Universität Wuppertal, Wuppertal, Deutschland
E-Mail: schuchart@uni-wuppertal.de

im Vergleich der Studierendengruppen ähnlich behandelt. Hingegen werden Schüler*innen ohne Migrationshintergrund durch Studierende mit Migrationshintergrund strenger bestraft als durch Lehramtsstudierende ohne Migrationshintergrund. Die Befunde deuten an, dass dieses Verhalten eine Kompensation der negativen impliziten Stereotype von Studierenden mit Migrationshintergrund gegenüber ihrer Ingroup zur Aufrechterhaltung einer günstigen sozialen Identität sein könnte. Dies wird mit Blick auf die Lehramtsausbildung problematisiert.

Schlüsselwörter
Demografic match · Cultural match · Explizite Stereotype · Impizite Stereotyoe · Abweichendes Verhalten · Sanktionsverhalten · Ingroup · Outgroup · Soziale Identität · Migrationshintergrund

11.1 Einführung

Immer wieder wird in empirischen Studien nachgewiesen, dass Schüler*innen mit Migrationshintergrund deutlich schlechtere Leistungen erzielen als Schüler*innen ohne Migrationshintergrund (z. B. Rauch et al. 2016). Ein Grund könnte sein, dass Schüler*innen mit Migrationshintergrund ganz überwiegend von Lehrkräften ohne Migrationshintergrund unterrichtet werden und dass ihnen daher Vorbilder fehlen, aber auch Verständnis und Unterstützung (zsf. Rotter 2012). Darunter könnten Leistungen und Motivation der betroffenen Schüler*innen leiden, während sie mit Lehrkräften, die wie sie einen Migrationshintergrund aufweisen, eine günstigere Lern- und Leistungsentwicklung nehmen könnten. Immer wieder werden daher auch in Deutschland Forderungen nach einer Erhöhung des Anteils von Lehrkräften mit Migrationshintergrund laut (z. B. Bundesamt für Migration und Flüchtlinge 2011; zsf. Neugebauer und Klein 2016). Eine bislang nicht eindeutig beantwortete Frage ist jedoch, ob diese Forderung durch empirische Studien gestützt ist.

Die Übereinstimmung zwischen Merkmalen der Lehrkraft und Merkmalen der Schüler*innen wird als *Demographic Match* bezeichnet. Die inzwischen beträchtliche Literatur zu diesem Thema ist jedoch nicht eindeutig. So zeigen zum Beispiel Studien zur Frage, ob Jungen von männlichen Grundschullehrkräften profitieren, überwiegend keine bestätigenden Ergebnisse (z. Neugebauer 2011) oder nur sehr geringfügige Nachteile von Jungen an Schulen, an denen überwiegend weibliche Lehrkräfte unterrichten (Helbig 2010). Die Datenlage bezüglich der Übereinstimmung der ethnischen Zugehörigkeit von Schüler*innen und Lehrer*innen muss als sehr heterogen bezeichnet werden; Ergebnisse zeigen zum

Teil positive, zum Teil negative und zum Teil gar keine Wirkungen (zsf. Driessen 2015). Die meisten Studien wurden darüber hinaus in den USA durchgeführt, während aus Deutschland bislang keine Studien zum Demographic Match nach ethnischer Zugehörigkeit im schulischen Kontext vorliegen (für den Kindergarten: Neugebauer und Klein 2016). Dies liegt vor allem daran, dass der Anteil von Lehrkräften mit Migrationshintergrund so gering ist, dass sich Analysen nicht anbieten (vgl. z. B. Massumi 2014). Für die folgenden Analysen verwenden wir daher Daten aus einer Experimentalstudie unter Lehramtsstudierenden, unter denen der Migrationshintergrund bei 16 % lag, um einen Beitrag zur Schließung der beschriebenen Forschungslücke zu leisten.

Leistungen von Schüler*innen werden im Unterricht erzeugt und dieser Prozess verläuft umso günstiger, je ruhiger und störungsfreier der Unterricht ist. Der Umgang mit Störungen und störendem Verhalten ist daher ein wichtiger Teil des professionellen Handelns von Lehrkräften und eine der Gelingensbedingungen einer günstigen Leistungsentwicklung (Evertson und Weinstein 2011). Die vorliegende Studie richtet sich daher auf das Sanktionsverhalten von angehenden Lehrkräften in Bezug auf störendes und unerwünschtes Verhalten von Schüler*innen in Schule und Unterricht.

Untersuchungen der gängigen Praxis von Lehrkräften zeigen, dass Lehrkräfte bestimmte soziale Gruppen mit ihrem Sanktionsverhalten benachteiligen. So werden US-amerikanischen Studien zufolge afroamerikanische und lateinamerikanische Schüler*innen bereits im Kindesalter härter und ungerechter bestraft als weiße Schüler*innen (Petras et al. 2011; Rocque und Paternoster 2011; Skiba et al. 2011). Die im vorangegangenen Abschnitt berichteten Leistungsdifferenzen zulasten der Schüler*innen ethnischer Minderheiten können daher zum Teil auch auf ein diese Schüler*innen benachteiligendes Sanktionsverhalten von Lehrkräften zurückgeführt werden (Morris und Perry 2016; Okonofua et al. 2016). Darüberhinaus besitzen strenge Disziplinarmaßnahmen auch eine Bedeutung für die weitere Schulkarriere: So geben afroamerikanische Schulabbrecher*innen deutlich häufiger als Schulabbrecher*innen anderer ethnischer Zugehörigkeiten an, dass der Grund für ihren Schulabbruch ihr oftmaliger Ausschluss vom Unterricht oder von der Schule war (Jordan et al. 1996). Andere US-amerikanische Studien weisen gar daraufhin, dass härtere Bestrafungen in der Schulzeit zu einer höheren Wahrscheinlichkeit von Gefängnisstrafen führen (Monahan et al. 2014; Nicholson-Crotty et al. 2009; Rocque und Paternoster 2011).

Das Sanktionsverhalten von Lehrkräften ist daher als wichtiger Beitrag zum Verlauf der Schullaufbahn von Schüler*innen zu betrachten. Besonders in der deutschen Forschungslandschaft wurde jedoch die Frage vernachlässigt, ob Lehrkräfte mit ihrem Sanktionsverhalten bestimmte Schüler*innengruppen benachteiligen und auf welche Gründe das zurückgeführt werden kann. Ein erstes zentrales Anliegen des Beitrags ist es daher zu prüfen, ob das Sanktionsverhalten von Lehrkräften von der Passung zwischen ihrem und dem Migrationshintergrund ihrer Schüler*innen abhängt. Diese Frage ist bewusst allgemein gehalten. Wenn auch in der Vergangenheit besonders Schüler*innen der ethnischen Minderheit im Fokus standen, soll hier auch geprüft werden, wie Schüler*innen der ethnischen Mehrheit durch Lehramtsstudierende in Abhängigkeit von deren Migrationshintergrund behandelt werden. Um bestimmte Annahmen zu verschiedenen Matches und Mismatches nach Migrationshintergrund zu begründen, wird auf Stereotype und deren Funktion in Prozessen sozialer Identitätsbildung beziehungsweise zur Aufrechterhaltung sozialer Hierarchien zurückgegriffen. Das zweite zentrale Anliegen des Beitrags ist also zu untersuchen, inwieweit stereotype Vorstellungen von Schüler*innen mit und ohne Migrationshintergrund eine Erklärung für ein nach Migrationshintergrund variierendes Sanktionsverhalten von Lehrkräften sein können. Damit geht der vorliegende Beitrag über einen großen Teil der Beiträge zu diesem Themenfeld hinaus, die keine Prüfung von möglichen Erklärungen zum Sanktionsverhalten von Lehrkräften in Abhängigkeit von der ethnischen Passung von Lehrkräften und Schüler*innen vornehmen.

Der Beitrag ist wie folgt aufgebaut: Nach einem detaillierten Überblick zum einschlägigen Forschungsstand und daraus abgeleiteten Hypothesen (Abschn. 11.2) wird eine Experimentalstudie vorgestellt, die im Jahr 2016 unter 196 Lehramtsstudierenden durchgeführt wurde (Abschn. 11.3). Da die Thematik Sanktionsverhalten von Lehrkräften mit Bezug zur ethnischen Zugehörigkeit von Schüler*innen und Lehrkräften sowie den Stereotypen der Letzteren in Deutschland als unterforscht in allen seinen Aspekten gelten kann, werden unter Abschn. 11.4.1 zunächst allgemeine Ergebnisse zu den Aspekten Sanktionsverhalten von Lehrkräften nach Migrationshintergrund der Lehrkräfte, Sanktionieren von Schüler*innen mit Migrationshintergrund und Stereotype von Lehrkräften in Abhängigkeit von deren Migrationshintergrund vorgestellt. Die Prüfung der Hypothesen erfolgt unter Abschn. 11.4.2 bis 11.4.4. Die Ergebnisse werden unter Abschn. 11.5 zusammengefasst und diskutiert.

11.2 Stand der Forschung

11.2.1 Sanktionsverhalten von Lehrkräften mit Bezug zum ethnischen Hintergrund von Schüler*innen

Disziplinarstrafen sind nicht unabhängig von demografischen Merkmalen der Schüler*innen: Generell sind Jungen, Afroamerikaner und Schüler*innen der Unterschicht stärker von Disziplinarstrafen im Allgemeinen und exkludierenden

Strafen im Besonderen betroffen (Nichols 2004; Nicholson-Crotty et al. 2009; Petras et al. 2011; Rocque und Paternoster 2011; Peguero und Shekarkhar 2011; Skiba et al. 1997, 2002). Zumindest in den USA gibt es einige Hinweise darauf, dass die ethnische Zugehörigkeit und der soziale Hintergrund einen voneinander unabhängigen Einfluss auf die Anwendung, den Grad und die Häufigkeit von Schulstrafen haben, wobei die ethnische Zugehörigkeit eine deutlich stärkere Wirkung als die Schichtzugehörigkeit besitzt (Nichols 2004; Petras et al. 2011; Skiba et al. 1997, 2002).

Strenge Disziplinarstrafen wie „exkludierende Maßnahmen", zu denen die Überstellung zum Schulleiter, Suspendierung vom Unterricht und Schulverweise zählen, werden US-amerikanischen Studien zufolge etwa auf ein Viertel der Schüler*innen angewandt (Skiba et al. 2011). Afroamerikanische Schüler*innen und Schüler*innen lateinamerikanischer Herkunft werden dabei bis zu dreimal häufiger als weiße Schüler*innen vom Unterricht ausgeschlossen (Aud et al. 2011; Musu-Gillette et al. 2016). Ein Grund dafür könnte sein, dass die genannten Gruppen häufiger abweichendes Verhalten zeigen als andere Gruppen (Demanet und Van Houtte 2012; Junger-Tas et al. 2010; Murray und Farrington 2010). Afroamerikanische Schüler*innen und Schüler*innen lateinamerikanischer Herkunft werden aber selbst bei gleichen Verhaltensverstößen härter bestraft beziehungsweise häufiger zur Schulleiter*in geschickt als weiße Schüler*innen (Bradshaw et al. 2010; siehe auch Peguero und Shekarkhar 2011, die nur die Schülerangaben untersuchen konnten). Dies traf im besonderen Maße auf die Gruppe der männlichen Schüler zu (Bradshaw et al. 2010; Peguero und Shekarkhar 2011). In der Studie von Skiba et al. (2011), die eine ganze Reihe von Sanktionsmaßnahmen untersuchten, wurden bei gleichen Vergehen aller Kategorien (z. B. geringfügiges abweichendes Verhalten, Unterrichtsstörung, Ungehorsam und Respektlosigkeit, zu spät kommen, Diebstahl etc.) afroamerikanische und lateinamerikanische Schüler*innen deutlich häufiger der Schule verwiesen, was die härteste Strafe unter den „exkludierenden Maßnahmen" ist. Hier wurden jedoch keine systematisch häufigeren Sanktionsmaßnahmen anderer Kategorien (z. B. Nachsitzen, Elternbenachrichtigung, Unterrichtsverweis) für nicht-weiße Schüler*innen beobachtet. Insgesamt zeigt sich also, dass besonders afroamerikanische und lateinamerikanische Schüler männlichen Geschlechts häufiger und härter bestraft werden als weiße Schüler.

Die bisher beschriebenen Studien stützten sich vor allem auf Schulverwaltungsdaten aus den USA, mit denen erfasst wird, wenn es zu Disziplinarmaßnahmen gegen Schüler*innen kommt. Diese haben den Vorteil, dass damit sehr große und repräsentative Datensätze zur Verfügung stehen. Der Nachteil besteht darin, dass zwar das Verhalten, welches den Grund für die Sanktionsmaßnahme darstellt, durch die Lehrkräfte protokolliert wird (bzw. bei einzelnen Studien durch Lehrkräfte zusätzlich mit standardisierten Instrumenten erfasst wird), aber nicht nachvollzogen werden kann, welches Verhalten tatsächlich stattgefunden hat. Während alle bisher berichteten Studien keine objektiven Messungen des Verhaltens von Schüler*innen enthielten, führten Okonofua et al. (2016) eine Experimentalstudie durch, für die sie Lehrkräften vom Kindergarten bis zur zwölften Klasse Bilder von abweichendem Verhalten von Protagonisten unterschiedlicher ethnischer Zugehörigkeit vorlegten und sie fragten, ob sie sich einen Schulverweis dieser Schüler*innen vorstellen konnten. Ihre Ergebnisse zeigen einen deutlichen Unterschied zwischen weißen und afroamerikanischen Protagonisten zugunsten der Ersteren bei wiederholter Störung. Eine weitere Experimentalstudie wurde in Deutschland von Glock (2016) unter Lehramtsstudierenden durchgeführt. Diesen wurde die Beschreibung einer Situation störenden Verhaltens vorgelegt – „Quatschen" im Unterricht – worauf sie beurteilen sollten, mit welcher Wahrscheinlichkeit sie zwölf verschiedene Sanktionsmaßnahmen anwenden würden. Abweichend zu den US-amerikanischen Studien wurden milde (ignorieren, nonverbale und verbale Reaktionen) als auch moderate (Vier-Augen-Gespräch, Nachsitzen, Elternbenachrichtigung) für männliche Migranten als eher wahrscheinlich als für männliche Nicht-Migranten angegeben (mittlere bis große Effekte), bei strengen Sanktionen (Unterrichtsverweis, Überweisung zum Schulleiter) gab es hingegen keine Differenzen.

Während diese Studien immer wieder erneut bestätigten, dass Schüler*innen bestimmter ethnischer Minoritäten häufiger bestraft werden als Schüler*innen der ethnischen Mehrheit, sind differenziertere Erkenntnisse zum Sanktionsverhalten eher selten. Okonofua et al. (2016) zeigen, dass das Empfinden von Gestörtsein und eine härtere Bestrafung afroamerikanischer Schüler*innen nicht schon beim ersten Mal abweichenden Verhaltens (Unterrichtsstörung, Ungehorsam), sondern erst bei Wiederholung einsetzt (vgl. auch Vavrus und Cole 2002). Einen weiteren Aspekt bringen Skiba et al. (2002) ein. Während die bislang berichteten Studien das Verhalten, welches Lehrkräfte als Grund für die Sanktionsmaßnahme angeben, im Sinne einer Kontrollvariable nutzen, wird hier das konkrete verursachende Verhalten genauer untersucht. Ihren Ergebnissen zufolge werden afroamerikanische Schüler*innen vor allem für ausgestoßene Drohungen, überhöhte Lautstärke und mangelnden Respekt mit exkludierenden Maßnahmen bestraft, während diese Maßnahmen bei weißen Schüler*innen eher für Vandalismus, Verlassen des Schulgebäudes ohne Erlaubnis und Rauchen angewandt wurden. Skiba et al. (2002) interpretieren diese Ergebnisse dergestalt, dass Bestrafungsmaßnahmen bei afroamerikanischen Schüler*innen eher auf einer subjektiven

Interpretation von abweichendem Verhalten basieren, während der Bestrafung von weißen Schüler*innen eher objektive Verstöße zugrunde liegen. Skiba et al. (2002) nehmen daraufhin an, dass Stereotype die Interpretation des Verhaltens von afroamerikanischen Schüler*innen und die Wahl von Sanktionen leiten.

11.2.2 Gründe für das migrationsspezifische Sanktionsverhalten von Lehrkräften

Wie Dasgupta (2004) zusammenfassend berichtet, zeigen eine Reihe von Studien, dass Stereotype nonverbales und verbales Verhalten von Menschen beeinflussen können wie zum Beispiel Freundlichkeit, Blickkontakt und feindseliges Verhalten. Lehrkräfte könnten somit aufgrund stereotyper Einstellung von Schüler*innen ethnischer Minoritäten erwarten, dass sie verschiedene negative Einstellungen und Merkmale aufweisen, auf die mit härteren Maßnahmen reagiert werden muss (Nichols 2004; Rocque und Paternoster 2011; Skiba et al. 2002; Townsend 2000). Einige Studien weisen darauf hin, dass insbesondere Lehrkräfte der ethnischen Mehrheit Schüler*innen der ethnischen Minderheit gegenüber negative Stereotype und Wahrnehmungen haben, während dies nicht der Fall ist bei Lehrkräften, die selbst einer ethnischen Minderheit angehören (z. B. Bates und Glick 2013; Dee 2005; Downey und Pribesh 2004). Um zu erklären, warum Menschen je nach sozialer Gruppenzugehörigkeit andere Einstellungen und Wahrnehmungen haben, werden Theorien aufgegriffen, die Stereotype und Verhalten in Abhängigkeit von der sozialen Gruppenzugehörigkeit betrachten.

Sanktionsverhalten und Stereotype Soziale Stereotype können als „kognitive Struktur[en] verstanden werden, die das Wissen, die Überzeugungen und die Erwartungen des Empfängers an eine menschliche soziale Gruppe enthält" (Macrae et al. 1996, S. 42; Hamilton und Troiler 1986). Nach dieser Definition sind Stereotype nicht notwendigerweise negativ. Bezogen auf Personen, die einer Outgroup – also nicht der eigenen sozialen Gruppe angehören – sind negative Stereotype jedoch wahrscheinlicher als gegenüber der Ingroup, selbst wenn der Outgroup vordergründig positive Merkmale zugeschrieben werden (Hilton und von Hippel 1996). Stereotype werden von Einstellungen unterschieden, da Erstere das Wissen um die Attribute umfassen, Einstellungen jedoch die Bewertungen und damit die Emotionen darstellen (Eagly und Mladinic 1989; zsf. Glock und Böhmer 2018).

Die Betrachtung gängiger Stereotype könnte erklären, warum eine strengere Bestrafungspraxis vor allem auf bestimmte Minoritäten – in den USA zum Beispiel afroamerikanische und lateinamerikanische Schüler*innen im Vergleich zur ethnischen Majorität – aber nicht auf alle Minoritäten angewandt wird (z. B. zeigen sich keine Differenzen zu oder nur Differenzen zugunsten Schüler*innen asiatischer Minoritäten). So zeigen Studien aus den USA, dass Lehrer*innen als auch Kindergärtner*innen insbesondere afroamerikanische Kinder und Schüler*innen als weniger fähig, weniger sozial kompetent und häufiger sowie dauerhafter als verhaltensauffällig wahrnehmen (Kumar und Hamer 2012; Minor 2014; Neal et al. 2003; Pigott und Cowen 2000). Auch Verhaltensbeurteilungen fallen stereotyp aus: Afroamerikanische Schüler*innen werden im Vergleich zu weißen Schüler*innen auch bei gleichem Verhalten eher als „Unruhestifter" eingeschätzt (Okonofua und Eberhardt 2015). Lehrkräfte beurteilen ihr Verhalten eher als hyperaktiv als die jeweiligen Eltern der Kinder (Lawson et al. 2017) und erwarten auch bei gleichem aktuellen Verhalten in Zukunft mehr störendes Verhalten (Kunesh und Noltemeyer 2019). Negative Stereotype gegenüber der afroamerikanischen Minderheit könnten auch die Ursache dafür sein, dass angehende Lehrkräfte die Emotionen im Gesichtsausdruck von afroamerikanischen Schüler*innen weniger zutreffend deuten und sie eher als ärgerlich einstufen als die Emotionen im Gesichtsausdruck weißer Schüler*innen, und dass insbesondere der Gesichtsausdruck afroamerikanischer Jungen eher als feindselig wahrgenommen wird als der Gesichtsausdruck weißer Jungen (Halberstadt et al. 2018). Chang und Demyan (2007) zeigen jedoch auch, dass Lehrkräfte afroamerikanische Schüler*innen zwar als „aggressiver" und „ungehorsamer" als weiße und asiatische Schüler*innen einschätzten, diese Adjektive aber weniger als 10 % der Nennungen ausmachen (Adjektive sollten frei genannt werden). Deutlich häufiger und ähnlich häufig wie weiße wurden afroamerikanische Schüler*innen als „sozial und freundlich" eingeschätzt.

In Studien aus Deutschland finden sich heterogene Ergebnisse zu ethnischen Stereotypen. Allgemein werden Personen türkischer Herkunft negativer als Personen deutscher Herkunft wahrgenommen (Gawronsky et al. 2003). Angehende Lehrkräfte nannten mehr negative Adjektive zu türkischen Migrant*innen als einheimische Schüler*innen auf die Frage nach kollektiv geteilten Stereotypen (Froehlich et al. 2016). Erhielten Lehramtsstudierende und Lehrkräfte im Vorfeld Informationen zu einem türkischen statt zu einem deutschen Schüler, erinnerten sie anschließend eher störendes Verhalten (Glock und Krolak-Schwerdt 2014). Allerdings finden Glock und Böhmer (2018) unter angehenden und aktiven Lehrkräften keine expliziten negativen Einstellungen (z. B. „Schüler*innen ethnischer Minoritäten strengen sich in der Schule weniger an als andere") gegenüber ethnischen Minderheiten zu vorgegebenen Aussagen. Gerade vor dem Hintergrund einer zunehmenden Sensibilität im Schulbereich gegenüber Schüler*innen mit Migrationshintergrund ist es wahrscheinlich, dass explizite Stereotype eher kontrolliert werden.

Es wird angenommen, dass Stereotype nicht nur explizit und damit kontrollierbar sind, sondern auch in impliziter Form vorliegen. *Implizite Stereotype* werden definiert als „the introspectively unidentified (or inaccurately identified) traces of past experience that mediate attributions of qualities to members of a social category" (Greenwald und Banaji 1995; zitiert bei Glock und Böhmer 2018, S. 245). Implizite Stereotype sind im Unterschied zu expliziten Stereotypen kaum bewusst zugänglich und kontrollierbar (Bargh 1999; Devine 1989). Sie stehen in einem rekursiven Zusammenhang mit expliziten Stereotypen (d. h. sie sind Ergebnis expliziter Stereotype und beeinflussen diese, Glock und Böhmer 2018). Sie können aber auch von diesen abweichen, da explizite Stereotype dem Einfluss von sozialen Normen und sozialer Erwünschtheit unterliegen (ebd.), was auf implizite Stereotype höchstens eingeschränkt zutrifft. Für den schulischen Bereich zeigen zum Beispiel Glock und Böhmer (2018) in zwei Experimentalstudien unter angehenden und aktiven Lehrkräften, dass implizite Stereotype unabhängig von expliziten Einstellungen sind, und dass Erstere (nicht aber Letztere) negativ für Schüler*innen ethnischer Minoritäten ausfallen. Sie konstatieren, dass (angehende) Lehrende ihre expliziten Einstellungen kontrollieren können, obgleich sie implizit über Stereotype zulasten der ethnischen Minorität verfügen. Implizite Stereotype stehen darüber hinaus im Zusammenhang mit einer stärkeren Ablehnung, Schüler*innen ethnischer Minderheiten zu unterrichten. Ein Zusammenhang zwischen impliziten Stereotypen und Verhalten wurde durch eine Reihe von Studien für verschiedene Verhaltensbereiche nachgewiesen (zsf. z. B. Dasgupta 2004). Obwohl jedoch implizite Stereotype kaum willentlich kontrollierbar sind, beeinflussen sie dennoch die individuelle Motivation zur Kontrolle stereotypen Verhaltens und die Möglichkeit der Reflektion und damit, inwieweit implizite Stereotype mit stereotypem Verhalten im Zusammenhang stehen. So können hochmotivierte Personen sogar zu einer Überkompensation impliziter Stereotype neigen (Wegener und Petty 1997).

Bislang wurden Stereotype und Verhalten gegenüber einer negativ stereotypisierten Gruppe betrachtet. Stereotype machen die Welt aber nicht nur zu einem „geordneteren Ort" (Pendry 2007), sondern sie erfüllen auch eine Funktion für die Aufwertung sozialer Identitäten und zur Legitimierung sozialer Hierarchien. Im Sinne von Ingroup- und Outgroup-Phänomenen ist anzunehmen, dass es bezüglich der Verfügung über Stereotype einen Unterschied macht, ob Personen dieser Gruppe selbst angehören oder nicht. Angehörige stereotypisierter

Minoritäten könnten aufgrund häufiger und differenzierter Kontakte eine heterogene Vorstellung ihrer eigenen ethnischen Gruppe haben, was sie daran hindert, die negativen Stereotype der Outgroup über ihre eigene Ingroup zu teilen und Verhalten stereotyp wahrzunehmen. Damit könnten ethnische Minderheiten das Verhalten von Schüler*innen ihrer eigenen Gruppe zutreffender interpretieren und angemessen darauf reagieren. So legt beispielsweise die qualitative Studie von Monroe und Obidah (2004) nahe, dass Lehrer*innen, deren kultureller Hintergrund dem ihrer Schüler*innen entsprach, diese besser zu verstehen und sie selbst als überzeugender durch die Schüler*innen wahrgenommen werden. Qualitative Studien aus Deutschland zu Selbstberichten von Lehrkräften mit Migrationshintergrund verweisen darauf, dass sie eine besonders positive Beziehung zu Schüler*innen mit Migrationshintergrund haben und sich mehr für deren Bildungserfolg engagieren (Georgi 2013). Im Folgenden soll genauer auf die Wahrnehmung in Abhängigkeit von der Zugehörigkeit zur Ingroup- oder Outgroup eingegangen werden.

Stereotype, Sanktionsverhalten und Demographic Match Verschiedene Theorien befassen sich mit den Wahrnehmungen und Einstellungen von Personen in Bezug auf ihre jeweiligen In- und Outgroups (zsf. Dasgupta 2004). Die *Theorie der sozialen Identität* (Tajfel 1969, 1970) geht von einer starken Identifikation zwischen Personen aus, die denselben relevanten sozialen Gruppen angehören (z. B. ethnische Gruppen, sozio-ökonomische Klassen, Geschlecht). Diesem Ansatz zufolge versuchen Einzelpersonen, ein positives Selbstwertgefühl zu erreichen, indem sie ihre Gruppe positiv von einer vergleichbaren Gruppe in Bezug auf Bewertung, Beurteilung und Verhalten in gruppenübergreifenden Situationen unterscheiden. Dies führt dazu, dass die Wahrnehmung von Differenzen nicht nur innerhalb der Outgroup, sondern auch innerhalb der Ingroup reduziert beziehungsweise blockiert wird (Turner 1987). Damit sollte die Ingroup immer positiver besetzt sein als die Outgroup. Andere Theorien wie zum Beispiel die *Social Justification Theory* gehen davon aus, dass zusätzlich die Legitimierung sozialer Hierarchien eine Rolle spielt für die Wahrnehmung von Ingroup und Outgroup (Sidanius und Pratto 1999). Die Mitglieder privilegierter Gruppen (z. B. die ethnische Majorität) legitimieren ihre Stellung mit positiven Ingroup- und negativen Outgroup-Beschreibungen, während Mitglieder benachteiligter Gruppen (z. B. ethnische Minoritäten) die Legitimierung sozialer Hierarchien soweit verinnerlicht haben, dass sie die Outgroup der Ingroup vorziehen und das Bestreben haben, ihre Ingroup zu verlassen, um in die Outgroup „aufzusteigen". Im Rahmen der Stereotypenforschung wurde herausgearbeitet, dass Mitglieder ethnischer Minderheiten zwar auf der expliziten Ebene ihre Stereotype gegenüber ihrer Ingroup kontrollieren, ihre impliziten Stereotype aber denen der Mehrheit entsprechen (Devine 1989). So favorisierten in einigen Studien Afroamerikaner*innen auf der expliziten Ebene ihre Ingroup, während sie sogar positivere implizite Stereotype gegenüber weißen Amerikaner*innen als diese selbst aufwiesen (Nosek et al. 2002). Die implizite Bevorzugung der Outgroup ging zudem mit entsprechendem Verhalten einher, zum Beispiel einer bevorzugten Wahl von Outgroup-Mitgliedern zur Kooperation bei einer anforderungsreichen Aufgabe (Ashburn-Nardo et al. 2003). Ob jedoch die Outgroup implizit stärker favorisiert wird als die Ingroup, hängt von verschiedenen Faktoren ab, so zum Beispiel von den Statusdifferenzen zwischen Ingroup und Outgroup und dem Ausmaß, in dem Personen kollektiv geteilten Stereotypen zustimmen (zsf. Dasgupta 2004).

Auf Lehrerkräfte angewendet könnten beide Ansätze bedeuten, dass insbesondere Lehrkräfte der ethnischen Mehrheit Schüler*innen der ethnischen Minderheit gegenüber Vorurteile haben, ihr Verhalten als störender beurteilen und sie demzufolge strenger als Schüler*innen ihrer Ingroup bestrafen. In entsprechenden Studien wurden selten Sanktionsverhalten und Stereotype, umso häufiger aber Verhaltensbeurteilungen untersucht. Im Folgenden werden Ergebnisse von Studien zu Verhaltensbeurteilungen berichtet, auch wenn diese keinen direkten Rückschluss auf zugrunde liegende Stereotype zulassen. Für die eingangs genannte Annahme gibt es einige Belege: Kindergärtner*innen der ethnischen Minderheit nehmen im Vergleich zu jenen der ethnischen Mehrheit bei Kindern ihrer Ingroup seltener ein unordentliches Wohnumfeld, höhere schulische Unreife und eine geringe Fähigkeit, Anweisungen zu befolgen, wahr (Rimm-Kaufman et al. 2000). Die Ergebnisse von Bates und Glick (2013) legen nahe, dass weiße Kindergärtner*innen das Verhalten von afroamerikanischen Kindern (ihrer Outgroup) als störender wahrnehmen als afroamerikanische Kindergärtner*innen, wobei für eine ethnische Passung zwischen lateinamerikanischen und asiatischen Kindergärtner*innen und Kind keine positiven Effekte beobachtet wurden. Auch Downey und Pribesh (2004) stellen für afroamerikanische Kindergartenkinder und Schüler*innen der achten Klassen fest, dass ihre Verhaltensweisen negativer durch weiße Kindergärtner*innen beziehungsweise weiße Lehrer*innen beurteilt werden (vgl. auch Dee 2005). In der Studie von Takei und Shouse (2008) trifft eine ungünstigere Beurteilung des Verhaltens nur auf Geschichts- und Englischlehrer, nicht aber auf Mathematiklehrer zu. McGrady und Reynolds (2013) stellen wiederum fest, dass weiße Lehrkräfte afroamerikanische Schüler*innen zwar als weniger aufmerksam und stärker störend, aber nicht als weniger anstrengungsbereit oder sozial kompetent als weiße Schüler*innen einschätzen. Cullinan und Kauffman (2005) finden hingegen keinerlei Differenzen in der Wahrnehmung von sozial und emotional auffälligem Verhalten von Schüler*innen der ethnischen Minderheit durch Lehrer*innen der ethnischen Mehrheit (vgl. ebenso Pigott und Cowen 2000 für Stereotype und Verhaltensbeurteilungen). Auch bezüglich von Sanktionsmaßnahmen finden Bradshaw et al. (2010) in ihrer Studie keinen Hinweis darauf, dass afroamerikanische Schüler*innen durch weiße Lehrer*innen stärker als durch afroamerikanische Lehrer*innen von exkludierenden Maßnahmen betroffen sind (vgl. auch Rocque und Paternoster 2011). Insgesamt gibt es offenbar zwar bestätigende Tendenzen, aber keine einheitlichen Ergebnisse hinsichtlich der Annahme, dass Lehrkräfte der ethnischen Mehrheit Schüler*innen der ethnischen Minderheit negativer wahrnehmen und behandeln als Schüler*innen der ethnischen Mehrheit.

Bezüglich der Stereotype und Verhaltensweisen von Lehrkräften der ethnischen Minderheit würde nach der Theorie der sozialen Identität erwartet werden, dass sie ihre eigene Ingroup favorisieren und dementsprechend Schüler*innen der ethnischen Minderheit positiver wahrnehmen und sie weniger streng bestrafen als Schüler*innen der ethnischen Mehrheit. Einige Befunde weisen in diese Richtung: McGrady und Reynolds (2013) zeigen, dass dies für die Einschätzung der Sozialkompetenz im Fach Englisch zutrifft, allerdings nicht für drei andere Verhaltensweisen und für keine Verhaltensweise im Fach Mathematik. Downey und Pribesh (2004) stellen fest, dass im Kindergarten wie auch in der achten Klasse afroamerikanische Kinder und Jugendliche von afroamerikanischen Erzieher*innen und Lehrkräften profitieren. In der achten Klasse werden afroamerikanische Schüler*innen von Lehrer*innen ihrer Ingroup hinsichtlich ihrer Lernanstrengungen sogar besser eingeschätzt als weiße Schüler*innen durch weiße Lehrer*innen (Downey und Pribesh 2004). In der Studie von Dee (2005) werden weiße Schüler*innen hinsichtlich ihres störenden Verhaltens als auch hinsichtlich ihrer Aufmerksamkeit günstiger eingeschätzt, wenn Lehrer*innen der ethnischen Ingroup angehören. Es gibt aber auch Hinweise dafür, dass die Aufrechterhaltung einer positiven sozialen Identität für Lehrkräfte der ethnischen Minderheit nicht oder nicht allein die Motivation für Stereotype und Beurteilungen darstellt. In diese Richtung müssen die Studien interpretiert werden, die bezüglich der betrachteten Aspekte keine systematische Bevorzugung von Studierenden der ethnischen Minorität durch Lehrende ihrer Ingroup zeigen (Bradshaw et al. 2010; Cullinan und Kauffman 2005; Pigott und Cowen 2000). Indizien, die Annahmen der Social Justification Theory zur Bevorzugung der privilegierten Outgroup zulasten der benachteiligten Ingroup entsprechen, zeigt beispielsweise die Studie von Takei und Shouse (2008): Afroamerikanische Mathematik- und Naturwissenschaftslehrer*innen beurteilen das Verhalten von afroamerikanischen Schüler*innen negativer als weiße Lehrer*innen das Verhalten von weißen Schüler*innen. Dieses Ergebnis konnte aber für Geschichts- und Sozialwissenschaftslehrer*innen nicht repliziert werden. Alexander et al. (1987) zeigen, dass vor allem afroamerikanische und weiße Lehrkräfte aus privilegierten Familien das Verhalten schwarzer Schüler*innen unabhängig von ihrer eigenen ethnischen Zugehörigkeit als negativer wahrnahmen als dasjenige von weißen Schüler*innen (vgl. auch Dee 2005). Für afroamerikanische Schüler*innen verweisen einige qualitative Studien darauf, dass sie afroamerikanische Lehrer*innen aufgrund deren sozialen Status nicht mehr als Mitglieder ihrer Ingroup ansehen und sie deshalb ablehnen (Maylor 2009; Pole 1999). Insgesamt gibt es also Ergebnisse, die eine Bevorzugung von Schüler*innen ethnischer Minderheiten durch Lehrkräfte ethnischer Minderheiten nahelegen, aber es gibt auch Ergebnisse, die unter Lehrkräften keinerlei Differenzen bezüglich der ethnischen In- und Outgroups zeigen oder sogar eine Bevorzugung der Outgroup.

11.2.3 Zusammenfassung und Fragestellungen

Sanktionsverhalten und Demographic Match Viele Studien zeigen, dass Lehrkräfte Schüler*innen der ethnischen Minderheit insgesamt härter bestrafen als Schüler*innen der ethnischen Mehrheit, und insbesondere in US-amerikanischen Studien werden exkludierende Maßnahmen – Überstellung zur Schulleiter*in, Unterrichts- und Schulverweis – häufiger für afroamerikanische und lateinamerikanische Schüler*innen angewandt als für weiße Schüler*innen. Werden theoretische Überlegungen zur sozialen Identität oder zur Legitimierung sozialer Hierarchien auf das Sanktionsverhalten übertragen, kann der Wunsch nach einer positiv besetzten sozialen Identität zu einem jeweils anderen Verhalten führen, je nachdem, ob hinsichtlich des Migrationshintergrunds Schüler*innen der eigenen Ingroup angehören oder der Outgroup. Empirische Studien dazu, inwieweit das Sanktionsverhalten von Lehrkräften vom Demographic Match beeinflusst ist, sind jedoch selten; für den deutschen Sprachraum liegt dazu keine Studie vor. Um die Problematik zu umgehen, dass aktuell im Schuldienst der Anteil der Lehrer*innen mit Migrationshintergrund noch sehr gering ist (Massumi 2014), wurden angehende Lehrkräfte an einer nordrhein-westfälischen Universität untersucht, unter denen der Anteil von Studierenden mit Migrationshintergrundhintergrund mit 16 % ausreichend hoch ist. Die folgenden Forschungsfragen und -annahmen sind daher auf Lehramtsstudierende bezogen. Die erste Frage lautet:

1. Unterscheidet sich das Sanktionsverhalten von Lehramtsstudierenden mit und ohne Migrationshintergrund gegenüber Schüler*innen mit und ohne Migrationshintergrund?

Die wenigen Studien zum Demographic Match und dem Sanktionsverhalten (Bradshaw et al. 2010; Rocque und Paternoster 2011) zeigen *keinen* Effekt des Demographic Match. Daher werden folgende theoretisch basierte Annahmen formuliert: Vor dem Hintergrund der Theorie der sozialen Identität sollte erwartet werden, dass Lehramtsstudierende ohne Migrationshintergrund Schüler*innen ohne Migrationshintergrund (als Angehörige ihrer Ingroup) weniger streng bestrafen als Schüler*innen mit Migrationshintergrund (als Angehörige ihrer Outgroup), während der umgekehrte Fall zutreffen sollte auf Lehramtsstudierende mit Migrationshintergrund: Diese sollten Schüler*innen mit Migrationshintergrund (Angehörige ihrer Ingroup) weniger streng bestrafen als Schüler*innen ohne Migrationshintergrund (Angehörige ihrer Outgroup). Wird angenommen, dass das allgemeine Sanktionsverhalten von Lehrkräften nicht nach ihrem Migrationshintergrund variiert, sollte dies für den Vergleich von Lehramtsstudierenden bedeuten, dass Lehramtsstudierende ohne Migrationshintergrund Schüler*innen ohne Migrationshintergrund weniger streng und Schüler*innen mit Migrationshintergrund strenger bestrafen als Lehramtsstudierende mit Migrationshintergrund.

Wird hingegen die Theorie der Social Justification herangezogen, ergeben sich andere Vorhersagen für Lehrkräfte mit Migrationshintergrund, die als Angehörige einer gering-privilegierten sozialen Gruppe, die Legitimation der sozialen Hierarchie verinnerlicht haben könnten: Trifft diese Theorie zu, sollten sie Schüler*innen mit Migrationshintergrund (Angehörige ihrer Ingroup) härter bestrafen als Schüler*innen ohne Migrationshintergrund (Angehörige ihrer Outgroup). Unter Geltung dieser Theorie sollten sich keine anderen Vorhersagen für Lehrkräfte ohne Migrationshintergrund ergeben als zuvor, da diese sich im Vergleich zu Personen ohne Migrationshintergrund in einer gesellschaftlich privilegierten Stellung befinden, die sie immer wieder dadurch legitimieren, dass sie Schüler*innen ihrer Outgroup durch ein strengeres Sanktionsverhalten zeigen, dass ihr abweichendes Verhalten ein Grund für ihre soziale Platzierung ist. Im Vergleich des Sanktionsverhaltens der Lehramtsstudierenden nach Migrationshintergrund sollten sich (unter der Annahme, dass das Sanktionsverhalten nicht grundsätzlich nach Migrationshintergrund variiert) daher keine Differenzen ergeben: Schüler*innen mit Migrationshintergrund sollten durch Lehramtsstudierende mit Migrationshintergrund ähnlich wie durch Lehramtsstudierende ohne Migrationshintergrund bestraft werden.

Stereotype und Demographic Match Ein Grund für die gruppenspezifischen Sanktionsmaßnahmen von Lehrkräften können Stereotype sein, die in explizite (bewusster Kontrolle zugänglich) und implizite Stereotype (bewusster Kontrolle nicht zugänglich) unterschieden werden müssen. Im Folgenden werden zunächst Stereotypen in Abhängigkeit vom Demographic Match fokussiert, um anschließend auf ihren Zusammenhang mit dem Sanktionsverhalten einzugehen. Während das Vorliegen gesellschaftlich kommunizierter Stereotype zu ethnischen Minderheiten weitestgehend unstrittig ist, finden nicht alle Studien negative oder ausschließlich negative explizite Stereotype unter Lehramtsstudierenden oder Lehrkräften zu Schüler*innen der ethnischen Minderheit. Auch bei Abwesenheit explizit vorliegender negativer Stereotype ist jedoch anzunehmen, dass Lehrkräfte und Lehramtsstudierende durchaus über implizite Stereotype beziehungsweise negative Einstellungen gegenüber türkischen Schüler*innen verfügen (Glock und Böhmer 2018).

Die Ausprägung von impliziten und expliziten Stereotypen könnte davon bestimmt sein, ob sie der eigenen Ingroup oder der Outgroup gelten. Die entsprechende Studienlage zum Schulbereich war überwiegend auf die Beurteilung von Verhalten bezogen, nur eine Studie zum Demographic Match im schulischen Bereich bezog Stereotype mit ein (Pigott und Cowen 2000), ohne einen Effekt des Demographic Match nachweisen zu können. Theoretische Annahmen lassen sich analog zum Sanktionsverhalten vor dem Hintergrund der Theorie sozialer Identität als auch der Theorie der Social Justification dahin gehend formulieren, dass Lehramtsstudierende ohne Migrationshintergrund gegenüber Schüler*innen mit Migrationshintergrund (ihre Outgroup) wenn nicht explizite, aber mindestens implizite negative Stereotype hegen. Bezogen auf Lehramtsstudierende mit Migrationshintergrund ergeben sich wiederum je nach theoretischem Zugriff andere Vorhersagen: Der Theorie der sozialen Identität zufolge sollten sie Schüler*innen mit Migrationshintergrund in erster Linie als Angehörige ihrer Ingroup betrachten und damit nicht nur implizit, sondern auch explizit günstiger einschätzen als Schüler*innen ohne Migrationshintergrund (Angehörige ihrer Outgroup), und sie sollten sich damit von den Einschätzungen von Lehramtsstudierenden ohne Migrationshintergrund unterscheiden. Entsprechende Belege in der Literatur ohne schulischen Bezug finden sich für ethnische Minoritäten jedoch eher für explizite Stereotype, weniger für implizite Stereotype. Dies könnte darauf verweisen, dass nach außen die Ingroup favorisiert wird, bei impliziter Akzeptanz der Überlegenheit der Outgroup. Das geht einher mit Annahmen der Social Justification Theory. Dies könnte besonders für Lehramtsstudierende mit Migrationshintergrund der Fall sein, die sich als Personen betrachten könnten, denen der Zugang zur eigentlichen Outgroup der ethnischen Mehrheit aufgrund ihrer zukünftigen sozio-ökonomischen Stellung gelungen ist. Damit sollten sie implizit negativere Einstellungen gegenüber Schüler*innen mit Migrationshintergrund (ihrer Ingroup) als ohne Migrationshintergrund (ihrer Outgroup) aufweisen und sich in dieser Hinsicht nicht von Lehramtsstudierenden ohne Migrationshintergrund unterscheiden.

Erklärungsbeitrag von Stereotypen In keiner der dargestellten Studien wird ein Zusammenhang zwischen dem Sanktionsverhalten von Lehrkräften und Stereotypen hergestellt, während dies für andere Verhaltensweisen durchaus belegt ist (z. B. zfs. Dasgupta 2004). Dunkake und Schuchart (2015) konnten für soziale Stereotype zeigen, dass Lehramtskandidaten, die über ausgeprägte explizite Stereotype gegenüber Schüler*innen aus unteren Sozialschichten verfügen, diese auch strenger bestrafen (vgl. dazu auch Kraus und Keltner 2013). Für die vorliegende Studie stellt sich also folgende Frage:

2. Wenn das Sanktionsverhalten von Lehramtsstudierenden mit ihrem und dem Migrationshintergrund der Schüler*innen zusammenhängt, kann es durch Stereotype erklärt werden?

Für Annahmen über die Zusammenhänge ist der Grad der ausgeübten Kontrolle über Stereotype von Bedeutung. Unabhängig von den gewählten theoretischen Zugängen sollte bei einem Sanktionsverhalten, welches beispielsweise Schüler*innen mit Migrationshintergrund benachteiligt, gelten. Stehen implizite und explizite Stereotype in einem Zusammenhang und sind letztere also gering kontrolliert, sollten sie beide einen Beitrag zur Erklärung stereotypen Sanktionsverhaltens leisten können. Liegen explizite Stereotype nicht vor und sind diese also kontrolliert, sollten insbesondere implizite Stereotype einen Beitrag zur Erklärung des Verhaltens leisten können. Diese Zusammenhänge sollten für den Vergleich von Lehrkräften mit und ohne Migrationshintergrund als auch innerhalb der Subgruppen der Lehrkräfte nachgewiesen werden können.

11.3 Methode

11.3.1 Datensatz

Um die Forschungsfragen zu beantworten, wurde eine experimentelle Studie unter 226 Lehramtsstudierenden einer Universität einer mittelgroßen Stadt in Nordrhein-Westfalen durchgeführt. Aufgrund von Missings handelt es sich bei der Nettostichprobe um $N = 196$ Personen, darunter 75 % Frauen und 16 %

($N=31$) Studierende mit einem Migrationshintergrund. Die Studierenden wurden gebeten, einen Online-Fragebogen auszufüllen, dessen Bearbeitungszeit in etwa 20 min umfasste.

11.3.2 Variablen

Auswahl der Szenen störenden Verhalten von Schülern Es sollten zunächst Verhaltensweisen ausgewählt werden, welche eine große Bandbreite von wenig auffälligem bis stark auffälligem Schülerverhalten umfassen sollten. Bei der Auswahl von Items wurden vorliegende Instrumente berücksichtigt, die Typen auffälligen Schülerverhaltens beschreiben, so zum Beispiel der „Pupils undesirable behaviour questionnaire" (Kokkinos et al. 2004, 2005). Dieser umfasst 24 Verhaltensformen, deren Grad der Abweichung Lehrkräfte von 1 bis 4 einstufen und die die gesamte Bandbreite abdeckten. Verhaltensweisen, die am negativsten beurteilt wurden, umfassten Stehlen, Gewalt gegenüber Klassenkamerad*innen, verbale Attacken gegen Lehrkräfte, und die Beschädigung von Schuleigentum. Als weniger negativ wurden Lügen, Ungehorsam, Unaufmerksamkeit oder Schwatzen im Unterricht beurteilt. Diese Skala wurde um weniger treffende Items bereinigt (z. B. Tagträumen, unordentliche Hausaufgaben) und durch Items aus der Skala von Romi und Freund (1999) zur Einschätzung disziplinlosen Verhaltens (Abschreiben, zu spät kommen, Fälschen der elterlichen Unterschrift) ergänzt. Ein großer Teil der verwendeten Verhaltenstypen findet sich auch im Instrument „Teacher observation of child adaption revised" (TOCA-R, Werthamer-Larsson et al. 1991) wieder, welches einigen der oben zitierten US-amerikanischen Studien zugrunde liegt (z. B. Bradshaw et al. 2010; Petras et al. 2011).

Vorstudie zur Einschätzung von Szenen störenden Verhaltens Insgesamt wurden 18 Verhaltenstypen ausgewählt, die in konkrete Situationen überführt wurden (vgl. Tab. 11.1). In einer Vorstudie mit $N=25$ Lehramtsstudierenden wurden diese Szenen vorgelegt und diese wurden gebeten, den Grad der Störung einzuschätzen (1 *keine Störung* bis 5 *schwere Störung*) und die Notwendigkeit des Eingreifens (1 *unnötig* bis 4 *dringend nötig*). Bis auf die Szenen 1 und 8 (siehe Tab. 11.1) wurde als Kontext aller Szenen der Unterricht genannt. Tab. 11.1 zeigt, dass die Einschätzungen der Studierenden in der Vorstudie von den oben berichteten Einschätzungen abweichen: Als kleine Störung bis mittlere Störung (1–12) beschreiben angehende Lehrkräfte eine weite Bandbreite von Verhaltensweisen, so das Stehlen eines Handys, die physische Gewalt gegenüber Mitschülern als auch eine Entschuldigung für Fehlstunden fälschen, Abschreiben oder zu spät kommen.

Im Unterschied zur Studie von Kokkinos et al. (2004, 2005) wurde jedoch nach „störendem" Verhalten gefragt, was anders gelagert ist als „unerwünschtes abweichendes Verhalten" und die Differenzen erklären kann. Als größere Störung beurteilen die angehenden Lehrkräfte verbale und physische Gewalt im Unterricht gegenüber Mitschüler*innen, Lehrkräften und Dingen (13–18). In diesen Situationen wird angegeben, dass ein Eingreifen nötig bis dringend nötig ist. Eine Notwendigkeit des Eingreifens wurde jedoch auch für alle als weniger störend empfundenen Situationen mit Ausnahme des wiederholten Fälschens einer Entschuldigung für Fehlstunden gesehen. Damit zeigte die Vorstudie, dass die Szenen eine große Bandbreite des als störend eingestuften Verhaltens von Lehrkräften abdeckten und ein Eingreifen in allen Fällen mindestens als nötig erachtet wurde.

Präsentation der Szenen im Fragebogen Die insgesamt 18 Szenen wurden im Vorfeld von etwa 14- bis 17-jährigen Schülern an Schulen nachgestellt und von einem Fotografen im Rahmen eines durch die Mitarbeiter*innen der Autorin organisierten „Theaterworkshops" fotografiert. Protagonisten waren ausschließlich männliche Schüler. Die Fokussierung auf männliche Schüler ist dadurch begründet, dass insbesondere deren Verhalten durch Lehrkräfte als störend empfunden und sanktioniert wird (z. B. Bradshaw et al. 2010; Glock 2016; Skiba et al. 2011). Zudem sollte das Studiendesign nicht unnötig verkompliziert werden. Die fotografierten Szenen wurden den Lehramtsstudierenden in einem online Fragebogen mit einer genauen Beschreibung präsentiert. Diese lautete zum Beispiel für Szene 2 (vgl. Tab. 11.1): Marvin gibt wiederholt eine Entschuldigung für Fehlstunden ab, von der die Lehrkraft weiß, dass diese gefälscht ist.

Sanktionsmaßnahmen von Lehrkräften Im Anschluss an die Beschreibung jeder Szene wurden die Probanden gefragt: Wie würden Sie als Lehrer*in darauf reagieren? Die Probanden wurden anschließend gebeten, aus folgenden Sanktionsmöglichkeiten auszuwählen (Beispiel für Szene 2): 1) Ich reagiere gar nicht auf die gefälschte Entschuldigung, 2) Ich rede mit Marvin unter vier Augen und bitte ihn, solche Fälschungen zukünftig zu unterlassen, 3) Ich weise Marvin vor der ganzen Klasse in deutlichen Worten zurecht und drohe Konsequenzen an, zum Beispiel einen Eintrag ins Klassenbuch, 4) Marvin bekommt einen Eintrag ins Klassenbuch. 5) Ich informiere die Eltern von Marvin. 6) Ich schließe Marvin für diese Stunde vom Unterricht aus. Mehrfachantworten waren möglich. Die Sanktionsmöglichkeiten sind insgesamt nach steigender Strenge gestaffelt. Es gab zudem die Möglichkeit, eigene Disziplinarmaßnahmen anzugeben.

Tab. 11.1 kann entnommen werden, dass sich die Auswahl der jeweils höchsten Sanktion pro Szene im Mittel zwischen 2,34 (mit Lehrkraft über Sinn einer

Tab. 11.1 Beschreibung der einzelnen Szenen (Vorstudie und Hauptstudie)

		Vorstudie $N=25$	Vorstudie $N=25$	Höchste angegebene Sanktion $N=3528$		Ausschluss aus Unterricht $N=3528$
		Grad der Störung M	Eingreifen nötig M	M	SD	%
	Wertebereich	(1–5)	(1–4)	(1–6)		(0–1)
1	Wände mit Edding beschmieren	1,81	3,40	4,14	1,28	0,00
2	Entschuldigung für Fehlstunden wiederholt fälschen	1,88	2,29	4,31	1,38	1,53
3	In Klausur abschreiben	2,33	3,54	3,12	1,74	2,55
4	Mit dem Handy spielen	2,52	3,00	3,05	1,79	1,02
5	Ein Handy klauen	2,56	3,36	3,84	1,63	6,63
6	Wiederholt zu spät kommen	2,60	2,52	4,10	1,45	5,10
7	Mitschüler mit Papier bewerfen	2,76	2,76	2,81	1,32	4,59
8	Sich mit einem Mitschüler in der Pause prügeln	3,04	3,88	4,43	1,42	8,16
9	Unterlagen vergessen und daraufhin mit der Lehrkraft diskutieren	3,20	2,96		1,62	6,12
10	Mitschüler wiederholt kneifen, sodass dieser aufschreit	3,20	2,68	2,99	1,44	7,14
11	Füße auf den Tisch legen	3,25	3–04	2,59	1,44	6,63

(Fortsetzung)

Tab. 11.1 (Fortsetzung)

		Vorstudie $N=25$	Vorstudie $N=25$	Höchste angegebene Sanktion $N=3528$		Ausschluss aus Unterricht $N=3528$
		Grad der Störung M	Eingreifen nötig M	M	SD	%
12	Über Sinn und Zweck einer Arbeitsaufgabe mit Lehrkraft diskutieren	3,28	2,96	2,34	1,41	4,08
13	Mitschüler beleidigen	3,64	3,09	2,80	1,39	5,10
14	Buch vor der Lehrkraft zerreißen	3,94	3,66	4,64	1,43	24,49
15	Einen Mitschüler mit einem Buch schlagen	4,24	3,80	4,25	1,45	22,45
16	Lehrer mit Papierkugeln bewerfen	4,42	3,94	3,83	1,73	25,00
17	Mitschüler ins Gesicht schlagen	4,44	3,80	4,43	1,45	21,94
18	Einen Mitschüler verbal bedrohen	4,72	3,96	4,11	1,48	19,90
	Leichte/mittlere Störung (1–13)	–	–	3,31	1,65	4,51
	Schwere Störung (14–18)	–	–	4,25	1,53	22,76

Aufgabe diskutieren) und 4,64 (Buch vor der Lehrkraft zerreißen) bewegt. Damit werden in der Regel – bezogen auf den vorgelegten Range – mittlere Sanktionen ausgewählt. In der letzten Spalte ist angegeben, wie häufig pro Szene die Sanktion „Der Schüler wird vom Unterricht ausgeschlossen" gewählt wurde. Für die Szenen Nr. 14–18 wird diese Maßnahme in 23 % der Fälle ausgewählt. Das sind auch die Szenen, die bereits in der Vorstudie als starke Störung eingestuft worden sind. Daher wurden die Szenen 1–13 als Szenen leichter bis mittlerer Störung (Cronbachs alpha = 0,91) und die Szenen 14–18 als Szenen schwerer Störung

(Cronbachs alpha = 0,89) zusammengefasst. Beide Gruppierungen unterscheiden sich deutlich hinsichtlich der im Mittel ausgewählten höchsten Sanktion und des Anteils des Ausschlusses vom Unterricht.

Schüler mit und ohne Migrationshintergrund Die Protagonisten mit Migrationshintergrund Szenen wiesen einen äußerlich sichtbaren orientalischen Migrationshintergrund auf, ihnen wurden zudem türkische Namen gegeben. Die Fokussierung auf türkische Namen ist dadurch begründet, dass türkische Schüler*innen den höchsten Anteil unter Schüler*innen mit Migrationshintergrund in Nordrhein-Westfalen (NRW) darstellen und dass zu ihnen bereits einschlägige Studien in Deutschland durchgeführt wurden (z. B. Froehlich et al. 2016; Gawronsky et al. 2003; Glock und Böhmer 2018). Protagonisten ohne Migrationshintergrund wiesen keinen sichtbaren Migrationshintergrund auf, ihnen wurden zudem deutsche Namen gegeben. Die Namen der Schüler mit und ohne Migrationshintergrund wurden jeweils Internetseiten zu den beliebtesten Namen entnommen. Jeder Proband erhielt alle 18 Szenen, deren Hauptfigur abwechselnd ein deutscher und ein türkischer Protagonist war. Insgesamt wurden zwei Sets erstellt, in Set 2 wurde jeweils die Szene, die in Set 1 mit einem deutschen Protagonisten besetzt war, mit einem türkischen Protagonisten besetzt und umgekehrt. So wurde sichergestellt, dass im Gesamtdatensatz jedes Verhalten einmal durch einen türkischen und einmal durch einen deutschen Protagonisten dargestellt wurde.

Explizite Stereotype Im Anschluss an die Beurteilung der Szenen wurden die Probanden gebeten, die mit Namen versehenen Protagonisten der Szenen, die als Portraitfotos dargeboten wurden, mittels eines semantischen Differenzials zu beurteilen. Der Migrationshintergrund der Schüler wurde systematisch über die Namen und die Bildgebung variiert. Es wurden 6 schulnahe bipolare Adjektive in immer gleicher Reihenfolge angeboten, wobei der positive Pol (z. B. friedfertig) der 1 entsprach und der negative Pol (z. B. aggressiv) der 5 (vgl. Tab. 11.3, Spalte 1). Die Beurteilungen fallen in der Tendenz eher positiv aus (*M* über alle: 2,68). Diese positive Tendenz ist am deutlichsten für die Beurteilungen respektvoll-respektlos und gutes-schlechtes Sprachvermögen mit einem Mittelwert von 2,5. Cronbachs alpha für die Gesamtskala der Adjektive beträgt 0,92.

Reaktionszeiten als Indikator für implizite Stereotype Als Indikator für die mentale Zugänglichkeit der jeweiligen Einschätzung wurde mit dem Programm „Inquisit" die Reaktionszeit bis zur Auswahl einer Adjektivkategorie in Millisekunden gemessen. Dahinter steht die Annahme, dass je länger eine Proband*in bis zur Einschätzung einer Person hinsichtlich eines Merkmals braucht, diese Einschätzung weniger gut zugänglich ist, was auf eine zunehmend kontrollierte Auseinandersetzung mit einem bestimmten Merkmal verweist (Fazio 1990). Je länger Probanden für eine Einschätzung brauchen, desto wahrscheinlicher ist es, dass ihr implizites Stereotyp davon abweicht. Tab. 11.3 (nur Spalte 1) kann entnommen werden, dass Probanden am längsten beim ersten Merkmal (Konzentration, 5069,92 ms) gebraucht haben. Bereits beim zweiten Merkmal halbiert sich die Reaktionszeit (2478,91 ms), um sich ab dem dritten Merkmal auf einem ähnlichen Niveau (ca. 2300 ms) zu halten. Dies spricht für eine Gewöhnung an das Antwortformat, welche durch die immer gleiche Darbietung hervorgerufen wurde. Cronbach's alpha für die Gesamtskala der Rektionszeiten beträgt 0,90.

Migrationshintergrund der Probanden Der Migrationshintergrund der Probanden wurde erfasst, indem sie gefragt wurden, ob sie oder ihre Eltern im Ausland geboren wurden und ob ihre Familiensprache Deutsch oder eine andere Sprache ist. Probanden, die selbst oder deren Eltern in Deutschland geboren wurden, sowie deren Familiensprache Deutsch war, wurden als Probanden ohne Migrationshintergrund eingestuft. Probanden, auf die dies nicht zutraf, wurden als Probanden mit Migrationshintergrund eingestuft. Von den 196 Probanden konnten $N=31$ (15,8 %) ein Migrationshintergrund zugewiesen werden, darunter wiesen als größte Gruppe $N=9$ einen türkischen Hintergrund auf. Es ist klar, dass damit das Merkmal Migrationshintergrund sehr undifferenziert erfasst wurde und Ergebnisse mit Vorsicht betrachtet werden müssen.

Demographic Match Ein Demographic Match liegt somit vor, wenn eine Sanktionsmaßnahme für eine Szene a) mit einem Schüler mit Migrationshintergrund von einer Proband*in mit Migrationshintergrund oder b) mit einem Schüler ohne Migrationshintergrund von einer Proband*in ohne Migrationshintergrund ausgewählt wurde. Das Gegenteil, ein Demographic Mismatch, liegt vor, wenn eine Sanktionsmaßnahme für eine Szene c) mit einem Schüler mit Migrationshintergrund von einer Proband*in ohne Migrationshintergrund oder d) mit einem Schüler ohne Migrationshintergrund von einer Proband*in mit Migrationshintergrund ausgewählt wurde.

Methodisches Vorgehen Die Daten weisen eine Mehrebenstruktur auf, da insgesamt 196 Probanden für jeweils 18 unterschiedliche Szenen, von denen 9 Szenen einen (jeweils anderen) Schüler mit Migrationshintergrund aufwiesen, eine Sanktionsmaßnahme auswählen mussten. Damit stellen die unterste Ebene der

Auswertung die $N=3528$ Sanktionsmaßnahmen dar, von denen 1764 auf Szenen mit einem Schüler mit Migrationshintergrund angewendet wurden.

Die zweite Ebene stellen die insgesamt 196 Probanden dar, die Sanktionsmaßnahmen auswählten. Für diese Probanden liegen insgesamt 2 Merkmale vor: Der Migrationshintergrund und die explizit und implizit erfassten Stereotype zu Schülern mit und ohne Migrationshintergrund.

Frage 1 wurde auf der Ebene der Sanktionsmaßnahmen beantwortet, Frage 2 auf der Ebene der Probanden mittels Mittelwerts- und Prozentvergleichen. Für die Beantwortung der Fragen 1 und 3 wurde methodisch berücksichtigt, dass die Auswahl der Sanktionsmaßnahmen in den Probanden geschachtelt ist. Damit entsteht die Problematik der Verzerrung von Standardfehlern, wenn dieser Mehrebenenstruktur methodisch nicht Rechnung getragen wird. Daher wurden Regressionsmodelle verwendet, für die die Standardfehler der Regressionsmodelle mit der option „robust cluster" im Statistikprogramm Stata 15 korrigiert werden.

Im Folgenden werden die Ergebnisse zur Beantwortung der unter Abschn. 11.2.3 genannten Fragen und zur Prüfung der darauf gerichteten Hypothesen vorgestellt. Eine Zusammenfassung der Ergebnisse zu den Fragen 1 und 2 wird unter Abschn. 11.4.4 erstellt, daraus ergibt sich das weitere Vorgehen zur Beantwortung der Frage 3.

11.4 Ergebnisse

11.4.1 Allgemeine Auswertungen

Um die Ergebnisse zum Demographic Match nachvollziehbar zu gestalten, wird zunächst auf die grundlegenden Verteilungen und einfachen gruppenspezifischen Differenzen in der Stichprobe in Abhängigkeit vom Migrationshintergrund der Probanden und Protagonisten eingegangen. Diese weisen noch keinen Bezug zu den formulierten Hypothesen auf, tragen jedoch dazu bei, die darauf bezogenen Ergebnisse (Abschn. 11.4.2–11.4.5) besser zu verstehen.

Sanktionsverhalten und Migrationshintergrund der Schüler In Tab. 11.2 ist für jede Szene in Abhängigkeit vom Migrationshintergrund des Protagonisten der Mittelwert für die im Mittel höchste gewählte Sanktion pro Szene (Spalten 1–2) und der Anteil des Ausschlusses vom Unterricht (Spalte 3–4) an den gewählten Sanktionen angegeben. Differenzen zwischen Schülern mit und ohne Migrationshintergrund werden mit einem *t*-Test geprüft. Die Durchsicht der Literatur legte nahe, dass Migranten strenger beurteilt werden als Nicht-Migranten.

Ein Blick auf Tab. 11.2 verdeutlicht jedoch, dass die Wahl einer Sanktion kaum davon abhängt, ob der Protagonist einen Migrationshintergrund aufweist oder nicht. Bei nur drei Szenen (der Schüler spielt mit dem Handy, ein Schüler klaut ein Handy und der Lehrer wird mit Papierkugeln beworfen) werden Schüler mit Migrationshintergrund strenger behandelt. Nur im Falle des Bewerfens der Lehrkraft werden Protagonisten mit Migrationshintergrund zudem häufiger des Unterrichts verwiesen als Protagonisten ohne Migrationshintergrund. Die bei Glock (2016) gefundene *Gleich*behandlung bezüglich exkludierender Maßnahmen von Schüler*innen mit und ohne Migrationshintergrund trifft damit auch auf deutlich gravierendere Störungen als das „Quatschen im Unterricht" zu. Es stellt sich jedoch die Frage, ob die in bisherigen Experimentalstudien vorgefundene Benachteiligung von Schüler*innen der ethnischen Minorität (Okonofua und Eberhardt 2015; Glock 2016) nicht der zufällig ausgewählten Szene dieser Studien geschuldet war, und bei einer Vielfalt von Szenen nicht systematisch hätte beobachtet werden können. Eine weitere Betrachtung der Szenen zeigt darüberhinaus, dass in insgesamt drei Szenen Protagonisten mit Migrationshintergrund *weniger* streng bestraft werden als Protagonisten ohne Migrationshintergrund. Insgesamt zeichnet sich daher weder das aus den US-amerikanischen Studien bekannte Bild ab, dass Schüler*innen mit Migrationshintergrund bereits bei geringen Störungen härter bestraft werden (z. B. Skiba et al. 2011), noch dass sie häufiger des Unterrichts verwiesen werden (Bradshaw et al. 2010; Okonofua und Eberhardt 2015; Petras et al. 2011; Rocque und Paternoster 2011). Dies zeigt sich auch dann nicht, wenn geringe bis mittlere Störungen und starke Störungen zu einer dichotomen Variable zusammengefasst werden.

Sanktionsverhalten und Migrationshintergrund der Proband*innen Das Sanktionsverhalten der Proband*innen variiert in der Tendenz mit ihrem Migrationshintergrund (Tab. 11.2): Bezüglich der höchsten ausgewählten Sanktion pro Szene (Spalten 5 und 6) unterscheiden sich Probanden nach ihrem Migrationshintergrund in einigen Szenen signifikant. Aufgrund der geringen Stichprobengröße sind Differenzen bezüglich des Ausschlusses vom Unterricht (Spalten 7 und 8) zwar sichtbar, aber selten signifikant. Insgesamt sanktionieren insbesondere bei leichten bis mittleren Störungen Proband*innen mit Migrationshintergrund strenger als Proband*innen ohne Migrationshintergrund, und sie schließen im Mittel auch eher Schüler vom Unterricht aus. Dies könnte für die nachfolgenden Analysen bedeuten, dass sich im Vergleich der Lehrkräfte eine strengere Behandlung von Schülern mit und ohne Migrationshintergrund durch Lehrkräfte mit Migrationshintergrund zeigt, ohne dass dies mit einem Ingroup-

Tab. 11.2 Sanktionen und Migrationshintergrund von Schülern und Proband*innen

		Analyseebene: Sanktionen (N=3528)				Analyseebene: Probanden (N=196)			
		Höchste Sanktion M (SE)		Vom Unterricht ausschließen (%)		Höchste Sanktion M (SE)		Vom Unterricht ausschließen (%)	
		Schüler[a]		Schüler[b]		Proband[a]		Proband[b]	
		1	2	3	4	5	6	7	8
		Kein Mig	Mig	Kein Mig	Mig	Kein Mig	Mig	Kein Mig	Mig
1	Edding	4,13 (,12)	4,44 (,16)	0	0	4,16 (,11)	4,03 (,20)	0	0
2	Entschuldigung fälschen	4,48 (,11)	4,05* (,16)	1,74	1,23	4,35 (,10)	4,06 (,27)	0,61	6,51
3	Abschreiben	3,07 (,21)	3,15 (,15)	1,23	3,48	3,11 (,13)	3,19 (,38)	2,42	3,22
4	Mit Handy spielen	2,28 (,24)	3,59*** (,12)	123	0,87	2,91 (,14)	3,77 (,36)*	0,61	3,22
5	Handy klauen	3,58 (,20)	4,02* (,14)	3,70	8,70	3,87 (,13)	3,68 (,32)	6,06	9,68
6	Zu spät kommen	4,43 (,11)	3,62*** (,18)	4,35	6,17	4,15 (,11)	3,81 (,26)	4,24	9,68
7	Mitschüler bewerfen	2,89 (,17)	2,77 (,11)	7,41	2,61	2,70 (,10)	3,42** (,23)	3,64	9,68
8	Prügeln	4,43 (,17)	4,43 (,13)	9,88	6,96	4,38 (,11)	4,71 (,19)	6,67	16,13+
9	Unterlagen vergessen	2,46 (,18)	2,57+ (,15)	6,17	6,09	2,39 (,12)	3,19* (,33)	3,63	19,35***
10	Mitschüler kneifen	3,15 (,13)	2,77 (,17)	9,57	3,70	3,91 (,11)	3,45+ (,29)	6,06	12,90
11	Füße auf den Tisch	2,72 (,13)	2,42 (,17)	8,70	3,70	2,46 (,11)	3,32** (,28)	6,06	9,68
12	Mit Lehrkraft diskutieren	2,48 (,18)	2,23 (,12)	4,94	3,48	2,21 (,10)	3,00** (,30)	4,24	3,22
13	Mitschüler beleidigen	2,67 (,11)	2,89 (,18)	5,22	4,94	2,67 (,11)	3,19 (,26)	4,24	9,68

(Fortsetzung)

Tab. 11.2 (Fortsetzung)

		Analyseebene: Sanktionen ($N=3528$)				Analyseebene: Probanden ($N=196$)			
		Höchste Sanktion M (SE)		Vom Unterricht ausschließen (%)		Höchste Sanktion M (SE)		Vom Unterricht ausschließen (%)	
		Schüler[a]		Schüler[b]		Proband[a]		Proband[b]	
		1	2	3	4	5	6	7	8
		Kein Mig	Mig	Kein Mig	Mig	Kein Mig	Mig	Kein Mig	Mig
14	Buch zerreißen	4,77 (,12)	4,46 (,18)	25,22	23,46	4,68 (,11)	4,42 (,31)	23,64	29,03
15	Mitschüler mit Buch schlagen	4,16 (,17)	4,31 (,13)	20,99	23,48	4,24 (,11)	4,30 (,29)	21,21	29,03
16	Lehrer bewerfen	3,38 (,19)	4,14** (,16)	14,81	32,17*	3,77 (,13)	4,13 (,34)	22,42	38,71
17	Mitschüler im Unterricht schlagen	4,50 (,13)	4,32 (,17)	23,48	19,75	4,56 (,11)	3,74** (,30)	24,24	9,68+
18	Mitschüler bedrohen	4,25 (,13)	3,90 (,18)	20,87	18,52	4,18 (,11)	3,71 (,27)	22,42	6,45*
	Leichte/mittlere Störung (1–13)	3,34	3,28	4,93	4,11	3,34 (,05)	3,65 (,15)*	3,47	8,21**
	Schwere Störung (14–18)	4,27	4,23	21,50	24,10	4,29 (,07)	4,06 (,18)	22,79	22,58

+ $=p\leq,10$, * $=p\leq,05$, ** $=p\leq,01$, *** $=p\leq,001$
[a]Mittelwertdifferenzen wurden über t-Tests geprüft
[b]Prozentwertdifferenzen wurde über die Berechnung des Φ – Wertes für Vierfeldertabellen geprüft

oder Outgroupbezogenen Verhalten zusammenhängt. Bei schweren Störungen zeigen sich entsprechende Differenzen im Mittel jedoch nicht.

Stereotype gegenüber Schülern mit und ohne Migrationshintergrund Tab. 11.3 (Spalten 2 und 3) zeigt einen Überblick über die Stereotype in Abhängigkeit vom Migrationshintergrund der Schüler. Eine Gegenüberstellung der expliziten Beurteilungen nach dem Migrationshintergrund der Schüler mittels eines paarweisen

Tab. 11.3 Mittelwertdifferenzen für Stereotype und Reaktionszeiten (Personenebene)

Explizite Stereotype	Schüler[a] Insgesamt M (SE)	Schüler[a] Migrant M (SE)	Schüler[a] Kein Migrant M (SE)	Probanden kein Migrant[b] Schüler: Migrant M (SE)	Probanden kein Migrant[b] Schüler: kein Migrant M (SE)	Proband Migrant[c] Schüler: Migrant M (SE)	Proband Migrant[c] Schüler: kein Migrant M (SE)	Vergleich Probanden nach Migrationshintergrund[d] Schüler Migrant[d] (t-Wert)	Vergleich Probanden nach Migrationshintergrund[d] Schüler kein Migrant[e] (t-Wert)
	1	2	3	4	5	6	7	8	9
Konzentrationsfähigkeit gut – schlecht	2,74 (,03)	2,57 (,04)	2,82*** (,03)	2,55 (,04)	2,81*** (,03)	2,69 (,08)	2,86* (,08)	−1,45	−1,27
Motiviert – unmotiviert	2,75 (,03)	2,52 (,03)	2,89*** (,03)	2,49 (,04)	2,87*** (,03)	2,68 (,09)	3,02*** (,07)	−2,04*	−1,70+
Respektvoll – respektlos	2,53 (,03)	2,43 (,04)	2,58*** (,03)	2,42 (,04)	2,57*** (,04)	2,52 (,13)	2,67 (,10)	−0,87	−1,16
Leistungsstark – leistungsschwach	2,73 (,03)	2,66 (,04)	2,75* (,03)	2,65 (,04)	2,74* (,03)	2,72 (,09)	2,75 (,07)	−0,75	−0,04
Diszipliniert – undiszipliniert	2,73 (,03)	2,64 (,04)	2,81*** (,03)	2,62 (,04)	2,81*** (,03)	2,72 (,09)	2,81 (,08)	−1,07	−0,11

(Fortsetzung)

Tab. 11.3 (Fortsetzung)

Explizite Stereotype	Schüler[a] Insgesamt M (SE)	Schüler[a] Migrant M (SE)	Schüler[a] Kein Migrant M (SE)	Probanden kein Migrant[b] Schüler: Migrant M (SE)	Probanden kein Migrant[b] Schüler: kein Migrant M (SE)	Proband Migrant[c] Schüler: Migrant M (SE)	Proband Migrant[c] Schüler: kein Migrant M (SE)	Vergleich Probanden nach Migrationshintergrund[d] Schüler: Migrant[d] (t-Wert)	Vergleich Probanden nach Migrationshintergrund[d] Schüler: kein Migrant[e] (t-Wert)
	1	2	3	4	5	6	7	8	9
Sprachvermögen: gut – schlecht	2,47 (,04)	2,62 (,04)	2,29*** (,04)	2,62 (,05)	2,25 (,04)	2,62 (,10)	2,53 (,11)	−0,04	−2,65**
Gesamtwert	2,66 (,03)	2,57 (,03)	2,69*** (,03)	2,56 (,03)	2,68*** (,03)	2,66 (,09)	2,77* (,07)	−1,15	−1,85+
Reaktionszeit									
Konzentrationsfähig gut – schlecht	4988,45 (150,02)	4926,09 (147,28)	5205,44* (173,38)	5129,33 (156,65)	5445,46** (184,95)	3818,80 (357,24)	3897,78 (412,72)	3,11**	3,49***
Motiviert – unmotiviert	2478,90 (78,32)	2344,21 (80,64)	2669,58*** (99,46)	2449,84 (88,84)	2782,39** (110,11)	1772,39 (153,85)	2058,85* (194,26)	3,22**	2,81**
Respektvoll – respektlos	2352,00 (73,90)	2323,06 (82,85)	2481,42* (85,39)	2415,75 (36,03)	2595,01* (91,81)	1818,06 (239,08)	1862,54 (196,55)	2,64**	3,11**
Leistungsstark – leistungsschwach	2383,29 (99,35)	2346,01 (88,55)	2568,28 (160,79)	2451,66 (95,27)	2554,13 (98,95)	1781,36 (211,67)	2643,95 (885,49)	2,87**	−,07

(Fortsetzung)

Tab. 11.3 (Fortsetzung)

Explizite Stereotype	Insgesamt M (SE)	Schüler[a] Migrant M (SE)	Kein Migrant M (SE)	Probanden kein Migrant[b] Schüler: Migrant M (SE)	Schüler: kein Migrant M (SE)	Proband Migrant[c] Schüler: Migrant M (SE)	Schüler: kein Migrant M (SE)	Vergleich Probanden nach Migrationshintergrund[d] Schüler Migrant[d] (t-Wert)	Schüler kein Migrant[e] (t-Wert)
	1	2	3	4	5	6	7	8	9
Diszipliniert – undiszipliniert	2282,02 (84,76)	2316,07 (91,36)	2390,68 (92,92)	2397,68 (93,32)	2495,93 (100,03)	1877,04 (287,06)	1824,51 (224,57)	2,18*	2,77**
Sprachvermögen: gut – schlecht	2412,52 (59,23)	2433,67 (65,93)	2466,65 (68,07)	2538,94 (68,22)	2557,99 (69,54)	1878,29 (173,08)	1984,72 (199,00)	3,79***	3,17***
Gesamtwert	2816,19 (77,03)	2772,37 (73,64)	2958,92*** (84,95)	2879,66 (77,65)	3066,21*** (88,27)	2157,66 (195,16)	2378,73 (263,27)	3,62***	3,09**

+ = $p \leq .10$, * = $p \leq .05$, ** = $p \leq .01$, *** = $p \leq .001$

[a]Berechnung paarweiser t-Tests für den Vergleich von Stereotypen zu Schülern mit und ohne Migrationshintergrund
[b]Berechnung paarweiser t-Tests für den Vergleich von Stereotypen zu Schülern mit und ohne Migrationshintergrund in der Gruppe der Probanden ohne Migrationshintergrund
[c]Berechnung paarweiser t-Tests für den Vergleich von Stereotypen zu Schülern mit und ohne Migrationshintergrund in der Gruppe der Probanden mit Migrationshintergrund
[d]Berechnung von t-Tests für den Vergleich von Probanden mit und ohne Migrationshintergrund für Stereotype zu Schülern mit Migrationshintergrund
[e]Berechnung von t-Tests für den Vergleich von Probanden mit und ohne Migrationshintergrund für Stereotype zu Schülern ohne Migrationshintergrund

t-Tests zeigt für fünf Adjektive, dass Schüler *ohne* Migrationshintergrund signifikant *schlechter* eingestuft werden als Schüler *mit* Migrationshintergrund. Größere Differenzen in dieser Richtung gibt es für die Beurteilungen von Konzentrationsfähigkeit und Motivation. Auch in anderen Studien fand sich bereits der Befund, dass Schüler*innen mit Migrationshintergrund nicht *negativer* als jene ohne Migrationshintergrund beurteilt werden (z. B. Glock und Böhmer 2018). Im Gegensatz zu Glock und Böhmer (2018) können hier sogar *positivere* Einschätzungen gegenüber Schülern mit im Vergleich zu Schülern ohne Migrationshintergrund gefunden werden. Lediglich beim Merkmal Sprachvermögen erhalten bei insgesamt günstigerer Gesamtbeurteilung Schüler mit Migrationshintergrund signifikant schlechtere Werte. Die anderslautenden Befunde für die anderen fünf Adjektive zeigen jedoch, dass die expliziten Stereotype eher der Kontrolle durch die Proband*innen unterliegen.

Um einen Hinweis auf implizite Stereotype zu erhalten, wird nun die Zeit betrachtet, die jeweils verstrichen ist, bis eine Proband*in die Ausprägung eines Adjektivs ausgewählt hat (Tab. 11.3, Spalte 2 und 3, untere Hälfte). Die Differenzierung nach Migrationshintergrund der abgebildeten Schüler zeigt: Die Proband*innen brauchten durchgängig länger für eine Beurteilung von Schülern ohne Migrationshintergrund als für die Beurteilung von Schülern mit Migrationshintergrund, wobei diese Differenzen kontinuierlich kleiner werden. Die Differenz in den Reaktionszeiten für die Beurteilung von Migranten und Nichtmigranten ist für die ersten drei Adjektive signifikant, dann nicht mehr. Folgende Interpretation ist möglich: Die kürzeren Reaktionszeiten für die Einschätzung von Migranten lässt darauf schließen, dass deren günstige Einschätzung leichter abrufbar war als die im Vergleich dazu ungünstigere Einstufung der Nichtmigranten. Die Proband*innen wollten möglicherweise den Eindruck einer stereotypen Wahrnehmung zugunsten von Nichtmigranten bewusst vermeiden, was bei den ersten drei Adjektiven zu höheren Reaktionszeiten bei der Einschätzung von Nichtmigranten im Vergleich zu Migranten führte. Allerdings sind diese Differenzen für die folgenden drei Merkmale nicht mehr signifikant. Es liegt nahe, hier Lerneffekte anzunehmen, da die Skalierung der Adjektive immer gleich war, das Antwortverhalten der Proband*innen aufgrund dieser Darbietung also insgesamt immer schneller werden konnte. Da Lerneffekte streng genommen jedoch nicht bewiesen werden können, muss dessen ungeachtet konstatiert werden, dass die Reaktionszeiten nicht zeigen, dass implizite migrationsspezifische Stereotype bei Lehramtskandidaten vorliegen.

11.4.2 Frage 1: Sanktionsverhalten und Demographic Match

Für die Beantwortung der Frage 1 wird das Sanktionsverhalten der Lehramtsstudierenden in Abhängigkeit vom Demographic Match untersucht. Tab. 11.4 zeigt die Ergebnisse linearer Regressionen des Sanktionsverhaltens auf den Migrationshintergrund des Schülers unter Proband*innen ohne (Spalte 1) und mit Migrationshintergrund (Spalte 2). Diesen Koeffizienten kann entnommen werden, ob zum Beispiel Proband*innen ohne Migrationshintergrund Schüler mit Migrationshintergrund strenger bestrafen. Damit wird aber noch nicht gezeigt, ob sie sich mit ihrem Sanktionsverhalten von Proband*innen mit Migrationshintergrund unterscheiden, also bestimmte Schüler einen tatsächlichen Vorteil davon hätten, von Lehrern ihrer Ingroup unterrichtet zu werden. Daher ist in den Spalten 3–6 der Vergleich aller Ausprägungen des Demographic Match mit einer Referenzkategorie für die Gesamtgruppe angegeben.

Unter Annahme der Geltung verschiedener Theorien wurde erwartet, dass Proband*innen ohne Migrationshintergrund Schüler ihrer Ingroup weniger streng bestrafen als Schüler ihrer Outgroup. Proband*innen ohne Migrationshintergrund bestrafen Schüler der Outgroup jedoch nur in 4 von 18 Szenen strenger und in 3 von 18 Szenen sogar *weniger* streng als Schüler ihrer Ingroup. Für die zusammengefassten Szenen ergibt sich kein signifikantes Ergebnis.

Für das Sanktionsverhalten von Probanden*innen mit Migrationshintergrund gegenüber Schülern mit Migrationshintergrund (ihrer Ingroup) wurden verschiedene Annahmen aufgestellt. Tab. 11.4 (Spalte 2) zeigt: Proband*innen mit Migrationshintergrund sanktionieren Schüler ihrer Ingroup in 3 von 18 Szenen weniger streng als Schüler der Outgroup, in einer Szene werden Erstere strenger als Letztere sanktioniert. Bei leichten und mittleren Störungen werden in dieser Gruppe Schüler der Ingroup etwas weniger streng sanktioniert als Schüler der Outgroup. In der Mehrheit der Szenen zeigt sich jedoch keine Differenz im Sanktionieren von Schülern mit und ohne Migrationshintergrund, sodass keine der unter 2,3 dargelegten Annahmen zum Sanktionsverhalten innerhalb der Subgruppen der Lehramtsstudierenden mit und ohne Migrationshintergrund vollständig als bestätigt gelten kann.

Im Folgenden wird das Verhalten von Lehramtsstudierenden mit und ohne Migrationshintergrund gegenüber ihrer jeweiligen In- beziehungsweise Outgroup miteinander verglichen. Die Referenzkategorie ist „Proband*in kein Migrationshintergrund, Schüler Migrationshintergrund". Unter Geltung der Theorie sozialer Identität wurde angenommen, dass Schüler mit Migrationshintergrund strenger

Tab. 11.4 Sanktionsverhalten und Demographic Match (standardisierte Regressionskoeffizienten, robuste Standardfehler in Klammern, Sanktionenebene)

	Regressionskoeffizient für:	Probanden ohne Mig – Schüler Mig	Probanden mit Mig – Schüler Mig	Alle Probanden – Schüler Mig/Proband kein Mig:	Schüler kein Mig/Proband kein Mig	Schüler kein Mig/Proband Mig	Schüler Mig/Proband Mig
		1	2	3	4	5	6
1	Edding	,05 (,22)	−,07 (,43)	Ref.	−,05 (,22)	−,12 (,36)	−,19 (,33)
2	Entschuldigung fälschen	−,52 (,20)*	,12 (,55)	Ref.	,52 (,20)*	−,03 (,44)	,09 (,39)
3	Abschreiben	,43 (,28)	−1,65 (,72)*	Ref.	−,43 (,28)	,66 (,48)	−,99 (,56)+
4	Mit Handy spielen	1,58 (,27)***	,54 (,70)	Ref.	−1,57 (,28)***	,00 (,58)	,55 (,41)
5	Handy klauen	,62 (,27)*	−,58 (,65)	Ref.	−,62 (,27)*	−,17 (,39)	−,75 (,54)
6	Zu spät kommen	−,84 (,24)***	−,61 (,50)	Ref.	,83 (,24)***	,50 (,38)	−,11 (,42)
7	Mitschüler bewerfen	,12 (,22)	−,90 (,42)*	Ref.	−,12 (,22)	1,08 (,34)*	,19 (,29)
8	Prügeln	,01 (,24)	,14 (,39)	Ref.	−,01 (,24)	,26 (,29)	,40 (,32)
9	Unterlagen vergessen	,34 (,24)	−,61 (,65)	Ref.	−,34 (,24)	,95 (,49)+	,33 (,47)
10	Mitschüler kneifen	−,39 (,23)+	−,61 (,58)	Ref.	,39 (,23)+	1,11 (,46)*	,50 (,42)
11	Füße	−,42 (,22)+	−,19 (,56)	Ref.	,42 (,22)+	1,23 (,42)*	1,03 (,42)*
12	Mit Lehrkraft diskutieren	−,01 (,22)	−1,04 (,59)+	Ref.	,01 (,22)	1,27 (,38)**	,22 (,47)
13	Mitschüler beleidigen	,05 (,23)	,74 (,52)	Ref.	−,05 (,23)	,08 (,45)	,83 (,37)*
14	Buch zerreißen	−,38 (,23)	,11 (,65)	Ref.	,38 (,23)	−,10 (,56)	,02 (,41)

(Fortsetzung)

Tab. 11.4 (Fortsetzung)

		Probanden ohne Mig	Probanden mit Mig	Alle Probanden			
	Regressions-koeffizient für:	Schüler Mig	Schüler Mig	Schüler Mig/Proband kein Mig:	Schüler kein Mig/Proband kein Mig	Schüler kein Mig/Proband Mig	Schüler Mig/Proband Mig
		1	2	3	4	5	6
15	Mitschüler mit Buch schlagen	,27 (,24)	−,40 (,60)	Ref.	−,27 (,24)	,12 (,36)	−,27 (,50)
16	Lehrer bewerfen	,70 (,27)**	1,33 (,64)*	Ref.	−,70 (,27)**	−,51 (,50)	,82 (,44)+
17	Mitschüler schlagen	−,09 (,22)	−,21 (,61)	Ref.	,10 (,22)	−,64 (,46)	−,85 (,46)+
18	Mitschüler bedrohen	−,35 (,24)	−,14 (,56)	Ref.	,35 (,25)	−,18 (,47)	−,32 (,40)
	Leichte/mittlere Störung (1–13)	−,01 (,06)	−,35 (,14)*	Ref.	,01 (,06)	,53 (,17)**	,18 (,17)
	Schwere Störung (14–18)	−,07 (,09)	,11 (,22)	Ref.	,07 (,09)	−,25 (,23)	−,13 (,23)

$+ = p \leq ,10$, $* = p \leq ,05$, $** = p \leq ,01$, $*** = p \leq ,001$

durch Lehrkräfte ihrer Outgroup als durch Lehrkräfte ihrer Ingroup bestraft werden. Tab. 11.4 (Spalte 6) zeigt in der Mehrheit der Szenen jedoch keine Differenz, und bei fünf Szenen mit signifikanten Effekten keine eindeutige Tendenz: Proband*innen mit Migrationshintergrund sanktionieren Schüler mit Migrationshintergrund in zwei Szenen weniger streng, in drei Szenen aber strenger als Proband*innen ohne Migrationshintergrund (= Referenzgruppe). Auch Proband*innen ohne Migrationshintergrund bestrafen Schüler ihrer Ingroup (Spalte 4) nur in 3 von 18 Szenen weniger streng als Schüler ihrer Outgroup, in 4 von 18 Szenen bestrafen sie sie sogar strenger. Mit den vorliegenden Daten lässt sich daher im Vergleich der Proband*innen untereinander keine eindeutige Favorisierung der jeweiligen Ingroup belegen.

Eine deutlichere Tendenz findet sich jedoch für Proband*innen mit Migrationshintergrund, die Schüler ohne Migrationshintergrund (ihre Outgroup) sanktionieren (Spalte 5): Ihre Maßnahmen fallen in 5 von 18 Szenen strenger aus als bei Proband*innen ohne Migrationshintergrund, die Schüler ihrer Outgroup sanktionieren. Da vier Szenen in die Kategorie leichte bis mittlere Störung fallen, zeigt sich dieser Effekt auch für die zusammengefassten leichten bis mittleren Störungen. Wird als Referenzkategorie die Kombination Proband*in ohne Migrationshintergrund/Schüler ohne Migrationshintergrund verwendet (nicht in Tabelle), zeigt sich auch hier: Schüler ohne Migrationshintergrund werden von Proband*innen mit Migrationshintergrund in 5 von 18 Szenen strenger sanktioniert als von Proband*innen ohne Migrationshintergrund. Es wurde festgestellt, dass Proband*innen mit Migrationshintergrund insgesamt strenger sanktionieren. Wenn diese Neigung Grund für die beschriebenen Differenzen wäre, müssten diese auch beim Sanktionieren von Schüler*innen mit Migrationshintergrund auftreten (Spalte 6). Hier zeigen sich aber keine signifikanten Differenzen im Vergleich mit der Referenzgruppe. Damit kann die Annahme bestärkt werden, dass es sich bei den beobachteten Differenzen um ein outgroup-bezogenes Phänomen handelt.

11.4.3 Frage 2: Stereotype und Demographic Match

Im Folgenden wird die explizite und implizite Einschätzung von Schülern durch Proband*innen in Abhängigkeit vom Migrationshintergrund untersucht. Die entsprechenden Ergebnisse sind Tab. 11.3, Spalten 4–9 zu entnehmen. Hier sind einmal die Koeffizienten paarweiser t-Tests zu migrationsspezifischen Stereotypen und den entsprechenden Reaktionszeiten jeweils für Proband*innen mit (Spalten 4 und 5) und ohne Migrationshintergrund (Spalten 5–6) angegeben. Diesen Ergebnissen kann also zum Beispiel entnommen werden, ob eine Proband*in mit Migrationshintergrund migrationsspezifische explizite und implizite Einschätzungen zeigt. Damit kann für diese Probandengruppe gezeigt werden, ob Schüler der Ingroup im Vergleich zu Schülern der Outgroup bevorzugt werden. Damit ist aber noch nicht die Frage beantwortet, ob beispielsweise Schüler mit Migrationshintergrund von Proband*innen mit Migrationshintergrund günstiger wahrgenommen werden als von Proband*innen ohne Migrationshintergrund, sie also von Ersteren im Vergleich zu letzteren profitieren würden. Dieser Vergleich von Proband*innen in Abhängigkeit von ihrem Migrationshintergrund findet sich in den Spalten 7–9. Die Koeffizienten von t-Tests zu Differenzen bei der Beurteilung von Schülern ohne Migrationshintergrund sind in Spalte 8, jene zur Beurteilung von Schülern mit Migrationshintergrund sind in Spalte 9 dargestellt.

Explizite Stereotype Bereits die allgemeine Betrachtung hatte ergeben, dass Schüler ohne Migrationshintergrund negativer wahrgenommen werden als Schüler mit Migrationshintergrund. Wird nun zusätzlich der Migrationshintergrund der Proband*innen betrachtet, kann aus Tab. 11.3 (Spalten 4–5) zunächst ersehen werden, dass diese Wahrnehmung vor allem von den Probanden*innen ohne Migrationshintergrund vorgenommen wird: Diese schätzen bei fünf von sechs Adjektiven Schüler ihrer Ingroup negativer ein als Schüler der Outgroup, was auch für die Gesamtbeurteilung zutrifft.

Für Proband*innen mit Migrationshintergrund wurden je nach theoretischem Zugang unterschiedliche Annahmen bezüglich ihrer expliziten Stereotype aufgestellt. Tab. 11.3 (Spalten 6–7) zeigt, dass sie Schüler ihrer Ingroup bei zwei Adjektiven (konzentriert/motiviert) als positiver bewerten als Schüler ohne Migrationshintergrund, was sich auch in einer insgesamt positiveren Gesamtbewertung niederschlägt. Im direkten Vergleich (Spalten 8–9) zeigt sich, dass Proband*innen mit Migrationshintergrund Schüler mit Migrationshintergrund außer hinsichtlich des Adjektivs „motiviert" ähnlich wahrnehmen wie Proband*innen ohne Migrationshintergrund, aber Schüler ohne Migrationshintergrund bei zwei Adjektiven negativer einschätzen, was sich auch in einer insgesamt negativeren Gesamtbewertung zeigt.

Reaktionszeiten Es wurde bereits gemutmaßt, dass explizite und implizite Stereotype voneinander abweichen. Wird die Reaktionszeit betrachtet, kann aus Tab. 11.3 (Spalte 4 und 5) für Proband*innen ohne Migrationshintergrund ersehen werden, dass diese bei drei Adjektiven und auch im Mittel über alle sechs Adjektive deutlich länger für die (ungünstigere) Einschätzung der Schüler ihrer Ingroup im Vergleich zur Einschätzung der Schüler ihrer Outgroup brauchen. Das legt nahe, dass insbesondere Proband*innen ohne Migrationshintergrund ihre Beurteilung von Schülern ihrer Ingroup bewusster kontrolliert haben. Der direkte Vergleich mit Proband*innen mit Migrationshintergrund zeigt, dass sie für die Einschätzung der Schüler ihrer Ingroup als auch ihrer Outgroup bei jedem Adjektiv länger brauchen.

Innerhalb der Gruppe der Proband*innen mit Migrationshintergrund zeigt sich keine Differenz in der Reaktionszeit der Wahrnehmung von Schülern ihrer Ingroup und ihrer Outgroup. Ausnahme ist das Adjektiv motiviert, wo sie für die signifikant negativere Einschätzung von Schülern ohne Migrationshintergrund länger brauchen als für die Einschätzung von Schülern mit Migrationshintergrund. Der direkte Vergleich mit Proband*innen ohne Migrationshintergrund zeigt, dass Proband*innen mit Migrationshintergrund schnellere Reaktionszeiten für Schüler*innen ihrer In- und Outgroup haben. Dies lässt annehmen, dass die

Einschätzung der Proband*innen mit Migrationshintergrund näher an ihren impliziten Stereotypen liegt. Eine leicht ungünstigere Einschätzung von Schülern ihrer Outgroup im Vergleich zu Schülern ihrer Ingroup scheint für sie zumindest leichter zugänglich zu sein als für Proband*innen ohne Migrationshintergrund.

Zusammenhänge zwischen expliziten Stereotypen und Reaktionszeiten Tab. 11.5 zeigt nun noch einmal getrennt nach dem Migrationshintergrund der Proband*innen die korrelativen Zusammenhänge zwischen den expliziten Stereotypen zu Schülern mit und ohne Migrationshintergrund und den jeweiligen Reaktionszeiten. Für Proband*innen ohne Migrationshintergrund bestehen keine korrelativen Beziehungen zwischen den Stereotypen und den Reaktionszeiten. Dies zeigt einerseits, dass die Einschätzung, dass die ungünstigere Beurteilung von Schülern ihrer Ingroup nicht den impliziten Einschätzungen entspricht, mit Vorsicht zu behandeln ist. Andererseits kann angenommen werden, dass sich in der ausbleibenden Signifikanz auch die Lerneffekte bei der Einschätzung der Schüler niederschlagen. Für die Proband*innen mit Migrationshintergrund verweisen die Korrelationen darauf, dass mit zunehmend negativer Einschätzung von Schülern der Ingroup (nicht aber von Schülern der Outgroup) die Reaktionszeiten sinken. Dies deutet darauf hin, dass eine ungünstigere Beurteilung von Schülern mit Migrationshintergrund näher an den impliziten Stereotypen dieser Gruppe liegt.

11.4.4 Zwischenfazit

Der Theorie der sozialen Identität als auch der Theorie der Social Justification zufolge sollten *Proband*innen ohne Migrationshintergrund* Schüler ihrer Outgroup strenger bestrafen und zumindest implizit negativer einschätzen als Schüler der Ingroup. Die bisherigen Analysen bestätigen diese Annahmen nicht: Schüler mit Migrationshintergrund werden in vier Szenen härter bestraft als Schüler ohne Migrationshintergrund, aber auch in drei Szenen weniger streng bestraft. Auch im Vergleich mit Proband*innen mit Migrationshintergrund ergibt sich keine eindeutige Favorisierung der Ingroup oder Benachteiligung der Outgroup. Gleichzeitig schätzen Proband*innen mit Migrationshintergrund Schüler ihrer Outgroup explizit deutlich positiver ein als Schüler ihrer Ingroup, was sich zumindest nicht in einer bevorzugten Behandlung der Schüler der Outgroup widerspiegelt. Eine Analyse der Reaktionszeiten zeigte für diese Gruppe keinen eindeutigen Hinweis darauf, dass implizite Stereotype in entgegengesetzter Richtung von den expliziten Stereotypen abweichen könnten. Da sich für die nach Störungsgrad zusammengefassten Szenen kein die Outgroup bevorzugendes oder

Tab. 11.5 Korrelationen zwischen expliziten Stereotypen und Reaktionszeiten der Probanden nach Migrationshintergrund der Schüler*innen; Personenebene

	Proband kein*e Migrant*in (N = 165)			Proband Migrant*in (N = 31)		
	Explizit: Migrant*innen	Explizit: Nicht-Migrant*innen	Zeit: Migrant*innen	Explizit: Migrant*innen	Explizit: Nicht-Migrant*innen	Zeit: Migrant*innen
Explizit: Migrant*innen	1,000			1,000		
Explizit: Nicht-Migrant*innen	,86***			,80***		
Reaktionszeit: Migrant*innen	,06	−,01		−,57**	−,49**	
Reaktionszeit: Nicht-Migrant*innen	,03	,09	,51***	−,51**	−,28	,79***

+ = $p \leq ,10$, * = $p \leq ,05$, ** = $p \leq ,01$, *** = $p \leq ,001$

benachteiligendes Verhalten von Proband*innen ohne Migrationshintergrund beobachten lässt, wird im Folgenden aus Platzgründen darauf verzichtet, für einzelne Szenen den Erklärungsbeitrag von Stereotypen und Reaktionszeiten zu eruieren.

Für *Proband*innen mit Migrationshintergrund* wurden theoretisch unterschiedliche Annahmen nahegelegt: Nach der Theorie der sozialen Identität eine weniger harte Bestrafung und eine günstigere Wahrnehmung von Schülern der Ingroup, nach der Theorie der Social Justification eine härtere Bestrafung von Schülern der Ingroup im Vergleich zu Schülern der Outgroup und zumindest implizit einer negativeren Einschätzung von Schülern der Ingroup bei gegebenenfalls positiver expliziter Einschätzung. Die Ergebnisse zeigen, dass für leichte bis mittlere Verhaltensauffälligkeiten Schüler der Ingroup in der Tendenz weniger streng bestraft werden als Schüler der Outgroup, wobei der Vergleich mit Proband*innen ohne Migrationshintergrund nicht ergab, dass Proband*innen mit Migrationshintergrund Schüler mit Migrationshintergrund weniger streng bestraften. Allerdings zeigte dieser Vergleich auch, dass sie Schüler ihrer Outgroup in fünf Szenen strenger bestraften als Proband*innen ohne Migrationshintergrund. Zumindest für das Sanktionsverhalten von Proband*innen mit Migrationshintergrund zeigen sich daher keine systematischen Belege für die Gültigkeit der Theorie der Social Justification. Da in der Mehrheit der Szenen keine Differenz zu finden war, kann dies aber auch nicht als Bestätigung der Theorie sozialer Identität gewertet werden, sondern lediglich als Indiz dafür, dass soziale Identitäten in bestimmten Situationen aktiviert werden können. Auch die Analyse der Stereotype deutete an, dass Schüler ohne Migrationshintergrund durch Proband*innen mit Migrationshintergrund etwas negativer eingeschätzt werden, und dass eine negative Einschätzung zumindest schneller zugänglich ist als bei Proband*innen ohne Migrationshintergrund. Stereotype könnten also einen Zugang zur Erklärung eines zumindest bei leichten und mittleren Störungen strengeren Verhaltens von Proband*innen mit Migrationshintergrund gegenüber Schülern der Outgroup bieten und sollen im Folgenden daraufhin untersucht werden.

11.4.5 Frage 3: Demographic match, Stereotype und Sanktionsverhalten bei leichten und mittleren Störungen

In Tab. 11.6 sind vier Modelle für Szenen mit leichtem bis mittlerem Störungsgrad berechnet (Spalten 1–4), in die jeweils einzeln explizite Stereotype und

Tab. 11.6 Erklärung des Sanktionsverhaltens bei leichten bis mittleren Störungen (standardisierte Regressionskoeffizienten, robuste Standardfehler in Klammern; Sanktionenebene)

	Gesamt (N = 2,444)				Nur Probanden mit Mig (N = 403)	
	1	2	3	4	5	6
Schüler Migrant/ Proband kein Migrant	(Referenzgruppe)				–	–
Schüler kein Migrant/Proband kein Migrant	,01 (,06)	,02 (,06)	,01 (,06)	,01 (,06)	–	–
Schüler kein Migrant/ Proband Migrant	**,56** (,17)**	**,55** (,17)**	**,42** (,16)**	**,46** (,16)**	**−,87 (,67)**	**,70** (,23)**
Schüler Migrant/ Proband Migrant	,20 (,18)	,18 (,18)	,08 (,17)	,11 (,17)	(Referenzgruppe)	
Explizit: Stereotype Migrant	,18+ (,10)				,16 (,30)	
Explizit: Stereotype Nichtmigrant		,19+ (,14)				
Reaktionszeit: Stereotype Migrant			−,00* (,00)			−,00 (,00)
Reaktionszeit: Stereotype Nichtmigrant				−,00+ (,00)		
Explizite Stereotype Schüler Migrant * Proband Nichtmigrant					,46+ (,24)	
Reaktionszeit Stereotype Schüler Migrant * Proband Nichtmigrant						−,00+ (,00)
Konstante	2,78*** (,28)	2,73*** (,38)	3,65*** (,16)	3,53*** (,17)	3,03*** (,81)	3,86*** (,39)
R^2	1,16	1,09	1,55	1,24	2,97	4,91

+ = $p \leq ,10$, * = $p \leq ,05$, ** = $p \leq ,01$, *** = $p \leq ,001$

Reaktionszeiten gegenüber Migranten und Nichtmigranten eingegeben werden. Geprüft wird, ob diese Merkmale jeweils erklären können, warum Proband*innen mit Migrationshintergrund gegenüber Schülern ihrer Outgroup (Schülern ohne Migrationshintergrund) strenger sind als Proband*innen ohne Migrationshintergrund gegenüber Schülern ihrer Outgroup (Schülern mit Migrationshintergrund). Ausgangspunkt ist das in Tab. 11.6, Spalten 3–6, dargestellte Modell, hier der Koeffizient für die Kategorie leichte bis mittlere Störungen, Mismatch Schüler ohne Migrationshintergrund, Proband*in mit Migrationshintergrund (Spalte 5, beta=,53**). Würde den genannten Merkmalen eine hohe Erklärungskraft zukommen, müsste dieser Koeffizient deutlich sinken oder sogar insignifikant werden.

Insgesamt zeigt sich: die Koeffizienten für Stereotype und Reaktionszeiten sind signifikant, was bedeutet, dass eine explizit negativere Wahrnehmung von Migranten als auch Nichtmigranten sowie kürzere Reaktionszeiten bei der Beurteilung von Migranten und Nichtmigranten mit strengerem Sanktionsverhalten einhergehen. Der interessierende Koeffizient für die Kategorie „Schüler ohne Migrationshintergrund, Proband*in mit Migrationshintergrund" ist jedoch in jedem Modell signifikant, und er sinkt nicht substanziell durch die Berücksichtigung der expliziten Stereotype und der Reaktionszeiten. Während der genannte Koeffizient bei Berücksichtigung expliziter Stereotype fast unverändert bleibt, sinkt er etwas deutlicher bei Berücksichtigung der Reaktionszeit für die Einschätzung von Schülern mit Migrationshintergrund von .55** auf .42** (Tab. 11.6, Spalte 4). Geringere Reaktionszeiten bei dieser Einschätzung zeigen an, dass die explizite Einschätzung von Migranten schneller zugänglich war. Insgesamt liegen also nur schwache Indizien dafür vor, dass ein strengeres Sanktionsverhalten von Proband*innen mit Migrationshintergrund gegenüber Schülern der Outgroup mit impliziten Stereotypen im Zusammenhang stehen könnte. Auch R^2 zeigt eine insgesamt sehr geringe Erklärungskraft der verwendeten Variablen an.

Allerdings konnte im Gesamtmodell das Verhalten von Proband*innen mit Migrationshintergrund nicht direkt geprüft werden. Daher werden abschließend noch Modelle ausschließlich für diese Gruppe berechnet (Spalten 5–6). Bezugspunkt ist das Modell für die Gruppen von Proband*innen mit Migrationshintergrund, welches zeigt, dass Schüler der Ingroup (Schüler mit Migrationshintergrund) in Szenen leichten und mittleren Störungsgrads weniger streng sanktioniert werden als Schüler der Outgroup (Schüler ohne Migrationshintergrund (Tab. 11.4, Spalte 2, beta=-,35*). Im Vergleich mit diesem Modell kann geprüft werden, inwieweit sich der signifikante Koeffizient durch die Aufnahme von expliziten Stereotypen und Reaktionszeiten verändert. Zusätzlich wird noch ein Interaktionsterm der Stereotype beziehungsweise Reaktionszeit mit dem Migrationshintergrund des Schülers aufgenommen. Dieser zeigt zum Beispiel an, ob zunehmende explizite Stereotype gegenüber Nichtmigranten zu einem anderen Sanktionsverhalten gegenüber Nichtmigranten im Vergleich zu Migranten führen. Berichtet werden nur signifikante Ergebnisse.

Tab. 11.6, Spalte 5 zeigt: In diesem Modell gibt es keinen direkten Effekt des Migrationshintergrunds der Schüler auf das Sanktionsverhalten mehr (-,87). Dieser zuvor signifikante Effekt wird durch die Interaktion mit den expliziten Stereotypen gegenüber Schülern der Ingroup (= mit Migrationshintergrund) erklärt: Eine höhere Ausprägung dieser Stereotype ergibt keinen Effekt des Migrationshintergrunds des Schülers auf das Sanktionsverhalten allgemein (,16), jedoch werden mit steigenden expliziten Stereotypen gegenüber der Ingroup Schüler der Outgroup strenger sanktioniert (,46+). Demgegenüber liefern explizite Stereotype gegenüber Schülern der Outgroup keinen Erklärungsbeitrag für das Sanktionsverhalten gegenüber der Outgroup (kein Modell). Dies ist erklärungsbedürftig. Der geschilderte Befund könnte bedeuten, dass eine negativere explizite Sicht der Ingroup durch ein strengeres Verhalten gegenüber der Outgroup kompensiert wird. Diese „kompensierenden Handlungen" sind aus der Literatur bekannt: So haben beispielsweise Wegener und Petty (1997) für implizite Stereotype gegenüber der Ingroup ausgeführt, dass diese durch das Verhalten gegenüber der Ingroup kompensiert werden.

In diese Richtung können auch die Ergebnisse für die Reaktionszeiten erklärt werden. Tab. 11.6, Spalte 6 zeigt: Es gibt keinen direkten Effekt der Reaktionszeit (−,00), jedoch einen signifikanten Effekt des Interaktionskoeffizienten (-00+; da die Reaktionszeit in Millisekunden gemessen wurde, sind die Koeffizienten für eine Veränderung pro Einheit so klein, dass sie bei zwei Nachkommastellen noch nicht in Erscheinung treten). Dieser bedeutet: Nimmt die Reaktionszeit bei der Einschätzung der Ingroup zu, werden Nichtmigranten weniger streng sanktioniert (negatives Vorzeichen). Im Umkehrschluss bedeutet dies, dass mit kürzeren Reaktionszeiten eine strengere Bestrafung von Schülern ohne Migrationshintergrund einhergeht. Die Korrelationsanalysen hatten bereits gezeigt, dass eine negativere Einschätzung der Ingroup näher an den impliziten Stereotypen von Proband*innen mit Migrationshintergrund liegt und mit kürzeren Reaktionszeiten einhergeht. Der Befund bedeutet also, dass negativere implizite Stereotype gegenüber der Ingroup mit einem strengeren Verhalten gegenüber der Outgroup kompensiert werden. Allerdings ist der Effekt für die strengere Behandlung von Nichtmigranten (= Outgroup) weiterhin signifikant, er wird also nicht vollständig erklärt. Der Befund, dass implizite negative Stereotype gegenüber der Ingroup mit einem begünstigenden Verhalten gegenüber der Outgroup im Zusammenhang stehen, ist plausibel und entspricht vorliegenden Ergebnissen (Ashburn-Nardo et al. 2003). R^2 ist im Vergleich zum Gesamtmodell gestiegen, verweist aber mit Beträgen unter 5 % auf eine weiterhin geringe Erklärungskraft von Stereotypen und Reaktionszeiten in beiden Modellen.

11.5 Diskussion

Unter Abschn. 11.4.3 wurde bereits ein Zwischenfazit zu Effekten des Demographic Match auf Stereotype, Reaktionszeiten und das Sanktionsverhalten von Lehramtsstudierenden gezogen, was an dieser Stelle nicht noch einmal wiederholt werden, sondern nur noch einmal in stark geraffter Form wiedergegeben werden soll:

Proband*innen ohne Migrationshintergrund sind sehr bemüht, nicht nur Schüler mit Migrationshintergrund positiv wahrzunehmen, sondern auch den Eindruck einer Bevorzugung von Schülern ohne Migrationshintergrund zu vermeiden, indem diese explizit negativer als Schüler mit Migrationshintergrund eingeschätzt werden. Insbesondere Letzteres schien in dieser Gruppe besonders zu Beginn der Einschätzung einer jeden neuen Person einiges an Reflexionszeit zu erfordern. Die Reaktionszeiten ließen insgesamt jedoch keinen eindeutigen Schluss auf ein Vorhandensein impliziter Stereotype in dieser Gruppe zu. Die positive Einschätzung von Schülern mit Migrationshintergrund schlug sich nicht in einer weniger strengen Sanktionierung nieder. Auch unabhängig von ihren Stereotypen zeigten Proband*innen mit Migrationshintergrund insgesamt kein stereotypisierendes Sanktionsverhalten. Dies bedeutet, dass sie weder Schüler ohne Migrationshintergrund systematisch bevorzugten, noch Schüler mit Migrationshintergrund systematisch benachteiligten, weder innerhalb ihrer Gruppe noch im Vergleich zu Proband*innen mit Migrationshintergrund. Ein systematischer Zusammenhang zwischen Stereotypen, Reaktionszeiten und Sanktionsverhalten konnte in dieser Gruppe daher auch nicht hergestellt werden.

Proband*innen mit Migrationshintergrund zeigten ähnlich wie Proband*innen ohne Migrationshintergrund eine leichte Tendenz zur negativeren Einschätzung von Schülern ohne Migrationshintergrund. Paarweise t-Tests legten die Annahme nahe, dass Proband*innen mit Migrationshintergrund schnelleren Zugriff auf diese negativere Einschätzung hatten als Proband*innen ohne Migrationshintergrund, wobei eine negativere Einschätzung nicht mit einer schnelleren Reaktionszeit korrelierte. Im Gegensatz dazu deutete sich an, dass eine schlechtere Einschätzung von Schülern mit Migrationshintergrund mit einer schnelleren Reaktionszeit einherging, sodass erstere näher an den impliziten Stereotypen dieser Gruppe lag. Dies ist ein Hinweis auf das nach der Social Justification Theorie angenommene Phänomen, dass trotz expliziter Favorisierung der Ingroup die Outgroup implizit bevorzugt wird.

Die Betrachtung des Sanktionsverhaltens legte jedoch nahe, dass trotz möglicher impliziter Bevorzugung der Outgroup in mehreren – wenn auch nicht allen – Szenen leichteren und mittleren Störungsgrads Schüler der Outgroup strenger sanktioniert wurden, was auch für den Vergleich mit Proband*innen der Outgroup galt. Dies spricht wiederum für eine Aktivierung sozialer Identitäten in Situationen, die Sanktionen erfordern. Allerdings konnte diese Differenz in der Gesamtstichprobe weder durch die Berücksichtigung expliziter Stereotype noch durch die Reaktionszeiten erklärt werden. Ein Blick in die Gruppe der Proband*innen mit Migrationshintergrund bestätigte einen Zusammenhang von Stereotypen und Verhalten, jedoch für explizite Stereotype gegenüber der Ingroup nicht in der erwarteten Richtung: Je negativer diese waren, desto strenger wurden die Schüler der Outgroup sanktioniert. Dies deutet an, dass Lehramtsstudierende mit Migrationshintergrund den Wunsch verspürten, eine negative Sicht ihrer Ingroup mit Verhalten gegenüber der Outgroup zu kompensieren.

Bezogen auf die Lehramtsstudierenden ohne Migrationshintergrund konnte keine der Theorien zur Begründung eines ingroup- oder outgroup-bezogenen Verhaltens belegt werden. Als wichtiger Grund muss dafür gelten, dass im Lehramtsstudium die Befassung mit der Benachteiligung von Migrant*innen im deutschen Schulsystem inzwischen einen wichtigen Stellenwert einnimmt, was sich auch in curricular verankerten Vermittlungsanteilen niedergeschlagen hat. Insofern können die im Vergleich zu Schüler*innen ohne Migrationshintergrund positiveren Bewertungen von Schülern mit Migrationshintergrund auch als Ergebnis dieser Studieninhalte betrachtet werden. Wenn dies auch grundsätzlich erst einmal als positiv zu beurteilen ist, muss hinterfragt werden, ob dies auch über die Studienzeit hinaus trägt (Kumar und Hamer 2012).

Inwiefern diese Feststellung auch für Proband*innen mit Migrationshintergrund gilt, ist schwer zu sagen. Zumindest in dieser Gruppe ließ der Zusammenhang der Bewertungen mit den Reaktionszeiten den Schluss zu, dass es sich im Sinne der Social Justification Theorie auch um eine implizite Übernahme kollektiv geteilter Stereotype bei äußerlicher leichter Bevorzugung der Ingroup handeln könnte. Ihr gegenüber Schülern ohne Migrationshintergrund strengeres Sanktionsverhalten steht wiederum teilweise im Einklang mit der Vorhersage der Theorie sozialer Identität, ohne das damit jedoch eine – im Vergleich zu Lehrkräften ohne Migrationshintergrund – Bevorzugung von Schülern mit Migrationshintergrund einhergegangen wäre. Damit kann die in Politik und Öffentlichkeit häufig bekundete Annahme, dass Schüler*innen mit Migrationshintergrund von

Lehramtsstudierenden mit Migrationshintergrund profitieren, nicht bestätigt werden. Es stellt sich stattdessen die Frage, inwieweit vor allem für Lehramtsstudierende mit Migrationshintergrund durch eben diesen Migrationshintergrund und der problemorientierten Betonung des Umgangs mit Schüler*innen mit Migrationshintergrund im Lehramtsstudium Konflikte entstehen, die sie auf der Verhaltensebene durch eine Benachteiligung von Schüler*innen ihrer Outgroup zu lösen versuchen.

11.5.1 Grenzen der Studie

Die Studie weist jedoch einige Limitationen auf. 1) Während die in den Vignetten abgebildeten Schüler*innen einen türkisch-arabischen Migrationshintergrund aufwiesen, gehörte die Mehrzahl der Proband*innen mit Migrationshintergrund nicht zu einem dieser Kulturkreise. Ethnische Gruppen weisen differente ethnische Identitäten auf, und dies mag von Bedeutung für ihre Wahrnehmung zumindest der/des Ingroup-Zugehörigkeit und -Verhaltens sein, da die abgebildeten Schüler nicht als Angehörige der Ingroup empfunden wurden. Dies könnte erklären, warum kein die Schüler mit Migrationshintergrund begünstigendes Sanktionsverhalten unter Proband*innen mit Migrationshintergrund gefunden wurde. Darüberhinaus können jedoch plausible Gründe dafür angenommen werden, dass Proband*innen mit Migrationshintergrund Schüler ohne Migrationshintergrund allgemein eher als Outgroup wahrnehmen. Bei den Proband*innen mit Migrationshintergrund handelte es sich um Personen, die selbst oder deren beide Elternteile eingewandert sind. Neben den Proband*innen mit türkischem Migrationshintergrund stammt die überwiegende Mehrheit der Proband*innen aus Herkunftsländern der früheren Gastarbeiter*innen (Italien, Griechenland, Portugal) und aus Ländern des globalen Südens. Diese ethnischen Gruppen gelten nicht als vollständig assimiliert oder akkulturiert. Ein Indiz dafür ist, dass 60 % der Proband*innen mit Migrationshintergrund, aber nur 12 % der Proband*innen ohne Migrationshintergrund angeben, dass „viele" oder „alle" ihrer Freunde einen Migrationshintergrund aufweisen. In der Migrationsforschung wurde gezeigt, dass die Identifikation mit der Mehrheitsgesellschaft Generationen dauert (z. B. Diehl et al. 2016). Es kann daher plausibel angenommen werden, dass Schüler ohne Migrationshintergrund von Proband*innen mit Migrationshintergrund allgemein eher als Outgroup wahrgenommen werden. Dennoch ist anzunehmen, dass die Wahrnehmung der Nähe oder Ferne der eigenen Ingroup zur Mehrheitsgesellschaft nicht nur von Bedeutung für das Verhalten gegenüber Schüler*innen der Ingroup, sondern auch der Outgroup gegenüber ist (Bates und Glick 2013). Zukünftige Forschung sollte daher präziser die spezifischen ethnischen Passungen im Zusammenhang mit Messungen zur Identifikation mit der Mehrheitsgesellschaft berücksichtigen. 2) Mit den Reaktionszeiten konnten implizite Stereotype nicht adäquat erfasst werden, da die Proband*innen keine eindeutigen Adjektive, sondern Abstufungen derselben beurteilen sollten. Eine Erfassung impliziter Stereotype durch die Reaktion auf Adjektivpaare (Fazio 1990) hätte möglicherweise einen besseren Zugang zum strengeren Verhalten von Lehramtsstudierenden mit Migrationshintergrund gegenüber Schüler*innen ohne Migrationshintergrund gegeben und auch implizite Stereotype unter Lehramtsstudierenden ohne Migrationshintergrund aufgedeckt (Glock und Böhmer 2018). 3) Die Darbietung von 18 Szenen deckte zwar eine breite Variation von Verhaltensweisen ab, könnte aufgrund der Länge aber auch zu Ermüdungs- und/oder Lerneffekten geführt haben, genauso wie die Einschätzung einer Vielzahl von Personen mit Bezug zu vorgegeben Adjektiven. Dies kann die Erfassung der verschiedenen abhängigen Variablen beeinträchtigt haben. 4) Wenn auch der Vorteil von Experimentalstudien darin liegt, das Proband*innen Schülern zufällig zugewiesen worden sind und somit in der Praxis gängige Selektionsprobleme (vgl. z. B. Neugebauer 2011) nicht auftreten können, liegt der Nachteil in der künstlichen Situation, die wenig mit der Realität zu tun hat. Dies soll anhand von drei Aspekten verdeutlicht werden: a) Ein stereotypes Verhalten wird vor allem dann wahrscheinlicher, wenn sich Personen in stressigen Situationen befinden, in denen sie auf schnell zugängliche Wissens- und Erfahrungsbestandteile zurückgreifen können (Crocker et al. 1998; Meister und Melnick 2003). Die Proband*innen unserer Studie hatten ausreichend Zeit, die Situation zu reflektieren und sich für Einschätzungen und Sanktionen zu entscheiden. b) Durch Okonofua und Eberhardt (2015) und Vavrus und Cole (2002) wurde darauf hingewiesen, dass das ungerechtfertigte Sanktionsverhalten von Lehrkräften eine Zeitabhängigkeit aufweist. Dies heißt, dass es erst bei Wiederholung störenden Verhaltens zu einer strengeren Bestrafung von Schüler*innen mit Migrationshintergrund kommen könnte. Diese Zeitabhängigkeit wurde in der Studie nicht explizit modelliert und kann im Zusammenhang mit dem Befund stehen, dass in der überwiegenden Anzahl der Szenen kein migrationsspezifisches Sanktionsverhalten der Proband*innen gefunden wurde. c) Störendes Verhalten von Schüler*innen als auch das Sanktionsverhalten von Lehrkräften findet immer im sozialen Kontext einer Klasse oder Schule statt. Je höher der Anteil von Schüler*innen der ethnischen Minderheit einer Klasse, desto strenger sind die angewandten Disziplinarmaßnahmen und desto eher kommt es zu einer Benachteiligung von Schüler*innen der ethnischen Minderheit (z. B. Rocque und Paternoster 2011, gegenteilige Befunde aber bei Bradshaw et al. 2010). Darüber hinaus weisen einige Studien auch auf die Existenz von schulischen Disziplinarkulturen hin, die umso strenger sind, je höher der Anteil von afroamerikanischen Schüler*innen ist, und das Verhalten einzelner Lehrkräfte beeinflussen (Rocque und Paternoster 2011; Welch und Payne 2010). Als theoretische Erklärung wird auf die Bedrohung hingewiesen, die von Lehrer*innen der ethnischen Mehrheit durch einen wachsenden Anteil von Schüler*innen der ethnischen Minderheit empfunden wird (Blalock 1967; Blumer 1958). Dieser Klassen- und Schulkontext ist in Experimentalstudien schwer zu modellieren. Insgesamt bleibt zu hinterfragen, ob insbesondere das ausgewogene Sanktionsverhalten von Proband*innen mit Migrationshintergrund auch in ihrer späteren Schulpraxis innerhalb spezifischer Schulkontexte beobachtet werden kann.

11.5.2 Praktische Implikationen

Wenn auch diese Limitationen den Aussagegehalt der vorliegenden Studie und die Übertragbarkeit der Ergebnisse auf die Praxis einschränken, so gilt doch eines festzuhalten: Eine Überbetonung von Differenzen bezogen auf ethnische Gruppen in der Ausbildung von Lehrkräften könnte dazu führen, dass sich Einstellungen und/oder Verhalten in der Gruppe, die gesellschaftlich privilegierte Schüler*innen zu ihrer Outgroup zählt, gegen diese Schüler*innen richtet. Im Sinne der Chancengerechtigkeit von Schule und Unterricht sollten Einstellungen und Verhalten, die auf die Bevorzugung einer Ingroup oder die Benachteiligung der Outgroup gerichtet sind, vermieden werden. Die Erfahrung ungerechter Behandlung kann nicht nur für benachteiligte Gruppen, sondern für jeden Betroffenen das Vertrauen in die Schule und ihre Akteure beschädigen und zu Leistungseinbrüchen oder gar beeinträchtigten Schulkarrieren führen. Folgende Punkte erscheinen daher von Bedeutung für die Ausbildung von Lehramtsstudierenden: Es ist nach den unbeabsichtigten Nebenfolgen einer globalen Etikettierung der Benachteiligung, auch im wohlwollenden Sinne, von Schüler*innen mit Migrationshintergrund zu fragen. Sie geht mit der Gefahr einher, nicht nur diesen Schüler*innen, sondern ethnischen Minoritäten insgesamt einen inferioren Status zuzuweisen. Dieser verstärkt nicht nur den Blick auf die Defizite, sondern erleichtert möglicherweise auch angehenden Lehrkräften ethnischer Minoritäten die Legitimierung ungerechter Strafmaßnahmen gegenüber Schüler*innen der ethnischen Mehrheit. Stattdessen sollte eine Perspektive der Diversität gestärkt werden, die den Blick nicht nur auf unterschiedliche Bedürfnisse, sondern auch Stärken richtet. Wichtiger Bestandteil einer solchen Perspektive ist ein kultursensibles Classroom-Management (Evertson und Weinstein 2011), welches unter anderem mit der Reflexion stereotypisierender Einstellungen und Verhalten insgesamt (und nicht nur gegenüber ausgewählten benachteiligten Gruppen) einhergehen muss.

Literatur

Alexander, K. L., Entwisle, D.R. & Thompson, M.S. (1987). School performance, status relations, and the structure of sentiment: Bringing the teacher back. *American Sociological Review, 52*, 665–682. http://dx.doi.org/10.2307/2095602

Ashburn-Nardo, L., Knowles, M.L. & Monteith, M.J. (2003). Black Americans' implicit racial associations and their implications for intergroup judgment. *Social Cognition, 21*, 61–87. http://dx.doi.org/10.1521/soco.21.1.61.21192

Aud, S., KewalRamani, A. & Frohlich, L. (2011). *America's Youth: Transitions to Adulthood* (NCES 2012-026). U.S. Department of Education, National Center for Education Statistics. Washington, DC: U.S. Government Printing Office

Bates, L.A. & Glick, J.E. (2013). Does it matter if teachers and schools match the student? Racial and ethnic disparities in problem behaviors. *Social Science Research, 42*, 1180–1190. http://dx.doi.org/10.1016/j.ssresearch.2013.04.005

Bargh, J.A. (1999). The cognitive monster: Evidence against the controllability of automatic stereotype effects. In S. Chaiken & Y. Trope (Eds.), *Dual process theories in social psychology* (S. 361–382). New York, NY: Guilford Press

Blalock, H.M. (1967). Status inconsistency, social mobility, status integration and structural effects. *American Sociological Review, 32*, 790–801. http://dx.doi.org/10.2307/2092026

Blumer, H. (1958). Race prejudice as a sense of group position. *The Pacific Sociological Review, 1*(1), 3–7. http://dx.doi.org/10.1007/978-1-349-26403-2_3

Bradshaw, C.P., Mitchell, M.M., O'Brennan, L.M. & Leaf, P.J. (2010). Multilevel exploration of factors contributing to the overrepresentation of black students in office disciplinary referrals. *Journal of Educational Psychology, 102*, 508–520. http://dx.doi.org/10.1037/a0018450

Bundesamt für Migration und Flüchtlinge (2011). *Lehrkräfte mit Migrationshintergrund.* Nürnberg: BAMF

Chang, D. & Demyan, A.L. (2007). Teachers' stereotypes of Asian, Black, and White students. *School Psychology Quarterly, 22*, 91–114. http://dx.doi.org/10.1037/1045-3830.22.2.91

Cullinan, D. & Kauffman, J.M. (2005). Do race of student and race of teacher influence ratings of emotional and behavioral problem characteristics of students with emotional disturbance? *Behavioral Disorders, 30*, 393–402. http://dx.doi.org/10.1177/019874290503000403

Crocker, J., Major, B. & Steele, C. (1998). Social stigma. In D. T. Gilbert, S. T. Fiske & G. Lindzey (Eds.), *The handbook of social psychology* (4th ed.), (Vol. 2, pp. 504–553). Boston, MA: McGraw-Hill

Dasgupta, N. (2004). Implicit ingroup favoritism, outgroup favoritism, and their behavioral manifestations. *Social Justice Research, 17*, 143–169. http://dx.doi.org/10.1023/B:SORE.0000027407.70241.15

Dee, T.S. (2005). A teacher like me: Does race, ethnicity, or gender matter? *The American Economic Review*, 95, 158–165. http://dx.doi.org/10.1257/000282805774670446

Demanet, J. & Van Houtte, M. (2012). The impact of bullying and victimization on students' relationships. *American Journal of Health Education*, 43, 104–113. http://dx.doi.org/10.1080/19325037.2012.10599225

Devine, P. G. (1989). Automatic and controlled processes in prejudice: The role of stereotypes and personal beliefs. In A. R. Pratkanis, S. J. Breckler & A. G. Greenwald (Eds.), *The third Ohio State University Vol. on attitudes and persuasion. Attitude structure and function* (S. 181–212). Hillsdale, NJ: Lawrence Erlbaum Associates, Inc.

Diehl, C., Fischer-Neumann, P. & Mühlau, P. (2016). Between ethnic options and ethnic boundaries – Recent Polish and Turkish migrants' identification with Germany. *Ethnicities*, 16, 236–260. http://dx.doi.org/10.1177/1468796815616156

Downey, D. & Pribesh, S. (2004). When race matters: Teachers' evaluations of students' classroom behavior. *Sociology of Education*, 77, 267–282. http://dx.doi.org/10.1177/003804070407700401

Driessen, G. (2015). Teacher ethnicity, student ethnicity, and student outcomes. *Intercultural Education*, 26(3), 179–191. http://dx.doi.org/10.1080/14675986.2015.1048049

Dunkake, I. & Schuchart, C. (2015). Stereotypes and teacher characteristics as an explanation for the class-specific disciplinary practices of pre-service teachers. *Teaching and Teacher Education*, 50, 56–69. http://dx.doi.org/10.1016/j.tate.2015.04.005

Eagly, A. & Mladinic, A. (1989). Gender stereotypes and attitudes toward women and men. *Personality and Social Psychology Bulletin*, 15, 543–558. http://dx.doi.org/10.1177/0146167289154008

Evertson, C.M. & Weinstein, C.S. (2011). *Handbook of classroom management research, practice, and contemporary issues*. New York, NY: Routledge

Fazio, R. H. (1990). A practical guide to the use of response latencies in social psychological research. In C. Hendricks & M. S. Clark (Eds.), *Research methods in personality and social psychology: Review of personality and social psychology* (Vol. 11, pp. 74–97). Newbury Park, CA: Sage

Froehlich, L., Martiny, S.E., Deaux, K. & Mok, S.Y. (2016). "It's their responsibility, not ours" stereotypes about competence and causal attributions for immigrants' academic underperformance. *Social Psychology*, 47, 74–86

Georgi, V.B. (2013). Empirische Forschung zu Lehrenden mit Migrationshintergrund, minority teachers und teachers of color. In K. Bräu, V.B. Georgi, Y. Karakaˏsoˇglu & Carolin Rotter (Hrsg.), *Lehrerinnen und Lehrer mit Migrationshintergrund. Zur Relevanz eines Merkmals in Theorie, Empirie und Praxis* (S. 85–103). Münster: Waxmann

Gawronsky, B., Geschke, D. & Banse, R. (2003). Implicit bias in impression formation: Associations influence the construal of individuating information. *European Journal of Social Psychology*, 33, 573–589. http://dx.doi.org/10.1002/ejsp.166

Glock, S. (2016). Stop talking out of turn: The influence of students' gender and ethnicity on preservice teachers' intervention strategies for student misbehavior. *Teaching and Teacher Education*, 56, 106–114. http://dx.doi.org/10.1016/j.tate.2016.02.012

Glock, S. & Böhmer, I. (2018). Teachers' and preservice teachers' stereotypes, attitudes, and spontaneous judgments of male ethnic minority students. *Studies in Educational Evaluation*, 59, 244–255. http://dx.doi.org/10.1016/j.stueduc.2018.09.001

Glock, S. & Krolak-Schwerdt, S. (2014). Stereotype activation versus application: How teachers process and judge information about students from ethnic minorities and with low socioeconomic background. Social Psychology of Education, 17, 589–607. http://dx.doi.org/10.1007/s11218-014-9266-6

Greenwald, A.G. & Banaji, M.R. (1995). Implicit social cognition: Attitudes, self-esteem, and stereotypes. Psychological Review, 102, 4–27. http://dx.doi.org/10.1037/0033-295X.102.1.4

Halberstadt, A.G., Castro, V.L., Chu, Q., Lozada, F.T. & Sims, C.M. (2018). Preservice teachers' racialized emotion recognition, anger bias, and hostility attributions. Contemporary Educational Psychology, 54, 125–138. http://dx.doi.org/10.1016/j.cedpsych.2018.06.004

Hamilton, D.L. & Troiler, T.K. (1986). Stereotypes and stereotyping: an overview of the cognitive approach. In J. F. Davidio & S. L. Gaertner (Eds.), Prejudice, discrimination, and racism (pp. 127–163). Orlando, FL: Academic Press

Helbig, M. (2010). Sind Lehrerinnen für den geringeren Schulerfolg von Jungen verantwortlich? Kölner Zeitschrift für Soziologie und Sozialpsychologie. 62, 93–111. http://dx.doi.org/10.1007/s11577-010-0095-0

Hilton, J.L. & von Hippel, W. (1996). Stereotypes. Annual Review of Psychology, 47, 237–271. http://dx.doi.org/10.1146/annurev.psych.47.1.237

Jordan, W.J., Lara, J. & McPartland, J.M. (1996). Exploring the causes of early dropout among race-ethnic and gender groups. Youth & Society, 28, 62–94. http://dx.doi.org/10.1177/0044118X96028001003

Junger-Tas, J., Marshall, I.H., Enzmann, D., Killias, M., Steketee, M., Gruszczynska, B. (2010). Juvenile delinquency in Europe and beyond. Heidelberg: Springer Verlag. http://dx.doi.org/10.1007/978-0-387-95982-5

Kokkinos, C.M., Panayiotou, G. & Davazoglou, A.M. (2004). Perceived seriousness of pupils' undesirable behaviours: The student teachers' perspective. Educational Psychology, 24, 109–120. http://dx.doi.org/10.1080/0144341032000146458

Kokkinos, C.M., Panayiotou, G. & Davazoglou, A.M. (2005). Correlates of teacher appraisals of student behaviors. Psychology in the Schools, 42, 79–89. http://dx.doi.org/10.1002/pits.20031

Kraus, M.W. & Keltner, D. (2013). Social class rank, essentialism, and punitive judgment. Journal of Personality and Social Psychology, 105, 247–261. http://dx.doi.org/10.1037/a0032895

Kumar, R. & Hamer, L. (2012). Preservice teachers' attitudes and beliefs toward student diversity and proposed instructional practices: A sequential design study. Journal of Teacher Education, 64, 162–177. http://dx.doi.org/10.1177/0022487112466899

Kunesh, C.E. & Noltemeyer, A. (2019). Understanding disciplinary disproportionality: Stereotypes shape pre-service teachers' beliefs about black boys' behavior. Urban Education, 54, 471–498. http://dx.doi.org/10.1177/0042085915623337

Lawson, G.M., Nissley-Tsiopinis, J., Nahmias, A., McConaughy, S.H. & Eiraldi, R. (2017). Do parent and teacher report of ADHD symptoms in children differ by SES and racial status? Journal of Psychopathology and Behavioral Assessment, 39, 426–440. http://dx.doi.org/10.1007/s10862-017-9591-0

Macrae, C.N., Stangor, C. & Hewstone, M. (1996). Stereotypes and stereotyping. New York, NY: The Guilford Press

Massumi, M. (2014). Diversität in der Lehrerinnen- und Lehrerbildung – zur Bedeutung von Lehrkräften mit Migrationshintergrund, *Haushalt in Bildung und Forschung, 1*, 87–95. http://dx.doi.org/10.3224/hibifo.v3i1.15564

Maylor, U. (2009). They do not relate to black people like us: Black teachers as role models for black pupils. *Journal of Education Policy, 24*, 1–21. http://dx.doi.org/10.1080/02680930802382946

McGrady, P.B & Reynolds, J.R. (2013). Racial mismatch in the classroom: Beyond black- white differences. *Sociology of Education, 86*, 3–17. http://dx.doi.org/10.1177/0038040712444857

Meister, D.G. & Melnick, S.A. (2003). National new teacher study: Beginning teachers' concerns. Action in *Teacher Education, 24*(4), 87–94. http://dx.doi.org/10.1080/01626620.2003.10463283

Minor, E.C. (2014). Racial Differences in Teacher Perception of student Ability. *Teachers Collage Record, 116*(10), 1–22

Monahan, K.C., Vanderhei, S., Beardslee, J.B. & Cauffman, E. (2014). From the school yard to the squad car: School discipline, truancy, and arrest. *Journal of Youth and Adolescence, 43*, 1110–1122. http://dx.doi.org/10.1007/s10964-014-0103-1

Monroe, C.R. & Obidah, J.E. (2004). The influence of cultural synchronization on a teacher's perceptions of disruption: A case study of an African American middle-school classroom. *Journal of Teacher Education, 55*, 256–268. http://dx.doi.org/10.1177/0022487104263977

Morris, E.W. & Perry, B.L. (2016). The punishment gap: School suspension and racial disparities in achievement. *Social Problems, 63*, 68–86. http://dx.doi.org/10.1093/socpro/spv026

Murray, F. & Farrington, D.P. (2010). Risk factors for conduct disorder and delinquency: Key findings from longitudinal studies. *The Canadian Journal of Psychiatry, 55*, 633–642. http://dx.doi.org/10.1177/070674371005501003

Musu-Gillette, L., Robinson, J., McFarland, J., KewalRamani, A., Zhang, A. & Wilkinson-Flicker, S. (2016). Status and Trends in the Education of Racial and Ethnic Groups 2016 (NCES 2016-007). Washington, DC: U.S. Department of Education, National Center for Education Statistics

Neal, L.V., McCray, A.D., Webb-Johnson, G. & Bridgest, S.T. (2003). The effects of African American movement styles on teachers' perceptions and reactions. *The Journal of Special Education, 37*, 49–57. http://dx.doi.org/10.1177/00224669030370010501

Neugebauer, M. & Klein, O. (2016): Profitieren Kinder mit Migrationshintergrund von pädagogischen Fachkräften mit Migrationshintergrund? *Kölner Zeitschrift für Soziologie und Sozialpsychologie, 68*, 259–283

Neugebauer, M. (2011). Werden Jungen von Lehrerinnen bei den Übergangsempfehlungen für das Gymnasium benachteiligt? Eine Analyse auf Basis der IGLU-Daten. In A. Hadjar (Hrsg.), *Geschlechtsspezifische Bildungsungleichheiten* (S. 235–260). Wiesbaden: VS Verlag für Sozialwissenschaften. http://dx.doi.org/10.1007/s11577-016-0359-4

Nichols, J. D. (2004). An exploration of discipline and suspension data. *The Journal of Negro Education, 73*, 408–423. http://dx.doi.org/10.2307/4129643

Nicholson-Crotty, S., Birchmeier, Z. & Valentine, D. (2009). Exploring the impact of school discipline on racial disproportion in the juvenile justice system. *Social Science Quarterly, 90*, 1003-1018. http://dx.doi.org/10.1111/j.1540-6237.2009.00674.x

Nosek, B.A., Banaji, M.R. & Greenwald, A.G. (2002). Harvesting implicit group attitudes and beliefs from a demonstration web site. *Group Dynamics: Theory, Research, and Practice, 6,* 101–115. http://dx.doi.org/10.1037/1089-2699.6.1.101

Okonofua, J.A. & Eberhardt, J.L. (2015). Two strikes: Race and the disciplining of young students. *Psychological Science, 26,* 617–624. http://dx.doi.org/10.1177/0956797615570365

Okonofua, J.A., Walton, G.M. & Eberhardt, J.L. (2016). A vicious cycle: A social–psychological account of extreme racial disparities in school discipline. *Perspectives on Psychological Science, 11,* 381–398. http://dx.doi.org/10.1177/1745691616635592

Peguero, A.A. & Shekarkhar, Z. (2011). Punishing Latina/o Youth: School justice, fairness, order, dropping out, and gender disparities. *Hispanic Journal of Behavioral Sciences, 33,* 54–70. http://dx.doi.org/10.1177/0739986316679633

Pendry, L. (2007) Soziale Kognition. In K., Jonas, W., Stroebe & M., Hewstone (Hrsg.), *Sozialpsychologie.* (S. 111–145). Heidelberg: Springer. http://dx.doi.org/10.1007/978-3-540-71633-4_4

Petras, H., Masyn, K.E., Buckley, J.A., Ialongo, N.S. & Kellam, S. (2011). Who is most at risk for school removal? A multilevel discrete-time survival analysis of in- dividual- and context-level influences. *Journal of Educational Psychology, 103,* 223–237

Pigott, R.L. & Cowen, E.L. (2000). Teacher race, child race, racial congruence, and teacher ratings of children's school adjustment. *Journal of School Psychology, 38,* 177–196. http://dx.doi.org/10.1016/S0022-4405(99)00041-2

Pole, C. (1999). Black teachers giving voice: Choosing and experiencing teaching. *Teacher Development, 3,* 313–328. http://dx.doi.org/10.1080/13664539900200089

Rauch, D., Mang, J., Härtig, H. & Haag, N. (2016). Naturwissenschaftliche Kompetenz von Schülerinnen und Schülern mit Zuwanderungshintergrund. In K. Reiss, C. Sälzer, A. Schiepe-Tiska, E. Klieme, O. Köller (Hrsg.), *PISA 2015. Eine Studie zwischen Kontinuität und Innovation* (S. 317–347). Münster: Waxmann

Rimm-Kaufman, S.E., Pianta, R.C. & Cox, M.J. (2000). Teachers' judgments of problems in the transition to kindergarten. *Early Childhood Research Quarterly, 15,* 147–166. http://dx.doi.org/10.1016/S0885-2006(00)00049-1

Rocque, M. & Paternoster, R. (2011). Understanding the antecedents of the School-to-jail link: The relationship between race and school discipline. *The Journal of Criminal Law and Criminology, 101,* 633–666

Romi, S. & Freund,M. (1999). Teachers', students' and parents' attitudes towards disruptive behaviour problems in high school: a case study, educational psychology. *An International Journal of Experimental Educational Psychology, 19,* 53–70. http://dx.doi.org/10.1080/0144341990190104

Rotter, C. (2012). Lehrkräfte mit Migrationshintergrund: Bildungspolitische Erwartungen und individuelle Umgangsweisen. *Zeitschrift für Pädagogik, 58,* 204–221

Sidanius, J. & Pratto, F. (1999). *Social dominance: An intergroup theory of social hierarchy and oppression.* New York: Cambridge University Press. http://dx.doi.org/10.1017/CBO9781139175043

Skiba, R.J., Horner, R.H., Chung, C.G., Rausch, M.K., May, S.L. & Tobin, T. (2011). Race is not neutral: A national investigation of African American and Latino disproportionality in school discipline. *School Psychology Review, 40,* 85–107

Skiba, R.J., Michael, R.S., Nardo, A.C. & Peterson, R.L. (2002) The Color of Discipline: Sources of Racial and Gender Disproportionality in School Punishment. *The Urban Review, 34*, 317–342

Skiba, R.J., Peterson, R.L. & Williams, T. (1997). Office referrals and suspension: Disciplinary intervention in middle schools. *Education and Treatment of Children, 20*, 295–315

Tajfel, H. (1969). Cognitive aspects of prejudice. *Journal of Social Issues, 25*, 79–97. http://dx.doi.org/10.1111/j.1540-4560.1969.tb00620.x

Tajfel, H. (1970). Experiments in intergroup discrimination. *Scientific American, 223*, 96–102. http://dx.doi.org/10.1038/scientificamerican1170-96

Takei, Y. & Shouse, R. (2008). Ratings in Black and White: does racial symmetry or asymmetry influence teacher assessment of a pupil's work habits? *Social Psychology of Education, 11*, 367–387. http://dx.doi.org/10.1007/s11218-008-9064-0

Townsend, B. L. (2000). The disproportionate discipline of African American learners: Reducing school suspensions and expulsions. *Exceptional Children, 66*, 381–391. http://dx.doi.org/10.1177/001440290006600308

Turner, J.C. (1987) A Self-Categorization Theory. In J.C. Turner, M.A. Hogg, P.J. Oakes, S.D. Reicher & M.S. Wetherell (Eds.), Rediscovering the Social Group: A Self-Categorization Theory (pp. 42–67). Oxford, UK: Blackwell Publisher

Vavrus, F. & Cole, K. (2002). "I didn't do nothin'": The discursive construction of school suspension. *The Urban Review, 34*, 87–111

Wegener, D.T. & Petty, R.E. (1997). The flexible correction model: The role of naive theories of bias in bias correction. In M.P., Zanna (Ed.), *Advances in Experimental Social Psychology* (Vol. 29, pp. 141–208). San Diego: Elsevier Academic Press. http://dx.doi.org/10.1016/S0065-2601(08)60017-9

Welch, K. & Payne, A. (2010). Racial threat and punitive school discipline. *Social Problems, 57*, 25–48. http://dx.doi.org/10.1525/sp.2010.57.1.25

Werthamer-Larsson, L., Kellam, S.G. & Wheeler, L. (1991). Effect of first-grade classroom environment on shy behavior, aggressive behavior, and concentration problems. *American Journal of Community Psychology, 19*, 585–602. http://dx.doi.org/10.1007/BF00937993

Erratum zu: Ein theoretischer und empirischer Überblick über die Entwicklung von Stereotypen und ihre Konsequenzen im Schulkontext

Sarah E. Martiny und Laura Froehlich

Erratum zu:
Kapitel 1 In: S. Glock und H. Kleen (Hrsg.),
Stereotype in der Schule,
https://doi.org/10.1007/978-3-658-27275-3_1

Der Name der Autorin Laura Froehlich wurde in diesem Buch zunächst irrtümlich mit „ö" geschrieben (Laura Fröhlich). Dieser Fehler wurde jetzt im Inhaltsverzeichnis, in Kapitel 1 und im Autor*innenverzeichnis korrigiert.

Die korrigierte Version des Kapitels ist verfügbar unter
https://doi.org/10.1007/978-3-658-27275-3_1

© Springer Fachmedien Wiesbaden GmbH, ein Teil von Springer Nature 2020
S. Glock und H. Kleen (Hrsg.), *Stereotype in der Schule,*
https://doi.org/10.1007/978-3-658-27275-3_12

Autor*innenverzeichnis

Meike Bonefeld, Dr., Arbeitsgruppe Unterrichtsqualität in heterogenen Kontexten, A5,6, Universität Mannheim, 68131 Mannheim, Deutschland, bonefeld@uni-mannheim.de

Oliver Dickhäuser, Prof. Dr., Universität Mannheim, Lehrstuhl für Pädagogische Psychologie, 68131 Mannheim, Deutschland, oliver.dickhaeuser@uni-mannheim.de

Markus Dresel, Prof. Dr., Universität Augsburg, Lehrstuhl für Psychologie, Universitätsstr. 10, 86159 Augsburg, Deutschland, markus.dresel@phil.uni-augsburg.de

Laura Froehlich, Dr., FernUniversität in Hagen, Institut für Psychologie, Universitätsstraße 47, 58097 Hagen, Deutschland, laura.froehlich@fernuni-hagen.de

Sabine Glock, PD Dr., Bergische Universität Wuppertal, Institut für Bildungsforschung, School of Education, Gaußstraße 20, 42119 Wuppertal, Deutschland, glock@uni-wuppertal.de

Johanna M. Hermann, Dr., Goethe Universität Frankfurt am Main, Fachbereich Pädagogische Psychologie, Theodor-W.-Adorno-Platz 6, 60629 Frankfurt am Main, Deutschland, hermann@psych.uni-frankfurt.de

Thomas Hörstermann, Dr., Universität Luxemburg, Belval Campus, Maison des Sciences Humaines 11, Porte des Sciences, 4366 Esch-sur-Alzette, Luxemburg, thomas.hoerstermann@uni.lu

© Springer Fachmedien Wiesbaden GmbH, ein Teil von Springer Nature 2020
S. Glock und H. Kleen (Hrsg.), *Stereotype in der Schule*,
https://doi.org/10.1007/978-3-658-27275-3

Karina Karst, Jun.-Prof. Dr., Universität Mannheim, Arbeitsgruppe Unterrichtsqualität in heterogenen Kontexten, A5.6, 68131 Mannheim, Deutschland, karst@uni-mannheim.de

Hannah Kleen, Bergische Universität Wuppertal, Institut für Bildungsforschung, School of Education, Gaußstraße 20, 42119 Wuppertal, Deutschland, kleen@uni-wuppertal.de

Mireille Krischler, Dr., Universität Trier, Fachbereich I/Psychologie, Abt. Hochbegabtenforschung, Universitätsring 15, 54296 Trier, Deutschland, krischler@uni-trier.de

Sarah E. Martiny, Prof. Dr., UiT The Arctic University of Norway, Hansine Hansens veg 18, 9019 Tromsø, Norwegen, sarah.martiny@uit.no

Francesca Muntoni, Universität Hamburg, Allgemeine, Interkulturelle und International Vergleichende Erziehungswissenschaft sowie Pädagogische Psychologie, Von-Melle-Park 8, 20146 Hamburg, Deutschland, francesca.muntoni@uni-hamburg.de

Ineke M. Pit-ten Cate, Dr., Universität Luxemburg, Belval Campus, Faculty of Language and Literature, Humanities, Arts and Education (FLSHASE), Luxembourg Centre for Educational Testing (LUCET), Maison des Sciences Humaines 11, Porte des Sciences, 4366 Esch-sur-Alzette, Luxemburg, ineke.pit@uni.lu

Jan Retelsdorf, Prof. Dr., Universität Hamburg, Allgemeine, Interkulturelle und International Vergleichende Erziehungswissenschaft sowie Pädagogische Psychologie, Von-Melle-Park 8, 20146 Hamburg, Deutschland, jan.retelsdorf@uni-hamburg.de

Claudia Schuchart, Prof. Dr., Bergische Universität Wuppertal, Institut für Bildungsforschung, Gaußstraße 20, 42119 Wuppertal, Deutschland, schuchart@uni-wuppertal.de

Anita Tobisch, Universität Augsburg, Lehrstuhl für Psychologie, Universitätsstr. 10, 86159 Augsburg, Deutschland, anita.tobisch@phil.uni-augsburg.de